Nachhaltigkeit im unternehmerischen Diskurs

Geschichte der Nachhaltigkeiten

Herausgegeben von Elke Seefried, Marita Krauss, Christian Lotz und Jens Soentgen
im Auftrag des Instituts für Zeitgeschichte München – Berlin

Band 1

Karen Froitzheim ist Geistes- und Sozialwissenschaftlerin; sie ist heute in leitender Funktion im Bereich Public Affairs und Nachhaltigkeit tätig.

Karen Froitzheim

Nachhaltigkeit im unternehmerischen Diskurs

Eine Analyse deutscher und britischer Konzerne seit den 1980er Jahren

Campus Verlag
Frankfurt/New York

Leibniz Institute for Contemporary History | Institut für Zeitgeschichte München–Berlin

D 82 (Diss. RWTH Aachen University, 2022)

FSC www.fsc.org MIX Papier | Fördert gute Waldnutzung FSC® C089473

ISBN 978-3-593-51998-2 Print
ISBN 978-3-593-45980-6 E-Book (PDF)
ISBN 978-3-593-45979-0 E-Book (EPUB)

Umschlaggestaltung: Campus Verlag GmbH, Frankfurt am Main
Umschlagmotiv: Illustration zum Thema Nachhaltigkeit des Internetauftritts der Otto Group © Otto Group
Satz: le-tex xerif
Gesetzt aus der Alegreya
Druck und Bindung: Beltz Grafische Betriebe GmbH, Bad Langensalza
Beltz Grafische Betriebe ist ein klimaneutrales Unternehmen (ID 15985–2104-1001).
Printed in Germany

www.campus.de

Inhalt

Vorwort

»Nachhaltigkeit« ist in den vergangenen Jahrzehnten zu einem ubiquitären Begriff, ja zu einem übergreifenden Leitbild avanciert. Im politischen Raum verheißt der Begriff globale Zukunftsorientierung und eine kongeniale Balance zwischen Ökologie und Ökonomie; wirtschaftliche Akteure kommunizieren damit Umweltbewusstsein und soziale Verantwortlichkeit in der Unternehmensführung; in der medialen Öffentlichkeit wird er oft mit dem Schutz natürlicher Ressourcen (wie dem Wald) oder schlicht mit Langfristigkeit gleichgesetzt. Mithin entstanden ganz verschiedene Lesarten und Interpretationen des Begriffs bzw. Begriffsfeldes, zu dem auch die »nachhaltige Entwicklung« gehört. Akteure verbanden mit ihm in Diskursen zunehmend unterschiedliche Ziele und Interessen, doch gerade die Offenheit des fast durchweg positiv besetzten Begriffs machte ihn so attraktiv und ubiquitär. Vor diesem Hintergrund existierten und existieren viele Nachhaltigkeiten.

Dies sind die Ausgangsüberlegungen des Verbundprojekts »Geschichte der Nachhaltigkeit(en): Diskurse und Praktiken seit den 1970er Jahren«. Das ab 2017 von der Leibniz-Gemeinschaft geförderte Projekt, welches das Institut für Zeitgeschichte München-Berlin (IfZ) organisierte, integrierte Teilprojekte am IfZ und von anderen Projektpartnern. Dazu gehörten das Wissenschaftszentrum Umwelt und der Lehrstuhl für Europäische Regionalgeschichte/Bayerische und Schwäbische Landesgeschichte an der Universität Augsburg, das Herder-Institut für historische Ostmitteleuropaforschung/Institut der Leibniz-Gemeinschaft in Marburg und – nach dem Wechsel der Projektleiterin vom IfZ nach Aachen – der RWTH Aachen University.

Das Leibniz-Projekt erschloss die zeithistorische Dimension der Nachhaltigkeit seit den 1970er Jahren. Hintergrund war der Befund, dass die zeitgeschichtliche, quellengestützte Historisierung des Begriffs, der sie umgebenden Diskurse und entsprechender Handlungsbezüge noch ein weitgehendes Desiderat der Forschung war. Das Projekt ging nicht von einem normativ gefassten Verständnis von Nachhaltigkeit aus, sondern historisierte die Genese und Wandlungsprozesse des Diskurses. Insofern erkundete das Projekt nicht, wo und warum Nachhaltigkeit erreicht oder nicht erreicht wurde, sondern es fragte in erster Linie nach Ordnungsmustern, Wertorientierungen und Interessen, die sich in Nachhaltigkeitsdiskursen und entsprechenden Redeweisen zeigten. Es betrachtete Darstellungsformen und Performanzen sowie die politischen, zivilgesellschaftlichen und ökonomischen Praktiken, die sich mit der Berufung auf Nachhaltigkeit oder verwandten Konzepten verbanden. Damit fahndete das Projekt auch nach inneren Spannungsfeldern, Konflikten und Inszenierungen von Nachhaltigkeit und danach, wie und warum bestimmte Verständnisse und Kommunikationsstrategien zu bestimmten Zeiten hegemonial wurden. Zudem erschien es uns wichtig, nicht bei Begriffsverwendungen und Diskursen stehenzubleiben, sondern zugehörige Praktiken, Handlungen und Umsetzungsstrategien von Akteuren in verschiedensten Feldern in den Blick zu nehmen. Diese Felder umfassen Regierungen und internationale Organisationen, Parteien und kommunale Politik, lokale Umweltbewegungen und kirchliche Akteurinnen und Akteure, Unternehmen und Unternehmensverbände, Medien und Expertinnen bzw. Experten. Im Zentrum stand die deutsche Untersuchungsebene, die sowohl vergleichend als auch in ihren transnationalen Verflechtungen und im globalen Rahmen beleuchtet wurde. Auch wenn das Projekt keine globalgeschichtliche Ausrichtung hatte, war es Ziel, Wechselwirkungen zwischen lokalen, nationalen und globalen Diskurs- und Handlungsebenen einzubeziehen. Die Einzelstudien waren zeithistorisch angelegt; zugleich konnte es von der interdisziplinären Expertise, welche vor allem das Wissenschaftszentrum Umwelt einbrachte, großen Nutzen ziehen.

In diesem Sinne ist den Teilprojektleiterinnen und -leitern Marita Krauss, Christian Lotz und Jens Soentgen für die immer angenehme und sehr inspirierende Zusammenarbeit zu danken. In besonderer Weise gilt dies für die Bearbeiterinnen und Bearbeiter der Projekte, Eva Oberloskamp, Karen Froitzheim, Nadja Hendriks, Sabina Kubekė und Pascal Pawlitta, die sich – wie auch die assoziierten Doktoranden Felix Lieb (IfZ) und Alina Cohnen (RWTH Aachen) – begeistert und begeisternd auf das Projekt eingelassen, es erfolgreich gestaltet und geformt haben. Zudem hat das Projekt von vielen weiteren Partnern profitiert, zu denen etwa das Rachel Carson Center for Environment and Society an der LMU München, das Forschungsinstitut für Nachhaltigkeit in Potsdam (ehedem Institute for Advanced Sustainability Studies) und jene hilfreichen Archivarinnen und Archivare gehörten, die eine Verkürzung von Schutzfristen für Akten ermöglichten. Vor allem danke ich Günther Opitz (IfZ) und Jürgen Hotz (Campus Verlag) für die hervorragende Organisation des Publikationsprozesses dieser Reihe.

Das Projekt verstand sich als Teil einer Diskussion um die Geschichte der Gegenwart. Wir setzten uns zur Aufgabe, die jüngste Zeitgeschichte quellenbasiert auszuleuchten. Dabei ging es nicht nur um die konstitutive Rolle der 1970er Jahre für eine Neuformierung der Verständnisse von Natur, Umwelt, Ökonomie und Fortschritt, sondern auch um die Erschließung zentraler Prozesse, Strukturen und Brüche seit dieser Zeit und der besonderen Rolle, welche dem Ende des Kalten Krieges und den globalen, weltwirtschaftlichen und zivilgesellschaftlichen Dynamiken der 1990er Jahre zukommt. Zum Ziel wurde es somit, die Genese aktueller Probleme – die Vereinbarkeit von Ökologie und Ökonomie, die Herausforderungen der Energiepolitik und des Klimawandels – zu erhellen und einen Beitrag zum Verständnis unserer Gegenwart und zur Gestaltung unserer Zukunft zu liefern.

Elke Seefried

Einleitung

Nachhaltigkeit – Zur Ökonomisierung eines kontroversen Leitbilds

Der Begriff der Nachhaltigkeit ist heute integraler Bestandteil wirtschaftlichen Handelns und zugleich Gegenstand einer als Greenwashing kritisierten unternehmerischen Inszenierung.[1] Die definitorischen Annäherungen an den Begriff präsentieren sich dabei ähnlich inflationär wie dessen Verwendung.[2] Der Sozialdemokrat Volker Hauff, Mitglied der Brundtland-Kommission und langjähriger Vorsitzender des Rates für Nachhaltige Entwicklung, verglich Nachhaltigkeit einst mit »semantischem Goldstaub«.[3] In der Forschung wird vielfach darauf verwiesen, dass sich das Leitbild Nachhaltigkeit oder Nachhaltige Entwicklung[4] nicht in einer allgemeingültigen Definition greifen lässt.[5] Vielmehr kann Nachhaltigkeit als »regulative Idee«[6] oder im Einklang mit anderen politischen Leitideen wie Freiheit oder Gerechtigkeit als *contested concept* gelten.[7] Häufig wird Nachhaltigkeit mit dem sogenannten Drei-Säulen-Modell erfasst, das neben einer ökonomischen, eine ökologische sowie eine soziale Dimension integriert.[8]

---

1 Vgl. u. a. Rödel 2013, S. 115; Nuhn 2013, S. 221.

2 Kluwick und Zemanek merken hierzu treffend an: »Die Klage über den inflationären Gebrauch des Nachhaltigkeitsbegriffs ist selbst schon inflationär«, Kluwick/Zemanek 2019, S. 11.

3 Zitiert aus einer Unterrichtung über den Stand der Nachhaltigkeitsstrategie durch den damaligen Chef des Bundeskanzleramtes und Vorsitzenden des Staatssekretärausschusses, Herrn Staatssekretär Dr. Frank-Walter Steinmeier, Parlamentsarchiv des Deutschen Bundestages, Berlin, PA-DBT 3501 PB für nachhaltige Entwicklung, 4, Protokoll der 4. (nichtöffentlichen Sitzung) des Parlamentarischen Beirates für nachhaltige Entwicklung, 06.05.2004; zur Rolle Volker Hauffs vgl. Seefried 2015a, S. 390.

4 In der Literatur und internationalen Politik werden die Begriffe häufig synonym verwendet, so beispielsweise auch in der Agenda 21, vgl. Dresner 2009, S. 71. Wie ausgewählte Akteure die Begriffe besetzten, wird im Rahmen dieser Arbeit ausführlich dargelegt werden.

5 Vgl. u. a. von Hauff/Kleine 2009, S. 8; Keller 1999, 89; vgl. für die Zeit- und Wissensgeschichte einschlägig u. a. Seefried 2015a; von Detten 2013.

6 Hauff/Kleine 2009, S. 8; Keller 1999, S. 89.

7 Vgl. Dresner 2009, S. 69.

8 Vgl. Rödel 2013, S. 125; zur Definition der Dimensionen vgl. Nuhn 2013, S. 80 f.

Gleichzeitig wird das Drei-Säulen-Modell kontrovers diskutiert, u. a. die damit einhergehenden »Verflachungstendenzen« sind dabei Gegenstand der Kritik.[9]

Der Disput formiert sich vor allem entlang der Gewichtung und Relation zwischen Ökonomie und Ökologie. Er gründet in der Frage, ob menschengeneriertes Kapital, wie Produktionsmittel und Wissen, sowie Naturkapital zusammen, im Sinne einer schwachen Nachhaltigkeit, oder getrennt, im Sinne einer starken Nachhaltigkeit, betrachtet werden, wobei im ersten Fall eine Steigerung des menschengenerierten Kapitals einen Verlust an Naturkapital kompensieren kann.[10] Die neoklassische Umweltökonomie bildet den theoretischen Rahmen einer schwachen Nachhaltigkeit, welche die ökonomische Dimension in den Fokus rückt.[11] Sie distanziert sich von klassischen wachstumskritischen Modellen und setzt auf die Substituierbarkeit von natur- und menschengeneriertem Kapital.[12] Die ökologische Ökonomie kritisiert diese Substituierungsthese und plädiert stattdessen für ein Konzept der starken Nachhaltigkeit.[13] Dieses knüpft vor allem an die Negierung der Möglichkeit unbegrenzten Wachstums an.[14] Zwischen diesen Grundpolen einer starken und einer schwachen Nachhaltigkeit können weitere Ausdifferenzierungen erfolgen.[15]

Trotz oder gerade aufgrund seiner Ubiquität erscheint Akteuren eine öffentliche Distanzierung von dem Begriff vielfach nicht durchsetzbar, sodass stattdessen eine strategische Umdeutung des Konzepts im jeweils eigenen Interesse erfolgt.[16] Statt einer Nachhaltigkeit scheint eine Vielzahl an Nachhaltigkeiten parallel zu existieren; die Zuschreibungen an den Begriff unterlagen dabei einem historischen Wandel.[17] Da die Ökonomie einen wesentlichen Bezugspunkt des Leitbilds Nachhaltigkeit darstellt, sind insbesondere Unternehmen wichtige Akteure, deren Einschreibungen in das diskursive Feld der Nachhaltigkeit, so eine These, ebenfalls historischem Wandel unterlagen, und die daher auch für die Zeitgeschichte ein relevantes Forschungsfeld darstellen. Trotz der Fülle wissenschaftlicher und gesellschaftlicher Auseinandersetzungen mit Nachhaltigkeit und ihrer Bedeutung für Unternehmen und gesellschaftliche Entwicklungen hat

9 Soentgen 2016, S. 118.

10 Vgl. Dresner 2009, S. 81; zum Konzept starker Nachhaltigkeit vgl. ausführlich Ott 2014, S. 163–192.

11 Vgl. Dingler 2003, S. 386–404.

12 Vgl. Nuhn 2013, S. 84; Dingler 2003, S. 426.

13 Vgl. Dingler 2003, S. 426.

14 Vgl. hierzu ebd., S. 428.

15 Vgl. hierzu Dresner 2009, S. 83; auch Jens Soentgen definiert vor dem Spannungsfeld zwischen ökonomischer und ökologischer Nachhaltigkeit den realistischen Anspruch an das Konzept, Soentgen 2016, S. 124.

16 Vgl. Ott 2014, S. 164; vgl. auch Schwegler 2018, S. 2; auch Nuhn betont die »Deutungsoffenheit« des Verantwortungskonzepts Nachhaltigkeit, Nuhn 2013, S. 79.

17 Vgl. Seefried 2021, S. 382.

die zeithistorische Forschung das Konzept bisher nur in ersten Ansätzen rezipiert.[18] In besonderem Maße gilt dies für Analysen von Nachhaltigkeit in Unternehmen. Auffällig ist, und dies wird im folgenden Kapitel zum Forschungsstand näher dargelegt werden, dass Unternehmen in der Entwicklungsgeschichte der Leitprinzipien Nachhaltigkeit und Nachhaltige Entwicklung zwar als Akteure wahrgenommen wurden, die (zeit-)historische Forschung diese im Forschungsfeld Nachhaltigkeit jedoch kaum zum Untersuchungsgegenstand erhoben hat. Häufig dominieren dabei zudem negative Vorannahmen, die Unternehmen als Antagonisten porträtieren, die Wachstum über alles stellten und systematisch ökologische Grundlagen zerstörten.[19] Gleichzeitig wird die Frage, was Unternehmen zur Einschreibung in das Diskurs- und Handlungsfeld Nachhaltigkeit bewog, in der historischen, vor allem umweltgeschichtlichen Forschung vielfach unterkomplex behandelt.[20] Die vorliegende Arbeit möchte an diesen Desideraten anknüpfen und unternehmerische Nachhaltigkeit zeithistorisch erforschen.

Die Entwicklungsgeschichte der Nachhaltigkeitsidee illustriert ihre wirtschaftliche Dimension und liefert erste Anhaltspunkte für ihre unternehmens- und zeithistorische Bedeutung. Ihre ökonomische Konnotation gründet bereits in den viel zitierten und häufig kritisch hinterfragten Ursprüngen in der frühneuzeitlichen Forstwirtschaft.[21] Die deutsche Forschung schreibt die Erstverwendung und Entstehung des Begriffs überwiegend, wenngleich umstritten, dem Oberberghauptmann Hans Carl von Carlowitz und seiner 1713 veröffentlichten Schrift *Sylvicultura Oeconomica* zu.[22] Nach Weiterentwicklungen der Nachhaltigkeitsidee im 19. Jahrhundert erfuhr sie einen signifikanten Bedeutungsverlust bis in die zweite Hälfte des 20. Jahrhunderts hinein.[23] Zwar waren die historischen Wurzeln des Nachhaltigkeitsbegriffs ökonomisch konnotiert, ab

18 Der Forschungsstand wird ausführlich im nachfolgenden Kapitel (2) dargelegt.

19 Vgl. hierzu Berghoff 2017, S. 15; vielfach wird angenommen, Unternehmen hätten sich grundsätzlich gegen Umweltauflagen gestemmt, wenngleich erste Studien ein komplexeres Bild zeichnen, vgl. Rome 2017, S. 9 f.

20 Vgl. hierzu Rome 2017, S. 11.

21 Vereinzelte Studien verweisen auch auf paläolitische und antike Diskurse und Praktiken, die sie im (Vor-)Feld der Nachhaltigkeit verorten, vgl. u. a. Sieferle 2003; Soentgen 2016; Schliephake u.a. 2020; Tainter 2018.

22 Der zunehmende Verbrauch von Holz führte im 18. Jahrhundert zu einer drohenden Holzknappheit. Laut Carlowitz sollten pro Jahr nur so viele Bäume gefällt werden, wie auf natürlichem Wege wieder nachwachsen könnten, von Carlowitz 2009 [1713], S. 69 ; zur Einordnung in der Forschung vgl. u. a. Ott 2016a, S. 62; Füsslein 2013; Grober 2010, S. 111–116; Grober 2018; Radkau 2008, S. 131 f.; Steinsiek 2011, S. 95; auch der amerikanische Historiker Jeremy L. Caradonna sieht den Ursprung des »modern word for sustainabiltiy« im deutschen Wort Nachhaltigkeit, das im 18. Jahrhundert im Kontext der Holzknappheit entstanden sei, Caradonna 2018a, S. 4; vgl. hierzu kritisch Soentgen 2016, 117 f.; sowie Gottschlich/Friedrich 2014, S. 24 f. und Seefried 2017a, S. 354.

23 Vgl. Ott 2016a, S. 62; Hauff/Kleine 2009, S. 4.

den 1970er Jahren entwickelte sich das Konzept jedoch vor allem im Kontext von Wachstumskritik sowie dem Nord-Süd-Konflikt und Diskussionen um Entwicklungsstrategien, die in den 1970er Jahren mit der Debatte über Umweltschutz und Ressourcenknappheit auf globaler Ebene verschränkt wurden.[24] Angenommen wird zumeist, dass eine dauerhafte Etablierung der Idee Nachhaltigkeit erst im Kontext jener Zukunftsdebatten erfolgte.[25]

Als ein vorläufiger Höhepunkt der Nachhaltigkeitsgeschichte gilt der 1972 veröffentlichte erste Bericht des Club of Rome *Limits to Growth* bzw. *Grenzen des Wachstums*.[26] Der Bericht mahnte nicht nur die Grenzen des Wachstums, sondern das Wachstumsprinzip per se an.[27] Im Zuge der Rezeption des Berichts entwickelte sich ein globaler Wachstumsdiskurs, der in der Formulierung der Idee eines *qualitative growth* mündete, das ökonomische, ökologische und soziale Aspekte umfasste.[28] Die strikte Kritik bzw. Ablehnung jeglichen Wachstums wich integralen und pragmatischeren Konzepten. In Folge kam auf internationalen Konferenzen nicht nur der Begriff Nachhaltige Entwicklung erstmals zur Geltung, sondern erfuhr auch die ökonomische Dimension verstärkt Beachtung.[29]

Zu den wichtigsten Meilensteinen auf dem Weg des Nachhaltigkeitsbegriffs zum Leitbild internationaler Politik avancierten der Bericht *Our Common Future* der Weltkommission für Umwelt und Entwicklung der Vereinten Nationen 1987 sowie insbesondere die *United Nations Conference on Environment and Development (UNCED)* in Rio de Janeiro 1992.[30] Die nach ihrer Vorsitzenden, der ehemaligen norwegischen Ministerpräsidentin Gro Harlem Brundtland, meist als Brundt-

24 Vgl. hierzu ausführlich Seefried 2015a. Zur Ausformierung des politischen Leitbilds *Sustainable Development* seit den 1970ern vgl. einschlägig Seefried 2017a; zurecht kritisch hinterfragt worden ist eine durchgängige Traditionslinie des Nachhaltigkeitsbegriffs, vielmehr entstand im Zuge der Debatten über Wachstumsgrenzen insbesondere ab den 1970er Jahren eine neue Tradition der Idee Nachhaltigkeit, die erst durch eine Rückübersetzung des Begriffs *Sustainable Development* mit älteren Ansätzen verwoben wurde, vgl. u. a. Ott 2016a, S. 65 f.

25 Vgl. Lange 2008, S. 5; sowie Seefried 2017a, S. 354.

26 Meadows u.a. 1972; zur Geschichte des *Club of Rome* vgl. ausführlich Seefried/Kupper, 2018.

27 Vgl. Seefried 2015a, S. 382. Zum Nachhaltigkeitsverständnis in *The Limits of Growth* vgl. auch Schlechtriemen 2019, S. S. 35–40.

28 Seefried 2015a, S. 383; ausführliche Studien zu Entstehung und Wandel des Wachstumsparadigma am Beispiel der OECD hat Matthias Schmelzer vorgelegt, Schmelzer 2018 sowie Schmelzer 2016; zum Diskurs um den Bericht des *Club of Rome* vgl. ausführlich auch Seefried 2015b, S. 255–292.

29 1972 fand die erste große Umweltkonferenz der Vereinten Nationen, die *UN Conference on the Human Environment,* in Stockholm statt, in deren Zentrum insbesondere die Armutsproblematik in den Entwicklungsländern stand. Zur Rolle der Vereinten Nationen bei der Entstehung des Leitbilds Nachhaltige Entwicklung einschlägig Borowy 2018; zum Einfluss von Umwelt-NGOs auf die Vereinten Nationen und die Entwicklung des Leitbilds Nachhaltige Entwicklung vgl. Macekura 2015; der Terminus Nachhaltigkeit selbst fand auf internationaler Ebene in der *World Conservation Strategy* von 1980 Verwendung, war hier aber noch stark an die Bedeutungszuschreibungen der Forstwirtschaft angelehnt, Di Giulio 2004, S. 32.

30 Vgl. Seefried 2015a, S. 391.

land-Bericht bezeichnete Schrift *Our Common Future* legte 1987 eine Definition des Begriffs *Sustainable Development* vor, die noch heute weithin als klassische und anerkannteste Definition gilt:[31] »Sustainable development is development that meets the needs of the present without compromising the ability of future generations to meet their own needs.«[32] Der Brundtland-Bericht hob den durch den Bericht des *Club of Rome* artikulierten Gegensatz zwischen ökonomischem Wachstum und ökologischer Nachhaltigkeit auf und betonte deren Vereinbarkeit. Im Sinne des von kritischen Stimmen konstatierten hegemonialen Diskurses seit dem Brundtland-Bericht stehe, so der Vorwurf, Nachhaltige Entwicklung nun primär für Nachhaltiges Wachstum.[33]

Einer Empfehlung der Brundtland-Kommission folgend diskutierten 1992 auf der UNCED in Rio de Janeiro, meist als *Earth Summit* oder Rio-Konferenz bezeichnet, 178 Nationen das Konzept einer Nachhaltigen Entwicklung.[34] Im Kern strebte die Konferenz nach einem Ausgleich zwischen den Interessen gegenwärtiger und künftiger Generationen sowie der Länder der nördlichen und südlichen Hemisphäre.[35] Im Zentrum stand das Aktionsprogramm Agenda 21, das Ziele und Vorhaben der Weltgemeinschaft definierte.[36] Im Rahmen der Rio-Konferenz wurde im Gegensatz zu vorherigen Konferenzen nicht die Armut der sogenannten Entwicklungsländer als Ursache für ökologische Krisentendenzen benannt, sondern die ökonomischen Muster der Industrieländer, ohne dabei jedoch den Wachstumsimperativ selbst in Frage zu stellen.[37] Auf der Rio-Konferenz deutete sich entsprechend eine Betonung der ökonomischen Dimension an; Unternehmen traten selbst als Akteure auf und gründeten auf Initiative des Schweizer Milliardärs Stephan Schmidheiny das *Business Council for Sustainable Development*.[38] Auch die im Jahr 2000 verabschiedeten Millenniumsziele der Vereinten Nationen etablierten die Wirtschaft weiter als Akteur im globalen Nachhaltigkeitsdiskurs.[39] So sollte im Rahmen einer der definierten Ziele eine

31 Vgl. Pufé 2012, S. 14. Zur Arbeit der Brundtland-Kommission vgl. ausführlich Borowy 2013.

32 World Commission on Environment and Development 1987, Kapitel 2, Paragraph 1. In der von Volker Hauff herausgegebenen deutschen Erstübersetzung spricht die Definition nicht von nachhaltiger, sondern von dauerhafter Entwicklung, Hauff 1987, S. 46.

33 Dingler 2003, S. 220–224.

34 Vgl. Seefried 2015a, S. 391.

35 Vgl. ebd.; Von Hauff/Kleine 2009, S. 8.

36 Vgl. Hauff/Kleine 2009, S. 8.

37 Vgl. Dingler 2003, S. 239.

38 Schmidheiny 1998. Die Untersuchungsunternehmen dieser Arbeit zählten nicht zu den Unterzeichnern der Erklärung.

39 Die acht Ziele lauteten: »Eradicate extreme poverty and hunger«; »Achieve universal primary education«; »Promote gender equality and empower women«; »Reduce child mortality«; »Improve maternal health«; »Combat HIV/AIDS, malaria and other diseases«; »Ensure environmental sustainability«; »Develop a global partnership for development«, United Nations Development Programme 2000.

weltweite Entwicklungspartnerschaft aufgebaut werden.[40] Die globale Staatengemeinschaft positionierte wirtschaftliche Akteure folglich als unverzichtbare Partner auf dem Weg zu einer globalen Nachhaltigen Entwicklung.

Von der ursprünglichen Wachstumskritik eines *Club of Rome* schien sich der Begriff endgültig gelöst zu haben. Das Leitbild Nachhaltige Entwicklung wurde, so eine These von Elke Seefried, »ökonomisiert« und als Mittel zur Steigerung der nationalen Wettbewerbsfähigkeit verstanden, während die beiden anderen Dimensionen – insbesondere die soziale – in den Hintergrund rückten.[41] Der Rio-Prozess wurde entsprechend kritisch hinterfragt und von Kritikern gar als »Kitt des neoliberalen Scherbenhaufens« bezeichnet.[42] Auch wurde der Vorwurf erhoben, *Sustainable Development* diene vorrangig der Herrschaftslegitimierung und -stabilisierung im Rahmen einer ökologischen Modernisierung.[43] Die positiven Auswirkungen des Rio-Prozesses und seiner Vorläufer wurden zunehmend kritisch hinterfragt.[44] Insbesondere die Rolle von Unternehmen wurde kritisch beleuchtet. So mehrten sich im Vorfeld des *World Summit on Sustainable Development* in Johannesburg im Jahr 2002 Befürchtungen, Unternehmen könnten den Gipfel zur Durchsetzung eigener Interessen nutzen, sich vor Ort als Schlüsselfiguren der ökologischen Modernisierung inszenieren und zugleich verbindliche ökologisch-soziale Standards blockieren.[45]

Vor dem Hintergrund der Entwicklung von Nachhaltigkeit und Nachhaltiger Entwicklung zum Leitbild globaler Politik und ihrer gleichzeitigen Ökonomisierung, verdeutlicht sich das Potential einer zeithistorischen Untersuchung von Unternehmen als Akteure in jenem Forschungsfeld. Die bisherige Forschung lässt weitestgehend offen, wie Unternehmen selbst den Begriff Nachhaltigkeit besetzt haben, wie sie sich in Diskurse einschrieben, welche Narrative und Begriffe sie kommunizierten, welche Praktiken sie entwickelten, wie sie soziale, ökologische und ökonomische Fragen austarierten und welche Interdependenzen zu anderen Akteuren sie wahrnahmen. Die vorliegende Arbeit fragt nach jener Adaptierung der Nachhaltigkeitsidee durch Unternehmen im Umfeld der Etablierung des Konzepts als Leitbild internationaler Politik im Zuge des Brundtland-Berichts und insbesondere der Rio-Konferenz 1992. Ein besonderes Augenmerk legt die

40 U. a. sollten »[i]n Zusammenarbeit mit den Pharmaunternehmen unentbehrliche Arzneimittel zu bezahlbaren Kosten in den Entwicklungsländern verfügbar« gemacht sowie »[i]n Zusammenarbeit mit dem Privatsektor dafür [gesorgt werden], dass die Vorteile der neuen Technologien, insbesondere der Informations- und Kommunikationstechnologien, genutzt werden können«, Bundesministerium für wirtschaftliche Zusammenarbeit und Entwicklung 2020.

41 Vgl. Seefried 2015a, S. 394.

42 Brand/Görg 2002.

43 Vgl. Eblinghaus/Stickler 1996, S. 154–157.

44 Vgl. Caradonna 2017, S. 154.

45 Vgl. Brand/Görg 2002, S. 13.

Arbeit ferner auf Kontaktzonen zwischen Wirtschaft und Politik und geht der Frage nach, wie die Politik die Rolle der Wirtschaft als Akteur im diskursiven Feld der Nachhaltigkeit definierte. Unter dem Begriff »Kontaktzone« versteht diese Arbeit Kontakte und Interdependenzen der Unternehmen zu anderen Akteursgruppen, neben Politik z. B. auch Verbraucherinnen und Verbraucher oder NGOs. Gemäß diesem Verständnis können Kontaktzonen institutionalisiert sein, wie die Enquete-Kommissionen des Bundestages, gleichermaßen existieren sie auch in nicht-institutionalisierter Form, exemplarisch als kontinuierlicher Austausch mit Kundinnen und Kunden.

Insbesondere gilt es in dieser Studie durch Archivarbeit und den Einbezug zeitgenössischer Unternehmensquellen die Eigenperspektive der Unternehmen als Akteure der Nachhaltigkeit zu beleuchten. Im Fokus einer solchen Untersuchung sollen multinationale Unternehmen stehen, die aufgrund ihrer strukturellen Beschaffenheit und Finanzkraft häufig eine Vorreiterrolle bei gesellschaftlichen Entwicklungen einnehmen und zugleich – auch im Rahmen allgemeiner Globalisierungskritik – unter besonderer Beobachtung stehen.[46] Ebenso soll eruiert werden, inwieweit Branchenzugehörigkeit und nationale Herkunft der internationalen Unternehmen ihr Agieren beeinflussten. Um einen solch doppelten Vergleich zwischen Ländern und Branchen durchzuführen, gilt es zunächst eine sinnvolle Auswahl zu treffen.[47] Geleitet vom Anspruch, eine möglichst detailscharfe Analyse durchzuführen, die sich nicht in groben Überblicksdarstellungen verliert, erscheint ein Forschungsprogramm, das sich auf Unternehmen aus zwei Ländern und zwei Branchen konzentriert, nicht nur praktikabel, sondern auch erkenntnisreich.

Um eine fundierte Analyse zu gewährleisten, sollen Unternehmen aus Großbritannien und Deutschland gegenübergestellt werden; zwei Länder, die sich als die beiden größten Volkswirtschaften Europas grundsätzlich durch wirtschaftliche Vergleichbarkeit auszeichnen.[48] Die Vergleichbarkeit beider Länder für das Diskurs- und Handlungsfeld Nachhaltigkeit wurde auch von zeitgenössischen politischen Akteuren in Deutschland und Großbritannien erkannt, die bei der

46 Zur Kritik an multinationalen Unternehmen von Seiten der Globalisierungsgegner vgl. u. a. Daub 2005, S. 15–17; sowie Kobrin 2005; vgl. auch Nuhn 2013, S. 203–206; vgl. ferner Römer 2008, S. 4–6; in Anlehnung an Römer, S. 4, wird in der vorliegenden Arbeit ein »Unternehmen dann als multinational bezeichnet […], wenn sich seine Geschäftstätigkeit nicht lediglich auf das Heimatland bezieht, sondern dieses Unternehmen auch grenzüberschreitend tätig ist«; zur Adaption der Nachhaltigkeitsidee durch multinationale Unternehmen vgl. Jones 2017, S. 356–386.

47 Zur Methodik des historischen Vergleichs vgl. u. a. Haupt/Kocka 1996, S. 9.

48 Eurostat, BIP (Bruttoinlandsprodukt) in den Mitgliedsstaaten der EU in jeweiligen Preisen im Jahr 2016 (in Milliarden Euro). https://de.statista.com/statistik/daten/studie/188776/umfrage/bruttoinlandsprodukt-bip-in-den-eu-laendern/ (7. November 2017).

jeweils eigenen Ausgestaltung des Leitbilds Nachhaltigkeit aktiv den Austausch miteinander suchten.[49] Jenseits vom Aufstieg der Nachhaltigen Entwicklung zum Leitbild internationaler Politik war Europa in den 1990er Jahren auf der einen Seite durch das Ende der Sowjetunion, auf der anderen Seite durch zunehmende Globalisierungstendenzen und eine vertiefte europäische Integration geprägt.[50] Parallel ließen sich vielfach Vermarktlichungstendenzen beobachten, die teils mit dem Schlagwort »Neoliberalismus« überschrieben wurden – ein Begriff, der in der zeitgeschichtlichen Forschung kritisch betrachtet wird.[51] Insbesondere wird der Begriff häufig mit dem Großbritannien unter Premierministerin Margaret Thatcher assoziiert. So waren beide Länder im Untersuchungszeitraum, der von der Veröffentlichung des Brundtland-Berichts 1987 bis in die 2000er Jahre reicht, von unterschiedlichen Politikstilen und gesellschaftlichen Zuschreibungen an den Begriff Nachhaltigkeit geleitet, die in Kapitel (I) dargelegt werden.[52] Die stark von zivilgesellschaftlichen Akteuren geprägte Umweltbewegung wies in Deutschland und Großbritannien im Untersuchungszeitraum ebenfalls unter-

---

49 Exemplarisch belegen dies mehrere Delegationsreisen der Enquete-Kommission des Bundestages »Schutz des Menschen und der Umwelt«, die maßgeblich an der Ausgestaltung des Leitbilds Nachhaltigkeit in Deutschland beteiligt war, nach London in den 1990er Jahren sowie weitere Delegationsreisen von Abgeordnetengruppen in den 2000er Jahren, Parliamentary Archives, London, HL/CP/2789, Letter to the Department of the Environment: Visit of a delegation of the Enquete Commission »Protection of Humanity and the Environment« to London from 4 to 5 May 1994, 21.04.1994; Parliamentary Archives, London, HL/CP/2789, Visit by the Enquete Commission of the German Bundestag, 26.04.1994; Parlamentsarchiv des Deutschen Bundestages, Berlin, PA-DBT 3415 EK Umweltschutz, 135, Kurzprotokoll der 45. Sitzung (nichtöffentlich), 16.09.1997; Parlamentsarchiv des Deutschen Bundestages, Berlin, PA-DBT 3415 EK Umweltschutz, 136, Kurzprotokoll der 47. Sitzung (nichtöffentlich), 03.11.1997; Parlamentsarchiv des Deutschen Bundestages, Berlin, PA-DBT 3501 PB für nachhaltige Entwicklung, 31, Protokoll der 10. (nichtöffentlichen) Sitzung, 07.03.2007; Parlamentsarchiv des Deutschen Bundestages, Berlin, PA-DBT 3501 PB für nachhaltige Entwicklung, 32, Protokoll der 11. (nichtöffentlichen) Sitzung, 21.03.2007.

50 Vgl. Süß 2002, S. 7; zur europäischen Integration im Untersuchungszeitraum vgl. u. a. Loth 2014, S. 259–415 sowie Winkler 2016, S. 19–39; zu den wichtigsten Themenfeldern der neuesten Zeitgeschichte vgl. insbesondere auch Doering-Manteuffel u. a., S. 9–34; zu den Herausforderungen der Globalisierung für Europa vgl. einschlägig Wirsching 2012a, S. 226–269; sowie Wirsching 2015, S. 73–110; zu den wirtschaftlichen Auswirkungen der europäischen Integration vgl. exemplarisch Patel 2018, S. 108–148.

51 Für Anmerkungen zur Kritik am »Neoliberalismus« Begriff im Rahmen einer Beiratssitzung des IfZ sei auch Prof. Dr. Philipp Gassert gedankt. Historisch entstand der »Neoliberalismus« in der unmittelbaren Nachkriegszeit im Umfeld des österreichischen Ökonomen Friedrich von Hayek und der Mont Pelerin Society und wurde später vor allem durch Milton Friedmans Chicago School geprägt. Der Neoliberalismus entzieht sich einer eindeutigen Definition, nicht zuletzt durch die Distanzierung seiner geistigen Väter von dem als politischer Kampfbegriff diffamierten Terminus. Als kleinster gemeinsamer Nenner unterschiedlichster Ansätze kann der Dreiklang aus Liberalisierung, Deregulierung und Privatisierung gelten, vgl. Ther 2014, S. 22–24; zu den Folgen des sog. »Neoliberalismus« auf die Demokratie vgl. auch die kontrovers diskutierte Analyse von Brown 2015; vgl. grundsätzlich auch Wirsching 2012b, S. 139–150.

52 Eine Analyse von zeitlichen vorgelagerten Unterschieden in der Rezeption des Club of Rome-Berichts bietet Seefried 2011.

schiedliche Ausformungen auf. Der Umweltbewegung in der Bundesrepublik der 1980er Jahre wird im internationalen Vergleich ein »Sonderweg« bescheinigt, da ökologische Themen im öffentlichen Diskurs vielfach beachtet wurden.[53] Deren herausragende Bedeutung wird ferner als Reaktion auf sozio-ökonomische Krisenerfahrungen unter der sozial-liberalen Koalition verstanden – da in der Bundesrepublik nicht die Möglichkeit bestand, sich »an einem politischen Projekt à la Thatcher abarbeiten« zu können, füllte die Umweltbewegung dieses »politische Vakuum« aus.[54] Die unterschiedlichen politisch-kulturellen Prägungen der beiden Staaten bei gleichzeitig vergleichbaren ökonomischen Rahmenbedingungen, die zudem mit der Europäischen Union einen gemeinsamen Rahmen erhalten, ermöglichen somit einen verlässlichen Vergleich.

Auch bezüglich der zu untersuchenden Branchen ist die Auswahl vom Anspruch geleitet, durch ein Mindestmaß an Unterschieden den möglichen Brancheneinfluss sinnvoll herauskristallisieren zu können. Daher wird mit der Chemie- und Pharmaindustrie exemplarisch eine Branche untersucht, die unter besonderem öffentlichen Druck stand und steht.[55] Die bisherige Forschung verweist darauf, dass der Druck zu politischer Regulierung, aber auch zu Eigeninitiativen der Unternehmen geführt habe.[56] Der deutschen Chemieindustrie schreibt u. a. Geoffrey Jones ab den 1970er Jahren eine besondere Pionierrolle zu.[57] Neben einem generellen Aufstieg von Umweltthemen in Politik und Gesellschaft sieht Jones dies vor allem darin begründet, dass viele Chemieunternehmen ihre Firmenstandorte am stark verschmutzten Rhein hatten, sich auf lokaler Ebene massiver Kritik ausgesetzt sahen und durch umweltfreundliches Verhalten Reputationsgewinne anstrebten.[58] Auch zu Beginn des Untersuchungszeitraums verband sich die öffentliche Diskussion zum Umweltschutz häufig explizit mit der Chemieindustrie – ein Resultat aus Chemiekatastrophen wie dem Bophal-Unglück in Indien von 1984, dem Großbrand von Schweizerhalle 1986 sowie einem wachsenden öffentlichen Interesse an Themen wie toxische Baustoffe und Bodenkontamination, die die Branche unmittelbar berührten.[59] Mehrere Faktoren, wie das Ausbleiben schwerer Chemieunglücke und ein spürbarer Rückgang der Emissio-

53 Vgl. hierzu Uekötter 2015, S. 151–168 sowie Uekötter 2011, S. 112–120.

54 Uekötter 2015, S. 152.

55 Zur schlechten Reputation der Chemiebranche vgl. exemplarisch Tywuschik 2016, S. 199. Vgl. auch Nuhn 2013, S. 15.

56 Jones 2017, S. 359; vgl. zu einem aus Druck entstandenen besonderen Engagement auch Nuhn 2013, S. 35 f.

57 Jones 2017, S. 359.

58 Ebd.; zur Entwicklung betrieblicher Umweltschutzmaßnahmen in der Chemieindustrie der 1950er und 1960er Jahre als Reaktion auf lokale Verschmutzungen vgl. auch Lorentz/Erker 2003, S. 357 f.; zur Umweltpolitik westdeutscher Chemieunternehmen vgl. auch Jones/Lubinski 2013.

59 Vgl. Tywuschik 2008, S. 315 f.; Jungkind 2013, S. 296–302.

nen, könnten auf eine Verbesserung des negativen Images der Chemiebranche in den späten 1990er und 2000er Jahren verweisen.[60] Die Chemie- und Pharmaindustrie ist ferner von einschlägigem Interesse, da sie von der Politik, zumindest im Falle der Bundesrepublik Deutschland, nachweislich bereits frühzeitig als Akteur im diskursiven Feld der Nachhaltigkeit wahrgenommen wurde, was sich nicht zuletzt in ihrer Beteiligung an der Enquete-Kommission »Schutz des Menschen und der Umwelt« manifestierte.[61] Insbesondere die Pharmaindustrie wurde durch internationale Abkommen wie die *Millennium Goals* von der politischen Gemeinschaft zu einem wichtigen Akteur auf dem Weg zu einer Nachhaltigen Entwicklung erhoben.[62]

Als zweites Untersuchungsfeld steht die Handels- und Konsumgüterbranche im Zentrum der Analyse. Die Branche ist von besonderem Interesse, da sie die Lebenswelt der Konsumentinnen und Konsumenten unmittelbar berührt und diese nicht-nachhaltiges Handeln durch Kaufentscheidungen bewusst sanktionieren können. An dieser Frage zeigt sich auch die Anschlussfähigkeit einer entsprechenden zeithistorischen Forschung an aktuelle Diskurse, in denen vielfach auf die vermeintlich nachhaltige Anspruchshaltung von Konsumentinnen und Konsumenten verwiesen wird.[63] Zeithistorisch gilt es insbesondere zu untersuchen, ob diese von den Unternehmen als Treiber auf dem Weg zur Entwicklung von Nachhaltigkeitskriterien wahrgenommen wurden, welche Interdependenzen zwischen beiden Akteursgruppen bestanden und ob das bis in die Gegenwart kolportierte Narrativ der Nachhaltigkeitsforderungen auf Kundenseite einer wissenschaftlichen Überprüfung standhalten kann. An der Handels- und Konsumgüterbranche zeigt sich ferner besonders deutlich ein grundsätzliches Dilemma unternehmerischer Nachhaltigkeit. Unternehmen als Akteure waren und sind von ihrem Profitablitätsstreben geleitet und ungeachtet ihres individuellen Einsatzes nachhaltiger Praktiken animieren sie zum Konsum und damit grundsätzlich zu Ressourcennutzung und Ressourcenverbrauch.[64]

60 Vgl. Baumgärtner 2005, S. 5; zeitgenössische Umfragen des Verbands der Chemischen Industrie (VCI) belegen, »dass das Ansehen der chemischen Industrie zwischen 1990 und dem Frühjahr 1996 relativ hoch und konstant war mit einem Höchstwert von 60 % (August 1992) und einem Tiefstwert von 45 % (März 1993, Chemieunglück Höchst).« Nicht zuletzt aufgrund konjunktureller Fragen habe der Druck in den Folgejahren weiter nachgelassen, Tywuschik 2008, S. 318.

61 Vgl. Brand/Jochum 2001, S. 157.

62 Vgl. Bundesministerium für wirtschaftliche Zusammenarbeit und Entwicklung, MDG 8: Eine weltweite Entwicklungspartnerschaft aufbauen, 27.07.2021.

63 Vgl. hierzu jüngere Debatten zu Gesetzen über Nachhaltigkeit in Lieferketten auf deutscher und europäischer Ebene Zacharakis 2021; Bundesministerium für wirtschaftliche Zusammenarbeit und Entwicklung 2021.

64 Vgl. hierzu Jones 2017, S. 368.

Die Studie möchte die Eigenperspektive von Unternehmen als Akteure bei der Entwicklung von Nachhaltigkeit durch intensive Erforschung von Beständen aus Unternehmensarchiven und weiteren Eigenquellen der Unternehmen untersuchen. Entsprechend soll die Analyse nicht möglichst breit gestaltet werden, sondern vorrangig in die Tiefe gehen, das heißt wenige ausgewählte Unternehmen intensiv erforschen. Die Arbeit wird sich auf je zwei Unternehmen aus Großbritannien und Deutschland beschränken, die durch Größe und Ausrichtung jeweils Repräsentativität für ihre Branche beanspruchen können. Die Unternehmen mussten folgende Kriterien erfüllen: Hauptsitz in Deutschland oder Großbritannien, Zuordnung zur Chemie- und Pharmaindustrie oder Handels- und Konsumgüterbranche, Geschäftstätigkeiten in mehreren Ländern, hinreichende Unternehmensgröße[65] sowie Firmenaktivitäten im gesamten Untersuchungszeitraum.[66] Um dem Anspruch der Arbeit, vorwiegend mit Quellen aus den Unternehmen zu arbeiten, gerecht zu werden, war ein Zugang zu einem ausreichenden Quellenset für jedes Unternehmen unerlässlich. Der Untersuchungszeitraum der 1990er Jahre konfrontiert die Forschung mit einer doppelten Herausforderung: Seine Gegenwartsnähe bedingt Archivschutzfristen, gleichzeitig liegt er zu weit zurück, um Quellen frei zugänglich online vorzufinden. Dies gilt auch für externe Quellen der Unternehmenskommunikation wie Jahres- oder Nachhaltigkeitsberichte. Ein Zugang zu Unternehmensarchiven oder Zeitzeuginnen und Zeitzeugen ist folglich unerlässlich.

Für die Chemie- und Pharmabranche haben die deutsche Merck KGaA sowie das britische Unternehmen AstraZeneca plc den Zugang zu ihren Beständen ermöglicht, für die Handels- und Konsumgüterbranche wurden Quellen der britischen Marks & Spencer plc sowie der deutschen Otto Group gesichtet. Die Untersuchung jener vier Unternehmen erscheint aus mehreren Gründen lohnend. Allen vier Unternehmen ist zu eigen – dies wird die spätere Analyse zeigen –, dass sie bereits frühzeitig Nachhaltigkeit rezipiert haben. Auch wenn es notwendig ist, vorab ein Bewusstsein für den selektiven Charakter der Auswahl zu schaffen, stellt dieser keinen Nachteil dar. Zum einen konnten die Ergebnisse so über den bloßen Befund einer Abwesenheit des Leitbilds Nachhaltigkeit hinausgehen, zum anderen eröffnet die grundsätzliche Vergleichbarkeit die Chance, Nuancen der Unternehmen als Akteure im diskursiven Feld der Nachhaltigkeit herauszuarbeiten. Die Auswahl war zudem davon geleitet, dass alle vier Unter-

---

65 Durch den Schwerpunkt auf multinationale Unternehmen, die Vorreiterrolle größerer Unternehmen und ihre zumeist signifikant bessere Quellenlage (nicht zuletzt durch ausgeprägtere Berichtspflichten) werden KMU nicht in die Untersuchung miteinbezogen.

66 Bei Umfirmierungen im Untersuchungszeitraum werden auch Aktivitäten von Vorgängerunternehmen untersucht.

nehmen zeit- und unternehmenshistorische Forschungsdesiderate darstellen, insbesondere im Feld der Nachhaltigkeit.[67]

Forschungsstand

In Anbetracht ihrer Ubiquität sowie begrifflichen und inhaltlichen Unschärfe überrascht es wenig, dass die Idee der Nachhaltigkeit in der Forschung über Disziplingrenzen hinweg vielfach rezipiert wurde und wird.[68] Gerade aufgrund der thematischen Breite und Akteursvielfalt im diskursiven Feld der Nachhaltigkeit verlangt eine wissenschaftliche Annäherung zunächst eine tiefergehende disziplinäre Verortung, um die Anschlussfähigkeit der Arbeit an bestehende Forschungen zu gewährleisten. Die folgende Arbeit versteht sich primär als zeithistorische Arbeit ohne sich innerhalb der epochalen Zuschreibung einer bestimmten Unterdisziplin zuzuordnen.[69] Eine eigenständige Nachhaltigkeitsgeschichte oder *History of Sustainability*, die ihren Blick gleichermaßen auf ökonomische, soziale und ökologische Fragestellungen richtet, existiert zum derzeitigen Zeitpunkt nur in ersten Ansätzen und nicht institutionalisiert, was sich nicht zuletzt in der Absenz entsprechender wissenschaftlicher Lehrstühle und Zeitschriften manifestiert.[70] Das von der Leibniz-Gemeinschaft geförderte und vom Institut für Zeitgeschichte München-Berlin koordinierte Verbundprojekt »Geschichte der Nachhaltigkeit(en)«, in dessen Rahmen die vorliegende Arbeit an der RWTH Aachen entstand, strebt an, dieses Forschungsdesiderat zu schließen und einen Beitrag zur disziplinären Weiterentwicklung zu leisten.[71] Aufgrund des weitgehenden Fehlens einer dezidierten Geschichte der

67 Vgl. hierzu den Forschungsstand im folgenden Kapitel (2).

68 Exemplarisch sei verwiesen auf den Sammelband von Kluwick/Zemanek 2019b; aufgrund der ökonomischen Konnotation haben insbesondere die Wirtschaftswissenschaften das Konzept intensiv rezipiert, vgl. exemplarisch Antes 2014; de Boer/Andersen 2019; Pufé 2017; Rogall 2015; Tokarski u.a. 2019; im Zuge der Entstehung der *Environmental Humanities* wurde die Idee der Nachhaltigkeit zunehmend auch von den Geistes- und Kulturwissenschaften adaptiert, vgl. hierzu die Sammelbände von Oppermann/Iovino 2017; sowie Meireis/Rippl 2019; sowie die GAIA Sonderausgabe von Schmidt u.a. 2020; unter dem Schlagwort *Cultural Ecology* wurde das Konzept insbesondere auch in den Literaturwissenschaften zunehmend rezipiert vgl. u. a. Zapf 2016; Robertson 2016; normative Ansätze bietet die Philosophie vgl. u. a. Carnau 2011; Becker 2012.

69 Zu Forschungsfeldern und Subdisziplinen der Zeitgeschichte vgl. den Sammelband von Bösch/Danyel 2012b.

70 Zu Status quo und Ausblick einer *History of Sustainability* vgl Caradonna 2018c.

71 Im Rahmen des Projekts entstehen eine Kulturgeschichte der Nachhaltigkeit (Prof Dr. Elke Seefried, IfZ/RWTH), eine Arbeit zur bundesdeutschen und britischen Energiepolitik (Dr. Eva Oberloskamp,

Nachhaltigkeit erweisen sich derzeit insbesondere drei Forschungsfelder als konzeptionell und methodisch-theoretisch anschlussfähig: Wirtschafts- und Unternehmensgeschichte, Umweltgeschichte sowie Neue Kulturgeschichte.

Befasst sich eine historische Arbeit mit Unternehmen, ist die Vermutung naheliegend, es handele sich um einen Beitrag zur Wirtschafts- und Unternehmensgeschichte[72] – eine Annahme, welcher das Gros der Wirtschaftshistorikerinnen und -historiker hingegen widersprechen würde.[73] Die Schwerpunktsetzungen wirtschafts- und unternehmensgeschichtlicher Arbeiten zeigen die Grenzen einer solch expliziten und exklusiven Zuordnung auf, die daher weder erfolgen kann noch erwünscht ist. So soll nicht dargelegt werden, welche Logik wirtschaftlichen Handelns und welche Managemententscheidungen die Basis für eine Rezeption und Adaption des Leitbilds Nachhaltigkeit durch Unternehmen bildeten. Vielmehr soll dargelegt werden, wie Unternehmen sich in den Nachhaltigkeitsdiskurs einschrieben, d. h. insbesondere auch, wie sie darüber kommunizierten. Hierbei gilt es zu vermeiden, aus (externen) Quellen der Unternehmens*kommunikation* übereilte Rückschlüsse auf reale Prozesse in den Unternehmen zu ziehen. Dass diese Arbeit sich nicht als rein wirtschafts- und unternehmenshistorischer Beitrag versteht, bedeutet gleichwohl keine Ignoranz gegenüber deren disziplinären Charakteristika. Zum einen spielen ökonomische Theorien in der Wirtschaftsgeschichte eine gewichtige Rolle und auch diese Arbeit integriert Vorüberlegungen zu Begrifflichkeiten der starken und schwachen Nachhaltigkeit, die aus der neoklassischen Umweltökonomie

---

IfZ), sowie Doktorarbeiten zur Entstehung der internationalen Klimapolitik (Pascal Pawlitta, IfZ/RWTH) und zur Umsetzung von Nachhaltigkeit auf lokaler Ebene (Nadja Hendriks, Universität Augsburg).

72 Zwar existieren vermehrt Versuche, die Unternehmensgeschichte als eigenständige Disziplin zu verorten, sie darf aber auch als Teil einer akteurszentrierten Wirtschaftsgeschichte gelten, vgl. Steiner 2012, S. 233; vgl. auch Pierenkemper 2000, S. 73.

73 So zweifelt etwa der Wirtschaftshistoriker André Steiner zwar keineswegs an, dass unterschiedliche Perspektiven und Annäherungen an vergangenes wirtschaftliches Handeln möglich sind, er schließt dabei auch politik- und kulturhistorische Ansätze explizit mit ein, vermerkt jedoch zugleich, dass »solche Perspektiven Teil wirtschaftshistorischer Analyse sein [können], aber sie sind es nicht schon allein deshalb, weil sie sich »die« Wirtschaft oder wirtschaftliche Prozesse zum Gegenstand genommen haben«. Als Conditio sine qua non der Wirtschaftsgeschichte gilt die Frage, »inwieweit sich diese auf die Logik wirtschaftlichen Handelns […] einlässt«. Steiner 2012, S. 231 f.; noch deutlicher zeigt sich die Definition der Unternehmensgeschichte als der »Bereich der Geschichtsforschung, der sich mit den Entscheidungen von Menschen beschäftigt, welche die Geschicke von Unternehmen bestimmen. […] Konkret geht es dabei um die Untersuchung des Managements, der Geschäftspraxis, der Institutionen und des Geschäftsdenkens.«, Pierenkemper 2000, S. 73.

sowie der ökologischen Ökonomie entlehnt sind.[74] Zum anderen betrachten wirtschafts- und unternehmenshistorische Arbeiten auch Schnittstellen zu anderen Akteuren wie der Politik, sei es durch die Analyse politischer Institutionen als gestaltende Kräfte von Wirtschaftspolitik oder im Rahmen der Untersuchung der politischen Macht von Unternehmen.[75] Hierin liegt ebenso eine Schnittstelle zum Forschungsinteresse dieser Arbeit.

Naturgemäß weist das Thema der Arbeit ebenfalls Verbindungen zur Umweltgeschichte auf.[76] Es vermag angesichts der Abhängigkeit der Wirtschaft von natürlichen Ressourcen und ihrem gleichzeitigen massiven Eingriff in die Umwelt kaum überraschen, dass die Umweltgeschichte wirtschaftliche Faktoren betrachtet hat.[77] Jedoch erscheint fraglich, ob ein expliziter Bezug zur Umweltgeschichte einen tatsächlichen Mehrwert für die Arbeit generieren könnte. Es ist durchaus bezeichnend, wenn die Umwelthistorikerin Melanie Arndt betont, dass die Unternehmensgeschichte zunehmend umwelthistorisch ausgeleuchtet wird.[78] Was erfolgt, ist offenkundig die Integration der Umwelt in die Wirtschaftsgeschichte, weniger jedoch die Integration des Unternehmens in die Umweltgeschichte. Deutlich wird hier der vielleicht wichtigste Beitrag der Umweltgeschichte: Ihr Agenda-Setting, das mit dazu beitrug, die Umwelt als Kategorie in anderen historischen Disziplinen zu verankern.[79] So erweist sich die Umweltgeschichte für diese Arbeit vor allem hinsichtlich der Kontextualisierung als bedeutsam, da sie elementare Vorarbeiten zu sich wandelnden gesellschaftlichen Vorstellungen gegenüber der Ökologie geleistet hat.[80] Allerdings analysiert diese Arbeit das Feld

74 Fraglich erscheint hingegen die Forderung einiger Wirtschaftshistoriker wie Pierenkemper, dass eine Arbeit überhaupt erst durch den Einsatz ökonomischer Modellvorstellungen als wirtschaftshistorisch gelten darf, vgl. Steiner 2012, S. 232 ; Pierenkemper 1995, S. 169.

75 Vgl. Steiner 2012, S. 233; Plumpe 2018, S. 126–130; Pierenkemper 2000, S. 73.

76 Prägnant lässt sich diese definieren als »die Geschichte der Wechselbeziehungen zwischen Mensch und Natur«, Arndt 2012, S. 263; zu Entwicklung und Themen der Umweltgeschichte vgl. auch Winiwarter/Knoll 2007; sowie Radkau 2003 und Sieferle 2009; für die angloamerikanische *Environmental History* vgl. Isenberg 2014.

77 Besonders deutlich wird diese Verknüpfung bei Christian Pfisters These vom 1950er Syndrom und dem Anstieg des globalen Energiebedarfs sowie der Entwicklung der Konsumgesellschaft, Pfister/Bär 1996; vgl. ergänzend Pfister 2003; vgl. hierzu ferner Merki 2009, der dafür plädiert, das ›1950er-Syndrom‹ diziplinär, geographisch und zeitlich zu erweitern; exemplarisch sei zudem auf Siemann/Freytag 2003 verwiesen. Diese plädieren dafür, Umwelt als vierte geschichtswissenschaftliche Grundkategorie gleichberechtigt neben Herrschaft, Wirtschaft und Kultur zu etablieren.

78 Arndt 2012, S. 290; Arndt verweist hier auf Berghoff 2009.

79 Selbst Vertreterinnen und Vertreter der (deutschen) Umweltgeschichte plädieren nicht mehr dezidiert für ihre Verortung als eigenständige historische Teildisziplin, sondern präferieren die Integration der Umwelt als Faktor in die bestehenden historischen Teildisziplinen, um so eine möglichst große Reichweite zu erzielen, Arndt 2012, S. 264–267; Arndt verweist hier auch auf Krug 2011.

80 Vgl. hierzu exemplarisch Radkau 2011; sowie Uekötter 2015.

der Nachhaltigkeit, bei dem die Umwelt ein Aspekt, aber nicht das allein konstituierende Merkmal ist.[81]

Vielversprechend erscheint abschließend ein Blick in das Angebot der Neuen Kulturgeschichte, das für das Erkenntnisinteresse der Arbeit vielfältige Anknüpfungspunkte bereithält.[82] Statt durch einen konkreten Forschungsgegenstand ist die Kulturgeschichte durch eine bestimmte Perspektivierung charakterisiert; sie kann und sollte folglich auch die Wirtschaft zum Gegenstand ihrer Analysen erheben.[83] Gleichwohl ist sie diesem Anspruch bisher nur in überschaubarem Maße gerecht geworden, was sich nicht zuletzt in einer fehlenden, allgemein anerkannten Bezeichnung für eine Verbindung von Kultur- und Wirtschaftsgeschichte manifestiert.[84] Die Kulturgeschichte stellt für dieses Forschungsvorhaben vor allem eine methodisch-theoretische Inspirationsquelle dar.[85] Ganz wesentlich hat die Kulturgeschichte im Zuge des *linguistic turn* Angebote der Diskursanalyse rezipiert.[86] Dieses methodisch-theoretische Konzept erscheint als Basis besonders fruchtbar. Ergänzend sei abschließend auf die Begriffsgeschichte verwiesen.[87] Die vorliegende Arbeit versteht sich nicht als dezidiert begriffsgeschichtlich, untersucht jedoch, welche Termini im diskursiven Feld der Nachhaltigkeit zu welchem Zeitpunkt durch welche Akteure verwendet wurden. Die Entwicklung

---

81 Zur Unterscheidung zwischen einer Geschichte der Nachhaltigkeit und der Umweltgeschichte vgl. auch Caradonna 2018c, S. 11.

82 Landwehr 2012, S. 319; zum Kulturbegriff der Kulturgeschichte vgl. auch Tschopp/ Weber 2007, S. 27–52; Tschopp 2008, S. 9–11.

83 Landwehr 2012, S. 319 f.

84 Vgl. ebd., S. 327; einen ersten Versuch eines Perspektivenwechsels zu einem Verständnis von »Wirtschaftsgeschichte als Kulturgeschichte« unternahmen Hartmut Berghoff und Jakob Vogel in ihrem gleichnamigen Sammelband, Berghoff/Vogel 2004; gleichwohl mag der Band nicht vollumfänglich zu überzeugen. Mark Spoerer weist in einer Rezension zurecht darauf hin, dass die Beiträge weitestgehend auf moderne ökonomische Konzepte zurückgreifen, wie es in der Wirtschaftsgeschichte Usus ist, ihr dezidiert kulturhistorischer Anspruch hingegen selten offen zutage tritt, Spoerer 2004.

85 Nicht unerwähnt bleiben sollte ferner die Politische Kulturgeschichte, die insbesondere durch ihre Akzentuierung von politischem Handeln als soziales und kommunikatives Handeln sinnvolle Anknüpfungspunkte für diese Arbeit bietet, vgl. Mergel 2012, hier S. 192.

86 Vgl. u. a. Tschopp/Weber 2007, S. 86 f.; zur Diskursgeschichte als Kulturgeschichte vgl. ferner Landwehr 2009, S. 163–171.

87 Gemäß der Definition von Kathrin Kollmeier untersucht die Historische Semantik »den Bedeutungsgehalt und -wandel kultureller, insbesondere sprachlicher Äußerungen auf ihre Historizität. Als geschichtswissenschaftlicher Ansatz werden mit dieser Forschungsperspektive die kulturellen, gesellschaftlichen und politischen Bedingungen und Voraussetzungen dessen, wie zu einer bestimmten Zeit Sinn zugewiesen und artikuliert wurde, erforscht und interpretiert. Der spezifische Zugriff der Begriffsgeschichte wählt dazu isolierte, verdichtende Stichwörter, denen eine Schlüsselstellung zugesprochen wird, um sprachförmige Konzeptualisierungen zu erfassen und zu kontextualisieren«, Kollmeier 2012, S. 420. Die Historische Semantik und Begriffsgeschichte versteht »Bedeutungswandel und Begriffsneubildungen [...] gleichermaßen als Faktoren wie Indikatoren geschichtlichen Wandels.«, S. 424 f.

von Nachhaltigkeit zum internationalen Leitbild kann als ein historisch innovativer Moment gelten, der sich in begrifflichen Neuprägungen niederschlug. Es wird daher auch analysiert, ob und wie der Sprachgebrauch der Unternehmen durch die Etablierung jenes Leitbilds einem Wandel unterlag.

Ausgehend von den disziplinären Verortungen bestätigt sich, dass die zeithistorische Forschung das Konzept Nachhaltigkeit bisher nur in ersten Ansätzen rezipiert hat. In besonderem Maße gilt dies für Analysen von Nachhaltigkeit in Unternehmen durch die anglo-amerikanische *Environmental History* und *Business History*. Die mangelnde Rezeption der Idee der Nachhaltigkeit wurde 2011 durch die unternehmenshistorische Zeitschrift *The Business History Review* der Harvard Business School kritisch angemerkt.[88] Auch in den nachfolgenden Ausgaben der *Business History Review* finden sich nur wenige einschlägige Artikel, die zudem von einer einseitigen Prägung auf einzelne Länder und Branchen gekennzeichnet sind.[89] Die geringe Resonanz der »Nachhaltigkeitswelle« in der Unternehmensgeschichte überrascht in besonderem Maße, da die Vernachlässigung des Feldes bereits 1999 von Christine Meisner Rosen und Christopher C. Sellers in ihrem breit rezipierten Aufsatz »The Nature of the Firm: Towards an Ecocultural History of Business« kritisiert wurde.[90] In den vergangenen Jahren lässt sich in den führenden englischsprachigen Zeitschriften in Teilen eine Trendwende beobachten.[91] Trotz einiger Fortschritte konstatierten Andrew Smith und Kirsten Greer in ihrer Bestandsaufnahme auch 2017 noch: »far more needs to be done to integrate business and environmental history«.[92]

88 Friedman/Jones 2011, S. 6; zwar erschienen in der Zeitschrift auch vor 2011 bereits einige Arbeiten, die sich mit der Relation zwischen Nachhaltigkeit und Unternehmen befassten, jedoch fokussierten diese vorrangig die ökologische Dimension des Begriffs, während seine sozialen Implikationen unerwähnt blieben. Als Beispiele nennen Friedman und Jones drei Artikel: Rosen 1995; Stradling/Tarr 1999; Sluyterman 2010.

89 Zu nennen sind Bergquist/Lindmark 2016; Bergquist/Söderholm 2011; Chapin 2016; Lopes 2016.

90 Rosen/Sellers 1999; vgl. auch Rosen 2003, S. 319 f.

91 2017 veröffentlichte die Zeitschrift *Business History* eine Sonderausgabe zum Thema »Business and Global Environmental History«, jedoch untersucht kein Artikel den Zeitraum nach 1950 und folglich Zeiträume vor der Entwicklung von Nachhaltigkeit zum internationalen Leitbild, vgl. MacFadyen 2017; Berry 2017; Goodchild 2017; Colpitts 2017; die *Business History Review* publizierte 2019 ebenfalls eine Ausgabe unter dem Titel »Business and the Environment Revisited«. Die Artikel untersuchen vorrangig US-amerikanische Unternehmen. Entsprechend dem Anspruch der Ausgabe analysieren sie Interdependenzen zwischen Umwelt und Unternehmen, jedoch liegt den Arbeiten kein breiteres Verständnis von Nachhaltigkeit zugrunde. Schwerpunkte bilden insbesondere die Energie- und Chemieindustrie, Halvorson 2019; Müller 2019; Rome 2019; Boon 2019.

92 Smith/Greer 2017, S. 987 f. Ebenfalls hielt Ann-Kristin Bergquist 2019 fest, dass dem Aufruf zur Forschung in jenem Bereich zwar durchaus gefolgt wurde, gleichzeitig gelte jedoch: »the attention given so far to the subject in business history has only revealed the tip of an iceberg.«, Bergquist 2019, S. 3 f.

Einschlägige Monographien und Sammelbände bildeten lange Zeit ein Forschungsdesiderat, das erst in den vergangenen Jahren vereinzelt überwunden wurde. Besonders erwähnenswert ist das 2017 erschienene Buch *Profits and Sustainability* des britischen Unternehmenshistorikers Geoffrey Jones.[93] Das Werk bietet einen guten Überblick und ist aufgrund seines Zeiträume überspannenden Charakters – Jones analysiert Entwicklungen vom 19. bis zum 21. Jahrhundert – zu würdigen, konzentriert sich aber vor allem auf Individuen und dezidiert »grüne« Unternehmen und verbleibt oft anekdotisch. Nicht zuletzt illustriert sich hier eine grundsätzliche Auffälligkeit vieler (zeit-)historischer Zugänge zur Entwicklung von Nachhaltigkeit in Unternehmen: »The book contains much original research, including from many interviews, but it is not the kind of business history based on deep research in corporate archives.«[94] Gerade jene tiefgründigen Archivstudien erscheinen für das Themenfeld Nachhaltigkeit jedoch von essenzieller Bedeutung, um sich dem oftmals vagen Konzept durch fundierte Quellenarbeit zu nähern. Aus internationaler Perspektive sei zudem auf den vom deutschen Wirtschaftshistoriker Hartmut Berghoff gemeinsam mit dem amerikanischen Umwelthistoriker Adam Rome herausgegebenen Sammelband »Green Capitalism« verwiesen.[95] Von besonderem Interesse sind Beiträge der Herausgeber, die darlegen, wie Unternehmen und andere wirtschaftliche Akteure sich selbst für einen »grüneren« Kapitalismus einsetzten und welche weiteren Akteursgruppen auf eine Hinwendung zu nachhaltigerem Wirtschaften einwirkten.[96] Am Ende des 20. Jahrhunderts sieht Berghoff vor allem Umweltbewegungen und -organisationen, Konsumentenansprüche und regulatorische Anforderungen als wesentliche Treiber für Unternehmen im diskursiven Feld der Nachhaltigkeit.[97] Im 21. Jahrhundert hätten Unternehmen zunehmend das wirtschaftliche Potential eines »grünen Kapitalismus« erkannt, jedoch wären sie weiterhin von externen Faktoren beeinflusst worden.[98] Symptomatisch für die Vernachlässigung von Unternehmen als Akteure im Nachhaltigkeitsdiskurs ist hingegen das 2018 erschienene *Routledge Handbook of the History of Sustainability*. Trotz der offenkundigen Relation zwischen Nachhaltigkeit und Unternehmen untersucht nur einer von insgesamt 26 Artikeln explizit dieses Feld, jedoch

93 Jones 2017.

94 Ebd., S. V.

95 Berghoff/Rome 2017.

96 Rome 2017; Berghoff 2017, S. 31; aufschlussreich ist ferner ein Beitrag von Hugh Gorman zur Rolle der Wirtschaft bei der Etablierung von »Umwelt-Governance«, Gorman 2017.

97 Berghoff 2017, S. 23.

98 Vgl.: »Going green makes sense for them (businesses, eig. Anmerkung) if they perceive it as a business opportunity. Although there has been a remarkable change in boardroom mentalities, the main drivers of green capitalism have been outside forces, regulation, and market demand.«, ebd., S. 31.

ohne Bezugnahme auf Archivstudien.[99] Diese Lücke der Eigenperspektive von Unternehmen möchte die vorliegende Studie schließen.

Die Einschätzung für die deutsche unternehmenshistorische Forschung fällt tendenziell positiver aus – ein Umstand, der sich vor dem Hintergrund einer vielfach zitierten umweltpolitischen Vorreiterrolle erklären mag.[100] Außerhalb der historischen Wissenschaft für die deutsche Forschung erwähnenswert ist der 2001 veröffentlichte Abschlussbericht eines DFG-Projekts zum Thema »Sustainable Development / Nachhaltige Entwicklung – Zur sozialen Konstruktion globaler Handlungskonzepte im Umweltdiskurs«.[101] Im Rahmen der Analyse des deutschen Nachhaltigkeitsdiskurses wurden auch Handlungskonzepte Nachhaltiger Entwicklung in der Wirtschaft untersucht.[102] Jüngere Arbeiten der deutschen Forschung thematisieren ferner Umwelt und Wirtschaft in der DDR[103], die Rolle der deutschen Chemieindustrie in der Diskussion um das FCKW-Verbot[104], die Interdependenz zwischen Stromwirtschaft und Umweltpolitik[105] sowie die Transformation des ostdeutschen Kühlgeräteherstellers dkk/FORON, der den ersten FCKW- und FKW-freien Kühlschrank präsentierte.[106]

Ähnlich wie für die anglo-amerikanische *Business History* kann jedoch auch hier ein starker Fokus auf spezifische Länder und Branchen sowie eine Verengung auf den Teilaspekt des Umweltschutzes konstatiert werden. Die chemische Industrie wurde von der Unternehmensgeschichte über Ländergrenzen hinweg bereits vielfach zum Forschungsgegenstand erhoben.[107] Andere Industriezweige blieben in der Forschung bisher weitgehend marginalisiert. Hierzu zählt auch die Handels- und Konsumgüterbranche. Diese fand vor allem im Rahmen der Konsumgeschichte Eingang in die Forschung in Form von Studien zur ökologischen

99 Peredo 2018.

100 Zur vermeintlichen Vorreiterrolle Deutschlands aus eigener und internationaler Perspektive vgl. Uekötter: »Die international wahrgenommene ökologische Vorreiterrolle der Bundesrepublik entwickelte sich in den 1980er Jahren und manifestierte sich unter anderem in dem Aufstieg der grünen Partei und jenem in der Breite der Gesellschaft verankertem Umweltbewusstsein«, Uekötter 2015, S. 9 f. sowie S. 31.

101 Brand/Jochum 2001.

102 Die Studie bietet einen fundierten Einblick in die deutsche Nachhaltigkeitsdebatte in den ersten fünf Jahren nach Rio und verweist u. a. auf einen Dissens innerhalb der Wirtschaft. Sie konzentriert sich jedoch vorrangig auf Nachhaltigkeitskonzepte von Verbänden und Gewerkschaften, während eine Untersuchung der Entwicklung und Inszenierung von Nachhaltigkeitskriterien durch einzelne Unternehmen unterbleibt. Ein weiteres Manko stellt die fehlende internationale Vergleichsperspektive dar, ebd., S. 156–172.

103 Möller 2015.

104 Brüggemann 2015.

105 Ehrhardt 2015.

106 Wölfel 2009.

107 Vgl. exemplarisch Müller 2019; Rome 2019; Müller 2018; Langston 2014, Brüggemann 2015; Jungkind 2013.

Konsumkritik, dem Fair Trade Handel und der Entwicklung nachhaltiger Konsumformen.[108] Es existieren hingegen kaum einschlägige zeithistorische Studien im Bereich Nachhaltigkeit für die Handels- und Konsumgüterbranche, so dass eine umfassende Untersuchung hier ein Forschungsdesiderat darstellt.[109]

Komplexe Studien, die Unternehmen als Akteure bei der Entwicklung von Nachhaltigkeit ins Zentrum stellen, intensiv mit Unternehmensquellen arbeiten und deren Eigenperspektive analysieren, bilden weiterhin weitestgehend eine Forschungslücke.[110] Als Ausnahme hervorzuheben sind Studien von Simon Tywuschick zum betrieblichen Umweltschutz in der deutschen Chemie- und Automobilindustrie zwischen 1960 und 2005.[111] Für die Chemieindustrie analysiert er die Bayer AG. Seine Forschung ist aufgrund des darin angelegten Branchenvergleichs zu würdigen, der nahelegt, dass Nachhaltigkeitskriterien auch stark von der Branchenzugehörigkeit determiniert waren.[112] Auch an seiner Arbeit zeigen sich die bisherigen Forschungsschwerpunkte: eine Fokussierung auf Umweltschutz und eine fehlende international vergleichende Perspektive. Eine Pionierrolle kommt Inga Nuhns Dissertation aus dem Jahr 2013 zu Verantwortungskonzepten in Unternehmen nach 1945 am Beispiel des deutschen Chemiekonzerns Bayer sowie des niederländischen Chemieunternehmens DSM zu, die nach derzeitigem Kenntnisstand die einzige international vergleichende unternehmenshistorische, archivbasierte Analyse betrieblicher Nachhaltigkeit darstellt.[113] Nuhns Arbeit, die auch den Einfluss externer Akteure untersucht, ist für ihre Grundlagenforschung anzuerkennen, offenbart aufgrund dieses Charakters aber auch Forschungsdesiderate. So wird der Einfluss nationaler Faktoren auf das Nachhaltigkeitsmanagement von Nuhn als gering eingeschätzt und stattdessen eine »internationale Standardisierung« konstatiert.[114] Zunächst mag dieser Befund wenig überraschen, erscheint der Begriff doch als genuin internationales Konzept, insbesondere im Rahmen der zweiten Nachhaltigkeitswelle seit den 1970er Jahren. Jedoch verweist Nuhn zum einen selbst auf deutliche Unterschiede zwischen beiden Ländern im Rahmen verwandter (Vorläufer-)Konzepte wie betriebliche Sozialpolitik und betrieblicher Umweltschutz. Zum anderen beschränkt sich ihre Analyse auf zwei Unternehmen der gleichen

108 Zur Konsumgeschichte einschlägig Schramm 2020; vgl. zudem die Arbeiten von Quaas 2015; Kuchenbuch, 2012; König 2019; Myers/Kent 2004; Dauvergne 2008; Trentmann 2017.

109 Positiv hervorzuheben ist Sylvia Wölfels Dissertation, Wölfel 2016.

110 Vgl. hierzu Rome 2017, S. 10.

111 Tywuschik 2008; sowie Tywuschik 2016.

112 So konstatiert er unter anderem, dass die Automobilbranche den betrieblichen Umweltschutz »wesentlich später« als die Chemiebranche auf die Agenda setzte, Tywuschik 2016, S. 197; zur Bedeutung der Branchenzugehörigkeit vgl. grundsätzlich auch Welskopp 2004, S. 282 f.

113 Nuhn 2013.

114 Ebd., S. 359.

Branche, was ausblendet, dass Gemeinsamkeiten bei der Entwicklung von Nachhaltigkeitskriterien auch stark von der Branchenzugehörigkeit determiniert wurden, wie die Arbeiten von Tywuschik aufzeigten.

Carolin Schweglers 2018 veröffentlichte Dissertation »Nachhaltigkeit in Wirtschaft und Gesellschaft. Eine diskurslinguistische Untersuchung von Argumentationen und Kommunikationsstrategien« bietet einen Einblick in unternehmerische Nachhaltigkeit aus linguistischer Perspektive anhand der drei deutschen Unternehmen Henkel AG & Co. KG, Volkswagen AG und RWE AG.[115] Trotz erkennbarer disziplinär begründeter Unterschiede zu Erkenntnisinteresse und Quellenauswahl der vorliegenden Arbeit[116], verfolgt die Analyse Schweglers auch das Ziel, »historisch gewachsene Wertevorstellungen und -verständnisse« zu beleuchten, und setzt mit ihrer Quellenuntersuchung nach der Rio-Konferenz 1992 an.[117] Neben überregionalen Printmedientexten untersucht sie als Eigenquellen der Unternehmen ausschließlich deren Nachhaltigkeitsberichte, so dass die Eigenperspektiven der Unternehmen nur in Teilen erfasst werden können, nicht zuletzt, da die Arbeit sich auf Aspekte der ökologischen Nachhaltigkeit beschränkt.

Trotz erster gehaltvoller Arbeiten illustriert der Forschungsstand, dass die Entwicklung von Nachhaltigkeit in Unternehmen bislang in keinem befriedigenden Maße zum Sujet zeithistorischer Forschung erhoben wurde. Bisherige Studien leiden zum einen an einer häufigen Reduktion des Begriffs auf ökologische Aspekte, die der Komplexität des Leitbilds Nachhaltigkeit nicht gerecht wird. Zum anderen fokussieren vergleichende Arbeiten entweder auf Branchencharakteristika oder Länderspezifika und ermöglichen hierdurch keine umfassende Analyse, die die Entwicklung betrieblicher Nachhaltigkeiten kontextualisiert.

Die Entwicklung von Nachhaltigkeit in den vier Untersuchungsunternehmen stellt ebenfalls ein Forschungsdesiderat dar. Die wenigen existenten historischen Studien konzentrieren sich zumeist auf Zeiträume außerhalb des Untersuchungszeitraums und/oder adressieren das Forschungsfeld Nachhaltigkeit nicht. Studien zur Nachhaltigkeit stammen, wenn überhaupt, entweder aus entfernten Disziplinen wie dem Umweltmanagement und enthalten keine Erkenntnisse, die für eine zeithistorische Arbeit fruchtbar gemacht werden könnten, oder sie stammen von Mitarbeitenden der Unternehmen selbst und sind somit als Zeitzeugendokumente und nicht als objektive Forschung zu klassifizieren. Exemplarisch kann dies am Beispiel des Unternehmens Otto illustriert werden. Hier liegen mehrere (firmeneigene) Veröffentlichungen vor, jedoch fehlt eine

115 Schwegler 2018.
116 Schwegler zielt u. a. darauf ab, eine Methodik zur linguistischen Argumentationsanalyse zu entwickeln.
117 Schwegler 2018, S. 6.

Erforschung der Entwicklung von Nachhaltigkeit im Unternehmen.[118] Auch für Marks & Spencer und AstraZeneca stellen zeithistorische Studien zur Nachhaltigkeit eine Forschungslücke dar.[119] Eine Ausnahme bildet eine 2018 erschienene Monographie über die Firmengeschichte von Merck, die auf knapp fünf Seiten über den »Schutz der Umwelt« berichtet.[120] Deren Erkenntnisse beziehen sich jedoch fast ausschließlich auf Zeiträume vor 1990, verbleiben deskriptiv und auf ökologische Fragestellungen beschränkt. Einer Untersuchung jener vier Unternehmen als Akteure im diskursiven Feld der Nachhaltigkeit kommt somit auch die Aufgabe einer Grundlagenarbeit zu.

Nach Darlegung der Forschungsdesiderate wird in einem nächsten Schritt der theoretische Rahmen vorgestellt. Das Erfordernis einer theoretisch fundierten und methodisch innovativen Annäherung ergibt sich nicht zuletzt aus der notwendigen Abgrenzung von zeitgeschichtlichen Darstellungen in den Medien.[121] Gerade die omnipräsente mediale Aufarbeitung der Idee Nachhaltigkeit erfordert in besonderem Maße eine methodisch-theoretische Reflexion. Als Basis kann keine Eins-zu-eins-Adaption des Theorie- und Methodenrepertoires anderer Felder dienen – verwiesen sei hier insbesondere auf die Sozial- und Kulturwissenschaften.[122] Daher werden deren Angebote reflektiert, moduliert und integriert. Bei einem *per se* interdisziplinären Feld wie jenem der Nachhaltigkeit, das soziale, ökonomische und ökologische Aspekte integriert, erscheint es bei einer zeithistorischen Arbeit fruchtbar, disziplinäre Grenzen aufzubrechen und einen Beitrag zur disziplinübergreifenden Anschlussfähigkeit

---

118 Für Otto liegt eine so bezeichnete Unternehmensgeschichte vor, die der Firmengründer Werner Otto außerhalb des Untersuchungszeitraums bereits Anfang der 1980er Jahre verfasst hat und der somit auch als Zeitzeugendokument für diese Untersuchung keine Rolle zukommt, Otto 1983; eine 2009 erschienene Biographie über Werner Otto thematisiert anekdotisch karitatives Engagement und Mäzenatentum des Firmengründers, adressiert das Feld der Nachhaltigkeit jedoch nicht, Schmoock 2009; einer Studie zum CO2-Zertifikatehandel, einer Praktik im Handlungsfeld Nachhaltigkeit, am Beispiel des Otto Versand fehlt hingegen die historische Kontextualisierung, Trautwein 2002; einem Artikel des damaligen Umweltdirektors zur Nachhaltigkeit bei Otto in einem philosophischen Sammelband fehlt die wissenschaftliche Objektivität, Merck 2001.

119 Eine 2007 erschienene Studie zur Geschichte von Marks & Spencer mit dem Schwerpunkt auf dem Modesegment integriert keine Untersuchung im Feld der Nachhaltigkeit, Worth 2007; gleiches gilt für eine Monographie über die Geschichte von Marks & Spencer, Bevan 2002. Zu AstraZeneca sind keine einschlägigen Arbeiten bekannt.

120 Burhop u.a. 2018; eine 1989 vom Unternehmen selbst herausgegebene Firmengeschichte von Merck beinhaltet hingegen keine Ausführungen zum Feld der Nachhaltigkeit oder verwandten Konzepten wie dem betrieblichen Umweltschutz, Possehl 1989.

121 Vgl. Bösch/Danyel 2012a, S. 12.

122 Zur grundsätzlichen Problematik des Verhältnisses zwischen Zeitgeschichte und sozialwissenschaftlichen Theorien und Methoden vgl. Graf/Priemel 2011; vgl. zum notwendigen »Übersetzungsprozess« von anderen Epochen, Disziplinen oder internationalen Forschungen entlehnten Methoden Bösch/Danyel 2012a, S. 15 f.

historischer Forschung zu leisten. Das Erkenntnisinteresse dieser Arbeit liegt auf der Untersuchung von Diskursen, Praktiken und Kontaktzonen zwischen Akteuren unternehmerischer Nachhaltigkeit. Entsprechend wird das folgende Kapitel den diskursanalytischen Rahmen mit einem besonderen Augenmerk auf der diskursiven Macht von Unternehmen darlegen.

Theoretische Verortungen – Nachhaltigkeit(en) als Diskurs- und Handlungsfeld

Der Diskursbegriff entzieht sich aufgrund der mit ihm verbundenen Bedeutungsvarianten, die von »Gespräch« über »Diskussion« hin zu komplexen Systemen zur Herstellung von Wissen und Wirklichkeit reichen, einer eindeutigen Definition, ist jedoch dennoch nicht als beliebig zu verstehen.[123] In einem wissenschaftlichen Kontext zielt der Diskursbegriff auf die Analyse des Sprach- und Zeichengebrauchs sowie dessen formale und inhaltliche Strukturierungen ab.[124] Als Prämisse darf gelten, dass die Auseinandersetzung von Unternehmen mit Nachhaltigkeit als Diskurs verstanden werden kann.[125] Als einflussreichster und wichtigster Diskurstheoretiker gilt der französische Philosoph und Historiker Michel Foucault.[126] Ein Forschungsvorhaben, das Unternehmen, ergo *Akteure*, im diskursiven Feld der Nachhaltigkeit in den Fokus rückt, sieht sich zunächst mit Foucaults dezidierter Abgrenzung vom Subjekt konfrontiert.[127] Diese Abgrenzung ist in der Wissenschaft jedoch in Weiterentwicklungen und Ergänzungen der Foucaultschen Diskurstheorie in benachbarten Disziplinen wie der *Wissenssoziologischen Diskursanalyse* überzeugend aufgebrochen worden.[128] Unternehmen können folglich als deutungs- und handlungsfähige Akteure im Nachhaltigkeitsdiskurs auftreten, Wahrnehmungen prägen sowie diskursive Macht ausüben und zugleich selbst durch diesen Diskurs geprägt werden.

Den Diskurs definiert Foucault als »Menge von Aussagen [...], insoweit sie zur selben diskursiven Formation gehören.«[129] Anschlussfähig für das Untersuchungsfeld Nachhaltigkeit sind insbesondere Foucaults Überlegungen, welche

123 Vgl. Landwehr 2009, S. 15.

124 Vgl. Keller u.a. 2011b, S. 10; sowie Landwehr 2009, S. 15 f.

125 Zum Nachhaltigkeitsdiskurs in Unternehmen vgl. insbesondere die politikwissenschaftliche Arbeit von Kolleck 2011.

126 Vgl. u. a. Landwehr 2009, S. 21; sowie Schwab-Trapp 2011, S. 284.

127 Foucault 1981, S. 178.

128 Vgl. hierzu v. a. die Arbeit von Keller 2011, S. 139.

129 Foucault 1981, S. 170.

Kriterien *nicht* die Einheit eines Diskurses konstituieren. Er wendet sich u. a. gegen die Hypothese, Aussagen durch Begriffe zu gruppieren.[130] Übersetzt auf Nachhaltigkeitsdiskurse bedeutet dies, dass sich die Einheit des Diskurses nicht allein in der Verwendung bestimmter Begrifflichkeiten manifestiert, sondern gerade auch ihr jeweiliges Erscheinen, ihre Verstreuung, ein Prinzip der Individualisierung des Nachhaltigkeitsdiskurses darstellt. Einen für diese Arbeit besonders entscheidenden Aspekt des Diskursbegriffs bildet Foucaults Annahme, der Diskurs sei »durch die Differenz zwischen dem konstituiert, was man in einer Epoche korrekt (gemäß den Regeln der Grammatik und der Logik) sagen konnte, und dem, was tatsächlich gesagt wurde.«[131] Achim Landwehr sieht hier den »empirisch nachvollziehbaren Nenner« der historischen Diskursanalyse; der Diskursbegriff ist folglich als Analyseinstrument zu begreifen, als Mittel, um Aufmerksamkeit dafür zu schaffen, »dass es zu bestimmten Zeiten und in bestimmten Gesellschaften recht klar abgegrenzte Bereiche des Machbaren, Denkbaren und Sagbaren gibt.«[132] Übersetzt man das »Machbare, Denkbare, Sagbare« auf den Untersuchungsgegenstand Unternehmen im Forschungsfeld Nachhaltigkeit, bedeutet dies: Nicht alles, was Unternehmen kommunizieren konnten, wurde kommuniziert, nicht alles, was sie machen konnten, wurde gemacht. Im Zentrum steht die prinzipielle Frage, ab wann ein unternehmerischer Nachhaltigkeitsdiskurs existierte, welche Ausprägungen dieser annahm und welchem Wandel er unterlag. Es geht folglich darum, was von Unternehmen im diskursiven Feld der Nachhaltigkeit wann und wie gesagt wurde. Die Existenz des Diskurses definiert sich empirisch auch ex negativo: Was konnte nicht mehr gesagt werden, was konnte nicht *nicht* gesagt werden? War es ab einem bestimmten Zeitpunkt unmöglich, sich *nicht* in den Nachhaltigkeitsdiskurs einzuschreiben, folglich schlichtweg ausgeschlossen, keine Aussagen hierzu zu treffen? Empirisch bestätigt sich dies nicht zuletzt darin, dass ab einem gewissen Zeitpunkt alle untersuchten Unternehmen Nachhaltigkeitsberichte aufwiesen.

Eine Analyse unternehmerischer Nachhaltigkeit(en), insbesondere in ihrer Relation zu anderen Akteursgruppen, ist immer auch eine Analyse von Machtstrukturen.[133] Macht wird diskursiv, durch symbolische Praktiken und Kommunikation, ausgeübt.[134] Ein Kernelement diskursiver Macht formuliert Foucault in der *Archäologie des Wissens*. Trotz seiner Abgrenzung vom Subjekt hebt Foucault

130 Ebd., S. 53 f.

131 Foucault 2014 [1968], S. 874.

132 Landwehr 2009, S. 20 f.

133 In einer klassischen Definition beschreibt Max Weber Macht als »jede Chance, innerhalb einer sozialen Beziehung den eignen Willen auch gegen Widerstreben durchzusetzen, gleichviel worauf diese Chance beruht.«, Weber 1922, S. 28.

134 Vgl. Keller u.a. 2011b, S. 9.

hier explizit hervor, dass nur bestimmte Gruppen im Besitz des Diskurses sind.[135] Entscheidend ist nun auch die sich gegenseitig bedingende Relation zwischen Diskurs und Macht: Macht ist eine Voraussetzung für den Diskurs, der Diskurs bringt wiederum selbst Machtbeziehungen hervor.[136] Dem Diskurs kommt somit eine doppelte Funktion zu: als Gegenstand der Macht sowie als Mittel zur Erlangung von Macht.[137] Ebenso verweist der französische Soziologe Pierre Bourdieu auf die Interdependenz zwischen Diskursen und Machtbeziehungen.[138] Für die historischen Wissenschaften ist jene Beziehung zwischen Diskurs und Macht von besonderem Interesse, da der Diskurs gerade durch seine Verbindung mit »Macht, Institutionen, Praktiken und Politik zu einem Gegenstand der Geschichte« wird.[139] Ausgehend von den Konzepten Michel Foucaults und Pierre Bourdieus lautet eine Prämisse dieser Arbeit, dass Unternehmen über Macht im Nachhaltigkeitsdiskurs verfügen und diesen entscheidend konstruieren.[140] Für diese diskursive Macht sprechen mehrere Faktoren; nicht zuletzt eröffnet die zumeist fehlende staatliche Regulierung im Feld Nachhaltigkeit den Unternehmen Handlungsoptionen und die Möglichkeit zur Machtausübung.[141] Wie kann diskursive Macht nun für dieses Forschungsvorhaben definiert werden? Für eine prägnante Definition empfiehlt sich ein Blick in benachbarte Disziplinen, insbesondere in die Politikwissenschaft.

Im Allgemeinen gilt diskursive Macht in der Politikwissenschaft als dritte Machtdimension neben instrumenteller und struktureller Macht.[142] Definiert werden kann sie wie folgt: »Discursive power shapes perceptions and identities

135 Dezidiert verweist er hierbei auch auf den ökonomischen Diskurs, der in den bürgerlichen Gesellschaften zu keiner Zeit ein allgemeiner Diskurs gewesen sei. Foucault 1981, S. 99 f.; Weiterentwicklungen seines Diskursverständnisses und die Verknüpfung von Macht und Diskurs finden sich in seiner Antrittsvorlesung am Collège de France, Foucault 1970; sowie v. a. auch im ersten Band seines Werkes Sexualität und Wahrheit Foucault/Raulff 2014 [1987]; zur Bedeutung des Werkes für sein Diskurskonzept vgl. Landwehr 2009, S. 75 f.

136 Vgl. Landwehr 2009, S. 74.

137 Vgl. Kolleck 2011, S. 88.

138 Laut Bourdieu sind »Sozialbeziehungen – und die Herrschaftsbeziehungen selber – als symbolische Interaktionen zu behandeln, das heißt als Kommunikationsbeziehungen [...]; es darf dabei jedoch nicht vergessen werden, dass die Kommunikationsbeziehungen par excellence, nämlich der sprachliche Austausch, auch symbolische Machtbeziehungen sind, in denen sich die Machtverhältnisse zwischen den Sprechern oder ihren jeweiligen sozialen Gruppen aktualisieren.«, Bourdieu u.a. 2005 [1982], S. 41; zwar operiert er weniger mit dem Diskursbegriff, jedoch mit dessen Bedeutung im Foucaultschen Sinne, vgl. Landwehr 2009, S. 79.

139 Landwehr 2009, S. 74.

140 Während eine zeithistorische Untersuchung hierzu aussteht (vgl. Forschungsstand) sei erneut auf die Arbeit von Kolleck 2011 verwiesen, die diese These bereits für die Politikwissenschaften analysiert und verifiziert hat.

141 Vgl. ebd., S. 16.

142 Vgl. ebd., S. 28; vgl. hierzu auch Lukes 2005.

and fosters the interpretation of situations as of one type rather than another. Thus, it influences the frames of policy problems and solutions, of actors in the political process, and of politics and the political as such.«[143] Durch diskursive Macht kann die (politische) Ausgestaltung und Umsetzung des Nachhaltigkeitsgedankens determiniert und Einfluss auf die gesellschaftliche Bedeutung des Konzepts genommen werden.[144] Prinzipiell können im Feld der Nachhaltigkeit unterschiedliche Akteure über jene diskursive Macht verfügen, so beispielsweise neben Unternehmen und der Politik auch Umweltverbände und NGOs oder die Kundschaft. Grundsätzlich sind gesellschaftliche Machtverhältnisse abhängig von der Fähigkeit der Akteure, Machtmittel einzusetzen, wobei diese Fähigkeit wesentlich durch die Verteilung der relevanten Machtressourcen geprägt wird.[145] Betrachtet man ergänzend die Bedeutung, die Machtressourcen wie Geld, Wissen, symbolischem, ökonomischem, sozialem oder kulturellem Kapital bei der Verbreitung von Diskursen und der Interaktion der Akteure zukommt, offenbart sich die diesbezügliche Machtposition multinationaler Konzerne, entscheidend bedingt durch materielle Faktoren wie marktwirtschaftliche Strukturen und technologisches Wissen.[146] In der Politikwissenschaft sowie der Ökonomie wurde bereits auf Charakteristika der diskursiven Macht von Unternehmen im Kontext globaler Umweltpolitik verwiesen.[147] Der Politikwissenschaftler und Ökonom Robert Falkner hat in seiner Studie zur Macht von Unternehmen in der internationalen Umweltpolitik aufgezeigt, wie politische Akteure auf diesen Einfluss mit der Schaffung formalisierter Mechanismen zur Einbindung der Unternehmen reagieren und diese in der ihnen zugeschriebenen Expertenrolle den Diskurs prägen.[148]

In der Forschung finden sich unterschiedliche Positionen zu Faktoren, welche die diskursive Macht von Unternehmen stärken respektive schwächen. Plausibel erscheinen Stimmen, die die diskursive Macht von Unternehmen durch »neoliberale« Strömungen gestärkt sehen.[149] Jedoch lassen entsprechende Studien häufig eine kritische Auseinandersetzung mit dem »Neoliberalismus«-Begriff vermissen. Ferner ist die Absolutheit von Thesen wie jener von Roger Tooze, dass durch den »Neoliberalismus« Machtstrukturen und -verteilungen nicht

143 Fuchs/Lederer 2007, S. 8; vgl. ergänzend auch Beisheim/Brunnengräber 2003, S. 113.

144 Vgl. Kolleck 2011, S. 28.

145 Vgl. Koller 1991, S. 123.

146 Vgl. Keller 2007, S. 70; Kolleck 2011, S. 89.

147 Vgl. Kolleck 2011, S. 47.

148 Falkner 2009, S. 192 f.; andere Studien schreiben Unternehmen sogar die bedeutendste Expertenrolle zu. Vgl. u. a. Fuchs 2005, S. 150; vgl. hierzu auch Levy/Newell 2005, S. 330.

149 Vgl. Kolleck 2011, S. 46; Tooze 2000, S. 191.

hinterfragt würden, durchaus kritisch zu beurteilen.[150] Gleichwohl kann angenommen werden, dass die Macht von Unternehmen in Staaten mit signifikanten Vermarktlichungstendenzen besonders ausgeprägt ist. Forschungen aus benachbarten Disziplinen haben ferner Grenzen und Schwächen der diskursiven Macht von Unternehmen im Kontext umweltpolitischer Diskurse betont.[151] So ist die diskursive Macht von Unternehmen stark davon abhängig, dass diese als legitime politische Akteure wahrgenommen werden.[152] Infolgedessen kann der Versuch von Unternehmen, sich in Umweltbelangen und sozialen Fragen als verantwortliche Akteure zu inszenieren, um moralische und politische Legitimität zu erlangen, auch negative, mithin gegenteilige Effekte erzielen, falls diese Bemühungen als *Greenwashing* gedeutet werden.[153] Ferner verweisen bisherige Studien auf Faktoren, die die diskursive Macht von Unternehmen schwächen. Hierzu zählen zivilgesellschaftliche Akteure und NGOs, die Kampagnen gegen Unternehmen lancieren, aber ebenso Konkurrenz in der Unternehmenswelt selbst.[154]

Diese Befunde aus der Politikwissenschaft und Ökonomie bieten Anknüpfungspunkte für eine zeithistorische Untersuchung. Es ist davon auszugehen, dass Unternehmen über eine starke diskursive Macht im Feld der Nachhaltigkeit verfügten, die sie bewusst einsetzten. Dies könnte durch externe Medien der Unternehmenskommunikation erfolgt sein, sich aber auch an die eigene Belegschaft gerichtet haben, um den Diskurs innerbetrieblich zu stärken. Ebenso kann ausgehend von den Befunden aus benachbarten Disziplinen die These formuliert werden, dass Unternehmen einer kritischen Beobachtung unterstanden und sie ihre Einschreibungen in den Nachhaltigkeitsdiskurs immer auch in Abgrenzung zu oder in Kooperation mit anderen Akteursgruppen entwickelten. Es kann ferner angenommen werden, dass Kooperationen zwischen Unternehmen und einheitliche Positionierungen innerhalb von Branchen die diskursive Macht von Unternehmen stärkten und ihnen somit in hohem Maße erstrebenswert schienen. Um ausgehend von diesen theoretisch-methodischen Vorüberlegungen die Forschungsfragen im Rahmen der vorliegenden Arbeit im Detail beantworten zu können, gilt es nun den Blick von der Theorie zu lösen und empirisch anwendbare Kategorien für eine zeithistorische Analyse im diskursiven Feld der Nachhaltigkeit zu definieren.

150 Tooze 2000, S. 191.
151 Vgl. Kolleck 2011, S. 47.
152 Vgl. Fuchs 2005, S. 190.
153 Vgl. ebd.
154 Vgl. Falkner 2009, S. 199.

Die Geschichtswissenschaft ist nicht arm an Abhandlungen zu Diskurstheorie und -analysen.[155] Dennoch fehlt es an überzeugenden Ansätzen für eine zeithistorische Untersuchung des Themenfeldes Nachhaltigkeit mit einem Fokus auf Unternehmen als Akteure. Dies mag nicht zuletzt der geringen Rezeption des diskursanalytischen Angebots durch die Unternehmensgeschichte geschuldet sein.[156] Hier erweist sich ein Blick in benachbarte Disziplinen als ebenso lohnend wie geboten.[157] Als Ausgangsbasis soll mit einem aus der Politikwissenschaft entlehnten diskursanalytischen Forschungsprogramm von Nina Kolleck gearbeitet werden, die die diskursive Macht multinationaler Unternehmen im Feld Nachhaltiger Entwicklung untersucht hat, jedoch zeitgenössisch und nicht als historische Studie.[158] Kolleck nimmt eine Auswahl durch Foucault geprägter diskursanalytischer Bausteine in den Blick: Story-lines, Diskurs-Koalition, Diskursverschränkungen, Gegendiskurse sowie Wortwahl, Wortprägungen und Euphemismen.[159] In Anbetracht des notwendigen »Übersetzungsprozesses« bei der Adaption theoretisch-methodischer Konzepte aus benachbarten Disziplinen für die Zeitgeschichte soll Kollecks Programm nicht systematisch abgehandelt, sondern moduliert in diese zeithistorische Arbeit integriert werden. Zwei Bausteine werden herausgehoben betrachtet: Story-lines, abgewandelt als Narrative, sowie Termini unternehmerischer Nachhaltigkeit als eine Form des Bereiches der Wortwahl, Wortprägungen und Euphemismen. Darüber hinaus gewinnen Diskurs-Koalitionen und Gegendiskurse Relevanz bei der Frage nach länder- und branchenübergreifenden Mustern sowie nach Kontaktzonen und Interdependenzen zwischen Unternehmen und weiteren Akteursgruppen.

Der Begriff der Story-line[160] bildet ein hilfreiches Analysetool, soll hier jedoch aufgrund der besseren Greifbarkeit durch den Begriff Narrativ ersetzt werden.[161]

155 Für einen Überblick über die Entstehung und Entwicklung der historischen Diskursanalyse vgl. Schöttler 2018, S. 85–119; vgl. für ausführliche Einführungen in die historische Diskursanalyse ebenfalls Landwehr 2009; sowie Sarasin 2003.

156 Vgl. Kroeze/Keulen 2013, S. 1268.

157 Dass eine solche Auflösung disziplinärer Grenzen als Gewinn und nicht als Verlust disziplinärer Präzision verstanden werden darf, zeigten bereits die bisherigen Exkurse in benachbarte Disziplinen. Dies ist darüber hinaus aber auch dem Charakter des Diskursbegriffs geschuldet. So halten Keller et al. in ihrem Standardwerk zur Sozialwissenschaftlichen Diskursanalyse, das auch einen Beitrag des Schweizer Historikers Philipp Sarasin enthält, fest: »mitunter zeigen sich deswegen größere disziplinübergreifende als disziplininterne Gemeinsamkeiten im Hinblick auf das jeweilige diskursanalytische Programm.«, Keller u.a. 2011b, S. 19; Sarasin 2011.

158 Kolleck 2011.

159 Ebd., S. 92–96.

160 Prägnant definiert wird Story-line als »ein knackiges Statement, das die Erzählung zusammenfasst, das Leute als eine Art Kurzform in der Diskussion benutzen.«, Hajer 2004, S. 277.

161 Die Kulturwissenschaften haben sich in den letzten Jahren intensiv mit Narrativen und Erzählungen auseinandergesetzt, vgl. Saupe u.a. 2015, S. 1; für einen Überblick über die »Renaissance der Erzähl-

Ein Narrativ umfasst »ein bestimmtes Handlungsschema oder Erzählmuster, welches auf eine prinzipiell unendliche Fülle von Ereignissen und Handlungen bezogen werden kann und sich aus diesem Grund als zugleich stabil und flexibel erweisen muss.«[162] Zwar zielt auch eine Story-line auf Erzählungen ab, jedoch betont der Narrativbegriff vor allem auch kollektive Zusammenhänge und Traditionen, rekurriert auf und impliziert große Linien, deren Begründungen und Motive.[163] Dabei spielen Kollektiverzählungen auch für Prozesse kollektiver Identitätsbildung eine signifikante Rolle.[164] Kulturen werden so definiert als »spezifische Erzählräume [...], innerhalb derer bestimmte Narrationen nicht nur sinnhaft erscheinen, sondern eine zugleich integrative und exkludierende Kraft entfalten.«[165] Während die Forschung vor allem umfassend die Relevanz von Erzählungen im modernen Nationalismus betrachtete[166], lässt sich dies ebenso auf Unternehmen als Kollektive übertragen. Auch hier können Narrative sinnstiftend und identitätsbildend wirken sowie als Abgrenzung nach außen dienen. In der angloamerikanischen *Business History* existieren erste Forschungsansätze zur Verwendung historischer Narrative durch Mitglieder des Managements und Unternehmen, jedoch ohne einen Schwerpunkt auf das diskursive Feld der Nachhaltigkeit.[167] Eine Fokussierung auf Narrative und einen diskursanalytischen Zugang zur Entwicklung von Nachhaltigkeit in Unternehmen erweist sich folglich auch als disziplinäre Erweiterung fruchtbar.[168] Für die – für historische Arbeiten charakteristische – Untersuchung von Wandel erweist sich der Narrativbegriff ferner als besonders geeignet, da Narrationen auch Veränderungen beschreiben und selbst Veränderungen unterliegen.[169]

Erste wichtige Erkenntnisse zu Nachhaltigkeitsnarrativen entstanden im Kontext des am *Institute For Advanced Sustainability Studies* (IASS) bis Dezem-

theorie« vgl. Nünning/Nünning 2002; für die Geschichtswissenschaft darf Hayden White als wichtigster Impulsgeber gelten, White 2015; vgl. hierzu auch Tschopp/Weber 2007, S. 86–99; sowie Martínez/Scheffel 2016, S. 176–189.

162 Saupe u.a., S. 6; vgl. hierzu die Ausführungen zu Narrativen bzw. Plots von E.M. Forster, die auch fast 100 Jahre nach der Erstveröffentlichung 1927 ebenso vielfach zitiert wie überzeugend sind: »›The king died and then the queen died‹ is a story. ›The king died and then the queen died of grief‹ is a plot.«, Forster 1974 [1927], S. 60.

163 Roland Barthes beschreibt die Erzählung als »international, transhistorisch, transkulturell«, vgl. Barthes 1988, S. 102.

164 Vgl. Saupe u. a. 2019, S. 4.

165 Ebd., S. 4 f.; vgl. hierzu Koschorke 2012, S. 203–286.

166 Vgl. Saupe u. a. 2019, S. 5.

167 Vgl. einschlägig Kroeze/Keulen 2013; Foster u.a. 2017; Hansen 2012.

168 Denn wie auch Per Hansen festhält: »[...] not only historians, but also historical actors, and collective entities such as organizations and other communities, create order in, and make sense of, the real world and the past by telling stories.«, Hansen 2012, S. 696.

169 Zur Bedeutung von Wandel für den Narrativbegriff vgl. auch Saupe u.a. 2019, S. 4–7.

ber 2021 laufenden Projektes »Narrative und Bilder der Nachhaltigkeit«.[170] In Bezug auf Hayden White halten die Projektverantwortlichen fest, »dass ein ›realistisches‹ Erzählen zwar eine Grenze und ein Maß in der Faktizität hat, die Freiheiten für die Auswahl und das Arrangement der Fakten – und damit für das, was mit Narrativen getan wird – aber letztlich kulturell ermöglicht werden.«[171] Für die Narrative von Unternehmen im diskursiven Feld der Nachhaltigkeit bedeutet dies, dass ihnen zwar durchaus real existente Praktiken zugrunde liegen (können), doch die Auswahl in der internen und externen Kommunikation, die Konstruktion der Narration, erfolgt durch und im jeweiligen Umfeld.[172] Diese Arbeit fragt ganz wesentlich danach, welche Narrative die zu untersuchenden Unternehmen bedienten, aber auch nach den ihnen inhärenten Zuschreibungen an sich selbst und andere Akteure wie die Politik oder die Kundschaft. Sie fragt gleichsam danach, welche Kontinuitäten sich konstatieren lassen, und welchem Wandel die Narrative unterlagen.

Neben Narrativen widmet sich die Analyse auch der Erforschung von Termini im diskursiven Feld der Nachhaltigkeit. Bei Kolleck findet sich dieser Aspekt subsumiert als *Wortwahl, Wortprägungen und Euphemismen*: »Mit neuen Wörtern, Begriffen oder Stereotypen werden Formulierungen ersetzt, um Sachverhalte positiver oder verhüllend darzustellen bzw. negativ besetzte Begriffe zu vermeiden oder zu verschleiern. Ziel ist es dabei insbesondere, legitimierende Konnotationen und positiv anklingende Bedeutungen zu erzeugen.«[173] Angelehnt an Kolleck, aber mit anderer Akzentuierung, steht bei der historischen Untersuchung die Erforschung eines möglichen Wandels im Vordergrund. Mit welchen Wörtern und Begriffen wurde das Feld der Nachhaltigkeit besetzt und kommuniziert? Wie definierten Unternehmen Nachhaltigkeit oder Nachhaltige Entwicklung? Lösten diese Termini andere ab?

Vergleichend fragt die Arbeit ferner nach Diskurs-Koalitionen und Gegendiskursen. Unter Diskurs-Koalition wird verstanden, dass Akteure sich auf Basis bestimmter Story-lines bzw. Narrative miteinander vernetzen und Koalitionen bilden, um so diskursive Hegemonie zu erlangen.[174] Nicht jedem Akteur, d. h. im konkreten Forschungsfeld jedem Unternehmen und weiteren Akteursgruppen,

---

170 Institute For Advanced Sustainability Studies e.V. 2023; zu Nachhaltigkeitsnarrativen in Unternehmen vgl. ferner auch die im Forschungsstand vorgestellte diskurslinguistische Arbeit von Schwegler 2018.

171 Rivera/Nanz 2018, S. 139.

172 Vgl. hierzu auch u. a. an Willy Viehöver angelehnte Ausführungen zur »Aktantenstruktur« beziehungsweise zum »narrativen Personal«, zu dem Helden, Anti-Helden ebenso wie Helfer zählen, Viehöver 2011, S. 213–215; sowie Viehöver 2012; Rivera/Nanz 2018, S. 142.

173 Kolleck 2011, S. 96.

174 Vgl. ebd., S. 93; wichtige Arbeiten und Definitionen in diesem Feld hat der Politikwissenschaftler Maarten A. Hajer vorgelegt: »Discourse-coalitions are defined as the ensemble of (1) a set of story-lines; (2) the actors who utter these story-lines; and (3) the practices in which this discursive activity is based.

zu denen Kontaktzonen bestanden, entspricht zwingend ein eigener Diskurs.[175] Hervorzuheben ist, dass innerhalb sozialer Handlungsfelder ebenso wie innerhalb einzelner Organisationen unterschiedliche Diskurspositionen möglich sind, folglich auch innerhalb von Unternehmen selbst Diskurskoalitionen, beispielsweise zwischen Geschäftsführung und Belegschaft, vorliegen können.[176] Für das Erkenntnisinteresse dieser Arbeit kann auf das Konzept der Diskurskoalition insbesondere hinsichtlich der Frage nach einer möglichen branchen- und länderüberschreitenden Prägung des Nachhaltigkeitsdiskurses Bezug genommen werden sowie bei der Untersuchung von Kontaktzonen zwischen Wirtschaft und Politik. Kann der unternehmerische Umgang mit Nachhaltigkeit als eine Diskurskoalition gelten, die unabhängig von Branchen und nationalen Hintergründen auf ähnlichen Story-lines respektive Narrativen beruhte? Bildeten Politik und Wirtschaft eine Diskurskoalition?

Darüber hinaus spielen Gegendiskurse für eine Diskursanalyse im Feld der Nachhaltigkeit eine besondere Rolle. Grundsätzlich sind Diskurse Produkte sozialer Interaktion, »die Gegendiskurse herausfordern und den Kampf um Deutungen und Interpretationen unterstützen.«[177] Dadurch, dass Diskurse Gegendiskurse herausfordern, entsteht ein diskursives Feld mit einem Kampf um Interpretation und Begriffsbesetzung.[178] Bei der Untersuchung von Gegendiskursen öffnet sich, ebenso wie bei der Untersuchung von Diskurskoalitionen, das Forschungsfeld und weitere an diskursiven Auseinandersetzungen beteiligte Akteure rücken in den Fokus der Analyse.[179] Für das Erkenntnisinteresse der vorliegenden Arbeit sollen Kontaktzonen zwischen ökonomischen und anderen Akteursgruppen, wie beispielsweise der Politik, als Träger des Diskurses analysiert werden. Es geht dabei nicht darum, darzulegen, welche Akteursgruppen insgesamt auf den Nachhaltigkeitsdiskurs eingewirkt haben, sondern welche von den Unternehmen als prägend für die eigene Einschreibung in den Diskurs und die Entwicklung von Nachhaltigkeit wahrgenommen wurden.[180] Wie positionierten sich ökonomische Akteure im diskursiven Feld der Nachhaltigkeit gegenüber po-

---

Story-lines are here seen as the discursive cement that keeps discourse-coalition together.«, Hajer 1997, S. 65.

175 Vgl. hierzu Keller: »Vielmehr bilden individuelle und kollektive Akteure mitunter mit anderen Akteuren – mehr oder weniger bewußt – Diskursgemeinschaften [...] oder Diskurs-Koalitionen, die eine gemeinsame story line, eine gemeinsame Diskursposition benützen [...].«, Keller 2011, S. 147.

176 Vgl. Blatter u.a. 2007, S. 98.

177 Kolleck 2011, S. 137.

178 Vgl. Beisheim/Brunnengräber 2003, S. 113.

179 Vgl. Kolleck 2011, S. 137.

180 Analysen politischer Diskurse erarbeiten im Rahmen des Gesamtprojekts »Geschichte der Nachhaltigkeit(en)« u. a. Elke Seefried und Eva Oberloskamp sowie für die lokale Ebene Nadja Hendriks.

litischen oder gesellschaftlichen Akteuren und welche (Gegen-)Reaktionen nahmen sie hierbei wahr?[181]

Die Arbeit erhebt den Anspruch, neben Diskursen auch Praktiken im Feld der Nachhaltigkeit in die Untersuchung miteinzubeziehen.[182] Bei der Verwendung des Praxis-Begriffs in einer historischen Arbeit lässt sich ein in den vergangenen Jahren vielfach rezipierter Ansatz kaum ignorieren – die Praxeologie bzw. Praxistheorie.[183] Wenngleich sich diese Arbeit nicht als dezidiert praxeologisch versteht, so eröffnen sich aus dieser Forschungsrichtung dennoch einige gewinnbringende Ansätze. Insbesondere definitorische Angebote der Praxeologie vermögen zu überzeugen.

Was ist eine *Praktik*? Während der Begriff zunächst konkrete Assoziationen hervorruft und zumeist synonym zum Begriff *Handlung* verwendet wird, erweist sich seine wissenschaftliche Definition als weitaus komplexer.[184] Der kleinste gemeinsame Nenner aller Praxistheoretikerinnen und -theoretikern beschreibt Praktiken als Handlungsfelder, als Handlungsanordnungen.[185] Darüber hinaus zeigen sich die Definitionsangebote in der Soziologie ebenso wie in der Geschichtswissenschaft mannigfaltig[186]: Sie umfassen »Handlungsweisen«[187], »Handlungsvollzüge«[188], werden als »eine sozial geregelte, typisierte, routinisierte Form des körperlichen Verhaltens«[189] beschrieben, die »spezifische Formen des Wissens, des know how, des Interpretierens, der Motivation und der Emotion«[190]

181 Erste Hinweise, dass sich beispielsweise der politische, in diesem Fall nationalstaatliche, Diskurs nicht fundamental vom unternehmerischen unterscheidet, finden sich bei Kolleck, die festhält, dass der Rat für Nachhaltige Entwicklung häufig die Argumentation privatwirtschaftlicher Akteure unterstützt, Kolleck 2011, S. 140–142.

182 Sowohl Praktiken als auch Diskurse in die Untersuchung zu integrieren mag angesichts zuweilen zu konstatierender Konfliktlinien zwischen Diskursanalytikern und Praxeologen zunächst manchen als Widerspruch erscheinen, stellt in der Forschungspraxis jedoch keinen dar. So eignen sich, anders als vielfach behauptet, auch diskursanalytische Konzepte für die Untersuchung von Praktiken und ihre Beziehung zu Diskursen, vgl. Landwehr 2009, S. 159 f. Landwehr verweist hier exemplarisch auf die Arbeiten von Martschukat 2000 und Dinges 1994.

183 Bedeutende Arbeiten für die Neuere und Neueste Geschichte haben vor allem Thomas Welskopp und Sven Reichardt verfasst, vgl. exemplarisch Welskopp 2014; Reichardt 2004; Reichardt 2007; Reichardt 2015; für die Frühe Neuzeit hat Marian Füssel überzeugende praxeologische Forschungsperspektiven entwickelt, vgl. hierzu u. a. Füssel 2015.

184 Vgl. Schatzki 2006, S. 2; für einen Überblick über eine Soziologie der Praxis und ihre Theoriebezüge vgl. Hillebrandt 2014.

185 Vgl. Schatzki 2006, S. 2.

186 Vgl. hierzu auch die Übersicht von Haasis/Rieske 2015, S. 14.

187 Certeau 1988, S. 11.

188 Reichardt 2007, S. 44.

189 Reckwitz 2012, S. 36.

190 Ebd.

umfasst, oder als »kollektive Handlungsgefüge«.[191] Für die vorliegende Arbeit erweist sich ein Ansatz von Lucas Haasis und Constantin Rieske, entstanden im Kontext des DFG-Graduiertenkollegs »Selbst-Bildungen. Praktiken der Subjektivierung in historischer und interdisziplinärer Perspektive« an der Universität Oldenburg, als fruchtbar.[192] Sie definieren Praktiken daran anknüpfend »als rekonstruierbare (Alltags-)Muster vergangenen menschlichen Tuns und Sprechens.«[193] Praktiken zeichnen sich demnach primär durch ihre Musterhaftigkeit aus. Ein zweiter wichtiger Ansatz der Praxeologie ist die Betonung der Überindividualität von Praktiken.[194] Eine Praktik zeichnet sich dadurch aus, dass sie »über die Diskontinuität der Zeit und die Verstreutheit räumlicher Orte hinweg immer wieder neu hervorgebracht wird«.[195] Übertragen auf Unternehmen im Handlungsfeld Nachhaltigkeit handelt es sich dann um eine Praktik, wenn sich ein überindividueller Charakter feststellen lässt, beispielsweise ähnliche Handlungsmuster, respektive ähnliche Praktiken, im Verlauf des Untersuchungszeitraums wiederholt werden.

Ein drittes wichtiges Element des Praktikbegriffs ist seine Prägung durch Wissen und Wissensordnungen.[196] Andreas Reckwitz postuliert, »dass sämtliche Komplexe von Praktiken der Vergangenheit und Gegenwart [...] erst vor dem Hintergrund der jeweiligen sehr spezifischen Sinnhorizonte und Bedeutungscodes möglich sind«[197], und versteht Praktiken und Diskurse als »zwei aneinander gekoppelte Aggregatzustände der materialen Existenz von kulturellen Wissensordnungen«.[198] Das Verhältnis zwischen Diskursen und Praktiken wird in der Praxeologie als reziprok verstanden; »[e]rst diskursiv regelte sich die zeitgenössische Verstehbarkeit oder (ebenso) das zeitgenössische Unverständnis von Praxis und deren Folgen«.[199] Übertragen auf das Forschungsinteresse der Arbeit bedeutet dies, dass zum zeitgenössischen Verständnis einer Praktik das Wissen darüber, was unternehmerische Nachhaltigkeit umfasst, existieren musste; damit überhaupt verstanden werden konnte, dass eine Praktik nachhaltig war, musste folglich ein Nachhaltigkeitsdiskurs bestehen. Daran anknüpfend lässt sich die These formulieren, dass Unternehmen bewusst ihre diskursive Macht

191 Freist 2015, hier S. 18 f.

192 Haasis und Rieske orientieren sich an den Konzepten von Theodore R. Schatzki, der als einer der einflussreichsten Praxistheoretiker gilt und Praktiken in einer vielzitierten Definition als »temporally unfolding and spatially dispersed nexus of doings and sayings« beschreibt, Schatzki 1996, S. 89.

193 Haasis/Rieske 2015, S. 16.

194 Vgl. ebd., S. 33.

195 Reckwitz 2004, S. 43.

196 Vgl. Meier 2004, S. 59.

197 Reckwitz 2011, S. 8.

198 Reckwitz 2015, S. 202.

199 Vgl. Haasis/Rieske 2015, S. 47 f.

für eine Schärfung des Wissens und Bewusstseins für nachhaltige Praktiken nutzten – beispielsweise durch Konsumentenaufklärung –, um sich so selbst wiederum als nachhaltig zu inszenieren. Gleichzeitig konnten Praktiken selbst auf ebenjene Wissensordnungen einwirken und das diskursive Feld der Nachhaltigkeit stärken. Der Nachhaltigkeitsdiskurs manifestierte sich in unternehmerischen Praktiken, die Praktiken stärkten den Diskurs. Beides steht sich nicht diametral gegenüber, sondern konstituiert und bedingt sich gegenseitig. Die genannten definitorischen Angebote der Praxeologie, die Musterhaftigkeit und Überindividualität von Praktiken und ihr reziprokes Verhältnis zu Wissen und Wissensordnungen, ergo zu Diskursen, erweitern die theoretisch-methodische Basis der vorliegenden Arbeit um wichtige Aspekte. Nach der konzeptionellen und theoretischen Verortung werden abschließend die Forschungsleitfragen, Konzeption und Gliederung sowie die Quellenbasis dargelegt.

Gliederung der Arbeit, Konzeption, Forschungsleitfragen und Quellen

Eine zeithistorische, länder- und branchenübergreifende Analyse zur Entwicklung des Leitbilds Nachhaltigkeit in Unternehmen stellt ein lohnendes Forschungsfeld und Forschungsdesiderat dar. Die theoretische Verortung hat illustriert, dass insbesondere eine Analyse von Narrativen, Termini und Praktiken einen Erkenntnisgewinn darstellen kann. Die Arbeit verfolgt zudem eine übergeordnete Forschungsfrage im Kontext der Untersuchung länderspezifischer Rahmenbedingungen:

I. Welche Kontaktzonen bestanden zwischen Politik und Wirtschaft bei der Entwicklung des Leitbilds Nachhaltigkeit in Deutschland und Großbritannien und welche Narrative und Zuschreibungen waren hier prägend?

Bei der Analyse beider Länder (Kapitel I) sollen anhand zeitgenössischer Quellen aus politischen Archiven die Kontaktzonen zwischen Wirtschaft und Politik bei der Ausgestaltung des Leitbilds Nachhaltigkeit analysiert werden. Im Fokus steht die Frage, wie die Politik die Akteursrolle der Wirtschaft im diskursiven Feld der Nachhaltigkeit definierte und die Wirtschaft wiederum den politischen Diskurs prägte. Die Analyse übergeordneter Kontaktzonen leistet zugleich einen Beitrag dazu, das Engagement einzelner Unternehmen besser zu kontextualisieren.

Im Vordergrund dieser Studie steht die Frage, wie Unternehmen selbst das Leitbild Nachhaltigkeit rezipierten, kommunizierten und implementierten sowie welche Akteursgruppen sie bei der Entwicklung von Nachhaltigkeitskriterien als prägend wahrnahmen. Der Arbeit liegt die These zugrunde, dass Unternehmen sich aktiv in den Nachhaltigkeitsdiskurs einschrieben und eigene Definitionen, Praktiken und Narrative entwickelten. Dabei ist davon auszugehen, dass sie in einem reziproken Verhältnis zu anderen Akteursgruppen standen, folglich gegenüber diesen ihr spezifisches Verständnis von Nachhaltigkeit formulierten und gleichzeitig von diesen in ihrer Entwicklung geprägt wurden. Die Studie möchte die Eigenperspektive der Unternehmen erforschen, indem sie deren zeitgenössische Einschreibungen anhand einer fundierten Quellenbasis untersucht. Sie möchte nicht untersuchen, welche Akteursgruppen – seien es Politikerinnen und Politiker, die Kundschaft oder NGOs – grundsätzlich auf den Nachhaltigkeitsdiskurs einwirkten, sondern welche von den Unternehmen selbst rezipiert und adressiert wurden.[200] Im Zentrum der Untersuchung deutscher und britischer Unternehmen der Handels- und Konsumgüterbranche sowie der Chemie- und Pharmaindustrie stehen drei Forschungsleitfragen:

II. Welche Praktiken kommunizierten Unternehmen bei der Entwicklung des Handlungsfelds Nachhaltigkeit und welche Relation schrieben sie ökonomischen, ökologischen und sozialen Zielen zu?

III. Wie inszenierten sich die Unternehmen im diskursiven Feld der Nachhaltigkeit und welche Termini und Narrative kommunizierten sie?

IV. Welche Kontaktzonen und Interdependenzen zu anderen Akteursgruppen rezipierten Unternehmen bei der Entwicklung von Nachhaltigkeitskriterien?

Übergeordnet gilt es bei der Beantwortung der Forschungsfragen Kontinuitäten und Wandel im Untersuchungszeitraum zu analysieren, ebenso wie spezifische Länder- und Branchen-charakteristika. Als Untersuchungszeitraum wird jener Zeitraum definiert, ab dem das Konzept Nachhaltige Entwicklung sich zum internationalen politischen Leitbild formierte, d.h. der Zeitraum nach dem Brundtland-Bericht 1987 mit einem besonderen Schwerpunkt auf die Entwicklungen nach der Rio-Konferenz 1992. Eine valide Einschätzung der historischen Entwicklung des Leitbilds Nachhaltigkeit in Unternehmen wird gewährleistet durch einen Untersuchungszeitraum von rund zwei Jahrzehnten bis in die späten 2000er Jahre.

---

200 Vgl. hierzu auch Nuhns Annahme, »dass gesellschaftliche Erwartungen sich im unternehmerischen Quellenmaterial widerspiegeln, sofern sie eine gewisse Relevanzgrenze überschritten haben. Demzufolge ist davon auszugehen, dass sich die für die Organisation wichtigen Themenbereiche und Einflüsse auf das unternehmerische Handeln im Archivbestand wiederfinden.«, Nuhn 2013, S. 39.

Um die Forschungsleitfragen zu Nachhaltigkeit als diskursivem Feld, Handlungs- und Kontaktfeld theoriegeleitet und empirisch valide zu beantworten, untersucht die Arbeit die Bestände der vier Unternehmen Merck KgaA, AstraZeneca plc, Otto Group sowie Marks & Spencer plc. Die Quellenbestände unterscheiden sich in Umfang und Institutionalisierungsgrad. Merck und Marks & Spencer verfügen über klassische institutionalisierte Firmenarchive in Darmstadt beziehungsweise Leeds, UK, mit sehr umfangreichen Quellenbeständen. Die Bestände der Otto Group, die sich in Hamburg befinden, entziehen sich teils einer eindeutigen Sortierung und Klassifizierung, konnten jedoch in großem Umfang eingesehen werden.[201] Die britische AstraZeneca hat hingegen keine zugänglichen Archivbestände an den Firmenstandorten in Macclesfield, UK, und Cambridge, UK. Über den dortigen Umweltdirektor Prof. Dr. Jason Snape konnte dennoch ein Großteil der Jahres- und Nachhaltigkeitsberichte im Untersuchungszeitraum gesichtet werden. Um die im Vergleich zu den anderen drei Unternehmen spürbar reduzierte schriftliche Quellenlage auszugleichen, wurde ergänzend ein Interview mit Snape durchgeführt, der bereits seit den 1990er Jahren im Unternehmen tätig ist.

Für die Untersuchung, wie die Unternehmen sich öffentlich in den Nachhaltigkeitsdiskurs einschrieben, wurden als wichtigste Medien der externen Unternehmenskommunikation, sofern zugänglich, alle Jahresberichte sowie Nachhaltigkeitsberichte und deren Vorläufer im Untersuchungszeitraum ausgewertet. Da jene Publikationen zum einen stark formalisiert waren und zum anderen regelmäßig erschienen, lässt sich an ihnen Kontinuität und Wandel in besonderem Maße ablesen. Für Merck, Otto und Marks & Spencer konnte zudem Einsicht in die Mitarbeiterzeitschriften genommen werden. Die Quellengattung erlaubt einen Einblick, wie Unternehmensleitung und -kommunikation Nachhaltigkeit gegenüber der eigenen Belegschaft kommunizierten und inszenierten.[202] Ergänzend wurden – abhängig von den jeweiligen Archivbeständen – Pressemitteilungen, Strategiepapiere, Reden, Korrespondenzen, Gesprächsnotizen, Sitzungsprotokolle und Unternehmenspräsentationen gesichtet und ausgewertet.

Zur Darstellung der politischen Rahmenbedingungen und Analyse der Kontaktzonen und Zuschreibungen zwischen Politik und Wirtschaft wurden ferner staatliche Akten aus Deutschland und Großbritannien mit in die Untersuchung einbezogen. Der Untersuchungszeitraum bedingt, dass nahezu alle staatlichen Akten Schutzfristen unterlagen. Durch Schutzfristverkürzungen und längere

201 Für die gesichteten Bestände bei Otto lagen keine Signaturen vor.

202 Auch Nuhn sieht in Mitarbeiterzeitschriften eines der wichtigsten »innerbetrieblichen Informationsmittel«, Nuhn 2013, S. 41; zur Bedeutung von Mitarbeiterzeitschriften allgemein vgl. auch Michel 1997.

Forschungsaufenthalte in mehreren Städten in Deutschland und Großbritannien konnte jedoch umfangreiches Quellenmaterial gesichtet werden. Für Großbritannien befinden sich ergiebige Bestände in den *Parliamentary Archives* in Westminster. Für Deutschland sind die Bestände im Parlamentsarchiv des Deutschen Bundestages in Berlin von besonderem Wert für diese Arbeit.[203] Ergänzend wurden weitere staatliche (Regierungs-)Akten, vor allem hinsichtlich der Entwicklung nationaler Nachhaltigkeitsstrategien, gesichtet. Für die Darstellung britischer Politik wurden insbesondere Quellenbestände aus den *National Archives* in Kew sowie der *British Library* in London herangezogen, für die deutsche Seite aus dem Bundesarchiv in Koblenz. Hier wurden vor allem Akten aus dem Bundeskanzleramt, dem Bundesumweltministerium sowie dem Bundeswirtschaftsministerium gesichtet.

Basierend auf der Quellenanalyse wurde die Studie wie folgt gegliedert. Der erste Teil der Arbeit (Kapitel I) widmet sich der Kontextualisierung ökonomischer Nachhaltigkeit(en). Er fragt nach den politischen Rahmenbedingungen in Deutschland und Großbritannien. Neben der politischen und gesellschaftlichen Lage soll hier vor allem die Entwicklung nationaler Nachhaltigkeitsstrategien skizziert werden. Angemerkt sei, dass der europäische oder globale politische Rahmen hier nicht näher beleuchtet wird, da er für beide Länder gleichermaßen Gültigkeit beanspruchte.[204] Vielmehr richtet die Kontextualisierung die Aufmerksamkeit auf mögliche nationale Unterschiede bei der Entwicklung von Nachhaltigkeit im Untersuchungszeitraum. Europäische oder internationale Politiken werden in der späteren Analyse der Unternehmen jedoch Berücksichtigung finden, insofern die Unternehmen selbst darauf Bezug nahmen. Gleichzeitig wird im ersten Kapitel die übergeordnete Forschungsfrage (I) beantwortet, die nach den Kontaktzonen zwischen Politik und Wirtschaft bei der Entwicklung des Leitbilds Nachhaltigkeit in Deutschland und Großbritannien und den wechselseitigen Zuschreibungen und Narrativen in diesen Diskursräumen fragt. Dieses soll anhand ausgewählter Beispiele aus politischen Archivquellen aus Deutschland und Großbritannien exemplarisch dargelegt werden.

Der anschließende Hauptteil besteht aus den Einzeluntersuchungen, die sich den vier ausgewählten Unternehmen widmen. Die Einzelstudien zeichnen sich durch einen analogen Aufbau aus, der die erwähnten Aspekte Termini, Praktiken und Narrative abbildet. Nachdem zu Beginn der Einzelstudien zu den vier Unternehmen diese kurz allgemein sowie im Speziellen in ihrer Entwicklung während

203 Insbesondere gilt dies für Berichte aus den parlamentarischen Ausschüssen, in denen Wirtschaftsvertreterinnen und -vertreter als Experten geladen waren oder schriftliche Stellungnahmen eingereicht haben.

204 Zur Entwicklung von Nachhaltigkeit in Europa und in der EU vgl. u. a. Seefried 2021.

des Untersuchungszeitraums vorgestellt werden, soll sodann jeweils der Frage nachgegangen werden, welche Termini die vier Unternehmen für die Einschreibung in das diskursive Feld der Nachhaltigkeit verwendeten. Wie im theoretischen Teil der Arbeit dargelegt, ist eine Einschreibung in einen Diskurs nicht an die Verwendung bestimmter Termini gebunden. Die Unternehmen konnten folglich bereits diskursive Macht im Feld der Nachhaltigkeit ausüben, ohne dass der Begriff selbst Anwendung fand. Im Fokus der jeweiligen Unterkapitel steht zum einen die Analyse, welche Begriffe in der Unternehmenskommunikation vorherrschend waren bevor sich Nachhaltigkeit und Nachhaltige Entwicklung bzw. *Sustainability* und *Sustainable Development* zu gesellschaftlich prägenden Begriffen entwickelten. Zugleich wird rekonstruiert, ab wann die Unternehmen diese Begriffe rezipierten. Ebenso soll analysiert werden, inwiefern die Nachhaltigkeitstermini andere Begriffe ersetzten oder ob eine Parallelität verschiedener Termini vorlag. Die Analysen der Begriffe bilden jeweils den Rahmen für die spätere Erforschung der Nachhaltigkeitsdiskurse und -praktiken, da sich an ihnen übergeordnete Definitionen von Nachhaltigkeit durch die Unternehmen zeigen.

Ausgehend von der begrifflichen Vorstudie werden im nächsten Schritt Praktiken der Unternehmen näher beleuchtet. Welche Praktiken kommunizierten die Unternehmen, welchen Dimensionen der Nachhaltigkeit ließen sich diese zuschreiben und wie verhielten sie sich zueinander? Dabei soll insbesondere der Frage nachgegangen werden, ob die Unternehmen Ökologie, Ökonomie und soziale Fragen als Gegensätze kommunizierten oder in einem holistischen Verständnis von Nachhaltigkeit zu integrieren suchten. Ohne der Analyse vorwegzugreifen, sei vorangestellt, dass allen Unternehmen (ebenso wie zeitgenössischen politischen Nachhaltigkeitskonzepten) ein grundsätzlicher Bezug zu jenen drei Dimensionen zu eigen war, weshalb sie als schematische Analysekategorien verwendet werden. Die vor allem im wissenschaftlichen Kontext postulierte Kritik am Drei-Säulen-Modell, das ebenfalls diese Trias ins Zentrum stellt, spiegelte sich in der unternehmerischen Praxis überwiegend nicht wider. Die Studie verfolgt das Ziel, die Eigendarstellung der Unternehmen und deren kommunikative Schwerpunktsetzung bei der Entwicklung von Praktiken der Nachhaltigkeit zu erforschen, nicht jedoch die Rezeption der Unternehmenspraktiken durch Dritte. In der Forschung stellt insbesondere diese Unternehmensperspektive ein Desiderat dar, das diese Arbeit zu schließen versucht, indem sie untersucht, wie die Unternehmen als Akteure jeweils das Leitbild Nachhaltigkeit ausgestalteten. Aus einer solchen Untersuchung ergibt sich auch, was zeitgenössisch als *kommunikationswürdig*, aber auch als *kommunikationsnotwendig* erachtet wurde, in welchen Feldern folglich eine Einschreibung in den Diskurs unerlässlich erschien. Es lässt sich nicht abschließend analysieren, ob die Praktiken nachhaltigen Handelns tatsächlich im kommunizierten Maße umgesetzt worden sind. Jedoch, dies sei vorweggenommen, professionalisierte sich ab den 2000er Jahren die Berichterstattung der Unternehmen und die Angaben wurden extern validiert, sowohl durch Wirtschaftsprüfungsgesellschaften als auch durch Ratingagenturen. Alle vier Unternehmen erhielten hierbei externe Anerkennung.[205] Eine signifikante Verfälschung der Praktiken durch die Unternehmenskommunikation erscheint somit unwahrscheinlich, liegt aber auch außerhalb des Forschungsinteresses der Arbeit.

Der Untersuchungszeitraum von den späten 1980er bis in die 2000er Jahre birgt eine grundsätzliche Herausforderung: Der Begriff *Nachhaltigkeit* wurde von den Unternehmen in unterschiedlichen Geschwindigkeiten adaptiert, z. T. erst im letzten Drittel des Untersuchungszeitraums, zugleich existierte aber eine »Nachhaltigkeit vor der Nachhaltigkeit«. Praktiken, die später begrifflich dem Feld der Nachhaltigkeit zugeschlagen wurden, manifestieren sich bereits in Quellen der frühen 1990er Jahre. Doch wann kann eine Praktik als Vorläufer von Nachhaltigkeit gelten? Da diese zeithistorische Arbeit kein normatives Programm vorgibt, sondern die zeitgenössischen Quellen aus den Unternehmen auswertet, sieht sie sich hier mit einem methodisch-quellenbasierten Problem

---

205 Umweltberichte von Merck erreichten in den 1990er Jahren mittlere Platzierungen, im Laufe der 2000er Jahre konnte Merck sein Ranking spürbar verbessern. 2008 nahm exemplarisch der führende internationale Aktien-Index für verantwortungsvolles Investieren, der *FTSE4Good-Index*, Merck als einziges deutsches Unternehmen auf, Merck-Archiv, Darmstadt, V15/1453a, Präsentation der Unternehmenskommunikation auf der Sitzung des Umweltausschusses am 09.12.1998; Merck-Archiv, Darmstadt, Verantwortung zählt, pro international, Dezember 2008; Otto vermochte in externen Rankings in den 2000er Jahren ebenfalls konstant mit seinen Praktiken im Handlungsfeld Nachhaltigkeit zu überzeugen. Im renommierten, branchenübergreifenden Ranking vom Institut für ökologische Wirtschaftsforschung (IÖW) und »future – verantwortung unternehmen« erreichte das Unternehmen im Jahr 2005 Platz drei, im Jahr 2007 sogar Platz eins, Merck-Archiv, Darmstadt, V15/1827, Ranking Nachhaltigkeitsberichte 2009, 2009; AstraZeneca erhielt von britischen und amerikanischen Initiativen Auszeichnungen für soziales Engagement in jenen Ländern. Auch in spezifischen Nachhaltigkeitsrankings konnte sich das Unternehmen positionieren. Gegen Ende des Untersuchungszeitraum zählte AstraZeneca in den renommierten *Dow Jones Rankings* zu den besten sechs Prozent seiner Branche, Private Archive J. S. AstraZeneca Macclesfield, Corporate Responsibility 2006, 2007; Private Archive J. S. AstraZeneca Macclesfield, We're working. Corporate Responsibility Summary Report 2002, 2003; Private Archive J. S. AstraZeneca Macclesfield, 2008 Annual Report, 2009; auch bei Marks & Spencer fielen die externen Überprüfungen der kommunizierten Praktiken positiv aus und dem Unternehmen wurde vielfach eine Vorreiterrolle im Handlungsfeld Nachhaltigkeit bescheinigt. Im Verlauf der 2000er Jahre zeichnete der globale *Dow Jones Sustainability Index* Marks & Spencer mehrere Jahre nacheinander als besten Einzelhändler aus, ebenso erhielt das Unternehmen Auszeichnungen durch den *Business in the Community's Corporate Responsibility Index* und gewann 2007 den *Responsible Retailer World Retail Award*, The M&S Company Archive Leeds, CR/D/1, Corporate Social Responsibility Report 2003/04, 2004; The M&S Company Archive Leeds, CR/D/6/1/1, Plan A ›How We Do Business‹ Report 2007, 2007; British Library London, m03/20253, Business in the Environment 6th Index of Corporate Environmental Engagement, 2001.

konfrontiert. Aufgelöst werden soll dieses durch die Fokussierung auf diejenigen Quellenarten, in denen Unternehmen explizit Praktiken im Handlungsfeld Nachhaltigkeit kommunizierten und die als Vorläufer späterer Nachhaltigkeitsberichte gelten dürfen.[206] Zu nennen sind hier zum einen Jahresberichte, zum anderen Teilberichte wie Umweltberichte oder Sozialberichte.[207] Hierdurch kann nachvollzogen werden, welche Praktiken im Handlungsfeld Nachhaltigkeit durch die Unternehmen kommuniziert wurden, bevor sie den Begriff verwendeten, ohne dabei aber einer Willkürlichkeit zu verfallen und falsche Rückschlüsse aus den unterschiedlichen Quellenlagen innerhalb der Unternehmen zu ziehen.[208] Anschließend lässt sich valide prüfen, welche dieser Praktiken später dem Begriff Nachhaltigkeit zugeschlagen wurden und folglich auch, ob dieser neue (kommunizierte) Praktiken hervorbrachte und als Innovationstreiber gelten darf oder ob er lediglich bestehende Praktiken integrierte, um einem neuen Zeitgeist Rechnung zu tragen.

Abschließend soll in den vier Einzeluntersuchungen beleuchtet werden, welche Narrative die vier Unternehmen im Verlauf des Untersuchungszeitraums im diskursiven Feld der Nachhaltigkeit kommunizierten und inszenierten. Hieraus lässt sich sowohl ablesen, wie sie die eigene diskursive Macht einsetzten, um das aufstrebende Leitbild zu definieren, als auch welche Akteursgruppen selbst auf die Unternehmen einwirkten und von diesen als besonders prägend bei der Entwicklung unternehmerischer Nachhaltigkeit wahrgenommen wurden. Die Untersuchung der Narrative soll weiterhin Aufschluss darüber geben, ob und wie sich diese im Laufe des Untersuchungszeitraums gewandelt haben. Für jedes Unternehmen wurden, in Abhängigkeit zur Quellenlage, vier bis sechs Narrative ausgewählt, die in den Quellen besonders akzentuiert wurden. Die Reihenfolge der analysierten Narrative versteht sich dabei weder hierarchisch

206 Zur Quellengattung der Nachhaltigkeitsberichte selbst vgl. Schwegler, laut der diese »nicht für willkürlich formulierte Texte gehalten werden [dürfen], sondern […] als fixierte, jährliche und diachron nachverfolgbare Synopsen der Unternehmenskommunikation zur Praxis der Nachhaltigkeit gelten [müssen]«, Schwegler 2018, S. 38.

207 Die Unternehmen klassifizierten diese Berichte später selbst als Vorläufer ihrer Nachhaltigkeitsberichte. So informierte beispielsweise Otto im Nachhaltigkeitsbericht 2007 über die »[b]isher von OTTO veröffentlichte[n] Informationen und Berichte zum Thema Nachhaltigkeit« und listete darunter die Umweltberichte der 1990er Jahre; Archiv Otto Group Hamburg, Unternehmen(s)Verantwortung Bericht 2007, September 2007; vgl. hierzu auch Schwegler: »Die praktische Entwicklung des Nachhaltigkeitsberichtes geschieht also aus den Umweltberichten heraus, weshalb letztere von einigen Unternehmen retrospektiv auch als frühe Nachhaltigkeitsberichte bezeichnet und in den Publikationslisten zur Nachhaltigkeitsberichterstattung gezählt werden.«, Schwegler 2018, S. 26.

208 Wo interne Quellen eine unerlässliche Ergänzung darstellen, werden sie vereinzelt zusätzlich herangezogen. Im Sinne der Vergleichbarkeit konzentrieren sich die jeweiligen Analysen zu den Unternehmen aber primär auf die oben benannten externen Quellenarten.

noch chronologisch. Dies ergibt sich nicht zuletzt daraus, dass viele – teils widersprüchliche – Narrative simultan verliefen. Ziel der Analyse der Narrative ist dabei kein stringenter Vergleich entlang objektiv vergleichbarer Kriterien – dies verbietet allein die unterschiedliche Quellenlage der Unternehmen –, vielmehr soll es darum gehen, Nachhaltigkeit(en) im jeweiligen zeitgenössischen Facettenreichtum zu begreifen. Bei der Analyse der Praktiken und Diskurse wird Nachhaltigkeit als Analysebegriff verstanden, der auch Vorläufer wie den betrieblichen Umweltschutz erfasst.

I. Nationale Nachhaltigkeitsentwicklungen zwischen Politik und Wirtschaft

1. Deutschland – Von der Ära Kohl zu Rot-Grün

1.1 Nachhaltigkeitsentwicklungen in der Transformationszeit

Das erste Jahrzehnt des Untersuchungszeitraums war in Deutschland gleichermaßen von Kontinuität und Wandel gezeichnet. Auf der einen Seite prägten die Wiedervereinigung und die sich daran anschließende Transformationszeit das Land, gleichzeitig war die Bundesrepublik bis 1998 politisch geprägt von einer christlich-liberalen Koalition unter Helmut Kohl.[1] Die Deutsche Einheit initiierte Transformationsprozesse in Ost- ebenso wie in Westdeutschland. Die Annahme, der Umbruch habe allein die neuen Bundesländer erfasst, gilt in der Forschung zurecht als »Trugschluss«.[2] Politisch stand ganz Deutschland in den 1990er Jahren unter dem Eindruck der sozialen und wirtschaftlichen Folgen der Wiedervereinigung.[3] Entgegen der Meinung vieler westdeutscher Ökonomen im Jahr 1990, dass die Wiedervereinigung zu einem zweiten Wirtschaftswunder führen würde, sahen sich insbesondere die ostdeutschen Bundesländer in den Postwendejahren mit gravierenden wirtschaftlichen Problemen konfrontiert.[4] Die Arbeitslosigkeit stieg dramatisch an.[5] Parallel zum Abschwung der ostdeutschen Wirtschaft brachten die westdeutschen Bundesländer hohe Transferleistungen in die neuen Bundesländer auf; die wirtschaftliche Lage verschlechterte sich auch hier.[6]

1 Zur zeithistorischen Erforschung der Wiedervereinigung und Transformationszeit vgl. Brückweh 2020, S. 4–10.
2 Wolfrum 2020, S. 18.
3 Vgl. Winkler 2016, S. 62 f.
4 Vgl. Leaman 2009.
5 Am Ende des ersten Quartals 1991 verzeichnete die arbeitende Bevölkerung in Ostdeutschland bereits einen Rückgang um 24 Prozent im Vergleich zu 1989, ebd., S. 114; bis 1995 reduzierte sich die Zahl von 9,1 auf 7,4 Millionen, Wirsching 2012, S. 68.
6 Wirsching 2012, S. 71.

Vom ökologischen Standpunkt aus schrieben Forschung und Gesellschaft der Bundesrepublik vor allem in den 1980er Jahren im internationalen Vergleich häufig einen »Sonderweg« zu, da ökologische Themen im öffentlichen Diskurs bereits vor Krisenerfahrungen wie Tschernobyl stark beachtet wurden.[7] Zumeist wurde dabei eine vermeintliche ökologische Vorreiterrolle Deutschlands kolportiert.[8] Von einer signifikanten »Nachhaltigkeitswelle« in Deutschland in den ausklingenden 1980er und beginnenden 1990er Jahren kann hingegen nicht gesprochen werden. Eine Analyse der Rezeption des neuen Leitbilds in der Bundesrepublik zeichnet nicht das Bild eines globalen Vorreiters, sondern zeugt vielmehr von einer zögerlichen Reaktion. Der international bedeutendste zeithistorische Meilenstein des Nachhaltigkeitsleitbilds vor dem Mauerfall bildete die Veröffentlichung des Brundtland-Berichts 1987. Die christlich-liberale Regierung, insbesondere das CDU-geführte Finanzministerium und das CSU-geführte Innenministerium, reagierte auf dessen Veröffentlichung zurückhaltend aus Furcht vor Forderungen nach Transferleistungen von westlichen Ländern an Länder des globalen Südens.[9] Deutsche Umweltgruppen rezipierten das Konzept aufgrund der ihm immanenten Verknüpfung von ökologischen und entwicklungspolitischen Fragen zunächst ebenfalls eher ablehnend.[10] Gleichwohl griffen es einzelne Akteure auf. Als wichtigster Akteur für die Etablierung des Leitbilds einer Nachhaltigen Entwicklung in der Bundespolitik gilt das sozialdemokratische Mitglied der Brundtland-Kommission Volker Hauff.[11] Dieser übersetzte den Brundtland-Bericht und den Begriff »Nachhaltige Entwicklung« selbst, zunächst als »dauerhafte Entwicklung«[12] – der Nachhaltigkeitsbegriff von Carlowitz war ihm zum damaligen Zeitpunkt nicht bekannt.[13] Erst allmählich fand der Begriff auch politisch Anwendung, u. a. im Berliner Programm der SPD aus dem Jahr 1989.[14]

Die bisherige Forschung sieht die verzögerte politische Adaption des Konzepts Nachhaltigkeit in der Bundesrepublik in den Jahren nach der Veröffentlichung des Brundtland-Berichts nicht zuletzt durch die hohe Arbeitslosigkeit und sozio-ökonomische Probleme im Kontext der Wiedervereinigung begründet.[15]

7 In den Worten Frank Uekötters »war die Ökologie in der Bundesrepublik längst salonfähig, als in der Nacht zum 26. April 1986 in der Ukraine der Reaktorblock 4 des Kernkraftwerks Tschernobyl explodierte.«, Uekötter 2015, S. 162; vgl. hierzu auch Uekötter 2011, S. 112–120.

8 Zur vermeintlichen Vorreiterrolle Deutschlands aus eigener und internationaler Perspektive vgl. Uekötter 2015, S. 9 f. sowie S. 31.

9 Vgl. Seefried 2015a, S. 389; Seefried 2021, S. 397 f.

10 Vgl. Steurer 2002, S. 406.

11 Vgl. Seefried 2015a, S. 390.

12 Hauff 1987, S. 46.

13 Vgl. Seefried 2015a, S. 390; Seefried 2017b, S. 223.

14 Ebd.

15 Vgl. Steurer 2002, S. 463.

Auf der tagespolitischen Agenda besaßen in der Transformationszeit andere Themen als der Umweltschutz Priorität. In den westdeutschen Bundesländern scheiterten die Grünen bei der Bundestagswahl an der Fünf-Prozent-Hürde.[16] Auch der Ton der ökologischen Debatte wandelte sich. Beobachten ließ sich nun ein zunehmender Pragmatismus sowie Kritik am vermeintlichen »Öko-Wahn«.[17] Gleichwohl warf die Transformation selbst ökologische Fragen auf. Die ökologischen Altlasten der DDR wurden integraler Bestandteil des politischen und wirtschaftlichen Diskurses der Wendezeit und Anlass zu Kooperation zwischen den Akteursgruppen Wirtschaft und Politik.[18] Ebenso entwickelte sich der Niedergang der ostdeutschen Wirtschaft und der dortige Strukturwandel zu einem Topos, der auch von Seiten der Industrie für das Narrativ eines notwendigen Ausgleichs zwischen sozialen Fragen, Ökologie und Ökonomie herangezogen wurde.[19]

Eine Vorreiterrolle Deutschlands im diskursiven Feld der Nachhaltigkeit lässt sich auch im Zuge der Rio-Konferenz nicht klar belegen. Zwar erklärte Bundeskanzler Helmut Kohl bei der konstituierenden Sitzung des Nationalen Komitees zur Vorbereitung der Rio-Konferenz: »Umweltpolitik bleibt Schwerpunkt der Arbeit meiner Regierung in dieser Legislaturperiode«.[20] Die Quellen lassen eine solche Schwerpunktsetzung hingegen nicht erkennen. Umwelt- und nachhaltigkeitspolitisch engagierte Politikerinnen und Politiker der Regierungsfraktionen galten der Opposition als Ausnahmefälle. Beispielhaft zeigte sich dies vor allem am CDU-Politiker Klaus Töpfer, der zu Zeiten der Rio-Konferenz Bundesumweltminister war.[21] Seine herausragende Rolle für die Konferenz bestätigten auch weite Teile der Opposition, die ihn jedoch innerhalb seiner Regierung isoliert sa-

16 Vgl. Uekötter 2015, S. 191.

17 Ebd., S. 192–194.

18 Vgl. hierzu Ausführungen des damaligen Bundesumweltministers Prof. Dr. Klaus Töpfer, der u. a. den VCI in die Herstellung eines Konzeptes für ökologische Altlasten der DDR einbezog, Parlamentsarchiv des Deutschen Bundestages, Berlin, PA-DBT 3121 Atomenergie und Umwelt, A11/21, WP Prot. 86, TO Punkt 1 Bericht des Bundesministers für Umwelt, Naturschutz und Reaktorsicherheit, Prof. Dr. Klaus Töpfer, zur Umweltpolitik im geeinten Deutschland, 24.10.1990.

19 Vgl. hierzu Ausführungen der BASF gegenüber der Enquete-Kommission Schutz des Menschen und der Umwelt zur schwierigen Lage der Niederlausitz, Parlamentsarchiv des Deutschen Bundestages, Berlin, PA-DBT 3415 EK Umweltschutz, 166, Wortprotokoll der 18. Sitzung (öffentlich), Öffentliche Anhörung zum Thema »Nachhaltigkeitskonzepte in der Wirtschaft«, 29.04.1996.

20 Bundesarchiv Koblenz, BArch B 136/32689, Erklärung des Bundeskanzlers bei der konstituierenden Sitzung des Nationalen Komitees zur Vorbereitung der Konferenz »Umwelt und Entwicklung« der Vereinten Nationen im Juni 1992, 05.06.1991.

21 Töpfers Einsatz für Nachhaltige Entwicklung erfuhr auch international Anerkennung. 1994 wurde er zum Chairman der UN Commission on Sustainable Development ernannt, vgl. Seefried 2021, S. 398.

hen.[22] Die Rio-Konferenz sei mehr Schein als Sein gewesen und habe zu keinem Handeln der Bundesregierung geführt.[23]

Im Zentrum der politischen Agenda im diskursiven Feld der Nachhaltigkeit standen Ökologie und Ökonomie, soziale Aspekte wurden in der Ära Kohl marginalisiert. Wie die Dimensionen zu gewichten seien, wurde aktiv im Austausch mit anderen Akteursgruppen, nicht zuletzt der Wirtschaft, austariert. Exemplarisch verdeutlicht dies eine Rede von Helmut Kohl vor dem Verband der Chemischen Industrie (VCI) Anfang der 1990er Jahre: »Jeder verantwortungsbewußte Mensch weiß: Wir müssen ökonomische und ökologische Belange in Einklang miteinander entwickeln. Beide Grundlagen sind für unsere Zukunft und für die Zukunft unserer Kinder und Enkel unentbehrlich.«[24] Bei der weiteren Ausgestaltung des Leitbilds Nachhaltige Entwicklung nach der Rio-Konferenz bemängelten politische Akteure häufig eine einseitige Fokussierung auf die ökologische Dimension und mahnten eine Stärkung der anderen Dimensionen an. Die Quellen belegen jedoch, dass primär die Aufwertung der Ökonomie im Fokus stand. In einem informellen Treffen zwischen dem Bundesverband der Deutschen Industrie (BDI) und dem Bundeswirtschaftsministerium (BMWi) erklärte das Ministerium,

»daß sich das Thema ›Nachhaltige Entwicklung‹ seit der Rio-Konferenz 1992 allmählich konkretisiere. Das sich seit Rio entwickelte 3-Säulenkonzept (Ökologie, Ökonomie, soziale Sicherheit) fände in der öffentlichen Diskussion aber zu wenig Beachtung, da vornehmlich unter dem Aspekt ›Umwelt‹ diskutiert werde. Die beabsichtigte Tagung solle mit dazu beitragen, diese

22 Vgl. exemplarisch eine Aussage des SPD-Abgeordneten Dr. Klaus Kübler im Nachgang zur Rio-Konferenz 1992 im Deutschen Bundestag: »Ich habe hier in meinem Manuskript tatsächlich geschrieben – Herr Töpfer, damit Sie beruhigt sind -: »Der Bundesumweltminister hatte daran [Erfolg Rio-Konferenz, eig. Anmerkung] einen großen Anteil. [...] Jetzt frage ich: Was hat die Bundesregierung – ich lasse im Augenblick einmal den Bundesumweltminister bewußt heraus – getan? [...] Da gibt es einen Wirtschaftsminister, der immer nur betont, daß die Ziele von Rio nicht erreichbar sind; dasselbe sagt sein Parlamentarischer Staatssekretär. [...] Da gibt es also noch einen Verkehrsminister, für den Klimapolitik ein rotes Tuch ist.«, Parlamentsarchiv des Deutschen Bundestages, Berlin, PA-DBT 4000 Gesetzesdokumentation, XII/241 A lfd. Nr. 10, Erste Beratung des von der Bundesregierung eingebrachten Entwurf eines Gesetzes zu dem Übereinkommen vom 5. Juni 1992 über die biologische Vielfalt (Drucksache 12/4473), 22.04.1993. Ähnlich äußerte sich der Bundestagsabgeordnete Dr. Klaus-Dieter Feige (BÜNDNIS 90/DIE GRÜNEN). Er sprach von einem »zunehmend absurde[n] Widerspruch«, »denn in die Welt schickt die Bundesregierung ihren ökologischen Musterknaben Töpfer – [...] der aber zu Hause bei den Kabinettssitzungen nur am Katzentisch sitzen darf und sich von völlig sachfremden Ministern die Vorlagen vom Tisch wischen lassen muß.«.

23 Vgl. hierzu die PDS-Abgeordnete Dr. Dagmar Enkelmann: »War diese Konferenz nicht eher Feigenblatt der Industrieländer für verantwortungslose Wirtschafts-, Umwelt- und Entwicklungspolitik [...] Dieser Eindruck drängt sich auch mir mehr und mehr auf. Vollmundige Versprechungen von Kohl und Töpfer dort: Es leben die größten Umweltschützer der Bundesrepublik. – Praktische Politik gleich null.«, ebd.

24 Bundesarchiv Koblenz, BArch B 136/34900, Rede von Bundeskanzler Dr. Helmut Kohl anläßlich der Mitgliederversammlung des Verbandes der Chemischen Industrie, 17.10.1991.

›Schieflage‹ zu beseitigen und das Thema insgesamt für die Wirtschaft bzw. Öffentlichkeit als neue Chance für mehr Innovation und neue Produkte transparent zu machen.«[25]

Sicherlich war es auch der Natur des Austausches zwischen Wirtschaft und Politik geschuldet, dass ökonomische Aspekte im Vordergrund standen. Dennoch erscheint die Ausrichtung auf die Ökonomie hier ebenso deutlich wie einseitig, da naturgemäß die Wirtschaft ebenso von sozialen Fragestellungen berührt war, diese hier jedoch marginalisiert blieben.[26]

Auch weitere Treffen zwischen politischen und wirtschaftlichen Akteuren zeugen davon, dass das Leitbild Nachhaltigkeit erst im gemeinsamen Diskurs innerhalb jener Kontaktzonen inhaltlich aufgeladen wurde. Die damalige Umweltministerin Angela Merkel lud Mitte der 1990er Jahre Vertreterinnen und Vertreter »aus Wissenschaft, Umwelt- und Naturschutzverbänden, Wirtschaft, Gewerkschaften, Kirchen und anderen Gruppen« zur Diskussion darüber ein, »in welchen Bereichen die größten Abweichungen von einer nachhaltigen Entwicklung bestehen und welche Ziele in diesen Bereichen angestrebt werden sollten.«[27] Deutlich zeigte sich hier, dass das Leitbild Nachhaltigkeit zu diesem Zeitpunkt unterschiedlichste Zuschreibungen erfuhr. Im gesellschaftlichen Diskurs sollte ein homogenes Verständnis erreicht werden. So hieß es in dem Einladungsschreiben:

»Auf der Konferenz der Vereinten Nationen für Umwelt und Entwicklung 1992 in Rio de Janeiro hat die weltweite Staatengemeinschaft nachhaltige Entwicklung zum gemeinsamen Leitbild erklärt. [...] Die vergangenen Jahre haben gezeigt, daß es zwar eine breite Unterstützung für die Zielsetzung der nachhaltigen Entwicklung gibt, ein gemeinsames Verständnis über die konkreten Inhalte und die Umsetzung aber noch fehlt. Nur auf der Basis eines gesellschaftlichen Grundkonsenses und mit dem aktiven Engagement aller gesellschaftlichen Gruppen wird aber ein nachhaltiger Entwicklungspfad zu erreichen sein. Ich möchte daher einen breiten Diskussionsprozeß über die nächsten Schritte zu einer nachhaltigen Entwicklung initiieren.«[28]

Zwar erhob die Konferenz den Anspruch, alle gesellschaftlichen Gruppen einzubinden, gleichwohl zeigt die Teilnehmerliste, dass wirtschaftliche Akteure überproportional repräsentiert waren.[29] Dies ist insofern beachtlich, als die Einladung vom Bundesumweltministerium ausgesprochen wurde.

25 Bundesarchiv Koblenz, BArch B 102/845995, Ministeriumsinternes Schreiben an den Minister Zur Entscheidung Betr. BMWi/BDi-Tagung zum Thema »Nachhaltige Entwicklung«, Bezug: Gespräch mit dem BDI am 11.12.1997, 11.12.1997.

26 Ebd.

27 Bundesarchiv Koblenz, BArch B 136/49572, Briefvorlage einer schriftlichen Einladung zu einer Konferenz am 1.7.1996 in Bonn von Dr. Angela Merkel, Bundesministerin für Umwelt, Naturschutz und Reaktorsicherheit, Undatiert, ca. Frühjahr 1996.

28 Ebd.

29 Bundesarchiv Koblenz, BArch B 136/49572, Teilnehmerliste 1. Juli 1996, 01.07.1996.

Auf bundespolitischer Ebene entstanden Grundlagen einer Nachhaltigkeitspolitik in der Ära Kohl vor allem im Rahmen von Enquete-Kommissionen im Bundestag, die entscheidende Kontaktzonen zwischen Wirtschaft und Politik darstellten. In jenen Enquete-Kommissionen beteiligten sich wirtschaftliche Akteure an der diskursiven Ausgestaltung des Leitbilds Nachhaltigkeit. Die dabei entstandenen Spannungsfelder und Konfliktlinien wurden von politischen Akteuren kritisch begleitet. Im Kontext zweier früherer Enquete-Kommissionen zum Schutz der Erdatmosphäre[30] äußerte sich exemplarisch die SPD-Abgeordnete Monika Ganseforth kritisch zur diskursiven Macht wirtschaftlicher Akteure und Diskurskoalitionen mit der Politik, durch die sie umweltpolitische Ziele ausgehebelt sah.[31] Zwar wurde die Wirtschaft von der politischen Sphäre als wichtiger Akteur bei der Ausgestaltung des Leitbilds Nachhaltigkeit wahrgenommen, zugleich erhob vor allem die Opposition den Vorwurf einer Blockadehaltung unter Verkennung der wirtschaftlichen Potentiale eines erfolgreichen Klima- und Umweltschutzes.[32]

Eine besonders herausragende Stellung nahm die Enquete-Kommission »Schutz des Menschen und der Umwelt« ein.[33] Als Sachverständiger wurde auf Vorschlag der Fraktionen u. a. der langjährige VCI-Hauptgeschäftsführer Wilfried Sahm in die Kommission berufen.[34] Der Enquete-Kommission wurde von Akteuren der deutschen Politik später angerechnet, das Drei-Säulen-Modell der

30 Die Enquete-Kommission »Vorsorge zum Schutz der Erdatmosphäre« tagte von 1987 bis 1990, in ihrer Nachfolge stand die Enquete-Kommission »Schutz der Erdatmosphäre«, die von 1991 bis 1994 eingesetzt war. Deutscher Bundestag, Schlußbericht der Enquete-Kommission »Schutz der Erdatmosphäre«. Drucksache 12/8600, Bonn, 31.10.1994.

31 Parlamentsarchiv des Deutschen Bundestages, Berlin, PA-DBT 4000 Gesetzesdokumentation, XII/241 A lfd. Nr. 21, Zweite Beratung und Schlußabstimmung des von der Bundesregierung eingebrachten Entwurfs eines Gesetzes zu dem Übereinkommen vom 5. Juni 1992 über die biologische Vielfalt (Drucksachen 12/4473, 12/5112), 23.06.1993.

32 Ebd.

33 Die Enquete-Kommission »Schutz des Menschen und der Umwelt – Bewertungskriterien und Perspektiven für umweltverträgliche Stoffkreisläufe in der Industriegesellschaft« des 12. Deutschen Bundestages hat ihre Arbeit im Jahr 1994 abgeschlossen und empfahl dem Bundestag, die Arbeit in der 13. Legislaturperiode über die Einrichtung einer neuen Enquete-Kommission fortzuführen. Diese erhielt den Titel „»Schutz des Menschen und der Umwelt – Ziele und Rahmenbedingungen einer nachhaltig zukunftsverträglichen Entwicklung« und veröffentlichte 1998 ihren Abschlussbericht, Deutscher Bundestag, Abschlußbericht der Enquete-Kommission »Schutz des Menschen und der Umwelt – Ziele und Rahmenbedingungen einer nachhaltig zukunftsverträglichen Entwicklung«. Drucksache 13/11200, Bonn, 26.06.1998; zur Arbeit der Enquete-Kommission vgl. ausführlich Brand/Jochum 2001.

34 Parlamentsarchiv des Deutschen Bundestages, Berlin, PA-DBT 3415 EK Umweltschutz, 1, Protokoll der konstituierenden Sitzung der Enquete-Kommission »Schutz des Menschen und der Umwelt – Bewertungskriterien und Perspektiven für umweltverträgliche Stoffkreisläufe in der Industriegesellschaft (Protokoll Nr. 1), 18.03.1992; zur Zusammensetzung der Enquete-Kommission vgl. Brand/Jochum 2001, S. 80.

Nachhaltigkeit, das neben ökologischen auch ökonomische und soziale Ziele vereint, entwickelt zu haben.[35] Auch der Vorsitzende der ersten Enquete-Kommission Ernst Schwanhold erklärte 1993, »[e]r sehe den Auftrag der Kommission zugespitzt darin, ein Modell zu entwickeln, welches die drei Säulen und deren Interdependenzen einschließlich einer Hierarchisierung für die Umsetzung in die tägliche Politik handhabbar mache.«[36] Archivquellen belegen, wie in der Enquete-Kommission um die Gewichtung und Relation der drei Säulen gerungen wurde, wobei die chemische Industrie nicht zuletzt mit Kommissionsmitglied Wilfried Sahm als maßgeblicher Akteur in Erscheinung trat.[37] Auf das 1994 veröffentlichte VCI-Positionspapier *Sustainable Development* nahm die Enquete-Kommission in Diskussionen explizit Bezug.[38] Insgesamt nahm die ökonomische Dimension eine dominante Rolle im Nachhaltigkeitsverständnis der Enquete-Kommission ein.[39]

Die Enquete-Kommission bot der chemischen Industrie die Möglichkeit, sich als verantwortlicher Akteur im Diskurs- und Handlungsfeld Nachhaltigkeit zu

---

35 Parlamentsarchiv des Deutschen Bundestages, Berlin, PA-DBT 3501 PB für nachhaltige Entwicklung, 138, 15. Wahlperiode, Nationale Nachhaltigkeitsstrategie / Fortschrittsbericht 2004, Stellungnahme des Parlamentarischen Beirates für nachhaltige Entwicklung, 19.10.2004; Parlamentsarchiv des Deutschen Bundestages, Berlin, PA-DBT 3501 PB für nachhaltige Entwicklung, 136, 15. Wahlperiode, Vorschlag der CDU/CSU Bundestagsfraktion für eine Stellungnahme des parlamentarischen Beirates für nachhaltige Entwicklung zum Fortschrittsbericht der Bundesregierung, 21.09.2004; wie Schwegler darlegt beförderte die Dreidimensionalität im Abschlussbericht der Enquete-Kommission ihre Rezeption in Deutschland, Schwegler 2018, S. 323; vgl. hierzu auch Brand/Jochum 2001, S. 75

36 Parlamentsarchiv des Deutschen Bundestages, Berlin, PA-DBT 3415 EK Umweltschutz, 29, Protokoll der 18. Sitzung (nichtöffentlich), 09.03.1993.

37 Vgl. u. a. Parlamentsarchiv des Deutschen Bundestages, Berlin, PA-DBT 3415 EK Umweltschutz, 60, Protokoll der 48. Sitzung (nichtöffentlich), 10.01.1994; Parlamentsarchiv des Deutschen Bundestages, Berlin, PA-DBT 3415 EK Umweltschutz, 63, Protokoll der 50. Sitzung (nichtöffentlich), 27.01.1994; Parlamentsarchiv des Deutschen Bundestages, Berlin, PA-DBT 3415 EK Umweltschutz, 42, Stenographisches Protokoll der 30. Sitzung (öffentlich), Öffentliche Anhörung zum Thema »Chlorchemie«, 04.06.1993; Parlamentsarchiv des Deutschen Bundestages, Berlin, PA-DBT 3415 EK Umweltschutz, 43, Protokoll der 31. Sitzung (nichtöffentlich), 09.06.1993; Parlamentsarchiv des Deutschen Bundestages, Berlin, PA-DBT 3415 EK Umweltschutz, 224, Stellungnahmen der Sachverständigen für die öffentliche Anhörung zum Thema »Leitbilder einer Stoffpolitik« am 7. Oktober 1993, 05.10.1993; Parlamentsarchiv des Deutschen Bundestages, Berlin, PA-DBT 3415 EK Umweltschutz, 51, Protokoll der 39. Sitzung (öffentlich), Öffentliche Anhörung zum Thema »Leitbilder einer Stoffpolitik«, 07.10.1993; Parlamentsarchiv des Deutschen Bundestages, Berlin, PA-DBT 3415 EK Umweltschutz, 118, Kurzprotokoll der 33. Sitzung (nichtöffentlich), 09.12.1996.

38 Vgl. u. a. Parlamentsarchiv des Deutschen Bundestages, Berlin, PA-DBT 3415 EK Umweltschutz, 60, Protokoll der 48. Sitzung (nichtöffentlich), 10.01.1994; das Positionspapier selbst hat sich im Archiv von Merck erhalten, Merck-Archiv, Darmstadt, V15/1028, Sustainable Development. Position der Chemischen Industrie, 06.10.1994.

39 Zur Definition von Nachhaltigkeit und deren ökonomischen Dimension durch die Enquete-Kommission vgl. einschlägig Brand/Jochum 2001, S. 77.

positionieren. Auch zu öffentlichen Anhörungen der Enquete-Kommission zu einzelnen Themen wie Chlorchemie wurden zahlreiche Sachverständige aus den Reihen der chemischen Industrie geladen, Wirtschaftsakteure formten insgesamt die größte Gruppe an Sachverständigen.[40] Diese Entwicklung bestätigte später auch das Bundesumweltministerium. Die Erfolge der Enquete-Kommission hätten u. a. darin bestanden, »daß die Diskussion um den ›Ausstieg aus der Chlorchemie‹ versachlicht und das ›Feindbild‹ der Chemischen Industrie, dass sich Teile der Umweltbewegung von dieser Industrie gemacht hatten, mit abgebaut werden konnte [...].«[41]

Mit Blick auf den Untersuchungsgegenstand Handels- und Konsumgüterbranche sei angemerkt, dass die Enquete-Kommission sich auch mit Stoffströmen in der textilen Bekleidungskette befasste.[42] Angesichts der Globalität des Leitbilds Nachhaltigkeit ist auffällig, dass negative Folgen aufgrund ökologisch-toxischer Herausforderungen vor allem für Verbraucherinnen und Verbraucher im Inland wahrgenommen wurden.[43] Die Arbeits- und Lebensbedingungen in den Produktionsländern fanden hingegen nur vereinzelt Eingang in die Diskussion. Ebenso zeigte sich, dass Unternehmen kein gesteigertes Interesse der Kundschaft an nachhaltigen Produkten oder unternehmerischer Umweltpolitik wahrnahmen.[44] Dieses verhaltene Interesse der Verbraucherseite bestätigten

---

40 Vgl. Parlamentsarchiv des Deutschen Bundestages, Berlin, PA-DBT 3415 EK Umweltschutz, 215, Fragen- und Sachverständigenkatalog für eine öffentliche Anhörung der Enquete-Kommission zum Thema »Chlorchemie« am 3./4. Juni 1993, 23.03.1993; Parlamentsarchiv des Deutschen Bundestages, Berlin, PA-DBT 3415 EK Umweltschutz, 41, Stenographisches Protokoll der 29. Sitzung (öffentlich), Öffentliche Anhörung zum Thema »Chlorchemie«, 03.06.1993; Parlamentsarchiv des Deutschen Bundestages, Berlin, PA-DBT 3415 EK Umweltschutz, 42, Stenographisches Protokoll der 30. Sitzung (öffentlich), Öffentliche Anhörung zum Thema »Chlorchemie«, 04.06.1993.

41 Bundesarchiv Koblenz, BArch B 295/27518, Arbeitsgruppe IG II 1 Vorbereitung Gesprächspunkt Einrichtung einer Enquete-Kommission (E-K) in der Nachfolge der E-K »Schutz des Menschen und der Umwelt«, 10.01.1995.

42 Vgl. Parlamentsarchiv des Deutschen Bundestages, Berlin, PA-DBT 3415 EK Umweltschutz, 30, Stellungnahmen der Sachverständigen zu dem Fragenkatalog für die öffentliche Anhörung am 16. und 17. März zu dem Thema »Die Stoffe, aus denen unsere Kleider sind – Stoffströme in der textilen Bekleidungskette«, 30.03.1993; Parlamentsarchiv des Deutschen Bundestages, Berlin, PA-DBT 3415 EK Umweltschutz, 30, Protokoll der 19. Sitzung (öffentlich), 16.03.1993; Parlamentsarchiv des Deutschen Bundestages, Berlin, PA-DBT 3415 EK Umweltschutz, 31, Stenographisches Protokoll der 20. Sitzung (öffentlich), Öffentliche Anhörung zum Thema »Die Stoffe, aus denen unsere Kleider sind – Stoffströme in der textilen Bekleidungskette«, 17.03.1993.

43 In einer entsprechenden Sitzung der Kommission verwies der geladene Sachverständige des Deutschen Instituts für Entwicklungspolitik, auf jene einseitige Fokussierung, Parlamentsarchiv des Deutschen Bundestages, Berlin, PA-DBT 3415 EK Umweltschutz, 30, Protokoll der 19. Sitzung (öffentlich), 16.03.1993.

44 Der geladene Sachverständige vom Großversandhaus Quelle verwies gegenüber der Enquete-Kommission auf das mangelnde Interesse der Kundschaft, die auch existierende Angebote der Unternehmen

auch weitere Wirtschaftsakteure in späteren Anhörungen der Enquete-Kommission; vielmehr würden die Unternehmen selbst einen Erziehungsauftrag übernehmen.[45] Die spätere Analyse wird zeigen, ob dieser Befund auch aus der Perspektive des Handels- und Konsumgüterunternehmens Otto aufrechterhalten werden kann.

Nicht nur im Rahmen der Enquete-Kommission beteiligte die Politik wirtschaftliche Akteure aktiv an der Ausgestaltung des Leitbilds Nachhaltigkeit. Innerhalb der Kontaktzonen lassen sich zum Teil Diskurskoalitionen, zum Teil Gegendiskurse beobachten. Unterschiede zeigten sich vor allem zwischen dem FDP-geführten Bundeswirtschafts- und dem CDU-geführten Bundesumweltministerium. Das Bundeswirtschaftsministerium suchte aktiv den Kontakt zur Industrie und ging häufig eine Diskurskoalition mit dieser ein, indem es deren ökonomische Narrative übernahm und gegenüber anderen politischen Akteuren vertrat. Ein interner Vermerk des Bundeswirtschaftsministeriums analysierte Anfang der 1990er Jahre, gestützt auf Daten der Industrie, die Belastungen der Wirtschaft durch Umweltschutzmaßnahmen und plädierte dafür, diese auszugleichen.[46] Noch deutlicher manifestierte sich die Diskurskoalition in einem Austausch zwischen zwei Referaten des Ministeriums zu einer Studie über die Auswirkungen von Umweltschutzmaßnahmen auf die Wettbewerbsfähigkeit umweltkostenintensiver Produktionen in der deutschen Industrie. Das Ministerium versuchte durch die Studie, das Narrativ eines drohenden Verlustes an Wettbewerbsfähigkeit durch hohe Umweltschutzkosten zu untermauern und

im Umweltbereich, wie beispielsweise ein Umwelttelefon, nicht nutzen würden, Parlamentsarchiv des Deutschen Bundestages, Berlin, PA-DBT 3415 EK Umweltschutz, 31, , Stenographisches Protokoll der 20. Sitzung (öffentlich), Öffentliche Anhörung zum Thema »Die Stoffe, aus denen unsere Kleider sind – Stoffströme in der textilen Bekleidungskette«, 17.03.1993.

45 Vgl. hierzu Ausführungen eines Vertreters von Tengelmann: »Ich habe in der Vergangenheit eigentlich immer von der Industrieseite gehört [...], ja wenn der Kunde denn das haben will, nämlich den sonstwas Aufheller oder was auch immer; diesen Kunden, der das haben will, den gibt es eigentlich gar nicht – mir ist er bisher zumindest nicht in der Form begegnet, daß ich meine Produktion unmittelbar nach den Kundenwünschen richte. Der Konsument ist ein sehr zwiespältiges und sehr gespaltenes und sehr differenziertes Wesen. Auf ihn zu hören, ist natürlich wichtig, aber das ist die eine Seite; die andere Seite ist, den Kunden auch zu bestimmten Dingen zu veranlassen, den Kunden zu bestimmten Konsumentenverhalten zu erziehen. Das ist keine Arroganz, auch dieser Begriff fiel, glaube ich heute, daß wir – und der Handel fühlt sich da in der Tat in dieser Aufgabe – Konsumentenverhalten zu verändern versuchen. Sie kennen alle die Umfrageergebnisse, wieweit Kunden ökologisch engagiert sind; das sind sehr hohe Zahlen, aber wenn Sie Ihre eigene Lebenshaltung dann beantworten, werden ganz andere Prozentsätze, nämlich sehr viel niedrigere herauskommen.«, Parlamentsarchiv des Deutschen Bundestages, Berlin, PA-DBT 3415 EK Umweltschutz, 166, Wortprotokoll der 18. Sitzung (öffentlich), Öffentliche Anhörung zum Thema »Nachhaltigkeitskonzepte in der Wirtschaft«, 29.04.1996.

46 Bundesarchiv Koblenz, BArch B 102/714992, Ministeriumsinterner Vermerk, Betr.: Belastungen der Wirtschaft durch Maßnahmen im Umweltschutz, 05.03.1992.

damit die Perspektive der Industrie zu stärken.[47] Gegen Ende der Ära Kohl plante das Ministerium eine gemeinsame Konferenz mit dem BDI zur Weiterentwicklung des Leitbilds Nachhaltige Entwicklung, die vor allem das wahrgenommene Primat der ökologischen Dimension beseitigen sollte.[48]

Diskurskoalitionen mit der Industrie ging auch die Leitungsebene des Bundeswirtschaftsministeriums ein. Der von 1993 bis 1998 amtierende Bundeswirtschaftsminister Günther Rexrodt (FDP) positionierte sich an der Seite der Wirtschaft gegen das Bundesumweltministerium. In einem im Nachgang zu einem Gespräch mit Vertreterinnen und Vertretern aus Wirtschaft, Wissenschaft und Gewerkschaft entwickelten Thesenpapier legte der Minister dar, »daß nur durch eine gleichgewichtige Berücksichtigung von ökonomischen, ökologischen und sozialen Aspekten (Drei-Säulen-Konzept) ein fairer Interessenausgleich zwischen gegenwärtigen und künftigen Generationen möglich sei. Zugleich könnten so Chancen für Innovation, neue Technologien und zusätzliche Beschäftigung eröffnet werden. Keinesfalls dürfe nachhaltige Entwicklung ein Primat der Umweltpolitik sein.«[49] Rexrodt plädierte für Selbstverpflichtungen und Freiwilligkeit; Aufgabe der Politik sei es, »Rahmenbedingungen zu entwickeln, die die unternehmerischen Entscheidungsprozesse hinsichtlich einer nachhaltigen Entwicklung stimulieren, wobei das Kooperationsprinzip zwischen Politik und Wirtschaft weiter zu entwickeln ist.«[50] Solch positive Zuschreibungen an freiwillige Initiativen der Wirtschaft und deren vermeintliche Überlegenheit gegenüber ordnungsrechtlichen Maßnahmen waren ein häufig zu beobachtendes Narrativ in den Kontaktzonen zwischen Politik und Wirtschaft in Deutschland.[51] Die

47 Bundesarchiv Koblenz, BArch B 102/714992, Brief des Referats IV B 8 an das Referat I A 1 Betr. Forschungsauftrag Nr. 15/88 »Auswirkungen von Umweltschutzmaßnahmen auf die Wettbewerbsfähigkeit umweltkostenintensiver Produktionen in der deutschen Industrie«, 08.04.1992; Bundesarchiv Koblenz, BArch B 102/714992, Beitrag des IV B 8 zum Wochenbericht, 27.01.1993.

48 Bundesarchiv Koblenz, BArch B 102/845995, Ministeriumsinternes Schreiben an den Minister Zur Entscheidung Betr. BMWi/BDi-Tagung zum Thema »Nachhaltige Entwicklung«, Bezug: Gespräch mit dem BDI am 11.12.1997, 11.12.1997; Bundesarchiv Koblenz, BArch B 102/846004, Ministeriumsinternes Schreiben an den Minister zur Entscheidung, Betr. BMWi Tagung zum Thema »Nachhaltige Entwicklung«, Bezug Gespräche mit dem BDI am 11.12.1997 und 15.01.1998, 1998.

49 Bundesarchiv, Koblenz, BArch B 102/890616, Pressemitteilung Bundesministerium für Wirtschaft, »Rexrodt: ›Nachhaltige Entwicklung kein Primat der Umweltpolitik‹«, 22.05.1998.

50 Ebd.; zur Diskurskoalition zwischen Rexrodt und Wirtschaft vgl. auch Bundesarchiv Koblenz, BArch B 102/890616, Rede des Bundesministers für Wirtschaft Dr. Günter Rexrodt anläßlich der Veranstaltung des Forums Info 2000 »Informationsgesellschaft und nachhaltige Entwicklung« zum Thema »Deutschland auf dem Weg in die Informationsgesellschaft – Eine Chance für den Umweltschutz«, 02.07.1998.

51 Gegenüber der chemischen Industrie erklärte Helmut Kohl exemplarisch 1991: »Eine umweltverträgliche Entwicklung unserer Unternehmen ist gemeinsame Aufgabe von Staat und Wirtschaft. Die Bundesregierung setzt dabei vor allem auf die Eigenverantwortung der Wirtschaft und ihren Erfindungsreichtum. Wir müssen unsere wirtschaftlichen und technischen Möglichkeiten nutzen und fortentwickeln, um den Schutz unserer natürlichen Lebensgrundlagen, um den Schutz der uns anvertrauten Schöpfung

FDP plädierte dafür, »den Umweltschutz ökonomisch interessant zu machen«; hingegen »gebe die Erfahrung, daß vieles, was man früher und heute ordnungsrechtlich mache, überhaupt nicht zum gewünschten Vollzug komme«.[52] Freiwillige Initiativen der Wirtschaft für mehr Umweltschutz waren historisch keine Neuheit[53]; durch eigene Praktiken und Verpflichtungen der Industrie sollten restriktivere gesetzliche Vorgaben vermieden werden.[54] Auch zeitgenössische Akteure der deutschen Wirtschaft sprachen sich vielfach für freiwillige Vereinbarungen aus.[55] Deutlich zeigt sich hier, dass Konfliktlinien nicht zwingend zwischen unterschiedlichen Akteursgruppen wie Wirtschaft und Politik verliefen. Stattdessen zeigen sich z. T. Gegendiskurse innerhalb der christlich-liberalen Bundesregierung, denen eine Diskurskoalition zwischen dem FDP-geführten Bundeswirtschaftsministerium und der Industrie gegenüberstand.

Eine entsprechend kritischere, wenngleich nicht grundsätzlich ablehnende Haltung gegenüber der diskursiven Macht der Wirtschaft und deren Narrative nahm das Bundesumweltministerium ein. Beispielhaft zeigt sich dies anhand des Narrativs, durch umweltpolitische Maßnahmen würde die Wettbewerbsfähigkeit gefährdet. Die chemische Industrie stand in regelmäßigem Austausch mit Bundeskanzler Helmut Kohl sowie Bundesumweltminister Klaus Töpfer und prägte in den Gesprächen das Narrativ einer Gefährdung der Wettbewerbsfähigkeit des Industriestandorts Deutschland durch die Umweltgesetzgebung.[56] Entspre-

weiter zu verbessern.«, Bundesarchiv Koblenz, BArch B 136/34900, Rede von Bundeskanzler Dr. Helmut Kohl anläßlich der Mitgliederversammlung des Verbandes der Chemischen Industrie, 17.10.1991.

52 Zitate des FDP-Bundestagsabgeordneten Gerhart Baum, Parlamentsarchiv des Deutschen Bundestages, Berlin, PA-DBT 3121 Atomenergie und Umwelt, A12/17, WP Prot. 28, TO Punkt 2 Unterrichtung durch die Bundesregierung Jahreswirtschaftsbericht 1992 der Bundesregierung Drs. 12/2018, 18.03.1992.

53 Freiwillige Selbstverpflichtungen entwickelten sich in der westdeutschen Wirtschaft seit Mitte der 1970er Jahre zu einem häufig genutzten umweltpolitischen Instrument, vgl. Nuhn 2013, S. 181 f.

54 Vgl. hierzu exemplarisch Gorman, der entsprechende Initiativen der Ölindustrie in den 1930er Jahren in den USA aufzeigt Gorman 2017, S. 39–41.

55 Vgl. hierzu Brand/Jochum 2001, S. 156; angemerkt sei jedoch, dass es generell zu kurz greift, pauschal davon auszugehen, dass Freiwilligkeit von Seite der Industrie grundsätzlich positiver rezipiert wurde. Für Unternehmen, die freiwillig in Umweltschutz investierten, könnten bei einer fehlenden gesetzlichen Rahmensetzung finanzielle Nachteile gegenüber Unternehmen entstehen, die entsprechende Praktiken nicht implementierten. Für Unternehmen, deren Geschäftsmodell auf Nachhaltigkeit ausgerichtet war, beispielsweise im Bereich Erneuerbare Energien, konnten striktere gesetzliche Vorgaben sogar zu unmittelbaren positiven wirtschaftlichen Effekten führen. Vgl. hierzu Gorman 2017, S. 42–46.

56 Bundesarchiv Koblenz, BArch B 295/33453, Brief des BMU WA I 3 an den Vorsitz der Länderarbeitsgemeinschaft Wasser Umweltbehörde Hamburg bet. § 19 g Wasserhaushaltsgesetz Workshop mit Vetretern der Industrie, des Bundes und der Länder, 25.02.1992; Bundesarchiv Koblenz, BArch B 295/33453, Vermerk Abteilungsleiter WA, Betr. Umweltschutz in der chemischen Großindustrie; hier: Ergebnis des VCI Gesprächs am 12. März 1992, 13.03.1992; Bundesarchiv Koblenz, BArch B 295/33453, Nachr. Chem. Techn. Lab 39 (1991) Nr. 112, »Kanzler Kohl beim VCI: Lob für die Chemie – aber keine Antwort auf Kri-

chende Argumentationen entwickelten sich zu einem häufigen Bezugspunkt der Kritik an strengen nationalen Vorgaben.[57] Das Bundesumweltministerium äußerte sich dazu kritisch.[58] Dies setzte sich in den Fachabteilungen auch unter Bundesumweltministerin Angela Merkel fort. In einer Stellungnahme für die Ministerin zum BDI-Papier »Klimaschutz statt Ökosteuern« argumentierte die Fachabteilung: »Daß es sich beim Treibhauseffekt um eine globale Herausforderung handelt, ist wohl mittlerweile unbestritten. Der im BDI-Papier gewählte Ansatz stellt allerdings den Versuch der ›Verniedlichung‹ des Anteils Deutschlands an diesem globalen Problem und insbesondere der ›Verniedlichung‹ der Rolle der deutschen Industrie dar.«[59] Anders als das Bundeswirtschaftsministerium übernahm das Bundesumweltministerium vielfach nicht die Narrative der Industrie und ging nicht grundsätzlich eine Diskurskoalition mit ihr ein.

Abweichende Positionen und Gegendiskurse zwischen Chemieindustrie und Bundesumweltministerium zeigten sich auch deutlich im Rahmen des Vorschlags eines freiwilligen Produktionsverzichts von vollhalogeniertem FCKWs im Jahr 1990. Zwischen VCI und dem Bundesumweltministerium fanden Gespräche statt, bei denen diskutiert wurde, ob eine freiwillige Verzichtserklärung der Industrie eine Alternative zu einer gesetzlichen Regelung darstellen könnte.[60] Die finale Entscheidung darüber lag bei Bundesumweltminister Töpfer. Zunächst schien sich eine Diskurskoalition zwischen Ministerium und Wirtschaft anzubahnen. Im Nachgang zum Gespräch wandte sich der VCI erneut an das Bundesumweltministerium und formulierte deutliche Forderungen bezüglich

tik«, 1991; Bundesarchiv Koblenz, BArch B 295/25405, Referat G I 4 Vorlage an Herrn Minister, Betr. Gespräch mit Vetretern der chemischen Industrie im Bundeskanzleramt am 23. Januar 1992, 21.01.1992.

57 Zur Instrumentalisierung des Zielkonflikts zwischen nationalen und internationalen Vereinbarungen vgl. Radkau 2011, S. 588; vgl. hierzu auch Brand/Jochum 2001, S. 156.

58 Bundesarchiv Koblenz, BArch B 295/33453, Referat WA I3, Hausruf 32 97, Betr. Geplantes Spitzengespräch von Herrn BM mit dem VCI-Vorstand zum VCI-Positionspapier »Vorreiterrolle Bundesrepublik« hier: Qualitätsziele zum Schutz oberirdischer Binnengewässer vor gefährlichen Stoffen, 10.09.1991; vgl. auch Bundesarchiv Koblenz, BArch B 295/25405, Referat G I 4 Vorlage an Herrn Minister, Betr. Gespräch mit Vetretern der chemischen Industrie im Bundeskanzleramt am 23. Januar 1992, 21.01.1992; auch an anderen Stellen setzte sich das BMU kritisch mit Positionen des VCI auseinander, vgl. exemplarisch Bundesarchiv Koblenz, BArch B 295/27516, Brief des VCI Vorsitzenden an den Bundesumweltminister Prof. Dr. Klaus Töpfer zu forschungspolitischen Herausforderungen für den Chemiestandort Deutschland mit angehängtem Positionspapier, 12.10.1993; Bundesarchiv Koblenz, BArch B 295/27516, Stellungnahme und Antwortentwurf des Referat G I 4 für den Bundesumweltminister zum Schreiben des VCI-Vorsitzenden, 12.10.1993.

59 Vgl. Bundesarchiv Koblenz, BArch B 295/33919, Stellungnahme AG G I 6 an Frau Ministerin, Betr. Veröffentlichung des BDI »Klimaschutz statt Ökosteuern-Fakten und Argumente« vom 10.11.1995, 30.11.1995; vgl. BDI Papier Bundesarchiv Koblenz, BArch B 295/33919, Bundesverband der Deutschen Industrie e.V., Klimaschutz statt Ökosteuern Fakten und Argumente, 10.11.1995.

60 Bundesarchiv, Koblenz, BArch B 295/25406, Ergebnisnotiz zur Besprechung über einen Vorschlag eines freiwilligen Produktionsverzichts von vollhalogenierten FCKW am 8.3.1990 beim VCI, 13.03.1990.

der Verwendung des Stoffes R 22. Eine Modifizierung des Vorschlags sähe man »als Voraussetzung für die Unterzeichnung der Selbstverpflichtung an.«[61] Die Reaktion von Bundesumweltminister Töpfer fiel eindeutig aus; statt des freiwilligen Verzichts kündigte er ein staatliches Verbot an.[62] In Folge ruderte der VCI zurück; die Berücksichtigung der Änderungsvorschläge werde nun doch nicht mehr als Voraussetzung für die Unterzeichnung der Selbstverpflichtung angesehen.[63] Die Selbstverpflichtung wurde im Mai 1990 unterzeichnet und vom Ministerium als Erfolg kommuniziert.[64] Das Beispiel verdeutlicht die Grenzen der diskursiven Macht der Unternehmen. Letztlich war der Gesetzgeber die Instanz, die nicht nur über diskursive, sondern reale Macht verfügte.

In der letzten Legislaturperiode der Ära Kohl nahm das Bundesumweltministerium eine reflektierte Haltung gegenüber dem Narrativ der Freiwilligkeit ein. Die damalige Bundesumweltministerin Angela Merkel erklärte Mitte der 1990er Jahre zwar, dass das Ordnungsrecht »auch weiter das Rückgrat der ökologischen Komponente in der Marktwirtschaft« sein würde, sah hierin aber auch Hemmnisse für Innovationen.[65] Selbstverpflichtungen der Industrie, insofern Transparenz und Kontrolle gewährleistet würden, böten die Möglichkeit, »bestimmte Zielsetzungen schneller und effektiver zu erreichen, als dies mit Gesetzen der Fall ist.«[66] Insbesondere die freiwillige Selbstverpflichtung der Industrie zur CO_2-Minderung im Jahr 1995 im Vorfeld der Klimakonferenz in Bonn wurde politisch als großer Erfolg gewertet.[67] Auch in Gesprächen mit der chemischen Industrie äußerte sich Merkel positiv zu Selbstverpflichtungen als Instrument der Umweltpolitik

61 Bundesarchiv, Koblenz, BArch B 295/25406, Brief Verband der Chemischen Industrie an den Ministerialdirektor im Bundesministerium für Umwelt, Naturschutz und Reaktorsicherheit vom 23. März 1990, Betr: Selbstverpflichtung zur Einstellung der Produktion vollhalogenierter FCKW, 23.03.1990.

62 Bundesarchiv, Koblenz, BArch B 295/25406, Brief des Bundesministers für Umwelt, Naturschutz und Reaktorsicherheit an den Verband der Chemischen Industrie, 29.03.1990.

63 Bundesarchiv, Koblenz, BArch B 295/25406, Brief Verband der Chemischen Industrie an den Ministerialdirektor im Bundesministerium für Umwelt, Naturschutz und Reaktorsicherheit vom 29. März 1990, Betr: Selbstverpflichtung zur Einstellung der Produktion vollhalogenierter FCKW, 29.03.1990.

64 Bundesarchiv, Koblenz, BArch B 295/25406, Der Bundesminister für Umwelt, Naturschutz und Reaktorsicherheit, Entwurf Pressemitteilung für den 4. Mai 1990, 19.04.1990; Bundesarchiv, Koblenz, BArch B 295/25406, Selbstverpflichtung zur Einstellung der Produktion vollhalogenierter Fluorchlorkohlenwasserstoffe (FCKW), 30.05.1990.

65 Bundesarchiv Koblenz, BArch B 102/845995, Bundesumweltministerin Dr. Angela Merkel, Schritte zu einer nachhaltigen, umweltgerechten Entwicklung: Umweltziele und Handlungsschwerpunkte in Deutschland, Grundlage für eine Diskussion, ca. 1996.

66 Ebd.

67 Bundesarchiv, Koblenz, BArch B 295/27515, Pressemitteilung des Presse- und Informationsamts der Bundesregierung, Anspruchsvolles Angebot der Wirtschaft zur Klimavorsorge – Deutsche Wirtschaft verpflichtet sich zu deutlicher CO2-Minderung, 10.03.1995.

und begrüßte die Formulierung von Zielen für die Nachhaltige Entwicklung.[68] Häufig wurde, auch in Gesprächen mit der chemischen Industrie, betont, dass das Instrument der Selbstverpflichtung nur Bestand haben könnte, wenn es umfassend umgesetzt, fortlaufend überprüft und bei Bedarf angepasst würde.[69] Als Freibrief an die Industrie, wie von der Opposition oftmals kritisiert[70], verstand das Ministerium die Selbstverpflichtungen nicht.

Die Kontaktzonen zwischen Politik und Wirtschaft gestalteten sich häufig musterhaft und lebten von Repetition. Das Leitbild Nachhaltige Entwicklung galt dabei nicht immer als innovatives Moment. Exemplarisch illustriert dies eine Analyse des VCI-Positionspapiers »Sustainable Development – Position der Chemischen Industrie«[71] durch das Bundesumweltministerium in Vorbereitung eines ersten Gesprächs zwischen Angela Merkel und dem VCI nach deren Ernennung zur Bundesumweltministerin im Januar 1995. Das Urteil fiel verhalten aus: »Eine erste Analyse deutet darauf hin, daß der VCI lediglich in wesentlicher Form – die Arbeit in der Enquete-Kommission ›Schutz des Menschen und der Umwelt‹ hat sich deutlich in dem Papier niedergeschlagen – weiterhin seine alte Position vertritt: Umweltschutz ja, aber nur in einem wirtschaftlich vertretbaren Umfang und vor allem keine nationalen Alleingänge.«[72] Das Papier sei »so allgemein gehalten, daß es grundsätzlich begrüßt und das Bekenntnis zum Prinzip der nachhaltigen Entwicklung gewürdigt werden kann«; die »Qualität

68 Bundesarchiv Koblenz, BArch B 295/27515, Protokoll Gespräch zwischen Bundesumweltministerin Frau Dr. Merkel und dem Ausschuss Technik und Umwelt des VCI am 22.9.1995 in Bonn, 29.09.1995.

69 Bundesarchiv Koblenz, BArch B 295/27519, Arbeitsgruppe IG II 1, Vorbereitung des Gesprächs von Frau Ministerin mit den Präsidenten des VCI am 1.3.1996; hier: Selbstverpflichtungserklärung der Chemischen Industrie zum Klimaschutz, 22.02.1996; zu den vom Bundesumweltministerium definierten Voraussetzungen und Grenzen des Instruments der Selbstverpflichtungen vgl. auch Bundesarchiv Koblenz, BArch B 295/33919, Stellungnahme AG G I 6 an Frau Ministerin, Betr. Veröffentlichung des BDI »Klimaschutz statt Ökosteuern-Fakten und Argumente« vom 10.11.1995, 30.11.1995.

70 Insbesondere Bündnis 90/Die Grünen beurteilten die Erfolge der Umweltpolitik und des Instruments der freiwilligen Selbstverpflichtungen in der Ära Kohl zurückhaltend und verwiesen u. a. darauf, dass Emissionen auch maßgeblich durch den Zusammenbruch der DDR-Wirtschaft zurückgegangen seien. Vgl. exemplarisch Parlamentsarchiv des Deutschen Bundestages, Berlin, PA-DBT 3121 Atomenergie und Umwelt, A14/16, WP Prot. 10, TO Punkt 3 Unterrichtung durch die Bundesregierung Umweltbericht 1998 Drucksache 13/10735, 24.03.1999; vgl. hierzu auch kritische Ausführungen der Bundestagsabgeordneten Michaele Hustedt (BÜNDNIS 90/GRÜNE) zu Freiwilligen Selbstverpflichtungen, Parlamentsarchiv des Deutschen Bundestages, Berlin, PA-DBT 3121 Atomenergie und Umwelt, A13/16 WP Prot. 26, TO Punkt 1 PROGNOS-Studie »Die Energiemärkte Deutschlands im zusammenwachsenden Europa – Perspektiven bis zum Jahr 2020«, 07.02.1996.

71 Merck-Archiv, Darmstadt, V15/1028, Sustainable Development. Position der Chemischen Industrie, 06.10.1994.

72 Bundesarchiv Koblenz, BArch B 295/27518, Arbeitsgruppe IG II 1 Sustainable Development Positionspapier der Chemischen Industrie, Dezember 1994.

des Papiers wird sich in der praktischen Durchführung beweisen müssen.«[73] Der neu ernannten Ministerin wurde empfohlen, darauf hinzuweisen, »weiterhin am bewährten Kooperationsprinzip, aber auch am Verursacherprinzip festzuhalten«, und die Notwendigkeit zu betonen, »deutsche Umweltstandards auch international durchzusetzen«.[74] Wie in der Vergangenheit solle »auch künftig im Konsens versucht werden, notwendige Maßnahmen möglichst effektiv und ohne staatliches Dirigieren zu erreichen – Bevorzugung freiwilliger Kooperationsmodelle und von Selbstverpflichtungen.«[75] Das Leitbild Nachhaltige Entwicklung schien bei der chemischen Industrie aus Sicht des Bundesumweltministeriums keine wirkliche Innovationskraft entfaltet, sondern nur zu einer Wiederholung alter Forderungen in neuem begrifflichem Gewand geführt zu haben. Ob dies auch für einzelne Unternehmen bestätigt werden kann, wird die weitere Analyse zeigen.

1.2 Rot-Grün und die Entstehung einer nationalen Nachhaltigkeitsstrategie

Einen deutlichen Aufschwung erlebte der Nachhaltigkeitsdiskurs 1998 mit der Bildung der ersten rot-grünen Regierungskoalition auf Bundesebene.[76] Die Regierungsbeteiligung der Grünen stellte eine deutsche Besonderheit dar; in den meisten Ländern Europas ebenso wie in den USA blieben grüne Parteien randständige Akteure.[77] Der Regierungsbildung vorangegangen war ab Mitte der 1990er Jahre ein insbesondere von der SPD befeuerter Bedeutungsgewinn des Konzepts einer ökologischen Modernisierung; Ressourceneffizienz, umweltfreundliche Technologien und Recycling sollten gleichzeitig die Umwelt schützen und neue Arbeitsplätze schaffen.[78] Im Koalitionsvertrag von SPD und Bündnis 90/Die Grünen manifestierte sich dieses Prinzip.[79] Explizit hielt die

73 Ebd.

74 Ebd.

75 Ebd.

76 Zur rot-grünen Regierungszeit vgl. ausführlich Wolfrum 2013.

77 Vgl. Jones 2017, S. 175.

78 Besonders stark vertrat die SPD das Leitbild einer Ökologischen Modernisierung, vgl. Seefried 2015a, S. 394–396.

79 Bereits in die Präambel schrieben die künftigen Koalitionsparteien, die künftige Regierungspolitik stehe für »wirtschaftliche Stabilität, soziale Gerechtigkeit, ökologische Modernisierung, außenpolitische Verläßlichkeit, innere Sicherheit und Stärkung der Bürgerrechte und die Gleichberechtigung von Frauen«; »die Chancen der Globalisierung« sollten »für nachhaltiges Wachstum, Innovation und neue zukunftsfähige Arbeitsplätze genutzt werden.«, Sozialdemokratische Partei Deutschlands und BÜNDNIS 90/DIE GRÜNEN, Aufbruch und Erneuerung – Deutschlands Weg ins 21. Jahrhundert. Koalitionsvereinbarung zwischen der Sozialdemokratischen Partei Deutschlands und BÜNDNIS 90/DIE GRÜNEN, Bonn, 20.10.1998; vgl. hierzu auch Seefried 2015a, S. 394 f.

Koalitionsvereinbarung die Orientierung »am Leitbild der Nachhaltigkeit« fest; die Agenda 21 sei hierfür »wichtigste Grundlage.«[80] Die Definition der Koalitionspartner integrierte alle drei Dimensionen der Nachhaltigkeit und zeugte von einem technologiebasierten Fortschrittsgedanken.[81] Der Abbau der hohen Arbeitslosigkeit Ende der 1990er Jahre (4,4 Millionen im Jahresdurchschnitt 1998) bildete das Kernziel der neuen Regierung, das nicht zuletzt durch die Implementierung des Leitbilds Nachhaltigkeit erreicht werden sollte.[82] Die »ökologische Modernisierung« sollte »als Chance für Arbeit und Umwelt« genutzt werden.[83] Als rein ökologisches Projekt konnte dieses Regierungsprogramm kaum interpretiert werden; vielmehr war es primär von der Verbindung von Nachhaltigkeit und Wachstum geprägt und rückte die ökonomische Dimension in den Vordergrund.[84] Nachhaltigkeit bedeutete hier internationale Wettbewerbsfähigkeit und die Schaffung von Arbeitsplätzen durch neue Technologien.[85] Entsprechend traten auch Unternehmen als Akteure im Koalitionsvertrag in Erscheinung. Nicht immer vollzog sich hierbei ein Bruch zur Vorgängerregierung. So verwies der Vertrag u.a. auf das etablierte und unter Kohl vielfach eingesetzte Instrument der freiwilligen Selbstverpflichtung.[86]

Die Ziele der rot-grünen Regierung gestalteten sich ambitioniert. Der Atomausstieg[87] und das im April 2000 verabschiedete Erneuerbare-Energien-Gesetz[88] stellten zwei der prominentesten Vorhaben der Regierung dar. Neben diesen war die Ökologische Steuerreform (ÖSR) ein erstes – und von vehementer Kritik begleitetes – Prestigeprojekt der Koalition im Sinne einer ökologischen Modernisierung, an dem sich beispielhaft Konfliktlinien manifestierten.[89] Willkür

80 Sozialdemokratische Partei Deutschlands und BÜNDNIS 90/DIE GRÜNEN, Aufbruch und Erneuerung – Deutschlands Weg ins 21. Jahrhundert, 20.10.1998, S. 12.

81 »Unser Ziel ist eine nachhaltige, das heißt wirtschaftlich leistungsfähige, sozial gerechte und ökologisch verträgliche Entwicklung. Die Entwicklung und Einführung neuer produktionsintegrierter und damit an den Ursachen der Umweltzerstörung ansetzender Technologien und Verfahren sowie innovativer Produkte und Dienstleistungen wird zur Schaffung von zukunftsfähigen Arbeitsplätzen beitragen.«, ebd.

82 Ebd., S. 3.

83 Ebd., Präambel.

84 Vgl. Seefried 2015a, S. 394 f.

85 Ebd., S. 395.

86 Dieses stärke »das Umweltbewußtsein der Akteure« und könne »insbesondere in klar abgegrenzten Bereichen sinnvoll sein und zu effektivem Umwelthandeln beitragen, wenn die zu erreichenden Ziele und Zwischenziele eindeutig festgelegt und überprüfbar (Monitoring) sind und sie im Falle der Nichteinhaltung mit Sanktionen verbunden werden.«, Sozialdemokratische Partei Deutschlands und BÜNDNIS 90/DIE GRÜNEN, Aufbruch und Erneuerung – Deutschlands Weg ins 21. Jahrhundert, 20.10.1998, S. 12.

87 Zum Atomausstieg vgl. ausführlich Wolfrum 2013, S. 230–245.

88 Vgl. hierzu ebd., S. 245–249.

89 Zur Ökologischen Steuerreform vgl. ausführlich ebd., S. 215–226.

bei der Wahl der Steuersätze für unterschiedliche Energieträger, mangelnde europäische Harmonisierung und keine Verbindung mit notwendigen sozial- und steuerpolitischen Reformen bildeten die Hauptkritikpunkte der zahlreichen Gegnerinnen und Gegner des Vorhabens.[90] Nichtsdestotrotz gilt die ÖSR als Meilenstein bundespolitischer Umweltpolitik.[91] Nicht zuletzt zeigte sich an der Reform die diskursive Macht der Akteursgruppe Unternehmen. Für die Wirtschaft sah die Koalition Ausnahmeregelungen vor; das produzierende Gewerbe erhielt einen ermäßigten Steuersatz von 25 Prozent, energieintensive Unternehmen wurden von der Energiebesteuerung befreit.[92]

Der Tatendrang war nicht zuletzt getrieben von einem zeitgenössischen Globalisierungsdiskurs, der ökologische und ökonomische Fragestellungen verband, und sich in weiteren internationalen Klimagipfeln sowie dem Weltgipfel für Nachhaltige Entwicklung in Johannesburg im Jahr 2002 niederschlug.[93] Der globale, entwicklungspolitische Gedanke des Prinzips Nachhaltigkeit entwickelte sich unter der rot-grünen Koalition zu einem Bestandteil der bundespolitischen Agenda. Schon der Koalitionsvertrag griff diese Stoßrichtung der Nachhaltigkeit auf, wenn auch in weit geringerem Maße als die Prinzipien einer ökologischen Modernisierung. Die Entwicklungspolitik sollte sich »u. a. an dem Leitbild einer globalen nachhaltigen Entwicklung«[94] orientieren, zudem wolle man »die Solidarität mit den Ländern des Südens stärken und weltweit eine nachhaltige Entwicklung fördern.«[95] Jene Gedanken fanden auch Eingang in die erste nationale Nachhaltigkeitsstrategie.[96] Ob dies auch eine Internationalisierung unternehmerischer Nachhaltigkeitsdiskurse bewirkte, wird die Arbeit in den Einzelstudien zu den Unternehmen untersuchen.

Die größte Errungenschaft der rot-grünen Regierung im Diskurs- und Handlungsfeld Nachhaltigkeit stellte eine Institutionalisierung und Systematisierung des Leitbilds Nachhaltigkeit dar. Anders als die Vorgängerregierung verfolgte Rot-Grün eine dezidierte Nachhaltigkeitspolitik. Auch wenn die Enquete-Kommissionen der Ära Kohl wichtige Grundsatzarbeiten vorlegten[97], gründete sich,

90 Ebd., S. 219 f.

91 Sie war, so Edgar Wolfrum, »im Prinzipiellen historisch, indem sie ein marktgerechtes Anreizsystem schuf, um die Umwelt jenseits von Verboten zu schützen.«, ebd., S. 220.

92 Ebd.

93 Vgl. ebd., S. 214.

94 Sozialdemokratische Partei Deutschlands und BÜNDNIS 90/DIE GRÜNEN, Aufbruch und Erneuerung – Deutschlands Weg ins 21. Jahrhundert, 20.10.1998, S. 40.

95 Ebd., Präambel; Edgar Wolfrum sieht hierin einen neuen entwickungspolitischen Ansatz, Wolfrum 2013, S. 260 f.

96 Vgl. hierzu Wolfrum 2013, S. 261 f.

97 Insbesondere die Arbeit der beiden Enquete-Kommissionen Schutz des Menschen und der Umwelt wurde später auch von SPD-Abgeordneten als wichtige Grundlage für die Entwicklung einer nationa-

einer Empfehlung aus der Agenda 21 folgend, erst unter der rot-grünen Regierung der Rat für Nachhaltige Entwicklung.[98] Der Beschluss der Bundesregierung über die Einrichtung eines solchen Rates erging im Juli 2000; die konstituierende Sitzung fand im März 2001 statt.[99] Der Rat sollte mit Mitgliedern besetzt werden, »die in besonderer Weise ökologische, ökonomische, soziale oder entwicklungspolitische Belange repräsentieren.«[100] Die Zusammensetzung schien ausgewogen verschiedene gesellschaftliche Akteure zu berücksichtigen; eine einseitige Vormachtstellung wirtschaftlicher Akteure lässt sich nicht beobachten. Dem Rat, dem keine Mitglieder aus Bundestag oder Ministerien angehören sollten, kam eine beratende Funktion zu und die Aufgabe, »realistische Umsetzungsstrategien für die praktische Politik« zu erarbeiten.[101] Daraus entstand 2002 die erste Nachhaltigkeitsstrategie Deutschlands, deren Schaffung bereits im Koalitionsvertrag festgehalten wurde[102] – ganze zehn Jahre nach der Rio-Konferenz.[103] Die EU hatte 2001 ebenfalls eine Nachhaltigkeitsstrategie verabschiedet, der es jedoch an klarer Zielsetzung und an einem verbindlichen Zeitrahmen mangelte.[104] Großbritannien hatte zu diesem Zeitpunkt bereits

---

len Nachhaltigkeitsstrategie gewürdigt, Parlamentsarchiv des Deutschen Bundestages, Berlin, PA-DBT 3121 Atomenergie und Umwelt, A14/16, WP Prot. 52, TO Punkt 3 Nationale Nachhaltigkeitsstrategie, 14.02.2001; auch die sich nun in der Opposition befindende Unionsfraktion rekurrierte regelmäßig auf die erfolgreiche Arbeit der Enquete-Kommissionen, Parlamentsarchiv des Deutschen Bundestages, Berlin, PA-DBT 3121 Atomenergie und Umwelt, A14/16, WP Prot. 10, TO Punkt 2 Unterrichtung durch die Bundesregierung Umweltgutachten 1998 des Rates von Sachverständigen für Umweltfragen »Umweltschutz: Erreichtes sichern – Neue Wege gehen«, Drucksache 13/10195, 24.03.1999.

98 Vgl. Seefried 2015a, S. 397.

99 Bundesarchiv Koblenz, BArch B 136/113832, Beschluss der Bundesregierung über die Einrichtung eines Rates für Nachhaltige Entwicklung beim Bundeskanzler, 18.07.2000; Bundesarchiv Koblenz, BArch B 136/113832, Auszug aus Regierungspressekonferenz vom 21.2.01, 21.02.2001.

100 Bundesarchiv Koblenz, BArch B 136/113832, Beschluss der Bundesregierung über die Einrichtung eines Rates für Nachhaltige Entwicklung beim Bundeskanzler, 18.07.2000; Bundesarchiv Koblenz, B 136/113832, Auszug aus Regierungspressekonferenz vom 21.2.01, 21.02.2001.

101 Bundesarchiv Koblenz, BArch B 102/845996, Betr. Nationale Politik zur nachhaltigen Entwicklung, hier: St-Gespräch zwischen BMU und Bundeskanzleramt über die Organisationsstruktur innerhalb der Bundesregierung, 01.12.1999.

102 Sozialdemokratische Partei Deutschlands und BÜNDNIS 90/DIE GRÜNEN, Aufbruch und Erneuerung – Deutschlands Weg ins 21. Jahrhundert, 20.10.1998, S. 12.

103 Auch der Sachverständigenrat für Umweltfragen konstatierte im Jahr 2000, dass Deutschland bei der Erarbeitung einer Nachhaltigkeitsstrategie »mittlerweile zu den Nachzüglern unter den umweltpolitisch fortschrittlicheren Staaten« gehöre, Parlamentsarchiv des Deutschen Bundestages, Berlin, PA-DBT 3121 Atomenergie und Umwelt, A14/16 WP Prot. 38, TO Punkt 1 Aussprache mit Mitgliedern des Rates von Sachverständigen für Umweltfragen (SRU) über das Umweltgutachten 2000 – Schritte ins nächste Jahrtausend, 07.06.2000.

104 Vgl. hierzu Wolfrum 2013, S. 261 f.

seit Jahren eine Nachhaltigkeitsstrategie.[105] Dies mag einmal mehr als Beweis dienen, dass die vermeintliche Vorreiterrolle Deutschlands so nicht existierte.

Die politischen Quellen bestätigen ferner die These, dass sich im diskursiven Feld der Nachhaltigkeit verschiedene Vorstellungen bewegten und folgerichtig nicht von einer, sondern von vielen Nachhaltigkeiten gesprochen werden muss. Der damalige Chef des Bundeskanzleramts Frank-Walter Steinmeier merkte im Jahr 2000 an, dass »[d]ie Erfahrungen aus dem internationalen Bereich wie auch die Diskussion in unserem Land zeigen, dass unterschiedliche Vorstellungen darüber bestehen, was unter einer nationalen Strategie für eine Nachhaltige Entwicklung zu verstehen ist.«[106] Ebenso nahmen politische Akteure wahr, dass Unternehmen eigene Nachhaltigkeitspraktiken unter verschiedenen Termini kommunizierten.[107] Um politisch handeln zu können, war folglich die Schaffung eines einheitlichen Verständnisses zunächst essentiell. Ebenso kann davon ausgegangen werden, dass Unternehmen zunächst ihre jeweils eigene Vorstellung vom Begriff der Nachhaltigkeit entwickeln mussten.

Deutlich zeigte sich bereits bei internen Regierungsdiskussionen im Umfeld der Gründung des Rates, dass der Ausgleich zwischen Ökologie und Ökonomie im Kern politischer Debatten stand, während die soziale Dimension wie bereits unter der Vorgängerregierung weitaus weniger stark akzentuiert wurde. Bei einer Rede anlässlich der Konstituierung des Rates für nachhaltige Entwicklung betonte Bundeskanzler Gerhard Schröder, der Rat dürfe »nicht ein zweiter Umweltrat sein. Vielmehr soll er mit seiner Arbeit alle drei Dimensionen der Nachhaltigkeit integrieren. Er muss also auch die ökonomischen Fragen ernst nehmen. Nur wenn die Unternehmen, die Akteure in Wirtschaft und Gesellschaft sich mit diesem Thema identifizieren, wird die Idee für die zukünftige Entwicklung unseres Landes relevant.«[108] Einen »rein ökozentrische[n] Nachhal-

---

105 Vgl. hierzu Kapitel I.2 zu Großbritannien.

106 Bundesarchiv Koblenz, BArch B 102/845996, Der Chef des Bundeskanzleramtes an den Chef des Bundespräsidialamtes, den Chef des Presse- und Informationsamtes der Bundesregierung, die beamteten Staatssekretärinnen und Staatssekretäre der Ressorts, die Staatsminister im Bundeskanzleramt, Vorbereitungsunterlage »Nationale Strategie für eine Nachhaltige Entwicklung« für die Besprechung der beamteten Staatssekretärinnen und Staatssekretäre am 6. März 2000, 02.03.2000.

107 Vgl. hierzu ein Gespräch des parlamentarischen Beirats für nachhaltige Entwicklung mit dem Leiter der econsense Geschäftsstelle und einem Vorstandsmitglied von B.A.U.M, , in dem Letzterer auf Nachfrage erklärte: »Neben dem Kürzel CSR gebe es eine Vielzahl weiterer Abkürzungen. Seine Erfahrung zeige, dass es am besten sei, sich mit den Unternehmen direkt zu unterhalten, was sie unter ihrem Nachhaltigkeitsmanagement verstünden.«, Parlamentsarchiv des Deutschen Bundestages, Berlin, PA-DBT 3501 PB für nachhaltige Entwicklung, 40, Protokoll der 21. (nichtöffentlichen Sitzung), 14.11.2007.

108 Bundesarchiv Koblenz, BArch B 136/113832, Eröffnungsansprache von Bundeskanzler Gerhard Schröder anlässlich der konstituierenden Sitzung des Rates für nachhaltige Entwicklung am Mittwoch, 04.04.2001.

tigkeitsbegriff« kritisierte Schröder als zu eng, dieser stehe »im Widerspruch zu der in Rio beschlossenen Agenda 21.«[109] Auch das Bundesministerium für Wirtschaft und Technologie war sehr darauf bedacht, einer einseitigen Fokussierung auf umweltpolitische Fragestellungen – angetrieben durch das Bundesumweltministerium – entgegenzuwirken, während die soziale Dimension unerwähnt blieb.[110] Erneut manifestierte sich hier eine Diskurskoalition zwischen dem Bundeswirtschaftsministerium und der Wirtschaft, die in Abgrenzung zu anderen politischen Akteuren wie dem Bundesumweltministerium stand. Gleichermaßen skizzierte der Chef des Bundeskanzleramts das Prinzip Nachhaltigkeit zwar zunächst in allen drei Dimensionen, akzentuierte aber letztlich vor allem Ökonomie und Ökologie.[111] Die soziale Dimension erschien hier vor allem ökonomisiert als Beschäftigungspolitik. Ähnliche Argumentationsstränge vertrat Bundeskanzler Schröder im Umfeld der Veröffentlichung der ersten Nachhaltigkeitsstrategie. Im Fokus standen die Steigerung der Energie- und Ressourceneffizienz, erwartet wurde ein »enorme[r] Innovationsschub und im Ergebnis neue und zukunftsfähige Arbeitsplätze«; er sprach sich gegen nationale Alleingänge beim Klimaschutz aus und plädierte für ein »langfristiges europäisches Klimaschutzziel«.[112] Dessen ungeachtet erging von Seiten der Opposition nach der Veröffentlichung der Nachhaltigkeitsstrategie und weiteren Fortschrittsberichten zum Teil der Vorwurf, diese orientiere sich zu stark an der ökologischen Dimension.[113]

---

109 Bundesarchiv Koblenz, BArch B 136/113834, Regierungserklärung des Herrn Bundeskanzler »Zukunftsfähiges Deutschland – Strategie für eine Nachhaltige Entwicklung«, 16.05.2002.

110 Vgl. Bundesarchiv Koblenz, BArch B 102/845996, Herr Staatssekretär Dr. Tacke zur Gesprächsvorbereitung, Betr. Sitzung der beamteten Staatssekretäre am 17. Januar 2000, hier: »Nationale Politik zur nachhaltigen Entwicklung«, 11.01.2000; vgl. auch weitere Argumente des Wirtschaftsministeriums, dass gerade aus ökologischer Perspektive eine »Stärkung und Modernisierung unserer Wirtschaft notwendig (sei), denn ohne eine florierende Wirtschaft kann weder unser Land den Sprung in die Zukunft bewältigen, noch können wir andere bedürftige Länder unterstützen. Ohne florierende Wirtschaft können auch wir uns den notwendigen, hochentwickelten und kostenintensiven Umweltschutz nicht leisten.«, Bundesarchiv Koblenz, BArch B 102/845996, Haltung des BMWi zur Nachhaltigkeit, 18.04.2000.

111 Vgl. Bundesarchiv Koblenz, BArch B 102/845996, Der Chef des Bundeskanzleramtes an den Chef des Bundespräsidialamtes, den Chef des Presse- und Informationsamtes der Bundesregierung, die beamteten Staatssekretärinnen und Staatssekretäre der Ressorts, die Staatsminister im Bundeskanzleramt, Vorbereitungsunterlage »Nationale Strategie für eine Nachhaltige Entwicklung« für die Besprechung der beamteten Staatssekretärinnen und Staatssekretäre am 6. März 2000, 02.03.2000.

112 Bundesarchiv Koblenz, BArch B 136/113834, Regierungserklärung des Herrn Bundeskanzler »Zukunftsfähiges Deutschland – Strategie für eine Nachhaltige Entwicklung«, 16.05.2002.

113 Vgl. hierzu beispielsweise Ausführungen von Unions-Abgeordneten im Umweltausschuss des Bundestages, Parlamentsarchiv des Deutschen Bundestages, Berlin, PA-DBT 3121 Atomenergie und Umwelt, A15/15, WP Prot. 60, TO Punkt 2 Anberatung Unterrichtung durch die Bundesregierung Bericht der Bundesregierung über die Perspektiven für Deutschland – Nationale Strategie für eine nachhaltige Entwicklung Fortschrittsbericht 2004, BT-Drucksache 15/4100, 23.02.2005 Hingegen hob der FDP-Abge-

In Stellungnahmen zur nationalen Nachhaltigkeitsstrategie und deren Fortschrittsberichten äußerten Wirtschaftsakteure, allen voran die Verbände, ihre Vorstellungen vom Prinzip Nachhaltigkeit. Häufig wiederholten sich hierbei Forderungen danach, bei umwelt- und sozialpolitischen Entscheidungen mehr Rücksicht auf wirtschaftliche Belange zu nehmen, Freiwilligkeit dem Ordnungsrecht vorzuziehen, die internationale Wettbewerbsfähigkeit nicht zu gefährden und Nachhaltigkeit vor allem global voranzutreiben ebenso wie Kritik an einem vermeintlichen Primat der Ökologie.[114] In einer Bewertung des Bundesministeriums für Wirtschaft und Technologie der BDI-Stellungnahme zum Fortschrittsbericht 2004 für die nationale Nachhaltigkeitsstrategie findet sich zudem der Hinweis, dass der Verband »auf die derzeit besonders wichtige ›soziale Säule‹ der Nachhaltigkeitsstrategie überhaupt nicht ein[gehe], obwohl im Nachhaltigkeitsbericht das Handlungsfeld ›Potenziale älterer Menschen in Wirtschaft und Gesellschaft‹ eine besondere Stellung hat.«[115] Auf der einen Seite spiegelt sich hier die Marginalisierung der sozialen Dimension durch die Wirtschaft. Auf der anderen Seite scheint jene Dimension im Rahmen des demographischen Wandels von Seiten der Politik eine Aufwertung erfahren zu haben – jedoch erneut stark eingebunden in einen ökonomischen Kontext. Zu prüfen ist, ob auch die deutschen Unternehmen Merck und Otto sich vorrangig mit einer Vereinbarkeit von Ökologie und Ökonomie befassten, bei der die soziale Dimension zwar nicht ausgeklammert, jedoch weitaus weniger akzentuiert wurde.

Wie bereits ihre christlich-liberalen Amtsvorgänger erhob die rot-grüne Regierung die Ausgestaltung des Leitbilds Nachhaltigkeit zu einem diskursiven Prozess, der auch der Wirtschaft eine wichtige Akteursrolle zuschrieb. Den Einfluss von (wirtschaftlichen) Akteuren auf die Ausformierung der umweltpolitischen Agenda beschreibt Frank Uekötter: »Eine bundesdeutsche Tradition wurde in der rot-grünen Umweltpolitik geradezu bis zum Exzess getrieben. Gemeint ist die Inkorporierung gesellschaftlicher Interessengruppen in den politischen Prozess [...]. Zahllose Gremien, Expertenrunden und Gesprächskreise

---

ordnete Michael Kauch positiv hervor, »dass in Deutschland Nachhaltigkeit nicht primär auf Umweltpolitik abziele, wie das in der Nachhaltigkeitsstrategie der Europäischen Union der Fall sei«, S. 6.

114 Vgl. Bundesarchiv Koblenz, BArch B 102/866872, Vermerk zur Stellungnahme des BDI vom 12.07.04 zum Fortschrittsbericht 2004 für die nationale Nachhaltigkeitsstrategie, 10.08.2004; Bundesarchiv Koblenz, BArch B 102/866872, Stellungnahme des BDI zum Entwurf des Fortschrittsberichtes zur nationalen Nachhaltigkeitsstrategie der Bundesregierung: Perspektiven für Deutschland – Unsere Strategie für eine nachhaltige Entwicklung, 12.07.2004; Bundesarchiv Koblenz, BArch B 102/866872, Hintergrundpapier »Lektion Nachhaltigkeit längst gelernt?«, Bundesverband der Deutschen Industrie, 12.06.2003; Bundesarchiv Koblenz, BArch B 102/866863, Stellungnahme des BDI zum Entwurf der Bundesregierung und zum Dialogpapier des Rates für Nachhaltige Entwicklung, Februar 2002.

115 Bundesarchiv Koblenz, BArch B 102/866872, Vermerk zur Stellungnahme des BDI vom 12.07.04 zum Fortschrittsbericht 2004 für die nationale Nachhaltigkeitsstrategie, 10.08.2004.

ließen Rollen und Kompetenzen in bedenklichem Umfang diffundieren.«[116] In manchen Politikfeldern sei, so Uekötter, »ein schwer zu durchdringendes Konglomerat von Lobbyisten, Netzwerkern, Schwätzern und Überzeugungstätern« entstanden.[117] Diese Aussage mag überspitzt formuliert sein; korporatistische Strukturen und Traditionen gelten auch als Wegbereiter erfolgreicher Umweltpolitik.[118] Sie illustriert jedoch deutlich, wie stark verschiedene Akteursgruppen sich in die Ausgestaltung von Nachhaltigkeitspolitik einbrachten. Bereits die Entwicklung der nationalen Nachhaltigkeitsstrategie wurde als diskursiver Prozess verstanden, der explizit unter Einbeziehung wirtschaftlicher Akteure erfolgen sollte.[119] Die Einbindung breiter gesellschaftlicher Gruppen in die diskursive Ausgestaltung der Nachhaltigkeit sollte nach Veröffentlichung der ersten Strategie fortgesetzt werden.[120] Zeitgenössische Veranstaltungsübersichten des Bundeskanzleramts zeigen, dass Unternehmen als Gesprächspartner im Nachhaltigkeitsdiskurs ernst genommen wurden, sich der Austausch aber keineswegs nur auf sie konzentrierte.[121] Beobachten lässt sich ein breiter Dialog mit einer Vielzahl gesellschaftlicher Gruppen. Häufig lassen sich Diskurskoalitionen zwischen politischen und wirtschaftlichen Akteuren beobachten, bei denen beide Seiten ähnliche Narrative bedienten. Im Vordergrund stand ein kooperativer Ansatz, der freiwillige Selbstverpflichtungen statt striktes Ordnungsrecht als wichtiges und erfolgreiches Instrument verstand.[122]

---

116 Uekötter 2015, S. 208.

117 Ebd., S. 209.

118 Vgl. hierzu auch Uekötter selbst, der auch auf eine Studie des Politikwissenschaftlers Martin Jänicke verweist, ebd., S. 208 f.; Jänicke 2007.

119 Vgl. hierzu exemplarisch Ausführungen des Staatsminister Hans Martin Bury vom Bundeskanzleramt im Kontext der Entwicklung der Nachhaltigkeitsstrategie, Parlamentsarchiv des Deutschen Bundestages, Berlin, PA-DBT 3121 Atomenergie und Umwelt, A14/16, WP Prot. 76, TO Punkt 1, Aussprache mit Staatsminister Hans Martin Bury über den Entwurf der Nationalen Nachhaltigkeitsstrategie »Perspektiven für Deutschland; Unsere Strategie für eine nachhaltige Entwicklung« (A.-Drs. 14/667), 20.02.2002.

120 Parlamentsarchiv des Deutschen Bundestages, Berlin, PA-DBT 3501 PB für nachhaltige Entwicklung, 4, Protokoll der 4. (nichtöffentlichen Sitzung) des Parlamentarischen Beirates für nachhaltige Entwicklung, 06.05.2004.

121 Ebd.

122 Vgl. Bundesarchiv Koblenz, BArch B 102/845996, Betr. Neugestaltung des Internet-Auftritts des BMWi, 18.04.2000; Bundesarchiv Koblenz, BArch B 102/845998, Rede Staatssekretär Dr. Alfred Tacke anlässlich der Tagung »Arbeit und Ökologie« der IG Metall am 7. Dezember 2000, 07.12.2000; Bundesarchiv Koblenz, BArch B 102/846002, Vorbereitung für den Minister zur Kabinettsitzung am 27. Juni 2001, hier Tätigkeitsbericht des Staatssekretärsausschusses für Nachhaltige Entwicklung, 25.06.2001; Bundesarchiv Koblenz, B 102/866864, Grußwort der Parlamentarischen Staatssekretärin beim Bundesminister für Wirtschaft und Technologie Margareta Wolf anlässlich der Verleihung der Preise für die beste Umwelt- und Nachhaltigkeitsberichterstattung deutscher Unternehmen durch die Wirtschaftsprüferkammer, 19.03.2002.

Trotz wahrnehmbarer Allianzen und Diskurskoalitionen zwischen politischen und wirtschaftlichen Akteuren lässt sich keine undifferenzierte und unkritische Übernahme ökonomischer Positionen beobachten. Die Reaktionen des Bundesministeriums für Wirtschaft und Technologie auf Stellungnahmen der Industrieverbände legen nahe, dass zwar auch das Ministerium die Ökonomie als hohes Gut begriff, diese aber weiter fasste als wirtschaftliche Akteure und auf externalisierte Kosten durch Umweltschäden für die Gesellschaft verwies.[123] In Gesprächsrunden zur Weiterentwicklung der Strategie für Nachhaltige Entwicklung kamen gleichermaßen verschiedene Akteursgruppen wie Wirtschafts-, Umwelt-, Entwicklungsverbände und Gewerkschaften zu Wort.[124] Durch jene Kontaktfelder sollte eine gesellschaftliche Konsensfindung im diskursiven Feld der Nachhaltigkeit erreicht werden. Eine einseitige Bevorzugung ökonomischer Akteure lässt sich nicht ausmachen. Die Bundesregierung benannte die Konfliktlinien im Austauschprozess und bemühte sich, einen Ausgleich zwischen den unterschiedlichen Interessen zu finden.[125]

Auch der – zu nicht unerheblichen Teilen mit Wirtschaftsakteuren besetzte – Rat für Nachhaltige Entwicklung betrachtete Nachhaltigkeitsinitiativen der Wirtschaft differenziert. Positiv verwies der Rat im Kontext des ersten Fortschrittsberichts der Bundesregierung zur im April 2002 veröffentlichten Strategie für eine Nachhaltige Entwicklung auf die »beachtlichen Initiativen zur Nachhaltigkeit, zu Nachhaltigkeitsberichten und integrierter Produktentwicklung«, die einige in diesem Bereich führende Unternehmen aufgebaut hätten.[126] Gleichzeitig bilanzierte er: »In der Breite der Wirtschaft wird Nachhaltigkeit jedoch noch oft als Luxus aufgefasst und kaum aktiv aufgegriffen. Selbst in den nachhaltigkeits-orientierten Unternehmen ist teilweise zu beobachten, dass allzu oft nur die bestehenden Umweltaktivitäten ein neues Etikett erhalten und die Nachhaltigkeit auf der obersten Ebene der jeweiligen strategischen Unternehmensplanung noch nicht

---

123 Bundesarchiv, Koblenz, BArch B 102/866872, Ministeriumsinterne Bewertung der BDI-Stellungnahme zum Entwurf des Fortschrittsberichtes zur nationalen Nachhaltigkeitsstrategie, 16.08.04

124 Bundesarchiv Koblenz, BArch B 102/866873, Gesprächsrunden im Bundeskanzleramt (Kontext: Erster Fortschrittsbericht der Bundesregierung zur im April 2002 veröffentlichten Strategie für eine Nachhaltige Entwicklung nach zwei Jahren), 15.10.2004.

125 Vgl. hierzu Bundesarchiv Koblenz, BArch B 102/866873, Ergebnis des Dialogs: Änderungen des Entwurfs (Kontext: Erster Fortschrittsbericht der Bundesregierung zur im April 2002 veröffentlichten Strategie für eine Nachhaltige Entwicklung nach zwei Jahren), 15.10.2004.

126 Bundesarchiv Koblenz, BArch B 102/866873, »Nachhaltigkeit im Visier«, Gesellschaft fordert Politik – Bericht des Rates für Nachhaltige Entwicklung, Momentaufnahme 2004, 15.10.2004.

ankommt.«[127] Spätestens ab Mitte der 2000er Jahre bestätigten politische Akteure allerdings eine Vorreiterrolle der Wirtschaft.[128]

Was bleibt als Bilanz von Rot-Grün? Um es mit den Worten von Edgar Wolfrum zu sagen: »›Nachhaltigkeit‹ wurde ein Leitbild politischen Handelns. Energiewende, Agrarwende, Kehrtwende in der Öko-Steuerpolitik: Der Begriff der Wende war seit der Revolution von 1989 nicht mehr so inflationär im Umlauf wie in der rot-grünen Zeit.«[129] Sicher sagen lässt sich, dass Nachhaltigkeit eine in Deutschland zuvor unbekannte Institutionalisierung und Politisierung erfuhr, ohne dass hierdurch die Ökonomisierung marginalisiert wurde. Auch unter Rot-Grün behielt die Wirtschaft ihre Macht im diskursiven Feld der Nachhaltigkeit; auch hier ließen sich weiterhin Diskurskoalitionen ebenso wie Gegendiskurse ausmachen mit fließenden und wechselnden Linien und Spannungsfeldern zwischen und innerhalb politischer und wirtschaftlicher Akteursgruppen. 2005 endete die Amtszeit der ersten rot-grünen Regierung auf Bundesebene. Ihr folgte eine große Koalition unter Angela Merkel. Manche Errungenschaften der Ära Rot-Grün setzten sich auch in jener neuen Konstellation fort, in der mit Sigmar Gabriel das Bundesumweltministerium durch die SPD besetzt war und u. a. weitere Ausbauziele für erneuerbare Energien beschlossen wurden.[130] Wirtschaftspolitisch stand das Ende des ersten Kabinetts der Bundeskanzlerin unter dem Eindruck der globalen Finanz- und Wirtschaftskrise, die sich zu einer europäischen Staatsverschuldungskrise entwickelte.[131] Auch Deutschland zeigte sich von der Krise getroffen, jedoch in weit geringerem Maße als andere europäische Staaten.[132] Trotz oder gerade aufgrund der Krisenerfahrung plädierten politische

127 Ebd.

128 So hielt der Vorsitzende des Rates für Nachhaltige Entwicklung Volker Hauff fest: »In den siebziger Jahren sei die Wissenschaft neben den zivilgesellschaftlichen Einrichtungen die Kraft gewesen, die zweifellos am stärksten nach vorn gedrängt habe. Die Politik habe in den sechziger und siebziger Jahren hierauf eher reagiert und die Wirtschaft habe damals massiv versucht, die Entwicklung zu bremsen. Die Verhältnisse hätten sich seitdem grundlegend verändert. Heute fänden die interessantesten Entwicklungen in der Wirtschaft statt. Eine wachsende Zahl von Unternehmen veröffentliche Nachhaltigkeitsberichte. Zwar gebe es noch immer einige Unternehmen, die aus der Veröffentlichung von Nachhaltigkeitsberichten reine PR-Aktionen machten. Ihr Anteil sinke aber.«, Parlamentsarchiv des Deutschen Bundestages, Berlin, PA-DBT 3501 PB für nachhaltige Entwicklung, 3, Protokoll der 3. (nichtöffentlichen) Sitzung. TOP 1: Unterrichtung über den Stand der Nachhaltigkeitsstrategie durch den Vorsitzenden des Rates für Nachhaltige Entwicklung, Herrn Dr. Volker Hauff und den Geschäftsführer des Rates für Nachhaltige Entwicklung, Herrn Dr. Günther Bachmann, 29.04.2004.

129 Wolfrum 2013, S. 709.

130 Uekötter 2015, S. 210.

131 Zu Hintergründen und Auswirkungen der Krise vgl. Thiemeyer 2016, S. 107–111.

132 Vgl. ebd., S. 109–111.

Akteure für eine Fortschreibung der Nachhaltigkeitspolitik.[133] Die unter der rot-grünen Vorgängerregierung entstandene nationale Nachhaltigkeitsstrategie von 2002 wurde im Rahmen eines Fortschrittsberichts 2008 weiterentwickelt.[134] Ob auch Unternehmen die Krise als Chance für eine Transformation unter dem Leitbild Nachhaltigkeit begriffen, werden die späteren Analysen zeigen.

2. Großbritannien – Zwischen *Thatcherism* und *New Labour*

2.1 Margaret Thatcher, John Major und die erste nationale Nachhaltigkeitsstrategie

Großbritannien war zu Beginn des Untersuchungszeitraums durch Premierministerin Margaret Thatcher geprägt – »die wohl einzige demokratisch gewählte Politikerin, deren Name ein Programm bezeichnet.«[135] Margaret Thatcher, die seit 1975 Vorsitzende der Tories war, wurde 1979 zur ersten britischen Premierministerin gewählt; ein Amt, das sie 1983 und 1987 erfolgreich verteidigte.[136] So vielfältig wie sich die Zuschreibungen an die Politikerin Margaret Thatcher – von tiefster Abneigung bis größter Verehrung – gestalteten, zeigten sich auch die Interpretationen ihres Politikstils und des nach ihr benannten Thatcherismus.[137] Die zum Teil stark divergierenden Interpretationen des Thatcherismus sahen in ihm jedoch durchgängig eine Reaktion auf eine politische und wirtschaftliche Strukturkrise Großbritanniens in den 1970er Jahren.[138] Dominik Geppert sieht auf dieser Basis im Thatcherismus »eine von Thatcher als Parteichefin der britischen Konservativen propagierte und vorangetriebene Politik zur Durchsetzung grundlegender Reformen in Staat und Gesellschaft«.[139] Thatcher sprach sich vehement für freie Märkte und einen begrenzten Einfluss der Vereinten Nationen aus; entsprechend häufig wird der umstrittene Begriff des »Neoliberalismus« mit Thatcher in

133 Vgl. exemplarisch Parlamentsarchiv des Deutschen Bundestages, Berlin, PA-DBT 3501 PB für nachhaltige Entwicklung, 49, Protokoll Nr. 33, Öffentliche Anhörung zum Thema »Generationengerechtigkeitsgesetz«, 15.10.2008.

134 Bundesregierung, Fortschrittsbericht 2008 zur nationalen Nachhaltigkeitsstrategie. Für ein nachhaltiges Deutschland, Berlin, 2008.

135 Brüggemeier 2010, S. 309.

136 Vgl. Pearce/Stewart 2002, S. 517.

137 Vgl. hierzu einschlägig Geppert 2002, S. 10–13; vgl. hierzu auch Pearce 2002, S. 638.

138 Geppert 2002, S. 13; vgl. hierzu auch den von Geppert herangezogenen britischen Wirtschaftshistoriker Skidelsky u.a. 1989, S. 12.

139 Geppert 2002, S. 13.

Verbindung gebracht.[140] Unabhängig von Bezugnahmen auf den »Neoliberalismus«-Begriff lassen sich starke Vermarktlichungstendenzen konstatieren. Unter der Regierung Thatcher wurden in einem zuvor unbekannten Maße weite Teile der britischen Wirtschaft privatisiert, von der Strom- und Gas- über die Wasserversorgung bis hin zu Flughäfen.[141]

Für den Untersuchungszeitraum ist die letzte Amtszeit Thatchers relevant, die 1990 nach parteiinternen Auseinandersetzungen endete.[142] Die britische Wirtschaft gab in diesem Zeitraum ein differenziertes Bild ab. Das jährliche Wirtschaftswachstum lag bei vier bis fünf Prozent, die Arbeitslosigkeit sank auf rund fünf Prozent; ebenso ging die Inflation stark zurück.[143] Gleichzeitig stieß die Wirtschaftspolitik der Regierung auf Kritik. Die Agenda der dritten Amtszeit Thatchers sah weitere Privatisierungen sowie Reformen des Erziehungswesens und der Gewerkschaften vor.[144] Zudem geriet das britische Gesundheitssystem, der *National Health Service* (NHS), in den politischen Fokus.[145] In Großbritannien mehrte sich die Furcht vor einer Privatisierung des gesamten Gesundheitssystems, symbolisch aufgeladen als »Einsturz einer der wesentlichen Säulen des Wohlfahrtsstaates«.[146] Umstritten war ferner Thatchers Europaskepsis, die ihren Höhepunkt in einer Rede im September 1988 in Brügge erreichte und »sie und ihre Partei in die nationale Isolierung trieb, da sie Europa offensichtlich mehr als Freihandelszone denn als politische Gemeinschaft begriff.«[147] An den Finanzmärkten zeigten sich gegen Ende der 1980er Jahre Krisentendenzen, die auch die Londoner Börse erfassten und zu zahlreichen Jobverlusten am Finanzstandort der *City of London* führten.[148] Die Entwicklungen wurden zeitgenössisch kritisch rezipiert und begünstigten ein grundsätzliches Misstrauen gegenüber wirt-

140 Zur Verbindung von »Neoliberalismus« und Thatcherismus vgl. u. a. Jackson 2012, S. 43–61; zu Aufstieg und Frühzeit des Thatcherismus vgl. Geppert 2002; sowie Steber 2017, S. 81–105; Seefried 2015a, S. 386 f.

141 Vgl. Schmidt 2011, S. 298.

142 Als Sargnagel der Ära Thatcher gilt weithin die unpopuläre Gemeindesteuer, die aber nur als »der letzte Tropfen, der das Fass zum Überlaufen brachte« gelten kann. Vor allem wurde die Premierministerin durch die Tories selbst zum Rücktritt gezwungen, vgl. ebd., S. 299 und 348–365.

143 Vgl. Brüggemeier 2010, S. 329.

144 Vgl. Schmidt 2011, S. 339.

145 Um die mögliche Sprengkraft einer solchen Auseinandersetzung zu illustrieren, mögen zwei Aussagen dienen. Die NHS wurde von ihrem Gründungsvater Aneurin Bevan als »sacrosant« bezeichnet. Thatcher selbst erklärte noch 1983 nach Bekanntwerden eines internen Parteidokuments »The NHS is safe in our hands«, Pearce/Stewart 2002, S. 537 f.

146 Schmidt 2011, S. 361.

147 Ebd., S. 362.

148 Vgl. ebd., S. 339.

schaftlichen Akteuren.[149] Die Steuerkürzungen des damaligen Schatzkanzlers Nigel Lawson verursachten das bis zu diesem Zeitpunkt größte Defizit in der britischen Zahlungsbilanz und zogen Arbeitslosigkeit, Währungsschwankungen, Inflation und höhere Zinsen nach sich.[150]

Gerade für die soziale Dimension des Leitbilds Nachhaltigkeit erscheinen die massiven, auch von der Wirtschaft politisch wahrgenommenen gesellschaftlichen Spannungen im Großbritannien der 1980er Jahre von Relevanz. Hintergrund war nicht zuletzt die stark steigende Arbeitslosigkeit, die bis 1988 nicht mehr unter zehn Prozent fiel.[151] Die Jugendarbeitslosigkeit erreichte in einigen Gegenden des Landes gar Werte von rund 60 Prozent.[152] Auch auf anderen Ebenen zeigten sich soziale Probleme und gesellschaftliche Spannungen. Eine große Herausforderung stellte der Verfall britischer Städte dar.[153] In den 1980er Jahren kam es in mehreren britischen Städten zu gewaltsamen Ausschreitungen und Plünderungen.[154] Britische Unternehmen beteiligten sich aktiv und unterstützt von politischen Akteuren am Diskurs, um die zeitgenössischen Probleme in britischen Städten in einem kooperativen Ansatz zu bewältigen.[155] In einer Eingabe an den Schatzkanzler zum britischen Haushalt 1989 kritisierte der Gewerkschaftsverband *Trades Union Congress* (TUC), dass trotz einer Entspannung der wirtschaftlichen Lage und gestiegenen Wachstumsraten am Ende der 1980er Jahre keine Verbesserungen in sozialen und ökologischen Belangen erreicht wurden.[156]

149 In einer Rede des damaligen Vorstandsvorsitzenden von Marks & Spencer Lord Rayner auf einer Konferenz erklärte dieser: »It is unfortunate that the reputation of private enterprise industry has not been helped by certain recent events in the city. The image of business as risky, unscrupulous and exploiting is wrong. Most major companies have a strong sense of responsibility to their shareholders, their staff and their costumers. It is in their commercial interests to do so and the penalty for forgetting any of these responsibilities is frequently commercial failure.«, The M&S Company Archive Leeds, Q/Q11/1/2/1/4, People – An Organisation's Most Important Asset. Speech The Lord Rayner at Association of College Registrars and Administrators Annual Conference, 22.04.1987.

150 Schmidt 2011, S. 299.

151 Brown 2004, S. 415.

152 Stewart 2013, S. 85 f.

153 Ebd., S. 77–99.

154 Ebd., S. 86–98.

155 Vgl. hierzu eine von dem britischen Wirtschaftsverband *Confederation of British Industry (CBI)* initiierte TaskForce, um dem Verfall britischer Städte entgegenzuwirken. Der Verband bezog sich dabei explizit auf Margaret Thatcher, die nach der Wahl 1987 die »problems of inner cities as a national priority« bezeichnet hatte, Zitat S. 7, The National Archives Kew, Richmond, FG 1/62, Initiatives beyond Charity: Report of the CBI Task Force on Business and Urban Regeneration, September 1988; auch politische Akteure betonten die Rolle und Macht von Unternehmen bei der Krisenbewältigung, The National Archives Kew, Richmond, FG 1/62, Government Policies, 22.12.1988; The National Archives Kew, Richmond, FG 1/62, Action for Cities, ca. 1988.

156 The National Archives Kew, Richmond, FG 1/62, 1989 TUC Budget Submission, 22.12.1988.

Plausibel erscheint vor diesem Hintergrund ein Einfluss der gesellschaftspolitischen Lage auf die Interpretationen des Leitbilds Nachhaltigkeit durch britische Unternehmen. Festzuhalten ist, dass sich der zeitgenössische öffentliche Diskurs in Großbritannien auf die durch die Politik der Premierministerin befeuerten gesellschaftlichen Spannungen und die mannigfaltigen sozialen Herausforderungen fokussierte. Für die These, dass soziale Fragen angesichts der zeitgenössischen britischen Politik eine starke Rezeption durch britische Unternehmen erfuhren, sprechen auch politikwissenschaftliche Untersuchungen zu *Corporate Social Responsibility* von Jeremy Moon. Moon sieht in der hohen Arbeitslosigkeit, dem städtischen Verfall und sozialen Unruhen der frühen 1980er Jahre einen Wendepunkt von CSR in Großbritannien.[157] Diese »specific manifestation of the governance crisis« habe die Grundlage für neue Formen des unternehmerischen Engagements in der Gesellschaft gebildet und ein Bewusstsein für die sozialen Voraussetzungen für Unternehmenserfolg und gesellschaftliche Erwartungen an die Wirtschaft geschaffen.[158] Laut Moon habe die britische Regierung Unternehmen ermutigt, sich an der Lösung der gesellschaftlichen Probleme zu beteiligen.[159] Die Unternehmen selbst sahen sich zu einem engagierten Verhalten angespornt, um die »social licence of business to trade« zu erhalten und weitergehende politische Regulierungen abzuwenden.[160] Inwiefern eine solche These für die Untersuchungsunternehmen Bestand haben kann, wird die weitere Analyse zeigen.

Auf die Kontaktzonen zwischen Politik und Wirtschaft wirkte sich die insgesamt elf-jährige Amtszeit Margaret Thatchers erheblich aus. Anders als in Deutschland haben korporatistische Ansätze in Großbritannien keine Tradition und gelten teils als gescheitert. Als ein wesentlicher Grund für die Probleme korporatistischer Ansätze in der Wirtschafts- und Tarifpolitik gilt die eingeschränkte Autorität der Dachverbände der Arbeitgeber- sowie Arbeitnehmerseite, des *Trades Union Congress (TUC)* und der *Confederation of British Industry (CBI)*, gegenüber ihren Mitgliedsverbänden.[161] Nicht zuletzt führte Margaret Thatchers Ablehnung der korporatistischen Politik in den 1980er Jahre zu einem Ende entsprechender Praktiken.[162] Nicht unerwähnt bleiben sollte, dass Thatchers Vorgehen gegen Verbände, anders als heutige Deutungen häufig nahelegen, keinesfalls nur die

157 Moon 2005, S. 54 f.

158 Ebd.

159 So erklärte unter anderem der konservative Politiker Michael Heseltine »that government could not provide all the solutions to revitalising our society, and especially the inner cities«, ebd., S. 55.

160 Moon zitiert hierbei auch einen Artikel aus der Zeitschrift The Economist vom 20.2.1982: »The Economist commented on Marks & Spencer's community work and charity, the firm was ›making a sensible investment in its market place. If urban disorders become a regular fact of life, many of its 260 stores would not survive.‹«, ebd.

161 Vgl. Becker 2002, S. 205.

162 Ebd., S. 206.

Gewerkschaften[163] betraf, sondern sie Verbände jeglicher Couleur aus dem politischen Entscheidungsprozess verdrängte.[164] Dies bedeutete jedoch nicht, dass keinerlei Austausch zwischen politischen und wirtschaftlichen Akteursgruppen existierte, wovon bereits oben genannte Beispiele wirtschaftlicher Reaktionen auf gesellschaftliche Probleme zeugen. Darüber hinaus tagte beispielsweise der 1962 gegründete *National Economic Development Council*, ein Austauschforum von Wirtschaft, Gewerkschaften und Regierung, auch unter Margaret Thatcher, wenngleich sich der Turnus der Treffen gegen Ende von Thatchers Amtszeit reduzierte.[165] Das Gremium thematisierte u. a. Umwelt- und Gesundheitsauswirkungen der Chemieindustrie und entsprechende Regulierungen. In diesem Zuge betonte der damalige Umweltminister die Notwendigkeit guter Kommunikation, »which already existed between his Department and the Chemical Industries Association«.[166]

Neben den skizzierten ökonomischen und gesellschaftlichen Entwicklungen bildeten sich unter Thatcher erste Ansätze einer Nachhaltigkeitspolitik in Großbritannien aus. Thatcher selbst griff konservative Narrative wie die Rettung der Natur auf und betonte in einer Rede vor der *Royal Society* Ende der 1980er Jahre die Gefahren des Klimawandels und Bevölkerungswachstums.[167] Formal bekannte sich die konservative Regierung 1988 zu dem Prinzip einer Nachhaltigen Entwicklung im Zuge der Antwort des G7-Gipfels in Toronto auf den Brundtland-Bericht.[168] Im Diskurs um die Ausgestaltung des Leitbilds betonte der damalige britische Umweltminister Chris Patten ökonomische Chancen, die aus um-

---

163 Ein prominentes Beispiel bildete der 362-tägige Streik der britischen Bergleute vom 5. März 1984 bis zum 3. März 1985, der mit einer Niederlage der Gewerkschaften endete, die hierdurch deutlich geschwächt wurden. Pearce/Stewart 2002, S. 530; zu Hintergrund und Verlauf des Streiks vgl. auch Brüggemeier 2010, S. 320–325.

164 Vgl. Becker 2002, S. 206.

165 Vgl. exemplarisch die monatlichen Treffen im Jahr 1987 The National Archives Kew, Richmond, FG 1/59, Minutes of a Meeting at the National Economic Development Office, 07.01.1987; The National Archives Kew, Richmond, FG 1/59, Minutes of a Meeting at the National Economic Development Office, 04.02.1987; The National Archives Kew, Richmond, FG 1/59, Minutes of a Meeting at the National Economic Development Office, 04.03.1987; The National Archives Kew, Richmond, FG 1/59, Minutes of a Meeting at the National Economic Development Office, 01.04.1987; vgl. hingegen die reduzierte Anzahl an Treffen im Jahr 1989 The National Archives Kew, Richmond, FG 1/62, Minutes of a Meeting at the National Economic Development Office (1st meeting), 11.01.1989; The National Archives Kew, Richmond, FG 1/62, Minutes of a Meeting at the National Economic Development Office (2nd meeting), 05.04.1989; The National Archives Kew, Richmond, FG 1/62, Minutes of a Meeting at the National Economic Development Office (4th meeting), 01.11.1989. Das November Meeting war laut Protokoll das vierte Meeting in jenem Kalenderjahr, was den vierteljährlichen Turnus bestätigt.

166 The National Archives Kew, Richmond, FG 1/62, Minutes of a Meeting at the National Economic Development Office (2nd meeting), 05.04.1989.

167 Vgl. Seefried 2021, S. 398.

168 Vgl. Lowe/Carter 2000, S. 171.

weltfreundlichen Technologien und Produkten entstehen könnten.[169] Das Wachstumsparadigma selbst stellte die britische Regierung nicht in Frage und sah dieses stattdessen als Voraussetzung für eine nachhaltige Transformation.[170] Der britische Umweltminister negierte zugleich nicht die Kosten und Anstrengungen, mit denen die Industrie im Rahmen des Transformationsprozesses konfrontiert werden würde: Diese seien von der Industrie zunächst selbst zu tragen und würden sich dann in den Preisen für Waren und Dienstleistungen niederschlagen; Aufgabe der Politik sei es, geeignete Rahmenbedingungen zu schaffen.[171]

Die Bekenntnisse schlugen sich auch praktisch nieder und die konservative Regierung unter Thatcher erarbeitete eine Strategie zur Umsetzung des neuen Leitbilds.[172] Sie beauftragte den Umweltökonomen David Pearce, dessen Dokument *Sustaining Our Common Future* die Grundlage für ein im September 1990 veröffentlichtes Weißbuch zur Umwelt mit dem Titel *This Common Inheritance* bildete.[173] Das Weißbuch legte die Leitlinien der künftigen Politik dar. So sollten Maßnahmen auf Basis wissenschaftlicher und wirtschaftlicher Erkenntnisse getroffen werden, Vorsichtsmaßnahmen da ergriffen werden, wo sie gerechtfertigt erschienen, internationale Lösungen angestrebt und der Öffentlichkeit ein besserer Zugang zu Umweltinformationen ermöglicht werden.[174] Das Weißbuch stieß bei Umweltorganisationen und Medien auf verhaltene Reaktionen, nicht zuletzt da Wirtschaftsakteure, unterstützt durch ihnen zugeneigte Ministeriumsabteilungen, ihre diskursive Macht gelten machen konnten und das Papier kaum neue Politiken oder Ziele enthielt.[175] Dennoch gilt das Weißbuch als Meilenstein, da es die erste umfassende Darstellung der britischen Umweltpolitik in einem Dokument darstellte.[176]

Zeitgenössische Quellen belegen, dass Wirtschaftsakteure wie der Industrieverband *Confederation of British Industry* das Leitbild Nachhaltige Entwicklung nutzen wollten, um im Weißbuch das Wachstumsparadigma nicht zu gefährden und

169 The National Archives Kew, Richmond, FG 1/63, Economic Growth and Environmental Protection. Memorandum by the Minister for the Environment and Countryside, 22.03.1990.

170 Ebd.

171 Ebd.

172 Ebd.; vgl. auch Lowe/Carter 2000, S. 171.

173 Vgl. Seefried 2021, S. 399; Lowe/Carter 2000, S. 172; das Weißbuch wurde 1991 und 1992 aktualisiert, vgl. British Library London, GPC/03643, Sustainable Development. The UK Strategy (Summary Report), 1994.

174 Vgl. Lowe/Carter 2000, S. 172.

175 Vgl. ebd.; es wäre jedoch falsch anzunehmen, an der diskursiven Ausgestaltung des Weißbuchs hätten sich vorrangig Unternehmen und Wirtschaftsverbände beteiligt. So reichte beispielsweise auch der Gewerkschaftsverband Trades Union Congress eine umfangreiche Stellungnahme ein, vgl. The National Archives Kew, Richmond, FG 1/63, Submission by the TUC to the Environment White Paper, April 1990.

176 Vgl. Lowe/Carter 2000, S. 172.

ein Primat der Ökologie zu verhindern. Ein Memorandum von CBI zeigte, wie der Verband Nachhaltige Entwicklung entlang eigener Interessen interpretierte und instrumentalisierte:

»The primary objective of the CBI in relation to the environment is to achieve ›sustainable development‹, that is to pursue economic growth in a way which does not prejudice the environment for the use of future generations. We know that the Government too is committed to sustainable development, as shown in its response to the Brundtland report ›Our Common Future‹ [...] It is important that this fundamental objective should be restate in the White Paper. It is only in the light of sustainable development that a sensible balance can be struck between short term responses to perceived problems and long-term solutions.«[177]

Nachhaltige Entwicklung wurde hier als Munition gegen zu strikte Umweltvorgaben eingesetzt. Die britische Wirtschaft inszenierte sich gegenüber der Politik als unerlässlicher Akteur zur Erzielung einer Nachhaltigen Entwicklung. Nur durch weiteres Wachstum könne sie dieser Rolle gerecht werden: »Business must grow to provide the wealth to fund environmental improvements and to develop the necessary technologies to achieve these improvements.«[178] Entsprechend müsse die Politik ein günstiges Umfeld schaffen, das die Transformation nicht behindere.[179] Wie im deutschen Beispiel rekurrierten auch britische Wirtschaftsakteure auf Narrative wie den Verlust der Wettbewerbs- und Innovationsfähigkeit durch zu strikte Umweltregulierungen, den geringen Anteil Großbritanniens an globalen Emissionen, die Notwendigkeit von Kooperationen zwischen öffentlichem und privatem Sektor und die Vorteile freiwilliger Vereinbarungen.[180] Analog zum deutschen Beispiel zeigten sich auch in Großbritannien Diskurskoalitionen zwischen wirtschaftlichen und politischen Akteuren. In einem Meeting des *National Economic Development Councils* begrüßte der damalige britische Umweltminister beispielsweise die Ausführungen von CBI: »He welcomed the emphasis on the importance of sustainable development, the use of market mechanisms and the need for an international approach.«[181]

Wie in Deutschland zeichneten sich im Vereinigten Königreich Unterschiede zwischen den politischen Ressorts ab; Konfliktlinien und Diskurskoalitionen verliefen nicht entlang von Akteursgruppen wie Politik oder Wirtschaft, sondern manifestierten sich auch innerhalb oder zwischen jenen Sphären. Exemplarisch suchte das progressivere britische Umweltministerium bereits im Zuge des

177 The National Archives Kew, Richmond, FG 1/63, Business and the Environment. Memorandum by the Confederation of British Industry, 23.03.1990.

178 Ebd.

179 Vgl. ebd.

180 The National Archives Kew, Richmond, FG 1/63, Minutes of a Meeting at the National Economic Development Office, 04.04.1990.

181 Ebd.

Weißbuchs 1990 alternative Wege, um eigene Vorstellungen von Nachhaltigkeit umzusetzen.[182] Zwar konnte der Umweltminister seine ehrgeizigen Ziele nicht in einer regierungsübergreifenden Strategie umsetzen, konzentrierte sich aber in Folge darauf, »to channel his radicalism into issues that were entirely within the remit of his own department.«[183] Hierzu zählte auch die Ebene der Kommunalverwaltung, die sich zu einem Ort entwickelte, an dem der Nachhaltigkeitsdiskurs entscheidend geprägt wurde.[184] Ob der britische Zentralismus auch Unternehmen dazu bewegte, Nachhaltigkeit primär lokal zu denken, um so eigene Ideen zu verwirklichen, wird die spätere Analyse zeigen.

Während Margaret Thatcher stark polarisierte und einen dogmatischen Regierungsstil bevorzugte, erschien ihr Nachfolger John Major zurückhaltender und kompromissbereiter.[185] Die Gemengelage zu Beginn von Majors Amtszeit gilt als kompliziert – sie bewegte sich zwischen der Erwartungshaltung seiner eigenen Partei, an (teils in der Bevölkerung geschmähten) Errungenschaften der Ära Thatchers festzuhalten, einer erstarkenden Opposition und wirtschaftlichen Krisentendenzen.[186] Die Abwertung des Pfundes leitete auf der anderen Seite eine wirtschaftliche Erholungsphase ein.[187] Als Erfolge der Regierungszeit John Majors gelten die Einkommenssteigerung für Familien, die Erleichterung des Zugangs zu Universitäten ebenso wie die Besserstellung von Rentnerinnen und Rentnern.[188] Zugleich war Großbritannien von Desillusionierung und sozialer Unzufriedenheit geprägt.[189] John Major konnte sein Amt bei den Unterhauswahlen am 9. April 1992 überraschend deutlich mit 41,9 Prozent der Stimmen verteidigen.[190] Die zweite Amtszeit John Majors gilt gemeinhin als wenig glücklich und war insbesondere von innerparteilichen Konflikten um die Ratifizierung des Maastrichter Vertrags geprägt.[191]

Aus einer Perspektive der Nachhaltigkeit entwickelte sich Großbritannien unter John Major weiter. International trat der Premierminister als Befürworter des

182 Vgl. hier und im Folgenden Lowe/Carter 2000, S. 175.

183 Ebd.

184 Vgl. ebd.; am Agendaprozess selbst waren britische Kommunen hingegen kaum beteiligt, Seefried 2021, S. 404; in einer Stellungnahme gegenüber der britischen Regierung im Kontext der ersten nationalen Nachhaltigkeitsstrategie prangerten lokale Regierungen und Verwaltungen diesen Umstand explizit an, British Library London, GPC/03932, A Framework for Local Sustainability. A Response by UK Local Government to the UK Government First Strategy for Sustainable Development, 1993.

185 Vgl. Schmidt 2011, S. 372.

186 Vgl. Brüggemeier 2010, S. 335.

187 Vgl. Winkler 2016, S. 70.

188 Vgl. Schmidt 2011, S. 372.

189 Vgl. ebd., S. 354.

190 Jedoch hielten die Konservativen nun nur noch 21 Sitze Vorsprung auf die anderen Parteien, was eine deutliche Reduktion im Vergleich zur Ära Thatchers darstellte, vgl. Winkler 2016, S. 67.

191 Vgl. ebd.; Turner 2013, S. 152–156.

neuen Leitbilds auf. Er nahm an der Rio-Konferenz 1992 teil und rühmte sich damit, seine Teilnahme als erster Regierungschef zugesagt zu haben.[192] Unmittelbar nach der Konferenz verpflichtete sich Major bis Ende 1993 eine nationale Nachhaltigkeitsstrategie zu entwickeln.[193] Die Veröffentlichung der ersten nationalen Nachhaltigkeitsstrategie Großbritanniens im Jahr 1994 stellt den größten Meilenstein britischer Nachhaltigkeitspolitik unter Major dar.[194] Wie die deutsche Regierung, suchte auch die britische Regierung aktiv den Dialog zu verschiedenen Akteursgruppen bei der Ausformulierung des Leitbilds Nachhaltigkeit. Das britische Umweltministerium leitete im März 1993 mit einem Seminar, auf dem eine grobe Strategie diskutiert wurde, einen einjährigen Konsultationsprozess ein.[195] Im Anschluss veröffentlichte die Regierung im Juli 1993 ein Konsultationsdokument, in dessen Rahmen sich bis Ende September eine Vielzahl von Akteursgruppen, darunter Unternehmen, an der Ausgestaltung der nationalen Nachhaltigkeitsstrategie beteiligen konnten.[196] Vor und auch nach Veröffentlichung der Strategie brachte eine Vielzahl an Verbänden und Organisationen ihre Positionen in den politischen Diskurs ein.[197]

Wie bereits das vier Jahre zuvor veröffentlichte Weißbuch erschien auch die Nachhaltigkeitsstrategie vielen, insbesondere Umweltakteuren, als wenig innovativ.[198] Statt neue Politiken anzudenken, wiederholte sie vor allem bestehende

192 Vgl. Lowe/Carter 2000, S. 171 und 174.

193 The National Archives Kew, Richmond, D 11/177, News Release: John Gummer launches the Sustainability Challenge, 25.01.1994.

194 Vgl. Lowe/Carter 2000, S. 172.

195 Vgl. hier und im Folgenden ebd., S. 172 f.

196 Der Umweltminister betonte explizit die angenommene Notwendigkeit, das neue Leitbild im gesellschaftlichen Diskurs auszugestalten: »In the United Kingodm we want that strategy to be developed with the widest consensus. I want to hear views from local government, industry and business, academics, scientists, voluntary groups and individuals from all over the UK about the issues raised in this consultation paper.«, The National Archives Kew, Richmond, D 11/177, UK Strategy for Sustainable Development. Consultation Paper, Juli 1993; vgl. hierzu auch The National Archives Kew, Richmond, D 11/177, News Release: John Gummer launches Debate on UK Sustainable Development Strategy, 21.07.1993.

197 Vgl. hierzu exemplarisch nachfolgende Stellungnahmen der *Green Alliance*, des *Construction Industry Council* und der britischen Aluminiumindustrie, Parliamentary Archives, London, HL/CP/2789, The Green Alliance Submission to the House of Lords Select Committee on Sustainable Development, 1994; Parliamentary Archives, London, HL/CP/2789, Response from the Construction Industry Council to the House of Lords Select Committee on Sustainable Development, 1994; Parliamentary Archives, London, HL/CP/2789, Response from the Aluminium Industry to the House of Lords Select Committee on Sustainable Development, 1994; neben Verbänden brachten auch einzelne Unternehmen ihre Positionen ein, vgl. exemplarisch Parliamentary Archives, London, HL/CP/2789, Memorandum by Shell U.K. Limited to the House of Lords Select Committee on Sustainable Development, 1993/1994.

198 Vgl. hierzu exemplarisch Ausführungen der *Association for the Conservation of Energy* gegenüber dem *Select Committee on Sustainable Development* des *House of Lords*, Parliamentary Archives, London, HL/CP/2789, Written Evidence of the Association for the Conservation of Energy to The House of Lords Select Com-

Verpflichtungen und verzichtete auf einen expliziten Follow-up-Mechanismus, der eine Aktualisierung der Strategie ermöglicht hätte.[199] Der britische Industrieverband CBI hingegen begrüßte die Strategie – ein Umstand, der manchem als Beleg für die Stoßrichtung der Strategie gelten mag.[200] So gab CBI zwar an, in einigen Bereichen eigene Positionen zur Anwendung des Nachhaltigkeitsprinzips noch weiter stärken zu wollen, sah aber insgesamt eine Vielzahl an Forderungen, die der Verband in den Konsultationsprozess eingebracht hatte, in der finalen Strategie verwirklicht.[201] Skeptischer zeigte sich hingegen der britische Chemieverband *Chemical Industries Association*, der bemerkenswerterweise gerade die Visionsarmut der Strategie kritisierte. So sei die *UK Strategy for Sustainable Development* »a good resume of the situation to date but it offers disappointingly little in terms of a strategy for the future.«[202] Möglicherweise lag die ambitioniertere Haltung der chemischen Industrie auch darin begründet, dass diese mit *Responsible Care* bereits eine branchenweite und länderübergreifende Strategie erarbeitet hatte, auf die sie auch gegenüber der britischen Politik verwies.[203] Eine Kombination aus freiwilligen Ansätzen wie *Responsible Care*, technischen Unterstützungsprogrammen für weniger entwickelte Länder und ein politischer Rahmen für langfristige Investitionen in Forschung und Entwicklung sowie in neue Anlagen wären in den Augen der britischen Chemieindustrie »effective and sustainable and would not incur excessive costs nor damage the competitiveness of the chemical industry in Western Europe«.[204] Dem Einsatz ökonomischer Instrumente stand die Chemieindustrie aufgeschlossen, aber u. a. aufgrund möglicher bürokratischer Belastungen nicht unkritisch gegenüber.[205] Insbesondere dürften entsprechende Instrumente nicht zur reinen Einnahmequelle für den Staat ver-

mittee on Sustainable Development, 16.05.1994; vgl. auch die Einschätzung der Umweltorganisation Friends of the Earth, Parliamentary Archives, London, HL/CP/2789, Summary of Evidence from Friends of the Earth to the House of Lords Select Committee on Sustainable Development, 1994.

199 Vgl. Lowe/Carter 2000, S. 173.

200 Unter anderem lobte CBI: »The UK Strategy rightly recognises that economic development and growth must go hand in hand with environmental protection and are not mutually exclusive. The CBI sees economic development as the prime source of environmental improvement and the means by which the considerable potential of advancing technology and better environmental practice is realised.«, Parliamentary Archives, London, HL/CP/2789, Written Evidence to the House of Lords Select Committee on Sustainable Development Submitted by The Confederation of British Industry, 23.05.1994.

201 Wörtlich erklärte der Verband: »The CBI welcomed the UK Strategy on Sustainable Development because it recognised a great deal of the points made in the CBI contribution to the consultation process.«, ebd.

202 Parliamentary Archives, London, HL/CP/2789, Written Evidence from the Chemical Industries Association to the House of Lords Select Committee, 17.06.1994.

203 Ebd.

204 Ebd.

205 Ebd.

kommen und müssten so eingeführt werden, dass langfristige Planungen ermöglicht und der internationale Wettbewerb nicht gefährdet würde.[206]

Die erste nationale Nachhaltigkeitsstrategie verstand sich als Umsetzung eines umfassenden Verständnisses von Nachhaltiger Entwicklung, jedoch lässt sich eine deutlich stärkere Akzentuierung der ökonomischen und ökologischen gegenüber der sozialen Dimension wahrnehmen. Ausgiebiger fanden soziale Fragestellungen lediglich Eingang in ein Unterkapitel zu »Development in Town and Country«, wenngleich dieses auch umfassend auf ökologische und ökonomische Aspekte einging.[207] Hingegen fiel sowohl die Darstellung ökologischer als auch ökonomischer Herausforderungen sehr umfangreich aus. Einzelne Industriezweige wurden in eigenen Kapiteln behandelt, darunter auch die Chemieindustrie.[208] Als Maßnahmen für eine Nachhaltige Entwicklung sah die Regierung u. a. »Voluntary agreements between Government and industry on use and recycling of chemicals«, »Industry Responsible Care programmes« sowie »Regulations to control the use of chemicals when necessary« und »Greater use of economic instruments to influence the use of chemicals« vor.[209]

Nicht nur im Entstehungsprozess, sondern auch bei der Implementierung der Strategie verfolgte die britische Regierung einen partizipativen und kooperativen Ansatz. Die Strategie benannte eine Reihe von Akteursgruppen, denen für die Fortschreibung des Prinzips Nachhaltigkeit besondere Bedeutung zukam. Hierzu zählten neben internationalen Akteuren und der britischen Regierung vor allem auch die lokale Politik und Verwaltung, Freiwilligenorganisationen und der Privatsektor.[210] Insbesondere wirtschaftliche Akteure wurden hervorgehoben.[211] Die Strategie selbst verwies auf die Herausforderungen verschiedener Branchen im Bereich Nachhaltige Entwicklung. Insgesamt zeigte sich ein positives Grundvertrauen in die Innovationsfähigkeit der Industrie.[212] Auch an anderer Stelle, beispielsweise im Bereich Fertigung und Dienstleistungen, zeugte die Strategie

---

206 Ebd.

207 Parliamentary Archives, London, HL/PO/JO/10/11/2828, Sustainable Development. The UK Strategy, Januar 1994.

208 Ebd.

209 Ebd.

210 Ebd.

211 Bereits im Vorwort zur Strategie erklärte Premierminister John Major: »The document sets out a future agenda – not just for Government but for business, for organisations and for individual men and women.«, British Library London, GPC/03643, Sustainable Development. The UK Strategy (Summary Report), 1994.

212 Exemplarisch verdeutlicht sich dies anhand einer Aussage über die Chemieindustrie: »Increased understanding of the biological activity of chemicals at the molecular level is helping chemical manufacturers to design new chemicals which are less hazardous and less persistent in the environment. This new knowledge, and the extensive testing and assessment programmes under way Internationally, will help to ensure that chemicals are better managed in the future«, ebd.

von Optimismus, dass die Wirtschaft eigenständig und ohne gesetzlichen Zwang nachhaltig handeln würde.[213] Der Kooperationswille der britischen Regierung und die mitunter deutlich spürbare Diskurskoalition mit (Teilen der) Industrie erwähnte das Dokument explizit bei der Beschreibung der Rolle der Wirtschaft; gleichzeitig wurde auf einen Instrumentenmix und nicht allein auf das Prinzip der Freiwilligkeit gesetzt.[214]

Nach der Veröffentlichung der ersten nationalen Nachhaltigkeitsstrategie setzte die britische Regierung ihren Austausch mit verschiedenen Akteursgruppen über die Ausgestaltung des Leitbilds Nachhaltigkeit fort. Der Premierminister ernannte ein *Government's Panel on Sustainable Development*.[215] Neben verschiedenen politischen Akteuren brachten weitere Akteursgruppen wie Wissenschaft, Umweltorganisationen, aber auch die *Confederation of British Industrie* ihre jeweils eigene Perspektive auf Nachhaltige Entwicklung in die Arbeit des Gremiums ein.[216] Ebenso bildeten sich innerhalb politischer Institutionen Gremien aus, die den Nachhaltigkeitsdiskurs prägend gestalten wollten, wie ein Ausschuss im House of Lords[217] oder ein bereits in Folge des Weißbuchs von 1990 gegründetes Netzwerk sogenannter *Green Ministers* in allen Ministerien.[218] Ein weiteres wichtiges Gremium bildete der 1995 gegründete *Round Table on Sustainable Development*, dem rund dreißig Vertreterinnen und Vertreter von Unternehmen, Umweltorganisationen, Kommunalverwaltungen, Kirchen und anderen Organisationen angehörten.[219] Die britische Regierung setzte auf ein ausgewogenes Verhältnis unterschiedlicher Akteursgruppen; Umwelt- und Wirtschaftsinteressen sollten paritätisch vertreten sein.[220] Wie in Deutschland fürchteten beteiligte Akteure

213 Ebd.

214 Ebd.

215 Das Gremium sollte bestehen aus »people of great expertise on environmental, scientific and business matters to advise the Government on future developments.«, ebd.; zu den fünf Gründungsmitglieder zählten der *Warden Green* des *College Oxford*, der *Chairman* der *National Westminster Bank*, der *Chairman Joint Nature Conservation Committee*, der *Chairman* der *Royam Commission on Environmental Pollution* und die *Foreign Secretary* und *Vice President* der *Royal Society*), Parliamentary Archives, London, HL/CP/2790, Government's Panel on Sustainable Development, 1994.

216 Parliamentary Archives, London, HL/CP/2791, First Report, Januar 1995.

217 Parliamentary Archives, London, HL/CP/2791, Special Report by the Select Committee on Sustainable Development, 1995.

218 Parliamentary Archives, London, HL/CP/2791, Machinery Set Up to Take Forward the Sustainable Development Strategy, Dezember 1994.

219 Das Gremium oblag der Verantwortung des Umweltministers, vgl. British Library London, GPC/03643, Sustainable Development. The UK Strategy (Summary Report), 1994; vgl. hierzu auch Lowe/Carter 2000, S. 178.

220 Die Planungen sahen vor, das Gremium mit acht Akteuren aus Wirtschaft und Landwirtschaft, weiteren acht mit Erfahrungen in Umweltfragen wie Freiwilligenorganisationen, Wissenschaft und Kirchen, weiteren vier aus Bereichen wie Konsumenten und Arbeitnehmervertretungen sowie drei politischen

auch in Großbritannien eine zu große Dominanz des Umweltministeriums und eine entsprechende einseitige Themensetzung.[221] Die tatsächliche Wirkmächtigkeit des runden Tisches blieb umstritten. Greenpeace sah in ihm lediglich ein Ablenkungsmanöver und boykottierte das Gremium; zudem wurden erste Vorschläge des neuen Gremiums von der Regierung abgelehnt.[222]

Auch unter John Major hinterfragte die britische Regierung das Wachstumsparadigma bei der Ausgestaltung des Leitbilds Nachhaltigkeit nicht und verstand die Wirtschaft nicht als Antagonist, sondern als wichtigen Akteur und Partner. Exemplarisch verdeutlicht dies eine Rede des damaligen Umweltministers John Gummer vor dem *House of Commons* im Jahr 1994. Gummer stellte ökonomisches Wachstum explizit in den Mittelpunkt seiner Vorstellung von Nachhaltiger Entwicklung: »We must continually stress the two sides of that equation: economic development and environmental protection. Sustainable development is not anti-growth. Indeed, it cannot be achieved except through growth. It cannot be achieved except through the maintenance of a prosperous economy.«[223] Die Ausführungen illustrieren das Primat der Ökonomie im politischen Diskurs Großbritanniens sowie die Diskurskoalition, die das Umweltministerium mit wirtschaftlichen Akteuren einging. Nur mit einer erfolgreichen Wirtschaft könne Nachhaltige Entwicklung erreicht werden, so das Narrativ.[224] Laut einer These von Lowe und Carter hatte sich über das gesamte politische Spektrum hinweg der zentrale Grundsatz der Nachhaltigen Entwicklung, dass Umweltschutz eine Voraussetzung für zukünftiges (nachhaltiges) Wachstum ist und nicht dessen Gegenteil, nicht von der einfachen dichotomen Vorstellung von Wirtschaft versus Umwelt lösen können.[225] Ein solcher Glaube habe entsprechend die Vorstellung untermauert, dass die Schlüsselrolle der Regierung darin bestehe, ein Gleichgewicht zwischen den widersprüchlichen Zielen des Wachstums und des Umweltschutzes herzustellen.[226] Anders als ihr deutsches Pendant habe die britische Politik auch das Konzept der ökologischen Modernisierung weitaus

Akteuren (Umweltminister sowie zwei Entsandte der lokalen Ebene) zu besetzen, The National Archives Kew, Richmond, D 11/177, The UK Round Table on Sustainable Development, 1994.

221 Vgl. hierzu Anmerkungen eines Teilnehmers von der *Rural Development Commission* im Rahmen eines vom Umweltministerium organisierten Auftaktseminars zu Struktur und Inhalt des Round Tables, The National Archives Kew, Richmond, D 11/177, Memorandum UK Round Table on Sustainable Development (sent to Margaret Clark), 08.07.1994.

222 Vgl. Lowe/Carter 2000, S. 178.

223 The National Archives Kew, Richmond, D 11/177, Sustainable Development (Rio Summit), 07.02.1994.

224 Ebd.

225 Lowe/Carter 2000, S. 181.

226 Ebd.

zurückhaltender rezipiert.[227] Während der These in Teilen zugestimmt werden kann, zeigt sich an den zitierten zeitgenössischen Quellen jedoch auch, wie der vermeintliche Gegensatz zwischen Ökonomie und Ökologie positiv umgedeutet und die Marktchancen ökologischer Technologien von britischen politischen Akteuren betont wurden unter der Grundvoraussetzung, die Wettbewerbsfähigkeit der Industrie zu erhalten.

Marktinstrumente spielten im britischen Nachhaltigkeitsdiskurs eine bedeutende Rolle, waren aber auch umstritten. Dies war bereits in der Endphase der Regierung Thatcher der Fall. Nach der nicht mit anderen Ministerien abgestimmten Veröffentlichung des Pearce-Reports durch das britische Umweltministerium kam es insbesondere mit dem Finanzministerium zu Auseinandersetzungen über die Sinnhaftigkeit des Einsatzes von Preismechanismen wie Steuern zum Schutz der Umwelt.[228] Das von Pearce beeinflusste Weißbuch *This Common Inheritance* von 1990 nannte Marktinstrumente neben Regulierungen als eine Option, um Produktion und Kundschaft zu Verhaltensänderungen anzuregen.[229] In einer Aktualisierung des Umweltweißbuches im Jahr 1992 wies die britische Regierung darauf hin, dass bei der Verfolgung von Umweltzielen neue Vorschriften und Regulierungen auf Fälle beschränkt werden sollten, in denen wirtschaftliche Instrumente entweder nicht zur Verfügung stünden oder eine Form der regulatorischen Untermauerung erforderten.[230] Vor allem das Umweltministerium zeigte sich ökonomischen Instrumenten und Marktanreizen gegenüber aufgeschlossen.[231] Auch das Konsultationspapier zur nationalen Nachhaltigkeitsstrategie von 1993 verwies auf ökonomische Instrumente zur Reduzierung von Kosten und Kontrollen.[232] Schließlich fanden entsprechende Vorschläge und Prinzipien auch

227 Das Konzept wurde vereinzelt auf lokaler Ebene rezipiert oder im Kontext von Kampagnen von Umweltorganisationen, die sich an Unternehmen richteten, vgl. ebd.

228 Vgl. hierzu The National Archives Kew, Richmond, T 640/1261, Letter from the Permanent Secretary to the Treasury to the Chancellor of the Exchequer: Sustainable Development. The Pearce Report, 06.09.1989; The National Archives Kew, Richmond, T 640/1261, Letter from P Jefferson to M C Scholar Esq: Environmental Protection and Taxation, 05.09.1989; zur Diskussion um die Vorschläge von Pearce vgl. Lowe/Carter 2000, S. 182 f.

229 Lowe/Carter 2000, S. 182; während Regulierungen »the application of standards by the State« beinhalteten, könnten Marktkräfte oft »the most efficient way of attaining them« darstellen, British Library London, N/A, Conserving our Common Inheritance. The Environment White Paper (Published in Politics Today, No. 13), 1990.

230 Parliamentary Archives, London, HL/CP/2791, Select Committee on Sustainable Development. Chairman's Second Draft Report, 28.04.1995.

231 Schon zu Zeiten des Pearce-Report begrüßte vor allem Secretary of State for the Environment Chris Patten Marktinstrumente zur Erreichung ökologischer Ziele, vgl. Lowe/Carter 2000, S. 183; 1993 postulierte Umweltminister John Gummer die Vorzüge eines marktbasierten Ansatzes, Parliamentary Archives, London, HL/CP/2789, Making Markets Work for the Environment, November 1993.

232 Vgl. Lowe/Carter 2000, S. 183.

Eingang in die erste nationale Nachhaltigkeitsstrategie des Landes.[233] Jedoch merkte der Ausschuss für Nachhaltige Entwicklung des *House of Lords* in einer Bestandsaufnahme ein Jahr nach Veröffentlichung der Strategie kritisch an, dass entsprechende Instrumente in der Realität eine geringere Rolle spielten als angedacht.[234] In einer Replik sprach sich die britische Regierung für einen Mix aus Regulierungen und ökonomischen oder marktbasierten Instrumenten sowie freiwilligen Maßnahmen, beispielsweise von Unternehmen, aus.[235] Nicht zuletzt mag die zögerliche Implementierung entsprechender Maßnahmen an einem Spannungsfeld gelegen haben, das Lowe und Carter treffend beschreiben: »The Conservative government faced an acute dilemma: it was ideologically committed to economic mechanisms, but it was understandably concerned about the political consequences of such instruments.«[236]

Die Bilanz der beiden konservativen britischen Regierungen für die Entwicklung des Leitbilds Nachhaltigkeit im Untersuchungszeitraum fällt gemischt aus. Unter beiden Prime Ministern wurden wichtige Prozesse angestoßen, die die Entwicklung von Nachhaltigkeit prägten. Insbesondere das Weißbuch *This Common Inheritance* und die Entstehung einer nationalen Nachhaltigkeitsstrategie nur zwei Jahre nach der Rio-Konferenz dürfen als Meilensteine gelten. Lowe und Carter beurteilen die Bilanz von Margaret Thatcher und ihrem Nachfolger John Major dennoch kritisch. So seien in der ersten Hälfte der 1990er Jahre nur wenige größere politische Veränderungen zugunsten der Umwelt vorgenommen worden; ebenso wenig habe die Regierung das undifferenzierte Streben nach Wirtschaftswachstum hinterfragt.[237]

---

233 Vgl. ebd.; Seefried 2021, S. 407; in der Strategie erklärte die Regierung: »The Government's general policy is to reduce and simplify regulations wherever appropriate. And in environmental policy, the commitment is to make use of economic instruments where possible, rather than regulation. Economic instruments seek to make environmental costs explicit and to ensure that people account of them in making decisions. They can give a continuing incentive for innovation and the development of environmentally friendly techniques. Some regulatory regimes are always likely to be needed in the environmental field – but the quest for economic instruments as a real alternative will be actively pursued.«, Parliamentary Archives, London, HL/PO/JO/10/11/2828, Sustainable Development. The UK Strategy, Januar 1994.

234 Parliamentary Archives, London, HL/CP/2791, Select Committee on Sustainable Development. Chairman's Second Draft Report, 28.04.1995.

235 Parliamentary Archives, London, HL/CP/2792, Government Response to the Lords Select Committee Report on Sustainable Development, Oktober 1995.

236 Lowe/Carter 2000, S. 184.

237 Ebd., S. 171 und 185.

2.2 Nachhaltigkeit unter *New Labour*

Einen Wandel – aber keinen radikalen Bruch – markierte der Amtsantritt des Labour-Politikers Tony Blair, der 1997 auf Major folgte.[238] Wie Margaret Thatcher gelang es auch Tony Blair, drei Wahlsiege zu feiern, was ihm den Nimbus des erfolgreichsten Labour-Politikers aller Zeiten einbrachte.[239] Von Beginn an präsentierte Blair sich als Modernisierer, der seine Partei von sozialistischen Traditionen lösen wollte und einen Kurs der Mitte anstrebte.[240] Er plädierte für einen »dritten Weg« in der Wirtschafts- und Sozialpolitik, der 1998 in einer Studie von Anthony Giddens, Direktor der *London School of Economics*, als »Mittelweg zwischen doktrinärem Sozialismus und einem unkontrollierten Marktliberalismus« charakterisiert wurde.[241] Im Fokus standen die Weiterentwicklung der sozialen Marktwirtschaft und der Aufbau einer Verknüpfung zwischen sozialdemokratischen Grundwerten und Liberalismus.[242] Sein Kurs unter dem Schlagwort *New Labour* forderte keine Abkehr von den Resultaten der Ära Thatcher, inklusive der Entmachtung der Gewerkschaften, sondern strebte deren Weiterentwicklung an.[243] Entsprechend fallen auch die Urteile in der Forschung aus, die in Blair vielfach eine Fortsetzung der Politik Thatchers erkennen.[244] Es vermag wenig zu überraschen, dass sein Kurs bei der Parteilinken auf wenig Gegenliebe stieß.[245] Für die Analyse eines zukunftsgewandten Konzepts wie Nachhaltigkeit erscheint es ferner nicht unerheblich, dass sich Blairs Regierung – im Einklang zu gesellschaftlichen Trends, die häufig unter dem Label *Cool Britannia* subsumiert wurden – als modern, dynamisch und zukunftsorientiert inszenierte und damit im deutlichen Kontrast zu Majors als verstaubt geltender Vorgängerregierung stand.[246]

Die sozial- und wirtschaftspolitische Bilanz, auf deren Nährboden sich der Nachhaltigkeitsdiskurs bewegte, fällt ambivalent aus. Unmittelbar nach der

238 Vgl. Winkler 2016, S. 67.
239 Vgl. Schmidt 2011, S. 404.
240 Vgl. ebd., S. 389.
241 Ebd., S. 390.
242 Vgl. Becker 2002, S. 57 f.
243 Vgl. Winkler 2016, S. 68 f.
244 Vgl. Schmidt: »Hatte Margaret Thatcher einst geglaubt, nur eine ›ewige‹ Tory-Herrschaft könne ihr Erbe bewahren, so erwies sich Blair als ihr begabtester Schüler, indem er soziale Rhetorik und die Interessen des Business in Einklang brachte.«, Schmidt 2011, S. 425; Alwyn Turner sieht den Erfolg Blairs darin »to sell a repackaged version of Conservatism at a time where the brand seemed irredeemably tainted«, Turner 2013, S. 6; Winkler sieht Unterschiede zwischen der Politik Blairs und Thatchers vor allem in dem »Bekenntnis zu den von Thatcher und Major vernachlässigten Gemeinschaftsaufgaben, namentlich der Erneuerung des Erziehungswesens und zur ›Devolution‹, der regionalen Autonomie von Schottland und Wales.«, Winkler 2016, S. 69.
245 Vgl. Schmidt 2011, S. 388.
246 Vgl. ebd., S. 398 f.

Wahl unterzeichnete Labour die europäische Sozialcharta.[247] In Folge wurden britische Arbeiternehmerinnen und Arbeitnehmer in ihren Rechten gestärkt, u.a. in den Bereichen Elternzeit, bezahlter Urlaub und Arbeitszeiten.[248] Zu Beginn der Ära Blairs beruhte die britische Wirtschaftsleistung vor allem auf dem Dienstleistungssektor, in dem im Jahr 2000 fast 80 Prozent der britischen Arbeitnehmerschaft tätig waren.[249] Eine wichtige wirtschaftspolitische Entwicklung der ersten Amtszeit Blairs war die Einführung eines flächendeckenden Mindestlohns im April 1999.[250] Zwischen 1994 und 2008 wuchs die britische Wirtschaft jährlich um 2,8 Prozent, ein Wert, der fast doppelt so hoch lag wie in Deutschland.[251] Die im Vergleich zu Kontinentaleuropa ebenfalls deutlich niedrigere Arbeitslosigkeit und geringere Inflationsrate zeichneten ein gleichsam positives Bild der wirtschaftlichen Lage Großbritanniens in Zeiten *New Labours*.[252] 2007 konnte Blairs Nachfolger Gordon Brown gar verkünden, dass die britische Wirtschaft erstmals seit der Industrialisierung in 40 aufeinander folgenden Quartalen gewachsen sei.[253]

Diesem Superlativ folgte jedoch wenige Monate später die Weltwirtschaftskrise, die den Finanzplatz London zum Epizentrum eines ökonomischen Einbruchs machte, der bis zur Verstaatlichung von Banken führte.[254] So lässt sich über das neue Millennium für Großbritannien festhalten: »Kaum je hat ein Jahrzehnt so hoffnungsvoll begonnen und so krisenhaft geendet«.[255] Auch die Bilanz der Sozialpolitik unter *New Labour* fällt vielschichtig aus. Unstrittig sind Vorteile durch den Mindestlohn, eine Verbesserung der Situation von Alleinerziehenden ebenso wie ein Rückgang der Kinderarmut.[256] Gleichzeitig blieb unter *New Labour* die ungleiche Verteilung von Einkommen und Vermögen prägend für Großbritannien.[257] Die großen sozialen Konflikte der 1980er Jahre lagen hingegen in der Vergangenheit.[258] Nicht unerheblich für die politische Gemengelage im Untersuchungszeitraum stellt sich ferner die zunehmende Dezentralisierung dar. 1999 fanden neben Wahlen zum schottischen Parlament erstmals Wahlen für eine Volksvertretung in Wales statt.[259] Vor dem Hintergrund der Globalität

247 Vgl. ebd., S. 402.
248 Vgl. Pearce/Stewart 2002, S. 577.
249 Vgl. Becker 2002, S. 50.
250 Vgl. Schmidt 2011, S. 419.
251 Vgl. Brüggemeier 2010, S. 347.
252 Vgl. ebd.
253 Vgl. ebd.
254 Vgl. ebd., S. 347 f.
255 Schmidt 2011, S. 425.
256 Vgl. Brüggemeier 2010, S. 375.
257 Vgl. ebd.; vgl. hierzu auch Johnson 2004, S. 232; Morgan 2010a, S. 682 f.; vgl. auch Morgan 2010c, S. 673.
258 Vgl. Morgan 2010a, S. 681.
259 Vgl. Schmidt 2011, S. 420.

des Nachhaltigkeitsgedankens ist es bemerkenswert, dass das Bestreben nach Dezentralisierung in Großbritannien auch »als Gegenreaktion gegen supranationale Strukturen, gegen die wachsende Globalisierung der Märkte und eine Nivellierung regionaler Besonderheiten interpretiert werden kann.«[260]

In den aufkommenden Nachhaltigkeitsdiskurs schrieb Labour sich unter Tony Blair bereits vor dessen Wahl zum Premierminister ein. 1995 verabschiedete Labour auf Initiative Blairs eine Novellierung der Grundsatzerklärung der Partei aus dem Jahr 1917.[261] In diese Neufassung fanden neben Aspekten einer dynamischen Wirtschaft auch soziale Gerechtigkeit und Umweltthemen Eingang.[262] Im Kern thematisierte das Programm drei Säulen der Nachhaltigkeit. Neben einer vor allem soziale Aspekte berührenden Forderung nach einer intra-generationellen Gerechtigkeit liegt der ökologischen Programmatik zudem eine Ausrichtung an einer inter-generationellen Gerechtigkeit, und damit ein Kernprinzip des Nachhaltigkeitsgedankens, zugrunde. Zugleich adressierte Labour auch die Internationalität des Prinzips Nachhaltigkeit.[263]

Nach der Übernahme der Regierungsverantwortung entwickelte sich die britische Nachhaltigkeitspolitik unter Blair weiter. Im Mai 1999 veröffentliche die britische Regierung eine Nachhaltigkeitsstrategie mit dem Titel »A better quality of life, a strategy for sustainable development for the UK«.[264] Die vier Hauptziele waren (1) sozialer Fortschritt, der die Bedürfnisse aller Menschen berücksichtigt; (2) wirksamer Schutz der Umwelt; (3) umsichtiger Umgang mit den natürlichen Ressourcen sowie (4) Aufrechterhaltung eines hohen und stabilen Niveaus von Wirtschaftswachstum und Beschäftigung.[265] Die Prioritätensetzung illustriert ein ausgewogenes Verhältnis zwischen ökologischen und sozialen Themen, die jeweils auch die ökonomische Dimension mit einschlossen.[266] Wie be-

260 Ebd., S. 421.

261 Vgl. Pearce/Stewart 2002, S. 568.

262 Ebd., S. 569.

263 Ebd.

264 Parliamentary Archives, London, HL/PO/JO/10/11/3130, A Better Quality of Life. A Strategy for Sustainable Development for the United Kingdom (Cm 4345), Mai 1999.

265 British Library London, 99/31598, Summary: A Better Quality of Life. A Strategy for Sustainable Development for the United Kingdom, 1999.

266 Für das Vereinigte Königreich definierte die Strategie sieben Prioritäten: (1) »more investment in people and equipment for a competitive economy«; (2) »reducing the level of social exclusion«; (3) »promoting a transport system which provides choice, and also minimises environmental harm and reduces congestion«; (4) »improving the larger towns and cities to make them better places to live and work«; (5) »directing development and promoting agricultural practices to protect and enhance the countryside and wildlife«; (6) »improving energy efficiency and tackling waste« und (7) »working with others to achieve sustainable development internationally«, Parliamentary Archives, London, HL/PO/JO/10/11/3130, A Better Quality of Life. A Strategy for Sustainable Development for the United Kingdom (Cm 4345), Mai 1999.

reits die konservative Vorgängerregierung sah *New Labour* in ökonomischen Instrumenten wie Steuern großes Potential für eine Nachhaltige Entwicklung und schrieb der Wirtschaft eine tragende Rolle bei der Etablierung des Leitbilds zu.[267] Ökonomische Instrumente würden Wandel, Innovation und Effizienz sowie höhere Umweltstandards fördern.[268] Perspektivisch plante die Regierung eine ökologische Steuerreform, die Steuern vom Faktor Arbeit auf Emissionen verlagern sollte.[269] Auch freiwillige Vereinbarungen mit der Wirtschaft sollten Teil des angestrebten Instrumentenmixes sein; ebenso schloss die Regierung weitere Regulierungen nicht aus, jedoch sollten diese verhältnismäßig sein und den Betroffenen Flexibilität ermöglichen, zuverlässige, kosteneffiziente Wege zu deren Umsetzung zu finden.[270]

Wie die rot-grüne Regierung in Deutschland unterstrich *New Labour* mögliche positive wirtschaftliche Impulse des Leitbilds Nachhaltigkeit.[271] Die britische Regierung betonte auch die Rolle der Wirtschaft in Bezug auf die soziale Dimension von Nachhaltigkeit:

»Sustainability is not just about meeting peoples' needs and aspirations in new ways – it is also about meeting them in ways that are acceptable to society. This is the essence of the third pillar of sustainable development. It is perhaps the least developed in corporate strategies – but moving fast up the agenda. It encompasses many things companies already do, for example, supporting local communities and charities, workforce development, and health and safety issues. But it also covers fair dealing with customers and suppliers at home and abroad, and engaging with all stakeholder.«[272]

Ob britische Unternehmen sich tatsächlich zunächst vorrangig auf die Unterstützung von Gemeinden und karitativen Projekten konzentriert und beispielsweise Nachhaltigkeit entlang der Lieferkette weniger stark akzentuiert hatten, wird die nachgehende Analyse zeigen. Nicht nur auf die Wirtschaft selbst, sondern gleichermaßen auf ihre Kundschaft nahm die britische Regierung Bezug. So zielte die Strategie ferner darauf ab, Konsumentinnen und Konsumenten aufzuklären und zu nachhaltigerem Konsumverhalten anzuregen.[273] Auch hier setzt die wei-

267 British Library London, 99/31598, The Government's Sustainable Development Strategy: What does it mean for UK Business?, 1999.

268 Parliamentary Archives, London, HL/PO/JO/10/11/3130, A Better Quality of Life. A Strategy for Sustainable Development for the United Kingdom (Cm 4345), Mai 1999.

269 Ebd.

270 Ebd.

271 British Library London, 99/31598, The Government's Sustainable Development Strategy: What does it mean for UK Business?, 1999.

272 Ebd.

273 Parliamentary Archives, London, HL/PO/JO/10/11/3130, A Better Quality of Life. A Strategy for Sustainable Development for the United Kingdom (Cm 4345), Mai 1999.

tere Untersuchung der Unternehmen an, um die Rolle der Akteursgruppe Kundschaft zu beleuchten.

Auch unter New Labour wurden wirtschaftliche Akteure aktiv in die diskursive Ausgestaltung des Leitbilds Nachhaltigkeit eingebunden. Blair und der Schatzkanzler und spätere Premierminister Gordon Brown setzten auf eine enge Partnerschaft mit der Wirtschaft und wollten um jeden Preis vermeiden, mit dem Labour lange anhaftenden wirtschaftspolitischen Negativimage assoziiert zu werden.[274] Die enge Zusammenarbeit mit der Wirtschaft wurde von Blair gar als »founding principle« seiner neuen Politik definiert; der Austausch mit der *Confederation of British Industry (CBI)* aktiv gesucht.[275] Nur durch ein entsprechendes Wirtschaftswachstum, so die Überlegung, könnten Arbeitsplätze gesichert, soziale Ungleichheit reduziert und höhere Steuereinnahmen erzielt und somit wiederum die Finanzierung für Reformen im Gesundheits- und Bildungswesen und der Infrastruktur gesichert werden.[276] Entsprechend entstanden auch bei der Weiterentwicklung britischer Nachhaltigkeitspolitik zahlreiche Kontaktzonen zu ökonomischen Akteuren. Nachhaltige Entwicklung wurde als nationale Gemeinschaftsaufgabe inszeniert.[277] In die Vorbereitung des *World Summit on Sustainable Development* in Johannesburg, zehn Jahre nach der Rio-Konferenz, band die britische Regierung die Wirtschaft aktiv ein, was von dieser sehr positiv rezipiert wurde.[278] Gemeinsam mit der CBI und weiteren Wirtschaftsorganisationen veröffentlichte die britische Regierung ferner Hilfestellungen zur Entwicklung von Umweltberichten.[279]

Während die konservative Regierung das Wachstumsparadigma nicht hinterfragt hatte und in wirtschaftlichem Wachstum gar die Voraussetzung für Nachhaltige Entwicklung gesehen hatte, erweiterte die Regierung Blairs zumindest kommunikativ die Perspektive. Im Vorwort zur ersten Nachhaltigkeitsstrategie der neuen Regierung erklärte der damalige Premierminister:

»Now, as we approach the next century, there is a growing realisation that real progress cannot be measured by money alone. [...] But in the past, government have seemed to forget this. Success has been measured by economic growth – GDP – alone. We have failed to see how our economy, our environment and our society are all one. And that delivering the best possible quality of life

274 Vgl. Becker 2002, S. 57.

275 Vgl. Brüggemeier 2010, S. 344; Morgan 2010c, S. 669.

276 Vgl. Brüggemeier 2010, S. 362.

277 Vgl. Parliamentary Archives, London, HL/PO/JO/10/11/3130, A Better Quality of Life. A Strategy for Sustainable Development for the United Kingdom (Cm 4345), Mai 1999.

278 Parliamentary Archives, London, HC/CL/CO/DG/1/26, The Government's Response to the Environmental Audit Committee Third Report (2001–02): UK Preparations for the World Summit on Sustainable Development, Juli 2002.

279 Parliamentary Archives, London, HC/PO/LB/L/11/347, Letter to Businesses regarding Environmental Reporting General Guidelines, 26.11.2001.

for us all means more than concentrating solely on economic growth. That is why sustainable development is such an important part of the Government's programme.«[280]

Deutlich zeigt sich hier, dass Nachhaltige Entwicklung erneut als Schlagwort zum Abbau von Konfliktlinien zwischen wirtschaftlichen, sozialen und ökologischen Faktoren eingesetzt wurde. Dies bedeutete jedoch keine Abkehr vom Wachstumsprinzip per se.[281] Jedoch sollte das wirtschaftliche Wachstum, so das Postulat Tony Blairs, der Gemeinschaft dienen.[282] Die Ausführungen Blairs geben einen weiteren Hinweis darauf, dass die neue Regierung ein besonderes Augenmerk auf soziale Fragestellungen legte. Folgt man der oben formulierten These, dass ein sozialpolitisches Vakuum Unternehmen zu besonderem Engagement in diesem Bereich anspornte, könnte sich eine entsprechende Fokussierung in diesem Zeitraum aufgelöst haben.

2005 erschien eine erweiterte Fassung der Nachhaltigkeitsstrategie von 1999, die die internationale und soziale Dimension noch stärker akzentuierte.[283] Nachhaltiger Konsum und Produktion, Klimawandel, Schutz der natürlichen Ressourcen und nachhaltige Gemeinschaften (*sustainable communities*) bildeten die Prioritäten der Strategie.[284] Daran manifestierte sich der diskursive Aufstieg des Klimawandels. Laut Tony Blair habe sich in den sechs Jahren seit Veröffentlichung der letzten Nachhaltigkeitsstrategie ein nahezu universeller wissenschaftlicher Konsens darüber entwickelt, »that climate change is happening and is the result of human activity.«[285] Gleichzeitig versuchte die britische Regierung einer Verengung des Nachhaltigkeitsdiskurses auf den Klimawandel entgegenzuwirken.[286] Die soziale Dimension fand eine besondere Akzentuierung. Auch an ihr lässt sich die Interdependenz aller Dimensionen ablesen. »Environment« wurde nicht nur als Umwelt im ökologischen Sinne, sondern auch als soziales Umfeld verstanden. Hervorgehoben sei an dieser Stelle, dass ein neues Programm für kommunales Engagement – *Community Action 2020 – Together We Can* – einen besonderen

280 Parliamentary Archives, London, HL/PO/JO/10/11/3130, A Better Quality of Life. A Strategy for Sustainable Development for the United Kingdom (Cm 4345), Mai 1999.

281 Vgl. auch Lowe/Carter 2000, S. 180 f.

282 Parliamentary Archives, London, HL/PO/JO/10/11/3130, A Better Quality of Life. A Strategy for Sustainable Development for the United Kingdom (Cm 4345), Mai 1999.

283 Parliamentary Archives, London, HL/PO/JO/10/18/19/754-819, Securing the Future, Delivering UK Sustainable Development Strategy (Cm 6467), März 2005; British Library London, m05/21573, Executive Summary. Securing the Future, Delivering UK Sustainable Development Strategy, 2005.

284 British Library London, m05/21573, Executive Summary. Securing the Future, Delivering UK Sustainable Development Strategy, 2005.

285 Parliamentary Archives, London, HL/PO/JO/10/18/19/754-819, Securing the Future, Delivering UK Sustainable Development Strategy (Cm 6467), März 2005.

286 Ebd.

Schwerpunkt der Strategie darstellte.[287] Im Handlungsfeld Nachhaltiger Konsum und Produktion sollten u. a. Konsummuster verändert und die Kundschaft vermehrt aufgeklärt werden.[288]

Erneut rekurrierte die britische Politik auf die Bedeutung der Wirtschaft als Akteur im Handlungs- und Diskursfeld Nachhaltigkeit. Das Narrativ vom Umweltschutz als Innovationstreiber bediente die Regierung auch in der Fortsetzung ihrer Nachhaltigkeitsstrategie im Jahr 2005.[289] Um eine nachhaltige Produktion zu erreichen, gelte es vor allem auch international zu kooperieren, nicht zuletzt aufgrund globaler Wertschöpfungsketten.[290] Der Erfolg von Unternehmen werde künftig von ihrer Fähigkeit abhängen, steigende Erwartungen an Nachhaltigkeit zu erfüllen und innovative Lösungen zu entwickeln.[291] Unternehmen müssten in ihren Nachhaltigkeitsstrategien die gesamte Wertschöpfungskette in den Blick nehmen; sich auf nachhaltige Kaufentscheidungen der Kundschaft zu verlassen, sei unzureichend.[292] Die Regierung nehme eine bedeutende Rolle dabei ein, den »business case for sustainable consumption and production« zu entwickeln.[293] Erneut sollte dabei ein Instrumentenmix zum Einsatz kommen.[294] Regulierungen und strikte gesetzliche Vorgaben nahmen nur einen kleinen Teil der politischen Empfehlungen ein. Grundsätzlich betonte die britische Regierung die Akteursvielfalt und einen gemeinschaftlichen Ansatz bei der Erreichung von Nachhaltigkeitszielen.[295] Auch mit wirtschaftlichen Akteuren strebte die Regierung Blairs einen kooperativen Ansatz an.[296]

Die Novellierung der britischen Nachhaltigkeitsstrategie im Jahr 2005 war die letzte der Ära *New Labour* unter Blair und seinem Nachfolger Gordon Brown. 2006 forderten Abgeordnete seiner eigenen Partei Blair zum Rücktritt auf.[297]

---

287 British Library London, m05/21573, Executive Summary. Securing the Future, Delivering UK Sustainable Development Strategy, 2005.

288 Ebd.

289 Parliamentary Archives, London, HL/PO/JO/10/18/19/754-819, Securing the Future, Delivering UK Sustainable Development Strategy (Cm 6467), März 2005.

290 Ebd.

291 Ebd.

292 Ebd.

293 Ebd.

294 Bestehen sollte dieser u. a. aus „ standards, economic incentives, regulation, voluntary agreements, business support programmes, communications and consumer policy.«, ebd.

295 »We all – governments, businesses, public sector, voluntary and community organisations, communities and families – need to make different choices if we are to achieve the vision of sustainable development.«, British Library London, m05/21573, Executive Summary. Securing the Future, Delivering UK Sustainable Development Strategy, 2005.

296 Parliamentary Archives, London, HL/PO/JO/10/18/19/754-819, Securing the Future, Delivering UK Sustainable Development Strategy (Cm 6467), März 2005.

297 Vgl. Schmidt 2011, S. 449.

Nach harscher Kritik an seiner Person verkündete Blair diesen im Mai 2007 sowohl als Parteivorsitzender als auch als Premier.[298] Am Ende des Untersuchungszeitraums kam es so zu einem weiteren Wechsel im Amt des Premiers, der jedoch keinen neuen Aufschwung brachte. Gordon Brown verhalf Labour entgegen der Erwartungen vieler Parteimitglieder weder zurück zu einem sozialistischeren Profil, noch überzeugte er als Krisenmanager während der seit 2008 spürbaren schwerwiegenden Finanz- und Wirtschaftskrise.[299] Die in Großbritannien immer noch bemerkbaren Klassenkonflikte verschärften sich im Zuge der ökonomischen Schieflage erneut und führten zu verstärkten gesellschaftlichen Gräben und steigender Armut insbesondere in städtischen Regionen.[300] Ökologische Themen erlebten unter Gordon Brown hingegen einen Aufschwung: »environmental issues were prominent in the public agenda as never before in history«.[301] Die Regierung formulierte umwelt- und klimapolitische Ziele.[302] Eine neue nationale Nachhaltigkeitsstrategie entstand in diesem Zeitraum hingegen nicht. Nach nur drei Jahren endete die Amtszeit Browns im Jahr 2010.

Abschließend sei auf eine weitere britische Besonderheit verwiesen. Jenseits von parteipolitischen Strömungen stellte ein Merkmal des Landes dessen historisch geprägte internationale Rolle dar.[303] In der Nachkriegszeit bewegte Großbritannien sich zwischen dem Commonwealth und Europa. Im Untersuchungszeitraum dominierte die Bindung zum europäischen Kontinent, wenngleich »politically British governments still hankered after a world role«.[304] In Anbetracht der Globalität des Leitbilds Nachhaltigkeit vermag es nicht zu überraschen, dass die internationale Perspektive Großbritanniens auch im diskursiven Feld der Nachhaltigkeit zum Tragen kam. Durch das Commonwealth nahmen britische Akteure bereits frühzeitig eine globale Perspektive ein. Schon bei der UNEP in den 1970er Jahren kam britischen Naturschutzeliten eine bedeutende Rolle zu.[305] Laut Elke Seefried erklärt sich diese Schlüsselrolle zum einen vor dem Hintergrund einer langen Tradition pragmatischer britischer Naturschutzgruppen, die innerhalb des bestehenden politischen Systems wirkten anstatt aktivistisch aufzutreten, zum anderen in Bezug auf die Prägung durch

298 Vgl. ebd., S. 406.

299 Vgl. ebd., S. 427.

300 Vgl. ebd., S. 430.

301 Morgan 2010a, S. 707.

302 U. a. sollten bis 2020 15 Prozent des britischen Energiebedarfs aus erneuerbaren Energien stammen und ein Hochgeschwindigkeits-Eisenbahnnetz Emissionen im Transportbereich senken, ebd.

303 Laut dem Wirtschaftshistoriker Jim Tomlinson war die britische Wirtschaft »historically the most internationally integrated of all the major countries, and this is the single most important point of context for understanding post-war British economic policy.«, Tomlinson 2004, S. 191.

304 Ebd., S. 195.

305 Vgl. Seefried 2021, S. 393 f.

das Empire, die eine globale Denkweise förderte.[306] Jene Globalität kann als übergeordnetes, kontinuierliches Prinzip für Großbritannien gelten. Ob dies zu einer globaleren Ausrichtung der Nachhaltigkeitspolitik britischer Unternehmen führte, wird die weitergehende Analyse zeigen.

3. Thesen

Aus der Untersuchung politischer Nachhaltigkeiten sowie Kontaktzonen zwischen Ökonomie und Politik ergeben sich (Hypo-)Thesen für das weitere Forschungsinteresse dieser Arbeit, der Analyse unternehmerischer Nachhaltigkeiten in beiden Ländern. Zunächst ist grundsätzlich festzuhalten, dass unterschiedliche Interpretationen von Nachhaltigkeit existierten. Eine solche Diversität darf auch bei Einschreibungen in den Diskurs durch Unternehmen erwartet werden. Darüber hinaus konnte der Mythos einer Vorreiterrolle Deutschlands im Feld der Nachhaltigkeit entkräftet werden. Entsprechend könnte die weitere Analyse zeigen, dass auch bei deutschen Unternehmen keine frühzeitigere Einschreibung in den Diskurs konstatiert werden kann.

Beiden Ländern war gemeinsam, dass sie sich bei ihren Nachhaltigkeitsstrategien und Definitionen des Konzepts an der Trias aus Ökonomie, Ökologie und sozialen Fragen orientierten. Soziale Themen spielten in Großbritannien im gesamten Untersuchungszeitraum eine große Rolle, zunächst vor dem Hintergrund sozialer Spannungen bei einem gleichzeitigen politischen Vakuum in diesem Bereich, unter Blair schließlich auch als integraler Bestandteil von Nachhaltigkeitsstrategien. Britische Unternehmen könnten sich daher zunächst besonders stark der sozialen Dimension gewidmet und möglicherweise diese Fokussierung später aufgebrochen haben, als das Thema politisch verstärkt besetzt wurde. In Deutschland dominierten hingegen Ökologie und Ökonomie, nicht zuletzt in den Kontaktzonen zwischen wirtschaftlichen und politischen Akteuren. Hier darf die These formuliert werden, dass entsprechend auch deutsche Unternehmen eine solche Schwerpunktsetzung trafen. Der britische Zentralismus könnte dort ansässigen Unternehmen ferner eine Chance eröffnet haben, Nachhaltigkeit lokal individuell auszugestalten. Relevant für die weitere Analyse erweist sich ferner der Befund, dass die Politik zum Teil im diskursiven Feld der Nachhaltigkeit mit Blick auf die Wirtschaft konstatierte, dass diese unter dem neuen Begriff nur altbekannte Forderungen wiederholen würde. Dies lässt Rückschlüsse zu, dass das Leitbild bei Unternehmen ebenfalls zunächst keinen

306 Vgl. ebd., S. 13 f.

Innovationsmoment bildete. Teils erfolgte der gleiche Vorwurf auch gegenüber der Politik.

Für das Beispiel der Handels- und Konsumgüterbranche lässt sich eine ambivalente Rolle von Kundinnen und Kunden antizipieren. In den Kontaktzonen zwischen Wirtschaft und Politik in der Bundesrepublik der 1990er Jahre wurde deutlich, dass die Wirtschaft bei Verbraucherinnen und Verbrauchern kein gesteigertes Interesse an nachhaltigen Kaufentscheidungen attestierte. In Großbritannien bildete die Konsumentenaufklärung ab den 2000er Jahren ein politisch besetztes Themenfeld. Übergeordnet bestätigte die Untersuchung politischer Nachhaltigkeiten ferner intensive Kontaktzonen zwischen Wirtschaft und Politik in beiden Ländern. In besonderem Maße waren diese jeweils bei der Chemie- und Pharmaindustrie wahrnehmbar, weshalb davon ausgegangen werden kann, dass die Politik als Akteur auch auf die Ausgestaltung von Nachhaltigkeit in einzelnen Unternehmen dieser Branche einwirkte. Eine weitere These lautet, dass sich im politischen Diskurs präsente Narrative, wie die Überlegenheit freiwilliger Maßnahmen oder ein Verlust an Wettbewerbsfähigkeit durch Umweltschutz, auf die Unternehmen übertrugen. Das Narrativ von Nachhaltigkeit durch Freiwilligkeit könnte sich z. B. in der Kommunikation einer eigenen proaktiven Vorreiterrolle durch die Unternehmen spiegeln. Vor allem in Deutschland etablierte sich unter Rot-Grün das Konzept der ökologischen Modernisierung und das Narrativ wirtschaftlicher Vorteile durch Nachhaltigkeit. Möglicherweise nahmen auch die deutschen Unternehmen ab den späten 1990er Jahren vermehrt Bezug auf dieses Narrativ.

Ab den 2000er Jahren offenbarten sich Verschränkungen zwischen Globalisierungs- und Nachhaltigkeitsdiskursen und eröffneten sich internationalere Perspektiven in den nationalen Nachhaltigkeitsstrategien. Gleichzeitig blieben die Heimatmärkte in beiden Ländern ein wichtiger Bezugspunkt politischer Nachhaltigkeitsdiskurse. Angenommen werden kann, dass auch Unternehmen eine zunehmend globale Vorstellung von Nachhaltigkeit entwickelten. Ob dies nationale Interpretationen jedoch vollständig ablöste, wird die weitere Untersuchung zeigen. Darüber hinaus kann die These formuliert werden, dass britische Unternehmen durch das globale Bezugsmoment Commonwealth von Beginn an internationaler ausgerichtet waren. Am Ende des Untersuchungszeitraums plädierten politische Akteure unter dem Eindruck der globalen Finanz- und Wirtschaftskrise für eine Fortschreibung der Nachhaltigkeitspolitik. Eine abschließende These lautet daher, dass auch Unternehmen Krisen als Chance für eine nachhaltige Transformation begriffen.

II. Merck – Das älteste pharmazeutisch-chemische Unternehmen der Welt

1. Firmenprofil und Entwicklungen im Untersuchungszeitraum

»Unsere 350-jährige Geschichte hat unsere Ideale von Anfang an geprägt.
Jede der 13 Generationen der Merck-Familie hat Bausteine hinzugefügt.
So wurde Merck zu dem, was es heute ist:
ein führendes Wissenschafts- und Technologieunternehmen.«[1]

Die »spannende Geschichte des ältesten pharmazeutisch-chemischen Unternehmens der Welt« ist bis heute ein integraler Bestandteil der Kommunikation des multinationalen Unternehmens aus Darmstadt.[2] Von den hier untersuchten Unternehmen reicht die Firmenhistorie bei Merck am weitesten in die Vergangenheit zurück. Als Gründungsjahr des Unternehmens gilt das Jahr 1668, als Friedrich Jacob Merck das Privileg erhielt, eine Apotheke in Darmstadt zu führen.[3] Ab den 1820er Jahren wandelte sich der Familienbetrieb unter Emanuel Merck von einer Apotheke zu einem forschenden Industrieunternehmen, blieb aber ein Familienunternehmen.[4] 1995 ging das Unternehmen schließlich als Merck KgaA an die Börse.[5] Jener bis dato größte Börsengang in der Bundesrepublik Deutschland bedeutete jedoch nicht das Ende der Ära als Familienunternehmen, da die Familie als Komplementär über die E. Merck KG 74 Prozent des Kapitals an der KGaA hielt, unter der nun die operativen Tätigkeiten

1 Merck, Geschichte. https://www.merckgroup.com/de/company/who-we-are/history.html (30. November 2020).

2 Ebd.

3 Merck, Meilensteine. https://www.merckgroup.com/de/company/who-we-are/history/milestones.html (30. November 2020).

4 Erwähnt sei, dass Merck keine Verbindung zum gleichnamigen amerikanischen Unternehmen hat. Schon im Zuge des Ersten Weltkrieges wurde die amerikanische Tochterfirma enteignet und ist seitdem als eigenständiges amerikanisches Unternehmen unter dem Namen Merck & Co tätig, ebd.; Merck-Archiv, Darmstadt, Merck Geschäftsbericht 2009, 2010.

5 Merck, Meilensteine, 30.11.2020.

vereint waren.[6] Die Unternehmenskommunikation hielt das Narrativ eines Familienunternehmens im gesamten Untersuchungszeitraum aufrecht und bezog sich vielfach auf den Unternehmensgründer.[7] Kontinuität zeigte sich auch auf der Führungsebene. Im Jahr 2000 ging der jahrzehntelange Vorsitzende der Geschäftsleitung der Merck KgaA Hans Joachim Langmann nach über 35 Jahren im Unternehmen in den Ruhestand, blieb jedoch Vorsitzender der Geschäftsleitung von E. Merck.[8] Seine Position übernahm Bernhard Scheuble.[9] Dieser schied 2005 aus dem Unternehmen aus, sein Nachfolger wurde der bis dato stellvertretende Vorsitzende der Geschäftsleitung Michael Römer, der seit 28 Jahren bei Merck arbeitete.[10] 2007 übernahm Karl-Ludwig Kley, der erst im Jahr zuvor zu Merck wechselte, die Position und war damit der letzte Vorsitzende im Untersuchungszeitraum.[11]

Eine weitere Kontinuität im Untersuchungszeitraum stellte, trotz vielfältiger Erweiterungen und Anpassungen, die Produktpalette dar. Bei Merck handelte es sich im gesamten Untersuchungszeitraum um ein Chemie- und Pharmaunternehmen. Zur Chemikaliensparte zählten Industriechemikalien, Feinchemikalien und Pigmente sowie Laborpräparate.[12] In der Pharmasparte dominierten am Anfang des Untersuchungszeitraums Betablocker, Ulcustherapeutika, Antidepressiva und Schilddrüsenhormone.[13] Zu Beginn des Untersuchungszeitraums, im Jahr 1987, erwirtschaftete die Merck Gruppe 3,0 Milliarden DM Umsatz.[14] Auf die Pharmasparte entfielen zu diesem Zeitpunkt 1,2 Milliarden DM Umsatz, auf die Chemiesparte 1,7 Milliarden DM.[15] In den Folgejahren steigerte Merck konstant seinen Umsatz.[16] Die Wiedervereinigung führte ferner zu einem Wachstumsschub im Inland mit einer Umsatzsteigerung in Höhe von 6,4

6 Ebd.; Merck-Archiv, Darmstadt, Z02-D00134, Merck Geschäftsbericht 1995, 1996.

7 Vgl. exemplarisch den Geschäftsbericht im Jahr 2005: »Bei Merck liegt die Führung der Familiengesellschaft bei den Nachfahren von Friedrich Jacob Merck, der 1668 die Engel-Apotheke in Darmstadt übernahm. Heute sind rund 27 Prozent des Gesamtkapitals der Merck KGaA im Besitz freier Aktionäre; 73 Prozent gehören der persönlich haftenden Gesellschafterin, der E. Merck OHG.«, Merck-Archiv, Darmstadt, Merck Geschäftsbericht 2005, 2006.

8 Merck-Archiv, Darmstadt, Merck Geschäftsbericht 1999, 2000.

9 Ebd.

10 Merck-Archiv, Darmstadt, Merck Geschäftsbericht 2005, 2006.

11 Merck-Archiv, Darmstadt, Merck Geschäftsbericht 2007, 2008; Merck-Archiv, Darmstadt, Merck Geschäftsbericht 2009, 2010.

12 Vgl. exemplarisch Merck-Archiv, Darmstadt, Merck Geschäftsbericht 1990, 1991.

13 Ebd.

14 Umsätze in Milliarden auf eine Nachkommastelle gerundet, Merck-Archiv, Darmstadt, Merck Geschäftsbericht 1987, 1988.

15 Ebd.

16 1990 lag dieser beispielsweise bei 3,6 Milliarden DM, Merck-Archiv, Darmstadt, Merck Geschäftsbericht 1990, 1991.

Prozent im Jahr 1990.[17] Bis Mitte der 1990er Jahre setzte sich das Wachstum ungebrochen fort.[18] Die Pharmasparte konzentrierte sich Mitte der 1990er Jahre auf Forschungen in den Bereichen Herz-Kreislauf, Zentrales Nervensystem, Immunologie/Onkologie, Osteoporose, Biomaterialien, Stoffwechselerkrankungen, Alkoholkrankheit und Kontrastmittel.[19] In der Unternehmenssparte Labor und Spezialchemie zeigte sich der technologische Wandel und die Forschung an Flüssigkristallen entwickelte sich zu einem wichtigen Geschäftsfeld, insbesondere für Bildschirme in zeitgenössischen Innovationen wie Mobiltelefonen und Navigationsanzeigen.[20] Im Jahr 2000 erfolgte die Aufteilung der Aktivitäten von Merck in die vier Unternehmensbereiche Pharma, Spezialchemie, Laborprodukte und Labordistribution.[21]

Auch in der zweiten Hälfte der 2000er Jahre blieben die wesentlichen Schwerpunkte erhalten.[22] Weiterhin bestanden die Unternehmensbereiche Pharma und Chemie.[23] 2007 übernahm Merck das Biotechnologieunternehmen Serono – die größte Übernahme der Unternehmensgeschichte. Gleichzeitig verkaufte Merck die Generika-Sparte.[24] Am Ende der 2000er Jahre gliederte sich das Geschäft in vier Sparten. Merck Serono setzte einen Schwerpunkt auf verschreibungspflichtige Arzneimittel, die Consumer-Health-Care-Sparte auf Selbstmedikation.[25] Mit der Sparte Liquid Crystals war Merck Weltmarktführer für Flüssigkristalle; Schwerpunkt der zweiten chemischen Sparte Performance & Life Science Chemicals bildeten Spezialchemikalien für die Pharma-, Kosmetik- und Lebensmittelindustrie sowie Reagenzien und Testkits für Laboratorien sowie Effektpigmente.[26]

---

17 Ebd.

18 1995 erwirtschaftete Merck einen Umsatz von 6,3 Milliarden DM, wovon 3,4 Milliarden DM auf die Pharmasparte, 1,6 Milliarden auf den Bereich Labor und 1,2 Milliarden auf die Spezialchemie entfielen. Merck-Archiv, Darmstadt, Z02-D00134, Merck Geschäftsbericht 1995, 1996.

19 Ebd.

20 Ebd.

21 Merck-Archiv, Darmstadt, Merck Geschäftsbericht 1999, 2000.

22 Merck-Archiv, Darmstadt, Merck Geschäftsbericht 2009, 2010.

23 Zum Unternehmensbereich Pharma zählten 2005 die Sparten Ethicals (vor allem Onkologie, Herz-Kreislauf, Schilddrüse, Alkoholismus-Therapie, Hormonsubstitution), Generics (patentfreie Arzneimittel, Atemwegstherapeutika und Antiallergika) sowie Consumer Health Care (unter anderem Vitamine, Nahrungsergänzungsmittel und Erkältungsmittel). Der Unternehmensbereich Chemie untergliederte sich in Liquid Crystals (unter anderem Komponenten für Flüssigkristalldisplays, Pigments (Effektpigmente und Aufdampfchemikalien) sowie Life Science & Analytics (unter anderem Produkte und Dienstleistungen für die Arzneimittelentwicklung, Reagenzien), Merck-Archiv, Darmstadt, Merck Geschäftsbericht 2005, 2006.

24 Merck-Archiv, Darmstadt, Merck Geschäftsbericht 2009, 2010.

25 Ebd.

26 Ebd.

Von Beginn an war Merck international tätig. Diese Internationalität hatte ihre Wurzeln bereits in der Geschichte des Unternehmens, das seit 1879 Geschäftskontakte auf alle Kontinente pflegte.[27] 1987 waren die Gesellschaften der Merck-Gruppe in 40 Ländern tätig; in 26 Ländern außerhalb der Bundesrepublik Deutschland betrieb das Unternehmen über 43 Produktionsstandorte.[28] Diese Gradmesser der Internationalität blieben in den Folgejahren konstant.[29] Rund ein Viertel des Umsatzes erwirtschaftete das Unternehmen in Deutschland, den größten Markt bildeten die weiteren europäischen Länder, gefolgt von Asien, Nordamerika und Lateinamerika.[30] Nicht nur die Absatzmärkte, sondern gleichermaßen die Belegschaft war international, wobei Deutschland einen Schwerpunkt darstellte. 1990 arbeiteten 9.407 Mitarbeitende in Deutschland, 4.830 in anderen europäischen Ländern, 3.525 in Lateinamerika, 3.310 in Asien, 953 in Nordamerika und 343 in weiteren Ländern.[31] Auch Mitte der 1990er Jahre blieb Merck international aktiv. 1995 betrieben 147 Gesellschaften in 46 Ländern das Geschäft; die 66 Produktionsstandorte lagen in 28 Ländern.[32] Wichtigster Absatzmarkt blieben die europäischen Länder außerhalb Deutschlands, gefolgt von Deutschland, Nordamerika, Asien und Lateinamerika.[33] Im Jahr 2000 arbeiteten 33.520 Mitarbeitende weltweit für Merck.[34] Merck blieb auch in den 2000er Jahren ein global agierendes Unternehmen mit internationalen Absatzmärkten und Produktionsstandorten.[35]

---

27 Merck, Meilensteine, 30.11.2020.

28 Die Merck Gruppe umfasste »alle Gesellschalten im In- und Ausland, an denen die offenen Handelsgesellschaften E. Merck bzw. E. Merck Beteiligungen oHG oder ihre Gesellschafter zu mindestens 50% mittelbar oder unmittelbar beteiligt sind.«, Merck-Archiv, Darmstadt, Merck Geschäftsbericht 1987, 1988.

29 Auch 1990 war Merck mit Gesellschaften in 40 Ländern aktiv und produzierte an 53 Standorten in insgesamt 27 Ländern, Merck-Archiv, Darmstadt, Merck Geschäftsbericht 1990, 1991.

30 In den europäischen Ländern außerhalb Deutschlands betrug der Umsatz insgesamt 1,4 Milliarden DM. Weitere wichtige Märkte stellten Asien (481 Millionen DM), Nordamerika (334 Millionen DM), Lateinamerika (290 Millionen DM) dar; auf die übrigen Länder entfielen insgesamt 75 Millionen DM Umsatz, ebd.

31 Ebd.

32 Merck-Archiv, Darmstadt, Z02-D00134, Merck Geschäftsbericht 1995, 1996.

33 In Europa (ohne Deutschland) erwirtschaftete Merck 2,6 Milliarden DM Umsatz, gefolgt von Deutschland mit 1,4 Milliarden DM, Nordamerika (838 Millionen), Asien (821 Millionen), Lateinamerika (435 Millionen) und den übrigen Ländern mit 206 Millionen DM Umsatz, ebd.

34 Merck-Archiv, Darmstadt, Merck Geschäftsbericht 1999, 2000.

35 Exemplarisch war der europäische Markt Mitte der 2000er Jahre der wichtigste Markt mit 46 Prozent Anteil am Gesamtumsatz, an zweiter Stelle stand die Region Asien, Afrika, Australien, der nordamerikanische Markt machte 15 Prozent des Umsatzes aus. Merck betrieb Mitte der 2000er Jahre 53 Produktionsstandorte in 24 Ländern, vgl. Merck-Archiv, Darmstadt, Merck Geschäftsbericht 2005, 2006; 2009 waren die 33.062 Mitarbeitende in 61 Ländern mit insgesamt 176 Gesellschaften tätig und die 54 Produktionsstandorte lagen in 26 Ländern. Vor allen in Indien und China hatten sich die Mitarbeitendenzahlen im letzten Jahr des Jahrzehnts deutlich erhöht. Europa blieb trotz eines Minus von 4,2 Prozent mit 3,4

2. Termini – Nachhaltigkeit zwischen Umweltschutz und Verantwortung

Als pharmazeutisch-chemisches Unternehmen war Merck von Diskursen über Sicherheit und Umweltschutz in besonderem Maße geprägt. Es vermag daher wenig zu überraschen, dass Merck sich in den späten 1980er und frühen 1990er Jahren vorrangig mit ökologischen und ökonomischen Begriffen in das diskursive Feld der Nachhaltigkeit einschrieb. In den frühen Geschäftsberichten des Unternehmens in den 1980er Jahren kommunizierte Merck Praktiken und Narrative vorrangig unter dem Terminus Umweltschutz.[36] Auch in den 1990er Jahren blieb kommunikativ in den Geschäfts- und Umweltberichten zunächst der Umweltschutz tonangebend, häufig in Verbindung mit dem Begriff der Sicherheit.[37] Ergänzend operierten die Geschäftsberichte nun auch mit dem Begriff der »Zukunftssicherung«, der Parallelen zu einer ökonomischen Dimension der Nachhaltigkeit aufwies.[38] Merck kommunizierte hierbei über Forschung und Entwicklung sowie Investitionen und Qualitätssicherung. Hierbei lassen sich Parallelen zum zeitgenössisch aufstrebenden Konzept der ökologischen Modernisierung beobachten.[39] Erste Investitionen zielten zu diesem Zeitpunkt bereits auf ökologische Vorteile ab, wenngleich dies kommunikativ noch keinen wesentlichen Schwerpunkt bildete.[40] Der Terminus »nachhaltig« fand in den frühen 1990er Jahren, wenn überhaupt, ausschließlich im Kontext von ökonomischen Aspekten Eingang in die Kommunikation von Merck.[41] Im Kontext einer ökolo-

---

Milliarden Euro der größte Markt, gefolgt von der als ein Markt verstandenen Region Asien, Afrika, Australien. Nordamerika und Lateinamerika näherten sich im Umsatz Ende des Jahrzehnts weiter an, Merck-Archiv, Darmstadt, Merck Geschäftsbericht 2009, 2010.

36 Merck-Archiv, Darmstadt, Merck Geschäftsbericht 1987, 1988; Merck-Archiv, Darmstadt, Merck Geschäftsbericht 1989, 1990; Merck-Archiv, Darmstadt, Merck Geschäftsbericht 1988, 1989.

37 Merck-Archiv, Darmstadt, Merck Geschäftsbericht 1990, 1991; Merck-Archiv, Darmstadt, Merck Geschäftsbericht 1991, 1992; Merck-Archiv, Darmstadt, Z2-Br-5, Merck und der Umweltschutz, ca. 1990; Merck-Archiv, Darmstadt, Z2-Br-4b, Umweltschutz und Sicherheit, 1993.

38 Merck-Archiv, Darmstadt, Merck Geschäftsbericht 1990, 1991; Merck-Archiv, Darmstadt, Merck Geschäftsbericht 1991, 1992.

39 Zum Konzept der ökologischen Modernisierung vgl. Seefried 2015a, S. 395 f.

40 Merck-Archiv, Darmstadt, Merck Geschäftsbericht 1990, 1991; Merck-Archiv, Darmstadt, Merck Geschäftsbericht 1991, 1992.

41 Exemplarisch sei auf den Geschäftsbericht aus dem Jahr der Rio-Konferenz verwiesen. Dieser spricht u. a. davon, dass 1993 noch nicht mit »einer nachhaltigen konjunkturellen Erholung« zu rechnen sei, dass »keine nachhaltige Verbesserung des Geschäftsumfeldes erwartet« werde oder dass der »Weltumsatz nachhaltig gesteigert werden« konnte, Merck-Archiv, Darmstadt, Merck Geschäftsbericht 1992, 1993.

gischen oder sozialen Dimension fand der Begriff hingegen keine Verwendung in jenem Hauptmedium der externen Kommunikation.[42]

Merck setzte sich intensiv damit auseinander, welche Termini in der Kommunikation eingesetzt werden sollten. Dass der Begriff Umweltschutz auch nach dem Bedeutungszuwachs des Leitbilds Nachhaltige Entwicklung im Zuge der Rio-Konferenz bestimmend blieb, war kein Zufall, sondern eine bewusste strategische Entscheidung. Ein internes Schreiben der Öffentlichkeitsarbeit an die Geschäftsführung gibt einen Einblick, wie entscheidend die richtige Wahl der Termini für das Unternehmen war. Das Schreiben thematisierte den Begriff *Responsible Care*, der als globales Leitbild der Chemiebranche etabliert werden sollte. So hätten Nachfragen bei anderen Unternehmen der Branche ergeben, dass diese »sich [...] mit der Verwendung des Begriffes Responsible Care recht schwertun und unsicher sind, ob und wie sie diesen Slogan verwenden sollen.«[43] Auch der Leiter der Öffentlichkeitsarbeit bei Merck schloss sich diesen Bedenken an:

»Merck betreffend möchte ich gerne folgenden Vorschlag unterbreiten: In der Tat ist die Verwendung des Begriffs Responsible Care in Deutschland nicht sehr hilfreich. Er ist hier weitgehend unbekannt und hat auch keine Chance gegenüber den Leitbegriffen Umweltschutz und Ökologie zum Zuge zu kommen. Anders ist das im internationalen Feld. Hier macht es Sinn, alle Informationen mit einem Bezug zu Umweltmaßnahmen ob zu Dialogveranstaltungen oder Problemlösungen mit Auswirkung auf ökologische Situation (sic) den Begriff und auch das Logo das dazugehört [...] zu verwenden. Auf diese Art kann Merck sich in die Reihe international tätiger Unternehmen eingliedern, die in der Beachtung von Umweltgesichtspunkten von sich Reden machen.«[44]

Es zeigte sich, dass in der Wahl der Begriffe, unter denen das diskursive Feld der Nachhaltigkeit zu Beginn der 1990er Jahre bespielt werden sollte, bereits etablierte Begriffe für den deutschen Markt als bessere Option erschienen. Lediglich in internationalen Kontexten maß Merck innovativen Termini eine größere Bedeutung bei, insbesondere um eine bessere Vergleichbarkeit mit dem globalen Wettbewerbsumfeld zu erreichen. Dies zeugt zugleich von einer Parallelität mehrere Begriffe im diskursiven Feld der Nachhaltigkeit. Auch bei einem multinationalen Unternehmen wie Merck gestaltete sich der Diskurs auf zwei Ebenen: im Heimatmarkt und global. Kein Begriff hatte zu diesem Zeitpunkt Dominanz, in Deutsch-

---

42 „Zukunftssicherung« und »Umweltschutz« blieben vorherrschend, soziale Aspekte fanden nur am Rande Eingang unter dem Aspekt »Mitarbeiter«, ebd.; dieser Befund lässt sich auch für den Geschäftsbericht des Folgejahres 1993 bestätigen, in dem »Zukunftssicherung« und »Umweltschutz« besonders präsent waren, Merck-Archiv, Darmstadt, Merck Geschäftsbericht 1993, 1994.

43 Merck-Archiv, Darmstadt, V15/62(b), Brief der Öffentlichkeitsarbeit an die Geschäftsführung zum Thema Responsible Care, 20.08.1992.

44 Ebd.

land blieb aber zunächst, als strategische Entscheidung, der Umweltschutz vorherrschend.

Auch Mitte und Ende der 1990er Jahre blieben die Begriffe Zukunftssicherung und Umweltschutz in den Geschäftsberichten lange Zeit dominant.[45] Der Terminus »nachhaltig« fand in ihnen unverändert nur ökonomisch konnotiert Eingang.[46] Gleichzeitig integrierten sie zeitgenössisch geläufige Definitionen des Begriffs Nachhaltigkeit bzw. Nachhaltige Entwicklung und verwiesen auf die Trias aus Ökonomie, Ökologie und Sozialem ohne dabei in diesem Medium die Nachhaltigkeits-Begriffe selbst zu verwenden.[47] Erst der letzte Geschäftsbericht des Jahrzehnts griff den Nachhaltigkeitsbegriff im Sinne einer nachhaltigen Entwicklung auf. Wie zuvor bereits in den Umweltberichten war Merck auch hier geleitet von der Brancheninitiative *Responsible Care* der Chemieindustrie.[48] Der Hinweis auf *Responsible Care* legt nahe, dass die Terminologie stark durch die Branchenzugehörigkeit determiniert wurde. Trotz der Aufwertung blieben traditionelle Begriffe wie Umweltschutz und Sicherheit in den Geschäftsberichten beherrschend.

45 Die entsprechenden Kapitel im Geschäftsbericht 1994 hießen nun »Die Zukunft von Merck im Visier«, »Mehr Umweltschutz, mehr Sicherheit« und »Mitarbeiter – unser wichtigstes Kapital«, Merck-Archiv, Darmstadt, Merck Geschäftsbericht 1994, 1995; im Folgejahr waren die Kapitel, die das diskursive Feld der Nachhaltigkeit adressierten, mit »Chancen für die Zukunft wahrnehmen«, »Fortschritte in Umweltschutz und Sicherheit« sowie »Mitarbeiter – Basis des Erfolges« überschrieben, Merck-Archiv, Darmstadt, Z02-D00134, Merck Geschäftsbericht 1995, 1996; vgl. hierzu auch weitere Geschäftsberichte, die Mitte der 1990er Jahre unter Überschriften wie »Chancen für die Zukunft wahrnehmen« und »Umweltschutz, Sicherheit und Gesundheit« kommunizierten, Merck-Archiv, Darmstadt, Z02-D00135, Merck Geschäftsbericht 1996, 1997.

46 Durch »Deregulierung, Innovationsförderung und Steuerabbau« sollte »das Wachstum nachhaltig gesichert und die Arbeitslosigkeit schrittweise abgebaut werden«; ferner wollte man »die Wirtschaftlichkeit unserer Herstellprozesse nachhaltig erhöhen«, Merck-Archiv, Darmstadt, Merck Geschäftsbericht 1994, 1995; vgl. auch in Folgejahren die rein ökonomische Besetzung, als »nachhaltiger Konjunkturanstieg«, »nachhaltige Stärkung« von Geschäftsbereichen, Merck-Archiv, Darmstadt, Z02-D00135, Merck Geschäftsbericht 1996, 1997; als »nachhaltiger Aufschwung« oder als nachhaltige Verbesserung der internationalen Wettbewerbsfähigkeit, Merck-Archiv, Darmstadt, Z02-D00136, Merck Geschäftsbericht 1997, 1998.

47 1994 verkündete das Unternehmen: »Wir bemühen uns – wie bisher auch – die Erwartungen an uns in bezug auf wichtige Anliegen ökonomischer, ökologischer und sozialer Art und Hoffnungen auf eine zukunftsfähige Entwicklung nach Kräften zu erfüllen.«, Merck-Archiv, Darmstadt, Merck Geschäftsbericht 1994, 1995; ein Jahr später wählte Merck einen ähnlichen Tenor und betonte verstärkt eine aktive Rolle als handelnder Akteur: »Getreu unserem Leitbild pflegen wir aber auch einen sorgsamen Umgang mit Ressourcen und kümmern uns um den Schutz der Umwelt und um Anliegen der Gesellschaft, deren Teil wir sind.«, Merck-Archiv, Darmstadt, Z02-D00134, Merck Geschäftsbericht 1995, 1996.

48 »Merck hat sich darin verpflichtet, verantwortlich nach den ›Guiding Principles Responsible Care®‹ zu handeln und setzt wichtige Aspekte einer nachhaltigen Entwicklung (›Sustainable Development‹) im Sinne der ›Agenda 21‹ um.«, Merck-Archiv, Darmstadt, Merck Geschäftsbericht 1999, 2000.

In den Berichten, die dezidiert das Feld der Nachhaltigkeit adressierten, lässt sich hingegen bereits ab Mitte der 1990er Jahre eine differenzierte Terminologie beobachten. Zwar trug auch der sogenannte Umweltbericht 1995 den terminologischen Schwerpunkt bereits im Namen, er verwendete aber an mehreren Stellen auch den Begriff nachhaltig im Sinne einer Nachhaltigen Entwicklung.[49] So hieß es u. a.: »Wir werden eine nachhaltige Entwicklung fördern und auch dadurch unserer ökonomischen, sozialen und ökologischen Verantwortung gerecht werden.«[50] Bemerkenswert ist, dass der Bericht dieses Postulat unter der Zwischenüberschrift »Wir wollen aktiven Umweltschutz betreiben« kommunizierte. Offenkundig blieb Umweltschutz der begriffliche Überbau. Das neue Leitbild der Nachhaltigen Entwicklung fand zwar Eingang in Narrative und Praktiken, erreichte jedoch keine Dominanz.[51] Während der Nachhaltigkeitsdiskurs die Chemiebranche als Ganzes ab Mitte der 1990er Jahre durch *Responsible Care* nicht zuletzt begrifflich prägte, operierte das Unternehmen Merck selbst noch primär mit Begriffen der Ökologie.

Mit dem neuen Jahrtausend begann eine Wende bei Merck. Statt Umweltschutz und Sicherheit rückte der Begriff der Verantwortung ins Zentrum der Unternehmenskommunikation.[52] Damit wurde ein breiteres diskursives Verständnis akzentuiert, das über die Ökologie hinausging.[53] Im Geschäftsbericht verwendete Merck den Begriff nachhaltig weiterhin primär ökonomisch konnotiert.[54] Hingegen operierte der Bericht 2000, der dezidiert das diskursive Feld der Nachhaltigkeit adressierte, stark mit jenem Begriff. Bereits das Vorwort der Geschäftsführung steckte den neuen Rahmen ab und definierte diesen:

»Der Einfluss der Globalisierung wird die nächsten Jahre weiterhin entscheidend prägen. Für die sich daraus ergebenden Herausforderungen brauchen wir nachhaltige, zukunftsverträgliche Lösungen. Nachhaltigkeit meint, dass wirtschaftliches Wachstum gleichzeitig mit sozialer Sicherheit und ökologischer Stabilität erreicht wird [...]. Nachhaltige Entwicklung ist im Inter-

49 Merck-Archiv, Darmstadt, Z2-Br-4a, Umweltbericht 1995, 1995.

50 Ebd.

51 Dieses Bild bestätigt auch der Umweltbericht 1997. Bereits im Vorwort nahm Geschäftsführungsmitglied Michael Römer Bezug auf das Leitprinzip einer Nachhaltigen Entwicklung und die Responsible Care Initiative der Chemischen Industrie. Terminologisch schien die Nachhaltigkeit auch hier vor allem über die Branchenzugehörigkeit Einzug zu halten, Merck-Archiv, Darmstadt, Z2-Br-4a, Umweltbericht 1997, 1997.

52 Merck-Archiv, Darmstadt, Z2-Br-4 c, Verantwortliches Handeln in der Merck-Gruppe. Bericht 2000, 2000.

53 »Responsible Care® beschränkt sich aber nicht auf Produkt und Arbeitssicherheit, sondern steht bei uns für die Verantwortung gegenüber unseren Mitarbeitern, unseren Kunden und der Gesellschaft.«, Merck-Archiv, Darmstadt, Merck Geschäftsbericht 2000, 2001.

54 Vgl. exemplarisch: »Unsere Strategie zielt nicht auf einen schnellen Umsatzanstieg, sondern auf nachhaltigen, langfristigen Erfolg.«, ebd.

esse aller Menschen, denn die Folgen von Ungleichgewichten bei Ökonomie, sozialer Sicherheit und Ökologie werden sich auf dem gesamten Globus auswirken. Die weltweite Initiative ›Responsible Care – Verantwortliches Handeln‹ hat die Aufgabe der Chemieindustrie für eine nachhaltige Entwicklung formuliert.«[55]

Das hier zum Ausdruck gebrachte Verständnis von Nachhaltigkeit orientierte sich wesentlich an dem internationalen Leitprinzip einer Nachhaltigen Entwicklung und der Trias aus Ökonomie, Ökologie und Sozialem, dem Drei-Säulen-Modell. Auffällig ist auch die synonyme Verwendung von Nachhaltigkeit und Nachhaltige Entwicklung. Die lange Zeit vorherrschende Umweltpolitik integrierte Merck in den Nachhaltigkeitsdiskurs.[56] Auch die Mitarbeiterzeitschrift bezog die Begrifflichkeiten ein und berichtete in einer mehrteiligen Serie über Erfolge des Unternehmens im Rahmen von »Verantwortliches Handeln – Responsible Care«[57]

Die Nachhaltigkeitsberichte entwickelten sich zu den Medien, in denen Merck über Nachhaltigkeit kommunizierte, während die Geschäftsberichte in diesem Feld an Bedeutung verloren.[58] Eine spürbare Weiterentwicklung erfuhren diese Medien im Jahr 2003. Unter dem Titel »Verantwortung für Mitarbeiter, Umwelt und Gesellschaft« stellte das Unternehmen in einer neuen Berichtsform nach eigener Aussage »erstmals die Gebiete gemeinsam dar, auf denen Merck neben der Sicherung seiner wirtschaftlichen Zukunft zu einer nachhaltigen Entwicklung aktiv beiträgt.«[59] Während im Titel weiterhin der Verantwortungsbegriff zum Einsatz kam, thematisierte der Bericht selbst explizit das Feld der Nachhaltigkeit. Auch Merck verstand den Bericht dezidiert als Nachhaltigkeitsbericht und bezeichnete ihn in der Pressemitteilung zu seiner Veröffentlichung bereits

55 Merck-Archiv, Darmstadt, Z2-Br-4 c, Verantwortliches Handeln in der Merck-Gruppe. Bericht 2000, 2000.

56 »Das zukunftsorientierte Leitbild der nachhaltigen Entwicklung und die darauf aufbauende weltweite Responsible Care Initiative der chemischen Industrie geben die Richtung der Umweltschutzaktivitäten der Merck-Gruppe vor.«, ebd.

57 Merck-Archiv, Darmstadt, »Verantwortliches Handeln – Responsible Care« – Beispiele bei Merck (1): Wassersparen in M 22/32, Merck informiert, 28.09.2000.

58 Der Geschäftsbericht 2001 beschränkte sich mit Verweis auf die neue Berichtsform nur noch auf einen kurzen Passus zur Nachhaltigen Entwicklung, Merck-Archiv, Darmstadt, Merck Geschäftsbericht 2001, 2002; auch die darauffolgenden Geschäftsberichte rekurrierten nur noch am Rande in wenigen Sätzen auf dieses diskursive Feld und nahmen dabei häufig Bezug auf bereits bekannte Termini, Merck-Archiv, Darmstadt, Merck Geschäftsbericht 2002, 2003; der Geschäftsbericht 2003 berichtete über die Geschäftsentwicklung der Merck-Gruppe zwar mit dem Untertitel »Nachhaltigem Wachstum verpflichtet«, jedoch kommunizierte das Kapitel ausschließlich ökonomische Dimensionen und nahm keinen Bezug auf ökologische oder soziale Narrative und Praktiken. An anderer Stelle berichtete Merck im Geschäftsbericht in einem kleinen Passus über die Aktualisierung von Umwelt- und Sicherheitszielen, verwies aber auch hier auf die Website für weitergehende Informationen, Merck-Archiv, Darmstadt, Merck Geschäftsbericht 2003, 2004.

59 Merck-Archiv, Darmstadt, Verantwortung für Mitarbeiter, Umwelt und Gesellschaft Bericht 2003, 2003.

in der Überschrift entsprechend.[60] Der Bericht selbst stand laut Merck »in der Nachfolge unserer drei Umweltberichte aus den Jahren 1993 bis 1997 sowie des Responsible Care-Berichts von 2000.«[61] Hier manifestierte sich die Dominanz des Nachhaltigkeitsdiskurses, in dem frühere Leitdiskurse, insbesondere jener der Ökologie, nun integriert wurden. Dennoch lässt sich keine terminologische Alleinherrschaft beobachten. Stattdessen verlief die Verwendung des Verantwortungs- und Nachhaltigkeitsbegriffs parallel, ab Mitte der 2000er Jahre auch unter dem englischen Terminus technicus *Corporate (Social) Responsibility*.[62] Der Nachhaltigkeitsbegriff selbst nahm Mitte des Jahrzehnts nur eine untergeordnete Rolle ein, obwohl sich viele Praktiken explizit an den *Millennium Goals* der Vereinten Nationen orientierten.[63] Hieran wird deutlich, dass die Einschreibung in den Nachhaltigkeitsdiskurs nicht zwangsläufig mit der Übernahme seiner Begriffe einherging.

Mitte der 2000er Jahre erweiterte sich die Berichterstattung in den Geschäftsberichten, die Anfang der 2000er Jahre primär ökonomische Themen adressierten und die Kommunikation im diskursiven Feld der Nachhaltigkeit anderen Konzernmedien überließen, wieder. Die Geschäftsberichte 2004 und 2005 erhielten ein eigenes Kapitel »Verantwortung für Mitarbeiter, Umwelt und Gesellschaft«, welche das diskursive Feld der Nachhaltigkeit unter dem Verantwortungsbegriff behandelten.[64] Das in den Berichten erwähnte *Corporate Responsibility Committee*, »das unsere Positionen und Ziele im Rahmen der Verantwortung für Mitarbeiter, Umwelt und Gesellschaft festlegt und kommuniziert«[65], zeugt davon, dass auch dieser Terminus im Unternehmen zur Anwendung kam. Der Terminus nachhaltig wurde hingegen vor allem ökonomisch verstanden, im Sinne eines nachhaltigen Wachstums.[66] Eine geradlinige Entwicklung der Terminologie bei Merck lässt sich nicht feststellen. Während Merck in den 2000er Jahren das eigene Reporting im diskursiven Feld der Nachhaltigkeit zwar

---

60 Merck-Archiv, Darmstadt, V15/1103, Pressemitteilung: Merck KGaA stellt ersten konzernweiten Nachhaltigkeitsbericht vor, 30.10.2003.

61 Merck-Archiv, Darmstadt, Verantwortung für Mitarbeiter, Umwelt und Gesellschaft Bericht 2003, 2003.

62 Vgl. einleitende Bemerkungen zum zweiten »Verantwortung für Mitarbeiter, Umwelt und Gesellschaft«-Bericht aus dem Jahr 2005: »Im Jahr 2003 hat die Merck KGaA ihren ersten Corporate-Responsibility (CR)-Bericht ›Verantwortung für Mitarbeiter, Umwelt und Gesellschaft‹ veröffentlicht. Zuvor waren 1993, 1995 und 1997 Umweltberichte sowie im Jahr 2000 ein Responsible-Care-Bericht erschienen.«, Merck-Archiv, Darmstadt, Verantwortung für Mitarbeiter, Umwelt und Gesellschaft. Bericht 2005, 2005.

63 Vgl. exemplarisch ebd.

64 Merck-Archiv, Darmstadt, Merck Geschäftsbericht 2004, 2005; Merck-Archiv, Darmstadt, Merck Geschäftsbericht 2005, 2006.

65 Merck-Archiv, Darmstadt, Merck Geschäftsbericht 2004, 2005.

66 Ebd.

unter den Verantwortungsbegriff stellte, in Pressemitteilungen jedoch explizit als Nachhaltigkeitsbericht bezeichnete, verwendeten andere Konzernmedien nur Begriffe wie Verantwortung und rezipierten die Nachhaltigkeitstermini überhaupt nicht.[67]

Die Berichterstattung von Merck, die dezidiert das diskursive Feld der Nachhaltigkeit zum Gegenstand erhob, behielt bis ins letzte Drittel der 2000er Jahre den terminologischen Überbegriff bei – »Verantwortung für Mitarbeiter, Umwelt und Gesellschaft«.[68] Wenngleich Nachhaltigkeit als Terminus nicht prägend war, zeigte sich vielfach die Ausrichtung des Unternehmens auf jenes Leitprinzip.[69] Im Unternehmen selbst blieb jedoch der Verantwortungsbegriff vorherrschend, der nun verstärkt anglisiert als *Corporate Responsibility* Verwendung fand.[70] Auch die Geschäftsleitung adressierte das diskursive Feld der Nachhaltigkeit unter diesen Begriffen.[71] Der letzte Bericht in den 2000er Jahren, der das diskursive Feld der Nachhaltigkeit behandelte, setzte diese Terminologie unter dem Titel »Verantwortung. Corporate Responsibility Bericht 2009« fort.[72] Auch wenn der Verantwortung- bzw. *Responsibility*-Begriff damit titelgebend blieb, lässt sich dennoch die Bedeutung der Nachhaltigkeit konstatieren, die sich nicht zuletzt in vielfältigen Bezugnahmen der Geschäftsführung auf das Leitbild widerspiegelte.[73] Die zunehmende Verwendung international gebräuchlicher Termini kann auch als

67 2006 kommunizierte beispielsweise der Geschäftsbericht Narrative im diskursiven Feld der Nachhaltigkeit nicht in einem eigens benannten Kapitel, sondern im Kapitel »Bereichsübergreifende Themen«; innerhalb eines Passus zu »globale Datenerfassung zum Schutz von Mensch und Umwelt«, in dem der Terminus nachhaltig keine Rolle spielte, Merck-Archiv, Darmstadt, Merck Geschäftsbericht 2006, 2007; im Folgejahr hieß das Kapitel hingegen wieder »Verantwortung für Mitarbeiter, Umwelt und Gesellschaft«; darauf wiederrum kurz »Verantwortung«, Merck-Archiv, Darmstadt, Merck Geschäftsbericht 2007, 2008.

68 Merck-Archiv, Darmstadt, Verantwortung für Mitarbeiter, Umwelt und Gesellschaft. Bericht 2007, 2007.

69 Vgl. hierzu exemplarisch das Vorwort des Vorsitzenden der Geschäftsleitung Dr. Karl-Ludwig Kley: »Dieser Bericht – er ist auch unser Fortschrittsbericht im Sinne des Global Compact – dokumentiert, was wir in den vergangenen beiden Jahren unternommen haben, um unseren Beitrag zu einer weltweit nachhaltigen Entwicklung zu leisten und stetig zu verbessern.«, ebd.

70 Vgl. exemplarisch: »Bei einer Konferenz der oberen Führungskräfte im September 2007 [...] stellte die Geschäftsleitung Strategie und angepasste Werte für das Unternehmen vor. Die Verantwortung des Unternehmens – die Corporate Responsibility – war Thema der Diskussionen, genauso wie Chancen und Risiken, die sich aus Globalisierung, Klimawandel und demografischer Entwicklung ergeben.«, ebd.

71 Ebd.

72 Merck, Verantwortung. Corporate Responsibility Bericht 2009, Darmstadt, 2009.

73 Der Vorsitzende der Geschäftsleitung Dr. Karl-Ludwig Kley verwendete den Begriff bereits im ersten Satz seines Vorworts, ebd., S. 4.

Spiegel der Internationalisierung des Unternehmens und des diskursiven Felds der Nachhaltigkeit verstanden werden.[74]

3. Praktiken – Von Umwelt und Sicherheit zur globalen Verantwortung

3.1 Im Spannungsfeld zwischen Ökologie und Ökonomie

Im Einklang mit den prägenden Termini zu Beginn des Untersuchungszeitraums spielte der Umweltschutz bereits anfänglich eine wesentliche Rolle in der Konzernkommunikation von Merck. Die Geschäftsberichte der späten 1980er Jahre adressierten eine Reihe an Praktiken aus den Feldern Arbeitssicherheit, Feuerschutz, Wasserreinhaltung und Abwasserreinigung, Emissionen sowie Abfallentsorgung und -verwertung.[75] Anfang der 1990er bildeten die Bereiche Gewässerschutz, Reststoffe und Abfallentsorgung sowie die sichere Lagerung von Chemikalien die wichtigsten Praktiken der ökologischen Dimension.[76] Diese Handlungsfelder blieben auch im weiteren Verlauf der 1990er Jahre im Wesentlichen erhalten, wurden von Merck aber laufend ergänzend und erweitert.[77] Der Umweltbericht 1995 kommunizierte beispielsweise Praktiken aus den Bereichen Abwasserreinigung, Luftreinhaltung, Bodenschutz, Abfall, Umweltschutz in der Produktion, Anlagensicherheit, Arbeitssicherheit, Brandschutz, Lagersicherheit, Transportsicherheit, Produktsicherheit und Ressourcenschonung.[78] Auch zwei Jahre später standen vorrangig traditionsreiche Handlungsfelder im Vordergrund, auch wenn Merck Praktiken, die den Energiebereich betrafen, nun

74 Die gegen Ende der 2000er Jahre tonangebenden Begriffe zeugten von dem Wechselspiel zwischen lokaler und globaler Ebene im Unternehmen: »Im Juni 2007 beschloss die Geschäftsleitung, das gemeinnützige Engagement neu zu ordnen und strategischer auszurichten: Unser unternehmensweites Engagement steuern wir zentral unter dem Begriff ›Global Responsibility‹ – mit einem klaren Bezug zum Geschäft. […] Gleichzeitig fassen wir die vielen gemeinnützigen Aktivitäten, die die Tochtergesellschaften in eigener Regie vor Ort unternehmen, unter dem Begriff ›Local Responsibility (Corporate Citizenship)‹ zusammen.«, Merck-Archiv, Darmstadt, Verantwortung für Mitarbeiter, Umwelt und Gesellschaft. Bericht 2007, 2007.

75 Merck-Archiv, Darmstadt, Merck Geschäftsbericht 1987, 1988; Merck-Archiv, Darmstadt, Merck Geschäftsbericht 1988, 1989; Merck-Archiv, Darmstadt, Merck Geschäftsbericht 1989, 1990.

76 Merck-Archiv, Darmstadt, Merck Geschäftsbericht 1990, 1991.

77 So adressierten die Geschäftsberichte auch im Umfeld der Rio-Konferenz weitestgehend bereits bekannte Handlungsfelder wie Gewässerschutz, Feuerschutz, Reststoffwirtschaft und Verpackung, Merck-Archiv, Darmstadt, Merck Geschäftsbericht 1992, 1993; Merck-Archiv, Darmstadt, Merck Geschäftsbericht 1993, 1994.

78 Merck-Archiv, Darmstadt, Z2-Br-4a, Umweltbericht 1995, 1995.

stärker akzentuierte.[79] Beobachten lässt sich ferner, dass die Kreislaufwirtschaft zunehmend an Bedeutung gewann und einen Fokus der Unternehmenskommunikation bildete.[80]

In den 1990er Jahren verstand Merck Umweltschutz zunehmend integriert, ohne dass dieses neue Verständnis jedoch ältere Praktiken des additiven Umweltschutzes vollständig ersetzte.[81] Diese Form des produktionsintegrierten Umweltschutzes gemäß dem Prinzip »Vermeiden, vermindern, verwerten – vor entsorgen« erfolgte aus ökologischen wie ökonomischen Gründen[82] und gewann im Handlungsfeld Nachhaltigkeit im Verlauf der 1990er Jahre weiter an Aufschwung.[83] Trotz des Fokus auf produktionsintegrierten Umweltschutz und Einsparmaßnahmen wandte Merck aufgrund zwangsläufig anfallender Emissionen in der Produktion unverändert auch Praktiken des additiven Umweltschutzes an.[84] In der Kommunikation der Praktiken des additiven Umweltschutzes legte Merck Wert darauf, sich als modernes Unternehmen zu positionieren, das auf der Höhe der Zeit agierte und die Praktiken kontinuierlich verbesserte.[85] Darüber hinaus kommunizierte Merck Praktiken der Umweltanalytik[86], der Abfallvermeidung, -verwertung und -beseitigung[87] sowie des produktintegrierten Umweltschutzes.[88] Letztgenannte Praktiken stellte Merck in der Kommunikation als besonders einschneidend dar, da sie in letzter Konsequenz dazu führen könnten, Produkte vom Markt zu nehmen.[89] Dass Merck in solch detailreicher Form über verschiedene Methoden des Umweltschutzes berichtete, mag als Zeichen

79 Vgl. hierzu den Umweltbericht 1997, der sich auf die Handlungsfelder »Sicherheitsmaßnahmen und Gesundheitsschutz«, »Energiesparmaßnahmen und Energiebedarf«, »Wassersparmaßnahmen und Abwasser«, »Abluftreinigung und Emissionswerte«, »Bodenschutzmaßnahmen und Deponiesanierung«, »Abfallverwertung und Abfallmengen« konzentrierte, Merck-Archiv, Darmstadt, Z2-Br-4a, Umweltbericht 1997, 1997.

80 Merck-Archiv, Darmstadt, Z02-D00135, Merck Geschäftsbericht 1996, 1997.

81 Vgl. Merck-Archiv, Darmstadt, Z2-Br-4b, Umweltschutz und Sicherheit, 1993; zur Unterscheidung zwischen additivem (nachsorgendem) und produktionsintegriertem (präventivem) Umweltschutz vgl. auch Nuhn 2013, S. 74. Für ihr Untersuchungsbeispiel Bayer sieht sie verstärkte Bemühungen um einen integrierten Umweltschutz ab den 1980er Jahren und verstärkt seit Mitte der 1990er Jahre gegeben, S. 181–185.

82 Vgl. Merck-Archiv, Darmstadt, Z2-Br-4b, Umweltschutz und Sicherheit, 1993.

83 Auch die Umweltberichte zeugen von dieser Schwerpunktsetzung, Merck-Archiv, Darmstadt, Z2-Br-4a, Umweltbericht 1995, 1995; Merck-Archiv, Darmstadt, Z2-Br-4a, Umweltbericht 1997, 1997.

84 Vgl. Merck-Archiv, Darmstadt, Z2-Br-4b, Umweltschutz und Sicherheit, 1993.

85 Vgl. ebd.

86 Ebd.

87 Ebd.

88 Ebd.

89 Ebd.

dafür gewertet werden, dass die Chemieindustrie besonders im Augenmerk der Öffentlichkeit stand.[90]

Merck rekurrierte in der Kommunikation von Praktiken im Handlungsfeld Nachhaltigkeit häufig auf die Branchenzugehörigkeit des Unternehmens, die gleichermaßen als Ursache, Erklärung und Richtlinie diente. Zum einen führten die Produktionsprozesse innerhalb der chemischen Industrie zwangsläufig zu einem Ressourcenverbrauch, beispielsweise einem hohen Wasserbedarf.[91] Zum anderen unterstrich die Kommunikation, dass das Produktportfolio mit spezifischen Anforderungen an Verpackungen und entsprechenden Auswirkungen auf die Entsorgung einherging.[92] Ökonomische und ökologische Überlegungen gingen dabei Hand in Hand.[93] Durch die speziellen Charakteristika der Chemieindustrie kam ferner Praktiken, die Sicherheitsaspekte wie Feuerschutz betrafen, auch bei Merck eine besondere Bedeutung zu.[94] Anders als im Falle der Handels- und Konsumgüterbranche musste Merck ganz unmittelbare negative Folgen der eigenen Geschäftspraktik vermeiden.

Die Unternehmensquellen der 1990er Jahre zeugen zudem davon, dass Merck sich verstärkt der Institutionalisierung des Umweltschutzes und der Überprüfung der Implementierung entsprechender Praktiken verschrieb. Die Geschäftsleitung setzte die »Grundsätze und Strategien Umweltschutz und Sicherheit« in Kraft, benannte 1995 einen Beauftragten für Umweltschutz und Sicherheit und schuf einen Zentralbereich Umwelt, Sicherheit und Feuerschutz.[95] Nicht einzelne Praktiken, sondern ein kohärentes und überprüfbares System standen kommunikativ im Mittelpunkt. Wie aus internen Protokollen der Umweltkommission von Merck hervorging, konnten nicht alle Vorhaben erfolgreich umgesetzt werden. Einen exemplarischen Einblick bietet ein Protokoll aus dem Jahr 1996 zur Verlagerung von Bahntransporten auf LKWs.[96] Grundsätzlich wolle man den Streckenverkehr auf der Schiene abwickeln, nicht zuletzt aus ökologischen Gründen, was jedoch zu diesem Zeitpunkt nicht gelang. Die Erklärung für den ausbleibenden Erfolg der avisierten Praktiken sah die Umweltkommission von Merck beim Kooperationspartner.[97] Die tatsächlichen Ursachen lassen sich nicht mehr rekonstruieren, jedoch zeugte sowohl ein Gespräch mit dem Bahnvorstand als auch ei-

90 Eine eingehendere diesbezügliche Analyse erfolgt in Kapitel II.4.2.

91 Merck-Archiv, Darmstadt, Z2-Br-4b, Umweltschutz und Sicherheit, 1993.

92 Vgl. ebd.

93 Vgl.: »Wir bei Merck haben in den letzten Jahren unsere Gebinde und Verpackungen nach ökologischen und ökonomischen Gesichtspunkten weiter verbessert.«, ebd.

94 Vgl. ebd.

95 Merck-Archiv, Darmstadt, Merck Geschäftsbericht 1994, 1995.

96 Merck-Archiv, Darmstadt, V07/51, Protokoll der Umweltkommission vom 09.04.1996, 25.04.1996.

97 Ebd.

ne anschließend eingesetzte Arbeitsgruppe davon, dass Merck aktiv versuchte, die Umsetzung der angestrebten Praktiken zu verbessern und deren Erfolg nicht dem Zufall überließ.

Wenngleich die begriffliche Vorstudie gezeigt hat, dass Merck im Verlauf des Untersuchungszeitraums Nachhaltigkeit eine ökologische, ökonomische und soziale Dimension zuschrieb, spielten soziale Praktiken anfänglich nur eine geringe Rolle in der Außendarstellung des Unternehmens und erhielten erst im Verlauf der 1990er Jahre größere Beachtung. Sie traten zunächst nur am Rande im Kontext der eigenen Mitarbeitenden in Erscheinung, beispielsweise in Form von betrieblicher Altersvorsorge oder Weiterbildungen.[98] Darüberhinausgehende, gesamtgesellschaftliche oder gar globale Verpflichtungen fanden kaum Eingang in die Unternehmenskommunikation, die häufig einige wenige, ausgewählte Initiativen thematisierte.[99] Auch wenn der Kommunikation zu Praktiken im diskursiven Feld der Nachhaltigkeit jenseits der Ökologie zu diesem Zeitpunkt quantitativ keine große Bedeutung zukam, zeugt u. a. die Mitarbeiterzeitschrift davon, dass diese Bereiche durchaus adressiert wurden, darunter Praktiken der Chancengleichheit für Frauen.[100] Ebenfalls berichtete die Mitarbeiterzeitschrift regelmäßig über karitative, soziale Spenden.[101] Vereinzelt fanden auch internationale Praktiken wie gesundheitliche Aufklärungskampagnen in Ländern der südlichen Hemisphäre Eingang in die Kommunikation.[102] Insgesamt spielten die Praktiken der sozialen Dimension in den 1990er Jahren zum einen quantitativ eine gerin-

98 Merck-Archiv, Darmstadt, Merck Geschäftsbericht 1987, 1988; Merck-Archiv, Darmstadt, Merck Geschäftsbericht 1988, 1989; Merck-Archiv, Darmstadt, Merck Geschäftsbericht 1992, 1993; Merck-Archiv, Darmstadt, Merck Geschäftsbericht 1993, 1994.

99 Exemplarisch kommunizierte Merck ausgiebig über gesellschaftliches Engagement in Form der Patenschaft für den Bundeswettbewerb »Jugend forscht«, Merck-Archiv, Darmstadt, Merck Geschäftsbericht 1989, 1990.

100 Entsprechende Praktiken kommunizierte Merck auch aktiv gegenüber der Politik, exemplarisch im Rahmen eines Informationsbesuchs der damaligen Bundesministerin für Familie und Senioren, Hannelore Rönsch, im Werk Darmstadt, Merck-Archiv, Darmstadt, Ein dickes Kompliment der Bundesministerin, Merck informiert, 20.06.1991; 1994 lud die Mitarbeiterzeitschrift zur Diskussion darüber ein, ob künftig die Begriffe »Mitarbeiter« oder »Mitarbeiter/Innen« verwendet werden sollte, Merck-Archiv, Darmstadt, Leser-Echo, Merck informiert, 01.12.1994.

101 Merck-Archiv, Darmstadt, Hilfspfennige für die »Snoezelzone«, Merck informiert, 02.11.1995; Merck-Archiv, Darmstadt, 10 Jahre Spendenaktion »Hilfspfennige«. Sonderausgabe Merck informiert, 16.04.1999.

102 Hierzu zählte exemplarisch eine Initiative gegen Diabetes auf den Philippinen, Merck-Archiv, Darmstadt, Z02-D00136, Merck Geschäftsbericht 1997, 1998; die interne Kommunikation der Mitarbeiterzeitschrift vermittelte ebenfalls einen Eindruck davon, dass das Unternehmen auch entwicklungspolitische Themenfelder adressierte, u. a. im Kontext von Tests gegen Arzneimittelfälschungen für Entwicklungsländer, vgl. Merck-Archiv, Darmstadt, Kampf gegen Arzneimittelfälschungen, Merck informiert, 16.03.1995.

gere Rolle als der Umweltschutz, zum anderen erschienen sie weit weniger systematisiert.

Während sich in der ersten Hälfte des Untersuchungszeitraums kaum größere Verschiebungen in der Auswahl der Praktiken im Handlungsfeld Nachhaltigkeit beobachten lassen, unterlag die Beurteilung der Interdependenz ökonomischer, ökologischer und sozialer Faktoren in den 1980er und 1990er Jahren einer Transformation. Maßgeblich zeigte sich dabei die Beziehung zwischen Ökonomie und Ökologie. Die Kommunikation der späten 1980er und frühen 1990er Jahre rekurrierte vor allem auf die ökonomischen Kosten der ökologischen Praktiken. Ökologie und Ökonomie standen nicht im Einklang, sondern bildeten häufig einen Widerspruch.[103] Die Geschäftsberichte inszenierten Umweltschutzmaßnahmen als Risikofaktor für die Wettbewerbsfähigkeit des Unternehmens.[104] Auch die Gewinnprognosen sah Merck durch Maßnahmen des Umweltschutzes gefährdet.[105] In einer Rückschau auf die 1980er Jahre konstatierte der Vorsitzende der Geschäftsführung Hans Joachim Langmann: »Die wirtschaftliche Prosperität schlug sich nicht nur in wachsendem Wohlstand der Bevölkerung nieder, sondern auch in stark steigenden Umweltschutzausgaben.«[106] Umweltschutz, so suggerierte es der Vorsitzende, galt weniger als ökonomische Notwendigkeit, sondern als Zusatzaufgabe in wirtschaftlich starken Zeiten. Vereinzelt erfolgten Verweise auf mögliche Wettbewerbsvorteile, die sich aus innovativen Umweltschutzmaßnahmen ergeben könnten, insgesamt sah man die Rentabilität durch die Fülle an Maßnahmen aber geschwächt.[107] Diese

103 Zur Wirtschaftlichkeit als apologetische Argumentgruppe, die Unternehmen gegen Nachhaltigkeit einsetzten, vgl. ausführlich Schwegler 2018, S. 352–359.

104 Exemplarisch illustriert dies ein Passus aus dem Geschäftsbericht 1987: »Die seit vielen Jahren laufenden Anstrengungen für einen stetig besseren Schutz der Umwelt sind erneut verstärkt worden. Dies schlägt sich nieder in höheren Kosten. So stiegen die laufenden Kosten 1987 auf 40.7 Mio DM. Das sind 3.5 Mio DM bzw. 9.4 % mehr als im Vorjahr. Die Investitionen für Umweltschutz stiegen von 5.9 Mio DM auf 10.2 Mio DM. Die Summe der laufenden Aufwendungen für Umweltschutz, Feuerschutz und Arbeitsschutz wuchs nicht nur weiter an auf nunmehr 58.8 Mio DM, sondern übertraf den Jahresgewinn bei weitem – ein Trend, der schon viele Jahre anhält und sich 1987 verstärkte. 3.7 % vom Umsatz oder 153 % des Gewinns wurden für die genannten Aufgaben aufgewandt.«, Merck-Archiv, Darmstadt, Merck Geschäftsbericht 1987, 1988.

105 Vgl. Merck-Archiv, Darmstadt, Merck Geschäftsbericht 1988, 1989.

106 Merck-Archiv, Darmstadt, Merck Geschäftsbericht 1989, 1990.

107 Der damalige Vorsitzende der Geschäftsführung Hans Joachim Langmann erklärte in einer Rede: »Natürlich eröffnet Umweltschutz auch unternehmerische Chancen. Wer ein Verfahren entwickeln kann, dessen Umweltschutzkosten merklich geringer sind, erringt einen Wettbewerbsvorteil. [...] Leider muß man aber sagen, daß alles zusammengenommen die Rentabilität der deutschen chemischen Industrie wegen der hohen Umweltschutzkosten abgenommen hat.«, Merck-Archiv, Darmstadt, V15/718, Vortrag Prof. Dr. H. J. Langmann vor der Gesellschaft Deutscher Chemiker, 09.02.1988; entsprechende Vorwürfe finden sich in der westdeutschen Chemieindustrie bereits in den 1970er Jahren, vgl. Nuhn 2013, S. 181.

Interpretation manifestierte sich auch in den Geschäftsberichten der beginnenden 1990er Jahre, welche die Kosten ökologischer Praktiken als wirtschaftlich kaum tragbar brandmarkten.[108] Das repetitive Rekurrieren auf die hohen finanziellen und personellen Aufwendungen der ökologischen Praktiken diente hier gleichzeitig als Beleg für die Ernsthaftigkeit, mit der das Unternehmen seiner ökologischen Verantwortung nachkam.

Je nach Medium unterschied sich die Kommunikation über die ökonomischen Auswirkungen der Implementierung ökologischer Praktiken jedoch bereits in der ersten Hälfte des Jahrzehnts im Tenor. In der internen Kommunikation lässt sich bereits zu Beginn der 1990er Jahre beobachten, dass die ökonomischen Kosten der ökologischen Praktiken zwar als hoch, aber nicht als existenziell belastend eingestuft wurden und teils auch auf wirtschaftliche Potentiale durch Umweltschutz verwiesen wurde. Zwar berichtete auch die interne Kommunikation, insbesondere die Mitarbeiterzeitschrift, über die hohen Kosten des Umweltschutzes und zitierte entsprechende Umfragen des Branchenverbandes VCI.[109] Zugleich nutzte die Geschäftsführung die Mitarbeiterzeitschrift, um klarzustellen, dass die Umweltprobleme von Merck trotz möglicher hoher Ausgaben zu bewältigen seien und die Situation stabil sei.[110] Der Alarmismus, der sich in der externen Kommunikation zum Teil niederschlug, lässt sich hier nicht bestätigen. Die interne Kommunikation in der Mitarbeiterzeitschrift *Merck informiert* verwies ferner auf ökologische Praktiken, die nicht nur mit zumutbaren Kosten, sondern sogar mit Kostenersparnissen verbunden waren.[111] Ein positiveres Bild zeichneten auch jene Konzernmedien, die dezidiert über das Handlungsfeld Nachhaltigkeit kom-

---

108 Vgl. Merck-Archiv, Darmstadt, Merck Geschäftsbericht 1990, 1991; auch im Folgejahr blieben die ökonomischen Nachteile ökologischer Praktiken in der Kommunikation von Merck dominant. Die Umweltschutzkosten kontrastierte der Geschäftsbericht 1991 mit nachteiligen Prognosen, da die Aufwendungen den von Merck-Deutschland erwirtschafteten Ertrag übertrafen, Merck-Archiv, Darmstadt, Merck Geschäftsbericht 1991, 1992; auch das Kapitel zum Umweltschutz im Geschäftsbericht des Jahres 1992 informierte zunächst über die finanziellen Kosten der getroffenen Maßnahmen, Merck-Archiv, Darmstadt, Merck Geschäftsbericht 1992, 1993; im Geschäftsbericht des Folgejahres 1993 verschärfte sich dieses Primat der Ökonomie weiter und die Implementierung ökologischer Praktiken wurde bewusst mit negativen Auswirkungen auf den Erhalt von Arbeitsplätzen kontrastiert, Merck-Archiv, Darmstadt, Merck Geschäftsbericht 1993, 1994.

109 Vgl. exemplarisch Merck-Archiv, Darmstadt, Sieben Milliarden für Umweltschutz, Merck informiert, 18.01.1990. An der Umfrage zeigte sich auch deutlich, dass dieser Fokus kein Spezifikum des Unternehmens Merck, sondern ein branchenweites Phänomen war. Vgl. hierzu auch die Analyse von Inga Nuhn, die auf ähnliche Ausführungen in den zeitgenössischen Geschäftsberichten von Bayer verweist. Nuhn 2013, S. 182 f.

110 Vgl. Merck-Archiv, Darmstadt, »Größe schaffen wir durch eigenes Wachsen«, Merck informiert, 13.12.1990.

111 Merck-Archiv, Darmstadt, Sparsamkeit – Energiequelle der Zukunft, Merck informiert, 23.04.1987; Merck-Archiv, Darmstadt, Jetzt: Den Müllberg abbauen, Merck informiert, 29.10.1987.

munizierten. Zwar verwiesen auch die Umweltberichte auf die hohen Kosten und die Notwendigkeit, ökonomische Belange nicht der Ökologie zu opfern, jedoch zeichneten sie an vielen Stellen ein weitaus differenzierteres Bild als zeitgenössische Geschäftsberichte.[112]

Ab Mitte der 1990er Jahre schwächte sich das Narrativ eines Gegensatzes zwischen Ökonomie und Ökologie erkennbar ab und Merck verstand die beiden Dimensionen Nachhaltiger Entwicklung zunehmend komplementär. Das Geschäftsjahr 1995 war für Merck ökonomisch gesehen ein besonderes, da das Unternehmen an die Börse ging.[113] Zwar wurden die Kosten für ökologische Praktiken auch Mitte der 1990er Jahre noch thematisiert, jedoch findet sich in der externen Unternehmenskommunikation, beispielsweise in den Jahresberichten, kein Hinweis darauf, dass diese als geschäftsschädigend gebrandmarkt wurden.[114] Stattdessen lässt sich beobachten, wie sich ökologische Praktiken zaghaft mit ökonomischen Vorteilen verbanden.[115] Deutlich artikulierte der Umweltbericht 1995 die Vereinbarkeit von Ökonomie und Ökologie: »Selbstverständlich müssen wir dabei [bei Umweltschutz und Sicherheit, eig. Anmerkung] ökologischen Nutzen und wirtschaftliche Interessen in Einklang bringen. Doch in der Regel sind diese Interessen im Sinne einer wirklich nachhaltigen Entwicklung auch mit richtig verstandenem Umweltschutz zu vereinbaren.«[116] Das Leitbild einer Nachhaltigen Entwicklung leistete hier der Aussöhnung zwischen Ökologie und Ökonomie Vorschub. Essentiell war dabei die Bezugnahme auf die *Responsible Care*-Initiative der chemischen Industrie.[117] Das einstige Primat der Ökonomie wich bei Merck kommunikativ merklich den Ansätzen, die für einen

112 Vgl. Merck-Archiv, Darmstadt, Z2-Br-4b, Umweltschutz und Sicherheit, 1993; Merck-Archiv, Darmstadt, Z2-Br-4a, Umweltbericht 1995, 1995.

113 Zum 1.1.1995 wurde die Merck KGaA gegründet, an der E. Merck als Komplementär mit 74 %, weitere Aktionärinnen und Aktionäre mit insgesamt 26 % beteiligt waren, Merck-Archiv, Darmstadt, Z02-D00134, Merck Geschäftsbericht 1995, 1996.

114 Vgl. exemplarisch ebd.

115 Vgl. exemplarisch: »Unter Vorwegnahme des Anliegens des geplanten Kreislaufwirtschaftsgesetzes haben wir unser Informations-, Rücknahme- und Verwertungssystem ›Merck Dialog‹ entwickelt und unseren Kunden angeboten. [...] Mehr und mehr honorieren unsere Kunden dieses Angebot, so daß es für uns auch wirtschaftlich interessant wird.«, ebd.

116 Merck-Archiv, Darmstadt, Z2-Br-4a, Umweltbericht 1995, 1995.

117 Ebd.; Bisherige Forschungen sehen in der *Responsible Care*-Initiative den Rahmen, innerhalb dessen Chemieunternehmen den Umweltschutz in das Leitbild Nachhaltige Entwicklung integriert haben, ohne dass dieser dabei zunächst an Dominanz verlor. Inga Nuhn hält in ihrer Untersuchung fest, dass die Ökologie zunächst auch im Rahmen des *Responsible Care*-Ansatzes einer Nachhaltigen Entwicklung die Hauptbezugsgröße von Bayer blieb, Nuhn 2013, S. 212; ähnliche Ergebnisse finden sich auch bei Simon Tywuschik. Er sieht durch die Implementierung des *Responsible Care*-Programms einen Wandel eingeleitet: »In Anlehnung an den UN-Weltklimaschutzgipfel von 1992 integrierte die Industrie das Thema Umwelt innerhalb des Konzepts Sustainable Development.«, Tywuschik 2008, S. 302.

Ausgleich zwischen ökonomischer und ökologischer Dimension plädierten.[118] Artikel in der Mitarbeiterzeitschrift bezeichneten Umweltschutz gar als »praktische Standortsicherung«[119] oder warben mit »Wasser sparen – den Standort sichern«.[120] Auch die betrieblichen Aufwendungen für den Umweltschutz spielten eine zunehmend marginale Rolle in der Kommunikation und waren nicht länger Gegenstand anhaltender Kritik.[121]

3.2 Nachhaltigkeit als Wettbewerbsvorteil

Diese Entwicklung setzte sich in den 2000er Jahren fort und es dominierte ein holistischeres Verständnis von Nachhaltigkeit, in dem Dimensionen der Nachhaltigkeit, auf die das Unternehmen Bezug nahm, nicht im Widerspruch zueinander, sondern im Einklang miteinander standen. Anders als noch zu Beginn des Untersuchungszeitraums spielten die ökonomischen Kosten für ökologische Praktiken keinerlei Rolle mehr in der Unternehmenskommunikation. Stattdessen betonte Merck die Notwendigkeit eines verantwortlichen Handelns für den zukünftigen Unternehmenserfolg.[122] So berichtete auch die Mitarbeiterzeitschrift im Rahmen einer vom damaligen Bundespräsidenten Johannes Rau initiierten »Woche der Umwelt« über »Beispiele für Umweltschutz, der sich außerdem auch noch rechnet«.[123] Auch weitere interne Kommunikation verwies auf die ökonomischen Vorteile verantwortlichen Handelns.[124] Die Implementierung des Leitbilds Nachhaltige Entwicklung erfolgte nicht aus rein altruistischen Motiven, sondern verband sich mit wirtschaftlichen Interessen.

Die Unternehmenskommunikation beleuchtete entsprechend ein breites Spektrum an Feldern. Wie die begriffsgeschichtliche Analyse gezeigt hat, vollzog Merck zu Beginn des 21. Jahrhunderts einen terminologischen Wandel hin zu

118 Vgl. exemplarisch: »Bei unseren Herstellungsprozessen ist uns der neueste Stand der Technik ein wichtiger Maßstab, um Belastungen für Mensch, Natur und andere zu schützende Werte über die gesetzlichen Forderungen hinaus zu verringern. Dabei müssen wir selbstverständlich ökologische Aspekte und wirtschaftliche Interessen in Einklang bringen.«, Merck-Archiv, Darmstadt, Z02-D00135, Merck Geschäftsbericht 1996, 1997.

119 Merck-Archiv, Darmstadt, Umweltschutz ist praktische Standortsicherung, Merck informiert, 20.04.1995.

120 Merck-Archiv, Darmstadt, Wasser sparen – den Standort sichern, Merck informiert, 16.11.1995.

121 Merck-Archiv, Darmstadt, Z2-Br-4a, Umweltbericht 1997, 1997.

122 Vgl. Merck-Archiv, Darmstadt, Merck Geschäftsbericht 2000, 2001.

123 Merck-Archiv, Darmstadt, Beispiele für Umweltschutz, der sich außerdem noch rechnet, MAZ, 25.07.2002.

124 Vgl. exemplarisch Merck-Archiv, Darmstadt, Verantwortung nicht nur für das Geschäft, pro international, Oktober 2003.

einem Verantwortungsnarrativ. Trotz der Aneignung des Leitprinzips der Nachhaltigen Entwicklung, blieben in der Unternehmenskommunikation Praktiken des Umweltschutzes präsent, getragen von einer starken Determinierung durch die Branchenzugehörigkeit des Unternehmens. Für Praktiken im Handlungsfeld Nachhaltigkeit blieb die Brancheninitiative *Responsible Care* auch in den 2000er Jahren ein wichtiger Bezugsmoment.[125] Insgesamt lässt sich in der chemischen Industrie eine sehr starke brancheninterne Diskurskoalition wahrnehmen.[126] Im gesamten Untersuchungszeitraum schrieb Merck die Kommunikation zu Praktiken der ökologischen Dimension in Bestrebungen der Branche als Ganzes ein.[127]

Merck integrierte traditionsreiche Praktiken des Umweltschutzes in das übergeordnete Leitbild Nachhaltigkeit/*Corporate Responsibility*, ohne dass sich die Praktiken hierdurch fundamental änderten. Für andere Handlungsfelder, insbesondere soziale Themen, leistete der aufkommende Diskurs hingegen einen Innovationsschub, da Merck sie als Teil des eigenen Nachhaltigkeitsverständnisses begriff, hierdurch Handlungsbedarf erkannte und diese Themen in Folge verstärkt Aufmerksamkeit erfuhren. So erfuhren im Verlauf der 2000er Jahre soziale Praktiken eine beträchtliche Aufwertung. Die Nachhaltigkeitsberichte adressierten eine Vielzahl an Praktiken jenseits der Ökologie, von Chancengleichheit am Arbeitsplatz[128] bis zu Initiativen zur Sicherung der sozialen Stabilität.[129] Das Unternehmen nahm in der Auswahl seiner Praktiken explizit Bezug zu internationalen Richtlinien und verfolgte auch bei gesellschaftlichen Praktiken jenseits der Ökologie einen integrativen Ansatz, d. h. einen Fokus auf Praktiken, die im Einklang mit dem Geschäftsmodell standen und in denen das Unterneh-

125 Merck-Archiv, Darmstadt, Verantwortung für Mitarbeiter, Umwelt und Gesellschaft Bericht 2003, 2003; Inga Nuhn konstatiert für ihre Untersuchungsunternehmen Bayer bereits Anfang des 21. Jahrhunderts einen Wandel. In Folge der »Implementierung einer konzernweiten Nachhaltigkeitsstrategie samt der Einführung von zahlreichen Nachhaltigkeitspolitiken und Programmen« sei eine »Akzentverschiebung von Responsible Care zu Nachhaltigkeitsprogrammen und -konzepten« erfolgt, Nuhn 2013, S. 357.

126 Auch für den Standort Deutschland orientierte sich Merck an Brancheninitiativen, beispielsweise der »Selbstverpflichtung der deutschen Chemischen Industrie, den CO_2-Ausstoß bis 2012 um 50 Prozent gegenüber 1990 zu senken.«, Merck-Archiv, Darmstadt, Verantwortung für Mitarbeiter, Umwelt und Gesellschaft Bericht 2003, 2003.

127 Vgl. hierzu auch: »Wie auch die meisten anderen Unternehmen der Chemie- und Pharmabranche hat Merck die Aspekte Gesundheit, Arbeitssicherheit und Umweltmanagement organisatorisch zusammengefasst, da ihre Berücksichtigung im Betriebsalltag nicht voneinander zu trennen ist.«, Merck-Archiv, Darmstadt, Verantwortung für Mitarbeiter, Umwelt und Gesellschaft. Bericht 2005, 2005.

128 Ebd.; Merck-Archiv, Darmstadt, Verantwortung für Mitarbeiter, Umwelt und Gesellschaft. Bericht 2007, 2007.

129 Merck-Archiv, Darmstadt, Verantwortung für Mitarbeiter, Umwelt und Gesellschaft. Bericht 2005, 2005.

men eine besondere Expertise aufwies.[130] Breit adressierte Merck u. a. Fragen der Forschungsethik und benannte die eigene Forschungstätigkeit als nachhaltige Praxis.[131] Während ökologische Praktiken schon lange institutionalisiert und systematisiert waren, verabschiedete das Unternehmen im Jahr 2007 erstmals eine Sozialcharta.[132]

Zunehmend gewannen Praktiken, die sich an entwicklungspolitischen Zielen orientierten und dem Leitbild einer globalen Nachhaltigen Entwicklung verpflichtet waren, Dominanz. Explizit rekurrierten Unternehmenskommunikation und Geschäftsleitung auf die Rio-Konferenz und die Agenda 21.[133] Exemplarisch entwickelte sich das Paradigma eines ethischen Marketings auf globaler Ebene zu einem wichtigen Handlungsfeld. Das Prinzip »global denken, lokal handeln«, das bei ökologischen Themen nun häufig Anwendung fand,[134] griff bei diesen kritischen Themen laut interner Kommunikation nicht und das Unternehmen entwickelte international standardisierte Marketing-Pläne.[135] Die Forschung und Entwicklung im Bereich Pharmazie bildete zudem eine wichtige entwicklungs- und gesundheitspolitische Komponente der *Millennium Goals*.[136] Merck bezog sich selbst explizit auf diesen internationalen Rahmen und bekundete die Unterstützung der Ziele.[137] Praktiken richteten sich entsprechend an Entwicklungs- und Schwellenländer und verbanden sich mit einem Kerngeschäft des Unternehmens – der Pharmazie. Einen besonderen Schwerpunkt bildete der Zugang zu Medikamenten für Menschen weltweit. So engagierte sich das Unternehmen vor allem in Brancheninitiativen wie dem *German Pharma Health Fund*

130 Expliziert kommunizierte Merck: »Wir leisten mit dem sozialen und kulturellen Einsatz für die Menschen auch einen Beitrag, um die ›Milleniumsziele‹ der Vereinten Nationen zu erreichen sowie die im ›Global Compact‹ definierten Grundsätze umzusetzen. Unser Engagement konzentriert sich bewusst auf die Themen, von denen wir am meisten verstehen: die Förderung der Bildung von Menschen und ihrer Gesundheit.«, ebd.

131 Vgl. Merck-Archiv, Darmstadt, Z2-Br-4 c, Verantwortliches Handeln in der Merck-Gruppe. Bericht 2000, 2000.

132 Merck-Archiv, Darmstadt, Verantwortung für Mitarbeiter, Umwelt und Gesellschaft. Bericht 2007, 2007; Merck-Archiv, Darmstadt, Merck Geschäftsbericht 2007, 2008; das Engagement in diesem Bereich erweiterte Merck 2009 mit dem Beitritt zur Compliance-Initiative des Bundesverbandes Materialwirtschaft, Einkauf und Logistik (BME), Merck, Verantwortung, 2009, S. 14.

133 Merck-Archiv, Darmstadt, Z2-Br-4 c, Verantwortliches Handeln in der Merck-Gruppe. Bericht 2000, 2000; einen solch internationalen Bezugsrahmen bestätigt auch Inga Nuhn in ihrer Untersuchung, vgl. Nuhn 2013, S. 359.

134 Oftmals bediente die Kommunikation das Narrativ, dass Probleme am besten lokal vor Ort zu lösen seien, vgl. exemplarisch Merck-Archiv, Darmstadt, Lokale Probleme lokal lösen, pro international, Oktober 2004.

135 Merck-Archiv, Darmstadt, Ein stets aktueller Überblick, pro international, November 2004.

136 Vgl. Bundesministerium für wirtschaftliche Zusammenarbeit und Entwicklung 2021.

137 Vgl. exemplarisch Merck-Archiv, Darmstadt, Verantwortung für Mitarbeiter, Umwelt und Gesellschaft. Bericht 2007, 2007.

(GPHF), der beispielsweise Arzneimittelspenden für Afghanistan oder den Kosovo organisierte sowie zum Nachweis von Arzneimittelfälschungen ein mobiles Labor namens »Minilab« entwickelte.[138] Das in der Kommunikation am Ende der 2000er Jahre prominenteste Beispiel für den Zugang zu Medikamenten stellte ein im April 2007 gemeinsam mit der WHO unterzeichnetes Partnerschaftsabkommen zur Bekämpfung der Tropenkrankheit Bilharziose dar, in dessen Rahmen Merck kostenlos Medikamente bereitstellte.[139] Die Mitarbeiterzeitschrift und Pressemitteilungen berichteten ausgiebig über die vom Unternehmen selbst als »Leuchtturmprojekt« bezeichnete Initiative.[140]

Der Kampf gegen den Klimawandel avancierte bei Merck zu einer bestimmenden Praxis im Handlungsfeld der Nachhaltigkeit. Eine wichtige Rolle hierbei nahmen Produktinnovationen des Unternehmens ein. Im Unternehmensbereich Chemie thematisierte Merck u. a. Innovationen für Photovoltaik. Durch eine entsprechende Forschungs- und Innovationsleistung des Unternehmens konnte ein aktiver Beitrag zum Gelingen der Energiewende geleistet werden.[141] Die Akzentuierung von Praktiken zur Reduzierung von CO_2-Emissionen begründete Merck mit globalpolitischen Entwicklungen und einer gestiegenen Bedeutung des Klimawandeldiskurses.[142] Praktiken zur Energieeinsparung erklärte Merck auch explizit mit ökonomischen Notwendigkeiten.[143] Die Zeiten, in denen Ökologie und Ökonomie als Antagonisten dargestellt wurden, waren endgültig vorbei.

---

138 Merck-Archiv, Darmstadt, Verantwortung für Mitarbeiter, Umwelt und Gesellschaft Bericht 2003, 2003; jene globale, entwicklungspolitischen Projekte fanden auch Eingang in die interne Unternehmenskommunikation, Merck-Archiv, Darmstadt, Fälschungen auf der Spur, pro international, April 2004.

139 Vgl. Merck-Archiv, Darmstadt, Merck Geschäftsbericht 2007, 2008.

140 Vgl. u. a. Merck-Archiv, Darmstadt, Endlich Zukunft, pro international, Juni 2008; Merck-Archiv, Darmstadt, V15/1375, Pressemitteilung: Merck KGaA und WHO beschließen Partnerschaft zur Bekämpfung der Bilharziose in Afrika, 19.04.2007.

141 Vgl. exemplarisch eine gemeinsam von Merck mit drei weiteren Industrieunternehmen (BASF, Bosch, Schott) 2007 ausgerufenen Forschungsinitiative ›Organische Photovoltaik‹ des deutschen Bundesministeriums für Bildung und Forschung (BMBF), Merck-Archiv, Darmstadt, Verantwortung für Mitarbeiter, Umwelt und Gesellschaft. Bericht 2007, 2007.

142 Vgl.: »Klimaschutz ist ein Thema, das 2009 weltweit noch stärker in den Fokus rückte, nicht zuletzt durch den Klimagipfel in Kopenhagen. Auch Merck stellt sich diesem Thema und setzt sich für Ressourcenschonung ein. Unser Ziel ist, unsere gesamten – direkten und indirekten – CO_2Emissionen bis zum Jahr 2020 um 20 % zu senken, gemessen am Stand von 2006. [...] Unser bisheriges Ziel, bis 2010 die direkten Emissionen gegenüber 2002 um 10 % zu verringern, haben wir vorzeitig erreicht.«, Merck-Archiv, Darmstadt, Merck Geschäftsbericht 2009, 2010.

143 So seien weitere Emissionsreduzierungen zwar nur noch schwer zu erreichen, »da die großen Einsparpotentiale ausgeschöpft sind«, man sei sich aber »gleichwohl bewusst, dass weitere Anstrengungen notwendig sind, nicht zuletzt aus wirtschaftlichen Gesichtspunkten. Denn auch wegen höherer Energiepreise in Deutschland sind die Beschaffungskosten massiv gestiegen: von 2002 bis 2007 um 70 Prozent.«, Merck-Archiv, Darmstadt, Verantwortung für Mitarbeiter, Umwelt und Gesellschaft. Bericht 2007, 2007.

Am Ende des ersten Jahrzehnts des 21. Jahrhunderts hielten sich soziale, ökonomische und ökologische Praktiken im Handlungsfeld Nachhaltigkeit die Waage. Exemplarisch illustriert dies der Geschäftsbericht des Jahres 2009, der über alle Dimensionen in ähnlichem Umfang kommunizierte.[144] Der letzte Nachhaltigkeitsbericht der 2000er Jahre zeugte ebenfalls davon, wie holistisch Merck Praktiken im Handlungsfeld Nachhaltigkeit zu diesem Zeitpunkt verstand. Es lassen sich drei wesentliche Entwicklungen ausmachen, die sich bereits in den Vorjahren abzeichneten und nun endgültig Dominanz erreichten. Erstens: Im Bereich der Ökologie wurde der Kampf gegen den Klimawandel im Verlauf der 2000er Jahre zum wichtigsten Praxisfeld. Zweitens: Ökologischen Praktiken kam weniger Gewicht zu als in früheren Jahren. Kommunikativ tonangebend waren stattdessen Praktiken, die auf den globalen, entwicklungspolitischen Gedanken des Leitprinzips Nachhaltige Entwicklung abzielten. Drittens: Die ausgewählten Praktiken orientierten sich am Geschäftsmodell des Unternehmens. Es ging nicht um additive Praktiken oder Praktiken mit karitativem Charakter, sondern um den Einsatz der eigenen Innovationsfähigkeit im pharmazeutisch-chemischen Bereich für eine Nachhaltige Entwicklung.[145] In der globalen Finanz- und Wirtschaftskrise Ende der 2000er Jahre sah Merck keinen Grund, dem Handlungsfeld Nachhaltigkeit weniger Beachtung zu schenken. Vielmehr galt die Krise als Notwendigkeit für die Etablierung weiterer Praktiken. So betonte der Vorsitzende der Geschäftsleitung Karl-Ludwig Kley vor dem Hintergrund der Krise die Bedeutung nachhaltiger Praktiken für den eigenen ökonomischen Erfolg.[146]

Obwohl Merck sich in den 2000er Jahren als ernstzunehmender Akteur im Handlungsfeld Nachhaltigkeit etablierte, zeugen interne Unternehmensquellen davon, dass Merck selbst sein Potential noch nicht ausgeschöpft sah. Eine interne Präsentation aus dem Jahr 2009 zog Bilanz zur *Corporate-Responsibility*-Organisation des Unternehmens, die für die Kommunikation und Praktiken im Feld der Nachhaltigkeit verantwortlich war.[147] Als Schwächen wurden u. a. das Fehlen einer dezidierten Organisation des Feldes sowie der mit zwei Jahren als zu lang empfundene Rhythmus der Berichte identifiziert.[148] Ferner ließen sich »Einzelakteure und Einzelprojekte statt integrierter Strategie und Synergieeffekten« beobachten, ebenso fehle es an klaren Ansprechpartnern und einem Konzept mit kla-

144 Merck-Archiv, Darmstadt, Merck Geschäftsbericht 2009, 2010.

145 Dies spiegelte sich beispielsweise in Ausführungen zu energieeinsparenden Merck-Produkten wie LED-Leuchten oder Innovationen des Unternehmens im Bereich Photovoltaik wider, Merck, Verantwortung, 2009, S. 23–25.

146 Vgl. ebd., S. 4 f.

147 Merck-Archiv, Darmstadt, V15/1807, Präsentation Merck CR Organisation, November 2009.

148 Ebd.

ren Zeitvorgaben und Aktivitäten.[149] Die Risikoanalysen sahen insbesondere die »Gefahr des Vorwurfs des Greenwashings«, aber auch »Unmut innerhalb des Unternehmens über eine Differenz von Schein und Sein«.[150] Die Präsentation zeugte zugleich von der Bereitschaft des Unternehmens, Probleme proaktiv anzugehen und zeigte verschiedene Optionen zur Verbesserung des Status quo auf, wie z. B. die Gründung eines externen Beirats, eines internen Beratergremiums oder einer CR-Abteilung.[151] Auffällig ist, dass alle Optionen jeweils mit Beispielen aus anderen Unternehmen unterschiedlichster Branchen illustriert wurden. Ein besonderes Augenmerk legte die Präsentation jedoch auf die Ansätze von BASF und Henkel.[152] Hier lässt sich ablesen, wie Praktiken im Handlungsfeld Nachhaltigkeit immer auch von der Branchenzugehörigkeit determiniert waren, da die Wettbewerber als primärer Bezugspunkt für eigene Unternehmungen dienten.

4. Nachhaltigkeitsnarrative und Interdependenzen

4.1 Chemieindustrie und Politik – Zwischen Getriebenem und Treiber

Die Analyse der politischen Rahmenbedingungen und Kontaktzonen in Deutschland hat gezeigt, dass die Chemieindustrie ein wichtiger Akteur bei der Ausgestaltung des Leitbilds Nachhaltigkeit war. Auch Merck entwickelte in Abgrenzung und Ergänzung zu politischen Akteuren eine Vielzahl an Narrativen mit Nachhaltigkeitsbezug. Zu Beginn des Untersuchungszeitraums in den späten 1980er Jahren sah Merck die Politik als treibende Kraft im diskursiven Feld der Nachhaltigkeit, deren Vorgaben jedoch wenig positiv rezipiert wurden.[153] Frühzeitig formulierte Merck, dass erfolgreicher Umweltschutz vielmehr aus den Unternehmen selbst heraus entstehen müsse. Der langjährige Vorsitzende der Geschäftsleitung Hans Joachim Langmann schrieb 1988 in einem Vortrag vor der Gesellschaft Deutscher Chemiker der Politik eine maßgebliche, wenn auch nicht alleinverantwortende Rolle bei dem Bedeutungszuwachs des Umweltschutzes zu.[154] Die gesetzlichen Vorgaben in diesem Bereich und dessen vermeintlich einseitige Priorisie-

149 Ebd.

150 Ebd.

151 Ebd.

152 Ebd.

153 Kritik westdeutscher Chemieunternehmen am Umfang der Umweltschutzgesetzgebung sieht Nuhn ab den 1970er Jahren als häufiges Motiv, vgl. Nuhn 2013, S. 180 f.

154 Merck-Archiv, Darmstadt, V15/718, Vortrag Prof. Dr. H. J. Langmann vor der Gesellschaft Deutscher Chemiker, 09.02.1988.

rung durch die Politik beurteilte er kritisch.[155] Statt strenger Richtlinien sollte die unternehmerische Freiheit im Vordergrund stehen. Die Notwendigkeit des Umweltschutzes stritt Langmann hingegen nicht ab. So habe Umweltschutz in der chemischen Industrie und der Geschichte des Unternehmens Merck eine lange Tradition.[156] Vielfach erzeugte Merck das Bild, dass politische Akteure Druck ausübten ohne die bisherigen Erfolge der Chemieindustrie ausreichend zu würdigen. Dieses Narrativ bediente auch die interne Kommunikation in der Mitarbeiterzeitschrift »Merck informiert«, die über die Vorreiterrolle der Chemieindustrie und des eigenen Unternehmens berichtete und den politischen Druck als teils überzogen und nicht durchdacht kennzeichnete.[157]

Anfang der 1990er Jahre lässt sich eine Verschärfung des Tons gegenüber der Politik beobachten. Die Unternehmenskommunikation kritisierte nun strenge Reglementierungen der Politik in aller Deutlichkeit.[158] Die Vorgaben der Politik würden vor allem Kosten verursachen, die Umweltschutzmaßnahmen seien jedoch nicht effizient. Aussagen der Geschäftsleitung in Umweltberichten des Unternehmens aus den frühen 1990er Jahren zeugen von einer Ambivalenz – man zeigte sich auf der einen Seite selbst um Umweltschutz bemüht, auf der anderen Seite wurden die Maßnahmen der Politik als zu einschneidend gewertet.[159] Auch interne Protokolle beschrieben den politischen Druck, der häufig als wenig zielführend und primär kostentreibend charakterisiert wurde.[160] Neben

155 Vgl.: »Ich halte es für wichtig, aufzuzeigen, daß trotz der eingangs erwähnten Werteverschiebung auch heute noch Umweltschutz nur eines von vielen Zielen der Unternehmensaktivität ist. Somit werden nie alle denkbaren Umweltschutzmaßnahmen in vollem Umfang umsetzbar sein können, weil dies meist nur auf Kosten anderer Ziele zu erreichen wäre. Auch ist hier die unternehmerische Freiheit durch Gesetze, Verordnungen, Auflagen und Tarifverträge stark eingeengt.«, ebd.

156 Ebd.

157 Ein Artikel über eine Ansprache von Hans Joachim Langmann vor Firmenjubilaren berichtete ausgiebig über die Vorreiterrolle der Chemieindustrie: »in keiner Industrie sei relativ so viel für den Umweltschutz getan worden, wie in der chemischen Industrie. Die Erfolge seien auch nicht ausgeblieben.« Umweltschutz erfordere »auch Maß und Zeit«; die deutsche Chemieindustrie »wehre sich nicht gegen strengere Auflagen, wenn diese sinnvoll konzipiert seien und wenn nicht die Umsetzung sozusagen über Nacht verlangt werde.«, Merck-Archiv, Darmstadt, Bessere Gesetze statt mehr Kontrolle, Merck informiert, 04.02.1987.

158 Vgl. Merck-Archiv, Darmstadt, Merck Geschäftsbericht 1991, 1992.

159 Vgl.: »Wir sind stolz auf das Erreichte, aber vieles bleibt noch zu tun. Unsere Sorge ist, daß wir durch Forderungen, durch Reglementierungen, aber auch durch Mißachtung ökonomischer Gegebenheiten überfordert werden, insbesondere, wenn die wirtschaftliche Situation hart und härter drückt. Dennoch werden wir nicht nachlassen in dem Bemühen, die Umwelt zu schützen, möglichst wenig Belastungen zu erzeugen, Luft und Wasser zu entlasten, Lärm und Abfall zu vermeiden und Wertstoffe zurückzugewinnen. Wir alle leben in dieser Welt und wollen sie lebenswert bewahren.«, Merck-Archiv, Darmstadt, Z2-Br-4b, Umweltschutz und Sicherheit, 1993.

160 Exemplarisch sei auf einen Bericht des Betriebsbeauftragten für Umweltschutz auf der Betriebsräteversammlung im Mai 1991 verwiesen, der kommentierte, die im Vorjahr erlassenen Verwaltungsvor-

der Einschätzung von politischen Maßnahmen als Kostentreiber charakterisierte Merck diese zum Teil als ursächlich für neue (Umwelt-)probleme.[161] Einher mit diesen Narrativen ging die Inszenierung der Industrie als kompetentester Akteur im Bereich des Umweltschutzes. Die praktische Erfahrung und Expertise wurde den Unternehmen zugeschrieben, denen man folglich die Umsetzung überlassen sollte.

An anderen Stellen zeichnete Merck ein positiveres Bild gesetzlicher Regulierung, da diese Rechts- und Planungssicherheit herstellen konnte. Viele Praktiken der ökologischen Dimension entstanden aus gesetzlichen Vorgaben, wurden von Merck aber auch darüber hinaus begrüßt. So sei die »Vermeidung, Verminderung und Verwertung von Reststoffen« ein »politisches Ziel«, das auch »aus ökologischen Gründen anzustreben« sei.[162] Ein weiteres Beispiel bildete die Kommunikation über Verwertung von Verpackungsmaterialen, die im Rahmen der Verpackungsverordnung erfolgte. Explizit formulierte Merck die Zustimmung zu dieser Gesetzgebung.[163] Auch im Zuge der Wiedervereinigung forderte Merck aktiv politische Maßnahmen ein. Umweltschutz und der Umgang mit ökologischen Altlasten entwickelte sich zu einer Standort- und Investitionsfrage in der ehemaligen DDR.[164] Politische Interventionen wurden mithin nicht per se abgelehnt, sondern im Kontext der Wiedervereinigung sogar aktiv eingefordert, um Rechtssicherheit in diesem Bereich zu schaffen.[165]

---

schriften zur Abfallentsorgung »erhöhen vor allem den administrativen Aufwand beträchtlich.«, Merck-Archiv, Darmstadt, V07/51, Betriebsräteversammlung am 6. Mai 1991: Umweltschutzbericht für 1990, 06.05.1991.

161 Beispielhaft illustrierte sich dies an Ausführungen zu Reststoffen und Abfallentsorgung, einem Thema, dem der Betriebsbeauftragte für Umweltschutz schon 1989 intern vor dem Betriebsrat viel Aufmerksamkeit widmete. Auf der einen Seite begrüßte er die politische Priorisierung des Handlungsfeldes, auf der anderen Seite kritisierte er ihre konkrete Umsetzung. Als Beispiel führte er Vorgaben zur Rauchgasentschwefelung an: »Das letzte aktuelle Beispiel ist vielen noch wohlbekannt. Eine besonders drastisch forcierte Rauchgasentschwefelung ließ sich technisch gesichert lediglich auf dem Wege der Erzeugung von Abfall-Gips erzeugen. Für diesen Abfall-Gips gibt es derzeut zumindest in den anfallenden Mengen keine weitere vollständige Verwendung oder Verwertung; es muß z.T. deponiert werden. Hier ist also abzusehen, daß ein neues Umweltproblem dadurch entstehen kann, daß man ein anderes forciert lösen wollte.«, Merck-Archiv, Darmstadt, V07/52, Rede Betriebsbeauftragter für Umweltschutz vor der Betriebsräteversammlung, 20.04.1989.

162 Merck-Archiv, Darmstadt, Merck Geschäftsbericht 1991, 1992.

163 Vgl.: »Wir bejahen die Ziele der Verpackungsverordnung und haben damit begonnen, in Zusammenarbeit mit unseren Kunden die Verwertung von Packmaterialien über regionale Entsorgungsunternehmen zu organisieren.«, Ebd.

164 Die politische Analyse im ersten Teil bestätigte, dass die ökologischen Altlasten der DDR ein integraler Bestandteil des politischen und wirtschaftlichen Diskurses der Wendezeit und ein Ort der Kooperation zwischen den Akteursgruppen Wirtschaft und Politik waren.

165 Vgl. exemplarisch Merck-Archiv, Darmstadt, Umweltschutz und Qualifizierung, Merck informiert, 13.09.1990.

Generell lässt sich in den 1990er Jahren eine Ambivalenz der Narrative entlang der Kontaktzonen mit politischen Akteuren beobachten. In einzelnen Teilaspekten des Ökologiediskurses inszenierte sich Merck als Vordenker, der freiwillig voranschritt, in anderen dominierte wiederum der Eindruck eines von der Politik geleiteten Handelns. Merck begrüßte den Dialog zwischen Politik und Wirtschaft und forderte diesen aktiv ein.[166] Innerhalb dieses Rahmens äußerte Merck jedoch auch Kritik.[167] So gehe das Unternehmen voran, doch die Politik würdige dies nicht. An anderen Stellen erzeugte die Kommunikation ein Bild der Politik als Partner.[168] Wie zu Beginn des Untersuchungszeitraums forderte Merck aber weiterhin, dass gesetzliche Regelungen zum Umweltschutz nicht ohne Not und mit Augenmaß erlassen werden sollten; eine solch zielgerichtete Politik wäre erfolgreich und hätte die Industrie als Partner an ihrer Seite.[169] Insgesamt erschien das Narrativ eines von der Politik getriebenen Unternehmens jedoch erheblich weniger präsent und scharf formuliert als in früheren Jahren.

Das Narrativ eines proaktiven Unternehmens und einer Branche, die freiwillig über politische Vorgaben hinausging und damit die größten Erfolge auf dem Weg zu Umweltschutz und Nachhaltigkeit errang, gewann an Dominanz. In der Kommunikation rund um die Veröffentlichung des Umweltberichts im Jahr 1995 wurde akzentuiert, dass das Unternehmen nicht bloß auf politische Vorgaben reagierte: »Merck hat viel für den Umweltschutz bewegt. Und das allermeiste ohne den Treibsatz Gesetzgeber.«[170] Im Einklang hiermit stand die zunehmende Betonung der Erfolge freiwilliger Maßnahmen der Chemieindustrie, die auch die zeitgenössische politische Diskussion prägte.[171] Dies galt beispielsweise im Bereich der Reduzierung der CO_2-Emissionen, bei der die Branche die Zielvorgaben von Rio deutlich übertroffen hatte; politische und ordnungsrechtliche Vorga-

166 Auf Kontaktzonen zu politischen Akteuren wies Merck insbesondere in der Mitarbeiterzeitschrift hin. Exemplarisch berichtete die Mitarbeiterzeitschrift »Merck informiert« 1993 über ein Gespräch zwischen dem damaligen Hessischen Ministerpräsidenten Hans Eichel und Mitgliedern der Geschäftsleitung von Merck, Merck-Archiv, Darmstadt, »Mehr miteinander reden«, Merck informiert, 09.09.1993.

167 So kritisierte beispielsweise der Leiter Zentraler Umweltschutz (ZUS) im Rahmen des Gesprächs mit Eichel die Höhe der Grundwasserabgabe in Hessen, ebd.

168 Exemplarisch berichtete die Mitarbeiterzeitschrift über Maßnahmen zur Chancengleichheit von Frauen im Berufsleben und eines Informationsbesuchs der damaligen Bundesministerin für Familie und Senioren, Hannelore Rönsch, im Werk Darmstadt, die die Praktiken des Unternehmens explizit gelobt habe, Merck-Archiv, Darmstadt, Ein dickes Kompliment der Bundesministerin, 20.06.1991.

169 Vgl. exemplarisch Merck-Archiv, Darmstadt, Z2-Br-4b, Umweltschutz und Sicherheit, 1993.

170 Merck-Archiv, Darmstadt, V15/914, Presse-Information: Merck legt erstmals Umweltbericht vor, 06.11.1995; vgl. hierzu auch Merck-Archiv, Darmstadt, Z02-D00134, Merck Geschäftsbericht 1995, 1996; vgl. hierzu auch den Geschäftsbericht 1996: »Umweltschutz und Sicherheit bedeuten für uns nicht nur defensives Erfüllen gesetzlicher Verpflichtungen, sondern aktives Verhalten.«, Merck-Archiv, Darmstadt, Z02-D00135, Merck Geschäftsbericht 1996, 1997.

171 Vgl. Kapitel I.1.

ben würden diesen Erfolg nicht fördern, sondern gar gefährden, wenn sie die Innovations- und Investitionsfähigkeit der Unternehmen einschränken würden.[172] Diese Darstellung erstreckte sich nicht nur auf den Energiebereich, sondern umfasste sämtliche ökologischen Herausforderungen.[173] Deutlich zeichnete sich hier auch eine Diskurskoalition innerhalb der Chemiebranche ab; Merck sprach nicht als einzelnes Unternehmen, sondern als Mitglied jener Branche.[174] Das Narrativ, dass freiwillige Selbstverpflichtungen das geeignete Mittel auf dem Weg zu mehr Nachhaltigkeit darstellen, blieb auch in den 2000er Jahre erhalten. Ein Artikel in der Mitarbeiterzeitschrift zur Klimakonferenz in Bonn im Jahr 2001 sah die deutsche Chemieindustrie in einer internationalen Vorreiterrolle.[175] Die Chemieindustrie würde für die Reduzierung von Treibhausgasemissionen mehr leisten als andere Branchen und gar im Alleingang zur Erfüllung politischer Vorgaben in Deutschland beitragen – dies belegten zeitgenössische Zahlen.[176] Hier zeichnete sich im Narrativ gewissermaßen eine Umkehr ab: Nicht die Chemie war auf günstige politische Rahmenbedingungen angewiesen, sondern die Politik konnte sich bei der Erreichung eigener Ziele auf die Erfolge der deutschen Chemieindustrie verlassen.

Im Verlauf der 2000er Jahre weitete sich das Narrativ des freiwillig voranschreitenden Unternehmens auf die soziale Dimension aus. Insbesondere nahm Merck dabei an internationalen Programmen, wie dem UN-Global Compact, teil.[177] 2007 setzte das Unternehmen zudem eine für die gesamte Gruppe geltende Sozialcharta in Kraft.[178] Bei näherem Blick auf die Elemente der Sozialcharta zeigt sich, dass viele der Punkte vor allem international in Ländern

172 Vgl. exemplarisch Merck-Archiv, Darmstadt, Vorgabe von Rio übertroffen, Merck informiert, 16.03.1995.

173 Vgl. exemplarisch einen Bericht über die Unterzeichnung der zweiten Stufe eines Umweltabkommens zwischen dem Hafen Rotterdam und dem VCI zur Reduzierung der Schadstoffbelastung des Rheins, Merck-Archiv, Darmstadt, Deutsche Chemie verringert Belastung des Rheins, 25.01.1996.

174 Das Unternehmen nahm aber auch Bezug auf den Erfolg eigener freiwilliger Selbstverpflichtungen, beispielsweise zur Senkung des Wasserverbrauchs an den Standorten Darmstadt und Gernsheim, Merck-Archiv, Darmstadt, Z2-Br-4a, Umweltbericht 1997, 1997.

175 Vgl. Merck-Archiv, Darmstadt, Klimaschutz: Vergleich bedrückt, Merck informiert, 02.08.2001.

176 Ebd.

177 Den Beitritt zur Initiative begleitete auch die Mitarbeiterzeitschrift kommunikativ, Merck-Archiv, Darmstadt, »Verantwortung leben«, pro international, Oktober 2005; Merck-Archiv, Darmstadt, Weltweite Verantwortung für Mensch und Umwelt, pro international, Mai 2005.

178 Die Charta umfasste eine Vielzahl an Handlungsfeldern: »Sie untermauert unseren Anspruch, alle Arbeitnehmer weltweit fair und unter Beachtung lokaler Gesetze und Richtlinien zu behandeln. Für folgende Bereiche setzen wir uns Selbstverpflichtungen, die weltweit an allen Standorten gelten: Gesundheit und Sicherheit am Arbeitsplatz [,] Löhne und Gehälter [,] Arbeitszeiten [,] Vereinigungsfreiheit [,] Keine Diskriminierung, sondern Chancengleichheit [,] Keine Kinderarbeit [,] Keine Zwangsarbeit [,] Verhinderung von Missbrauch und Belästigung [,] Verhinderung von Bestechung und Kooperation.«, Merck-Archiv, Darmstadt, Verantwortung für Mitarbeiter, Umwelt und Gesellschaft. Bericht 2007, 2007.

mit eingeschränkter Gesetzgebung im Bereich Arbeits- und Sozialstandards von großer Bedeutung waren. Im deutschen Markt nivellierte sich eine freiwillige Verpflichtung gegen Kinder- oder Zwangsarbeit vor dem Hintergrund des ohnehin bestehenden gesetzlichen Verbots. So bot die Internationalisierung des Unternehmens zugleich eine kommunikative Chance, sich selbst international eine Vorreiterrolle zu schaffen, die national bereits besetzt war.

In den 2000er Jahren zeugen die Quellen von einer gewandelten Haltung zur Politik, ebenso wie von einer gewandelten Haltung der Politik gegenüber der Wirtschaft. Der kooperative Ansatz hatte sich etabliert, ein Bekenntnis zur Nachhaltigkeit war Konsens in Wirtschaft und Politik. Exemplarisch illustrierte sich dies an der im Mai 2000 gegründeten »Umweltallianz Hessen«, einer Zusammenarbeit zwischen Behörden und Wirtschaft mit 120 Gründungsmitgliedern. Zum fünfjährigen Jubiläum lobte der damalige hessische Ministerpräsident Roland Koch unter dem Motto »Kooperation statt Konfrontation« das Format ausgiebig und übernahm das Narrativ, dass durch freiwillige Verpflichtungen mehr erreicht werden könne als durch gesetzlichen Zwang.[179] Damit bestätigt sich in den Kontaktzonen von Merck, was sich auch im größeren Diskursrahmen auf bundesdeutscher Ebene zeigte.[180] Ein bundesweites Beispiel für die Diskurskoalitionen zwischen Politik und Wirtschaft, an der Merck sich beteiligte, bildete das »Jahr der Chemie 2003«, eine gemeinsame Initiative des Bundesministerium für Bildung und Forschung, der Initiative »Wissenschaft im Dialog« und der Chemieorganisationen in Deutschland.[181] Zwar gab es vereinzelt weiterhin Konfliktlinien zwischen den Akteursgruppen, diese entbehrten aber der Schärfe und Konfrontationshaltung früherer Auseinandersetzungen.[182]

179 Während durch die Verwaltung Bürokratie abgebaut worden sei, »haben die Unternehmen [als Gegenleistung] mehr Eigenverantwortung übernommen und leisten mehr für den Schutz der Umwelt, als es der Gesetzgeber vorschreibt. So ist in der Zwischenzeit bereits sehr viel erreicht worden: Ein Maximum an Umweltschutz bei gleichzeitiger Minimierung der Bürokratie.«, Merck-Archiv, Darmstadt, V15/1798, 5 Jahre Umweltallianz Hessen, Mai 2005.

180 Vgl. Kapitel I.1.

181 Merck beteiligte sich gemeinsam mit der Technischen Universität Darmstadt an der Initiative, u. a. im Rahmen von Vorlesungen, Merck-Archiv, Darmstadt, V15/1163, Jahr der Chemie 2003, 2003.

182 Exemplarisch sei auf das ausgiebige Positionspapier »Politische Top-Themen des VCI 2009« verwiesen, in dem zahlreiche Botschaften und Forderungen der Chemiebranche artikuliert wurden, auch und insbesondere zur Energie- und Klimapolitik. Die dort postulierten Argumente waren ausgiebig mit Daten und Fakten hinterlegt. Forderungen richteten sich nicht grundsätzlich gegen politische Klimaschutzmaßnahmen, sondern plädierten lediglich für ein anderes Instrumentenbündel, Merck-Archiv, Darmstadt, V15/1798, Politische Top-Themen des VCI 2009, 08.07.2009.

4.2 Im Austausch mit der (lokalen) Gesellschaft

Die Politik blieb nicht der einzige Akteur, der Einfluss auf die Ausgestaltung des Leitbilds Nachhaltigkeit im Unternehmen hatte. Merck sah sich zudem großem gesellschaftlichen Druck ausgesetzt – überregional ebenso wie lokal. Als Akteur im diskursiven Feld der Nachhaltigkeit und seiner vor allem ökologischen Vorläufer setzte Merck sich frühzeitig mit der Erwartungshaltung der Öffentlichkeit auseinander. Zu Beginn des Untersuchungszeitraums Ende der 1980er Jahre sah Merck sich mit einem emotional aufgeladenen Ökologiediskurs konfrontiert. Vor diesem Hintergrund lässt sich beobachten, wie das Unternehmen seine eigene Position zu bestimmen versuchte und den Diskurs prägen wollte. Merck sah die Chemieindustrie als Zielscheibe von (unbegründeten) gesellschaftlichen Ängsten, aus denen das Unternehmen einen Handlungsauftrag ableitete.[183] Ein Vortrag vor der Gesellschaft Deutscher Chemiker im Jahr 1988 des damaligen Vorsitzenden der Geschäftsleitung Hans Joachim Langmann stufte den Stellenwert des Umweltschutzdiskurses in Gesellschaft und Politik als auffällig hoch ein und beurteilte seine Dominanz und Emotionalität kritisch.[184] Ein Primat der Ökologie lehnte er ab. Die schlechte Reputation der Chemieindustrie sah der Vorsitzende der Geschäftsleitung als unbegründet an, jedoch war das Unternehmen zwangsläufig damit konfrontiert und müsse entsprechende Ängste ernstnehmen.[185] Merck zeigte eine hohe Kommunikations- und Kooperationsbereitschaft und suchte Diskurskoalitionen mit anderen Akteuren. Exemplarisch berichtete die Mitarbeiterzeitschrift über einen Besuch der Umweltschutzorganisation BUND im Werk Gernsheim.[186] Dabei wurde das Narrativ überzogener bzw. uninformierter gesellschaftlicher Ansprüche bedient und man sah sich durch

---

183 In den gleichen Zeitraum fiel auch die Publikation von Ulrich Becks breit rezipiertem Werk Risikogesellschaft, in dem dieser Folgeprobleme der technisch-ökonomischen Entwicklung beschrieb, Beck 2016 (1986).

184 »Die starke Betonung des Umweltschutzes scheint uns heute ein völlig natürlicher, ja erforderlicher Vorgang. Umfragen zeigen, daß Umweltschutz in letzter Zeit zu den drei wichtigsten Zielen und Werten des Einzelnen und der Gesamtbevölkerung gehört. 1976 war der Umweltschutz bei vergleichbaren Umfragen unter den acht wichtigsten Themen noch nicht vertreten. Diese Umschichtung auf der Werteskala stellt eine dramatische Entwicklung dar, die nicht ohne Auswirkungen bleiben kann. Jede Verletzung oder scheinbare Beeinträchtigung dieses Zieles ›Schutz der Umwelt‹ kann zum Teil reißerisch aufgegriffen werden und mit Moralwerten be- oder besser verurteilt werden. Betroffenheit und Emotionen stehen im Widerpart zur naturwissenschaftlichen Analyse und Bewertung. Bestimmte Aspekte des wissenschaftlich-technischen Bereiches erscheinen manchem heute von vornherein suspekt.«, Merck-Archiv, Darmstadt, V15/718, Vortrag Prof. Dr. H. J. Langmann vor der Gesellschaft Deutscher Chemiker, 09.02.1988.

185 Ebd.

186 Merck-Archiv, Darmstadt, Vor Panikmache gewarnt. Bund-Vertreter im Werk Gernsheim, Merck informiert, 08.05.1987.

ähnliche Ansichten des BUND in der eigenen Wahrnehmung bestätigt.[187] Durch die Kommunikation einer Diskurskoalition mit einer Umweltschutzorganisation versuchte Merck der wahrgenommenen Emotionalisierung entgegenzutreten.

Gemäß einer Umfrage von EMNID im Auftrag des Bundesarbeitgeberverbandes Chemie vom Sommer 1986 sowie einer des Instituts für empirische Psychologie von Ende 1986 war besserer Umweltschutz für die Hälfte der Bevölkerung »ein vordringlicher Zukunftswunsch«, für 70 Prozent sei er »sehr wichtig«.[188] Der Umweltschutz hatte sich in den vorherigen zwanzig Jahren, d. h. seit den 1960er Jahren, zu einem gesellschaftlich wichtigen Problemfeld entwickelt, die heutige »überragende Bedeutung« habe er »erst in den achtziger Jahren erreicht«[189], so der Leiter der Öffentlichkeitsarbeit bei Merck 1987. Im Zuge solch zeitgenössischer Meinungsbilder kommunizierte Merck das Bild einer Industrie, die sich den veränderten Ansprüchen nicht verweigerte, sondern eine intrinsische Motivation für die Implementierung von Praktiken des Umweltschutzes aufwies. Ignoranz gegenüber der öffentlichen Anspruchshaltung sei daher ein »schier selbstmörderisches Unterfangen«.[190] Neben ethischen Aspekten sei die Industrie »ja dazu da, Waren herzustellen und zu vertreiben, die die Menschen haben wollen und derer sie bedürfen.«[191] Mit Gewinn könne »man dies auf Dauer nur tun, wenn man nicht das Falsche herstellt und anbietet«; bereits hier zeige sich »daß Wirtschaft und Umweltbewußtsein weder Gegensätze sind noch einfach voneinander abgekoppelt werden können.«[192] Die Chemieindustrie habe in besonderem Maße auf den gesellschaftlichen Bewusstseinswandel reagiert und sei ein Vorreiter.[193] Auch die interne Kommunikation bewegte sich zwischen der Feststellung eines enormen gesellschaftlichen Drucks auf die Branche und einer gleichzeitigen, teils aus diesem Druck, teils aus Eigeninteresse resultierenden Vorreiterrolle.[194] Diese Narrative standen in mancher Hinsicht an anderer Stelle

---

187 Vgl.: »Aber auch über den Nutzen der Chemie wurde diskutiert und über die Aufklärung der Bevölkerung. In diesem Zusammenhang warnten beide Seiten vor einer unnötigen Panikmache. So hat nachweislich bei der Betriebsstörung am 21. März 1987 zu keiner Zeit eine Gefährdung der Bevölkerung vorgelegen, da nur die Geruchsschwelle von Schwefelwasserstoff überschritten worden war.«, ebd.

188 Merck-Archiv, Darmstadt, V15/100, Vortrag Leiter Öffentlichkeitsarbeit, vor der siebten Dekanatssynode in Babenhausen, 17.10.1987.

189 Ebd.

190 Ebd.

191 Ebd.

192 Ebd.

193 Ebd.

194 Vgl. exemplarisch Merck-Archiv, Darmstadt, »Gewässerschutz für Merck lebenswichtig«, Merck informiert, 22.03.1990; auch zwei Jahre später verwies der Betriebsbeauftragte für Umweltschutz auf den großen öffentlichen Druck, u. a. aufgrund des Sandoz-Chemieunglücks und Transportunfällen, und auf die Notwendigkeit, entsprechende Praktiken für Umweltschutz und Sicherheit zu implementieren,

erhobenen Klagen über die hohen Kosten des Umweltschutzes entgegen.[195] Je nach Zielgruppe und Perspektive variierten die akzentuierten Narrative; das Diskursfeld gestaltete sich fluide.

Wie bereits bei den Kontaktzonen mit politischen Akteuren bestand auch im Umgang mit weiteren gesellschaftlichen Akteursgruppen eine feste Diskurskoalition innerhalb der Chemieindustrie. Dem Unternehmen war in der externen Kommunikation nicht nur daran gelegen, eigene Erfolge darzulegen, sondern auch die gesamte Branche vor einem Generalverdacht zu schützen.[196] In den Jahren nach der Rio-Konferenz rekurrierte Merck vielfach auf Initiativen zur Akzeptanzsteigerung und die Branchenzugehörigkeit blieb ein wichtiges Bezugsmoment im Ökologiediskurs.[197] Immer wieder griffen Mitglieder des Managements die schwierige Situation der Branche auf. Vor dem Hintergrund von durch Chemieunglücksfällen entstandenen Ängsten, negativer medialer Berichterstattung und als Spielball der Politik sahen sie sich starkem Druck und fehlender Akzeptanz ausgesetzt.[198] Die chemische Industrie versuchte insbesondere durch alle drei Jahre durchgeführte Tage der offenen Tür eine Akzeptanzsteigerung zu erreichen und »vorhandene Vorurteile und Mißtrauen gegenüber diesem Industriezweig abzubauen.«[199] Die interne wie externe Kom-

---

Merck-Archiv, Darmstadt, V07/51, Betriebsräteversammlung am 6. Mai 1991: Umweltschutzbericht für 1990, 06.05.1991.

195 Vgl. hierzu Kapitel II.3.1.

196 Der letzte Geschäftsbericht der 1980er Jahre hielt fest: »Auch 1989 hat die Bedeutung des Umweltschutzes als gesamtgesellschaftliche Aufgabe erneut zugenommen. Folgerichtig haben sich die Bemühungen der Unternehmen auf diesem Gebiet verstärkt. Auch die chemische Industrie, die Umweltschutzanstrengungen früh begonnen und mit wachsender Intensität über die letzten zwanzig Jahre fortgesetzt hat, kann für 1989 eine positive Bilanz ziehen. Das gilt ebenfalls für die Merck-Gruppe Inland.«, Merck-Archiv, Darmstadt, Merck Geschäftsbericht 1989, 1990.

197 Vgl. exemplarisch Merck-Archiv, Darmstadt, Z2-Br-4b, Umweltschutz und Sicherheit, 1993; vgl. hierzu auch Nuhn 2013, S. 357.

198 Exemplarisch belegt sich dies anhand eines Vortrags des damaligen Leiters der Unternehmenskommunikation von Merck und langjährigen Vorsitzenden des »German Pharma Health Fund«: »Haftet schon der Wissenschaft Chemie von ihrer Geschichte, von ihrer Formelsprache und den ›Zaubereien‹ der Stoffumwandlung her das Odium der Unverständlichkeit und des Mysteriösen an, so ist die Haltung vieler gegenüber der Chemischen Industrie – insbesondere nach den bekannten schweren Unglücksfällen, nach Fehlern, Fehleinschätzungen und Kommunikationsmängeln – eindeutig gekennzeichnet durch Mißtrauen, Angst und Ablehnung.« Diese negative Haltung sei »gestützt und verstärkt worden durch die Berichterstattung der Medien, aber auch durch Dramatisierungen aus bestimmter politischer Absicht heraus.«, Merck-Archiv, Darmstadt, Vortrag »Information der Nachbarn eines Industriebetriebes über Risiken und Sicherheitsmaßnahmen«, 03.11.1993.

199 Merck-Archiv, Darmstadt, Ein Tag im Werk Darmstadt, Merck informiert, 26.09.1996; auch Nuhn hält fest, dass die offensive Informationspolitik von Bayer der Strategie der Chemieindustrie insgesamt entsprach, vgl. Nuhn 2013, S. 199.

munikation von Merck rezipierte diese Tage der offenen Tür umfassend.[200] Im Archiv haben sich ferner Antwortbriefe auf Bürgeranfragen erhalten, die zum Teil explizit nachfragten, inwiefern Merck die Ergebnisse der Rio-Konferenz umsetze. Auch hierbei verwies das Unternehmen nicht nur auf eigene Strategien und Praktiken, sondern gleichermaßen auf Initiativen der Chemieindustrie.[201]

Im Zentrum der Kommunikation standen die Gesellschaft als Ganzes, jedoch insbesondere die Bürgerinnen und Bürger im Umfeld der Standorte.[202] Die schlechte Reputation der Branche und gefühlte Distanz zu den Anrainerinnen und Anrainern charakterisierte der Leiter der Unternehmenskommunikation als geschäftsschädigend; entsprechend galt es Informations- und Kommunikationswege mit der Bevölkerung auf- und auszubauen.[203] Ökologische und soziale Unverantwortlichkeit könnten zu ökonomischem Misserfolg führen. Kontaktzonen zu lokalen Akteuren am Standort Darmstadt pflegte Merck in besonderem Maße. Seit den frühen 1990er Jahren lud Merck zudem einmal jährlich die Bürgerinnen und Bürger in Darmstadt-Arheilgen zu einer Bürgerversammlung ein.[204] Einblick in die Unternehmenspolitik bietet ein Antwortbrief an eine Bürgerin aus dem Jahr 1994, in dem diese sich erkundigte, ob es eine »Umweltvereinbarung« zwischen Merck und Darmstädter Umweltgruppen gebe und wie sich der Umgang mit diesen Gruppen und den Anwohnerinnen und Anwohnern gestalte. Im Antwortbrief verwies die Öffentlichkeitsabteilung auf die Umweltvereinbarung von 1984/85, die zum Zeitpunkt des Briefes folglich bereits zehn Jahre zurücklag, offenbar aber weiterhin Gültigkeit beanspruchte.[205] An den Ausführungen des Leiters der Öffentlichkeitsarbeit lässt sich ablesen, dass Merck sich damals mit einer Koalition zwischen zivilgesellschaftlichen Akteuren und der Politik konfrontiert sah, die sich gegen das Unternehmen richtete.[206] Zum einen bediente

200 Merck-Archiv, Darmstadt, Z2-Br-5, Merck und der Umweltschutz, ca. 1990; Merck-Archiv, Darmstadt, Alles andere als ein Reinfall, Merck informiert, 30.09.1993; Merck-Archiv, Darmstadt, Tag der offenen Tür, Merck informiert, 27.09.1990; Merck-Archiv, Darmstadt, Ein Tag im Werk Darmstadt, 26.09.1996.

201 Vgl. Merck-Archiv, Darmstadt, V15/68(b), Antwortbrief an J. B. »Umsetzung der Beschlüsse von UNCED in Rio«, 13.01.1995.

202 Vgl. exemplarisch einen Auszug aus dem Geschäftsbericht 1993: »Insbesondere in Deutschland hat die Akzeptanz in der Bevölkerung für die Unternehmen der chemischen Industrie 1993 abgenommen. Durch Intensivierung der Kommunikation mit Vertretern der Politik, aber vor allem mit Bürgern und Nachbarn an den Standorten haben wir uns verstärkt um Akzeptanz bemüht, Merck-Archiv, Darmstadt, Merck Geschäftsbericht 1993, 1994.

203 Vgl. Merck-Archiv, Darmstadt, Vortrag »Information der Nachbarn eines Industriebetriebes über Risiken und Sicherheitsmaßnahmen«, 03.11.1993.

204 Vgl. u. a. Merck-Archiv, Darmstadt, V15/937, Presse-Information: Mit den Nachbarn reden, 19.03.1996; Merck-Archiv, Darmstadt, V15/909, Presse-Information: Miteinander reden, 1992.

205 Hintergrund der damaligen Vereinbarung bildete die Erweiterung des Kesselhauses für die Erzeugung von Dampf und Strom.

206 Vgl. Merck-Archiv, Darmstadt, V15/67 (b), Antwortbrief der Öffentlichkeitsarbeit an R. M., 14.07.1994.

Merck hier das Narrativ eines unverhältnismäßig unter Druck geratenen Unternehmens, zum anderen zeigte es sich als kompromissbereiter Akteur, der den Umweltgruppen in einem auf Vorschlag des Regierungspräsidiums Darmstadt erfolgten Kompromiss Einsicht in Emissionsmessdaten gewährte, während diese dafür auf ihr Klagerecht verzichteten.[207] Die Ausführungen illustrierten aber auch die Gefahr, die aus einer fehlenden Auseinandersetzung mit den lokalen Anspruchsgruppen entstehen konnte – allen voran die Möglichkeit juristischer Maßnahmen mit unabsehbaren Konsequenzen. Der proaktive Ansatz diente hier der Prävention, ebenso wie als ein Beispiel für das Verantwortungsbewusstsein und die Kompromissbereitschaft von Merck.[208]

Die lokale Wahrnehmung von Merck am Unternehmensstandort unterlag im Untersuchungszeitraum Schwankungen. Es kann nicht per se behauptet werden, dass sich eine große Mehrheit der Bürgerinnen und Bürger vor Ort im Untersuchungszeitraum kritisch mit den Umweltschutzmaßnahmen des Unternehmens auseinandersetzte.[209] Das lokale mediale Interesse bei Störfallen war hingegen groß.[210] Die Berichterstattung zeugte dabei meist von einem zumindest neutralen, teils wohlwollenden Tenor gegenüber dem Unternehmen.[211] Im Jahr 2000 analysierte eine Marktforschungsgruppe der Fachhochschule Darmstadt das lokale Image von Merck anhand einer Studie mit 320 Personen aus der Region.[212] Dabei trafen zwei Drittel der Befragten Aussagen zum Umwelt-Engagement bei Merck. Die Bilanz fiel gemischt aus, vor allem im Umweltschutzbereich waren weniger positive Initiativen, sondern vielmehr Störfälle im öffentlichen Gedächtnis präsent.[213] Im Ergebnis zeigte die Analyse, dass Merck »als einer der größten Arbeitgeber in der Region bekannt« sei und »als solcher im nahen Umfeld als guter Nachbar auch geschätzt« werde.[214] Hier verdeutlichte sich die Ambivalenz der lokalen Wahrnehmung von Merck – auf der einen Seite war das

207 Ebd.

208 Ebd.

209 Merck-Archiv, Darmstadt, V15/680, Protokoll über die 181. Sitzung des innerbetrieblichen Umweltausschusses am 9. Dezember 1994, 04.01.1995.

210 Dies zeigte sich exemplarisch im Kontext einer Explosion eines größeren Glasbehälters mit drei Verletzten in der Produktionsanlage in Darmstadt im Mai 1993, über die lokale Medien ausgiebig berichteten, Vgl. u. a. Merck-Archiv, Darmstadt, V15/729a, Fuldaer Zeitung, Kessel mit Lauge bei Merck explodiert, 19.05.1993; Merck-Archiv, Darmstadt, V15/729a, Wiesbadener Kurier, Wieder Explosion in Chemiefirma, 19.05.1993; Merck-Archiv, Darmstadt, V15/729a, Rhein-Neckar-Zeitung, Kessel mit Lauge bei Merck explodiert, 19./20.05.1993.

211 Merck-Archiv, Darmstadt, V15/729a, Darmstädter Echo, Nach Explosion bei Merck: Experten suchen Lösung, 21.05.1993.

212 Merck-Archiv, Darmstadt, V15/1146(b), Was denkt die Bevölkerung über Merck?, 15.06.2000.

213 Ebd.

214 Ebd.

Unternehmen eine wirtschaftliche Stütze, auf der anderen Seite wurden einzelne Ereignisse kritisch begleitet.

Auch abseits von Störfällen erregten Themen vereinzelt lokal besondere Aufmerksamkeit, da die Bevölkerung unmittelbar davon betroffen war. Häufig lassen sich hier wechselnde Diskurskoalitionen beobachten. Teilweise arbeiteten Politik und Bürgerinitiativen zusammen, an anderer Stelle kooperierten Merck und lokale politische Akteure. Ein Beispiel eines lokal breit rezipierten Themas bildete das sogenannte Erweiterungsgelände Nord, das um 1990 eine Reihe von Kontroversen mit sich brachte. Merck sah sich damals in Auseinandersetzungen mit der lokalen Politik und Verwaltung sowie der Bürgerinitiative Arheilgen. Im Kern ging es um die Frage, ob das im Besitz von Merck befindliche Gelände im Bebauungsplan als Industrie- oder lediglich als Gewerbegebiet ausgewiesen werden sollte, ob also grundsätzlich nur eine Nutzung für die Verwaltung oder auch für die Produktion möglich würde.[215] Die Bürgerinitiative wandte sich gegen einen Ausbau als Produktionsstandort und äußerte Sicherheitsbedenken, die auch ökologische Faktoren miteinbezogen. In einer Vorlage für die Geschäftsleitung erläuterte die Abteilung Öffentlichkeitsarbeit die Kommunikationsstrategie, die auf einen kooperativen Ansatz setzte.[216] Entsprechend sei man sinnvollen Kompromissen bei der Art der Nutzung des Geländes gegenüber aufgeschlossen.[217] Merck war zu diesem Zeitpunkt bewusst, dass die lokalen Akteure über eine Macht verfügten, die den Diskurs und damit letztlich auch die politische Entscheidung zu Ungunsten von Merck wenden konnten.[218] Die Öffentlichkeitsarbeit betonte gegenüber der Geschäftsleitung die Notwendigkeit einer offenen und kompromissbereiten Kommunikation; nur so könnten auch Chancen für das Unternehmen und eine positive mediale Bewertung entstehen.[219] Die Quellen zeugen aber auch von Diskurskoalitionen zwischen Merck und lokaler Politik. Teils brachten politischen Akteure gegenüber dem Unternehmen eigene Ideen für eine Akzeptanzsteigerung in der Bevölkerung ein.[220] Zu beobachten ist ferner, dass sich auf lo-

215 Vgl. u. a. Merck-Archiv, Darmstadt, V15/1064, Vorlage für die Geschäftsleitung von der Abteilung Öffentlichkeitsarbeit zum Erweiterungsgelände Nord/Kommunikationsstrategie, 23.01.1990.

216 So seien für Merck »gutnachbarliche Beziehungen zu den Bürgern Darmstadts und Arheilgens ebenso wie zu den kommunalen Gremien von sehr großer Bedeutung. Es gehört zur Geschäftspolitik von Merck, diese Interessen zu sehen, zu respektieren und in seine Entscheidungen einzubeziehen.« Merck werde »bei der Nutzung des Nordgeländes Sorgen, Befürchtungen und Ängste der Bürger in seine Überlegungen einbeziehen und Sicherheitsgesichtspunkten besondere Beachtung schenken«, ebd.

217 Ebd.

218 Ein Austausch mit anderen Akteursgruppen erschien daher unerlässlich, vgl. ebd.

219 Vgl. ebd.

220 In einer Aktennotiz über ein Gespräch mit der Darmstädter CDU im September 1991, in dem auch das Erweiterungsgelände Nord diskutiert wurde, hieß es, die CDU sei »mit der Merckschen Kernaussage: Keine Chemie im Norden sowie mit den dargestellten Nutzungsmöglichkeiten sehr einverstanden« ge-

kaler Ebene Akteursgruppen häufig überlagerten. So nahmen an einem Gespräch zwischen Merck und der CDU-Arheilgen insgesamt sieben CDU-Mitglieder teil – darunter ein Mitarbeiter von Merck und ein Mitglied der lokalen Bürgerinitiative IG Arheilger Bürger.[221]

Neben den oben genannten Akteursgruppen der unmittelbaren lokalen Umgebung, zeugen die Quellen von einer Vielzahl an Kontaktzonen mit der hessischen Landespolitik und Landesgruppen von Umweltschutzorganisationen. Exemplarisch sei auf die Kontroversen um den Darmstädter Westwald und die Grundwasserentnahme durch Merck verwiesen. Der Konflikt drehte sich um den Wasserbedarf von Merck und die Grundwasserförderung am Standort Darmstadt.[222] In Folge einer Grundwasserabsenkung entstanden schwerwiegende Schäden an den Bäumen. Gutachten schätzten den Anteil von Merck an der Grundwasserabsenkung auf ca. 25 Prozent, in der Öffentlichkeit wurde das Unternehmen insbesondere von Umweltschutzorganisationen aber als Hauptverantwortlicher dargestellt.[223] 1994 erteilte das Regierungspräsidium Darmstadt Merck einen Zulassungsbescheid zur Wasserförderung, gegen den die Umweltschutzorganisation BUND Widerspruch einlegte, was 1996 in einer Untätigkeitsklage gegen das Regierungspräsidium gipfelte.[224] In den Debatten rekurrierte Merck vor allem auf die bereits erfolgten großen Anstrengungen im Bereich der Wassereinsparung und wies es von sich, alleiniger Verursacher der Probleme zu sein.[225] Die Rolle als Teilverursacher akzeptierte Merck hingegen und beteiligte sich an Sanierungsprojekten für die Waldgebiete.[226] Das Unternehmen war lange Zeit nicht gewillt, sich auf niedrigere Entnahmemengen festzulegen[227] und begründete dies mit möglichen Produktionsausfällen und Arbeitsplatzverlusten.[228] Interne Protokolle geben Einblick in den Verlauf

wesen. Die CDU habe »empfohlen, mit diesem Konzept in die Öffentlichkeit zu gehen und die Bürger Arheilgens zu informieren.«, Merck-Archiv, Darmstadt, V15/1037, Aktennotiz über das Gespräch mit führenden Vertretern der Darmstädter CDU am 09.09.1991, 19.09.1991.

221 Merck-Archiv, Darmstadt, V15/1099b, Gespräch mit der CDU Arheiligen am 29.03.90, 24.04.1990.

222 Für eine Übersicht über die Problematik vgl. Merck-Archiv, Darmstadt, V15/1093b, Wasser Westwald Merck, 1998.

223 Ebd.; Merck-Archiv, Darmstadt, V15/937, Presse-Information: Merck beteiligt sich an Sanierung des Westwaldes, 14.05.1996.

224 Merck-Archiv, Darmstadt, V15/947, Presse-Information: Weniger Wasser aus dem Westwald. Erste Ergebnisse zwischen RP, Merck und BUND, 24.02.1999.

225 Merck-Archiv, Darmstadt, V15/1093b, Wasser Westwald Merck, 1998.

226 Merck-Archiv, Darmstadt, V15/937, Presse-Information: Merck beteiligt sich an Sanierung des Westwaldes, 14.05.1996.

227 Ebd.

228 Merck-Archiv, Darmstadt, V15/947, Presse-Information: Weniger Wasser aus dem Westwald. Erste Ergebnisse zwischen RP, Merck und BUND, 24.02.1999.

der Gespräche mit dem BUND mit dem Ziel der Klagerücknahme.[229] Der nach anfänglich kontroversen Gesprächen verfolgte kooperative Ansatz wurde von allen Seiten als Erfolg gewertet.[230] Der konstruktive Dialog bot Merck auch eine Chance, sich vor der lokalen und regionalen Politik und Verwaltung zu profilieren.[231]

In den 2000er Jahren entgrenzten sich die Narrative und Kontaktzonen zu gesellschaftlichen Akteuren im diskursiven Feld der Nachhaltigkeit. Zwar kommunizierte Merck weiterhin das Narrativ eines guten Nachbars, parallel rückten jedoch gesamtgesellschaftliche, globale Akzeptanz- und Aufklärungskampagnen in den Fokus, die u. a. in der Tradition der Tage der offenen Tür standen. Merck artikulierte das Streben nach einer positiven Reputation des Unternehmens in der Gesellschaft, als deren Teil es sich begriff.[232] Das Unternehmen setzte weiterhin auf das Prinzip der Aufklärung und der guten Nachbarschaft, wandte dieses aber nun global auf alle Standorte an.[233] Parallel schien sich die negative Reputation der Chemieindustrie allmählich zu wandeln. Die Mitarbeiterzeitschrift berichtete, dass das bisherige Engagement der Chemieindustrie sich auszahle. Laut einer Image-Umfrage des VCI aus dem Jahr 2000 würden 59 Prozent der Bevölkerung

229 In einem Gespräch im Februar 1998 berieten sich Merck und BUND über erste Parameter für eine mögliche Einigung, die der BUND anschließend intern abstimmte, Merck-Archiv, Darmstadt, V15/1453a, Protokoll über die 199. Sitzung des innerbetrieblichen Umweltausschusses am 9. März 1998, 17.03.1998; die Gespräche verliefen mühsam, erst im Februar 1999 konnten erste Zwischenergebnisse eines Austausches von Merck, dem Regierungspräsidenten und dem hessischen Landesverband des BUND verkündet werden. Die wichtigste Einigung sah vor, dass Merck bis 2004 nicht mehr als drei Millionen m^3 Grundwasser pro Jahr fördern würde. Zwar entsprach dies bereits der Forderung aus dem ersten Gespräch, jedoch war die Diskussion zunächst von einer Vielzahl an Kontroversen dominiert, Merck-Archiv, Darmstadt, V15/947, Presse-Information: Weniger Wasser aus dem Westwald. Erste Ergebnisse zwischen RP, Merck und BUND, 24.02.1999.

230 Vgl. die gemeinsame Presseerklärung: »Folge dieses von beiden Seiten mit Zögern begonnenem Dialogs sei auch ein neues Maß von Vertrauen in den jeweils anderen Gesprächspartner – kein alltägliches Ergebnis, wenn Chemieunternehmen, Genehmigungsbehörden und Ökologiebewegung aufeinander treffen. Dies bescheinigten sowohl Prof. Christian Flämig für Merck als auch Brigitte Martin, Vorstandssprecherin des BUND Hessen.«, Merck-Archiv, Darmstadt, V15/947, Presse-Information: Weniger Wasser aus dem Westwald. Erste Ergebnisse zwischen RP, Merck und BUND, 24.02.1999.

231 So begrüßte der damalige Regierungspräsident »die bei Merck und dem BUND zielorientiert und überaus sachkundig geführte (sic) Verhandlungen.«, ebd.

232 Vgl. Merck-Archiv, Darmstadt, Merck Geschäftsbericht 2000, 2001.

233 »Wir sind stolz, dass in einer regionalen Imagestudie unsere Anstrengungen, ein guter Nachbar zu sein, anerkannt wurden. Unser Ziel ist es, die gleiche Anerkennung an all unseren Standorten weltweit zu erreichen.« Weitergehend hieß es: »Durch die Qualität unserer Produkte, durch den Geist unserer Mitarbeiter und durch die Art, wie wir unseren Geschäften nachgehen, wollen wir den Namen Merck zu einem weltweit anerkannten Symbol für das Vertrauen machen, das für gute Nachbarschaft steht.«, ebd.

die chemische Industrie positiv sehen.[234] Während sich die Reputation der Chemieindustrie im Verlauf der 2000er Jahre verbesserte, sah Merck sich nun durch die Pharmasparte gesellschaftlichem Druck ausgesetzt. Das Unternehmen beteiligte sich daher gegen Mitte der 2000er Jahre an einer Informationskampagne des Verbandes Forschender Arzneimittelhersteller (VFA), die der negativen Branchenreputation entgegenwirken wollte.[235] Während die Chemiebranche bereits in den 1990er Jahren großangelegte Imagekampagnen lancierte, stellte dies für die Pharmaindustrie ein Novum dar.[236]

Mit dem Aufstreben des Nachhaltigkeitsdiskurses diversifizierten sich in den 2000er Jahren auch die Akteursgruppen und ihre Forderungen. Statt eines unbestimmten gesellschaftlichen Drucks, mit dem Merck sich wie alle Chemieunternehmen in den 1980er und 1990er Jahren konfrontiert sah, nahm das Unternehmen jetzt konkrete Anspruchshaltungen einzelner Akteursgruppen wahr. In einer internen Präsentation definierte die Unternehmenskommunikation die Kundschaft, die Finanzwelt/Eigentümerfamilien, den Gesetzgeber, NGOs sowie das Wettbewerbsumfeld als die wichtigsten Akteure, die Nachhaltigkeit von dem Unternehmen erwarteten.[237] Auch eine interne Übersicht über die Ziele des *Corporate Responsibility Reports* bestätigt diesen Befund. Als Zielgruppen des Berichts wurden zunächst Management, Mitarbeitende, die Eigentümerfamilie sowie Aktionärinnen und Aktionäre, Rating Agenturen und Analysten sowie die Kundschaft und Kooperationspartnerinnen und -partner, beispielsweise die Wissenschaft, genannt.[238] Erst an letzter Stelle, in einem einzigen Punkt, nennt das Dokument »Journalisten, interessierte Öffentlichkeit, Bewerber, Besucher,...«.[239] Die Punkte am Ende unterstreichen den Eindruck, es handele sich hier um eine oberflächliche Aufzählung verschiedener Akteursgruppen, von denen keiner eine besondere

---

234 Trotz dieser positiveren Wahrnehmung blieb die Reputation der Chemieindustrie insgesamt ausbaufähig. Lediglich 39 Prozent erklärten die Branche »informiert Öffentlichkeit jetzt offener als früher« und nur 33 bezeichneten sie als »eine Branche, der ich vertrauen kann«. Zumindest aber die Zeiten, in denen die Branche kontinuierlich in der Kritik stand, schienen überwunden zu sein, Merck-Archiv, Darmstadt, Die Chemie steht positiver dar, Merck informiert, 20.01.2000.

235 Vgl. einen diesbezüglichen Artikel in der Mitarbeiterzeitschrift: »Jeder kennt sie, die üblichen Vorurteile gegen ›die Pharmaindustrie‹. Die Branche spürt tagtäglich: Die Bevölkerung weiß wenig darüber, was die forschenden Arzneimittelhersteller für die Gesundheitsversorgung in Deutschland leisten. Und die verschärfte gesundheitspolitische Situation trägt auch nicht gerade zu einem ausgewogenen Bild bei. Zeit also, verstärkt an die Öffentlichkeit zu treten.«, Merck-Archiv, Darmstadt, Forschung ist die beste Medizin, pro Deutschland, Juni 2004.

236 Vgl. ebd.

237 Merck-Archiv, Darmstadt, Präsentation der Unternehmenskommunikation zu Corporate Responsibility Bericht, 09.09.2003.

238 Merck-Archiv, Darmstadt, Objektbeschreibung »Corporate Responsibility Report« der Unternehmenskommunikation, 30.04.2003.

239 Ebd.

Relevanz zugesprochen wurde. Die Politik wurde mit keinem Wort als Zielgruppe des Berichts benannt. Zwar hieß es an anderer Stelle, »dass Merck von der Gesellschaft (Kunden, Behörden, Medien, Anwohnern) die licence to operate erhält« und sich »diese durch das Einhalten sich verschärfender ethischer Prinzipien und anderer Gegenleistungen sichern« müsse,[240] letztlich blieben die einst dominierenden Akteure im Nachhaltigkeitsdiskurs aber merklich marginalisiert. Nicht nur der Diskurs wandelte sich, sondern auch seine Träger.

4.3 Gemeinsam zur Nachhaltigkeit – Belegschaft und Geschäftsführung als Diskurskoalition

Neben externen Akteursgruppen wie der Politik oder lokalen Anwohnerinnen und Anwohnern bildete sich Nachhaltigkeit bei Merck auch entlang interner Abstimmungen heraus. Bereits frühzeitig nahm Merck die eigene Belegschaft als wichtigen Akteur bei der Entwicklung von Nachhaltigkeit und Umweltschutz wahr. Nur gemeinsam könnten Erfolge erzielt werden, so das Narrativ. Insbesondere die Mitarbeiterzeitschrift wurde als Kommunikationsmedium genutzt, um den Diskurs innerhalb des Unternehmens zu stärken.[241] Bereits in den 1980er Jahren wurden die Mitarbeitenden aufgerufen, »sich Gedanken zu machen über mögliche Einsparungen an Strom, Wärme, Dampf, Roh- und Hilfsstoffen.«[242] Durch finanzielle Anreize und Artikel in der Mitarbeiterzeitschrift sollte die Belegschaft zur Ausgestaltung von Umweltschutz motiviert werden.[243] Auch bei firmeninternen Projekten zur Reduzierung von Abfall benannte die Mitarbeiterzeitschrift die ökonomischen Vorteile, um die Belegschaft zur Teilnahme zu animieren.[244] In Bereichen, in denen Kostenersparnisse sich ganz konkret offenbarten, rief die Geschäftsführung die Mitarbeitenden zur Implementierung ökologischer Praktiken auf.[245] Der Betriebsbeauftragte für Umweltschutz berichtete gegenüber dem Betriebsrat über die gesellschaftlichen Akteure, die Druck auf die Chemiebran-

240 Ebd.

241 Sie erhob den betrieblichen Umweltschutz u. a. zum Schwerpunktthema des Jahres 1990, Merck-Archiv, Darmstadt, Z2-Br-5, Merck und der Umweltschutz, ca. 1990.

242 Merck-Archiv, Darmstadt, Sparsamkeit – Energiequelle der Zukunft, 23.04.1987.

243 Dies illustrierte sich auch im Bemühen der Geschäftsführung über das Betreibliche Vorschlagswesen (BVW) die Mitarbeitenden zu ökologisch sinnvollem Handeln zu motivieren, Merck-Archiv, Darmstadt, Mach mit, schütz die Umwelt, Merck informiert, 27.04.1990.

244 Vgl. Merck-Archiv, Darmstadt, Jetzt: Den Müllberg abbauen, 29.10.1987.

245 Vgl. hierzu auch die Ergebnisse von Nuhn zum Unternehmen Bayer, das ebenfalls seine Mitarbeitenden zur Beteiligung an Umweltschutzmaßnahmen aufrief, Nuhn 2013, S. 183.

che ausübten, und rief dazu auf, diesem durch gemeinsames Handeln zu begegnen.[246]

Parallel beobachtete die Geschäftsführung auch eine ökologische Anspruchshaltung der eigenen Belegschaft. Im Einklang mit dem gesamtgesellschaftlichen Bewusstseinswandel und der Dominanz des Ökologiediskurses sah Merck die eigene Zukunftsfähigkeit gefährdet, wenn das Unternehmen für die Mitarbeitenden kein Vorbild in Sachen Umweltschutz darstellte. In einer Rede akzentuierte der Vorsitzende der Geschäftsleitung Hans Joachim Langmann die Bedeutung eines verantwortlichen Handels für die Belegschaft:

»Daß Umweltschutz heute eine hohe Bedeutung hat, ist nicht nur eine Folge der Gesetzgebung, auch wenn deren Anteil wahrlich nicht unterschätzt werden darf. Es gibt weitere Gründe – die wichtigsten vielleicht sind die tatsächlichen und die psychologischen Einflüsse auf die eigenen Mitarbeiter. Wer möchte schon in einem – vermeintlich – gefährlichen Unternehmen leben. Und was sagt die Familie, wenn der Vater bei den bösen Umweltverschmutzern arbeitet? Welcher junge hoch begabte Chemiker oder Ingenieur möchte an der ökologischen Zerstörung der Welt mitarbeiten?«[247]

Die Geschäftsführung und Fachabteilungen forderten und förderten den Umweltschutz innerhalb der Belegschaft, die diesen gleichermaßen selbst forderte und förderte. Die Kontaktzonen und wahrgenommenen Anspruchshaltungen innerhalb des Unternehmens und der abteilungsübergreifende Austausch trugen somit erheblich zur Entwicklung des Leitbilds Nachhaltigkeit bei.[248]

Die Kooperation zwischen Arbeitgeber- und Arbeitnehmerseite nahm eine essentielle Rolle bei der Formierung des Narrativs eines ökologisch voranschreitenden Unternehmens ein und wurde von Seiten der Geschäftsleitung aktiv gefördert. 1994 verabschiedete die Geschäftsleitung von Merck Umweltleitlinien. Die Mitarbeiterzeitschrift schrieb hierzu: »Die Umweltleitlinien verdeutlichen auch den Mitarbeitern, daß Umweltschutz und Sicherheit nicht nur von außen

---

246 Exemplarisch zeigte sich dies in seinem ersten Bericht vor der Betriebsversammlung im Jahr 1989, Merck-Archiv, Darmstadt, V07/52, Rede Betriebsbeauftragter für Umweltschutz vor der Betriebsräteversammlung, 20.04.1989.

247 Merck-Archiv, Darmstadt, V15/718, Vortrag Prof. Dr. H. J. Langmann vor der Gesellschaft Deutscher Chemiker, 09.02.1988; eine fast wortgleiche Rede hielt Prof. Dr. Langmann auch vor Studierenden der TU Darmstadt, vgl. Merck-Archiv, Darmstadt, Z2-Br-5, Merck und der Umweltschutz, ca. 1990.

248 Ein interner Brief der Öffentlichkeitsarbeit an die für Umweltschutz zuständige Fachabteilung aus dem Jahr 1992 illustriert, dass Merck einen kooperativen Ansatz verfolgte. Die Erstellung einer Umweltbroschüre oblag federführend der Öffentlichkeitsarbeit; zugleich unterstützten die Fachabteilungen mit ihrer inhaltlichen Expertise, Merck-Archiv, Darmstadt, V15/62(a), Brief der Abteilung Öffentlichkeitsarbeit/Unternehmensdarstellung an die Abteilung ZUS, 05.10.1992; dieses kooperative Vorgehen zwischen Öffentlichkeitsarbeit und Fachabteilungen setzte sich auch im Zuge der Erstellung des ersten offiziellen Umweltberichtes im Jahr 1995 fort, Merck-Archiv, Darmstadt, V15/680, Protokoll über die 187. Sitzung des innerbetrieblichen Umweltausschusses am 25.08.1995, 26.09.1995.

– vom Gesetzgeber, von Behörden und von der Öffentlichkeit – eingefordert werden, sondern zum Selbstverständnis des Unternehmens gehören.«[249] Die interne Kommunikation zielte auch darauf ab, die Leitlinien als Gemeinschaftswerk der Belegschaft zu präsentieren.[250] 1995 verabschiedete Merck und der Gesamtbetriebsrat eine Betriebsvereinbarung über betrieblichen Umweltschutz, die die Einsetzung einer Umweltkommission »[z]um Informationsaustausch und zur gemeinsamen Erörterung umweltrelevanter Themen« zum Ziel hatte.[251] Interne Protokolle der Umweltkommission bestätigten in Folge die Einbindung des Betriebsrats als eine wesentliche Aufgabe.[252] Tatsächlich brachte dieser sich aktiv ein und schlug eigene Themen für die Sitzungen der Umweltkommission vor.[253]

Auch in den 2000er Jahren setzte sich das Narrativ eines kooperativen Vorgehens zwischen Geschäftsführung und Belegschaft fort. So berichtete die Mitarbeiterzeitschrift in einer Reihe von Beiträgen über Erfolge des Unternehmens im Rahmen von *Responsible Care*, beispielsweise in Bezug auf Wassereinsparungen.[254] Auch der Vorsitzende der Geschäftsleitung Karl-Ludwig Kley erklärte: »Ich bin überzeugt, dass die Mitarbeiter ganz viele Ideen haben, wie sie selbst und wie Merck insgesamt zum Klimaschutz beitragen kann. Sie sollten sich nicht scheuen, diese Ideen zu äußern und umzusetzen.«[255] Im Verlauf der 2000er Jahre unterstrich die Geschäftsführung in der Kommunikation das intrinsisch motivierte Engagement für Nachhaltigkeit durch alle Mitarbeitenden und die Geschäftsführung, das auch auf den Status als Familienunternehmen zurückgeführt wurde.[256] Als familiengeführtes Unternehmen habe Merck eine externe Verantwor-

249 Merck-Archiv, Darmstadt, Aus Verantwortung für Mensch und Umwelt, Merck informiert, 05.05.1994.

250 Vgl.: »Der Inhalt der vorliegenden Grundsätze und Strategien wurde von vielen Mitarbeiterinnen und Mitarbeitern aus unterschiedlichsten Unternehmensbereichen erarbeitet. Die Federführung hatte der Umweltausschuß, dem Vertreter von Geschäftsleitung, Werkleitung, Technik, Abwasserreinigungsanlage, Gernsheim Umweltschutz, Zentrale Verfahrensentwicklung und Rechtsabteilung angehören.«, ebd.

251 Merck-Archiv, Darmstadt, V07/52, Betriebsvereinbarung über betrieblichen Umweltschutz, 15.03.1995.

252 Vgl. Merck-Archiv, Darmstadt, V07/51, Ergebnisprotokoll 1. Sitzung Umweltkommission (UWK) am 27.09.95, 18.10.1995.

253 Merck-Archiv, Darmstadt, V07/51, Brief des Sprechers des Betriebsrats-Ausschusses an den Beauftragten für Umwelt und Sicherheit, 18.09.1995.

254 Merck-Archiv, Darmstadt, »Verantwortliches Handeln – Responsible Care« – Beispiele bei Merck (1): Wassersparen in M 22/32, 28.09.2000.

255 Merck-Archiv, Darmstadt, »Gut fürs Klima und wirtschaftlich sinnvoll«, pro international, Mai 2009.

256 Dieses sei laut einem Vorwort des Vorsitzenden der Geschäftsführung Bernhard Scheuble im Nachhaltigkeitsbericht 2003 seit jeher Teil der Unternehmenskultur gewesen: »Wir gehören zu den ältesten Familienunternehmen weltweit. Bei allem Wandel sichern uns ethische Grundsätze und Flexibilität nachhaltigen Erfolg. [...] In unserer über 335-jährigen Geschichte war es auch stets unser Anliegen, den Mitarbeiterinnen und Mitarbeitern ein attraktives Arbeitsumfeld zu bieten, uns sozial und kulturell über die Grenzen der Werktore hinaus für die Gesellschaft zu engagieren und uns den ökologischen

tung ebenso wie eine Verantwortung gegenüber der eigenen Belegschaft. Auf dieses Narrativ nahm die Geschäftsführung auch in den Folgejahren mehrfach Bezug.[257] Die Verknüpfung von Nachhaltigkeit und einer Tradition als Familienunternehmen beschrieben auch bisherige Forschungen.[258]

4.4 Die Pharmaindustrie als Akteur globaler Nachhaltigkeit

Vor dem Hintergrund der Entwicklungsgeschichte von Nachhaltigkeit zum globalen Leitbild erscheint es naheliegend,[259] dass Unternehmen sich in besonderem Maße als global verantwortungsvolle Akteure inszenieren wollten und entsprechende Narrative frühzeitig bedeutend waren. Merck rückte beim Austarieren der ökologischen und ökonomischen Dimension – trotz der internationalen Ausrichtung des Unternehmens[260] – zu Beginn des Untersuchungszeitraums hingegen die Sicherung des Standorts Deutschland und seiner Wettbewerbsfähigkeit kommunikativ in das Zentrum. Auf der einen Seite wurde Umweltschutz als notwendig für ökonomischen Erfolg betrachtet, auf der anderen Seite galten Ökonomie und Ökologie als Gegensatz, der die internationale Wettbewerbsfähigkeit gefährdete.[261] Beide Narrative existierten in dieser Anfangszeit parallel und verstärkten sich vor dem Hintergrund eines zunehmenden wirtschaftlichen Abschwungs im ersten Drittel der 1990er Jahre.[262] Ökologische Optimierungen wurden bewusst mit der Frage der Sicherung des Standortes Deutschland, im speziellen mit Darmstadt, verknüpft.[263]

Ein Ausgleich zwischen allen drei Dimensionen der Nachhaltigkeit zu schaffen und nicht die Ökologie als vermeintliches Primat zu erachten, sollte zugleich helfen, im globalen Wettbewerb zu bestehen[264]; ein Narrativ, das Merck gegen-

---

und umweltpolitischen Herausforderungen zu stellen.«, Merck-Archiv, Darmstadt, Verantwortung für Mitarbeiter, Umwelt und Gesellschaft Bericht 2003, 2003.

257 Vgl. exemplarisch Merck-Archiv, Darmstadt, Verantwortung für Mitarbeiter, Umwelt und Gesellschaft. Bericht 2005, 2005; Merck-Archiv, Darmstadt, Verantwortung für Mitarbeiter, Umwelt und Gesellschaft. Bericht 2007, 2007.

258 Vgl. hierzu insbesondere Schwegler 2018, S. 498 f. Entsprechende Bezugnahmen waren auch beim zweiten deutschen Beispiel Otto stark ausgeprägt und werden in Kapitel IV. 4.1 und 4.2 näher dargelegt.

259 Eine internationale Perspektive ist dem Leitbild Nachhaltigkeit immanent. Der Brundtland-Bericht entstand, ebenso wie die Rio-Konferenz, im Kontext eines Ausgleichs der Interessen zwischen der nördlichen und südlichen Hemisphäre, vgl. Seefried 2015a, S. 391.

260 Vgl. Kapitel II.1. zur Firmengeschichte.

261 Zur Relation zwischen Ökonomie und Ökologie bei Merck vgl. ausführlich Kapitel II.3.

262 Vgl. Merck-Archiv, Darmstadt, Merck Geschäftsbericht 1993, 1994.

263 Beispielsweise erfolgte dies im Kontext der vom Unternehmen zu leisteten Grundwasserabgabe, ebd.

264 Vgl. hierzu Merck-Archiv, Darmstadt, Z2-Br-4a, Umweltbericht 1995, 1995.

über gesellschaftlichen Akteuren aktiv kommunizierte.[265] Das Leitbild Nachhaltigkeit wurde so auf eigene wirtschaftliche Interessen umgemünzt. Forderungen nach einer globalen Implementierung des Leitbilds verbanden sich ebenfalls dezidiert mit dem Wettbewerbsgedanken. Es ging nicht primär um eine Ausweitung der Unternehmensverantwortung auf andere Länder, sondern darum, die diskursive Macht des Unternehmens einzusetzen, um das Narrativ zu festigen, dass eine ökologisch verantwortliche oder nachhaltige Wirtschaft nur global erreicht werden könne.[266] Nationale Maßnahme könnten hingegen nur begrenzt Wirkmächtigkeit entfalten und seien zudem wettbewerbsschädigend für deutsche Unternehmen. Damit griff Merck Narrative auf, die auch im zeitgenössischen politischen Diskurs vorherrschend waren.[267]

Im Verlauf des Untersuchungszeitraums gewannen auch internationale Narrative an Wirkmächtigkeit. Eine besondere Bedeutung für eine internationale Perspektive im Nachhaltigkeitsdiskurs kommt der Pharmasparte des Unternehmens zu. In ihrer Millenniumserklärung beschloss die Generalversammlung der Vereinten Nationen u. a. das Ziel, bis zum Jahr 2015 »die Ausbreitung von HIV/Aids, die Geißel der Malaria und andere schwere Krankheiten, von denen die Menschheit heimgesucht wird, zum Stillstand gebracht und allmählich zum Rückzug gezwungen zu haben«.[268] Entsprechend kann pharmazeutische Forschung per se einen potentiellen Beitrag zu einer Nachhaltigen Entwicklung darstellen. Dies gilt insbesondere für Forschungen, die Krankheiten adressieren, die vor allem in Entwicklungs- und Schwellenländern virulent sind. Auch wenn das Produktportfolio sich nicht primär an Entwicklungs- und Schwellenländer richtete, konnte Merck sich zeitgenössischen Diskursen nicht entziehen und wurde Teil internationaler Debatten um die globale Verantwortung der Pharmaindustrie. Globale Leitprinzipien entgrenzten zum einen das diskursive Feld der Nachhaltigkeit auch für Unternehmen in besonderem Maße, begünstigten aber zugleich, dass keine rechtlich verbindlichen Regeln eingeführt wurden. Auch Merck befürwortete die Millenniumsziele und unterstützte die Vereinten Nationen bei Zielen zur Reduzierung der Kindersterblichkeit, der Verbesserung

265 In einem Bürger-Antwortbrief auf die Frage, wie das Unternehmen die Ergebnisse der Rio-Konferenz umsetzte, verwies Merck einerseits auf das Engagement der Chemiebranche, kritisierte aber andererseits auch die Klimabeschlüsse, die bisherige Anstrengungen verkennen würden. Im durch den Strukturwandel sehr verschärften Wettbewerb seien »nicht wettbewerbsneutrale Maßnahmen zur CO2-Reduzierung nicht ohne ökonomische und soziale Brüche zu realisieren – was gerade kein ›Sustainable Development‹ wäre.«, Merck-Archiv, Darmstadt, V15/68(b), Antwortbrief an J. B. »Umsetzung der Beschlüsse von UNCED in Rio«, 13.01.1995.

266 Exemplarisch nahm der Geschäftsbericht 1991 Bezug auf dieses Verständnis eines globalen Handlungsauftrags, Merck-Archiv, Darmstadt, Merck Geschäftsbericht 1991, 1992.

267 Vgl. hierzu Kapitel I.1.

268 Generalversammlung der Vereinten Nationen 2000, S. 6.

der Gesundheitsversorgung von Müttern, der Bekämpfung von HIV/AIDS, Malaria und weiterer schwerer Krankheiten ebenso wie beim Aufbau einer globalen Entwicklungspartnerschaft.[269] In diesem Zusammenhang sind auch die bereits erwähnten »Leuchtturmprojekte« des Unternehmens zu nennen.

Auch Jahre vor der Verabschiedung der *Millennium Goals* forderten Akteursgruppen die Pharmaindustrie auf, einen aktiven Beitrag zu einer globalen Nachhaltigen Entwicklung zu leisten. Insbesondere NGOs entwickelten das Narrativ einer vermeintlich unverantwortlichen Branche und setzten ihre diskursive Macht ein, um die Industrie in die Pflicht zu nehmen. 1992 sah Merck sich mit einer bundesweiten Kampagne von BUKO, dem Bundeskongress entwicklungspolitischer Aktionsgruppen, konfrontiert, der Merck Fehlverhalten im lateinamerikanischen Raum vorwarf. Laut Merck versuchte BUKO »[i]n Pressekonferenzen, mit Straßentheater, Flugblättern und einer Abendveranstaltung an der TH Darmstadt [...], Merck in Lateinamerika unseriöse und in einigen Fällen sogar gefährliche Geschäftspraktiken nachzuweisen.«[270] In Positionspapieren versuchte die Öffentlichkeitsarbeit von Merck den Anschuldigungen entgegenzuwirken.[271] Gleichermaßen versuchte die Geschäftsführung die Vorwürfe gegenüber der eigenen Belegschaft als ungerechtfertigt darzustellen. Die Mitarbeiterzeitschrift bildete hierfür ein wichtiges Medium, in dem durch Stellungnahmen und Interviews mit verantwortlichen Geschäftsbereichen und Mitgliedern des Managements die Vorwürfe entkräftet werden sollten.[272] Weder sei die Bedeutung des lateinamerikanischen Marktes für Merck überragend, noch seien die dort weit verbreiteten Merckschen Vitaminpräparate »unsinnig«.[273] An den Argumenten gegen die BUKO-Kampagne zeigte sich zugleich, dass Merck zum damaligen Zeitpunkt keine global gültigen Vorgaben für den Verkauf von Medikamenten formulierte, sondern sich an der Gesetzgebung der jeweiligen Länder orientierte. So wies das Unternehmen Vorwürfe vehement zurück, negierte dabei aber nicht, dass das Mittel in Deutschland vom Markt genommen werden musste.[274]

Die Kommunikationsstrategie von Merck illustrierte, wie sehr entwicklungspolitische Aspekte das Geschäftsmodell betrafen. Eine Kampagne konnte

---

269 Merck-Archiv, Darmstadt, V15/1786, Positionspapier zum internen Gebrauch: Access to Medicines, 17.06.2008.

270 Merck-Archiv, Darmstadt, Zur BUKO-Kritik, Merck informiert, 27.05.1992.

271 Merck-Archiv, Darmstadt, V15/62(a), BUKO agiert weiter. Alte Anschuldigungen mit neuer Schärfe, 25.09.1992; Merck-Archiv, Darmstadt, V15/178, Merck-Präparate in der 3. Welt. Argumentationspapier, 04.02.1993.

272 Merck-Archiv, Darmstadt, Zur BUKO-Kritik, 27.05.1992.

273 Ebd.

274 Vgl. ebd.

tatsächliche oder vermeintliche Problematiken in anderen Ländern zum Geschäftsrisiko für das ganze Unternehmen werden lassen und war, einmal lanciert, schwer zu entkräften. Die Quellen zeugen davon, dass Akteursgruppen sich mit großer Emotionalität in den Diskurs um Nachhaltige Entwicklung und den Zugang zu Medikamenten einschrieben und Reputationsschäden nur schwer vermieden werden konnten. Neben BUKO beteiligten sich weitere gesellschaftliche Akteursgruppen an der Diskursbildung. Auch Ärztinnen und Ärzte wandten sich in Briefen an Merck und baten um Stellungnahme zu den Vorwürfen. Vereinzelt verband sich die kommunizierte Kritik am Vorgehen von Merck mit Aussagen, man werde künftig Produkte von Merck boykottieren und keine Medikamente mehr aus deren Sortiment verordnen.[275] Auch einer negativen medialen Rezeption der Kampagne versuchte Merck entgegenzuwirken. Hiervon zeugen Korrespondenzen mit Journalistinnen und Journalisten, in denen die Öffentlichkeitsarbeit von Merck die Vorwürfe von BUKO gemäß der Argumentationslinien des Unternehmens widerlegte.[276] Die Entwicklung der BUKO-Kampagne illustriert, wie schnell ein Diskursfeld sich entgrenzen konnte. Aus der Kritik eines Verbandes entwickelten sich u. a. Diskurskoalitionen mit Medien und Ärzteschaft. Vor dem Hintergrund der großen Akteursvielfalt und emotionalen Debatte legte Merck bestimmte Diskursräume fest, innerhalb derer es sich an der Diskussion beteiligte. Merck selbst sah sich aufgrund der Ausgestaltung der Kampagne nicht mehr zu weiteren Gesprächen mit BUKO bereit[277] und verstand sich als Opfer einer »politischen Kampagne«.[278] Die Vielzahl an Akteuren, die sich an der BUKO-Kampagne direkt oder indirekt beteiligten, zeugte davon, dass ein verantwortungsvolles Handeln in Entwicklungsländern essentiell war und das Produktportfolio von Pharmaunternehmen von Seiten gesellschaftlicher Akteure als Mittel zur Erreichung einer globalen Nachhaltigen Entwicklung eingestuft wurde. Nicht nur Fehlpraktiken, sondern auch das

275 Merck-Archiv, Darmstadt, V15/178, Brief von Internist W. D. an Merck, 01.12.1992.

276 Merck-Archiv, Darmstadt, V15/178, Antwortbrief der Öffentlichkeitsarbeit/Pressestelle an G. W., 13.01.1993.

277 In einem internen Brief zeigte sich der Leiter der Öffentlichkeitsarbeit offen gegenüber »Gesprächen mit Partnern […], denen die sachliche Erörtung und vernünftige Lösungen am Herzen liegen«, riet aber von einer Zusage zu einer Podiumsdiskussion zwischen BUKO und Merck ab, »die ganz eindeutig den Charakter eines Tribunals hätte«, Merck-Archiv, Darmstadt, V15/62(b), Brief der Öffentlichkeitsarbeit an die Geschäftsführung zum Thema Podiumsdiskussion mit BUKO in Darmstadt, 14.08.1992; auch in späteren Antwortbriefen an interessierte Bürgerinnen und Bürger, betonte Merck: »Wir legen jedem, der sich um differenzierte Aufklärung bemüht, ausführlich unseren Standpunkt dar und geben ihm gerne auch Gelegenheit zum Gespräch. Wir hoffen sehr, daß wir auch Ihnen diesen Eindruck vermitteln konnten.«, Merck-Archiv, Darmstadt, V15/178, Brief des Leiters der Öffentlichkeitsarbeit an B. V., 02.06.1993.

278 Vgl. Merck-Archiv, Darmstadt, V15/178, Brief des Leiters der Öffentlichkeitsarbeit an B. V., 02.06.1993.

Angebot bestimmter oder die Abwesenheit anderer Medikamente im Sortiment konnten massive Auswirkungen auf die Reputation zur Folge haben.

Die Brisanz einer negativen Wahrnehmung der Pharmaindustrie im Diskurs über die Gesundheitsproblematik in Entwicklungsländern diskutierte die Branche gegen Mitte der 1990er Jahre auch intern.[279] Die Industrie formulierte den Anspruch, die eigene diskursive Macht einzusetzen, um selbst als zentraler, proaktiver Akteur den weiteren Diskurs zu prägen und so negative Folgen abzufedern. Obwohl die Debatte vor allem von einer kleinen, aber wirkmächtigen Gruppe von Akteuren getragen wurde, sah die Industrie einen großen Handlungsbedarf.[280] Diskurskoalitionen mit akzeptierten und renommierten Akteuren bildeten eine wichtige Maßnahme. Nur durch gesellschaftliche Akzeptanz könne die Branche auch ihre politischen Ziele erfolgreich umsetzen. Entsprechend dürfe ein solches Engagement »nicht nur verbal erfolgen, sondern muß sich in entwicklungspolitisch relevantem Handeln, vor allem auf den Gebieten Gesundheitsförderung, Distribution von Arzneimitteln, Qualitätssicherung, modellhafte Problemlösungen, aber auch in Forschungsleistungen und Hilfsaktionen niederschlagen.«[281] Dies zeigt exemplarisch, warum sich Unternehmen bereits frühzeitig im diskursiven Feld der Nachhaltigkeit und ihrer Teilbereiche engagierten: Nur durch die Mitgestaltung des Diskurses konnte dieser aktiv geprägt werden. Überließ man das Feld hingegen anderen Akteuren, so lag die Gefahr nahe, dass die eigene Rolle negativ konnotiert wurde – mit weitreichenden Konsequenzen für das Geschäftsmodell.

Öffentlicher Druck konnte Verschiebungen der Diskurspositionen innerhalb der Industrie bewirken. Ein Streitfall zwischen der Pharmaindustrie und Südafrika, der auch im Archiv von Merck gut dokumentiert ist, soll in diesem Zusammenhang näher im Hinblick auf ambivalente Positionierungen von Pharmaunternehmen im globalen Nachhaltigkeitsdiskurs beleuchtet werden. 1997 verabschiedete die südafrikanische Regierung eine Gesetzesänderung, »wonach der Patentschutz für Arzneisubstanzen mittels ministerieller Verordnung durch Zwangslizenzen, Generikaimporte oder andere Maßnahmen de facto aufgehoben werden kann.«[282] Die Branche reagierte mit einer Klage gegen die

279 Exemplarisch zeigt dies eine Stellungnahme aus dem Kommunikationsausschuss des Branchenverbandes VFA, die ein ambivalentes Bild des zeitgenössischen Diskurses zeichnete. Dabei charakterisierte sie den Diskurs zum einen als von einer kleinen, aber wirkmächtigen Akteursgruppe getragen, und mahnte zum anderen eine Verantwortung der Politik an, Merck-Archiv, Darmstadt, V15/67(b), Gesundheitsproblematik in der 3. Welt, 01.07.1994.

280 Vgl. ebd.

281 Ebd.

282 Merck-Archiv, Darmstadt, V15/1493, Verfassungsklage der Pharmazeutischen Industrie in Südafrika, ca. 2001.

südafrikanische Regierung.[283] Obwohl Merck selbst keine Präparate zur Prävention oder Therapie von HIV/AIDS herstellte, unterstützte das Unternehmen »wie nahezu alle forschenden Pharmaunternehmen die Verfassungsklage des südafrikanischen Pharmaverbandes PMA«.[284] Begründet wurde dies damit, dass das Gesetz sich nicht auf HIV/AIDS-Therapien beschränke, sondern generell bei allen patentierten Arzneistoffen Anwendung finden könne, was einen Verstoß gegen internationale Abkommen darstelle.[285] Jenseits eigener Produktportfolios trat die Pharmabranche folglich nach außen geschlossen auf. Die Diskurskoalition ging so weit, dass auch negative Folgen für die eigene Reputation in Kauf genommen wurden, die eine Klage zwangsläufig nach sich zog und gegen die Merck sich entsprechend positionierte.

Die Pharmabranche kommunizierte das Narrativ, dass nicht sie selbst, sondern die Regierung in Südafrika von einer ökonomisch motivierten, entsprechend negativ konnotierten Motivation getrieben war.[286] Hingegen seien die Pharmaunternehmen gewillt, einen wichtigen entwicklungspolitischen Beitrag zu leisten.[287] Für die hohen Arzneimittelkosten und fehlenden Therapiezugang in Südafrika sei nicht die Pharmaindustrie verantwortlich, vielmehr seien sie die Folge einer verfehlten Regierungspolitik, von Missmanagement und Betrug.[288] Neben den Regierungen der Entwicklungsländer schrieb Merck auch anderen, internationalen Politikerinnen und Politikern die Akteursrolle zu.[289] Diese übten wiederum Druck auf die Pharmabranche aus. Unter anderem forderte die damalige Bundesministerin für wirtschaftliche Zusammenarbeit und Entwicklung, Heidemarie Wieczorek-Zeul, Anfang März 2001 die Pharmaunternehmen unter Hinweis auf die AIDS-Epidemie in dem Land dazu auf, ihre Klage gegen die südafrikanische Regierung zurückzuziehen.[290]

Nach politischem und öffentlichem Druck zog die Pharmaindustrie ihre Klage zurück, die Doppeldeutigkeit der Inszenierung zeigt sich gerade auch in der Beilegung des Konfliktes. Die südafrikanische Regierung und die insgesamt 39 klagenden Pharmaunternehmen veröffentlichten 2001 eine gemeinsame

283 Vgl. ebd.
284 Ebd.
285 Ebd.
286 Dies belegt ein Hintergrundpapier aus dem Archiv von Merck: »Erklärtes Ziel der Regierung in Südafrika ist nicht, den breiten Zugang der Bevölkerung zu modernen HIV/AIDS Therapien sicherzustellen, sondern ›die nationale Industrie zu fördern und von multinationalen Arzneimittelkonzernen unabhängig zu werden.‹«, ebd.
287 Vgl. ebd.
288 Vgl. ebd.
289 Vgl. ebd.
290 Merck-Archiv, Darmstadt, V15/1493, Infobrief: Gespräch mit Bundesministerin Wieczorek-Zeul über die Klage in Südafrika, 06.04.2001.

Erklärung. Der Verband Forschender Arzneimittelhersteller (VFA) betonte den gütlichen Charakter der Einigung und bemühte sich, auch das Entgegenkommen der südafrikanischen Regierung zu betonen, die den Patentschutz anerkennen würde.[291] Gemeinsam hätten die Regierung von Südafrika und die Pharmaindustrie eine Lösung gefunden, keineswegs seien die Unternehmen als Verlierer aus dem Konflikt herausgegangen. Jedoch legen die getroffenen Regelungen eher den Schluss nahe, dass die südafrikanische Regierung einen Erfolg verbuchen konnte. Auch im medialen Diskurs wurde die Einigung als Niederlage der Pharmaindustrie gewertet.[292] Dass letztlich auch die Branche die Einigung nicht als Erfolg wertete, belegte eine Kommunikation des VFA wenige Tage später zu einer von Brasilien eingebrachten und von 52 Staaten unterstützten Resolution der UN-Menschenrechtskommission für einen besseren Zugang zu HIV und AIDS-Präparaten, die der VFA als »erstes Indiz für die Ausweitung des Südafrika-Falles auf andere Länder« bewertete.[293]

Das Fallbeispiel zeigt, dass Merck sowie die ganze Pharmaindustrie sich erheblichem öffentlichem Druck ausgesetzt sahen und vermeiden wollten, den Eindruck eines einseitigen Wachstumsparadigmas und ökonomischen Primats zu erzeugen. Ein verantwortungsvoller Beitrag zu einer globalen Nachhaltigen Entwicklung war nicht nur imagefördernd, sondern die Abwesenheit eines solchen Verhaltens hatte substanzielle Reputationsschäden zur Folge. Ein Bedeutungsgewinn des Diskurses führte zu einer zunehmenden Kompromissbereitschaft.

---

291 Vgl. Merck-Archiv, Darmstadt, V15/1493, Infobrief: Offizielle Vereinbarung der südafrikanischen Regierung mit den Pharmaunternehmen im Patentstreit in Südafrika, 20.04.2001.

292 Dies geht exemplarisch aus einem Artikel des Handelsblatts hervor, der ein Jahr später Bilanz zog und die ambivalente Haltung sowie möglichen Motive der Industrie betonte: »In der Öffentlichkeit kam das [Klage der Pharmaunternehmen, eig. Anmerkung] nicht gut an. Tausende gingen auf die Straße – nicht nur in Südafrika. Patentschutz hin oder her – die Demonstranten warfen den Konzerne (sic) Profitgier vor. Zwei Wochen später beugten sich die Unternehmen – darunter auch sieben deutsche Firmen – dem lauten Protest vieler Hilfsorganisationen. Die Konzerne einigten sich außergerichtlich mit der Regierung. Seither liefern Merck [hier liegt vermutlich eine Verwechslung mit dem namensgleichen, aber unabhängigen US-Pharmaunternehmen vor, eig. Anmerkung], Boehringer Ingelheim und andere Branchengrößen drastisch verbilligte Aids-Medikamente nach Afrika. Ihre neue Großzügigkeit soll verhindern, dass Billiganbieter den Patentschutz aushöhlen.«, Merck-Archiv, Darmstadt, V15/1150(a), Handelsblatt, Bittere Pillen für Südafrika, 04.03.2002.

293 Vgl. Merck-Archiv, Darmstadt, V15/1493, Infobrief: UN-Menschenrechtskommission fordert besseren Zugang zu HIV/AIDS-Präparaten, 24.04.2001.

III. AstraZeneca – Pharmaunternehmen mit Chemietradition

1. Firmenprofil und Entwicklungen im Untersuchungszeitraum

»It's always been an international business
but one that very much had that British philosophy.«[1]

AstraZeneca nimmt unter den Untersuchungsunternehmen eine besondere Rolle ein. Es handelt sich nicht um ein Familienunternehmen und als einziges Unternehmen unterlag der Konzern mehreren Restrukturierungen im Untersuchungszeitraum. Diese schlugen sich sowohl im Namen als auch in der strategischen Ausrichtung und im Produktportfolio nieder. Zu Beginn des Untersuchungszeitraums war die heutige AstraZeneca Teil der 1926 aus dem Zusammenschluss von vier britischen Chemieunternehmen gegründeten Imperial Chemical Industries (ICI).[2] Die Produktpalette zu Zeiten von ICI zeichnete sich durch große Diversität aus. Sie reichte von Agrochemikalien über Pharmaprodukte und Spezialchemie bis hin zu Industriechemikalien, die 24 Prozent des Gesamtumsatzes ausmachten und damit die größte Sparte darstellten.[3] Der Umsatz von ICI lag Ende der 1980er Jahre bei 13,2 Milliarden britischen Pfund.[4] In den Jahren vor der ersten Abspaltung und Umfirmierung im Untersuchungszeitraum sank der Umsatz von zunächst 12,9 Milliarden Pfund im Jahr 1990 auf 12,5 Milliarden Pfund im Jahr 1991.[5] Nicht zuletzt vor dem Eindruck des wirtschaftlichen Abschwungs gab der ICI-Vorstand im Februar 1993 seine Absicht bekannt, die Abspaltung von dem in Zeneca umbenannten Bioscience Geschäftsbereich zu empfehlen, zu dem

1 Prof. Dr. Jason Snape, The Development of Sustainability at AstraZeneca, 02.08.2018, Macclesfield.
2 ICI, History (Web Archive). http://www.ici.com/History (16. November 2020); Private Archive J. S. AstraZeneca Macclesfield, 1991 Annual Report, 1992.
3 Private Archive J. S. AstraZeneca Macclesfield, 1991 Annual Report, 1992.
4 Umsätze in Milliarden auf eine Nachkommastelle gerundet, ebd.
5 Ebd.

die Pharmazie-, Agrochemie- und Spezialchemikaliensparte zählte.[6] Durch die Abspaltung entstand ein separates börsennotiertes Unternehmen, Zeneca Group PLC.[7] Finanziell galt die Abspaltung als Erfolg.[8] Im ersten Jahr der Abspaltung erwirtschaftete Zeneca bereits 4,4 Milliarden Pfund.[9] Dies bedeutete einen Gewinn von zwölf Prozent im Vergleich zum Vorjahr.[10]

Der internationale Bezugsrahmen stellte eine Gemeinsamkeit von ICI und Zeneca dar.[11] Schon früh in der Unternehmensgeschichte orientierte sich ICI nicht allein an Großbritannien, sondern am Commonwealth.[12] Unmittelbar vor der Abspaltung von Zeneca erwirtschaftete ICI im Jahr 1991 21 Prozent des Umsatzes in Großbritannien, 25 Prozent in Kontinentaleuropa, 17 Prozent in der Region Asien-Pazifik, 31 Prozent in Amerika und sechs Prozent in anderen Ländern.[13] Nach der Abspaltung internationalisierte sich Zeneca weiter. Während zuvor folglich noch rund ein Viertel des Umsatzes im britischen Heimatmarkt erwirtschaftet wurde, entwickelte sich Amerika mit 44 Prozent nun zum größten Markt, gefolgt von Kontinentaleuropa (30 Prozent), Asien-Pazifik (15 Prozent), dem Vereinigten Königreich (sieben Prozent) und sonstigen Ländern (vier Prozent).[14]

Der nächste große Wendepunkt der Unternehmensgeschichte erfolgte Ende der 1990er Jahre. Im Dezember 1998 wurde eine geplante Fusion mit dem schwedischen Pharmaunternehmen Astra AB angekündigt.[15] Im April 1999 fusionierten Astra AB und Zeneca Group PLC schließlich zu AstraZeneca, einem nun pharmazeutischen und agrochemischen Unternehmen.[16] Die Firmenzentrale von AstraZeneca lag weiterhin im Vereinigten Königreich, das Forschungs- und Ent-

6 Private Archive J. S. AstraZeneca Macclesfield, 1992 Annual Report, 1993.

7 Die Aktionärinnen und Aktionäre erhielten für jede zum Zeitpunkt der Abspaltung gehaltene ICI-Aktie eine Zeneca-Aktie, ebd.

8 Vgl. etwa die Einschätzung des Unternehmenshistorikers Alfred D. Chandler, Chandler 2005, S. 132.

9 Private Archive J. S. AstraZeneca Macclesfield, 1993 Annual Report, 1994.

10 Ebd.

11 Bereits im Kontext der Abspaltung sprach der Chairman davon, dass »[b]oth ICI and Zeneca have strong, focused, global businesses and an exciting range of new products«, Private Archive J. S. AstraZeneca Macclesfield, 1992 Annual Report, 1993.

12 Vgl. hierzu Owen und Harrison: »Initially, ICI operated primarily in Great Britain and the Commonwealth, but it set about converting itself into an international company by pushing into continental Europe in the 1960s«, Owen/Harrison 1995.

13 Private Archive J. S. AstraZeneca Macclesfield, 1991 Annual Report, 1992.

14 Private Archive J. S. AstraZeneca Macclesfield, 1993 Annual Report, 1994.

15 Private Archive J. S. AstraZeneca Macclesfield, 1998 Annual Report, 1999. Laut dem damaligen Chief Executive David Barnes erhoffte das Unternehmen sich, dass die Fusion »will strengthen our pharmaceuticals business in the key areas of research and development, global marketing reach and greater financial flexibility«, S. 11.

16 Private Archive J. S. AstraZeneca Macclesfield, 1999 Annual Report, 2000.

wicklungszentrum in Schweden.[17] Die Pharmazie-Sparte umfasste die Bereiche Gastrointestinal, Onkologie, Schmerzkontrolle und Anästhesie, Herz-Kreislauf, Zentrales Nervensystem, Atemwege und Infektionen; die Agrochemikaliensparte Pflanzenschutzprodukte.[18] Jedoch kündigte AstraZeneca bereits im ersten Jahr die Zusammenlegung des Agrochemikaliengeschäfts von Zeneca mit dem Agrochemikalien- und Saatgutgeschäfte von Novartis an.[19] Im November 2000 war die Fusion, aus der das Unternehmen Syngenta hervorging, abgeschlossen.[20] Die Spezialchemiesparte wurde bereits zuvor für zwei Milliarden US-Dollar verkauft und war nicht länger Teil des Unternehmens.[21] Ab den 2000er Jahren war AstraZeneca somit ein reines Pharmaunternehmen.

Nach der Fusion mit Astra blieb das Unternehmen international ausgerichtet und wirtschaftlich erfolgreich. Der Umsatz lag im Jahr 2000 bei 15,8 Milliarden US-Dollar und damit acht Prozent über dem Vorjahr.[22] Das Wachstum setzte sich in den Folgejahren fort.[23] 2005 betrug der Umsatz bereits 24 Milliarden US-Dollar.[24] Am Ende der 2000er Jahre erwirtschaftete AstraZeneca 32,8 Milliarden US-Dollar Umsatz.[25] Wichtigster Markt im Jahr 2000 waren die USA mit acht Milliarden US-Dollar Umsatz, gefolgt vom europäischen Markt (5 Mrd. US-Dollar).[26] Neben internationalen Absatzmärkten waren auch die Lieferketten global. Im Jahr 2000 produzierte AstraZeneca an 34 Standorten in 19 Ländern.[27] 2002 verkaufte das Unternehmen seine Produkte in über 100 Länder und betrieb große Forschungszentren in fünf Ländern. Zu diesem Zeitpunkt waren 58.000 Menschen weltweit für AstraZeneca tätig. Die globale Ausrichtung des Unternehmens erhielt sich auch am Ende des Untersuchungszeitraums, wobei zunehmend auch Schwellenländer als Absatzmärkte an Bedeutung gewannen.[28] Ebenso global zeigten sich Ende des Jahrzehnts die Mitarbeitenden, Produktionsmärkte und

17 Hier und im Folgenden: Private Archive J. S. AstraZeneca Macclesfield, We're working. Corporate Responsibility Summary Report 2002, 2003.

18 Private Archive J. S. AstraZeneca Macclesfield, 1999 Annual Report, 2000.

19 Ebd.

20 Private Archive J. S. AstraZeneca Macclesfield, 2000 Annual Report, 2001.

21 Private Archive J. S. AstraZeneca Macclesfield, 1999 Annual Report, 2000.

22 Private Archive J. S. AstraZeneca Macclesfield, 2000 Annual Report, 2001.

23 Private Archive J. S. AstraZeneca Macclesfield, 2001 Annual Report, 2002; Private Archive J. S. AstraZeneca Macclesfield, 2002 Annual Report, 2003; Private Archive J. S. AstraZeneca Macclesfield, 2003 Annual Report, 2004.

24 Private Archive J. S. AstraZeneca Macclesfield, 2005 Annual Report, 2006.

25 Private Archive J. S. AstraZeneca Macclesfield, 2009 Annual Report, 2010.

26 Private Archive J. S. AstraZeneca Macclesfield, 2000 Annual Report, 2001.

27 Ebd.

28 Im Jahr 2009 erwirtschaftete AstraZeneca einen Umsatz von 16,0 Milliarden US-Dollar in den USA, 12,5 Milliarden in anderen etablierten Märkten und 4,4 Milliarden in Schwellenländern, Private Archive J. S. AstraZeneca Macclesfield, 2009 Annual Report, 2010.

Lieferketten. Von den 62.700 Mitarbeitenden weltweit waren 2009 47 Prozent in Europa, 31 Prozent auf dem amerikanischen Kontinent und 22 Prozent in Asien, Afrika sowie Australien und Ozeanien tätig.[29]

2. Termini – Nachhaltigkeit als *Corporate Responsibility*

Aufgrund der Quellenlage setzt die begriffsgeschichtliche Analyse von AstraZeneca erst in den 1990er Jahren ein. In der ersten Hälfte des Jahrzehnts dominierten bei AstraZeneca beziehungsweise den Vorläuferunternehmen ICI und Zeneca Praktiken und Narrative im Feld der Nachhaltigkeit unter ökologischen und sozialen Begriffen. Zu Beginn der 1990er Jahre kommunizierte die Berichterstattung von ICI Praktiken und Narrative unter der Überschrift »Safety, Health and the Environment.«[30] Seit Beginn der 1990er Jahre veröffentlichte ICI zudem separate Berichte für die ökologische Dimension unter dem Titel »Environmental Report«.[31] Die Berichte schlossen auch sozial orientierte Ausführungen zu »ICI and the community« mit ein.[32] Auch nach der Umfirmierung zu Zeneca als eigenständiges Unternehmen im Jahr 1993 blieb die Terminologie erhalten.[33] Die Nachhaltigkeitstermini selbst fanden primär über die Rezeption internationaler Initiativen Eingang in die Unternehmenskommunikation. Wie auch beim deutschen Beispiel Merck bildete die Brancheninitiative *Responsible Care* ein wichtiges Bezugsmoment des Unternehmens und trug zur frühen Adaption des Leitbilds Nachhaltige Entwicklung bei.[34] Über internationale Initiativen fand der Begriff der Nachhaltigkeit zwar sukzessive Eingang in das Unternehmen, spielte in der eigenen Kommunikation aber Mitte der 1990er Jahre noch eine geringe Rolle. So kommunizierte auch der Geschäftsbericht 1994 noch unter dem Titel »Safety, He-

29 Davon arbeiteten unter anderem 11.600 Mitarbeitende im Bereich Forschung und Entwicklung in 17 Hauptforschungs- und Entwicklungszentren in acht Ländern, darunter Schweden, die USA und das Vereinigte Königreich. 9.500 Mitarbeitende waren an den 20 Produktionsstandorten in insgesamt 16 Ländern tätig, ebd.

30 Private Archive J. S. AstraZeneca Macclesfield, 1991 Annual Report, 1992; diese Überschrift verwendete auch der Geschäftsbericht 1992, der zugleich ein weiteres Kapitel unter dem Titel »People and the Community« beinhaltete, Private Archive J. S. AstraZeneca Macclesfield, 1992 Annual Report, 1993.

31 Vgl. Private Archive J. S. AstraZeneca Macclesfield, Environmental Report 1992, 1993.

32 Ebd.

33 Auch der erste Geschäftsbericht von Zeneca informierte unter den Begriffen »Community Involvement« und »Protecting the environment, promoting health and safety« über entsprechende Praktiken des Unternehmens, Private Archive J. S. AstraZeneca Macclesfield, 1993 Annual Report, 1994.

34 Exemplarisch erklärte der Geschäftsbericht 1993: »[T]he Zeneca Group supports the world chemical industry's Responsible Care programme and the Charter for Sustainable Development promoted by the International Chamber of Commerce.«, ebd.

alth and Environment«[35] ökologische Praktiken und Narrative, während soziale Themen unter dem Begriff »People« aufgegriffen wurden.[36]

In der zweiten Hälfte der 1990er Jahre lässt sich vereinzelt der Begriff *Sustainability* in der Unternehmenskommunikation von Zeneca ausmachen, erschien hier aber häufig ökonomisch konnotiert.[37] Dass die Geschäftsberichte, die sich naturgemäß vor allem an den Kapitalmarkt richteten, so wenig Bezug auf den Nachhaltigkeitsbegriff nahmen, erlaubt Rückschlüsse darauf, dass der Begriff von Aktionärinnen und Aktionären Mitte der 1990er Jahre nicht gefordert wurde. Unverändert kommunizierte Zeneca ab Mitte der 1990er Jahre Praktiken und Narrative der ökologischen Dimension unter der Überschrift »Safety, Health and Environment«, während die soziale Dimension nun unter »People«, »Zeneca and the Community« beziehungsweise »People and the Community« kommuniziert wurde.[38]

Wie bereits bei Merck zeigt sich auch bei Zeneca, dass die verwendeten Termini in Abhängigkeit zum jeweiligen Kommunikationsmedium standen. Während die Geschäftsberichte die Nachhaltigkeitstermini kaum rezipierten, erzeugten Publikationen, die sich dezidiert im diskursiven Feld der Nachhaltigkeit bewegten, ein konträres Bild. Für Zeneca liegt für Mitte der 1990er Jahre kein entsprechender Bericht vor, jedoch publizierte die einstige Muttergesellschaft ICI 1995 einen Text, der Bilanz über die Umweltpolitik der vergangenen fünf Jahre zog – also auch über einen Zeitraum, in dem Zeneca noch integraler Bestandteil der Unternehmensgruppe war.[39] Der Bericht selbst erschien unter dem Titel »Environmental Performance«, jedoch ließ der damalige Chief Executive Charles Miller Smith keinen Zweifel daran, dass die Nachhaltigkeit das leitende Handlungsprinzip war: »Society has made it quite clear that it expects business to play a leading role in ensuring a sustainable future. ICI fully supports the principle of sustainability and is playing its part in developing practical ways to clarify and manage the challenges.«[40] Hervorgehoben werden sollte, dass ICI hier den Be-

---

35 Private Archive J. S. AstraZeneca Macclesfield, 1994 Annual Report, 1995.

36 Ebd.

37 So sprach der Chairman Sir Sydney Lipworth von Zeneca im Geschäftsbericht 1995 von einem Vertrauen »in the sustainability of our progress«, Private Archive J. S. AstraZeneca Macclesfield, 1995 Annual Report, 1996; auch in späteren Geschäftsberichten spielten Sustainability oder Sustainable Development begrifflich keine Rolle. Das Adjektiv sustainable trat v. a. im Kontext von ökonomischen Faktoren auf, beispielsweise als »sustainable profits«, Private Archive J. S. AstraZeneca Macclesfield, 1998 Annual Report, 1999.

38 Private Archive J. S. AstraZeneca Macclesfield, 1995 Annual Report, 1996; Private Archive J. S. AstraZeneca Macclesfield, 1996 Annual Report, 1997; Private Archive J. S. AstraZeneca Macclesfield, 1997 Annual Report, 1998; Private Archive J. S. AstraZeneca Macclesfield, 1998 Annual Report, 1999.

39 Private Archive J. S. AstraZeneca Macclesfield, Environmental Performance 1990/1995, ca. 1995.

40 Ebd.

griff *Sustainability* und nicht den Begriff *Sustainable Development* verwendete. Wie oben dargelegt, rezipierten die Unternehmen aber auch internationale Initiativen, die begrifflich *Sustainable Development* in den Mittelpunkt stellten. Beide Begriffe wurden parallel und dabei zumeist synonym verwendet.

1999 fusionierte Zeneca mit dem schwedischen Unternehmen Astra. Trotz dieses einschneidenden Schritts in der Unternehmensgeschichte blieb die aus früheren Jahren bekannte Terminologie zunächst erhalten. »Safety, Health and Environment« sowie »People and Community« blieben die Schlagworte, unter denen Narrative und Praktiken im diskursiven Feld der Nachhaltigkeit kommuniziert wurden.[41] *Sustainability* oder *Sustainable Development* spielten als Termini keine Rolle[42], jedoch spiegelte sich das Prinzip Nachhaltigkeit vielfach im Geschäftsbericht wider. AstraZeneca schrieb sich unter den bekannten Terminologien in das diskursive Feld der Nachhaltigkeit ein und akzentuierte dabei den Dreiklang aus Ökonomie, Ökologie und Sozialem.[43] Während das erste Jahr nach der Fusion von einem Fortbestand alter Begrifflichkeiten geprägt war, symbolisierte das neue Jahrtausend einen Wendepunkt, der auch mit einer Diversifizierung der Berichterstattung einherging. Erstmals veröffentlichte AstraZeneca einen sogenannten »Corporate Social Responsibility Report«.[44] Dieser verstand sich dezidiert als Fortsetzung und Erweiterung der bisherigen Umweltberichterstattung.[45] Die lange Zeit beherrschende SHE-Politik (*Safety, Health and Environment*) integrierte sich in den neuen Terminus *Corporate Social Responsibility (CSR)*. Auszüge aus CSR-Berichten zeigen zugleich, dass die traditionsreiche Ausrichtung auf SHE auch unter den neuen Termini erhalten blieb und sie eine besondere Rolle einnahmen.[46] Die terminologische Wende vollzog sich nicht nur bei der eigenständigen, neuen Publikationsform, sondern auch im Rahmen der

41 Private Archive J. S. AstraZeneca Macclesfield, 1999 Annual Report, 2000.

42 Abwandlungen des Begriffs traten weiterhin primär im Kontext von ökonomischen Faktoren auf, exemplarisch als »sustained growth in shareholder value«, ebd.

43 U. a. hieß es: »AstraZeneca's mission is to be first for innovation and value in the provision of products and services to improve human health and quality of life. Safety, Health and Environmental (SHE) considerations are core to this and all our activities shall take account of social, environmental and economic factors [...].«, ebd.

44 Private Archive J. S. AstraZeneca Macclesfield, Corporate Social Responsibility Report 2000, 2000/2001.

45 Vgl.: »For the first time, we have expanded our annual report on safety, health and environmental performance to include some information on other areas of corporate responsibility.«, ebd.

46 Vgl. etwa: »At the heart of our CSR agenda is our commitment to good Safety, Health and Environmental performance, which is as strong as ever.«, Private Archive J. S. AstraZeneca Macclesfield, Global Business – Global Responsibility. Corporate Social Responsibility Summary Report 2001, 2002.

klassischen Geschäftsberichte.[47] Somit diente der CSR-Begriff nun als Überbau im diskursiven Feld der Nachhaltigkeit.

Sustainability und *Sustainable Development* entwickelten sich in den 2000er Jahren zu Leitprinzipien des Unternehmens, schlugen sich begrifflich aber nur zögerlich nieder. In den Geschäftsberichten hielten die Begriffe sukzessive Einzug. 2001 blieb *Corporate Social Responsibility* zwar der Überbegriff, unter dem AstraZeneca Praktiken und Narrative kommunizierte.[48] Bereits der erste Satz verdeutlichte jedoch, dass unter dem Schlagwort dezidiert Nachhaltige Entwicklung verstanden wurde: »With a global business comes global responsibility and this means ensuring consistently high standards in the three areas of sustainable development: environmental, social and economic.«[49] Diese Beobachtung teilt rückblickend auch der interviewte Umweltdirektor des Unternehmens Jason Snape: »The first time I saw sustainability gain its greatest prominence was probably at the turn of the millennium but then it disappeared again for a while and went back into corporate responsibility and obviously it reappeared with the sustainable development goals but I'd say over that period where it was corporate responsibility the work that we were doing there was still against that sustainability agenda.«[50] Die Dominanz des Nachhaltigkeitsdiskurses zeigte sich auch jenseits der Etablierung der ihm immanenten Begriffe.

Definitorische Ausführungen zu den Nachhaltigkeitsbegriffen zeugen von einem zeitgenössisch holistischen Verständnis des Leitbilds, das die zeitgenössisch auch in der Politik zu beobachtende Vorstellung von den drei Dimensionen Ökonomie, Ökologie und Sozialem, die es auszubalancieren gelte, übernahm. Der erste CSR-Report berichtete in einem vorangestellten Kapitel über »Sustainable Development in the Pharmaceuticals Industry«.[51] Die Ausführungen enthielten auch Definitionen der Begriffe *Sustainable Development* und *Sustainability*: »Sustainable development has been defined as economic activity that meets the needs of the present generation without compromising the ability of future generations to meet their own needs. Sustainability is frequently being viewed as the achievement of a balance between the sometimes conflicting priorities of three components: economic, social and environmental.«[52] Auffällig ist die fast wortwörtliche Orientierung an der Definition von *Sustainable Development* des Brundtland-Re-

47 Jener für das Jahr 2000 verwendete erstmals die Überschrift »Corporate Social Responsibility« für die Kommunikation zu »Safety, Health and Environment« sowie »Community Involvement«, Private Archive J. S. AstraZeneca Macclesfield, 2000 Annual Report, 2001.

48 Private Archive J. S. AstraZeneca Macclesfield, 2001 Annual Report, 2002.

49 Ebd.

50 Prof. Dr. Jason Snape 2018.

51 Private Archive J. S. AstraZeneca Macclesfield, Corporate Social Responsibility Report 2000, 2000/2001.

52 Ebd.

ports. Dieser schien vom Unternehmen offenkundig rezipiert worden zu sein, seine Definition der Nachhaltigen Entwicklung fand aber erst über ein Jahrzehnt später Eingang in die Unternehmenskommunikation.

In den Definitionen der Nachhaltigkeitstermini spiegelte sich frühzeitig ein Verständnis für deren Interdependenz, wobei insbesondere die ökologische Dimension durch die Anforderungen der ökonomischen eingeschränkt wurde. Die drei Dimensionen der Nachhaltigkeit definierte der Konzern detailliert. Die ökonomische Nachhaltigkeit verstand AstraZeneca als Verpflichtung gegenüber dem Kapitalmarkt, dem Arbeitsmarkt und dem Staat.[53] Um dies langfristig zu sichern, müsse die Pharmaindustrie große Investitionen in Forschung und Entwicklung tätigen.[54] Das Ziel der ökologischen Nachhaltigkeit sei es »to reduce society's impact on the planet to a minimum in order to ensure that future generations have the natural resources they need to prosper.«[55] Die Implementierung von Maßnahmen in diesem Bereich würde jedoch technischen und ökonomischen Restriktionen unterliegen.[56] Als dritte Säule definierte AstraZeneca die soziale Nachhaltigkeit, deren Ziel es sei, »to provide a better quality of life for all members of society.«[57] Insbesondere bezüglich der sozialen Dimension betonte AstraZeneca die Notwendigkeit, eine Vielzahl an Anspruchsgruppen in die Entwicklung der Kriterien einzubeziehen.[58] Als wichtige Handlungsfelder der Pharmaindustrie innerhalb der sozialen Dimension definierte AstraZeneca u. a. die Gesundheit, Sicherheit und Weiterbildung der Mitarbeitenden, den Zugang zu Medikamenten in Entwicklungsländern sowie den Umgang mit Tierversuchen und genbasierten Medikamenten.[59] Auffällig ist, dass AstraZeneca für die ökologische Nachhaltigkeit bereits in dieser definitorischen Übersicht ökonomische Restriktionen formulierte, folglich eine Artikulation des – zumindest partiellen – Widerspruchs zwischen beiden Dimensionen erfolgte. Eine solche Einschränkung fand sich bezüglich der sozialen Dimension nicht. Diese wies hingegen die größte Bandbreite an Handlungsfeldern auf und schien von dem größten Kreis an Akteursgruppen bestimmt worden zu sein.

53 »Economic sustainability: We exist to provide good returns to our shareholders – in doing so we create employment, generate wealth and pay taxes.«, ebd.

54 Ebd.

55 Ebd.

56 Ebd.

57 Ebd.

58 »In order to make our contribution to this objective we need to understand the changing expectations of society. Our social objectives can be more clearly identified by considering all of our stakeholders – employees, customers, shareholders and the wider community – and the impact, both positive and negative, that our operations could have on them.«, ebd.

59 Ebd.

Die verwendete Terminologie unterlag im Verlauf der 2000er Jahre einem kontinuierlichen Wandel, hingegen setzte sich die Parallelität zwischen *Corporate Responsibility* und *Sustainable Development* fort. Dabei unterlag die Begriffsgeschichte auch Schwankungen. Aus *Corporate Social Responsibility* wurde im Geschäftsbericht 2002 *Corporate Responsibility*, eine Änderung, die auch in den Folgejahren beibehalten wurde.[60] Zwar erläuterte der Geschäftsbericht selbst die Änderung nicht, jedoch legen die kommunizierten Praktiken und Narrative nahe, dass so dem weiten Fokus Rechnung getragen und eine Verengung auf den Begriff des »Sozialen« oder »Gesellschaftlichen« vermieden werden sollte. Schwankungen manifestierten sich auch in weiteren Unternehmensmedien. Während der erste *Corporate Social Responsibility*-Report sich, wie oben dargelegt, ausführlich mit dem Begriff *Sustainable Development* und *Sustainability* auseinandersetzte, enthielt der nur ein Jahr später veröffentlichte zweite Bericht gleichen Namens nur noch eine Erwähnung des Begriffs im Kontext eines Rankings.[61] Auch in den Folgejahren blieben die Begriffe in den nunmehr ebenfalls um das »social« gekürzten, mit *Corporate Responsibility* übertitelten Berichten quantitativ unauffällig.[62] Gleichwohl war *Sustainable Development* die Basis eben jenes Engagements.[63] So zeugten Ausführungen des Chief Exekutive Sir Tom McKillop davon, dass sich die CSR-Unternehmenspolitik als Umsetzung des Leitbilds Nachhaltige Entwicklung verstand.[64] Die Prinzipien Nachhaltiger Entwicklung bildeten folglich die Grundlage für die Unternehmensstrategie der *Corporate Responsibility*.

---

60 Private Archive J. S. AstraZeneca Macclesfield, 2002 Annual Report, 2003; Private Archive J. S. AstraZeneca Macclesfield, 2003 Annual Report, 2004; Private Archive J. S. AstraZeneca Macclesfield, 2004 Annual Report, 2005; Private Archive J. S. AstraZeneca Macclesfield, 2005 Annual Report, 2006; Private Archive J. S. AstraZeneca Macclesfield, 2006 Annual Report, 2007.

61 Private Archive J. S. AstraZeneca Macclesfield, Global Business – Global Responsibility. Corporate Social Responsibility Summary Report 2001, 2002.

62 Private Archive J. S. AstraZeneca Macclesfield, We're working. Corporate Responsibility Summary Report 2002, 2003; Private Archive J. S. AstraZeneca Macclesfield, Delivering our Values. Corporate Responsibility Summary Report 2003, 2004; Private Archive J. S. AstraZeneca Macclesfield, Corporate Responsibility Summary Report 2004, 2005.

63 Dies lässt sich eindeutig bereits an den ersten Seiten der Berichte ablesen: »This Summary Report is designed to capture the main points of our approach to managing this challenge and to present a brief overview of our 2003 performance in the three areas of sustainable development: economic, environmental and social responsibility.«, Private Archive J. S. AstraZeneca Macclesfield, Delivering our Values. Corporate Responsibility Summary Report 2003, 2004; wortgleicher Passus auch im Folgejahr vgl. Private Archive J. S. AstraZeneca Macclesfield, Corporate Responsibility Summary Report 2004, 2005.

64 »We believe that good CR performance depends on achieving an acceptable balance between the economic, environmental and social priorities of sustainable development and I am firmly committed to achieving that balance.«, Private Archive J. S. AstraZeneca Macclesfield, We're working. Corporate Responsibility Summary Report 2002, 2003; vgl. fast wortgleich Private Archive J. S. AstraZeneca Macclesfield, 2002 Annual Report, 2003.

In der zweiten Hälfte der 2000er Jahre lässt sich erneut eine Diversifizierung der verwendeten Terminologie ablesen, wobei der Überbegriff *Corporate Responsibility* präsent blieb. Weiterhin veröffentlichte AstraZeneca jene Berichte, die dezidiert das diskursive Feld der Nachhaltigkeit adressierten, unter diesem Schlagwort.[65] Während sie inhaltlich bereits seit längerer Zeit präsent waren, erreichten die Nachhaltigkeitstermini nun auch quantitativ mehr Bedeutung.[66] Jedoch waren diese auch zu diesem Zeitpunkt nicht die Oberbegriffe, unter denen die Kommunikation subsumiert wurde. Erst am Ende des Jahrzehnts wertete AstraZeneca die Nachhaltigkeitstermini in den Hauptmedien der Unternehmenskommunikation wesentlich auf, ohne dass diese dabei Dominanz erlangten. Die Geschäftsberichte 2008 und 2009 kommunizierten Praktiken der ökologischen Dimension nun unter dem Begriff »Environmental Sustainability«.[67] Unverändert blieb hingegen die Kommunikation der sozialen Dimension unter dem Schlagwort »In the global community«.[68] Der Ökologiebegriff schien folglich um den Nachhaltigkeitsbegriff ergänzt worden zu sein. Die soziale Dimension blieb hingegen begrifflich stärker der britischen Tradition der »Corporate Philanthropy« und dem Engagement in den Gemeinden und der Gesellschaft verhaftet. Dies bedeutete jedoch nicht, dass das Prinzip Nachhaltigkeit nicht auch in diesem Bereich etabliert war.[69]

---

65 Private Archive J. S. AstraZeneca Macclesfield, Turning Words Into Action. Corporate Responsibility Summary Report 2005, 2006; Private Archive J. S. AstraZeneca Macclesfield, Corporate Responsibility 2006, 2007. Nach derzeitigem Kenntnisstand wurden in den Jahren 2007–2010 keine entsprechenden Berichte veröffentlicht.

66 Der Bericht 2005 verwendete den Begriff *sustainable* zwölfmal, davon dreimal im Kontext von *Sustainable Development*, den Begriff *Sustainability* fünfmal, jedoch vorwiegend im Zusammenhang mit der Listung von AstraZeneca im *Dow Jones Sustainability World Index*, Private Archive J. S. AstraZeneca Macclesfield, Turning Words Into Action. Corporate Responsibility Summary Report 2005, 2006; 2006 fand *sustainable* neunmal Erwähnung, davon dreimal als *Sustainable Development*, und *Sustainability* achtmal, Private Archive J. S. AstraZeneca Macclesfield, Corporate Responsibility 2006, 2007; die Geschäftsberichte beinhalteten nun unter den Schlagwörtern »In the Global Community« sowie »Environmental Review« Praktiken und Narrative im Feld der Nachhaltigkeit. Sie integrierten die Begriffe *sustainable*, *Sustainable Development* und – wenn auch in geringerem Maße – *Sustainability* an mehreren Stellen, Private Archive J. S. AstraZeneca Macclesfield, 2007 Annual Report, 2008.

67 Private Archive J. S. AstraZeneca Macclesfield, 2008 Annual Report, 2009; Private Archive J. S. AstraZeneca Macclesfield, 2009 Annual Report, 2010.

68 Private Archive J. S. AstraZeneca Macclesfield, 2008 Annual Report, 2009; Private Archive J. S. AstraZeneca Macclesfield, 2009 Annual Report, 2010.

69 Explizit kommunizierte AstraZeneca beispielsweise: »Our activities focus on bringing sustainable benefit in ways that are consistent with our business of improving health and quality of life, and on promoting the value of science among young people«, Private Archive J. S. AstraZeneca Macclesfield, 2008 Annual Report, 2009.

3. Praktiken – Globale Nachhaltigkeit mit britischen Wurzeln

3.1 Umweltschutz und soziales Engagement von ICI bis Zeneca

Das Vorgängerunternehmen von AstraZeneca, ICI, beschloss schon 1990 formale Umweltziele und publizierte bereits 1991 einen offiziellen Umweltbericht[70] – und damit früher als Merck, was als weiterer Beleg wider die These einer deutschen Vorreiterrolle auf diesem Gebiet verstanden werden kann. Die Geschäftsberichte des Unternehmens ließen bereits Anfang der 1990er Jahre den Anspruch erkennen, ökologische Verantwortung und ökonomischen Profit zu verbinden.[71] Auch verwies ICI darauf, dass nicht alle Praktiken der ökologischen Dimension mit substantiellen Kosten verbunden waren, sondern Umweltschutz beispielsweise durch Schulung der Mitarbeitenden vorangebracht werden könne.[72] Bereits frühzeitig erhielt ICI auch externe Auszeichnungen für ökologische Praktiken.[73]

Das Handlungsfeld der ökologischen Dimension von Nachhaltigkeit erschien bereits in den 1990er Jahren vielseitig ausdifferenziert. Schwerpunkt der Praktiken bildeten die Bereiche Abfallmanagement, Einsatz der umweltverträglichsten verfügbaren Techniken sowie Programme zur Einsparung von Energie und Ressourcen.[74] Insbesondere die Kommunikation zu Praktiken im Bereich Abfallmanagement zeichnete sich bereits zu diesem Zeitpunkt durch ihre Konkretisierung und klare Zielvorgaben aus.[75] Der Schwerpunkt auf den Bereich Abfallmanagement schien sich auch im Erfolg der Praktiken niederzuschlagen.[76] Weitaus unspezifischer blieben die in den Umweltzielen formulierten Vorgaben zur Einsparung von Energie und Ressourcen.[77] In der Kommunikation der Praktiken

70 Private Archive J. S. AstraZeneca Macclesfield, 1991 Annual Report, 1992. Der Bericht selbst lag für die Untersuchung nicht vor.

71 So benannte der Geschäftsbericht u. a. die Ziele »Seeking consistent profitable growth« sowie »Operating safely and in harmony with the global environment.«, ebd.

72 Vgl. Private Archive J. S. AstraZeneca Macclesfield, Environmental Report 1992, 1993.

73 Exemplarisch wurde ICI in Deutschland und den USA mit Umweltpreisen für sein Produkt Biopil, bei dem es sich um abbaubare Kunststoffe aus erneuerbaren Energien handelte, ausgezeichnet, Private Archive J. S. AstraZeneca Macclesfield, 1991 Annual Report, 1992.

74 Private Archive J. S. AstraZeneca Macclesfield, Environmental Report 1992, 1993.

75 Statt abstrakter Aussagen nannte beispielsweise der zweite Umweltbericht von ICI 1992 als ein gegenständliches Ziel »[t]o reduce wastes by 50 per cent by 1995, using 1990 as the baseline year. It will pay special attention to those which are hazardous.«, ebd.

76 1992 konnte die Abfallmenge im Vergleich zu 1990 bereits um 14 Prozent reduziert werden, für Sonderabfälle (hazardous wastes) sogar um 48 Prozent, ebd.

77 Hier sollte leidglich ein »revitalised and more ambitious energy and resource conservation programme« eingeführt werden, mit einem besonderen Fokus »on reducing environmental effects so as to make further substantial progress by 1995.« Was genau unter dem angestrebten »substanziellen Fortschritt« zu verstehen war, blieb hingegen offen, ebd.

zur Energie- und Ressourceneinsparung akzentuierte ICI ferner eigene technische Innovationen.[78] Die implementierten Praktiken der ökologischen Dimension verbanden sich in der Unternehmenskommunikation häufig mit ökonomischen oder weiteren ökologischen Vorteilen. So bildete das Handlungsfeld Abfallmanagement den Überbau für weitere ökologische Verbesserungen, wie ein reduzierter Energieverbrauch, und finanzielle Ersparnisse.[79] Entsprechend kommunizierte ICI zu diesem Zeitpunkt die Reduzierung der CO_2-Emissionen als Beiwerk von Praktiken im Bereich Abfallmanagement. Der später so einflussreiche Klimawandeldiskurs nahm in den frühen 1990er noch keine vorherrschende Rolle ein. Auch im Handlungsfeld Wassermanagement fanden sich in den Unternehmensquellen vielfältige Bezüge auf ökonomische Vorteile.[80] Der zweite Umweltbericht von ICI sprach gar vom »economic case for using less water.«[81] Ebenso verbanden sich in der Kommunikation über neue Produktionsanlagen ökonomische und ökologische Vorteile.[82] Schon zu Beginn der 1990er Jahre konnte damit kein Gegensatz zwischen Ökonomie und Ökologie attestiert werden. Die bei Merck zu Beginn vermehrt einsetzende Akzentuierung der Umweltschutzkosten lässt sich im britischen Beispiel nicht beobachten.[83]

Zu Beginn der 1990er Jahre sah sich ICI mit einer globalen Rezession konfrontiert, die massive Auswirkungen auf den Unternehmensgewinn nach sich zog.[84] Wie auch andere Untersuchungsunternehmen in Krisenzeiten betonte ICI den Fortbestand der Verpflichtung zum Umweltschutz.[85] ICI gab während der Rezession hohe Summen für eine Restrukturierung des Unternehmens aus, in deren Zuge Zeneca als eigenständiges Unternehmen entstand, aber ebenso für eine Erhöhung der umweltbezogenen Rückstellungen. Das Wachstumsparadigma

---

78 Ebd.

79 Exemplarisch berichtete ICI über ein Projekt in den USA: »Since 1989, the ICI Resins plant at Wilmington, USA, has been working to reduce its waste by applying the principles of Total Quality Mangagement. The result has been a 61 per cent reduction in waste with the added benefits of lower energy and water consumption, a drop in carbon dioxide emissions and a saving of US$ 1 million a year in operational costs.«, ebd.

80 Ebd.

81 Ebd.

82 Dies illustriert exemplarisch ein Auszug aus dem Geschäftsbericht 1991: »In the UK, approval was given for a new granule-formulation plant to serve the worldwide business. As well as tripling capacity, the new plant will make an important contribution to the environment by reducing the need for formulations using solvents.«, Private Archive J. S. AstraZeneca Macclesfield, 1991 Annual Report, 1992.

83 Festzuhalten ist jedoch, dass die Quellenlage hier keinen Einblick in die 1980er Jahre gewährte, so dass nicht auszuschließen ist, dass auch Zeneca beziehungsweise ICI zum damaligen Zeitpunkt dieser Auffassung folgte.

84 Das Geschäftsjahr 1992 schloss das Unternehmen mit einem Verlust vor Steuern in Höhe von 384 Millionen Pfund ab, Private Archive J. S. AstraZeneca Macclesfield, 1992 Annual Report, 1993.

85 Ebd.

selbst wurde von Seiten der Geschäftsführung zu keinem Zeitpunkt in Frage gestellt. Die ergriffenen Praktiken dienten dem Ziel »preparing the Group for future growth«, wie aus einem Statement des damaligen Chief Operating Officers (COO) hervorging.[86] In einer Zeit ökonomischer Unsicherheit und großer Verluste erwiesen sich umweltfreundliche Ersatzstoffe für FCKW als krisensicheres Wachstumsgeschäft.[87] Auch an anderen Stellen eröffneten ökologische Praktiken neue Geschäftsfelder für das ökonomisch angeschlagene Unternehmen.[88]

Die Kommunikation rekurrierte wie bei Merck an vielen Stellen auf die Anforderungen, die aus der Branchenzugehörigkeit des Unternehmens entstanden, und war sehr produkt- und produktionsorientiert. Exemplarisch zeigt sich dies an der Kommunikation von ICI über das Wassermanagement.[89] Im Einklang mit Merck legte die Kommunikation auch in Großbritannien das Augenmerk auf die notwendigen Ressourcen der Industrie, die wie in diesem Falle einen bestimmten Verbrauch an Wasser erforderten. Frühzeitig rückte das Unternehmen konkrete Vorgaben und deren Evaluierung in den Mittelpunkt der Kommunikation.[90] Statt ökologische Nachteile durch Umweltengagement an anderer Stelle auszugleichen, zeichnete ICI schon in den frühen 1990er Jahren in seiner Kommunikation das Bild eines Unternehmens, dass die Produktverantwortung ins Zentrum rückte. Entsprechend erklärte der Umweltbericht 1992: »Environmental considerations are an integral part of the design and development of new ICI products.«[91] Zu Beginn der 1990er Jahre bildeten FCKW und die Ozonschicht ein wichtiges Handlungsfeld und Innovationen im Bereich von Ersatzstoffen für FCKW bildeten ein Grundsegment ökologischer Praktiken bei ICI.[92] Generell akzentuierte ICI

86 Ebd.

87 Ebd.

88 Vgl.: »Another new business, ICI Explosives Environmental Services, will concentrate on the recycling and disposal of explosive waste to increasingly stringent environmental standards.«, ebd.

89 Umweltberichte betonten die Bedeutung der Ressource für die chemische Industrie: »Water is essential to the chemical industry. It is used as a raw material; for cooling; for steam, power and heat; and for washing products and plant. ICI is conscious of the need to conserve supplies and is introducing water management techniques to its production sites.«, Private Archive J. S. AstraZeneca Macclesfield, Environmental Report 1992, 1993.

90 Vgl.: »Last year's Annual Report set out four objectives against which ICI could measure progress in raising its environmental standards. Goals were set for the environmental performance of new plants, the reduction of waste, the saving of energy and resources and the recycling of ICI's products.«, Private Archive J. S. AstraZeneca Macclesfield, 1991 Annual Report, 1992.

91 Als Beispiele sind Innovationen im Bereich Haushaltsfarben zu nennen, die sogenannte Volatile Organic Compunds (VOCs) enthielten, welche in die Atmosphäre gelangen konnten, Private Archive J. S. AstraZeneca Macclesfield, Environmental Report 1992, 1993.

92 Der zweite Umweltbericht von ICI widmete der »challenge of replacing CFCs« ein sogenanntes »Feature«. Dieses sprach v. a. über Forschungen und Innovationen von ICI zu FCKW-Alternativen und hob die Vorreiterrolle des Unternehmens hervor, ebd.; Private Archive J. S. AstraZeneca Macclesfield, 1992 Annual Report, 1993.

jene Verbindung zwischen Forschung und technischen Innovationen[93] sowie Verbesserungen für die Umwelt an vielen Stellen in der Unternehmenskommunikation.

Wenngleich die ökologische Dimension im Handlungsfeld Nachhaltigkeit für die britische Chemie- und Pharmabranche von Anfang an eine relevante Bezugsgröße darstellte, zeugen die Quellen davon, dass bei ICI die soziale Dimension von Beginn an stärker akzentuiert war als bei Merck. Ein wichtiges Kommunikations- und Handlungsfeld bot insbesondere die eigene Produktpalette mit einer Betonung des eigenen Beitrags zu einer gesünderen Welt.[94] Daneben erweiterte sich die Produktpalette aber auch um weitere Praktiken, die im Sinne einer Nachhaltigen Entwicklung verstanden werden konnten. Hierzu zählte die Frage der Ernährung der Weltbevölkerung durch neue Agrarprodukte.[95] Zwar sah und sieht sich die Forschung an Lebensmitteln und der Einsatz von Pestiziden nicht zuletzt aus ökologischen Gesichtspunkten Kritik ausgesetzt. Deutlich zeigen die Quellen aber, dass ICI eigene innovative Praktiken in diesem Feld als Beitrag zu einer fortschrittlichen globalen Welt begriff.[96] Auch jenseits produktbasierter Praktiken fanden ab den 1990er Jahren Bezugnahmen auf die soziale Dimension von Nachhaltigkeit statt. Exemplarisch benannte der »Directors' Report« im Geschäftsbericht 1991 die Einführung neuer Firmenrichtlinien zur Chancengleichheit in Großbritannien als ein Highlight des Jahres.[97] Viele Praktiken lassen sich – wie noch zu sehen sein wird – mit jenen des britischen Handels- und Konsumgüterkonzerns Marks & Spencer vergleichen, in dem sie das lokale soziale Engagement akzentuierten.[98] Wahrnehmbar war eine britische Tradition der unternehmerischen Philanthropie; Spenden wurden unter anderem für ein Kinderhospiz in England, das Rote Kreuz im kroatischen Zagreb, den Louvre in Paris und die Fluthilfe in Pakistan aufgewendet.[99]

Zum 1. Juni 1993 entstand die Zeneca Group als eigenständiges Unternehmen durch die Abspaltung der Sparten *Pharmaceuticals*, *Agrochemicals* und dem

---

93 Vgl. exemplarisch Forschungsvorhaben in der Sparte ICI Paints, Private Archive J. S. AstraZeneca Macclesfield, 1992 Annual Report, 1993.

94 Vgl. etwa: »Throughout the world there is growing need to bring down the cost of healthcare. One way to do so is by developing more effective medicines.«, ebd.

95 Vgl. ebd.

96 Dies kommunizierte das Unternehmen auch dezidiert: »ICI's research and technology helps ease pain and suffering, helps feed people across the world, helps to improve the environment. It is helping to safeguard our future.«, ebd.

97 Private Archive J. S. AstraZeneca Macclesfield, 1991 Annual Report, 1992.

98 Neben Fortbildungs- und Entwicklungsmöglichkeiten für die eigenen Mitarbeitenden sei ICI daran gelegen »to play a full part in the local community, both through donations and through the active involvement of its employees.«, Private Archive J. S. AstraZeneca Macclesfield, 1992 Annual Report, 1993.

99 Ebd.

Specialities Business vom restlichen Chemiegeschäft von Imperial Chemical Industries.[100] Im Zuge der Umfirmierung und Abspaltung des Unternehmens dominierten ökonomische Praktiken temporär die Kommunikation der Geschäftsführung.[101] Möglicherweise hatte die Umfirmierung zunächst zu einer Verschiebung des Fokus geführt. Die soziale Dimension setzte weiterhin vor allem auf Praktiken im Bereich *community involvement* und Philanthropie.[102] Innerhalb der gewählten Schwerpunktsetzung bespielte das Unternehmen ein weites Feld von Wissenschafts- und Sportförderung in Schulen bis zur Förderung von Umweltprojekten.[103] Wie auch Marks & Spencer unterstützte Zeneca vor allem lokale Projekte in Gemeinden, in denen das Unternehmen selbst aktiv war, sowie internationale Hilfsprojekte.[104] Zum Teil nutzte Zeneca gezielt die eigene Produktpalette im Rahmen des Engagements vor Ort, beispielsweise bei einem Anti-Malaria-Projekt in Vietnam.[105] Letztlich blieb die Kommunikation zu Praktiken, die der sozialen Dimension im Handlungsfeld Nachhaltigkeit zugeordnet werden könnten, jedoch oberflächlich. Auch Praktiken die Verbesserung der Ökologie betreffend wurden in den ersten Jahren nach der Abspaltung von ICI eher nachrangig kommuniziert. Dies ist jedoch nicht zwingend als nicht vorhandenes Interesse an diesen Belangen zu interpretieren. So verfügte Zeneca über *ein Safety, Health & Environment [SHE]* Management System, das im Einklang stand mit der *Responsible Care*-Initiative der Chemischen Industrie.[106] Als Priorität definierte Zeneca die Reduzierung von Abfall, insbesondere von Sondermüll.[107] Detaillierte Rückschlüsse auf zeitgenössische Praktiken der ökologischen Dimension lassen die Unternehmensquellen jedoch nicht zu.

Mitte der 1990er Jahre, im dritten Jahr als eigenständiges Unternehmen, zeigte sich eine Aufwertung des Handlungsfelds Nachhaltigkeit. Neben ökonomischen Praktiken thematisierte das Vorwort des Chairman zum Geschäftsbericht 1995 nun auch ökologische und soziale Themen und berichtete u. a. über

100 Private Archive J. S. AstraZeneca Macclesfield, 1993 Annual Report, 1994.

101 Vgl. exemplarisch ebd.

102 Ebd.; Private Archive J. S. AstraZeneca Macclesfield, 1994 Annual Report, 1995.

103 Vgl. Private Archive J. S. AstraZeneca Macclesfield, 1993 Annual Report, 1994.

104 1994 berichtete der Geschäftsbericht exemplarisch über zwei Spendenprojekte an das Rote Kreuz, zum einen in Großbritannien, zum anderen in Vietnam, Private Archive J. S. AstraZeneca Macclesfield, 1994 Annual Report, 1995.

105 Ebd.

106 Ebd.

107 Hier habe das Unternehmen bereits große Erfolge zu verzeichnen gehabt und 1993 den Anteil an Sondermüll um mehr als 20 Prozent im Vergleich zu 1990 reduziert, 1994 sogar um 26 Prozent, Private Archive J. S. AstraZeneca Macclesfield, 1993 Annual Report, 1994; Private Archive J. S. AstraZeneca Macclesfield, 1994 Annual Report, 1995.

den Ethik-Kodex des Unternehmens.[108] Im Bereich der sozialen Verantwortung machte das Unternehmen erneut vor allem über sein Engagement in den lokalen Umgebungen der Standorte sowie über Spendenprogramme auf sich aufmerksam.[109] Allerdings waren sie durch ihre Form, als Spenden oder gezielte Unterstützung, nicht Teil der alltäglichen Unternehmenspraxis.[110] Anders verhielt es sich bei den Praktiken der ökologischen Dimension, die sich wie schon in früheren Jahren deutlich produktbasierter gestalteten. Zeneca versuchte gezielt, die Umweltbelastungen an den Unternehmensstandorten zu reduzieren. Im Fokus standen auch Mitte der 1990er Jahre weiterhin vor allem die Abfallvermeidung und -aufbereitung ebenso wie Maßnahmen, die die Kontamination von Böden und Grundwasser vermeiden sollten.[111] Zudem kommunizierte das Unternehmen Verbesserungen am eigenen Produktportfolio. Beispielsweise sollten mögliche negative Auswirkungen auf die Umwelt durch Pflanzenschutzmittel vermindert werden.[112] Insgesamt erscheinen die kommunizierten Praktiken zu diesem Zeitpunkt deutlich weniger diversifiziert als bei Merck. Die Berichterstattung zur ökologischen Dimension orientierte sich auch Mitte der 1990er Jahre vorrangig am Schwerpunktthema der Reduzierung von Sonderabfällen, während die Reduzierung von Emissionen in den Geschäftsberichten kaum Erwähnung fand. Weder CO_2-Emissionen noch der Klimawandel waren zu diesem Zeitpunkt ein Thema.

In der zweiten Hälfte der 1990er Jahre lässt sich eine weitere Ausdifferenzierung der kommunizierten Praktiken der ökologischen Dimension beobachten. Treibhausgasemissionen entwickelten sich zu einem Handlungsfeld, über das die Unternehmenskommunikation vermehrt berichtete:

»Zeneca is not a major industrial user of energy, but recognises that energy conservation contributes to reducing greenhouse gases and operational cost savings. The replacement of old and relatively inefficient coal-fired boilers with gas-fired combined heat and power plants at Grangemouth and Huddersfield manufacturing works in the UK has resulted in the more efficient use of fuel and reduced emissions of carbon dioxide, acid gases and dust.«[113]

108 Vgl.: »I am pleased to report [...] that the Company has devised its own comprehensive Code of Ethics for worldwide application which reflects Zeneca's high standards and its concern for the welfare of local communities, customers, staff and the environment. Zeneca's employees with their strong sense of individual responsibility, share this commitment.«, Private Archive J. S. AstraZeneca Macclesfield, 1995 Annual Report, 1996.

109 Vgl. exemplarisch: »It is Zeneca's policy to support charitable and community initiatives at a level consistent with the interests of both its business and its shareholders, and to support in particular those charitable activities which promote health, nutrition, young people and the community.«, ebd.

110 Lediglich Praktiken für Chancengleichheit am Arbeitsplatz könnten so gewertet werden, vgl. ebd.

111 Ebd.

112 Ebd.

113 Private Archive J. S. AstraZeneca Macclesfield, 1996 Annual Report, 1997.

Dieser Ausschnitt aus der Unternehmenskommunikation lässt mehrere Rückschlüsse zu. Zum einen legt der Passus, der lediglich auf zwei Beispiele im Heimatmarkt des Unternehmens Bezug nahm, nahe, dass das Unternehmen offenkundig keine konzernweite Strategie zur Reduzierung von Treibhausgasemissionen implementiert hatte.[114] Eine mögliche Begründung lieferte Zeneca selbst mit der Erklärung, kein energieintensives Unternehmen zu sein. Obwohl Zeneca sich weder grundsätzlich als wichtigen Akteur in diesem Feld wahrnahm, noch über nennenswerte Praktiken berichten konnte, schnitt der Geschäftsbericht das Thema als einziges in diesem Umfang neben dem Schwerpunktthema einer Reduzierung von Sonderabfällen an. Dies lässt den Rückschluss zu, dass sich der öffentliche Diskurs um Treibhausgasemissionen zu diesem Zeitpunkt bereits so weit entwickelt hatte, dass Zeneca sich verpflichtet sah, sich deutlicher zu positionieren. Angemerkt sei, dass der Aufstieg des Handlungsfeldes Klimaschutz traditionsreiche Praktiken nicht verdrängte. Das Handlungsfeld Abfall nahm einen unverändert hohen Stellenwert ein und Chief Executive Sir David Barnes bezeichnete die Reduzierung von Sonderabfällen als Priorität.[115]

Während Merck als deutsches Beispiel der Chemie- und Pharmaindustrie vor allem die ökologische Verantwortung des Unternehmens betonte, schärften die von Zeneca kommunizierten Unternehmenswerte besonders auch die soziale Dimension. Nach eigenen Angaben orientierte Zeneca sich an den Werten »costumer focus, innovation, employee development, ethical standards, social responsibility and wealth creation.«[116] Sie konnten auch Aspekte des Umweltschutzes integrieren, jedoch standen diese kommunikativ nicht im Vordergrund. Stattdessen entstand der Eindruck einer sozial-ökonomischen Schwerpunktsetzung. Dieses Bild unterstrichen auch die Vorworte des damaligen Chairman in den Geschäftsberichten 1996 und 1997, in denen dieser ökonomische und soziale Themen, nicht jedoch ökologische ansprach.[117] Letztlich wies die Berichterstattung zu Praktiken jedoch nur exemplarischen Charakter auf, tiefere Rückschlüsse auf die Implementierung der sozialen Dimension lassen sich aus den Geschäftsberichten aus der zweiten Hälfte der 1990er Jahre nicht ziehen.[118] Die Kommunikation konzentrierte sich dabei weiterhin auf Spendenprojekte, die nun häufig einen Bezug zur

114 Auch ein Passus im Geschäftsbericht 1998 zeugt davon, dass das Thema Reduzierung der Energienutzung und der damit verbundenen Treibhausgasemissionen zwar angesprochen, jedoch nicht ernsthaft verfolgt wurde. So hieß es: »Although sites continue to monitor energy consumption, it is expected that the amount of energy will rise, albeit at a low rate, as production increases.«, Private Archive J. S. AstraZeneca Macclesfield, 1998 Annual Report, 1999.

115 Private Archive J. S. AstraZeneca Macclesfield, 1996 Annual Report, 1997.

116 Ebd.

117 Ebd.; Private Archive J. S. AstraZeneca Macclesfield, 1997 Annual Report, 1998.

118 Vgl. hierzu auch Private Archive J. S. AstraZeneca Macclesfield, 1997 Annual Report, 1998.

pharmazeutischen Produktpalette des Unternehmens aufwiesen, wie ein Sponsoring des »National Breast Cancer Awareness Month« in den USA oder Antibiotika-Spenden für Zentralamerika.[119] Entsprechende Praktiken bewegten sich häufig an der Schnittstelle zwischen karitativem Engagement und Marketing.

Ungeachtet der Aufwertung und Diversifizierung anderer Dimensionen im Handlungsfeld Nachhaltigkeit – erinnert sei daran, dass AstraZeneca explizit den Dreiklang aus sozialen, ökologischen und ökonomischen Fragen als Definition für Nachhaltigkeit übernahm – kann gegen Ende der 1990er Jahre von einem kommunikativen Primat der Ökonomie gesprochen werden. Explizit betonte Zeneca die wirtschaftlichen Vorteile, die aus einem ökologisch verantwortlichen Handeln resultieren würden.[120] Auch die dem Prinzip Nachhaltigkeit immanente Zukunftssicherung fand vor allem in ökonomischen Belangen ihren Ausdruck.[121] Das Bekenntnis zu einer intergenerativen Gerechtigkeit erfolgte nicht im Kontext von ökologischen oder sozialen Fragestellungen, sondern war von wirtschaftlichen Interessen geleitet.[122]

3.2 Praktiken der Nachhaltigkeit unter neuem Namen

Im Zuge der Fusion zwischen Zeneca und der schwedischen Astra evaluierte AstraZeneca die beiden nun zu kombinierenden SHE-Systeme. Kommunikativ betonte der Konzern die Vorteile, die durch die neue Situation entstanden seien und einen Rückgriff auf Best-Practice-Beispiele aus beiden Unternehmen erlaubten.[123] Konkrete Praktiken spielten in den Geschäftsberichten nun kaum mehr eine Rolle, stattdessen erfuhren die separaten Umweltberichte größere Gewichtung, auf welche die Geschäftsberichte explizit verwiesen.[124] Die Analyse der verwendeten Begriffe hat gezeigt, dass AstraZeneca sich ab den 2000er

119 Private Archive J. S. AstraZeneca Macclesfield, 1998 Annual Report, 1999.

120 Vgl.: »Good SHE management not only protects people and the environment – it also makes a direct and positive contribution to business profitability.«, Private Archive J. S. AstraZeneca Macclesfield, 1996 Annual Report, 1997.

121 Dies deckt sich mit Ergebnissen von Schwegler, die festhält, dass das von ihr untersuchte Unternehmen Henkel unter Zukunftsfähigkeit »aber in erster Linie die Schaffung und Absicherung einer wirtschaftlichen Grundlage« verstand, Schwegler 2018, S. 331.

122 Vgl.: »We will create wealth in both the short and long term, so as to improve the value of our shareholders' investment and to pass on a vibrant and successful company to future generations.«, Private Archive J. S. AstraZeneca Macclesfield, 1997 Annual Report, 1998.

123 »1999 saw the merger of Astra and Zeneca, two companies with a strong commitment to high standards in SHE performance. The merger has given the new company the opportunity to combine the best practices from both predecessor companies to formulate an AstraZeneca SHE management system.«, Private Archive J. S. AstraZeneca Macclesfield, 1999 Annual Report, 2000.

124 Ebd.; Private Archive J. S. AstraZeneca Macclesfield, 2000 Annual Report, 2001.

Jahren unter dem Begriff *Corporate (Social) Responsibility* explizit in das diskursive Feld der Nachhaltigkeit einschrieb. Mit dem terminologischen Wandel und der Etablierung einer separaten Berichterstattung für das Handlungsfeld Nachhaltigkeit entgrenzte und diversifizierte sich die Kommunikation zu Praktiken in hohem Maße. Diese Entwicklung verdeutlichten die 2002 entwickelte *Corporate Responsibility Policy* sowie der dazugehörige *Corporate Responsibility Action Plan.*[125] Insgesamt wurden zwölf Ziele und mit diesen verbundene Praktiken benannt. Die meisten Ziele und Praktiken definierte AstraZeneca für den Bereich *Safety, Health and Environment,* aber auch andere Handlungsfelder fanden breite Beachtung in der Unternehmensstrategie. Insgesamt lassen sich zu Beginn des 21. Jahrhunderts vier Hauptentwicklungen festhalten. Erstens etablierten sich der Klimawandel und Arzneimittelrückstände in der Umwelt (*Pharmaceuticals in the Environment*) als wichtigste Handlungsfelder der ökologischen Dimension. Zweitens spielten Praktiken, die das Handlungsfeld Nachhaltige Entwicklung global verstanden und dezidiert auf Entwicklungsländer abzielten, eine zunehmende Rolle. Drittens bestanden traditionsreiche Handlungsfelder unter neu bezeichneten Schlagwörtern weiter. Viertens vertrat AstraZeneca ein holistisches Verständnis von Nachhaltigkeit und betonte die Interdependenz aller Dimensionen.

AstraZeneca thematisierte den Aufstieg des Klimawandeldiskurses, denn dieser sei »an increasingly important issue for governments and society.«[126] Mit dem diskursiven Durchbruch ging auch die Notwendigkeit zur Entwicklung weiterer Praktiken einher. Ende 2000 gab der Vorstand fünf neue Ziele des SHE-Managements bekannt. Neben grundsätzlichen Zielen wie der Anwendung von internationalen Richtlinien bei der Umweltberichterstattung oder umfangreichen Schulungen der Belegschaft benannte der Vorstand nur für ein ökologisches Feld eine konkrete Maßnahme – die Reduzierung der CO_2-Emissionen.[127] Berichte lieferten detaillierte Zahlen über die erreichten Energieeinsparungen. Diese zeugen davon, dass die hohen Ansprüche zunächst nur bedingt erfüllt wurden.[128] Hieß es in den 1990er Jahren noch, dass Emissionsreduzierung kein Kernthema des Unternehmens bildete, entwickelte sich diese nun zu der kommunikativ

125 Private Archive J. S. AstraZeneca Macclesfield, We're working. Corporate Responsibility Summary Report 2002, 2003.

126 Private Archive J. S. AstraZeneca Macclesfield, Corporate Social Responsibility Report 2000, 2000/2001.

127 »To achieve a reduction in the growth of carbon dioxide emissions from our facilities by 2005 – this will be by an amount equivalent to 20 % of 1998 emissions.«, Private Archive J. S. AstraZeneca Macclesfield, 2001 Annual Report, 2002.

128 Exemplarisch sei auf das Jahr 2001 verwiesen. Hier stieg der Energieverbrauch von AstraZeneca sogar um fünf Prozent, Private Archive J. S. AstraZeneca Macclesfield, Global Business – Global Responsibility. Corporate Social Responsibility Summary Report 2001, 2002.

am stärksten akzentuierten Praktik bei AstraZeneca.[129] Statt allein auf gängige Praktiken zur Emissionsreduzierung, beispielsweise im Transportbereich, zu fokussieren, setzte AstraZeneca sich dezidiert mit negativen Effekten der eigenen Produktpalette auf das Klima auseinander, beispielsweise den Auswirkungen auf die Ozonschicht und die Klimaerwärmung durch in Asthmasprays verwendete Treibgase.[130] Dementsprechend konzentrierte AstraZeneca sich auf Praktiken wie die Forschung an klimafreundlichen Alternativen zur Asthmabehandlung.[131] Deutlich kommunizierte das Unternehmen eine Ausbalancierung zwischen unterschiedlichen Anforderungen, die alle dem Feld der Nachhaltigen Entwicklung zugeordnet werden konnten: der Förderung der Gesundheit und dem Schutz der Umwelt.[132] Ökonomische Überlegungen spielten zu diesem Zeitpunkt hingegen keine Rolle in der Kommunikation. Ein artikulierter Gegensatz zwischen Ökonomie und Ökologie lässt sich aus den Quellen nicht ablesen. Zwar trug der Verkauf der Medikamente zum Umsatz des Unternehmens bei, dieser stand jedoch nicht im Fokus der Außendarstellung.

Ab dem ersten *Corporate Social Responsibility*-Bericht 2000 gewann auch das Handlungsfeld *Pharmaceuticals in the Environment (PiE)* an Aufmerksamkeit. Durch neue Analysetechniken konnten ab diesem Zeitpunkt auch sehr kleine Konzentrationen von Arzneimittelrückständen in Abwässern nachgewiesen werden.[133] Die Kommunikation zeugte von einem Fehlen an gesichertem Wissen in diesem Handlungsfeld. So versuchte AstraZeneca auf der einen Seite, die Gefahr nicht zu groß erscheinen zu lassen, strebte auf der anderen Seite aber an, sich durch Kooperationen selbst mehr Kenntnisse anzueignen.[134] Im weiteren Verlauf der 2000er Jahre blieb das Thema in der Unternehmenskommunikation präsent.

129 Vgl. exemplarisch Private Archive J. S. AstraZeneca Macclesfield, 2002 Annual Report, 2003.

130 Vgl. Private Archive J. S. AstraZeneca Macclesfield, 2007 Annual Report, 2008.

131 Die neuen Produkte belasteten die Ozonschicht nicht mehr und ihre Auswirkungen auf das Klima reduzierten sich um die Hälfte, ebd.

132 AstraZeneca beschrieb den gesuchten Ausgleich zwischen den Dimensionen aktiv: »Although these HFA (hydrofluoroalkanes) propellants still have some impact on climate change, there is an international consensus that there is no safer alternative for patients.«, ebd.; ahnliche Aussagen finden sich auch in weiteren Geschäftsberichten der späten 2000er Jahre, vgl. hierzu exemplarisch Private Archive J. S. AstraZeneca Macclesfield, 2008 Annual Report, 2009.

133 Private Archive J. S. AstraZeneca Macclesfield, Corporate Social Responsibility Report 2000, 2000/2001; Private Archive J. S. AstraZeneca Macclesfield, 2007 Annual Report, 2008.

134 Vgl.: »Based on our current information, we do not believe that there is any significant risk to either people or the environment. In the vast majority of cases, the levels of drug residues detected in the environment are many times less than the minimum concentrations expected to cause any significant environmental effects. However, we are following developments in this area very closely. We are continuing to invest in advanced waste treatment at our facilities and to collaborate with regulatory agencies, academics and trade associations throughout the world on this topic.«, Private Archive J. S. AstraZeneca Macclesfield, Corporate Social Responsibility Report 2000, 2000/2001.

Weiterhin dominierte dabei die Aneignung von Grundwissen, häufig in Kooperation mit anderen Akteursgruppen.[135] Auch Ende der 2000er Jahre blieb dies die für das Handlungsfeld wichtigste Praktik.[136] Hierzu zählte die Durchführung von umfangreichen Studien zu den Umweltauswirkungen der Produkte.[137] Die Wissenschaft entwickelte sich in der Kommunikation zu einem wichtigen Partner für die Ent-emotionalisierung des Diskurses. Es herrsche ein »general agreement among scientists in academia, industry and government that, although variable, the levels found are too small to pose any significant risk to human beings or to cause immediate or short-term harm to aquatic life.«[138] Das Handlungsfeld veranschaulicht, wie Wissen die Grundlage für die Etablierung neuer Praktiken im Handlungsfeld Nachhaltigkeit bildete.[139]

Die Kernkompetenzen des Unternehmens, die vor allem auf die soziale Dimension Nachhaltiger Entwicklung abzielten, rückten kommunikativ immer weiter in den Mittelpunkt. Hierzu zählte die Forschung an Medikamenten gegen Krankheiten, die primär in Entwicklungsländern vorherrschten. Im ersten *Corporate Social Responsibility*-Bericht des Unternehmens erfuhr das Engagement des Unternehmens für die Tuberkulose-Forschung am Forschungsstandort in Bangalore (Indien) eine ausführliche Berichterstattung. Hierbei verband sich die soziale Dimension mit antizipierten ökonomischen Vorteilen für die betroffene Region.[140] Einen weiteren kommunikativen Schwerpunkt bildeten Praktiken, die den Zugang zu Medikamenten in den Vordergrund rückten und ökonomische und soziale Aspekte verbanden. Naturgemäß steckten hinter diesen Praktiken immer auch ökonomische Absichten, da das Bepreisungssystem für Medikamente hier einen entscheidenden Faktor darstellte. Zum einen betonte AstraZeneca den Zugang zu Medikamenten auch in Entwicklungsländern gewährleisten zu wollen.[141] Gleichzeitig zeigte sich das Unternehmen darum

135 Auch Mitte des Jahrzehnts definierte der CR Action Plan im Bereich PiE noch das Ziel: »Continue to refine our understanding of how our products interact with the environment and pursue opportunities to reduce or eliminate potential adverse impacts.«, Private Archive J. S. AstraZeneca Macclesfield, Corporate Responsibility Summary Report 2004, 2005.

136 Es herrsche ein »general agreement among scientists in academia, industry and government that, although variable, the levels found are too small to pose any significant risk to human beings or to cause immediate or short-term harm to aquatic life.«, Private Archive J. S. AstraZeneca Macclesfield, 2007 Annual Report, 2008.

137 Ebd.

138 Ebd.

139 AstraZeneca kommunizierte vielfach das Narrativ einer engen Kooperation mit der Wissenschaft und einer eigenen Expertenrolle im diskursiven Feld der Nachhaltigkeit. Dieses Narrativ untersucht Kapitel III.4.3.

140 Vgl. Private Archive J. S. AstraZeneca Macclesfield, Corporate Social Responsibility Report 2000, 2000/2001; Private Archive J. S. AstraZeneca Macclesfield, 2001 Annual Report, 2002.

141 Vgl. Private Archive J. S. AstraZeneca Macclesfield, 2003 Annual Report, 2004.

bemüht, eigene ökonomische Interessen zu schützen.[142] Wie bei Merck richtete sich das Engagement im Bereich des Zugangs zu Medikamenten keineswegs ausschließlich auf Entwicklungs- und Schwellenländer. Aufgrund der Situation des US-amerikanischen Gesundheitssystems waren die USA ein Hauptempfänger der Medikamentenspenden und Zugang-zu-Medikamenten-Programme. Laut Jason Snape wiesen entsprechende Initiativen in Industrieländern sogar eine längere Tradition auf als in Entwicklungs- und Schwellenländern.[143]

Trotz der Entgrenzung des Handlungsfeldes Nachhaltigkeit verloren traditionsreiche Praktiken nicht grundsätzlich an Bedeutung. Umweltschutz und Sicherheit blieben ein Kernaspekt der Unternehmensstrategie.[144] Seit langem präsente Handlungsfelder wie das Abfallmanagement, insbesondere die Reduzierung von Sonderabfällen, Wasserverbrauch und Luftverschmutzung blieben zunächst integraler Bestandteil der Unternehmenskommunikation.[145] Am Beispiel des Abfallmanagements lässt sich die Entwicklung von traditionsreichen Praktiken exemplarisch ablesen. Auch im Verlauf der 2000er Jahre berichteten die Nachhaltigkeits- bzw. CR-Berichte vereinzelt über Praktiken in jenem Bereich, jedoch in weit geringerem Maße als noch in den 1990er Jahren.[146] AstraZeneca begründete dies nicht mit mangelndem Interesse, sondern mit bisherigen Erfolgen.[147] Erst der letzte Bericht der 2000er Jahre widmete dem Handlungsfeld erneut mehr Aufmerksamkeit und bezeichnete das Abfallmanagement gar als »another key element of our environmental sustainability strategy«.[148] Dies illus-

142 Vgl.: »While we support the concept of differential pricing in this context, we continue to seek safeguards that differentially priced products are not diverted from the patients who need them, to be sold and used in more affluent markets. Differential pricing can only be of benefit in countries where healthcare systems can deliver medicines to the patients that need them and ensure that they are used appropriately.«, ebd.

143 Vgl. Prof. Dr. Jason Snape 2018.

144 So kommunizierte AstraZeneca: »At the core of our CSR agenda is our commitment to good safety, health and environmental performance.«, Private Archive J. S. AstraZeneca Macclesfield, 2001 Annual Report, 2002.

145 Private Archive J. S. AstraZeneca Macclesfield, Corporate Social Responsibility Report 2000, 2000/2001.

146 Vgl. exemplarisch Private Archive J. S. AstraZeneca Macclesfield, Corporate Responsibility Summary Report 2004, 2005.

147 2005 erklärte AstraZeneca: »We are already one of the lowest waste producers in the industry and so we have removed waste reduction from the Plan. It remains important, however, and we have set a new target for improvement in waste emissions by a further 11% relative to sales.«, Private Archive J. S. AstraZeneca Macclesfield, Turning Words Into Action. Corporate Responsibility Summary Report 2005, 2006; vgl. hierzu auch Ausführungen von Simon Tywuschik: »Eine quantitative Abnahme des Umweltschutzes muss nicht zwangsläufig bedeuten, dass Unternehmen diesen Bereich oder das Thema vernachlässigen. Abnehmende Umweltschutzbelastungen auf Grund einer integrierten Umweltschutzstrategie können gleichzeitig weniger organisatorisch-technischen Aufwand und ein höheres ökologisches Verantwortungsbewusstsein signalisieren.«, Tywuschik 2008, S. 304.

148 Private Archive J. S. AstraZeneca Macclesfield, 2009 Annual Report, 2010.

triert zugleich, dass die kommunikativ akzentuierten Praktiken Schwankungen unterlagen. Während manche Felder wie der Klimawandel nun permanent Aufmerksamkeit erregten, traten andere in den Hintergrund, teils aber zu späteren Zeitpunkten auch wieder hervor. Insgesamt lässt sich aber eine Fokussierung auf die relevantesten Themen wahrnehmen.[149]

Neben der ökologischen Dimension wiesen auch einzelne Praktiken der sozialen Dimension eine Kontinuität auf. Hierzu zählte das traditionsreiche Feld des *community involvement*, eine lange Zeit tragende Säule im Handlungsfeld Nachhaltigkeit. Die Praktiken konzentrierten sich in den 2000er Jahren primär auf die Kernkompetenzen des Unternehmens im Bereich Gesundheit und Wissenschaft.[150] Zu den konkreten Praktiken zählten Aufklärungskampagnen im Gesundheitsbereich, Bildungsprogramme für Jugendliche, Spenden für Geflüchtete aus Afghanistan oder Beiträge zur Katastrophenhilfe und Arzneimittelspenden im Kontext des Tsunamis im Dezember 2004.[151] Auch in der zweiten Hälfte der 2000er Jahre blieben jene Praktiken ein integraler Bestandteil des Handlungsfelds Nachhaltigkeit. Weitere Handlungsfelder der sozialen Dimension umfassten Menschenrechte und die Lieferkette, Vertriebs- und Marketing-Praktiken, klinische Teststudien, Tierschutz, der Zugang zu Medikamenten, Community Support und Arzneimittelspenden.[152] Gezielt konzentrierte sich AstraZeneca in den 2000er Jahren auf Praktiken, in denen das Unternehmen das größte Handlungs- und Gestaltungspotential sah.[153] Auch die Förderung von Diversität spielte im Unternehmen eine wahrnehmbare Rolle. *Diversity* war bereits seit 2002 Teil der zwölf Hauptziele des CR Action Plans und sollte u. a. durch eine jährliche Evaluierung der TOP 100 Management-Positionen im Unternehmen

149 Zu einem ähnlichen Befund kommt auch Schwegler: »Entgegen der verbreiteten Ansicht, dass Nachhaltigkeit nur einer sprachlichen Inflationierung und konzeptionellen Konturlosigkeit unterliege und deshalb eine Kompromissformel sei, ergibt die Analyse eine andere Einschätzung: Nachhaltigkeit ist zwar zunächst breit konzipiert, wird aber im Laufe des Diskursausschnitts immer weiter verengt und überschneidet sich zum Teil nur noch mit kleineren Bereichen der Ökologie, beispielsweise mit Klimavorsorge und Energieeffizienz bei der RWE AG.«, Schwegler 2018, S. 554.

150 Vgl.: »We aim to be responsible members of our local communities through charitable donations, sponsorship and other initiatives that help to make a positive difference. In particular, we focus on bringing benefit in ways that are consistent with our business aim of improving human health and quality of life and on promoting the value of science within the community.«, Private Archive J. S. AstraZeneca Macclesfield, 2001 Annual Report, 2002.

151 Ebd.; Private Archive J. S. AstraZeneca Macclesfield, Corporate Responsibility Summary Report 2004, 2005.

152 Private Archive J. S. AstraZeneca Macclesfield, Delivering our Values. Corporate Responsibility Summary Report 2003, 2004.

153 Vgl.: »Whilst other areas of CR remain firmly on our agenda, we believe that for the Plan to be meaningful, it should contain only those issues that our assessment processes have identified as having the highest priority.«, Private Archive J. S. AstraZeneca Macclesfield, 2006 Annual Report, 2007.

bezüglich ihrer Diversität erreicht werden.[154] 2001 bestand der Vorstand von AstraZeneca aus drei Frauen und zehn Männern.[155] Damit übertraf das britische Unternehmen sein deutsches Pendant bei weitem. Der Geschäftsleitung von Merck gehörten zum gleichen Zeitpunkt ausschließlich Männer an.[156]

Ein weiteres Hauptmuster des Handlungsfeldes Nachhaltigkeit in den 2000er Jahren bildete die Betonung der Interdependenz aller vom Unternehmen als Bestandteil von Nachhaltigkeit verstandenen Dimensionen. Ökologische und soziale Verantwortung als Grundlage von ökonomischem Erfolg – diese Kausalität prägte AstraZenecas Kommunikation im 21. Jahrhundert. Nur durch die Umsetzung der Prinzipien einer Nachhaltigen Entwicklung sei der Unternehmenserfolg gewährleistet: »With a global business comes global responsibility and this means ensuring consistently high standards in the three areas of sustainable development: environmental, social and economic.«[157] Nachhaltigkeit müsse, bei AstraZeneca unter dem Schlagwort *Corporate Social Responsibility*, integraler Bestandteil des Geschäftsmodells sein.[158] Zwar bildeten der ökonomische Erfolg und die Gewinnausschüttung an die Aktionärinnen und Aktionäre weiterhin das primäre Ziel, dieses könne aber nur unter Berücksichtigung der Nachhaltigen Entwicklung erreicht werden.[159] Ein solches holistisches, aber ökonomisch konnotiertes Verständnis setzte sich in der Kommunikation zu Zielen und Praktiken aktiv fort. Dabei konzentrierte sich AstraZeneca nicht nur darauf, über ökonomische Vorteile für das Unternehmen zu sprechen, sondern wandte dieses Prinzip auch auf die Gesellschaft als Ganzes und die lokale Umgebung an.[160] Es ging nicht ausschließlich um eine Zukunftssicherung des betriebswirtschaftlichen Erfolges, sondern um eine zukunftsfähige Volkswirtschaft durch technisch-medizinische Innovationen. Insbesondere ab Mitte des Jahrzehnts verschränkten sich die ökonomische und soziale Dimension in diesem volkswirtschaftlichen Sinne immer wei-

154 Private Archive J. S. AstraZeneca Macclesfield, We're working. Corporate Responsibility Summary Report 2002, 2003.

155 Private Archive J. S. AstraZeneca Macclesfield, 2001 Annual Report, 2002.

156 Merck-Archiv, Darmstadt, Geschäftsbericht 2001, 2002.

157 Private Archive J. S. AstraZeneca Macclesfield, 2001 Annual Report, 2002.

158 Ebd.

159 Private Archive J. S. AstraZeneca Macclesfield, We're working. Corporate Responsibility Summary Report 2002, 2003; vgl. fast wortgleich auch Private Archive J. S. AstraZeneca Macclesfield, 2001 Annual Report, 2002.

160 Vgl. hierzu einen Passus aus dem Geschäftsbericht 2002: »The medicines that we discover improve patients' health and quality of life. They also relieve pressure on healthcare systems by reducing incidence of disease or the time needed for treatment. In addition, they help to improve productivity by reducing the time taken off work through illness. Our business activities also bring other economic benefits to the communities around us through local employment and wages, taxes, community support and sourcing of local and national materials and services.«, Private Archive J. S. AstraZeneca Macclesfield, 2002 Annual Report, 2003.

ter.[161] Deutlich artikulierte sich die Interdependenz der Nachhaltigkeitsdimensionen. Der medizinische Beitrag des Unternehmens für die Weltgesundheit und damit auch für die wirtschaftliche Entwicklung rückte nun in das Zentrum – ein erneut ebenso ökonomisch wie sozial konnotiertes Thema. Umweltfragen waren keinesfalls marginalisiert, genossen jedoch weitaus weniger Priorität als in den 1990er Jahren.

4. Nachhaltigkeitsnarrative und Interdependenzen

4.1 Politische Vorgaben, wirtschaftliche Vorbilder

Das deutsche Beispiel Merck hat gezeigt, dass die Politik gleichzeitig Treiber, Adressat, Antagonist und Partner im diskursiven Feld der Nachhaltigkeit war. Erkenntnisse aus der politischen Analyse legen nahe, dass auch die britische AstraZeneca ihre Vorstellungen von Nachhaltigkeit im Austausch mit und in Abgrenzung zu politischen Akteuren entwickelte.[162] Bereits zu Beginn der 1990er Jahre berichtete die externe Konzernkommunikation über Kooperationen zwischen politischen Akteuren und dem Vorgängerunternehmen von AstraZeneca, ICI. Anders als im deutschen Beispiel nahm die Politik bereits frühzeitig die Rolle eines Partners ein.[163] Gemeinsame Aktionen kommunizierte das Unternehmen in den Konzernmedien.[164] Auch die Umweltberichte formulierten das Narrativ eines Unternehmens, das sich gemeinsam mit der Politik den drängendsten Fragen

161 Chief Executive Sir Tom McKillop erklärte zu diesem Zeitpunkt: »At AstraZeneca, we consider the value of our products to patients and to society to be at the core of our corporate responsibility (CR) effort. We make our unique contribution through successful research and development of new medicines. Innovation drives progress in society and in the case of pharmaceuticals, innovative research not only brings benefits for patients, improving health and quality of life, it also creates wealth and contributes to the economic development of the communities we serve.«, Private Archive J. S. AstraZeneca Macclesfield, Corporate Responsibility Summary Report 2004, 2005; diesen Fokus behielt auch sein Nachfolger im Amt des Chief Executive Officer, David R Brennan, bei, Private Archive J. S. AstraZeneca Macclesfield, Turning Words Into Action. Corporate Responsibility Summary Report 2005, 2006.

162 Die britische Chemieindustrie brachte sich in den Ausgestaltungsprozess nationaler Nachhaltigkeitsstrategien ein, ebenso wurde sie von der Politik in diesen explizit als Akteur benannt, vgl. ausführlich Kapitel I.2.

163 Aufgrund der Quellenlage können die Entwicklungen in den 1980er Jahre für AstraZeneca bzw. ICI nicht nachvollzogen werden. Es kann daher nicht ausgeschlossen werden, dass hier, analog zur deutschen Chemie- und Pharmaindustrie, eine kritischere Position eingenommen wurde.

164 Exemplarisch listete der Geschäftsbericht des Unternehmens 1991 die Eröffnung der weltweit ersten kommerziellen Anlage zur Herstellung des FCKW-Ersatzstoffes »Klea« 134 durch den damaligen britischen Premierminister John Major als ein Highlight des Jahres, Private Archive J. S. AstraZeneca Macclesfield, 1991 Annual Report, 1992.

der Zeit stellen wollte.[165] Ob das Verhältnis zwischen britischer Politik und Unternehmen tatsächlich besser war, sei dahingestellt. Zumindest im öffentlichen Diskurs spielten die in Deutschland teils offen ausgetragenen Grabenkämpfe der 1990er Jahre aber keine Rolle. Dies galt auch für europapolitische Vorgaben. Exemplarisch lässt sich diese andere kommunikative Schwerpunktsetzung im Zusammenspiel mit der Politik an einer geplanten EU-Regulierung zum Patentschutz und der Entwicklung neuer Medikamente ablesen. Zwar regte auch ICI Verbesserungen an, ließ aber den in Deutschland teils zu beobachtenden alarmierenden Tonfall vermissen und begrüßte das Vorhaben insgesamt.[166] Nicht nur mit britischen und europäischen, sondern auch mit internationalen politischen Entscheidungen zeigte ICI sich im Einklang und unterstrich dabei das Narrativ eines Unternehmens, das über globale politische Forderungen hinausging.[167] Der damalige Mitarbeiter der Umweltabteilung Jason Snape bestätigte diese positive Rezeption internationaler politischer Abkommen durch AstraZeneca bzw. die Vorgängerunternehmen. Dies habe auch für die Rio-Konferenz gegolten,[168] aus deren Ergebnissen ein umweltpolitischer Handlungsauftrag abgeleitet worden sei.

Neben dem Narrativ einer Partnerschaft mit nationalen und globalen politischen Akteursgruppen zeugte die Kommunikation davon, dass ICI/AstraZeneca die Politik als Treiber für die Entwicklung von unternehmerischer Nachhaltigkeit wahrnahm. Zeneca war als Unternehmen der Chemie- und Pharmaindustrie branchenspezifischen Regulierungen ausgesetzt. Es sah sich weltweit mit strikten Umweltgesetzgebungen konfrontiert, nahm aber zugleich auch Unterschiede zwischen einzelnen Ländern wahr.[169] Die Nichteinhaltung regulatorischer Vorga-

165 Vgl. hierzu exemplarisch den Umweltbericht aus dem Jahr 1992: »The need for user industries to take the lead in actually making this change-over [Abkehr von FCKW, eig. Anmerkung] is more urgent than ever and ICI is working closely with its customers and governments to help in this process.«, Private Archive J. S. AstraZeneca Macclesfield, Environmental Report 1992, 1993.

166 Private Archive J. S. AstraZeneca Macclesfield, 1991 Annual Report, 1992.

167 Exemplarisch zeigte sich dies anhand der Konzernkommunikation rund um die Abschaffung von FCKW. Nicht nur unterstützte man die internationale Vereinbarung, man setze sie auch zwei Jahre früher um und trage durch die Entwicklung alternativer Produkte aktiv zur Abschaffung von FCKW bei, ebd.

168 Auszug aus dem Interview mit Jason Snape: „ I was working in the facility that was managing the environmental issues for the company. I know there was a lot of interest in Rio at the time and a lot of dicussion on what it could mean for our company and I think it was maybe just were we got those first kind of inkling of really trying to work out what our fair share of a company was in terms of the environmental impacts of climate and carbon and what our exposion might have been in terms of the types of reagents that we were using that could deplete ozon layers or contribute to climate change or global warming.«, Prof. Dr. Jason Snape 2018.

169 Vgl. Private Archive J. S. AstraZenecaIntroduction and Rights Issue, ca. 1993.

ben verband sich mit finanziellen Nachteilen.[170] Auch die ökonomische Vernunft gebot somit deren Einhaltung. Das Unternehmen sah in politischen Entscheidungen einen der größten Einflussfaktoren auf die Geschäftspraxis.[171] Dementsprechend suchte Zeneca gezielt den Schulterschluss mit der Politik und Behörden.[172] Gleichzeitig grenzte sich Zeneca von einem Narrativ ab, das die Wirtschaft als politisch getriebene Akteurin ohne eigene Agenda darstellte.[173] Politische Vorgaben begriff die Geschäftsführung zugleich als Chance.[174] Proaktive Unternehmen könnten aus ihnen entsprechend auch Vorteile ziehen.

An der Wende zum 21. Jahrhundert und vor dem Hintergrund der Fusion zwischen Zeneca und Astra lässt sich eine noch eindeutigere Positionierung als proaktiver Akteur, der über politische Vorgaben hinausging, beobachten.[175] Explizit gab die Geschäftsführung im Bericht nun das Ziel vor: »Be among the industry leaders in SHE [Safety, Health & Environment] performance«.[176] Dezidiert benannte das Unternehmen die Fusion als Grund für höhere Ansprüche und eine bessere Implementierung.[177] Die Einhaltung gesetzlicher Vorgaben stellte laut

170 Zeneca berichtete über Geldstrafen, die aus der Nichteinhaltung von Umweltauflagen entstanden waren, Private Archive J. S. AstraZeneca Macclesfield, 1993 Annual Report, 1994.

171 Zeneca sei in sich stetig veränderten Märkten tätig, »affected more by political doctrines than economic cycles.«, ebd.

172 So hieß es beispielsweise: »Environmental performance standards continue to rise and where improvements have been needed, or breaches of regulations have occurred, these have been actively progressed in consultation with the authorities.«, Private Archive J. S. AstraZeneca Macclesfield, 1998 Annual Report, 1999.

173 Auch Jason Snape sah in der Politik vor allem in den 1970er und 1980er Jahren einen wichtigen Initiator, nicht jedoch den alleinigen Treiber hin zu Nachhaltiger Entwicklung. Er beschreibt auch die Notwendigkeit für das Unternehmen »to be much more strategic and ahead of the regulations and thinking not just about regulations in Europe but thinking much more globally because we are global businesses.«, Prof. Dr. Jason Snape 2018.

174 Der damalige Chief Executive David Barnes erklärte 1994: »During the year, the pharmaceuticals industry has come under increasing pressure as governments and healthcare providers have sought to control the costs of health treatment. However, pressures also create opportunity for those companies able to provide effective – and cost-effective – solutions.«, Private Archive J. S. AstraZeneca Macclesfield, 1993 Annual Report, 1994.

175 Hieß es zuvor noch, das Unternehmensziel im Bereich Umweltschutz sei es »to meet all relevant laws, regulations and international agreements«, formulierte der erste Geschäftsbericht von AstraZeneca aus dem Jahr 1999 den Anspruch: »Meet or exceed legal requirements, regulations and international agreements«, Private Archive J. S. AstraZeneca Macclesfield, 1997 Annual Report, 1998; Private Archive J. S. AstraZeneca Macclesfield, 1998 Annual Report, 1999; Private Archive J. S. AstraZeneca Macclesfield, 1999 Annual Report, 2000; hier lässt sich eine Gemeinsamkeit mit der deutschen Merck und weiteren Ergebnissen der bisherigen Forschung bestätigen. Auch Schwegler bestätigt die Ubiquität des Vorreiternarrativs im diskursiven Feld der Nachhaltigkeit, Schwegler 2018, S. 472.

176 Private Archive J. S. AstraZeneca Macclesfield, 1999 Annual Report, 2000.

177 Vgl. ebd.

Unternehmenskommunikation nur das absolute Minimum dar.[178] Als forschendes und damit innovationsbasiertes Pharmaunternehmen sei AstraZeneca ohnehin ambitionierter als gesetzliche Vorgaben.[179] Das Narrativ eines Unternehmens, das über politische Vorgaben hinausging, begründete AstraZeneca auch mit der eigenen Rolle als globales Unternehmen und sah sich damit als Vorreiter gegenüber dem Wettbewerbsumfeld.[180] Als multinationales Unternehmen konnten (nationale) Politiken zwangsläufig nicht der einzige Treiber für die Implementierung von Nachhaltigkeit sein.

4.2 Nachhaltige Kontaktzonen – Lokale Umgebungen, Gesellschaft, Kapitalmarkt

Das deutsche Beispiel Merck zeigte sich im Untersuchungszeitraum von gesellschaftlichen Diskursen – auf lokaler, regionaler, nationaler, aber auch globaler Ebene – beeinflusst. Versuche der öffentlichen Akzeptanzsteigerung gegenüber Merck und der Chemie- und Pharmaindustrie bildeten ein wesentliches Moment bei der Entwicklung von Nachhaltigkeitskriterien. Auch das britische Untersuchungsbeispiel erlebte bereits in der ersten Hälfte der 1990er Jahre eine schlechte Reputation der Chemiebranche. Dieser sollte mit einer umfassenden und transparenten Kommunikationspolitik entgegengewirkt werden. Insbesondere die bisherige, als mangelhaft empfundene Kommunikation erachtete ICI als problematisch.[181] Die Anrainerinnen und Anrainer der Standorte entwi-

178 Vgl. Private Archive J. S. AstraZeneca Macclesfield, 2001 Annual Report, 2002.

179 Die Selbsteinschätzung eines über politische Vorgaben hinausgehenden Unternehmens unterstrich auch Jason Snape: »[i]n most areas around insuring the environmental safety about products we go way beyond what is required in terms of regulation and regulatory compliance. […] Because it's an innovation based pharma company, we are working in an area usually that's ahead of regulation«, Prof. Dr. Jason Snape 2018.

180 Jason Snape betont, dass keineswegs alle Unternehmen eine proaktive Einschreibung in das Diskurs- und Handlungsfeld Nachhaltigkeit vornahmen: »Obviously, if there are declarations that are coming through that are trying to limit the climate change and global warming potential, then our company wants to be seen doing its fair share. So, that forms the whole basis for our science-based targets. It's working what we've got to do to make sure we don't get that particular rise in the global temperature over the next century. […] I work for quite a forward thinking, responsible company, I wouldn't say all companies act in the same manner. So, I'd say some political or let's say media-type initiatives can actually have more of a significant role. Some companies are a bit more regulatory or compliance driven, so they will follow the regulations, do the compliance agenda and doing the minimum that's expected of them. We don't do that, we do go an awful lot further than that. […] We are a global company. We cross political boundaries, we cross regulatory boundaries.«, ebd.

181 Vgl. hierzu den Geschäftsbericht 1991: »At the same time, greater effort is being made to inform the public of what is being emitted from ICI sites. In the past, the chemical industry has been criticised for poor

ckelten sich bereits zu Zeiten von ICI zu einem der wichtigsten Adressaten des Unternehmens im diskursiven Feld der Nachhaltigkeit[182] und deren Einbindung blieb vor und auch nach der Abspaltung zu Zeneca ein häufiges Narrativ des Unternehmens.[183] Unter Verantwortung verstand Zeneca nicht zuletzt: »We will be welcomed as responsible partners in all the communities in which we operate.«[184] Seine Reputation in der lokalen Bevölkerung versuchte das Unternehmen durch eine Kommunikationsoffensive und Tage der offenen Tür zu steigern.[185] Dieses lokale Verständnis und Engagement stand im Einklang mit der Wahrnehmung des deutschen Chemie- und Pharmaunternehmens Merck. Auf der anderen Seite haben die Vorbemerkungen zu Großbritannien gezeigt, dass eine solche Schwerpunktsetzung auch als dezidiert britisch im Sinne einer lokal wirksamen unternehmerischen Philanthropie verstanden werden kann.

Wie bei Merck lag die Bedeutung lokaler Umgebungen für die Entwicklung von Nachhaltigkeit im Unternehmen auch in den branchenspezifischen Herausforderungen begründet, mit denen ICI/Zeneca sich konfrontiert sah. Beide Unternehmen einte das Bewusstsein über die negativen Auswirkungen auf den Geschäftserfolg, die durch eine ablehnende Haltung der Anrainerinnen und Anrainer entstehen konnten.[186] Hierdurch erklärte sich auch die kommunikative Aufmerksamkeit, die jenen Gruppen zugesprochen wurde. Wenn die Ansprüche der lokalen Gemeinden nicht erfüllt würden, wäre das Unternehmen ökonomisch gefährdet.[187] Die oben genannten Tage der offenen Tür benannte das Unternehmen explizit als Möglichkeit, die örtliche Bevölkerung vom eigenen verantwortlichen Handeln zu überzeugen und so die »licence to operate« nicht zu gefährden.[188] Das

communication on these matters. ICI is committed to doing better and the brochure accompanying this Annual Report contains further information about the Group's progress towards its environmental objectives.«, Private Archive J. S. AstraZeneca Macclesfield, 1991 Annual Report, 1992.

182 Der damalige Chairman Sir Denys Henderson erklärte Anfang der 1990er Jahre: »Traditionally ICI has set great value on protecting the welfare of those with a stake in the Group's success – not just its shareholders and employees but also its customers and the communities in which we operate.«, ebd.

183 Die Geschäftsberichte nannten als Ziel des Unternehmens »to enhance the wealth and well-being of our shareholders, our employees, our costumers and the communities we serve and in which we operate.«, Private Archive J. S. AstraZeneca Macclesfield, 1992 Annual Report, 1993; vgl. fast wortgleich Private Archive J. S. AstraZeneca Macclesfield, 1994 Annual Report, 1995.

184 Private Archive J. S. AstraZeneca Macclesfield, 1997 Annual Report, 1998.

185 1994 veranstalteten die britischen Standorte in Huddersfield, Widnes, Macclesfield, Yaling and Jealott's Hill Tage der Offenen Tür, die nach eigenen Angaben 10.000 Menschen besuchten, Private Archive J. S. AstraZeneca Macclesfield, 1994 Annual Report, 1995.

186 Entsprechend akzentuierte der damalige ICI Chairman Sir Denys Henderson, dass die Anrainerinnen und Anrainer der Produktionsstätten in besonderer Weise von den Praktiken des Unternehmens betroffen waren, Private Archive J. S. AstraZeneca Macclesfield, Environmental Report 1992, 1993.

187 Private Archive J. S. AstraZeneca Macclesfield, 1995 Annual Report, 1996.

188 Ebd.

Narrativ des lokal engagierten Unternehmens und guten Nachbars erfuhr auch in den Medien der Unternehmenskommunikation eine besonders prägnante Darstellung. Die Unternehmenskommunikation bemühte sich um einen möglichst personalisierten Ansatz, der in auffälligem Kontrast zur sonstigen, zumeist zahlenbasierten und unpersönlichen Kommunikation stand. Exemplarisch berichtete der Umweltbericht 1992 aus der Perspektive einer Anwohnerin über einen Vorfall in Thailand, dem das Unternehmen mit schnellem Handeln begegnete.[189] Der detaillierte, persönliche Bericht diente als Stilmittel, um das Narrativ eines sehr engagierten und transparenten Unternehmens zu untermauern. Zugleich illustriert der Bericht, dass das Narrativ des guten Nachbarn global Anwendung fand und sich nicht auf den Heimatmarkt des Unternehmens beschränkte.[190] Der Nachhaltigkeitsdiskurs materialisierte sich vor Ort und die Mitarbeitenden entwickelten sich zu einer der wichtigsten Akteursgruppen. Auch bei Merck nahm die Belegschaft eine wichtige Akteursrolle ein, jedoch akzentuierte AstraZeneca stärker deren Bezüge zur lokalen Umgebung. Die Mitarbeitenden wurden als »Botschafter« des Unternehmens benannt, »not only in the business world, but also within the communities in which they live and as such, they are encouraged to support local projects where they be more directly involved.«[191] Auch für den Umweltschutz wurden die Mitarbeitenden in die Verantwortung genommen.[192]

In den 2000er Jahren schrieb sich das Narrativ eines gesellschaftlich engagierten Unternehmens fort, das seine Verantwortung gegenüber der Gesellschaft als Ganzes, insbesondere aber auch lokal verstärkt wahrnahm. Die ersten Geschäftsberichte nach der Fusion zu AstraZeneca zeugten von einer stetig größer werdenden Anzahl an Anspruchsgruppen, die auf das Unternehmen einwirkten und dieses zum Handeln anregten.[193] Ungeachtet dessen akzentuierte die Unternehmenskommunikation weiterhin die lokale Ausrichtung, die den Konzern zugleich zugänglicher erscheinen lassen sollte.[194] Diese »Lokalisierung« stellte ein gängiges Merkmal beider Unternehmen der Chemie- und Pharmaindustrie jenseits von nationalen Bezugsräumen dar. Zeitgleich erfolgte mit der Fusion eine Entgrenzung der Bezugsmomente des Unternehmens im diskursiven Feld der

189 Private Archive J. S. AstraZeneca Macclesfield, Environmental Report 1992, 1993.

190 Zur Internationalisierung von Nachhaltigkeitsnarrativen bei AstraZeneca vgl. Kapitel III.4.4

191 Private Archive J. S. AstraZeneca Macclesfield, 1995 Annual Report, 1996.

192 Ebd.

193 Vgl. hierzu einen Passus aus dem Geschäftsbericht 2000: »AstraZeneca recognises the importance of good relations not just with shareholders, customers and employees, but with all those in society who have an interest in the Company's activities and progress. Improvement in environmental performance, responsible labour practices, ethical conduct and an enhanced appreciation of the role of business in society flow from the Company's interaction with many organisations in the voluntary sector.«, Private Archive J. S. AstraZeneca Macclesfield, 2000 Annual Report, 2001.

194 Ebd.

Nachhaltigkeit, auch wenn der Hauptsitz weiterhin in Großbritannien lag. Jason Snape nahm im Rahmen der Fusionierung eine weitere Aufwertung des Nachhaltigkeitsdiskurses und eine noch stärkere Akzentuierung ökologischer Themen wahr.[195] Zwar erinnert Snape, wie oben ausgeführt, auch schon früher Zeneca in der Rolle eines umweltpolitischen Vorreiters, der beispielsweise die Rio-Konferenz positiv rezipierte. Besonderen Aufschwung erhielt das Engagement in seiner Wahrnehmung jedoch durch den schwedischen Einfluss. Die Aussage illustriert den Einfluss nationaler Nachhaltigkeitsdiskurse auf die Unternehmenspraxis. Durch die schwedische Perspektive wurde u. a. der Umweltschutz noch stärker akzentuiert.

In den implementierten Praktiken im Handlungsfeld Nachhaltigkeit spiegelten sich zeitgenössische Diskurse und veränderte gesellschaftliche Anspruchshaltungen wider. Schon zu Zeiten von ICI fokussierte die Unternehmenskommunikation häufig auf Themen, die im zeitgenössischen Diskurs besondere Aufmerksamkeit erfuhren. Zu Beginn der 1990er Jahre zählte hierzu FCKW und Ozonschicht.[196] Im Kontext von Diskursverschiebungen rückten neue Felder in den Fokus der Unternehmenskommunikation. Ein Beispiel hierfür bildete das Thema Biodiversität. Bis Mitte der 2000er Jahre spielte es zumindest kommunikativ faktisch keine Rolle. 2005 griff der CR-Bericht das Thema auf und nahm explizit Bezug auf einen globalen Diskurs.[197] Ein weiteres Beispiel für Reaktionen auf gesellschaftliche Diskursverschiebungen und Ereignisse bildete, analog zum deutschen Beispiel, eine größere Aufmerksamkeit für die ethische Vermarktung von Produkten in den 2000er Jahren.[198] In den 2000er Jahren, nun als AstraZeneca, sah sich das Unternehmen vor allem mit der sich verschlechternden Reputation der Pharmaindustrie konfrontiert.[199] Wie zuvor

195 »That Swedish merger in the late 90s, there's a change in culture that comes with that, which is much more around the health, the well-being, the environment side; you could see a little bit more so whilst when we were purely British. At that point it was always a struggle to keep the environmental work there and to keep that pressure there. It became much easier to get that attraction when that Swedish bit came in.«, Prof. Dr. Jason Snape 2018.

196 Zu Praktiken vgl. Kapitel III.3. FCKW war nicht zuletzt durch sein Verbot durch das 1987 von 24 Staaten sowie der Europäischen Gemeinschaft unterzeichnete und 1989 in Kraft getretene Montreal Protocol im zeitgenössischen öffentlichen Diskurs präsent, Brüggemann 2015, S. 180.

197 Vgl.: »Reduction in biodiversity (the variability among organisms) is a major global concern and, although we do not believe AstraZeneca has any significant impact on global biodiversity, we are currently engaged in pilot assessments of the biodiversity at some of our major sites, as preparation for developing an appropriate biodiversity management plan.«, Private Archive J. S. AstraZeneca Macclesfield, Corporate Responsibility Summary Report 2004, 2005.

198 Private Archive J. S. AstraZeneca Macclesfield, We're working. Corporate Responsibility Summary Report 2002, 2003.

199 Exemplarisch kann der Geschäftsbericht aus der Mitte des Jahrzehnts herangezogen werden: »The reputation of the pharmaceutical industry has been in decline. Contributory factors include heightened

für die Chemiesparte stand die Akzeptanzsteigerung und die Positionierung von AstraZeneca als verantwortliches Unternehmen im Vordergrund. Aufgrund der verstärkten gesellschaftlichen Aufmerksamkeit für das Prinzip Nachhaltigkeit sah sich AstraZeneca angehalten, nicht nur Praktiken zu implementieren, sondern zugleich die Kommunikation über diese Praktiken zu intensivieren.[200] Da der Nachhaltigkeitsdiskurs kontinuierlichem Wandel unterlag, formulierte AstraZeneca selbst den Anspruch, eigene Einschreibungen in diesen stetig zu überprüfen und zu aktualisieren.[201] Gesellschaftliche Diskurse stellten so einen wichtigen Treiber für die Implementierung von Nachhaltigkeit im Unternehmen dar.

Wie die Praktiken und Narrative diversifizierten sich auch die gesellschaftlichen Anspruchsgruppen, denen AstraZeneca sich verpflichtet sah. Als wichtigste Anspruchsgruppen definierte AstraZeneca Mitte der 2000er Jahre Aktionärinnen und Aktionäre, Mitarbeitende, Regierungen sowie NGOs, Kundinnen und Kunden, Patientengruppen und die lokalen Gemeinden.[202] Auch wenn AstraZeneca es nicht explizit verlautbarte, lässt doch die Nennung von Investoren und Aktionären an erster Stelle den Rückschluss zu, dass dieser Gruppe besonderes Augenmerk galt. Als einziges Untersuchungsunternehmen handelt es sich bei AstraZeneca nicht um ein familiengeführtes Unternehmen. Zwar waren und sind auch andere Unternehmen börsennotiert, jedoch rekurrierten diese, wie bereits bei Merck sichtbar wurde, stark auf ihre jeweilige Familientradition.[203] Weitere Forschungsergebnisse haben gezeigt, dass eine relative Unabhängigkeit vom Kapitalmarkt auch unmittelbaren Einfluss auf die Ausgestaltung des Leitbilds

public concern about issues such as drug safety (exacerbated by some high profile drug withdrawals in recent years), transparency of information, sales and marketing practices and the cost of medicines.«, Private Archive J. S. AstraZeneca Macclesfield, 2005 Annual Report, 2006.

200 Ein Auszug aus dem Geschäftsbericht für das Jahr 2003 zeugt von dieser Fokussierung, Private Archive J. S. AstraZeneca Macclesfield, 2003 Annual Report, 2004; der Geschäftsbericht 2005 verwies ebenfalls auf die Notwendigkeit einer aktiven Kommunikation, um der zunehmend schlechten Reputation der Branche entgegenzutreten: »Sales and marketing practice is one of the areas in which the pharmaceutical industry is increasingly under public scrutiny. Other aspects of our business that affect or concern society today include the safety of medicines, access to healthcare and research practices. In the separate Corporate Responsibility Summary Report 2005, we have set out to communicate more information about our approach in these areas, in line with our commitment to transparency and openness, and with a view to building a better understanding of what is required to get lifechanging medicines to patients that also add value for shareholders and wider society.«, Private Archive J. S. AstraZeneca Macclesfield, 2005 Annual Report, 2006.

201 Vgl. Private Archive J. S. AstraZeneca Macclesfield, 2003 Annual Report, 2004.

202 Private Archive J. S. AstraZeneca Macclesfield, Turning Words Into Action. Corporate Responsibility Summary Report 2005, 2006.

203 Noch deutlicher wird dies die weitere Analyse der Handels- und Konsumgüterunternehmen in den Kapiteln IV und V zeigen.

Nachhaltigkeit haben konnte.[204] Eine solche Unabhängigkeit bestand bei AstraZeneca und den Vorgängerunternehmen zu keinem Zeitpunkt. Bereits in den frühen 1990er Jahren rekurrierte ICI auf die Shareholder als eine der Anspruchsgruppen, denen das Unternehmen sich verpflichtet fühlte.[205] Die Bezugnahme auf die Shareholder erfolgte in den 1990er Jahren vor allem aus ökonomischer Perspektive und wurde als Verpflichtung zur Gewinnmaximierung verstanden. In den 2000er Jahren wuchs spürbar die Bedeutung des Kapitalmarkts für die Entwicklung von Nachhaltigkeit im Unternehmen.[206] Die Publikationen von AstraZeneca thematisierten deren wandelnde Erwartungen, die nicht mehr nur ökonomischen Erfolg, sondern auch nachhaltige Unternehmenspraxis einforderten.[207] Die Vielzahl an Anspruchsgruppen und die wachsende Bedeutung für Investorinnen und Investoren ließ den Unternehmen keine andere Option, als sich nachhaltig zu verhalten, wollten sie nicht den Zugang zu Finanzierungen auf dem Kapitalmarkt verlieren.[208] Dieser Trend setzte sich auch nach Ende des Untersuchungszeitraums fort, wie das Interview mit Jason Snape ergab.[209]

204 Vgl. exemplarisch Jones, der argumentiert, dass viele grüne Unternehmerinnen und Unternehmer ihre Unternehmen bewusst dem Kapitalmarkt entzogen, um nicht desssen Profitmaximierung unterworfen zu sein mit entsprechenden Einschränkungen für langfristige, nachhaltige Strategien, Jones 2017, S. 367.

205 Private Archive J. S. AstraZeneca Macclesfield, 1992 Annual Report, 1993.

206 So erklärte der Vorstand TomMcKillop 2002: »We currently participate in ad hoc dialogue on CR issues with many external stakeholders, including investors, and we aim to improve these dialogue processes during 2003.«, Private Archive J. S. AstraZeneca Macclesfield, We're working. Corporate Responsibility Summary Report 2002, 2003.

207 Exemplarisch beschrieb der CR-Bericht 2003 die Bedeutung dieses Bewusstseinswandels für AstraZeneca, Private Archive J. S. AstraZeneca Macclesfield, Delivering our Values. Corporate Responsibility Summary Report 2003, 2004.

208 Vgl. Private Archive J. S. AstraZeneca Macclesfield, We're working. Corporate Responsibility Summary Report 2002, 2003.

209 Investorinnen und Investoren forderten zum Zeitpunkt des Interviews 2018 explizit Informationen zur Nachhaltigkeit im Unternehmen ein: »What we've started doing this year for the first time is when we actually have our quarterly update to investors we have CSR updates to investors as well. So, again, we're changing the way in which we report and a lot of that again in terms of triggers is around the level of environmental and social risk questioning and sustainability questioning that we get from our investors. So we have much more informed investors actually deciding where to place their funds based on company approaches to sustainability and to society. […] I'd say moving ahead NGOs and investors probably have a bigger say in the development of sustainability criteria than any political initaitive. Because it's about reputation, it's about differentiation.«, Prof. Dr. Jason Snape 2018.

4.3 Mit Wissenschaft und Forschung zur Nachhaltigkeit

Die Akzentuierung der Wissenschaft als Akteur und Kooperationspartner bildete ein wesentliches Moment der Nachhaltigkeitserzählung bei AstraZeneca.[210] Bereits zu Zeiten von ICI positionierte sich das Unternehmen als visionärer Vorreiter, der gemeinsam mit der Wissenschaft an einer nachhaltigeren Zukunft arbeitete.[211] ICI kommunizierte aktiv über Kooperationen des Unternehmens mit der Wissenschaft, die den Einschreibungen des Unternehmens in das Feld der Nachhaltigkeit Wirkmächtigkeit und Seriosität verliehen. So entstünde Erfolg nicht allein auf Basis einer Vision, sondern durch Strategie und Kooperation mit wissenschaftlichen Institutionen.[212] Jason Snape erhob die wissenschaftliche Forschung und die Bereitstellung der Forschungsergebnisse zu einem Hauptkriterium nicht nur der Entwicklung von Nachhaltigkeit, sondern des gesamten Geschäftsmodells.[213] Die wissenschaftsbasierte Entwicklung von Nachhaltigkeitskriterien konnte Mitarbeitende an das Unternehmen binden und somit einen weiteren Beitrag zur Wertschöpfung und Zukunftsfähigkeit leisten. Ähnliche Argumentationsstränge verfolgte auch die deutsche Merck, die nachhaltiges Verhalten als grundlegend für die Sicherung von Fachkräften erachtete.

Die Grenzen jener Diskurskoalition zwischen Wirtschaft und Wissenschaft waren fließend. Die Wissenschaft wurde nicht nur als externer Akteur wahrgenommen, sondern war integraler Bestandteil des Unternehmens. Seine eigene Karriere beschrieb Jason Snape als wissenschaftlich, gleichzeitig determinierte

---

210 Wesentliche Quellenbasis der Untersuchung in diesem Kapitel bildet das Interview mit Jason Snape. Aufgrund seiner Doppelrolle zwischen Wissenschaft und Unternehmen ist er einerseits ein wesentlicher Zeitzeuge dieser Interdependenz, andererseits kann er gerade deshalb nicht als neutraler Gesprächspartner betrachtet werden. Aufgrund der Quellenart lässt sich ferner die chronologische Entwicklung des Narratives nur in Ansätzen nachvollziehen. Ergänzend werden daher auch zeitgenössische, schriftliche Unternehmensquellen herangezogen.

211 Vgl. hierzu Private Archive J. S. AstraZeneca Macclesfield, 1992 Annual Report, 1993.

212 Vgl. hierzu: »Success, though, does not depend on vision alone. It is essential to focus clearly and to target resources on selected strategic projects. The Group's academic links with more than 100 universities and many research organisations across the world allow the relevance of basic research to be assessed before company programmes are initiated.«, ebd.

213 Vgl. hier und im Folgenden seine Ausführungen: »We follow the science, we lead on the science and we want society to benefit from our science. [...] I work for AstraZeneca because I'm an environmental scientist, I wanna work for a company that values the environment, wants to protect the planet, wants to develop pragmatic science-based policy that protects the planet, that goes beyond basic regulations and compliance in terms of the environmental governance. [...] And AstraZeneca allows me to do that. [...] So, for me it's making our science accesable and it's our science that delivers our products but also doing the right thing in how we operate. We're here for the long-term, we're not here for the short term and in order to be here for the long-term you've gotta be sustainable.«, Prof. Dr. Jason Snape 2018.

er wesentlich die Entwicklung ökologischer Nachhaltigkeit im Unternehmen.[214] An dieser Berufsbiographie zeigte sich zudem eine Diskurskoalition zwischen Politik, Wissenschaft und Wirtschaft. Das britische Umweltministerium entsandte Wissenschaftler in Unternehmen; die Wissenschaft als Akteur innerhalb der Unternehmen wirkte wiederum auf künftige Regulierungen ein. Innerhalb der Wechselwirkungen zwischen Wirtschaft, Wissenschaft und Politik traten die beiden Erstgenannten als wesentliche Treiber und Experten der Entwicklung von Nachhaltigkeit auf.[215] Die Koalition zwischen Wissenschaft und Unternehmen setzte ein, bevor politische Initiativen überhaupt zum Tragen kamen, und prägten diese maßgeblich, so das Narrativ.[216]

Statt Arkanwissen zu schaffen, suchte AstraZeneca aktiv den Austausch mit der wissenschaftlichen Gemeinschaft, um gemeinsam Fortschritte im Hand-

214 Seine Laufbahn schilderte der zum Zeitpunkt des Interviewa Direktor des Bereichs Safety, Health and the Environment wie folgt: »I've worked for AstraZeneca for just over 23 and a half years. I started as a postdoctoral research scientist on a contract from the Department of Environment [...] looking at the persistance of chemicals in the environment and the variety of test methods to determine chemical persistance and how to make improvement for those. Since then, I've carried on doing research within AstraZeneca, got promoted up through the science latter to where my current position is, SHE Director or Senior Principal Scientist where I'm responsible for Safety, Health and Environment Research but also horizon and foresight scanning work. My role really is to ensure the environmental safety about products [...] and to ensure that we're prepared for future regulation or help shape future regulation based on [...] science.«, ebd.

215 Politikwissenschaftliche und ökonomische Studien haben eine entsprechende Rollenzuschreibung an Unternehmen bereits untersucht und bestätigt. Der Politikwissenschaftler und Ökonom Robert Falkner hat in seiner Studie zur Macht von Unternehmen in der internationalen Umweltpolitik aufgezeigt, wie politische Akteure auf diesen Einfluss mit der Schaffung formalisierter Mechanismen zur Einbindung der Unternehmen reagieren und diese in der ihnen zugeschriebenen Expertenrolle den Diskurs prägen, Falkner 2009, S. 192 f.; andere Studien schreiben Unternehmen sogar die bedeutendste Expertenrolle zu. Vgl. u. a. die Arbeit der Politikwissenschaftlerin Fuchs 2005, S. 150; vgl. hierzu auch Levy/Newell 2005, S. 330.

216 Exemplarisch definierte Jason Snape eine solche Vorreiterrolle in Bezug auf endokrine Störungen bei Fischen durch Chemikalien: »I think the other issue that was pertinent over that time was the emergance particularly going in the 90s of compounds that could start to impact the endocrine access in fish. So, whilst the regulations probably didn't come out until a little bit later on, the science was emerging in that area. And actually, we were funding research in the 1990s on endocrine disrupting chemicals at the AstraZeneca site in Brixton. So a lot of John Sumpter›s early work that came out of the University of Brunel was in partnership with AstraZeneca [...] The other big issue around there was those compounds that were maybe contributing to the ozone hole, so, it was a lot of the CFCs and things coming through which obviously now has grown into much more things around global warning potentials. [...] the 70s, 80s, and 90s was where some of that early science started coming out on which most of the regulation are currently based.«, Prof. Dr. Jason Snape 2018; Prof. Dr. John Sumpter leitet eine Forschungsgruppe an der Brunel University in London, die sich mit Chemikalien in der aquatischen Umwelt befasst. Er gehörte zu einer Forschungsgruppe, die als erstes endokrine Disruptoren in Fischen und den Einfluss von Chemikalien entdeckte. Von 1991 bis 2005 war er der Leiter der ökotoxikologischen Forschungsgruppe an der Brunel University, vgl. Brunel University London, Professor John Sumpter 2020.

lungsfeld Nachhaltigkeit zu erzielen.[217] Die Transparenz und Offenheit der Wissenschaftskooperationen bildeten einen integralen Bestandteil der Unternehmensnarrative. So machte exemplarisch auch der Geschäftsbericht 1994 auf die Bedeutung der Forschungskooperationen des Unternehmens aufmerksam. Die eigenen Labore seien demnach wichtige Größen in der wissenschaftlichen Gemeinschaft und Anlaufstelle für andere Wirtschaftsakteure bei der Zulassung neuer Produkte und Prozesse.[218] Forschungen zu toxikologischen und ökologischen Fragen waren entsprechend weder Selbstzweck noch Feigenblatt oder Marketingstrategie, sondern essenziell für die Marktzulassung. Dieses Narrativ eines ebenso proaktiven wie transparenten Unternehmens mit Expertenstatus, das eigene Forschungsergebnisse bereitwillig teilte, blieb über den gesamten Untersuchungszeitraum erhalten.[219]

4.4 Globales Unternehmen, globale Verantwortung

Die Untersuchung des deutschen Beispiels Merck hat gezeigt, dass ab den 2000er Jahren die Internationalisierung im diskursiven Feld der Nachhaltigkeit voranschritt, und offenbarte starke Diskurskoalitionen innerhalb der Pharmabranche. Damit im Einklang rekurrierte auch AstraZeneca auf internationale Verantwortungsnarrative, zeitlich jedoch früher als das deutsche Pendant. So lässt sich bei ICI schon zu Beginn der 1990er Jahre ein internationales Verantwortungsnarrativ erkennen.[220] Gerade auch der ökologischen Verantwortung sollte global Rechnung getragen werden; als ein Leitprinzip formulierte ICI: »Operating safely and in harmony with the global environment.«[221] Die Umweltberichte der

217 Jason Snape betonte diesen Geist der Kooperation. Vgl. hierzu: »We've always been quite transparent with that data, we've always partnered with academic institutes to leverage skills and expertise to be at the forefront of science and tried to lead in terms of the environmental stewardship of our products.«, Prof. Dr. Jason Snape 2018.

218 Vgl. Private Archive J. S. AstraZeneca Macclesfield, 1994 Annual Report, 1995.

219 2009 erklärte der Geschäftsbericht: »We continue to be active in communicating and discussing our research and initiatives at international and national conferences with academia and other stakeholders. We also participate in informal networks and are active in proposing topics of interest for discussion at scientific conferences and with non-governmental organisations.«, Private Archive J. S. AstraZeneca Macclesfield, 2008 Annual Report, 2009.

220 Vgl. etwa: »The chemical industry is a major force for the improvement of the quality of life across the world. ICI aims to be the world's leading chemical company, serving customers internationally through the innovative and responsible application of chemistry and related sciences.«, Private Archive J. S. AstraZeneca Macclesfield, 1991 Annual Report, 1992; gleiches lässt sich für die frühen Umweltberichte bestätigen, die Zahlen und Praktiken im Handlungsfeld Nachhaltigkeit für alle Regionen nannten, vgl. exemplarisch Private Archive J. S. AstraZeneca Macclesfield, Environmental Report 1992, 1993.

221 Private Archive J. S. AstraZeneca Macclesfield, 1991 Annual Report, 1992.

frühen 1990er Jahre verwiesen auf grundsätzliche Bestrebungen, ökologische Informationen entlang der Lieferkette auszutauschen.[222] Die Unterschiede zwischen dem deutschen und britischen Beispiel lagen nicht in unterschiedlichen Internationalisierungsgraden begründet.[223] Vielmehr könnte die Erklärung für die dezidierte Internationalität des Verantwortungsnarratives in der Historie von ICI liegen, die eng mit der Geschichte des Commonwealth verwoben war. Schon bevor das Unternehmen sich deutlich internationalisierte, bildete sein Bezugspunkt nicht allein Großbritannien, sondern das Commonwealth.[224] Diese Einschätzung einer internationalen »Firmenidentität« teilte auch Jason Snape. Als Bezugsmoment sah er vor allem das britische Empire, das gleichzeitig für ein Nationalbewusstsein wie auch für globales Selbstverständnis stand.[225]

Die international ausgerichtete Kommunikation setzte sich nach der Abspaltung zu Zeneca in weit geringerem Maße fort. Auf nur einer Seite berichtete Zeneca im Geschäftsbericht 1993 allgemein über ökologische Erfolge, die offenbar global erfolgten, jedoch ohne dabei ins Detail zu gehen oder Projekte in einzelnen Ländern zu akzentuieren.[226] Den sozialen Bedingungen in den Produktionsländern wurden ebenfalls kaum Aufmerksamkeit geschenkt.[227] Dieser temporäre Einbruch schien ab dem dritten Jahr der Ausgründung überwunden. Schon der Geschäftsbericht 1995 akzentuierte das Prinzip einer »Global and local responsibility.«[228] Zeneca beteiligte sich an Aufklärungs- und Trainingsprogrammen in Entwicklungsländern, die einen sicheren Einsatz der agrochemikalischen Produkte des Unternehmens gewährleisten sollten.[229] In der Kommunikation zeichnete Zeneca das Bild eines Unternehmens, dem an einer weltweit sicheren Anwendung gelegen war, zum Beispiel durch die Schulung von Farmern.[230] Zeneca verwob in Folge das Narrativ eines international verantwortlichen mit dem Narrativ eines lokal engagierten Unternehmens. Vielfach schien das Prinzip »think global, act local« in der Kommunikation durch. Das Unternehmen beschrieb sich selbst als

222 Teil der Umweltpolitik des Unternehmen sei es: »Promote the open exchange of environmental information with customers and suppliers, as well as within ICI and the communities where ICI operates.«, Private Archive J. S. AstraZeneca Macclesfield, Environmental Report 1992, 1993.

223 Vgl. hierzu die Kapitel zur jeweiligen Firmengeschichte II.1 und III.1

224 Vgl. Owen/Harrison 1995.

225 »We always had an international thing because ICI was big. So, it's the Imperial Chemical Industry. [...] It's always been an international business but one that very much had that British philosophy.«, Prof. Dr. Jason Snape 2018.

226 Private Archive J. S. AstraZeneca Macclesfield, 1993 Annual Report, 1994.

227 Private Archive J. S. AstraZeneca Macclesfield, 1994 Annual Report, 1995.

228 Private Archive J. S. AstraZeneca Macclesfield, 1995 Annual Report, 1996.

229 Dabei kooperierte das Unternehmen auch mit Ministerien und Behörden in den einzelnen Ländern, wie dem chinesischen Landwirtschaftsministerium oder der Gesundheitsbehörde von Malaysia, Private Archive J. S. AstraZeneca Macclesfield, 1996 Annual Report, 1997.

230 Vgl. ebd.

»Part of a global community«.[231] Ende der 1990er Jahre – kurz vor der Fusion mit der schwedischen Astra – lagen die Unternehmenszentrale sowie das technologische Zentrum von Zeneca im Vereinigten Königreich.[232] Außerhalb des Heimatmarktes managte das Unternehmen seine Aktivitäten über lokale Tochterfirmen, die fast ausschließlich mit ortsansässigen Mitarbeitenden besetzt waren, sodass insgesamt 60 Prozent der Angestellten nicht-britisch waren.[233] Zu diesem Zeitpunkt bediente das Unternehmen das Narrativ einer international wahrgenommenen ökologischen Verantwortung, gleichzeitig orientierte man sich an den jeweils geltenden lokalen Regulierungen.[234]

Anfang des neuen Jahrtausends rezipierte AstraZeneca aktiv den Begriff *Sustainable Development*, dessen Globalität sich in einer spürbaren Internationalisierung der Narrative und Praktiken niederschlug. Die Geschäftsberichte rekurrierten nun vielfach auf die globale Verantwortung des Unternehmens bezüglich aller Dimensionen der Nachhaltigkeit.[235] Die internationale Nachhaltigkeitsperspektive manifestierte sich bereits in den Termini der Unternehmenskommunikation. Das Unternehmen überschrieb seinen zweiten *Corporate Social Responsibility Report* mit »Global Business – Global Responsibility«.[236] Jene Berichte zeugten in den 2000er Jahren vielfach von dem Narrativ eines Unternehmens, das sich der Verantwortung, die aus seiner internationalen Ausrichtung entstand, bewusst war.[237] Entsprechend international verstand sich die Umweltpolitik des Unternehmens.[238] Ebenso entwickelte sich die Etablierung weltweit einheitlicher Standards bezüglich der sozialen Dimension zu einer vielfach zitierten Priorität.[239] In den 2000er Jahren rekurrierte AstraZeneca ferner aktiver auf eine Verantwortung entlang der Lieferkette, was den Trend hin zu einer

231 Vgl. ebd.

232 Private Archive J. S. AstraZeneca Macclesfield, 1998 Annual Report, 1999.

233 Ebd.

234 Vgl. ebd.

235 »With a global business comes global responsibility and this means ensuring consistently high standards in the three areas of sustainable development: environmental, social and economic.«, Private Archive J. S. AstraZeneca Macclesfield, 2001 Annual Report, 2002.

236 Private Archive J. S. AstraZeneca Macclesfield, Global Business – Global Responsibility. Corporate Social Responsibility Summary Report 2001, 2002.

237 Vgl. Private Archive J. S. AstraZeneca Macclesfield, We're working. Corporate Responsibility Summary Report 2002, 2003.

238 AstraZeneca formulierte den Anspruch, global einheitliche Regelungen im Unternehmen zu schaffen, und sich dabei auch an internationalen ISO-Standards zu orientieren, vgl. Private Archive J. S. AstraZeneca Macclesfield, 2000 Annual Report, 2001.

239 Der Chief Executive Sir Tom McKillop beschrieb die Entwicklung einer neuen Datenbank für Community Support im Jahr 2002 als »a significant step forward in enabling us to capture previously de-centralised information about all of our community activities worldwide.«, Private Archive J. S. AstraZeneca Macclesfield, We're working. Corporate Responsibility Summary Report 2002, 2003.

umfassenden Internationalisierung im Sinne einer globalen Nachhaltigen Entwicklung unterstrich.[240] Durch die globale Vernetzung, nicht zuletzt aufgrund neuer Kommunikationswege, sah AstraZeneca sich mit immer größeren Diskursräumen konfrontiert.[241] Vorfälle an internationalen Standorten konnten in ihren reputationsschädigenden Auswirkungen nicht länger lokal begrenzt werden. Eine Entgrenzung des Verantwortungsprinzips war folglich nicht zuletzt ein Gebot der ökonomischen Vernunft.

Im gleichen Zeitraum erfolgte eine stärkere Akzentuierung der weltweiten Achtung von Menschenrechten. Gewiss lässt sich hieraus nicht ableiten, dass das Unternehmen diese Rechte zuvor nicht gewahrt hätte. Kommunikativ erfuhren sie in den 2000er Jahren jedoch eine deutliche Aufwertung, wobei AstraZeneca sich insbesondere auf internationale Abkommen wie die *UN Declaration of Human Rights* und die Standards der *International Labour Organisation* bezog.[242] Zwar verpflichtete sich AstraZeneca auf die Wahrung internationaler Standards, sprach sich jedoch explizit dagegen aus, den Diskurs in einzelnen Ländern aktiv zu beeinflussen.[243] Nach eigenem Bekunden wollte man aber anderweitig an der Förderung von Menschen- und Freiheitsrechten arbeiten.[244] Diese Firmenpolitik blieb auch im weiteren Verlauf der 2000er Jahre erhalten.[245] Wie bei Merck zeigte sich auch hier eine gewisse Ambivalenz im Umgang mit Entwicklungsländern. Auf der einen Seite wollte man selbst als verantwortlicher Akteur auftreten, auf der anderen Seite vermied man die Grenzen zwischen ökonomischer und politischer Sphäre zu stark aufzulösen.

Als Pharmaunternehmen konnte Zeneca durch die eigenen medizinischen Produkte einen dezidierten Beitrag für eine bessere, globale Gesundheitsversorgung und damit einem wichtigen Aspekt der Nachhaltigen Entwicklung leisten. Das Produktportfolio bestand hingegen vor allem aus Medikamenten, die sich

---

240 Der 2002 entwickelte *Corporate Responsibility Action Plan* priorisierte die Einhaltung von Nachhaltigkeitsstandards durch Lieferantinnen und Lieferanten als eines der Hauptziele, ebd.

241 Vgl. hierzu: »Companies are also more visible than ever before – the speed and reach of modern communications means that society can be influenced by events as they happen, wherever they happen. It is important therefore that global companies are seen to act appropriately and consistently worldwide.«, ebd.

242 Private Archive J. S. AstraZeneca Macclesfield, 2007 Annual Report, 2008.

243 Es sei eine »particular challenge for any business of our size and scale [...] drawing the boundaries of responsibility.«, Private Archive J. S. AstraZeneca Macclesfield, Corporate Responsibility Summary Report 2004, 2005.

244 Vgl. hierzu: »We also work closely with our major suppliers and use purchasing practices to encourage similar standards to our own. We do not think it is appropriate for AstraZeneca to promote individual rights and freedoms more widely in society, but we believe that we can and do influence others through leading by example.«, Private Archive J. S. AstraZeneca Macclesfield, Delivering our Values. Corporate Responsibility Summary Report 2003, 2004.

245 Vgl. exemplarisch Private Archive J. S. AstraZeneca Macclesfield, Corporate Responsibility 2006, 2007.

gegen in Industrieländern verbreitete Krankheiten wie Krebs, Asthma, Migräne oder Herzkrankheiten richteten.[246] Auch dies stellt eine Gemeinsamkeit mit dem deutschen Beispiel Merck dar. Es mag für ein Wirtschaftsunternehmen wenig überraschen, dass die Entscheidung für den Einstieg in oder die Priorisierung bestimmter Märkte primär von ökonomischen Faktoren getrieben wurde und nicht von entwicklungspolitischen Überlegungen.[247] Auch nach der Fusion zu AstraZeneca richtete sich der Fokus des Unternehmens weiterhin vor allem auf Krankheiten, die in westlichen Gesellschaften vorherrschend waren und sind.[248] Mit der Entgrenzung des diskursiven Felds der Nachhaltigkeit in den 2000er Jahren adressierte AstraZeneca dennoch verstärkt die Gesundheitslage in Entwicklungs- und Schwellenländern. Erstmals ließ sich nun eine Hinwendung zur Entwicklung von Medikamenten mit besonderer Bedeutung für diese Länder beobachten.[249] Der damalige Chief Executive Tom McKillop verwies auf die geringe Tradition des Unternehmens im Bereich von Krankheiten, die primär in Entwicklungsländern virulent waren; diesen sollte künftig durch einzelne sogenannte »Leuchtturmprojekte« größere Aufmerksamkeit gewidmet werden.[250] Einen wichtigen Bezugsmoment für die Hinwendung zu Entwicklungs- und Schwellenländern stellten internationale Organisationen dar. Dies galt insbesondere für die Weltgesundheitsorganisation. Diese benannte die Erforschung von Medikamenten gegen Tuberkulose als ein Hauptziel internationaler Gesundheitspolitik; eine Empfehlung, der AstraZeneca bei dem Aufbau des Tuberkulose-Forschungszentrum in Bangalore folgte.[251] Neben der WHO stellten in den 2000er Jahren auch weitere internationale Organisationen, Rankings und Richtlinien einen Treiber für AstraZeneca auf dem Weg in Richtung

---

246 Private Archive J. S. AstraZeneca Macclesfield, 1997 Annual Report, 1998.

247 Ebd.

248 Hierzu zählten u. a. Krebsmedikamente sowie Medikamente gegen Asthma und Sodbrennen. Zwar können diese medizinischen Konditionen weltweit auftreten, gleichwohl ist deutlich, dass auch nach der Fusion kein Fokus auf Tropenkrankheiten oder HIV gelegt wurde, also auf Krankheiten, die vorwiegend Entwicklungs- und Schwellenländern betreffen, Private Archive J. S. AstraZeneca Macclesfield, 1999 Annual Report, 2000.

249 Das Unternehmen konzentrierte sich auf die Forschung für die Behandlung von Tuberkulose. Dies illustriert ein Auszug aus dem Geschäftsbericht 2001: »As part of our integrated approach to CSR, AstraZeneca has invested $ 10 million in new laboratories in Bangalore, India, which will focus on the discovery and development of a new treatment for tuberculosis (TB). TB is the single largest cause of adult death from infectious disease in the world.«, Private Archive J. S. AstraZeneca Macclesfield, 2001 Annual Report, 2002.

250 Vgl. Private Archive J. S. AstraZeneca Macclesfield, Global Business – Global Responsibility. Corporate Social Responsibility Summary Report 2001, 2002.

251 Vgl. Private Archive J. S. AstraZeneca Macclesfield, Corporate Social Responsibility Report 2000, 2000/2001.

Nachhaltige Entwicklung dar.[252] Wie Merck mit seinem Bilharziose-Programm schien auch AstraZeneca nun einen Schwerpunkt gefunden zu haben, mit dem es als Pharmaunternehmen innerhalb der eigenen Kernkompetenz Verantwortung übernehmen konnte. Bemerkenswert ist, dass das Unternehmen unmittelbar nach der Kommunikation über Tuberkulose-Forschungsprojekte auf rechtliche und preispolitische Aspekte rekurrierte.[253] Die parallel verlaufende Etablierung von Tuberkulose-Forschungsprogrammen legt zusammen mit einer verschärften Diskussion von Rechten am geistigen Eigentum den Verdacht nahe, dass das Thema zu dieser Zeit den Diskurs stark prägte. AstraZeneca sah sich offenkundig verpflichtet, durch ein proaktives Vorgehen möglichen Anschuldigungen entgegenzutreten. Entsprechende Projekte konnten kommunikativ helfen, eventuellen Anschuldigungen im Bereich Zugang zu Medikamenten und Verhalten gegenüber Entwicklungsländern entgegenzutreten.

In der Kommunikation des Unternehmens zeigte sich gleichzeitig deutlich, dass es eine Diskursverschiebung anstrebte und die Politik statt der Pharmaindustrie als hauptverantwortlichen Akteur für eine bessere medizinische Versorgung in Entwicklungsländern positionieren wollte.[254] AstraZeneca sah auch bei der Umsetzung der *Millennium Goals* vor allem politische Akteure in der Pflicht.[255] Der Tenor war eindeutig: Pharmaunternehmen leisteten einen Beitrag, waren jedoch keinesfalls verantwortlich. Gleichzeitig rekurrierte AstraZeneca an ande-

---

252 Der damalige Chief Executive Tom McKillop bezog sich explizit auf die Anerkennung in internationalen Rankings und die Teilnahme an internationalen Programmen, Private Archive J. S. AstraZeneca Macclesfield, Global Business – Global Responsibility. Corporate Social Responsibility Summary Report 2001, 2002; vgl. hierzu auch Private Archive J. S. AstraZeneca Macclesfield, 2001 Annual Report, 2002; im Einklang dazu stand auch der Anspruch von AstraZeneca, das eigene Reporting an den Richtlinien der Global Reporting Initiative (GRI) auszurichten, Private Archive J. S. AstraZeneca Macclesfield, We're working. Corporate Responsibility Summary Report 2002, 2003.

253 Vgl.: »In all cases of facilitating access to our medicines, we can only be successful if we can ensure that the product is not diverted away from those who need it and that we retain intellectual property rights, which enable us to protect our core business and provide for future investment in the discovery and development of new medicines for a wide range of diseases.«, Private Archive J. S. AstraZeneca Macclesfield, 2003 Annual Report, 2004.

254 Auch der damalige Chief Executive Tom McKillop betonte die Verantwortung von AstraZeneca, versuchte jedoch zugleich andere Akteursgruppen, wie die Politik, in das Zentrum jener Verantwortlichkeit zu rücken. Vgl.: »The inequality of access to healthcare remains one of the biggest challenges the world faces today. The pharmaceutical industry has a significant role to play, but responsibility also rests with governments and other organisations to provide appropriate infrastructures that support good public health and the reliable provision of medicines and other aspects of healthcare to those in need. AstraZeneca is committed to playing its part [...], but I believe that real progress will depend on the acceptance of a shared responsibility and commitment.«, Private Archive J. S. AstraZeneca Macclesfield, Corporate Responsibility Summary Report 2004, 2005.

255 Vgl. hierzu Private Archive J. S. AstraZeneca Macclesfield, Turning Words Into Action. Corporate Responsibility Summary Report 2005, 2006.

rer Stelle auf die Vorteile eines kooperativen Vorgehens aller beteiligten Akteursgruppen, um die Ziele einer Nachhaltigen Entwicklung zu verwirklichen.[256]

Das Narrativ eines global verantwortungsbewussten Unternehmens wandelte sich gegen Ende der 2000er Jahre hin zu einem Narrativ eines Unternehmens, das nicht nur selbst dieser Verantwortung nachkam, sondern Menschen überall auf der Welt ebenfalls dazu befähigen wollte. Unter dem Schlagwort »Strengthening local capability« kommunizierte AstraZeneca einen Ansatz jenseits von Spendenprogrammen.[257] Vor Ort sollten beispielsweise die Möglichkeiten zur Brustkrebsbehandlung gestärkt werden, u. a. durch die Entwicklung von Diagnoserichtlinien und die Bereitstellung von medizinischem Gerät.[258] Ebenso erhob AstraZeneca zu diesem Zeitpunkt den Anspruch, Partnerinnen und Partner in Entwicklungsländern dauerhaft zu ermächtigen, selbst nachhaltig zu handeln.[259] Dies symbolisierte eine Ernsthaftigkeit und eine Anerkennung der Akteure vor Ort als gleichberechtigte PartnerInnen bei der Ausgestaltung einer Nachhaltigen Entwicklung.

---

256 Exemplarisch illustriert dies ein Passus aus dem Geschäftsbericht 2007: »We believe that sustainable improvement in healthcare in these countries can only be achieved through the commitment of all related stakeholders, including governments, non-governmental organisations (NGOs) and the international community, as well as the private sector. AstraZeneca nevertheless remains committed to making a contribution.«, Private Archive J. S. AstraZeneca Macclesfield, 2007 Annual Report, 2008; einen fast wortgleichen Passus beinhaltete auch der Geschäftsbericht des Folgejahres Private Archive J. S. AstraZeneca Macclesfield, 2008 Annual Report, 2009.

257 Vgl. Private Archive J. S. AstraZeneca Macclesfield, Turning Words Into Action. Corporate Responsibility Summary Report 2005, 2006.

258 Ebd.

259 Vgl.: »Key principles for our partnerships are that they lead to positive, measurable outcomes, can be scaled up and potentially replicated to improve outcomes for a greater number, and can deliver a sustainable framework that can ultimately be owned and managed locally, without the need for our support.«, Private Archive J. S. AstraZeneca Macclesfield, 2009 Annual Report, 2010.

IV. Otto – Hamburger Familienunternehmen und Weltkonzern

1. Firmenprofil und Entwicklungen im Untersuchungszeitraum

»Ich entschied mich 1950 für die Herstellung eines Kataloges, ließ die Schuhe durch einen Fotografen aufnehmen und stellte mit meinen Mitarbeitern die ersten 300 Kataloge zusammen. Wir klebten auf jede Seite je zwei Fotos und versahen sie mit Text: anschließend wurde der Preis von Hand daneben geschrieben. Das Angebot umfaßte 28 Paar Schuhe.«[1]

Diese Erinnerung des Unternehmensgründers Werner Otto an seinen ersten Katalog stammt aus dem Umweltbericht 1998. Sie illustriert die Firmenanfänge des Unternehmens und zugleich zwei Narrative und Besonderheiten von Otto: Die auch kommunikativ untermauerte lange Tradition des Unternehmens und der Status als Familienunternehmen. 1949 wurde der Otto Versand in Hamburg gegründet, ein Jahr später erschien der erste Katalog des Unternehmens.[2] Bereits 1960 erwirtschaftete Otto einen Umsatz von 150 Millionen DM, 1970 lag dieser bereits bei über einer Milliarde DM.[3] Ab den 1970er Jahren internationalisierte sich das Unternehmen und entwickelte sich durch Beteiligungen an Versandhandelsgesellschaften in Deutschland und Frankreich sowie Neugründungen in den Niederlanden zu einem Konzern.[4] Diese Internationalisierung setzte sich in den 1980er Jahren durch Übernahmen und Gründungen in Österreich, Italien, Großbritannien, den USA und Japan fort.[5]

1 Archiv Otto Group Hamburg, Umweltbericht und Umwelterklärung 1998. Für einen Ausgleich von Ökologie und Ökonomie, 1998.
2 Archiv Otto Group Hamburg, Umweltbericht 1996, Dezember 1996.
3 Ebd.
4 Ebd.; Archiv Otto Group Hamburg, Umweltbericht und Umwelterklärung 1998. Für einen Ausgleich von Ökologie und Ökonomie, 1998.
5 Archiv Otto Group Hamburg, Umweltbericht 1996, Dezember 1996.

Zu Beginn des Untersuchungszeitraums im Jahr 1987 war Otto die weltweit größte Versandhandelsgruppe.[6] Zu diesem Zeitpunkt erwirtschaftete der Konzern über 12 Milliarden DM und beschäftigte 27.565 Mitarbeitende.[7] Die Produktpalette des Versandhandels umfasste Ende der 1980er Jahre Hartwaren, hierzu zählte weiße Ware wie Waschmaschinen, sowie insbesondere Textilien.[8] Neben dem Versandhandel war Otto auch im stationären Handel aktiv, beispielsweise durch eine 1988 erworbene Beteiligung am Sportfachgeschäft Sport Scheck.[9] Zudem gehörte u. a. das Logistikunternehmen Hermes bereits im Untersuchungszeitraum zu Otto.[10] Firmengründer Werner Otto war zu diesem Zeitpunkt Ehrenvorsitzender des Aufsichtsrats, sein Sohn Michael Otto Vorstandsvorsitzender der Unternehmensgruppe.[11] Diese Rolle hatte er seit 1981 inne und behielt sie bis ins Jahr 2007, in dem er als Vorsitzender in den Aufsichtsrat wechselte.[12] Michael Otto stand folglich im gesamten Untersuchungszeitraum an der Spitze des Unternehmens und, dies sei vorweggenommen, prägte auch wesentlich dessen Einschreibung in das diskursive Feld der Nachhaltigkeit.

Das Wachstum und die Internationalisierung des Unternehmens bei gleichzeitiger Fortführung als Familienunternehmen setzten sich auch in den 1990er Jahren fort. 1995 umfasste die Otto-Handelsgruppe 38 Handelsunternehmen in 16 Ländern mit insgesamt 56.476 Mitarbeitenden und erwirtschaftete einen Umsatz von fast 25 Milliarden DM, davon 47 Prozent im Ausland.[13] Im gleichen Jahr stieg Otto auch in den Bereich E-Commerce ein.[14] Im fünfzigsten Jahr der Unternehmensgründung, 1999, war die Handelsgruppe mit 83 Unternehmen in 23 Ländern in Europa, Amerika und Asien tätig und erwirtschaftete 40,1 Milliarden DM Umsatz, 51 Prozent hiervon im Ausland.[15] Zum damaligen Zeitpunkt waren weltweit 71.250 Mitarbeitende für Otto tätig.[16] Aus dem einstigen deutschen Versandhandel war ein globaler Konzern geworden. Der Otto-Konzern bildete nun einen Teil der Otto-Handelsgruppe, zu der darüber hinaus die nordamerikanische Spiegel-Gruppe sowie Gemeinschaftsunternehmen in verschiedenen Ländern zählten.[17]

---

6 Ebd.
7 Archiv Otto Group Hamburg, Otto Geschäftsbericht 1. März 1987 – 29. Februar 1988, 1988.
8 Archiv Otto Group Hamburg, Otto Geschäftsbericht 1. März 1988 – 28. Februar 1989, 1989.
9 Archiv Otto Group Hamburg, Otto Geschäftsbericht 1. März 1987 – 29. Februar 1988, 1988.
10 Archiv Otto Group Hamburg, Otto Geschäftsbericht 1. März 1988 – 28. Februar 1989, 1989.
11 Archiv Otto Group Hamburg, Otto Geschäftsbericht 1. März 1987 – 29. Februar 1988, 1988.
12 Otto Group, Die Geschichte der Otto Group. https://www.ottogroup.com/de/ueber-uns/daten-fakten/Historie.php (28. Oktober 2020).
13 Archiv Otto Group Hamburg, Otto Geschäftsbericht 1. März 1995 – 29. Februar 1996, 1996.
14 Ebd.
15 Archiv Otto Group Hamburg, Otto Geschäftsbericht 1999, 2000.
16 Ebd.
17 Ebd.

Die Erfolgsgeschichte setzte sich zunächst auch im 21. Jahrhundert fort, wobei das Wachstum der Unternehmensgruppe im Verlauf der 2000er Jahre an Dynamik verlor. Im Jahr 2000 verzeichnete die Otto-Handelsgruppe ein Umsatzplus in Höhe von 14,7 Prozent auf über 46 Milliarden DM (rund 23 Milliarden Euro) bei einem Auslandsanteil von 55 Prozent.[18] Bereits im Folgejahr sank der Umsatz um 2,3 Prozent, die Zahl der Beschäftigten erhöhte sich jedoch auf nun insgesamt 79.137.[19] 2002 erfolgte eine Umfirmierung, aus Otto Versand wurde OTTO. Nach eigener Aussage sollte dies »der Entwicklung des Unternehmens zu einem international tätigen Handels- und Dienstleitungskonzern Rechnung [tragen].«[20] Trotz dieser Aussage waren Internationalisierung, Wachstum und Beschäftigungszahlen in den Folgejahren im Vergleich zu den Hochphasen der Jahrtausendwende rückläufig.[21]

Die zweite Hälfte der 2000er Jahre war von einer personellen Veränderung geprägt. 2007 wechselte Michael Otto nach 26 Jahren in den Aufsichtsrat, neuer Vorsitzender wurde mit dem langjährigen Vorstandsmitglied Hans-Otto Schrader nun ein Manager außerhalb der Familie Otto.[22] Eine Abkehr vom Status als Familienunternehmen bedeutete dies hingegen nicht. So kaufte die Familie Otto im selben Jahr Mitgesellschafteranteile zurück und hielt in Folge wieder alle Anteile der Otto (GmbH & Co KG).[23] Am Ende der 2000er Jahre umfasste die Otto Group als Handels- und Dienstleistungsgruppe 123 Gesellschaften in Europa, Asien und Nordamerika und beschäftigte rund 50.000 Mitarbeitende.[24] Im Geschäftsjahr 2008/09 erwirtschaftete Otto einen Nettoumsatz von über 10 Milliarden Euro.[25] Als wichtigster Faktor galt nun der Onlinehandel, mit dem das Unternehmen 5,5 Milliarden Euro erzielte.[26]

18 Archiv Otto Group Hamburg, Otto Geschäftsbericht 2000, 2001.

19 Der Geschäftsbericht für das Jahr 2001/2002 lag in der Firmenzentrale der Otto Group in Hamburg während der Archivreisen nur auf Englisch vor, ist seinerzeit aber auch auf Deutsch erschienen. Archiv Otto Group Hamburg, Annual Report 2001, 2002.

20 Otto Group, Die Geschichte der Otto Group, 28.10.2020.

21 So lag der Umsatz Mitte des Jahrzehnts bei rund 14,5 Milliarden Euro und die Otto Group beschäftigte 55.000 Mitarbeitende in 19 Ländern, Archiv Otto Group Hamburg, Otto Geschäftsbericht 2005, 2006.

22 Archiv Otto Group Hamburg, Otto Geschäftsbericht 2007, 2008.

23 Otto Group, Die Geschichte der Otto Group, 28.10.2020.

24 Archiv Otto Group Hamburg, Nachhaltigkeitsbericht 2009. Verantwortung, Innovation, Transparenz, 2009.

25 Ebd.

26 Ebd.

2. Termini – Vom Umweltschutz zur Nachhaltigkeit

Zu Beginn des Untersuchungszeitraums dominierten Umweltschutz-Termini die Kommunikation von Otto, während die wichtigsten Konzernmedien Nachhaltigkeit oder Nachhaltige Entwicklung nicht erwähnten.[27] Anfang der 1990er Jahre veröffentlichte das Unternehmen eine Broschüre namens »Otto Versand und Umweltschutz«, die illustriert, dass die Ökologie zu diesem Zeitpunkt das vorherrschende Bezugsmoment war.[28] Bei der Broschüre handelte es sich nach Konzernangaben um die erste Umweltinformation, aus deren Tradition die späteren Nachhaltigkeitsberichte entstanden.[29] Dies ist von besonderem Interesse, da sich hier manifestiert, dass die frühen Umweltberichte dem Nachhaltigkeitsdiskurs zugeordnet werden können, obwohl sie den Terminus selbst nicht bedienten. Obwohl in den späten 1980er und frühen 1990er Jahren keine expliziten Annäherungen an den Nachhaltigkeitsbegriff erfolgten, integrierte die Unternehmenskommunikation von Otto wichtige Elemente des Leitbilds wie dessen ökologische Dimension und, sehr vereinzelt, das Prinzip einer intra- und intergenerativen Gerechtigkeit.[30] Auch nach der Rio-Konferenz 1992 bestätigte sich dieses Bild weitestgehend und der Umweltbegriff blieb dominant. Der Geschäftsbericht, der sich auf das Jahr der Rio-Konferenz bezog, kommunizierte Praktiken und Narrative, die dem diskursiven Feld der Nachhaltigkeit zuge-

---

27 Der erste Geschäftsbericht im Untersuchungszeitraum enthielt einen kurzen Passus über »aktiven Umweltschutz«, Archiv Otto Group Hamburg, Otto Geschäftsbericht 1. März 1987 – 29. Februar 1988, 1988; bereits zwei Jahre später akzentuierte die Unternehmenskommunikation den Umweltschutz deutlicher. Die Geschäftsberichte erhielten eigenständige Kapitel zum Thema Umwelt: im ersten Jahr noch mit dem Titel »Umwelt« überschrieben, in den Folgejahren mit »Umweltschutz«, vgl. Inhaltsverzeichnis Archiv Otto Group Hamburg, Otto Geschäftsbericht 1. März 1989 – 28. Februar 1990, 1990; Archiv Otto Group Hamburg, Otto Geschäftsbericht 1. März 1990 – 28. Februar 1991, 1991; Archiv Otto Group Hamburg, Otto Geschäftsbericht 1. März 1991 – 29. Februar 1992, 1992.

28 Archiv Otto Group Hamburg, Otto Versand und Umweltschutz, 1992.

29 So informierte das Unternehmen im Nachhaltigkeitsbericht 2007 über die »[b]isher von OTTO veröffentlichte[n] Informationen und Berichte zum Thema Nachhaltigkeit« und listete darunter die oben genannte Broschüre ebenso wie weitere Umweltberichte der Folgejahre, Archiv Otto Group Hamburg, Unternehmen(s)Verantwortung Bericht 2007, September 2007.

30 Bereits die erste Umweltbroschüre mahnte an: »Unsere Umwelt ist das kostbarste Gut, das wir auf Erden besitzen. Was heute durch Unwissenheit, Unachtsamkeit und Bequemlichkeit zerstört wird, kann nur unter immensen Anstrengungen nachfolgender Generationen wiederhergestellt werden – oder ist sogar für immer verloren. Soweit darf es nicht kommen! Bedenken wir immer: wir haben die Erde von unseren Kindern nur geliehen!«, Archiv Otto Group Hamburg, Otto Versand und Umweltschutz, 1992; zur Gerechtigkeit sei exemplarisch auf ein Bildungsprogramm auf den Philippinen verwiesen, über das die Mitarbeiterzeitschrift im Dezember 1992 berichtete, wobei der Terminus Nachhaltige Entwicklung hierbei keine Rolle spielte, Archiv Otto Group Hamburg, Mitarbeiter unterstützen Schule auf den Philippinen, die rampe. Zeitung für die Mitarbeiter des Otto Versand, Dezember 1992.

ordnet werden können, unter dem Begriff »Umweltverantwortung«.[31] In den Jahren nach der Rio-Konferenz integrierten die Geschäftsberichte zwar teilweise den Terminus »nachhaltig« an wenigen Stellen, jedoch ausschließlich in einem ökonomischen Kontext.[32]

Wenngleich die Unternehmenskommunikation von Otto die Nachhaltigkeitstermini auch Mitte der 1990er Jahre in keinem oder nur äußerst geringem Maße rezipierte, zeugen die Quellen von Bezugnahmen auf das Konzept. Wie bereits bei den bisherigen Untersuchungsunternehmen und zeitgenössischen politischen Interpretationen nahm auch Otto Bezug auf den Ausgleich zwischen Ökologie, Ökonomie und Sozialem als ein Kernelement der Nachhaltigkeit. Das Unternehmen argumentierte, dass ökologische Maßnahmen positive Auswirkungen auf den Arbeitsmarkt und den Wirtschaftsstandort haben würden.[33] Das sprachliche Primat des Faktors Umwelt manifestierte sich abermals im ersten offiziellen Umweltbericht des Unternehmens aus dem Jahr 1995.[34] Als »Umweltbericht« betitelt, war diese Fokussierung bereits dem Titel inhärent und zog sich durch den gesamten Bericht, der das Wort »nachhaltig« nur im Kontext von »ökologisch nachhaltige[r] Forstwirtschaft« verwendete.[35] Dennoch zeigten sich in der Kom-

31 Archiv Otto Group Hamburg, Otto Geschäftsbericht 1. März 1992 – 28. Februar 1993, 1993; »Umweltverantwortung« blieb auch in den Folgejahren begrifflich vorherrschend, vgl. hierzu Archiv Otto Group Hamburg, Otto Geschäftsbericht 1. März 1993 – 28. Februar 1994, 1994; Archiv Otto Group Hamburg, Otto Geschäftsbericht 1. März 1994 – 28. Februar 1995, 1995.

32 Maßnahmen zur Überwindung der Strukturkrise müssten »nachhaltig« greifen, eine »nachhaltige« Expansion sei Ziel der internationalen Wachstumsstrategie der Otto Gruppe, auch war von einer »nachhaltige[n] konjunkturelle[n] Erholung« die Rede, Archiv Otto Group Hamburg, Otto Geschäftsbericht 1. März 1993 – 28. Februar 1994, 1994; Archiv Otto Group Hamburg, Otto Geschäftsbericht 1. März 1994 – 28. Februar 1995, 1995.

33 Deutlich zeigt sich dies anhand eines Artikels in der Mitarbeiterzeitschrift aus dem Jahr 1994 zu einer vom BUND (Bund für Umwelt- und Naturschutz e.V.) initiierten Anzeigenkampagne für eine ökologische Steuerreform, der sich der Otto Versand gemeinsam mit 15 weiteren Unternehmen angeschlossen hatte. Im Artikel hieß es: »Das Prinzip der ökologischen Steuerreform verfolgt das Ziel, den Verbrauch von Energie durch zusätzliche Abgaben zu verteuern. Das steuerliche Mehraufkommen soll für die Senkung der Arbeitskosten in Form einer Reduzierung der Sozialabgaben und Lohnnebenkosten verwendet werden. Dadurch würde einerseits ein starker Anreiz zu Energieeinsparungen mit entsprechend positiven Effekten für den Umweltschutz geschaffen, andererseits würden durch die Verbilligung des Faktors Arbeit beschäftigungspolitische Anreize gegeben. Auch der Innovationsschub für energiesparende Technologien und Produkte könnte positive Auswirkungen auf den Arbeitsmarkt sowie auf den Wirtschaftsstandort Deutschland haben. Der Otto Versand versteht seine öffentliche Unterstützung für dieses Konzept als einen Beitrag zur Versachlichung einer in der Vergangenheit stark von Emotionen und einem scheinbaren Gegensatz von Umwelt- und Wirtschaftsinteressen geprägten Diskussion.«, Archiv Otto Group Hamburg, Ökologische Steuerreform: Vorsorgender Umweltschutz durch Marktwirtschaft, die rampe. Zeitung für die Mitarbeiter des Otto Versand, November/Dezember 1994.

34 Zuvor hatte Otto bereits sogenannte Umweltbroschüren veröffentlicht, nicht jedoch systematisierte Umweltberichte; Archiv Otto Group Hamburg, Umweltbericht 1995, März 1996.

35 Ebd.

munikation vermehrt Anleihen an ein umfassendes Verständnis von Nachhaltigkeit und eine vom Begriff losgelöste Einschreibung in den Diskurs. So wurde die Umweltverantwortung als »wesentlicher Ausdruck für die innovative Unternehmenspolitik des Otto Versand« definiert.[36] In der Verbindung von Umweltschutz und Innovationsgedanken spiegelte sich ein Kernelement des zeitgenössischen Verständnisses von Nachhaltigkeit und das Prinzip einer ökologischen Modernisierung.[37] Der unternehmerische Umweltschutz müsse, so das kommunizierte Credo, auch die ökologischen und sozialen Rahmenbedingungen in den Bezugsländern berücksichtigen.[38] Hier manifestierte sich explizit eine Bezugnahme auf das Prinzip einer intragenerativen Gerechtigkeit, in der die Interessen der Produktionsländer berücksichtigt werden müssen.

In der zweiten Hälfte der 1990er Jahre wandelte sich die Terminologie. Parallel zu einer Ausweitung der Definitionen erfuhren die Nachhaltigkeitstermini selbst einen erheblichen Bedeutungszuwachs. Im Geschäftsbericht 1996 hielt die Nachhaltigkeit final als Begriff Einzug. Erstmals wurde der Terminus »nachhaltig« im Verständnis von Nachhaltigkeit und Nachhaltiger Entwicklung verwendet:

> »Um eine nachhaltige Produktion zu gewährleisten, wird von den Lieferanten neben der Umsetzung der ökologischen Anforderungsprofile daher auch die Einhaltung sozialer Mindeststandards gefordert. Auch zukünftig wird der Otto Versand alle Möglichkeiten als starker Partner ausschöpfen, um eine umweltgerechte, sozialverträgliche und damit nachhaltige und verantwortungsvolle Handelspolitik voranzutreiben.«[39]

Obwohl der Nachhaltigkeitsbegriff nun erstmals kommunikative Aufmerksamkeit in einem Hauptmedium des Unternehmens erfuhr, löste er den traditionellen Umweltbegriff nicht ab. Auch in den Jahren nach der begrifflichen »Entdeckung« der Nachhaltigkeit hieß das entsprechende Kapitel in den Geschäftsberichten »Umweltverantwortung«.[40] Auch die interne Kommunikation von Otto integrierte den Nachhaltigkeitsbegriff ab Mitte der 1990er Jahre. Die Mitarbeiterzeitschrift *die rampe* informierte bereits seit Jahren über Projekte der ökologischen Dimension, die – analog zur externen Kommunikation des Unternehmens – unter dem Begriff Umwelt subsumiert wurden.[41] In der zweiten Hälfte des Jahr-

36 Archiv Otto Group Hamburg, Otto Geschäftsbericht 1. März 1995 – 29. Februar 1996, 1996.

37 Zum Konzept der Ökologischen Modernisierung vgl. Seefried 2015a, S. 395 f.

38 Archiv Otto Group Hamburg, Otto Geschäftsbericht 1. März 1995 – 29. Februar 1996, 1996.

39 Archiv Otto Group Hamburg, Otto Geschäftsbericht 1. März 1996 – 28. Februar 1997, 1997.

40 Archiv Otto Group Hamburg, Otto Geschäftsbericht 1. März 1997 – 28. Februar 1998, 1998; Archiv Otto Group Hamburg, Otto Geschäftsbericht 1. März 1998 – 28. Februar 1999, 1999.

41 Vgl. exemplarisch Archiv Otto Group Hamburg, Ja zu Wasser- und Umweltschutz, die rampe. Zeitung für die Mitarbeiter des Otto Versand, Oktober 1988; Archiv Otto Group Hamburg, Pionier in Umweltfragen, die rampe. Zeitung für die Mitarbeiter des Otto Versand, September 1994; Archiv Otto Group

zehnts verwendete sie den Nachhaltigkeitsbegriff aktiver.[42] Dennoch lässt sich zu diesem Zeitpunkt noch keine begriffliche Dominanz in der internen Kommunikation konstatieren.[43] Die Begriffsgeschichte entwickelte sich nicht einseitig und kontinuierlich hin zu einem Primat des Nachhaltigkeitsbegriffs, sondern war von Schwankungen und Parallelitäten geprägt.

An der Wende zum 21. Jahrhundert begann sich die Dominanz des Umweltbegriffs aufzulösen und der Nachhaltigkeitsbegriff entwickelte sich zum Leitterminus. Nach Jahren der »Umweltverantwortung« wurde das Geschäftsberichtskapitel, das dem diskursiven Feld der Nachhaltigkeit zuzuordnen war, umbenannt in »Umwelt- und Sozialverantwortung«.[44] Auch wenn der Nachhaltigkeitsbegriff dem Titel noch nicht inhärent war, prägte er inhaltlich und sprachlich die Kommunikation. Bereits der erste Satz definierte das Grundprinzip der Nachhaltigkeit: »Wirtschaftliches Wachstum soll die natürlichen Ressourcen schonen und dem sozialen Fortschritt dienen.«[45] Gleichermaßen entwickelte sich die Nachhaltigkeit zum Leitprinzip der sozialen Dimension: »Basis der Sozialpolitik ist das in den Unternehmenszielen festgeschriebene Nachhaltigkeitsprinzip.«[46] Am deutlichsten offenbarte sich der Wendepunkt anhand jener Unternehmensmedien, die sich dezidiert in den Nachhaltigkeitsdiskurs einschrieben. So bezeichnete Otto den ersten Nachhaltigkeitsbericht des Unternehmens auch als eben solchen: »Report 2000 Nachhaltigkeit bei Otto«.[47]

Die Signifikanz, die der Nachhaltigkeitsdiskurs zu Beginn des 21. Jahrhunderts erreichte, und die begriffliche und inhaltliche Wende kommunizierte Otto auch intern. Die Mitarbeiterzeitschrift *die rampe* berichtete explizit, dass der »Nachhaltigkeitsreport 2000« den alten Umweltbericht ersetzen und erstmals das Thema soziale Verantwortung als neben Ökonomie und Ökologie dritte

Hamburg, Aktiv für den Umweltschutz, die rampe. Zeitung für die Mitarbeiter des Otto Versand, Juli/August 1995.

42 So erklärte die *rampe* die neuen Unternehmensziele unter Verwendung des Nachhaltigkeitsbegriffs: »Durch nachhaltige Gewinne die Zukunft gewinnen! Unsere Handelstätigkeit dient dem Kunden und der Zukunftssicherung des Unternehmens und seiner Mitarbeiter. Gesundes wirtschaftliches Wachstum und angemessene Gewinne sind hierfür das Fundament. Unser Selbstverständnis beinhaltet das Bekenntnis zur Verantwortung gegenüber unseren Mitarbeitern, dem Allgemeinwohl sowie der Umwelt.«, Archiv Otto Group Hamburg, Durch nachhaltige Gewinne die Zukunft gewinnen, die rampe. Zeitung für die Mitarbeiter des Otto Versand, März 1998.

43 Vgl. etwa Archiv Otto Group Hamburg, Innovative Lösungen finden, die rampe. Zeitung für die Mitarbeiter des Otto Versand, November/Dezember 1998.

44 Archiv Otto Group Hamburg, Otto Geschäftsbericht 1999, 2000.

45 Ebd.

46 Ebd.

47 Archiv Otto Group Hamburg, Report 2000. Nachhaltigkeit bei Otto, Juli 2000.

Komponente des Nachhaltigkeitsbegriffs umfassend berücksichtigen werde.[48] Die Geschäftsführung und die Abteilung Unternehmenskommunikation richteten die Aufmerksamkeit auch darauf, in der Mitarbeiterzeitschrift intern über den Nachhaltigkeitsbegriff zu informieren und ihn innerhalb der Belegschaft zu etablieren.[49] Zu diesem Zeitpunkt, ab der Jahrtausendwende, war die Trias aus Ökonomie, Ökologie und Sozialem ebenso ein integraler Bestandteil der Unternehmensdefinition wie das Prinzip der intragenerativen Gerechtigkeit als Verantwortung gegenüber den produzierenden Ländern sowie einer intergenerativen Gerechtigkeit als Verantwortung gegenüber künftigen Generationen.

Die Dominanz des Nachhaltigkeitsdiskurses und -begriffes bei Otto verstärkte sich in den 2000er Jahren weiter. Während zuvor noch eine parallele Verwendung mehrere Begriffe vorlag, löste Nachhaltigkeit diese sukzessive vollständig ab. Dies offenbarte sich deutlich anhand einer internen Präsentation der Umweltabteilung des Unternehmens aus dem Jahr 2001 zum Thema »15 Jahre Nachhaltigkeit bei Otto. Bilanz und Perspektiven«.[50] Der programmatische Titel verdeutlichte bereits, dass Otto unter dem Nachhaltigkeitsbegriff retrospektiv andere Termini, wie den Umweltschutz, subsumierte und dessen Traditionslinie bis in die späten 1980er Jahre zurückführte. Auch in den Geschäftsberichten verdrängte die Nachhaltigkeit die einst dominanten Begriffe fast vollständig.[51]

Während die Dominanz des Nachhaltigkeitsbegriffs im weiteren Verlauf der 2000er Jahre erhalten blieb, entwickelte sich bei Otto erneut eine parallele Verwendung mit anderen Termini, insbesondere dem Begriff *Corporate Social Responsibility*.[52] Die Termini wurden parallel und synonym verwendet – ein Eindruck, der sich dezidiert bestätigte, wenn es hieß: »Nachhaltigkeit bzw. Corporate Social Responsibility ist dabei weder in der Öko-Nische anzusiedeln,

48 Archiv Otto Group Hamburg, »Fair Play« dient dem Menschen, die rampe. Zeitung für die Mitarbeiter des Otto Versand, August 2000.

49 Der Artikel »Nachhaltigkeit – was heißt das?« in Form eines Interviews mit einem Mitarbeiter der Abteilung Umwelt- und Gesellschaftspolitik erläuterte Ursprünge und Bedeutung des Begriffs und erlaubt einen Einblick in die Traditionslinie, in die das Unternehmen sich einschrieb, Archiv Otto Group Hamburg, Nachhaltigkeit – was heißt das?, die rampe. Zeitung für die Mitarbeiter des Otto Versand, November/Dezember 2000.

50 Archiv Otto Group Hamburg, Präsentation 15 Jahre Nachhaltigkeit bei Otto. Bilanz und Perspektiven, 23.10.2001.

51 Archiv Otto Group Hamburg, Otto Geschäftsbericht 2000, 2001; Archiv Otto Group Hamburg, Annual Report 2001, 2002; Archiv Otto Group Hamburg, Otto Geschäftsbericht 2002, 2003.

52 Im Geschäftsbericht 2004 setzte sich zunächst der Siegeszug der Nachhaltigkeit fort. Das entsprechende Kapitel trug im Inhaltsverzeichnis den Titel »Nachhaltigkeit«. Auf den Seiten des Kapitels selbst trug es hingegen die Überschrift »Nachhaltigkeit / Corporate Social Responsibility«, Archiv Otto Group Hamburg, Otto Geschäftsbericht 2004, 2005; dieses Bild bestätigte auch der Geschäftsbericht des Folgejahres mit einer begrifflichen Parallelität in der Kapitelüberschrift »Nachhaltigkeit / Corporate Social Responsibility«, Archiv Otto Group Hamburg, Otto Geschäftsbericht 2005, 2006.

noch als Modeerscheinung zu verstehen«.[53] Gegen Ende der 2000er Jahre lässt sich eine neuerliche begriffliche Diversifizierung konstatieren, in deren Folge die Dominanz des Nachhaltigkeitsbegriffs schwand. Der nunmehr dritte Nachhaltigkeitsbericht von Otto trug den Titel »Unternehmen(s)Verantwortung«.[54] Die Untertitel ließen keinen Zweifel daran, dass die Verwendung des Terminus Nachhaltigkeit zunehmend vom Begriff der Verantwortung überlagert wurde: »Warum wir Verantwortung übernehmen«; »Was wir verantwortlich leisten«, »Wer bei uns Verantwortung trägt«.[55] Aspekte, die dezidiert dem Leitbild Nachhaltige Entwicklung zugeordnet werden konnten, wurden nun unter dem Begriff der Verantwortung kommuniziert. Auch in der internen Kommunikation wurden zunehmend andere Termini verwendet. So berichtete die Mitarbeiterzeitschrift über eine Mitarbeiterin, die in Asien für den Otto-Bereich *Corporate Responsibility* tätig war und stellte dem Artikel einen Absatz voran »Was ist eigentlich CR«.[56] Wie einst der Begriff Nachhaltigkeit wurde nun auch dieser Begriff für die Mitarbeitenden definiert: »Unter ›Corporate Responsibility‹ versteht man die Aufgabe, einen Beitrag zur dauerhaften Sicherung der Zukunft des Unternehmens zu leisten. Dabei sollen ökonomische, ethische, ökologische und gesellschaftliche Anforderungen in Einklang gebracht werden.«[57] Bemerkenswert ist die definitorische Ähnlichkeit zum Nachhaltigkeitsbegriff. Als Hypothese könnte dieser sprachliche Wandel in der Ubiquität des Nachhaltigkeitsbegriffs begründet liegen. Der Rückgriff auf neue Leitbegriffe könnte so auch als Differenzierungsmerkmal verstanden worden sein. Die zu konstatierende Dominanz des Verantwortungsbegriffs und weiterer Termini wie *Corporate Responsibility* ging jedoch nicht mit einer vollständigen Abkehr vom Nachhaltigkeitsbegriff einher.[58] Dies offenbart ein Blick auf den schlicht als »Nachhaltigkeitsbericht 2009«[59] bezeichneten letzten Nachhaltigkeitsbericht des Jahrzehnts. In dessen Untertitel »Verantwortung. Innovation. Transparenz« fand hingegen abermals das Verantwortungskonzept sprachlich Eingang. So endete das erste Jahrzehnt des 21. Jahrhunderts mit der parallelen Verwendung mehrere Termini, wobei der Nachhaltigkeitsbegriff weiterhin hohe Signifikanz aufwies.

53 Archiv Otto Group Hamburg, Otto Geschäftsbericht 2004, 2005.
54 Archiv Otto Group Hamburg, Unternehmen(s)Verantwortung Bericht 2007, September 2007.
55 Ebd.
56 Archiv Otto Group Hamburg, Im Laufschritt durch Asien, O.ton. Zeitung für die Mitarbeiter von Otto, April 2007.
57 Ebd.
58 Vgl. exemplarisch Archiv Otto Group Hamburg, Otto Geschäftsbericht 2008, 2009.
59 Archiv Otto Group Hamburg, Nachhaltigkeitsbericht 2009. Verantwortung, Innovation, Transparenz, 2009.

3. Praktiken – Ein ökologischer Vorreiter wird nachhaltig

3.1 Die Dominanz der Ökologie im Handlungsfeld Nachhaltigkeit

Zu Beginn des Untersuchungszeitraums, in den späten 1980er Jahren, nahm das Handlungsfeld Nachhaltigkeit zunächst einen geringen Raum in der Unternehmenskommunikation von Otto ein. An den Stellen, an denen das Unternehmen entsprechende Praktiken kommunizierte, bezog es sich auf die ökologische Dimension. Während Otto im ersten Geschäftsbericht des Untersuchungszeitraums 1987 zwar auf sein Engagement im Umweltschutz verwies, die Beschreibung der Praktiken jedoch vage blieb[60], nahm der Passus »Fortschritte im Umweltschutz« im Folgejahr bereits größeren Raum ein.[61] Erstmals wurden auch konkrete Maßnahmen für eine umweltfreundliche Sortimentsumgestaltung benannt und die Bereiche Energieeinsparungen, Recycling und Wasser adressiert.[62] Der Geschäftsbericht 1990 informierte in einem eigenständigen, zweiseitigen Kapitel über Praktiken des Umweltschutzes.[63] Auffällig war hierbei die ikonografische Inszenierung des eigenen Engagements. Mit vier bis fünf Bildern pro Seite zeigte sich das Kapitel optisch deutlich »durchdesignter« als andere Abschnitte des Geschäftsberichts. Die Implementierung von Umweltschutzpraktiken, so Otto, war unerlässlich für die eigene Glaubwürdigkeit.[64] Zwar rekurrierte das Unternehmen auf die Bedeutung von Praktiken, benannte diese jedoch nicht näher. Stattdessen vertraute es auf vage Formulierungen und bestärkende Adjektive wie »zahlreich«, »groß« und »tief«.[65] Konkrete Praktiken wurden lediglich stichwortartig unter den Illustrationen benannt, ließen es aber an Detailschärfe vermissen.[66] Statt durch die Benennung einzelner Maßnahmen dienten extern verliehene Preise als Beleg für die Ernsthaftigkeit des Engagements.[67]

---

60 Explizit benannte Otto lediglich »Energie- und Wasserspartips« für die Kundschaft, Archiv Otto Group Hamburg, Otto Geschäftsbericht 1. März 1987 – 29. Februar 1988, 1988.

61 Archiv Otto Group Hamburg, Otto Geschäftsbericht 1. März 1988 – 28. Februar 1989, 1989.

62 Ebd.

63 Archiv Otto Group Hamburg, Otto Geschäftsbericht 1. März 1989 – 28. Februar 1990, 1990.

64 Vgl. hierzu: »Um glaubwürdig für den Umweltschutz eintreten zu können, ist eigenes verantwortliches Handeln eine unverzichtbare Voraussetzung.«, ebd.

65 Vgl. exemplarisch: »Der Otto Versand hat in seinem unmittelbaren Wirkungskreis, bei den internen Arbeitsabläufen, zahlreiche Maßnahmen durchgeführt, um dem Umweltschutz Rechnung zu tragen. Die große Bereitschaft der Mitarbeiter, bei diesen Aktivitäten mitzumachen und sie zu unterstützen, zeigt, wie tief das Thema Umweltschutz im Otto Versand verwurzelt ist.«, ebd.

66 So hieß es beispielsweise allgemein »umweltentlastende Weiterentwicklungen werden in allen Sortimentsbereichen gefördert« oder es wurde unspezifisch auf »bauliche Maßnahmen« verwiesen, die den Energieverbrauch reduzierten, ebd.

67 Vgl. exemplarisch ebd.

Diese Preise mögen auch als Zeichen dafür gelten, dass der Konzern durchaus eine größere Bandbreite an Praktiken implementiert hatte, die zum damaligen Zeitpunkt aber noch nicht als »kommunikationswürdig« erachtet wurden. Diese These stützen auch Erkenntnisse aus der Analyse späterer Umweltberichte des Unternehmens. Aus dort gelisteten Zeitstrahlen lässt sich u.a. ablesen, dass Otto 1987 die »Auslistung von FCKW-haltigen Spraydosen« sowie die »Zusammenarbeit mit umweltorientierten Unternehmensinitiativen wie B.A.U.M. und A.U.G.E« initiierte.[68] Dass hier nachträglich Praktiken vordatiert wurden, ist nicht anzunehmen, da insbesondere jene externen Kooperationen überprüfbar sind.[69] Aus der vagen Kommunikation der Konzernmedien der 1980er und frühen 1990er Jahre auf die Absenz von Praktiken des Handlungsfeldes Nachhaltigkeit zu schließen, wäre folglich eine voreilige Überlegung, die die Quellenbasis nicht zulässt. Deutlich wird jedoch, dass an der Wende der 1980er zu den 1990er Jahren die Kommunikation eben solcher Praktiken nur eine marginale Rolle in den wichtigsten externen Konzernmedien einnahm. Der gesellschaftliche Diskurs schien zu diesem Zeitpunkt nicht so weit fortgeschritten zu sein, dass eine Einschreibung in ihn aus Unternehmensperspektive unerlässlich erschien.

Im Zuge der Wiedervereinigung Deutschlands und des Zusammenbruchs der Sowjetunion erfuhr die ökonomische Dimension einen Bedeutungszuwachs in der Unternehmenskommunikation von Otto. Das Jahr der deutschen Wiedervereinigung war für den Otto Versand wirtschaftlich sehr erfolgreich.[70] Die deutsche Wiedervereinigung war ein wesentlicher Treiber des Erfolges; im Gegensatz zu früheren Jahren kamen die stärksten Wachstumsimpulse aus Deutschland.[71] Diese Expansion kann als nachhaltiges Wachstum charakterisiert werden. Durch die veränderte politische, wirtschaftliche und kulturelle Landschaft bot sich dem Unternehmen der Eintritt in einen zukunftsträchtigen Markt, der langfristigen Erfolg statt kurzfristiger Profite versprach.[72] In Bezug auf andere Staaten des ehemaligen Ostblocks sprach Otto von »nachhaltige[n] wirtschaftliche[n] Veränderungen.«[73] Das Unternehmen plante zwar einen kurzfristigen Markteinstieg, je-

68 Archiv Otto Group Hamburg, Umweltbericht 1996, Dezember 1996.

69 Exemplarisch belegt ein Programmheft zum Jubiläum der Initiative das frühe Engagement von Otto in ihrem Rahmen, B.A.U.M. 2014, S. 8.

70 Der Umsatz des Unternehmens steigerte sich um 18 Prozent auf 16,1 Milliarden DM, Archiv Otto Group Hamburg, Otto Geschäftsbericht 1. März 1990 – 28. Februar 1991, 1991; auch im folgenden Jahr verzeichnete Otto deutliche Gewinne mit einem Umsatzzuwachs von 24,8 Prozent auf 20,1 Milliarden DM, Archiv Otto Group Hamburg, Otto Geschäftsbericht 1. März 1991 – 29. Februar 1992, 1992.

71 Archiv Otto Group Hamburg, Otto Geschäftsbericht 1. März 1990 – 28. Februar 1991, 1991.

72 Die langfristige, respektive nachhaltige Art jener ökonomischen Praktiken artikulierte der Konzern selbst: »Der Otto Versand hat in den neuen Bundesländern zu keiner Zeit nur einen interessanten Absatzmarkt gesehen. Von Anfang an wurden umfangreiche Investitionen getätigt.«, ebd.

73 Archiv Otto Group Hamburg, Otto Geschäftsbericht 1. März 1991 – 29. Februar 1992, 1992.

doch in einem Umfeld, das es als »nachhaltig« erachtete. Eine eindeutige Zuordnung jener Praktiken zum Handlungsfeld Nachhaltigkeit bleibt diskutabel, unstrittig ist hingegen, dass der politische Umbruch bei Otto den Gedanken eines zukunftsorientierten Handelns förderte.

Während die Praktiken des Umweltschutzes in den späten 1980er Jahren bereits eine Konkretisierung erfuhren, blieben Praktiken der sozialen Dimension in der Unternehmenskommunikation zunächst marginalisiert. Vereinzelte Hinweise auf sozial konnotierte Praktiken fanden sich lediglich in der Kommunikation über Aus- und Weiterbildungsmöglichkeiten für Mitarbeitende.[74] Hier stellte Otto Anfang der 1990er Jahre erstmals einen Querverweis zu ökologischen Praktiken her. So fand sich neben der Auflistung bereits bekannter Programme in den Bereichen Weiterbildung, Altersvorsorge oder Teilzeit mit einem vergünstigten Fahrkartenabonnement für den Hamburger ÖPNV eine neue Leistung, »von der sowohl die Mitarbeiter als auch die Umwelt profitieren.«[75] Ökologische und soziale Praktiken wurden, so scheint es, zaghaft miteinander verwoben.

In diesem Zeitraum entwickelte sich allmählich ein Verständnis von der Interdependenz der Nachhaltigkeitsdimensionen Ökonomie und Ökologie. Die Kommunikation des Unternehmens betonte dabei keinen Gegensatz, sondern vielmehr deren Vereinbarkeit. Eine zu Beginn der 1990er Jahre herausgegebene Broschüre zum Umweltschutz konkretisierte dies. So würden durch energiesparende Maßnahmen »natürlich auch beträchtliche Kosten eingespart – was letztlich beweist, daß sich Umweltschutz auch wirtschaftlich auszahlt!«.[76] Während positive ökonomische Effekte durch die Einsparung von Energie offensichtlich waren, erforderten andere Handlungsfelder, wie die Produktpalette, eine größere Bereitschaft von Otto, die ökonomische Dimension nicht höher als die ökologische zu bewerten. Langfristig setzte Otto auf eine steigende Nachfrage nach umweltgerechten Produkten mit entsprechenden ökonomischen Vorteilen.[77] Ökologische Vorteile eigener Produkte wurden offen kommuniziert, um Kaufanreize für Konsumentinnen und Konsumenten zu setzen.[78] Teilweise gewichtete Otto die Ökologie gegenüber der Ökonomie sogar höher. Ein Beispiel stellt die Kommunikati-

74 Archiv Otto Group Hamburg, Otto Geschäftsbericht 1. März 1987 – 29. Februar 1988, 1988; Archiv Otto Group Hamburg, Otto Geschäftsbericht 1. März 1988 – 28. Februar 1989, 1989.

75 Archiv Otto Group Hamburg, Otto Geschäftsbericht 1. März 1991 – 29. Februar 1992, 1992.

76 Archiv Otto Group Hamburg, Otto Versand und Umweltschutz, 1992.

77 Vgl. exemplarisch: »Der Otto-Umweltbaum weckt die Aufmerksamkeit der Verbraucher und informiert über den konkreten Umweltvorteil, durch den sich das betreffende Produkt auszeichnet. Eine so gesteigerte Nachfrage fördert langfristig auch die Rentabilität: so wird das Mehr an Umweltschutz zu einer lohnenden Investition, die am Ende uns allen zugute kommt.«, ebd.

78 Exemplarisch illustriert dies die Unternehmenskommunikation im Bereich von Batterien. Otto verwies auf die Entsorgungsproblematik von quecksilberhaltigen Batterien und empfahl der Kundschaft den Kauf quecksilberfreier Alternativen aus dem eigenen Sortiment, vgl. ebd.

on zu Praktiken für den Artenschutz dar. Der Versandhandel mahnte den Verlust an Biodiversität und die damit verbundenen negativen Folgen explizit an.[79] Otto ging eine Kooperation mit dem WWF ein, um auf die Lage bedrohter Tierarten aufmerksam zu machen, sein Sortiment zu überprüfen und Pelze und andere Produkte schutzbedürftiger Tiere aus dem Sortiment zu entfernen.[80]

Die Kommunikation im Handlungsfeld Nachhaltigkeit erfuhr durch die Rio-Konferenz zunächst keinen erheblichen Wandel, nahm jedoch zu.[81] In den Geschäftsberichten der Folgejahre nahmen ökologische Praktiken unverändert den größten Raum ein.[82] Im Vergleich zu den oft vage artikulierten Praktiken der Vorjahre listeten die Berichte nun eine umfassende Auswahl auf.[83] Im Verlauf der 1990er Jahre kommunizierte Otto vermehrt Praktiken, die sich dezidiert auf das Sortiment der Gruppe bezogen, und formulierte den Anspruch, den Kern seines Geschäftsmodells ökologisch auszurichten.[84] Maßnahmen umfassten die Aufnahme von recyclinggerechten, energie- und wassersparenden Geräten in das Hartwarensortiment und Angebote im Bereich von FCKW- und FKW-freien Kältegeräten.[85] Das Thema FCKW thematisierte Otto bereits in den Geschäftsberichten der frühen 1990er Jahre ebenso wie in weiteren Publikationen.[86] Weiterhin spielte auch der Verpackungsbereich eine große Rolle mit einem Schwerpunkt auf

79 Vgl.: »Das Verschwinden einer jeden Tier- und Pflanzenart bedeutet einen endgültigen, unersetzbaren Verlust mit nicht absehbaren Folgen für andere Arten – nicht zuletzt für den Menschen selbst!«, ebd.

80 Ebd.

81 Die Rio-Konferenz schien von Otto intensiv verfolgt worden zu sein; im Unternehmensarchiv hat sich eine umfangreiche Sammlung von Presseberichten über die Konferenz erhalten, Archiv Otto Group Hamburg, Sammlung Presseberichterstattung über die Rio-Konferenz 1992 (ca. 60 Seiten).

82 Archiv Otto Group Hamburg, Otto Geschäftsbericht 1. März 1992 – 28. Februar 1993, 1993; Archiv Otto Group Hamburg, Otto Geschäftsbericht 1. März 1993 – 28. Februar 1994, 1994.

83 Otto berichtete u. a. über Kooperationen mit Umweltorganisationen wie dem Naturschutzbund und dem WWF. Aus diesen entstanden Praktiken, die zumeist keinen unmittelbaren Bezug zum Geschäftsbereich des Unternehmens hatten, wie etwa Projekte zum Schutz von Auen, Feuchtgebieten und dem Weißstorch sowie der Umwelterziehung an Schulen, Archiv Otto Group Hamburg, Otto Geschäftsbericht 1. März 1992 – 28. Februar 1993, 1993; die Partnerschaft mit dem Naturschutzbund Deutschland für den Erhalt des Weißstorches in Deutschland war bereits vor der Rio-Konferenz Teil der Unternehmenskommunikation und stellte damals die einzige Praktik dar, die Otto näher erläuterte, Archiv Otto Group Hamburg, Otto Geschäftsbericht 1. März 1991 – 29. Februar 1992, 1992; Schwegler schreibt solch produktionsfernem Naturschutz auch die Rolle von Ersatzargumenten zu, vgl. Schwegler 2018, S. 339.

84 Der ökologische Optimierungsprozess bestünde aus drei Schwerpunkten: »[Q]ualitativer und quantitativer Ausbau der umweltverträglichen Sortimente, ökologische Ausrichtung des Warenhandlings sowie die Förderung eines allgemeinen Umweltbewußtseins.«, Archiv Otto Group Hamburg, Otto Geschäftsbericht 1. März 1993 – 28. Februar 1994, 1994.

85 Archiv Otto Group Hamburg, Otto Geschäftsbericht 1. März 1992 – 28. Februar 1993, 1993.

86 Vgl. exemplarisch Archiv Otto Group Hamburg, Otto Versand und Umweltschutz, 1992; Archiv Otto Group Hamburg, Otto Geschäftsbericht 1. März 1990 – 28. Februar 1991, 1991; zur deutschen Debatte um ein FCKW Verbot vgl. Brüggemann 2015, S. 181–183.

der Entwicklung und Implementierung von Mehrwegverpackungssystemen.[87] Neben einer ökologisch verantwortlichen Sortimentsgestaltung kommunizierte Otto auch aktiv Maßnahmen bezüglich des wichtigsten Werbe- und Verkaufsmittels des Unternehmens, des Otto-Katalogs. Die Werbemittel sollten ökologisch verbessert werden durch den ausschließlichen Einsatz chlorfrei gebleichten Papiers und einen höheren Anteil an Altpapier.[88] Umweltschutz sollte nicht nur als zusätzliche Praktik neben dem eigentlichen Geschäftsbetrieb verstanden werden, sondern ein integraler Teil desselben sein.

Weitergehende Analysen verdeutlichen, dass der Wille zu einem umweltverantwortlichen Sortiment zwar existierte, dieses jedoch Mitte der 1990er Jahre noch nicht umfassend im Kerngeschäft integriert war. Exemplarisch zeigt dies die Kommunikation über die Umweltmarke »future collection«. Durch die Einführung dieser Marke, die neben Schadstoff-Grenzwerten auch produktionstechnische Kriterien berücksichtigte, sollte »neben der grundsätzlich angestrebten linearen Optimierung des Gesamtsortiments nach akzeptablen Schadstoff-Grenzwerten gemäß des ÖkoTex-Standards-100 die punktuelle Verstärkung eines noch über diesen Standard hinausgehenden Umweltsortiments gewährleistet« werden.[89] So wurde der Anspruch, ein solches Sortiment anzubieten, zwar praktisch umgesetzt, jedoch nicht durch die unmittelbare Umstellung des Gesamtsortiments. Stattdessen etablierte Otto ein separates Umweltsortiment – das somit zunächst letztlich Nischenprodukt blieb.[90] Dennoch war Otto Mitte der 1990er Jahre Marktführer im Bereich Umwelttextilsortiment in Deutschland.[91] Auch wenn der Umfang der Sortimentsumgestaltung retrospektiv geringfügig erscheinen mag, stellte er zeitgenössisch eine überdurchschnittliche Implementierung von Praktiken im Handlungsfeld Nachhaltigkeit dar.

87 Archiv Otto Group Hamburg, Otto Geschäftsbericht 1. März 1994 – 28. Februar 1995, 1995; Archiv Otto Group Hamburg, Otto Geschäftsbericht 1. März 1993 – 28. Februar 1994, 1994.

88 Archiv Otto Group Hamburg, Otto Geschäftsbericht 1. März 1994 – 28. Februar 1995, 1995; Archiv Otto Group Hamburg, Otto Geschäftsbericht 1. März 1992 – 28. Februar 1993, 1993.

89 Archiv Otto Group Hamburg, Otto Geschäftsbericht 1. März 1993 – 28. Februar 1994, 1994.

90 Dass dieser Befund auch für das Hartwarensortiment Gültigkeit beanspruchen darf, legen ähnliche Formulierungen in den Geschäftsberichten nahe. Vgl.: »Auch im Hartwarenbereich ist es das Ziel, über die punktuelle Optimierung einzelner Produkte linear für das Gesamtsortiment bestimmte Umweltvorteile umzusetzen«, ebd.

91 Archiv Otto Group Hamburg, Otto Geschäftsbericht 1. März 1994 – 28. Februar 1995, 1995; 1995 erzielte das Segment einen Umsatz von 150 Millionen DM, womit Otto der umsatzstärkste Anbieter von ökologischer Mode in Deutschland war. Der Anteil schadstoffgeprüfter Modelle lag in jenem Jahr bei rund 15 Prozent, wobei das Unternehmen das Ziel ausgab, diesen bis zum Jahr 2000 auf 50 Prozent des textilen Warenangebots auszuweiten, Archiv Otto Group Hamburg, Otto Geschäftsbericht 1. März 1995 – 29. Februar 1996, 1996.

Mitte der 1990er Jahre erlangte ein Thema Auftrieb, das heutzutage als dominanter Diskurs gelten darf: Otto kommunizierte umfangreiche Praktiken zur Reduzierung der CO_2-Emissionen und stellte erste Bezüge zum Klimawandel her. Praktiken umfassten u. a. die »Verkehrsverlagerung auf Bahn und Binnenschiff«[92], Energiesparmaßnahmen am Hamburger Unternehmensstandort[93] sowie einen emissionsreduzierten Transport der Waren.[94] Aus heutiger Sicht innovativ mutet an, dass der Konzern in der Warenauslieferung Fahrzeuge mit Elektroantrieb testete und angab, auch die Anwendbarkeit alternativer Energieträger wie Wasserstoff testen zu wollen.[95] Insbesondere Medien der Unternehmenskommunikation, die sich dezidiert im Handlungsfeld Nachhaltigkeit bewegten, rekurrierten ab Mitte der 1990er Jahre auf die globale Erderwärmung.[96] Das Unternehmen verortete eigene Ziele der Emissionsreduzierung innerhalb und vergleichend zur globalen und nationalen Klimapolitik und inszenierte sich dabei als ambitionierter Akteur.[97] Die Praktiken des Unternehmens richteten sich zunehmend an konkreten, quantitativ messbaren Zielen aus. Bei deren vorzeitigen Erfüllung passte Otto Ziele auch nach oben an, was als Beleg für die Ernsthaftigkeit der Konzernbestrebungen gelten darf.[98]

Die am Ende des Jahrzehnts kommunizierten ökologischen Praktiken zeichneten sich häufig durch ihre Intensivierung und Konkretisierung aus, rekurrierten aber im Wesentlichen auf traditionsreiche Themenfelder. Exemplarisch zeigt dies das Kapitel »Umweltverantwortung« des Geschäftsberichtes 1998. Zwar berichtete dieses über neue Praktiken wie das Engagement für die Durchsetzung des weltweiten Zertifizierungssystems *Forest Stewardship Council (FSC)* für nachhaltige Forstwirtschaft, jedoch war der Schutz der Wälder schon länger ein Handlungsfeld des Unternehmens – was dieses im Bericht selbst kommunizier-

92 Archiv Otto Group Hamburg, Otto Geschäftsbericht 1. März 1994 – 28. Februar 1995, 1995.

93 Ebd.

94 Archiv Otto Group Hamburg, Otto Geschäftsbericht 1. März 1993 – 28. Februar 1994, 1994.

95 Ebd.

96 Exemplarisch veranschaulicht dies der Umweltbericht 1995: »Vor allem der CO_2-Ausstoß ist von globaler ökologischer Bedeutung. Denn seit der Nutzung fossiler Energieträger ist die CO_2-Konzentration in der Atmosphäre kontinuierlich angestiegen. Die CO_2-Konzentration reduziert die Wärmeabstrahlung aus der Erdatmosphäre. Die Folge ist der Treibhauseffekt.«, Archiv Otto Group Hamburg, Umweltbericht 1995, März 1996.

97 Vgl.: »Die Bundesregierung hat sich auf dem Weltklimagipfel 1995 zu einer Reduzierung der CO_2-Emissionen um 25 % bis zum Jahr 2005 auf Basis 1990 verpflichtet. Der Otto Versand will für seinen Transportbereich bis dahin 30 % schaffen.«, ebd.

98 So gab der Umweltbericht 1996 an, dass das Ziel einer 30-prozentigen Reduzierung aller transportbedingten CO_2-Emissionen bis zum Jahr 2005 bereits erreicht wurde. Der Funktionsbereich korrigierte das Ziel in der Folge nach oben. Bis zum Jahr 2005 sollten die CO_2-Emissionen nun um weitere 38.000 Tonnen auf 150.000 Tonnen reduziert werden, was einer Emissionsreduzierung von rund 45 Prozent entsprach, Archiv Otto Group Hamburg, Umweltbericht 1996, Dezember 1996.

te.[99] Auch in den Feldern Transport und Energie wies Otto bereits eine längere Tradition auf, griff nun aber verstärkt auf sogenannte Zukunftstechnologien wie Fahrzeuge mit Wasserstoffmotor oder Photovoltaik zurück.[100] Deutlich wird hier, dass die zunehmende begriffliche Präsenz der Nachhaltigkeit zunächst mit keiner signifikanten Ausweitung entsprechender Praktiken einherging.

Vor dem Hintergrund einer angespannten wirtschaftlichen Lage in den 1990er Jahren versuchte Otto einen Ausgleich zwischen Praktiken der ökonomischen und ökologischen Dimension zu erreichen. Ökonomisch erzielte das Unternehmen zwar weiterhin ein Wachstum, dieses fiel aber in der Mitte der 1990er Jahre merklich geringer aus als noch zu Beginn des Jahrzehnts.[101] Zugleich negierte Otto in seinem – später vom Wirtschaftsmagazin Capital als bester Umweltbericht des Handels ausgezeichneten[102] – Umweltbericht aus dem Jahr 1996, dass wirtschaftlich schwierige Zeiten ein geringeres Engagement in Umweltbelangen rechtfertigen würden.[103] Jedoch verfolgte Otto ökonomisch nicht vertretbare Einzelpraktiken zum Teil nicht weiter. Dies zeigte sich exemplarisch anhand von Initiativen zu kreislauftauglichen Textilien. »Der augenblickliche Stand der Technik sowie der zur Zeit für alle Beteiligten untragbare ökonomische Aufwand« habe, so das Unternehmen, »im Bereich ›Entwicklung und Angebot kreislauftauglicher Textilien‹ eine Zielkorrektur notwendig« gemacht.[104] Das Unternehmen werde »diesen bedeutenden Zielbereich zwar weiterverfolgen, kurzfristig den Schwerpunkt seiner Zielsetzung aber auf die Weiterentwicklung human- und produktionsökologisch optimierter Textilien legen.«[105] Die Kommunikation über ökonomische Folgen durch die Implementierung von Praktiken der ökologischen Dimension erwies sich zu diesem Zeitpunkt als ambivalent. An einzelnen Stellen verwies Otto explizit auf ökonomische Vorteile im Rahmen

99 Archiv Otto Group Hamburg, Otto Geschäftsbericht 1. März 1998 – 28. Februar 1999, 1999; Laut Gorman diente die Verwendung entsprechender Labels Unternehmen häufig dazu »to set up a system for consumers to reward firms that manage their operations in an environmentally friendly way«, Gorman 2017, S. 41.

100 Archiv Otto Group Hamburg, Otto Geschäftsbericht 1. März 1998 – 28. Februar 1999, 1999.

101 Im Geschäftsjahr 1995 erreichte Otto lediglich eine Umsatzsteigerung um 1,4 Prozent, Archiv Otto Group Hamburg, Otto Geschäftsbericht 1. März 1995 – 29. Februar 1996, 1996.

102 Archiv Otto Group Hamburg, Umweltbericht glänzte im Test, die rampe. Zeitung für die Mitarbeiter des Otto Versand, Juni/Juli 1998.

103 In seinem Vorwort konstatierte der Vorstandsvorsitzende Michael Otto: »[G]erade in wirtschaftlich schwierigen Zeiten darf das Thema Umwelt nicht aus den Augen verloren werden.«, Archiv Otto Group Hamburg, Umweltbericht 1996, Dezember 1996.

104 Ebd.

105 Ebd.

der Implementierung ökologischer Praktiken.[106] Gleichzeitig bezifferte Otto an anderen Stellen die durch ökologische Nachhaltigkeit entstandenen Kosten. Generell waren die entstandenen Kosten für die Implementierung ökologischer Praktiken in der Unternehmenskommunikation jedoch nicht negativ konnotiert, sondern wurden als Investition in die Zukunftsfähigkeit gesehen.[107]

Dieser ausgleichende Charakter in der Kommunikation im Handlungsfeld Nachhaltigkeit setzte sich auch Ende der 1990er Jahre fort, als Otto begann, wie in der Begriffsanalyse gezeigt, den Nachhaltigkeitsbegriff breiter zu rezipieren. Trotz der sprachlichen Adaption des »Prinzips der Nachhaltigkeit« im Geschäftsbericht 1998 kommunizierte dieser unverändert primär ökologische Praktiken und verknüpfte diese dezidiert mit wirtschaftlichem Erfolg.[108] Das Postulat der Vereinbarkeit von Ökonomie und Ökologie lässt sich auch für die externe Kommunikation des Unternehmens, die explizit im Feld der Nachhaltigkeit zu verorten war, vermerken. »Für einen Ausgleich von Ökologie und Ökonomie« lautete der Untertitel des Umweltberichts 1998, der so bereits die Ausrichtung auf die beiden Dimensionen implizierte.[109] Umweltschutz war nicht Selbstzweck, sondern Business Case, die Nachhaltigkeit wurde ökonomisiert.

---

106 So seien beispielsweise in den Bereichen Transport, Verkehr, Verpackungen sowie Kataloge und Werbemittel durch ökologische Maßnahmen Einsparungen in Höhe von 5,35 Millionen DM erreicht worden, ebd.

107 Zwar seien »die Umweltschutzmaßnahmen mit einem nicht unerheblichen Investitionsvolumen verbunden«, Otto sehe in diesen Aufwendungen jedoch »Investitionen in Gegenwart und Zukunft. Sie dienen bereits heute dem Kunden, Umwelt und Natur, verschaffen Wettbewerbsvorteile und sichern die Zukunftsfähigkeit des Unternehmens.«, ebd.

108 Vgl. hierzu exemplarisch den Geschäftsbericht 1999: »Ökologie und Ökonomie müssen keinesfalls Gegensätze sein. Durch gelungene Optimierungen im Bereich der Logistik sowie durch Reduzierung des Energie- und Wasserverbrauchs in den Gebäuden des Otto Versand werden seit Einführung des Umweltmanagementsystems 1996 jährlich gut 2 Mio. DEM eingespart.« Die Vereinbarkeit von Ökologie und Ökonomie würde auch vom Markt honoriert, der entsprechende Praktiken durch Kaufentscheidungen honorierte: »Positive Reaktionen sind auch im Markt zu verzeichnen, wie die wachsende Nachfrage nach umweltfreundlichen Produkten zeigt. Der Umsatz mit ökologisch optimierten Textilien steigt von Saison zu Saison. Dadurch konnte der Otto Versand seinen Umsatz in diesem Bereich im Berichtsjahr auf rund 400 Mio. DEM ausweiten. Auch bei der Nachfrage nach wasser- und energiesparenden Elektrogeräten zeigte sich, daß der Kunde das Umweltmanagement des Otto Versand zunehmend mit seiner Kaufentscheidung belohnt. Der Umsatz mit solchen Geräten erhöhte sich auf über 100 Mio. DEM.«, Archiv Otto Group Hamburg, Otto Geschäftsbericht 1. März 1998 – 28. Februar 1999, 1999.

109 Dezidiert manifestierte sich dies auch im Vorwort des Berichts, in dem Michael Otto erklärte: »[U]nternehmerisch handeln heißt zukunftsorientiert handeln. Ein zukunftsfähiges Unternehmen ist deshalb konsequent auf der Suche nach neuen Wegen und Lösungen. Dabei gilt es heute insbesondere auch den Ausgleich zu schaffen zwischen wirtschaftlicher Fortentwicklung und dem dauerhaften Erhalt der natürlichen Umwelt.«, Archiv Otto Group Hamburg, Umweltbericht und Umwelterklärung 1998. Für einen Ausgleich von Ökologie und Ökonomie, 1998.

3.2 Die Jahrtausend- und Nachhaltigkeitswende

Die Jahrtausendwende leitete die Dominanz des Nachhaltigkeitsdiskurses bei Otto ein. Dies schlug sich, wie im begriffsgeschichtlichen Kapitel dargelegt, zum einen terminologisch nieder, gleichermaßen aber auch in den kommunizierten Praktiken des Unternehmens, die von einem holistischen Verständnis von Nachhaltigkeit zeugen. Der Wandel des Handlungsfeldes Nachhaltigkeit an der Wende zum 21. Jahrhundert spiegelte sich bereits in der Organisationsstruktur des Unternehmens wider, die Nachhaltigkeit zunehmend institutionalisierte und die Nachhaltigkeitsberichterstattung professionalisierte und standardisierte.[110] Die verstärkte Berichterstattung im Handlungsfeld Nachhaltigkeit trug zum Ausbau und der weiteren Konkretisierung der Praktiken aller drei Dimensionen, auf die Otto sich im eigenen Nachhaltigkeitsverständnis bezog, bei. Infolge gewann auch die ökonomische Dimension in den 2000er Jahren mehr Kontur. Exemplarisch sei auf den zweiten Nachhaltigkeitsbericht des Unternehmens verwiesen. Der nach den Richtlinien der *Global Reporting Initiative* (GRI) erstellte Nachhaltigkeitsbericht 2003 vertrat ein holistisches Nachhaltigkeitsverständnis und widmete den verschiedenen Handlungsfeldern je eigenständige Kapitel. Das Kapitel »Ökonomie« listete Unternehmensleitbilder ebenso auf wie Grundlagen der Unternehmensführung, Risikomanagement, Konzernrechnungslegung, den Code of Conduct und das Vorhaben, gemeinsam mit Partnerschaften in der Außenhandelsvereinigung des Deutschen Einzelhandels internationale Sozialstandards zu erreichen; ebenfalls wurden Praktiken zur Förderung von Mitarbeitenden und zur Strukturförderung thematisiert.[111] Obwohl das Kapitel sich dezidiert der ökonomischen Dimension nachhaltiger Entwicklung verschrieb, wies es zahlreiche Querverweise zu ökologischen und sozialen Fragestellungen

110 Dies manifestierte sich anhand einer internen Präsentation der Umweltabteilung zur Entwicklung von Nachhaltigkeit bei Otto aus dem Jahr 2001. Sie unterschied drei Phasen der nachhaltigkeitsbezogenen Organisationsstruktur. Die erste Phase von 1986–1990 war gekennzeichnet von der »Gründung der Umweltkoordination als Abteilung im Bereich UK-WK« sowie der »Entwicklung und Betreuung von Einzelmaßnahmen und der Kommunikation«. Die zweite Phase von 1991–1996 sah den institutionellen Ausbau vor. Die dritte Phase von 1997–2001 war laut interner Einschätzung sowohl durch eine inhaltliche Ausweitung als auch eine Einbeziehung weiterer Konzernunternehmen geprägt, Archiv Otto Group Hamburg, Präsentation 15 Jahre Nachhaltigkeit bei Otto. Bilanz und Perspektiven, 23.10.2001; zudem waren die 2000er Jahre geprägt von einer Professionalisierung und Standardisierung der Nachhaltigkeitsberichterstattung. Erstmals veröffentlichte das Unternehmen diese Textform unter dem Titel »Report 2000 Nachhaltigkeit bei Otto«, Archiv Otto Group Hamburg, Report 2000. Nachhaltigkeit bei Otto, Juli 2000.

111 Archiv Otto Group Hamburg, Nachhaltigkeitsbericht 2003, Frühjahr 2004.

auf.[112] Diese zunehmende Auflösung der Grenzen zwischen den Dimensionen blieb charakteristisch für die 2000er Jahre.

Als traditionsreichstes Handlungsfeld integrierten Praktiken des Umweltschutzes in den 2000er Jahren frühere Ansätze, erfuhren aber zugleich eine Konkretisierung. Auch in Zeiten eines holistischeren Nachhaltigkeitsverständnisses adressierten die kommunizierten ökologischen Praktiken häufig Themen, die bereits seit Jahren im Umweltmanagement des Unternehmens etabliert waren. Dies galt exemplarisch für Praktiken aus dem Bereich Verpackungsvermeidung und Recycling.[113] Es betraf ebenso Maßnahmen bezüglich des Sortiments wie den Einsatz von biologischer Baumwolle aus der Türkei.[114] Der Ausbau des ökologischen Textilsortiments schritt stetig voran.[115] Ähnliche Erfolge verzeichneten seit langer Zeit etablierte Praktiken im Transportbereich.[116] Gleichzeitig wurden Praktiken zur Reduzierung der CO_2-Emissionen, insbesondere die Transportverlagerung auf Wasser und Schiene, zunehmend nicht nur genannt, sondern die Motive und Hintergründe detailliert erläutert und konkrete Gefahren veranschaulicht.[117] Unverändert spielte zudem eine »umwelt- und sozialverantwortliche sowie ökonomisch tragfähige Bewirtschaftung der Wälder weltweit«[118] eine bedeutsame Rolle in der Kommunikation von Otto. Ende der 2000er ließ sich bei den kommunizierten Praktiken der Otto Group ein umfassender Anspruch konstatieren, für den Waldschutz einzutreten.[119] Die Praktiken wurden konkreter, die Zielsetzungen ambitionierter, dennoch lässt

112 Als Beispiel kann der Bericht über das Warenverteilzentrum Haldensleben gelten. Das Zentrum war für die Logistik des Konzerns entscheidend, schuf Arbeitsplätze in den neuen Bundesländern und war ein ökonomischer Faktor. Die Kommunikation verwies aber ebenso auf den Einsatz von erneuerbaren Energien vor Ort, die Förderung zur Inklusion von Menschen mit Behinderung oder lokales Engagement und Spenden, ebd.

113 Archiv Otto Group Hamburg, Report 2000. Nachhaltigkeit bei Otto, Juli 2000.

114 Archiv Otto Group Hamburg, Otto Geschäftsbericht 2000, 2001.

115 In der Saison Frühjahr/Sommer 2001 trugen 65 Prozent des textilen Gesamtsortiments das Label »hautfreundlich-schadstoffgeprüft«, ebd.; Ende der 2000er Jahre betrug nach eigener Aussage »der Anteil der Textilien mit dem Label ›Hautfreundlich, weil schadstoffgeprüft‹ im OTTO-Sortiment nahezu 100 Prozent.«, Archiv Otto Group Hamburg, Otto Geschäftsbericht 2008, 2009.

116 So berichtete das Unternehmen, dass die CO_2-Emissionen aus dem Transportbereich um nunmehr 51 Prozent im Vergleich zu 1993 reduziert wurden. Das interne Ziel schien somit erreicht worden zu sein und der Erfolg wurde entsprechend explizit kommuniziert, Archiv Otto Group Hamburg, Annual Report 2001, 2002.

117 Dies illustriert u. a. der erste Nachhaltigkeitsbericht des Unternehmens. Im Rahmen einer zweiseitigen Darstellung unter der Überschrift »Die Weltenbummler« wurde der Weg der Baumwolle von der Produktion zur Kundschaft nachgezeichnet, Archiv Otto Group Hamburg, Report 2000. Nachhaltigkeit bei Otto, Juli 2000.

118 Archiv Otto Group Hamburg, Otto Geschäftsbericht 2000, 2001.

119 Vgl. hierzu Archiv Otto Group Hamburg, Otto Geschäftsbericht 2008, 2009.

sich in diesen Handlungsfeldern eine Beständigkeit der ergriffenen Maßnahmen festhalten.

Weitere ökologische Handlungsfelder unterlagen in den 2000er Jahren einem Wandel oder erfuhren eine beträchtliche Aufwertung in der Unternehmenskommunikation. Hierzu zählten insbesondere Praktiken im Kampf gegen den Klimawandel, die sich zum wichtigsten Bezugsmoment von Praktiken der ökologischen Dimension entwickelten. Zu diesen gehörten auch die oben erwähnten Maßnahmen im Transportbereich, jedoch weitete sich die Kommunikation in diesem Handlungsfeld deutlich aus. Auch der damals zuständige Mitarbeiter für das Thema Transport und Verkehr in der Abteilung Umwelt- und Gesellschaftspolitik benannte den Klimawandel als wesentlichen Grund für die Implementierung von Praktiken.[120] Mitte der 2000er Jahre entwickelte das Unternehmen »eine ambitionierte Klimaschutzstrategie für die gesamte Gruppe mit dem Ziel, den CO2-Ausstoß bis 2020 deutlich zu reduzieren.«[121] Umfangreich kommunizierte Otto beispielsweise über die Gründung der Initiative »2° – Deutsche Unternehmer für Klimaschutz«.[122] Gemeinsam mit elf weiteren Unternehmensvorständen setzte sich Michael Otto im Rahmen der Initiative für »die Reduzierung von Treibhausgas-Emissionen und die Förderung des Technologiestandorts Deutschland ein.«[123] Das Engagement wurde auch mit den bei Nichteinhaltung des Zwei-Grad-Ziels drohenden negativen Folgen für die Wirtschaft begründet.[124] Bis zum Ende des Untersuchungszeitraums blieb der Klimaschutz ein dominierendes Handlungsfeld.[125]

Dem sichtbarsten Wandel unterlagen Praktiken der sozialen Dimension der Nachhaltigkeit, die in den 2000er Jahren eine deutliche Aufwertung erfuhren. Die Aufwertung der sozialen Dimension manifestierte sich auf der einen Seite hinsichtlich einer Verantwortung für die Belegschaft im Heimatmarkt des Unterneh-

120 Vgl. Archiv Otto Group Hamburg, Nachhaltigkeitsbericht 2003, Frühjahr 2004.

121 Archiv Otto Group Hamburg, Otto Geschäftsbericht 2006, 2007.

122 Archiv Otto Group Hamburg, Otto Geschäftsbericht 2007, 2008.

123 Ebd.

124 Vgl.: »Der dritte Teilbericht des internationalen Klimarates hatte verdeutlicht, dass die Folgekosten für eine darüber hausgehende Erwärmung weitaus höher liegen als die Kosten für den Klimaschutz.«, ebd.

125 Im Otto Geschäftsbericht 2009/2010 sprach die Otto Group von »den fünf wesentlichen Nachhaltigkeitsdisziplinen Sortimentsgestaltung, soziale Verantwortung in der Lieferkette, Mitarbeiter, Umwelt und Klimaschutz sowie gesellschaftliches Engagement.«, Archiv Otto Group Hamburg, Otto Geschäftsbericht 2009, 2010; an den vom Vorstandsvorsitzenden im letzten Nachhaltigkeitsbericht der 2000er Jahre hervorgehobenen Schwerpunkten im Handlungsfeld Nachhaltigkeit lässt sich die Dominanz des Klimadiskurses ablesen. Neben den Sozialstandards bei Lieferantinnen und Lieferanten bildete der Schutz des Klimas das zweite Haupthandlungsfeld des Unternehmens. Ziel war es, innerhalb der Konzernunternehmen, an denen Otto die Mehrheitsanteile hielt, die CO2-Emissionen bis zum Jahr 2020 um 50 Prozent zu reduzieren, Archiv Otto Group Hamburg, Nachhaltigkeitsbericht 2009. Verantwortung, Innovation, Transparenz, 2009.

mens. Die Auflistung von Praktiken wie Betriebssport, Gesundheits- und Ernährungsprogramme, die Unterstützung bei familiären Problemen, 'Schuldner- und Suchtberatung sowie ein Familienservice zur Betreuung von Kindern im Nachhaltigkeitsbericht offenbarten, dass diese Praktiken von Otto als integraler Bestandteil von Nachhaltigkeit verstanden wurden.[126] Im Verlauf der 2000er Jahre etablierte Otto ferner die Förderung weiblicher Führungskräfte als festes Ziel im Nachhaltigkeitsbericht.[127] Im Bereich jenes Ziels der *Millennium Development Goals*, der *Gender Equality*, bestand auch Ende des Jahrzehnts noch Handlungsbedarf. So war der Vorstand in den Geschäftsjahren 2008/2009 sowie 2009/2010 noch rein männlich besetzt.[128] Gegen Ende der 2000er Jahre kommunizierte Otto ferner vermehrt Praktiken des gesellschaftlichen Engagements, wie die Unterstützung von Hilfsbedürftigen oder Projekte für Kinder und Jugendliche.[129] Dabei spielte auch *Corporate Volunteering* eine Rolle.[130] Diese Form der unternehmerischen Verantwortung wies in Großbritannien eine lange Tradition auf, trat in Deutschland – zumindest kommunikativ – aber erst später zu Tage.

Wichtigstes Bezugsmoment der sozialen Dimension stellten jedoch Praktiken dar, die eine globale Nachhaltige Entwicklung förderten und die Arbeits- und Produktionsbedingungen in Produktionsländern verbesserten. Diese nahmen v. a. entwicklungspolitische Aspekte in den Blick und standen im Einklang mit dem Leitbild einer Nachhaltigen Entwicklung. Sie umfassten u. a. Lieferantenaudits ebenso wie verschiedene Kooperationen, darunter eine Kooperation mit der GEPA, einem Importeur fair gehandelter Lebensmittel und Handwerksprodukte aus der südlichen Hemisphäre, eine Kooperation mit Rugmark gegen Kinderarbeit sowie Soforthilfen nach Erdbeben in der Türkei und Indien.[131] Auch in einem gesonderten Kapitel mit dem Titel »Fair Play« thematisierte Otto im ersten Nachhaltigkeitsbericht die Arbeits- und Sozialbedingungen in den Produkti-

126 Archiv Otto Group Hamburg, Report 2000. Nachhaltigkeit bei Otto, Juli 2000; vereinzelt hatte Otto über entsprechende Belegschafts-orientierte Praktiken bereits seit den 1980er Jahren informiert, vgl. Archiv Otto Group Hamburg, Otto Geschäftsbericht 1. März 1987 – 29. Februar 1988, 1988; Archiv Otto Group Hamburg, Otto Geschäftsbericht 1. März 1988 – 28. Februar 1989, 1989.

127 Archiv Otto Group Hamburg, Unternehmen(s)Verantwortung Bericht 2007, September 2007.

128 Archiv Otto Group Hamburg, Otto Geschäftsbericht 2008, 2009; Archiv Otto Group Hamburg, Otto Geschäftsbericht 2009, 2010.

129 Archiv Otto Group Hamburg, Unternehmen(s)Verantwortung Bericht 2007, September 2007; Archiv Otto Group Hamburg, Nachhaltigkeitsbericht 2009. Verantwortung, Innovation, Transparenz, 2009.

130 Vgl.: »Manchmal steigen Führungskräfte bei OTTO einfach aus: Statt sich um Budgets, Lieferengpässe oder Computerprobleme zu kümmern, engagieren sie sich dann für Suchtkranke, Obdachlose, Behinderte oder Sterbende. ›SeitenWechsel‹ wird dieses freiwillige Training für Führungskräfte genannt.« Archiv Otto Group Hamburg, Unternehmen(s)Verantwortung Bericht 2007, September 2007.

131 Archiv Otto Group Hamburg, Otto Geschäftsbericht 1999, 2000; Archiv Otto Group Hamburg, Otto Geschäftsbericht 2000, 2001; Archiv Otto Group Hamburg, Annual Report 2001, 2002.

onsländern.[132] Dabei wurde das Bekenntnis zur grundsätzlichen Verantwortung des Konzerns (»Als global agierendes Handelshaus übernimmt der Otto Versand eine Mitverantwortung für menschenwürdige Arbeitsbedingungen«[133]) durch die Kommunikation entsprechender Praktiken untermauert.[134] Auch Ende des Jahrzehnts benannte der Vorstandsvorsitzende die Implementierung von Sozialstandards bei Lieferantinnen und Lieferanten sowie deren Subunternehmen neben Klimaschutz als »wesentliches Handlungsfeld«.[135]

Die Akzentuierung der Interdependenz aller drei Dimensionen der Nachhaltigkeit war charakteristisch für die Unternehmenskommunikation im Handlungsfeld Nachhaltigkeit in den 2000er Jahren. Während Otto Ökologie und Ökonomie bereits seit Beginn des Untersuchungszeitraums zueinander in Bezug setzte, trug die Etablierung von Praktiken der sozialen Dimension dazu bei, nun auch diese in das Gefüge zu integrieren. Im Verlauf der 2000er Jahre erhielten im Handlungsfeld einer globalen Nachhaltigen Entwicklung internationale Projekte, die soziale, ökonomische und ökologische Fragen miteinander verbanden, die größte kommunikative Aufmerksamkeit. Besonders deutlich zeigt sich dies anhand des Projekts »Cotton made in Africa« der Michael Otto Stiftung für Umweltschutz, das das Ziel verfolgte »[d]ie Erzeuger afrikanischer Baumwolle zu unterstützen und damit einen wichtigen umwelt- und entwicklungspolitischen Impuls zu geben«.[136] »Cotton made in Africa« fungierte dabei als Beispiel eines integralen Verständnisses nachhaltiger Praxis.[137]

Der Ausgleich zwischen der ökologischen, sozialen und ökonomischen Dimension und die Aufwertung einzelner Handlungsfelder spiegelten sich auch in den Kooperationen wider, die Otto in den 2000er Jahren zur Erreichung von Nachhaltigkeitszielen einging. Die bisherige Analyse hat gezeigt, dass Otto bereits in den 1990er Jahren verschiedentlich mit Umweltschutzorganisationen zusammenarbeitete. Die Praktiken zeugten damals von einem grundsätzlichen Interesse am Umweltschutz, lagen aber außerhalb des Kerngeschäfts des Unternehmens. In den 2000er Jahren zielten die Kooperationen mit anderen An-

132 Archiv Otto Group Hamburg, Report 2000. Nachhaltigkeit bei Otto, Juli 2000.

133 Ebd.

134 Ebd.

135 Archiv Otto Group Hamburg, Nachhaltigkeitsbericht 2009. Verantwortung, Innovation, Transparenz, 2009.

136 Archiv Otto Group Hamburg, Otto Geschäftsbericht 2004, 2005.

137 Im Rahmen des Projekts »verpflichten sich die Bauern zur Einhaltung von Standards, etwa bei der Verringerung des Pestizid- und Düngemitteleinsatzes. Sie gewährleisten eine nachhaltige Baumwollproduktion, die die Gesundheit der Bauern schützt und die Umwelt schont. Durch die Kennzeichnung mit dem Label ›Cotton made in Africa‹ sollen Retailer und Markenanbieter gezielt zum Kauf dieser Baumwolle angeregt und den Bauern so eine dauerhafte Lebensgrundlage gesichert werden.«, Archiv Otto Group Hamburg, Otto Geschäftsbericht 2007, 2008.

spruchsgruppen darauf ab, Nachhaltigkeit marktwirtschaftlich umzusetzen.[138] Die Vereinbarkeit und der Ausgleich zwischen den Dimensionen der Nachhaltigkeit standen nun im Zentrum der kommunizierten Praktiken. Weitere Kooperationen reflektierten die Aufwertung der sozialen Dimension der Nachhaltigkeit.[139] Ebenfalls zeugen die Kooperationen von der steigenden Bedeutung des Klimaschutzes als Handlungsfeld.[140]

Interne Unternehmensquellen zeugen davon, dass ungeachtet des kommunizierten Ausgleichs zwischen allen drei Dimensionen eine sorgfältige Abwägung zwischen den ökonomischen Auswirkungen ökologischer Praktiken erfolgte. In der internen Umweltkommunikation des Unternehmens erwies sich der Faktor Wirtschaftlichkeit als wichtiger Aspekt für die Implementierung von Praktiken. So berichtete eine interne Präsentation zum Umweltbericht 2002 über die Durchführung eines Forschungsvorhabens zu biologisch abbaubarer Folie mit der Zielsetzung der »Substitution bestehender Verpackungsmaterialien durch umweltfreundlichere Produkte«.[141] Das Ergebnis der Recherche habe gezeigt, dass die Preise »derzeit mind. 250 % über den vergleichbaren PE-Preisen« lägen; in Folge wurde »ein Aufschub des Projektes um 2 Jahre empfohlen«.[142] Trotz des starken Fokus auf und der nachweisbaren Implementierung von Praktiken der ökologischen Dimension kann hier nicht von einem Primat der Ökologie die Rede sein.

4. Nachhaltigkeitsnarrative und Interdependenzen

4.1 Nachhaltige Tradition eines Familienunternehmens

Zu Beginn des Untersuchungszeitraums steckte der Diskurs um Nachhaltigkeit als globales Leitbild noch in den Kinderschuhen; zugleich, dies haben die ein-

138 Ein Beispiel hierfür bildete die sogenannte Gruppe '98: »Um die Marktfähigkeit von Produkten mit dem FSC-Gütesiegel zu fördern, hat der Otto Versand 1998 gemeinsam mit der Umweltstiftung World Wildlife Fund (WWF) die ›GRUPPE '98 gegründet. Unternehmen, Verbände, Städte und Gemeinden schlossen sich ihnen an und schaffen nun gemeinsam einen Markt für Öko-Holz. [...] Umweltverantwortung muss nicht gleich Askese sein. Als einer der größten Möbelhändler Deutschlands zeigt der Otto Versand, wie gut es sich mit der Natur wohnen lässt.«, Archiv Otto Group Hamburg, Report 2000. Nachhaltigkeit bei Otto, Juli 2000.

139 So beteiligte sich Otto an der Entwicklung von Social Accountability 8000, kurz SA 8000, eines weltweit gültigen Zertifizierungssystems für die Einhaltung von Sozialstandards, Archiv Otto Group Hamburg, Otto Geschäftsbericht 2000, 2001.

140 Hierfür steht beispielhaft die Gründung der Initiative »2° – Deutsche Unternehmer für Klimaschutz«, Archiv Otto Group Hamburg, Otto Geschäftsbericht 2007, 2008.

141 Archiv Otto Group Hamburg, Präsentation Umweltbericht 2002. Verpackungen, 04.11.2003.

142 Ebd.

führenden Überlegungen zur Geschichte der Nachhaltigkeit gezeigt, rekurrierten Akteure häufig auf eine vermeintlich lange Tradition des Konzepts, die bis in die frühneuzeitliche Forstwirtschaft zurückreichte. Tradition bildete nicht nur ein Bezugsmoment gesellschaftlicher und politischer Nachhaltigkeitseinschreibungen, sondern auch Unternehmen inszenierten eine eigene, vorgeblich lange Geschichte in jenem neuen Diskursfeld.[143] Die Wirkmächtigkeit des Traditionsnarratives in Familienunternehmen wurde unabhängig vom Faktor Nachhaltigkeit in der zeithistorischen Forschung bestätigt.[144] Bisherige Forschungen außerhalb der Geschichte der Nachhaltigkeit legen zudem nahe, dass Unternehmen gezielt Narrative über ihre Vergangenheit entwickeln, um damit neue Entwicklungen und Wandel zu legitimieren und die Verbundenheit mit bestimmten Werten und Erwartungen zu untermauern.[145] Für die Einschreibung in ein neues diskursives Feld wie jenes der Nachhaltigkeit konnte der Rückgriff auf Narrative einer vermeintlichen Tradition somit besonders attraktiv erscheinen. Im Einklang mit diesen Vorbemerkungen offenbaren die zeithistorischen Quellen, dass Otto bei der Einschreibung in den Nachhaltigkeitsdiskurs stark auf Traditionsnarrative zurückgriff.

Zu Beginn des Untersuchungszeitraums konzentrierte Otto sich vor allem auf den Umweltschutz. Für jenen Teilgedanken des neuen Leitbilds formulierte Otto bereits Ende der 1980er Jahre das Narrativ einer langen Tradition.[146] Auch in den Folgejahren kommunizierte Otto ein seit langem existentes ökologisches Verantwortungsbewusstsein.[147] In den 1990er Jahren schien, so die Kommunikation, die lange Tradition einen Höhepunkt erreicht zu haben und der Umweltschutz, vor allem durch seine Institutionalisierung, vollständig implementiert worden zu

143 Schwegler kommt in ihrer linguistischen Untersuchung zu dem Schluss, dass Traditionsnarrative ein wiederkehrendes, musterhaftes Motiv in der Nachhaltigkeitskommunikation von Unternehmen darstellen, Schwegler 2018, S. 498.

144 Vgl. Lubinski 2010, S. 168.

145 Vgl. hierzu insbesondere die Arbeit von Foster u.a. 2017. Sie sehen im wesentlichen vier Motive für den Einsatz historischer Narrative »to build identity, create culture, promote legitimacy, and generate authenticity«, wobei für das diskursive Feld der Nachhaltigkeit vor allem Letzteres überzeugend erscheint, S. 1184 f.; pointiert beschreiben Kroeze und Keulen den Einsatz entsprechender Narrative durch Unternehmen: »Implicitly these leaders acted like historians as they used historical evidence and anecdotes to create narratives which brought coherence in past affairs from a present viewpoint and influenced future expectations.«, Vgl. Kroeze/Keulen 2013, S. 1266.

146 Vgl.: »Seit Jahren legt der Otto Versand besonderes Gewicht darauf, in enger Zusammenarbeit mit Herstellern, Lieferanten und Umweltberatern die gesicherten Erkenntnisse des Umweltschutzes in [...] Entscheidungen einzubeziehen.«, Archiv Otto Group Hamburg, Otto Geschäftsbericht 1. März 1987 – 29. Februar 1988, 1988.

147 Überschriften in den Geschäftsberichten der 1980er Jahre wie »Fortschritte beim Umweltschutz« implizierten eine Tradition in diesem Bereich, Archiv Otto Group Hamburg, Otto Geschäftsbericht 1. März 1988 – 28. Februar 1989, 1989.

sein.[148] Parallel wertete Otto die Traditionslinien auf und verortete sie in einen größeren historischen Kontext. Während zuvor häufig die Verankerung von Umweltschutz als festes Unternehmensziel im Jahr 1986 als Initialzündung des Engagements kommuniziert wurde, zog die Umwelterklärung 1995 ebenso wie der Umweltbericht 1996 die Traditionslinie bis in die 1970er Jahre zurück.[149]

In den 2000er Jahren erfuhr das Traditionsnarrativ eine inhaltliche Entgrenzung. Je holistischer sich das Unternehmen in das diskursive Feld der Nachhaltigkeit einschrieb, desto weiter wurde auch die damit korrespondierende Traditionslinie gefasst. Die Wortwahl über eine lange Umweltschutztradition erinnerte auffällig an frühere (und spätere) Kommunikationen und Inszenierungen des Unternehmens.[150] Der repetitive Charakter prägte das Narrativ und verlieh ihm Wirkmächtigkeit. Während eine lange Tradition als Akteur im Feld der ökologischen Nachhaltigkeit schon in den Vorjahren vielfach kommuniziert wurde, hob Otto im 21. Jahrhundert gleichermaßen seine Tradition bezüglich der sozialen Dimension hervor.[151] Parallel zum Aufstieg von Nachhaltigkeit zu einem Leitbild des Unternehmens weitete Otto die Bezugspunkte zu einer langen Tradition auf alle Nachhaltigkeits-Dimensionen aus.[152] Dieser narrative Wandel impliziert keinesfalls, dass historische Fakten nun verfälscht wurden – ob seit Jahrzehnten sozialverträglich gehandelt wurde, lässt sich anhand der Quellenbasis weder bestätigen noch negieren. Mit der Dominanz des Nachhaltigkeitsdiskurses, so scheint es, schien dessen holistischer Ansatz auch retrospektiv in empfundene Traditi-

148 Exemplarisch illustriert dies ein Auszug aus dem Geschäftsbericht 1995: »Der ganzheitliche Ansatz, den der Otto Versand seit Beginn seines Umweltengagements Mitte der 80er Jahre verfolgt, ist durch die erfolgreiche Implementierung eines umfassenden und ganzheitlichen Umweltmanagementsystems analog der EU-Öko-Audit-Verordnung nunmehr in allen Geschäfts- und Funktionsbereichen mit Umweltauswirkungen fest verankert und institutionalisiert worden. Mit Vorlage der Umwelterklärung im November 1995 und einem umfassenden Umweltbericht für das Geschäftsjahr 1995/96 ist die 1993 begonnene Systematisierung der Umweltarbeit abgeschlossen.«, Archiv Otto Group Hamburg, Otto Geschäftsbericht 1. März 1995 – 29. Februar 1996, 1996.

149 Archiv Otto Group Hamburg, Umweltbericht 1996, Dezember 1996; Archiv Otto Group Hamburg, Umwelterklärung 1995, 03.11.1995.

150 Die inszenierte lange Nachhaltigkeitstradition manifestierte sich beispielsweise im ersten Nachhaltigkeitsbericht von Otto aus dem Jahr 2000, Archiv Otto Group Hamburg, Report 2000. Nachhaltigkeit bei Otto, Juli 2000.

151 Archiv Otto Group Hamburg, Otto Geschäftsbericht 2000, 2001.

152 Der Geschäftsbericht 2003/2004 postulierte z. B.: »Umweltschutz und sozialverträgliche Handelstätigkeit sind bereits seit Mitte der 80er Jahre prägende Leitbilder in der gesamten Gruppe. Sie sind Ausdruck des Bestrebens um nachhaltiges Handeln.«, Archiv Otto Group Hamburg, Otto Geschäftsbericht 2003, 2004; exemplarisch illustriert dies ferner ein Zitat des Direktors Corporate Responsbility aus dem Jahr 2007. So habe sich die Otto Group »schon seit Jahrzehnten zu einer umweltgerechten und sozialverträglichen Handelstätigkeit verpflichtet, die weder zerstörende Eingriffe in die Natur noch menschenunwürdige Arbeitsbedingungen akzeptiert«, Archiv Otto Group Hamburg, Otto Geschäftsbericht 2006, 2007.

onslinien integriert worden zu sein. Auch externe Akteure attestierten Otto eine lange Tradition im diskursiven Feld der Nachhaltigkeit. Entsprechende Bestätigungen des eigenen Narrativs kommunizierte Otto aktiv.[153] Es darf angenommen werden, dass Otto solche Stimmen in seinen Publikationen gezielt zu Wort kommen ließ, um Vorwürfe des *Greenwashings* von Beginn an zu entkräften.[154]

Vor dem Hintergrund der Wirtschafts- und Finanzkrise gegen Ende der 2000er Jahre wurde Nachhaltigkeit und die kommunizierten Traditionslinien in diesem Feld von der Otto Group auch als Antwort auf Krisenerfahrungen definiert.[155] Die ökonomischen Ziele mit der Verantwortung für Soziales und der Umwelt in Einklang zu bringen, sei »gelebte Tradition unserer Unternehmensgruppe, die auf eine mittlerweile 60-jährige Unternehmensgeschichte blickt«, so Michael Otto am Ende der 2000er Jahre.[156] Die Bezugnahmen auf die Firmentradition vor dem Hintergrund der Krise stellte keine Besonderheit von Otto dar. Auch Schwegler arbeitet in ihrer Analyse einen zunehmenden Verweis auf Traditionsnarrative im Kontext der Finanz- und Wirtschaftskrise heraus.[157] Mit dieser Nuancierung Ende der 2000er Jahre zeigt sich, dass das Traditionsnarrativ sich über den gesamten Untersuchungszeitraum nachweisen lässt. Es unterlag hinsichtlich seiner zeitlichen Bezugspunkte einem Wandel und schrieb sich in einen zunehmend holistischeren Nachhaltigkeitsdiskurs ein.

4.2 Der Vorstandsvorsitzende als Vorbild und Treiber

Neben einer langen Tradition lassen sich auch weitere Narrative über den gesamten Untersuchungszeitraum nachweisen. Hierzu zählt die Inszenierung von Nachhaltigkeit als persönliche Priorität des Vorstandsvorsitzenden Michael Ot-

153 Exemplarisch zeigte sich dies anhand eines Expertendialogs im zweiten Nachhaltigkeitsbericht des Unternehmens zum Thema »Global denken – Zukunft schaffen. Experten im Dialog zu Nachhaltigkeit und Globalisierung«. Die daran teilnehmende stellvertretende Direktorin der Abteilung für Umweltpolitik (UNEP, Den Haag) konstatierte: »Es ist Fakt, dass wir nur wenige Unternehmen wie Otto haben, die sich Nachhaltigkeit wirklich zu Herzen nehmen. […] Zum einen hat Otto im Vergleich zu anderen sehr viel früher damit begonnen, aktiv Umweltschutzmaßnahmen bzw. Nachhaltigkeit umzusetzen. Zum anderen werden die Prinzipien der Nachhaltigkeit bei Otto durch das ganze System getragen.«, Archiv Otto Group Hamburg, Nachhaltigkeitsbericht 2003, Frühjahr 2004.

154 Einzelpersonen als Experten in betrieblichen Nachhaltigkeitspublikationen zu Wort kommen zu lassen, war ein gängiges Muster bei der Einschreibung in den Nachhaltigkeitsdiskurs durch Unternehmen, vgl. hierzu Schwegler 2018, S. 489–494.

155 Dass Krisenerfahrungen oftmals im Ruf nach nachhaltigen Verhaltensweisen mündeten, zeigte auch die in der Einleitung beschriebene Entwicklungsgeschichte des Leitbilds seit den 1970er Jahren.

156 Archiv Otto Group Hamburg, Otto Geschäftsbericht 2008, 2009.

157 Schwegler 2018, S. 558.

to und dessen Vorbildcharakter in diesem Handlungsfeld. Im Einklang mit der Schwerpunktsetzung der Unternehmenspraktiken und der verwendeten Terminologie fokussierte auch dieses Narrativ primär auf den Umweltschutz. Bereits in den 1980er Jahren kommunizierten interne Unternehmensquellen die Bedeutung, die Michael Otto diesem Feld beimaß.[158] In den 1990er Jahren intensivierte sich die Darstellung des Vorstandsvorsitzenden als Gallions- und Identifikationsfigur unternehmerischer Verantwortung im Feld des Umweltschutzes – in der Otto Gruppe, aber auch darüber hinaus. Die Personifizierung des Umweltschutzes durch Michael Otto zeigte sich insbesondere in der Gründung der nach ihm benannten Umwelt-Stiftung.[159] Auch die Unternehmenspraxis schnitt das Handlungsfeld auf den Vorstandsvorsitzenden zu. So berichtete die Abteilung Umweltkoordination direkt an den Vorstandsvorsitzenden.[160] Die Vorbildfunktion von Michael Otto blieb nicht auf die Praktiken des Unternehmens beschränkt, sondern konkretisierte sich in der Kommunikation über sein individuelles Handeln. Insbesondere die interne Kommunikation versuchte die Grenzen zwischen Beruf und Privatperson aufzulösen, indem sie Umweltschutz als private wie berufliche Priorität inszenierte.[161] Entsprechende Zuschreibungen wurden von der Belegschaft übernommen und Michael Otto explizit als Vorbild für eigene ökologische Bestrebungen benannt.[162] Durch die kommunizierte persönliche Priorität wurde der abstrakte Umweltschutzgedanke greifbar, die anonyme Bedrohung des ökologischen Systems mit den Optionen individuellen Handelns kontrastiert.

Zur Jahrtausendwende erweiterte sich das Narrativ und umfasste nun nicht nur die ökologische Säule, sondern ging weiter in ein holistischeres Verständnis von Nachhaltigkeit über. Die Verpflichtung des Managements, allen voran des Vorstandsvorsitzenden, auf das Leitbild äußerte sich mannigfaltig in der Kommunikation des Unternehmens.[163] Im Zuge der Stärkung des Nachhaltigkeitsdis-

---

158 Vgl. exemplarisch Archiv Otto Group Hamburg, Ja zu Wasser- und Umweltschutz, Oktober 1988.

159 Archiv Otto Group Hamburg, Otto Geschäftsbericht 1. März 1992 – 28. Februar 1993, 1993.

160 Archiv Otto Group Hamburg, Umweltbericht 1995, März 1996.

161 So gab Michael Otto gegenüber der Mitarbeiterzeitschrift an: »Wir alle müssen den Umweltschutz außerordentlich ernst nehmen – im Beruf, aber natürlich auch im privaten Bereich. Deshalb gehört Umweltschutz schon lange ganz selbstverständlich zu meinem täglichen Leben. Zu Hause sammeln wir den Abfall getrennt, kompostieren auch die Gartenabfälle und haben beim Hausputz auf umweltverträgliche Reinigungsmittel umgestellt. Für 1992 habe ich mir vorgenommen, noch konsequenter auf das Auto zu verzichten und – wo immer es geht – auf die Bahn oder auch mal auf das Fahrrad umzusteigen.«, Archiv Otto Group Hamburg, Otto Vorstände: Vorbilder in Sachen Umweltschutz?, die rampe. Zeitung für die Mitarbeiter des Otto Versand, März 1992.

162 Archiv Otto Group Hamburg, »Den Kunden mit ins Boot holen«, die rampe. Zeitung für die Mitarbeiter des Otto Versand, Juni 1996.

163 Exemplarisch zeigt sich dies im Geschäftsbericht 2003/2004: »Mit unternehmerischen Entscheidungen verbinden sich in der Regel vielfältige Konsequenzen für Umwelt und Gesellschaft. Deshalb richten wir in der Otto Group die Unternehmenssteuerung [...] so aus, dass sie unternehmensübergreifend die

kurses verknüpfte die interne und externe Kommunikation des Unternehmens die persönliche Biographie des Vorstandsvorsitzenden mit dem neuen Leitprinzip. So gab Michael Otto in der Mitarbeiterzeitschrift an: »Ich habe mich schon in den 70er Jahren mit den Gedanken des Club of Rome und dem Buch ›Grenzen des Wachstums‹ meines inzwischen leider früh verstorbenen Freundes Professor Eduard Pestel beschäftigt. Mir war schnell klar: Wissen allein reicht nicht, wir müssen handeln […].«[164] Durch den persönlichen Bezug auf den »Freund« aus dem *Club of Rome* wurde die globale Nachhaltigkeitswelle individualisiert.

Die zahlreichen Auszeichnungen im gesamten Untersuchungszeitraum belegen, dass die Positionierung des Vorstandsvorsitzenden als Initiator und Vorbild der Nachhaltigkeit auch außerhalb des Unternehmens wahrgenommen wurde. Beispielsweise ernannten das Wirtschaftsmagazin Capital und die Umweltschutzorganisation WWF Deutschland Michael Otto 1991 zum »Öko-Manager des Jahres«[165], 1997 wurde ihm der Deutsche Umweltpreis durch die Deutsche Bundesstiftung Umwelt verliehen.[166] Auch in den 2000er Jahren erhielt der Vorstandsvorsitzende zahlreiche Auszeichnungen, u. a. den *Sustainability Leadership Award* einer internationalen Investmentagentur.[167] Michael Otto blieb die öffentliche Identifikationsfigur, die positive Wahrnehmung seines Engagements übertrug sich aber auf das Gesamtunternehmen, was die Präsenz in der Kommunikation erklärt. Die Wirkmächtigkeit mag, wie bereits beim Traditionsnarrativ, ferner eng verbunden sein mit der Firmenstruktur und der Tatsache, dass es sich bei Otto um ein Familienunternehmen handelt.[168] Als Nachfahre des Unternehmensgründers eignete sich Michael Otto in besonderem Maße als Symbol für die Nachhaltigkeitsbestrebungen des Unternehmens.[169] Die tragende

Verwirklichung eines verantwortlichen und auf nachhaltige Wertschöpfung ausgelegten Handelns ermöglicht. […] Als Unternehmer und Kopf der Gruppe steht Dr. Michael Otto persönlich für einen klaren Kurs.«, Archiv Otto Group Hamburg, Otto Geschäftsbericht 2003, 2004.

164 Archiv Otto Group Hamburg, »Jeder Mensch hat ein Recht auf Wohlstand«, die rampe. Zeitung für die Mitarbeiter des Otto Versand, Mai 2000.

165 Archiv Otto Group Hamburg, Otto Geschäftsbericht 1. März 1990 – 28. Februar 1991, 1991.

166 Im Zuge der Preisverleihung bezeichnete ihn der Stiftungsgeneralsekretär als »herausragende Persönlichkeit der deutschen Wirtschaft, die über ihre unternehmerischen Aktivitäten hinaus auch im gesellschaftlichen Raum für einen nachhaltigen Umgang mit Umwelt und Natur engagiert eintritt«, Archiv Otto Group Hamburg, Maßstäbe gesetzt, die rampe. Zeitung für die Mitarbeiter des Otto Versand, November/Dezember 1997.

167 Archiv Otto Group Hamburg, Otto Geschäftsbericht 2002, 2003.

168 Vgl. Schwegler 2018, S. 499; Lubinski 2010, S. 168.

169 Für ihre Untersuchungsunternehmen, vor allem Henkel, bestätigt Schwegler den Rückgriff auf Gründergeschichten und »Ereignisse, in denen ein Gründer/Mitglied der Gründerfamilie auftritt« als kommunikative Mittel für die Hervorhebung einer angenommenen Tradition. Laut Schwegler kommt dieser »Form der Glaubwürdigkeitsstützung […] gleichzeitig die Funktion eines Autoritätsverweises« zu, Schwegler 2018, S. 499.

Rolle von Michael Otto für den Nachhaltigkeitsdiskurs im Unternehmen reflektierten die zuständigen Abteilungen analytisch und konstruktiv. Das Narrativ der persönlichen Priorisierung durch Michael Otto wurde einerseits als Chance wahrgenommen, andererseits die Problematik dieses »top-down« Ansatzes erkannt, welcher die Integration in operative Bereiche teils erschwerte.[170]

Auch die bisherige Forschung hat die Bedeutung von Eigentümerinnen und Eigentümern sowie Mitgliedern des Managements für Entwicklungen im diskursiven Feld der Nachhaltigkeit betont, die sich zugleich vom Zeitgeist beeinflusst sahen.[171] Das Beispiel Otto zeigt den positiven Einfluss von Individuen auf unternehmerische Nachhaltigkeit. Dass er diese Wirkmächtigkeit entfalten konnte, war nicht zuletzt eng damit verbunden, dass es sich um ein Familienunternehmen handelte, das in geringerem Maße dem Kapitalmarkt unterworfen war als börsennotierte Konzerne ohne Familienbeteiligung.[172]

4.3 Die Belegschaft als bedeutender Akteur im diskursiven Feld der Nachhaltigkeit

Trotz seiner herausgehobenen Stellung blieb Michael Otto nicht der einzige Akteur der Nachhaltigkeitserzählung des Unternehmens. So schrieb Otto auch den Mitarbeitenden eine Akteursrolle zu. Wie ambivalent sich die Inszenierung der Belegschaft dabei gestaltete, soll im Folgenden anhand der 1980er und 1990er Jahre untersucht werden; zu einem Zeitpunkt, als das Unternehmen sich noch vorrangig auf den Umweltschutz konzentrierte. Der Fokus wurde gewählt, da der Quellenbestand hier eine besonders dichte Untersuchung erlaubt. Schon in den 1980er Jahren inszenierte Otto die eigene Belegschaft als wichtige Akteure und Treiber für die Implementierung von Umweltschutz im Unternehmen. Die Mitarbeitenden verfügten, so das Narrativ, über großes Wissen in diesem Feld und wendeten dieses auch praktisch an.[173] Das Narrativ des hierarchieübergreifenden

170 Dies belegt eine interne Präsentation der Umweltabteilung des Unternehmens aus dem Jahr 2001 zum Thema »15 Jahre Nachhaltigkeit bei Otto. Bilanz und Perspektiven«, die auf mehreren Seiten »Stärken und Schwächen der Entwicklung 1986 bis heute« analysierte, Archiv Otto Group Hamburg, Präsentation 15 Jahre Nachhaltigkeit bei Otto. Bilanz und Perspektiven, 23.10.2001.

171 Vgl. hierzu Gerd Rainer Wagner, Gesellschaftliche Verantwortung als Unternehmensleitbild?, in: Susanne Hilger (Hrsg.), Kapital und Moral. Ökonomie und Verantwortung in historisch-vergleichender Perspektive, Köln, 2007, S. 35–66, hier S. 59 f.

172 Auch Jones argumentiert, dass viele grüne Unternehmer ihre Unternehmen bewusst dem Kapitalmarkt entzogen, um nicht desssen Profitmaximierung unterworfen zu sein mit entsprechenden Einschränkungen für langfristige, nachhaltige Strategien, Jones 2017, S. 367.

173 Exemplarisch illustriert dies ein Artikel der Mitarbeiterzeitschrift *die rampe*: »Für Mitarbeiter ist Umweltschutz schon lange kein Fremdwort mehr: Versandkartons und internes Papier sind umweltfreund-

Engagements für den Umweltschutz äußerte sich in Ausgaben der Mitarbeiterzeitschrift in den ausklingenden 1980er Jahren, die die Identifikation der Mitarbeitenden mit dem top-down implementierten Leitbild suggerierten.[174] Vereinzelt ging die Mitarbeiterzeitschrift noch weiter und charakterisierte die Belegschaft als treibende Kraft hinter den Umweltanstrengungen des Unternehmens, die beispielsweise den Einsatz von Plastikgeschirr in der Kantine kritisch hinterfrage.[175] Auch in der Personalauswahl und -entwicklung spiegelte sich die kommunizierte Bedeutung der Mitarbeitenden für die Entwicklung des Handlungsfeldes Nachhaltigkeit wider.[176]

Während auf der einen Seite die Bedeutung und das Engagement der Mitarbeitenden für eine nachhaltige Unternehmenspraxis aktiv kommuniziert wurden, zeugen andere Quelle davon, wie die Unternehmensführung und -kommunikation die eigene diskursive Macht gegenüber der Belegschaft einsetzte, um den ökologischen Diskurs und seine Praktiken zu stärken. So wartete die Mitarbeiterzeitschrift im Februar 1991 mit Tipps für Umweltschutz am Arbeitsplatz auf, von der Wiederverwendung von Papier als Notizzettel über Mülltrennung bis zum Einsatz von Porzellan- anstatt Plastikgeschirr.[177] Ferner wurde 1991 ein Umwelttelefon eingerichtet, über das Mitarbeitende Ideen zum Umweltschutz einbringen und Fragen zu selbigem stellen konnten.[178] Die Bestrebungen legen nahe, dass das Engagement der Belegschaft zu diesem Zeitpunkt noch nicht so groß war, wie vom Unternehmen vielfach kolportiert.[179] Auf der einen Seite bediente Otto das Narrativ einer engagierten Belegschaft, auf der anderen Seite schienen einzelne Maßnahmen nicht rezipiert worden zu sein.

---

lich, Abfallstoffe werden dem Recycling zugeführt.«, Archiv Otto Group Hamburg, Ja zu Wasser- und Umweltschutz, Oktober 1988.

174 Vgl. exemplarisch Archiv Otto Group Hamburg, Praktizierter Umweltschutz im Otto Versand, die rampe. Zeitung für die Mitarbeiter des Otto Versand, September 1989.

175 Archiv Otto Group Hamburg, Wir sparen den Müll gleich tonnenweise, die rampe. Zeitung für die Mitarbeiter des Otto Versand, August 1990.

176 Aufschlussreich ist eine Stellenanzeige aus dem Jahr 1991, in der das Unternehmen »[j]unge Wirtschaftswissenschaftler für unser Umwelt-Management« suchte und auf die Bedeutung der Belegschaft bei der Erreichung des Unternehmensziels Umweltschutz rekurrierte, Archiv Otto Group Hamburg, Stellen-Angebote. Mit Otto den Umweltschutz fördern, die rampe. Zeitung für die Mitarbeiter des Otto Versand, April 1991.

177 Archiv Otto Group Hamburg, Der Umwelt zuliebe – machen Sie mit!, die rampe. Zeitung für die Mitarbeiter des Otto Versand, Februar 1991.

178 Archiv Otto Group Hamburg, Umwelttelefon: Ruf doch mal an!, die rampe. Zeitung für die Mitarbeiter des Otto Versand, März 1991.

179 Auch ein Artikel in der Mitarbeiterzeitschrift legt den Schluss nahe, dass das Engagement der Mitarbeitenden möglicherweise nicht in jeder Hinsicht stark ausgeprägt war: »Schade, daß sich von den 17.500 Lesern der Rampe niemand bereitgefunden hat, seinen persönlichen Umwelttip einzureichen. Von guten Ideen könnten auch Ihre Kollegen und vor allem die Umwelt profitieren.«, Archiv Otto Group Hamburg, Schritt für Schritt natürlicher, die rampe. Zeitung für die Mitarbeiter des Otto Versand, Mai 1993.

Die Belegschaft diente zudem als Maßstab für den Erfolg der Unternehmenspraktiken für den Umweltschutz. Kontinuierlich wurde das traditionsreiche Engagement des Konzerns im ökologischen Bereich durch Befragungen der Mitarbeitenden überprüft, das Narrativ gewissermaßen intern evaluiert. Exemplarisch hieß es in der Mitarbeiterzeitschrift im Rahmen der Auswertung einer solchen Umfrage 1992: »Insgesamt beurteilen die Mitarbeiter das praktische Umwelt-Engagement des Otto Versand positiv, ohne es an einer gesunden Portion Kritik fehlen zu lassen. Diese bildet letztendlich die Antriebskraft, um in den Einzelfragen substantiell voranzukommen, damit jeder Mitarbeiter auch beim Thema Umwelt sagen kann: ›Otto find‹ ich gut.‹„[180] Anhand jener Umfragen zeigte sich, dass die Belegschaft keineswegs eine einseitig positive Entwicklung wahrnahm. In der Umfrage zum Umwelt-Image 1995 bewerteten die Mitarbeitenden dieses im Vergleich zum Wettbewerbsumfeld erstmals schlechter als im Vorjahr.[181] Auch solche negativen Entwicklungen kommunizierte das Unternehmen, was eine Ernsthaftigkeit des Engagements jenseits von positiven Effekten nahelegt.

Bis Mitte der 1990er Jahre lässt sich folglich eine Dreiteilung des Narrativs ausmachen. Die Belegschaft war parallel treibender Akteur, Rezipient der Aufklärungsbestrebungen der Geschäftsleitung sowie Richter über den Erfolg der Unternehmenspraktiken. Ab Mitte der 1990er Jahre etablierte sich das Narrativ des Umweltschutzes als persönliche Priorität, nicht nur der Geschäftsführung, sondern zahlreicher Mitarbeitenden. Belegt wird dies vor allem durch die Einführung einer neuen Rubrik »Aktiv für den Umweltschutz« in der Mitarbeiterzeitschrift, die »über Mitarbeiter, für die das Thema Umweltschutz zum selbstverständlichen Bestandteil der täglichen Arbeit geworden ist«, berichtete.[182] Auch der Betriebsrat wurde als Akteur integriert.[183] Dass die Belegschaft nun eindeutiger und umfassender als Akteur inszeniert wurde, mag vor allem in der Institutionalisierung des Umweltmanagements im Unternehmen begründet liegen. Der 1995 veröffentlichte erste Umweltbericht betonte explizit, dass Praktiken bis zu diesem Zeitpunkt nicht breitenwirksam initiiert und umgesetzt, sondern häufig von einzelnen Bereichen und Mitarbeitenden getragen wurden.[184]

---

180 Archiv Otto Group Hamburg, Mitarbeiter-Umfrage zum Thema Umweltschutz, die rampe. Zeitung für die Mitarbeiter des Otto Versand, September 1992.

181 Archiv Otto Group Hamburg, Aus Sicht der Mitarbeiter: Verschlechtertes Umwelt-Image, die rampe. Zeitung für die Mitarbeiter des Otto Versand, November/Dezember 1995.

182 Archiv Otto Group Hamburg, Aktiv für den Umweltschutz, Juli/August 1995.

183 Vgl. exemplarisch Archiv Otto Group Hamburg, Umweltschutz – nicht ausschließlich Chefsache!, die rampe. Zeitung für die Mitarbeiter des Otto Versand, Juni 1997.

184 »So engagiert und aktiv die Umweltverantwortlichen im Otto Versand bisher zur Sache gingen, so zahlreich die bisher durchgeführten Umweltmaßnahmen auch waren – nach kritischer Betrachtung analog der Vorgaben der EG-Öko-Audit Verordnung basierte das vergangene Vorgehen allzu häufig auf Einzelinitiativen innovativer Bereiche und Mitarbeiter. Eine über die Umweltleitlinien hinausgehen-

4.4 Ein Handelsunternehmen als Aufklärer und Vorreiter gegenüber der Kundschaft

Eine häufige These im Kontext der Entwicklung von Nachhaltigkeitskriterien in Unternehmen lautet, dass Konsumentinnen und Konsumenten diese eingefordert hätten und die Wirtschaft auf jene Anspruchshaltung reagierte. Doch bereits die Ausführungen zu den politischen Rahmenbedingungen haben gezeigt, dass eine solch einseitige Interpretation einer quellenbasierten Überprüfung nicht standhält. Die Quellen aus dem Unternehmensarchiv von Otto zeugen ebenfalls von einem gänzlich gegenteiligen Narrativ. Schon in den 1980er Jahren inszenierte Otto sich als Triebfeder eines gesellschaftlichen Wandels. Entsprechend der zeitgenössischen Unternehmenspraxis rekurrierte der Versandhandel zunächst auf die ökologische Dimension der Nachhaltigkeit. Das Unternehmen trat als Aufklärer und Pionier für den Umweltschutz auf.[185] Die diskursive Macht des Unternehmens sollte schon Ende der 1980er Jahre genutzt werden, um die Kundschaft von umweltbewusstem Verhalten zu überzeugen. Die Unternehmenskommunikation setzte das Narrativ des aufklärenden Unternehmens gezielt in der Außendarstellung ein. Dies zeigte sich anhand einer Pressemitteilung aus dem Jahr 1989, die den programmatischen Titel »Den Kunden umweltfreundliches Handeln ermöglichen« trug.[186] Um den Kundinnen und Kunden des Unternehmens »umweltfreundliches Handeln zu ermöglichen, werden jetzt die Katalogsortimente konsequent auf Umweltverträglichkeit überprüft.«[187] Nur durch die Bemühungen von Otto könne die Kundschaft überhaupt erst ökologisch handeln.

Interne Dokumente belegen, dass die Umweltkoordination bereits in den 1980er Jahren bewusst dieses Narrativ eines gesamtgesellschaftlichen ökologischen Aufklärungsauftrags förderte. Explizit wurden dabei auch Diskurskoalitionen mit externen Partnerinnen und Partnern angestrebt.[188] Eine Kooperation

---

de Umweltpolitik und gesamtstrategische Umweltzielsetzung war nicht vorhanden. Höhere Managementebenen waren kaum integriert.«, Archiv Otto Group Hamburg, Umweltbericht 1995, März 1996.

185 Vgl. exemplarisch: »Im Katalogtext und in kostenlos angebotenen Beratungsbroschüren werden die Otto-Kunden gezielt über die Möglichkeiten und Vorteile umweltbewußten Verhaltens informiert, z.B. durch Energie- und Wasserspartips.«, Archiv Otto Group Hamburg, Otto Geschäftsbericht 1. März 1987 – 29. Februar 1988, 1988.

186 Darin hieß es: »Der Otto Versand ist fest davon überzeugt, daß sich Umweltschutz letztlich für jeden rechnet. Deshalb muß die Umweltverträglichkeit eines Artikels in zunehmendem Maße ein Argument bei der Kaufentscheidung werden.«, Archiv Otto Group Hamburg, Presseinformation. Den Kunden umweltfreundliches Handeln ermöglichen, 03.01.1989.

187 Ebd.

188 Dies illustriert ein internes Schreiben der Umweltkoordination, Archiv Otto Group Hamburg, Profilierung des Otto Versand als umweltbewußtes Unternehmen, 03.09.1987.

mit der Aktionsgemeinschaft Umwelt, Gesundheit, Ernährung (AUGE) zeige Haushalten, »wie sie durch umweltfreundlicheres Verhalten im Alltag etwas bewirken können für ihren Geldbeutel, ihre Gesundheit und ihre Umwelt.«[189] Es ging hierbei folglich nicht nur darum, die Reputation des Unternehmens als ökologischer Vorreiter zu stärken, sondern zugleich die Verbraucherinnen und Verbraucher zu schulen. Narrative wie jenes des den Ökologiediskurs fördernden Unternehmens konnten leicht als Greenwashing interpretiert werden. Auch der Umweltabteilung von Otto war bewusst, dass viele Akteure einem Wirtschaftsunternehmen, das als Advokat für den Umweltschutz auftrat, mit Skepsis begegnen würden. Solche Kooperationen unterstrichen als – vermutlich intendierten, in jedem Fall aber wünschenswerten – Nebeneffekt die Seriosität des Engagements und konnten mit einem Reputationsgewinn für das Unternehmen einhergehen. Medial wurden Ottos Bemühungen, nachhaltige Kaufentscheidungen zu erleichtern, vorrangig positiv rezipiert, u. a. in einem Beitrag der ARD-Tagesthemen.[190]

Das Narrativ des ökologisch aufklärenden Unternehmens verband sich auch mit ökonomischen Fragestellungen. Ein internes Strategiepapier ermöglicht einen Einblick in die Ziele des Otto-Versands an der Wende zu den 1990er Jahren. Es benannte explizit die Hauptziele der Umweltmarkenpolitik.[191] Es ist bemerkenswert, dass kurzfristige ökonomische Faktoren im Sinne von höherem Absatz und höherem Gewinn zwar eine Rolle spielten, jedoch nicht dominierten. Vielmehr ging es um eine langfristige und zukunftsorientierte respektive nachhaltige Ausrichtung des Unternehmens.[192] Die Quellen offenbaren, dass die Geschäftsführung tatsächlich von der Sinnhaftigkeit ökologischer Produkte überzeugt war und nun ein Bewusstsein der Kundschaft geschärft werden

189 Ebd.

190 Eine Ausgabe der Mitarbeiterzeitschrift aus dem Februar 1989 zitierte den Beitrag der ARD-Tagesthemen vom 30. November 1988: »Es ist ein Zeichen der Entschlossenheit einiger weniger Unternehmer, die Umweltverschmutzung nicht nur zu beklagen, sondern auch etwas dagegen zu tun…Ein Beispiel: Der Welt größtes Versandhaus. Der gesamte Katalog mit 100.000 Artikeln wird jetzt auf umweltschädliche Produkte hin durchforstet. […] Wenn auch die letzten Umweltvandalen zu umweltbewußten Käufern geworden sind, spätestens dann sitzt es fest in ihren Käuferköpfen: Öko…find‹ ich gut.«, Archiv Otto Group Hamburg, »Öko…find' ich gut«, die rampe. Zeitung für die Mitarbeiter des Otto Versand, Februar 1989.

191 Diese lauteten: »Profilierung des OV als innovativer, zukunftsorientierter Anbieter«, »Produktunterscheidung gewährleisten durch Umweltvorteile in der Produktionstechnik und Hautverträglichkeit«, »Präferenzen für ein Produkt aufbauen -> Schaffung eines preispolitischen Spielraums«, »hohe Wiedererkennung beim Kunden schaffen«, »Qualitätsimage aufbauen«, »absatzfördernde Wirkung haben«, Archiv Otto Group Hamburg, Der Otto Versand und seine Umwelt. Analysen, Konzepte, Ideen, 20.09.1989.

192 In den Worten des Unternehmens selbst: »Der Umweltschutz muss sich immer rechnen. Aber wir nehmen bewußt längere Rücklaufzeiten für unsere Investitionen in Kauf«, ebd.

sollte – gleichwohl mit einkalkulierten positiven Nebeneffekten.[193] Die interne Kommunikation zeugt des Weiteren davon, dass Mitarbeitende jenseits der Geschäftsführung und Umweltkoordination dazu ermutigt werden sollten, ihre eigene diskursive Macht einzusetzen. In der Berichterstattung der Mitarbeiterzeitschrift *die rampe* wurde die Belegschaft aktiv aufgefordert, den ökologischen Diskurs zu stärken und zu einem kaufentscheidenden Faktor zu machen.[194] Die interne Kommunikation berichtete zudem über den aufklärenden Einsatz des Unternehmens gegenüber Kindern, die im Rahmen des Mutzikiepchen-Kinderkonzepts bereits frühzeitig für ökologische Themen sensibilisiert werden sollten.[195] Letztlich konnten so auch zukünftige Kundinnen und Kunden in ihrem ökologischen Bewusstsein gestärkt werden, sodass diese später entsprechende Produkte in ihren Kaufentscheidungen präferieren würden. Ökologische und ökonomische Ziele standen hier im Einklang.

1992 erstellte Otto eine breit angelegte Studie mit 2.000 Befragten in den alten Bundesländern zum Umweltbewusstsein der Bevölkerung und Umwelt-Image des Handels und des Unternehmens.[196] Die Ergebnisse verdeutlichten den Status quo des ökologischen Nachhaltigkeitsdiskurses Anfang der 1990er Jahre und zeigten auf, dass Anspruch und Wirklichkeit von Otto nicht kongruent waren: »Die generelle Beurteilung des Umweltengagements in der Bevölkerung ist für alle Handelsunternehmen relativ gleich und liegt nur im durchschnittlichen Bereich. Auch das Umweltengagement des Otto Versand erhält nur eine durchschnittliche Benotung.«[197] Die Bilanz fiel entsprechend nüchtern aus: »Vom Otto Versand durchgeführte Umweltschutzaktivitäten sind teilweise kaum bekannt.«[198] Obwohl Otto zu diesem Zeitpunkt bereits seit Jahren seine diskursive Macht einsetzte, schien sich das entsprechende Narrativ noch nicht durchgesetzt zu haben.

Im Verlauf der 1990er Jahre erhielt sich das Narrativ und weitete sich auf weitere Akteursgruppen aus. Interne und externe Quellen betonten die aufklären-

193 So wurde die Umweltorientierung neben der Kundenorientierung, Lieferantenorientierung und Mitarbeiterorientierung, als einer von vier Punkten des »Orientierungsrahmen« des Unternehmens definiert, ebd.

194 Vgl. Archiv Otto Group Hamburg, »AUGE« auf für den Umweltschutz, die rampe. Zeitung für die Mitarbeiter des Otto Versand, Februar 1988.

195 Vgl.: »Hinter dem Mutzikiepchen-Kinderkonzept der Verkaufsförderung steckt nämlich die Idee, Kinder mit Zusammenhängen der Natur vertraut zu machen und für Probleme zu sensibilisieren. [.] Das entspricht dem Grundprinzip der Umweltverantwortung des Otto Versand, einen Bewußtseinswandel zu fördern und zu umweltgerechtem Verhalten anzuregen.«, Archiv Otto Group Hamburg, Spielerisch die Natur entdecken, die rampe. Zeitung für die Mitarbeiter des Otto Versand, August 1991.

196 Archiv Otto Group Hamburg, Otto-Umwelt-Image-Analyse, 18.05.1992.

197 Ebd.

198 Ebd.

de Rolle des Unternehmens und das Ziel, einen gesellschaftlichen Bewusstseins- und Verhaltenswandel zu fördern.[199] Die Inszenierung als Aufklärer richtete sich nicht mehr nur an die Kundschaft, sondern auch an Produzentinnen und Produzenten[200] und mündete in dem Vorhaben, den akademischen Diskurs zu prägen. Ende der 1990er Jahre richtete die Michael Otto Stiftung für den Umweltschutz die nach eigenen Aussagen erste deutsche Professur für Umweltethik an der Ernst-Moritz-Arndt-Universität in Greifswald ein, auf die Konrad Ott berufen wurde.[201] Am Festakt zur Ernennung zeigte sich auch die Verzahnung von Wirtschaft, Wissenschaft und Politik, u. a. befand sich die damalige Bundesumweltministerin Angela Merkel unter den Gästen.[202]

Der Austausch im diskursiven Feld der Nachhaltigkeit mit einer Vielzahl an gesellschaftlichen Akteuren blieb bis zum Ende der 2000er Jahre in der Unternehmenskommunikation präsent. Zunehmend verstand sich dieser Dialog als wechselseitig und nicht mehr als einseitige Kommunikation des Unternehmens. Zwar hatte das Unternehmen stets eine Großzahl an Kooperationen im Umweltbereich aufzuweisen, jedoch präsentierte es sich hier in hohem Maße selbst als Experte. Im Rahmen einer sozialen Dimension von Nachhaltigkeit ginge es nun zwar auch um »die Förderung eines gesellschaftlichen Bewusstseinswandels«, aber auch ganz dezidiert »um Know-how-Transfer«.[203] Im Geschäftsjahr 2006/2007 stand Otto exemplarisch im direkten Austausch mit Jugendlichen

199 Eine zu Beginn des Jahrzehnts herausgegebene Broschüre »Otto Versand und Umweltschutz« betonte dies beispielsweise explizit: »Wir wollen den praktischen Umweltschutz auf allen Ebenen voranbringen [...]. Darüber hinaus nutzen wir unsere Möglichkeiten, durch die Förderung eines allgemeinen Bewußtseinswandels zu Verhaltensänderungen beizutragen. Denn nur, wenn alle an einem Strang ziehen, können wir der großen Herausforderung gerecht werden, unsere Umwelt wirkungsvoll zu schützen.«, Archiv Otto Group Hamburg, Otto Versand und Umweltschutz, 1992; exemplarisch sei auch auf eine interne Präsentation aus dem Jahr 1997 zur Weiterentwicklung der externen Umweltkommunikation verwiesen, die u. a. das Ziel einer »Förderung eines allgemeinen Bewußtseinswandels« ausgab, Archiv Otto Group Hamburg, Präsentation Kommunikationsstrategie, 16.07.1997; wie wichtig der Einsatz diskursiver Macht und die Kommunikation der Bedeutung ökologischer Verantwortlichkeit unverändert war, spiegelten auch die Handlungsgrundsätze der Umweltpolitik des Unternehmens. Drei der zehn Handlungsgrundsätze der Umweltpolitik von Otto enthielten »einen eindeutigen Kommunikationsauftrag« gegenüber Mitarbeitenden, Lieferantinnen und Lieferanten, der Kundschaft und der Öffentlichkeit, Archiv Otto Group Hamburg, Umweltbericht 1995, März 1996.

200 Vgl. exemplarisch: »Die positiven Umwelteigenschaften eines Artikels werden im Katalog den Kunden deutlich vor Augen geführt, während explizit umweltschädliche Produkte ganz aus dem Angebot herausgenommen werden. Auf diese Weise werden Konsumenten und Produzenten zu Verhaltensänderungen angeregt und die Produktion und Verwendung umweltschädlicher Produkte vermindert.«, Archiv Otto Group Hamburg, Otto Geschäftsbericht 1. März 1989 – 28. Februar 1990, 1990.

201 Archiv Otto Group Hamburg, Den Bewußtseinswandel fördern, die rampe. Zeitung für die Mitarbeiter des Otto Versand, Januar/Februar 1998.

202 Ebd.

203 Archiv Otto Group Hamburg, Otto Geschäftsbericht 1999, 2000.

zum Thema Nachhaltigkeit. Die Kommunikation akzentuierte ein reziprokes Verhältnis zwischen jungen Verbraucherinnen und Verbrauchern und dem Unternehmen.[204] Gleichzeitig wurde die Frage aufgeworfen, »was der einzelne Kunde tun kann, um ein Unternehmen in seinem Nachhaltigkeitsengagement zu unterstützen.«[205] Die Wortwahl erscheint hier von besonderem Interesse. Offenkundig konnte es nur um eine Unterstützung des Engagements gehen – dieses war eine Selbstverständlichkeit und gelebte Praxis. An anderer Stelle betonte Otto, dass sie das Ziel der Konsumentenaufklärung »nur zu unserer Zufriedenheit erreichen können, wenn es mehr Identifikation mit diesem Thema in unserer Gesellschaft gibt. Medien, Stars, Prominente, die Helden der Teenager müssen das Thema vorleben.«[206]

Der Dialoggedanke wurde exemplarisch auch durch die Beteiligung des Unternehmens an einer einschlägigen, nachhaltigen Web-Community namens Utopia kommuniziert.[207] Da die Plattform sich an prinzipiell an Nachhaltigkeit interessierte Konsumentinnen und Konsumenten richtete, konnte so explizit eine relevante Zielgruppe auf die Aktivitäten der Otto Group in diesem Bereich aufmerksam gemacht werden. Zwar wurden, so die Einschätzung der Gründerin und Vorständin von Utopia, auch kritische Stimmen gehört, gleichzeitig konnte das Unternehmen aber auch darüber positive Effekte erreichen, da es so als besonders transparent galt.[208] Lerneffekte, so die Annahme, bestünden für beide Seiten – die Unternehmen lernten von den Konsumentinnen und Konsumenten, jene aber zugleich von den Unternehmen.

Die späten 2000er Jahre waren von der Krisenerfahrung der Finanz- und Wirtschaftskrise geprägt. Das Narrativ des aufklärenden und voranschreitenden Unternehmens blieb dem Dialoggedanken verbunden. Im März 2009 lud Otto »12 gesellschaftliche Impulsgeber«, u. a. aus dem Umweltbundesamt und dem Rat für Nachhaltige Entwicklung, zu einem Workshop ein, um Fragen zur Zukunft der Nachhaltigkeit in Zeiten der Krise zu analysieren.[209] Gefragt seien, so das Ergebnis des Workshops, u. a. »eine bewusste Rahmensetzung durch die Politik, ein Umdenken der Wirtschaftselite sowie inspirierende Vorbilder [...], um dem Ethischen Konsum Überlebens- und Entfaltungschancen zu ge-

204 Durch einen Workshop sollten laut Michael Otto u. a. die »Erwartungen und Visionen« der Jugendlichen kennengelernt werden; der Dialog lieferte laut Ottos Nachhaltigkeitsdirektor »wertvolle Anregungen« für das Unternehmen, Archiv Otto Group Hamburg, Otto Geschäftsbericht 2006, 2007.

205 Ebd.

206 Archiv Otto Group Hamburg, Nachhaltigkeitsbericht 2003, Frühjahr 2004.

207 Vgl. Archiv Otto Group Hamburg, Otto Geschäftsbericht 2008, 2009.

208 Vgl. ebd.

209 Archiv Otto Group Hamburg, Nachhaltigkeitsbericht 2009. Verantwortung, Innovation, Transparenz, 2009.

ben.«[210] Im Ergebnis würden »soziale Spannungen und selbst die Finanzkrise paradoxerweise sogar als Möglichkeit erachtet, um den Ethischen Konsum in der Mitte der Gesellschaft zu verankern.«[211] Otto ließ keinen Zweifel daran, dass dieses »Umdenken« im eigenen Unternehmen längst stattgefunden hatte.[212] Das Narrativ des aufklärenden Unternehmens blieb somit bis zum Ende des Untersuchungszeitraums erhalten.[213]

4.5 Die Anspruchshaltung der Kundschaft als ambivalenter Faktor

Das vorherige Kapitel hat dargelegt, dass Otto im Untersuchungszeitraum vielfach das Narrativ eines aufklärenden Unternehmens kommunizierte, das die Kundinnen und Kunden erst von der Sinnhaftigkeit nachhaltigen Handelns überzeugen musste. Dies steht im diametralen Gegensatz zu einer vielfach kolportierten These: Die Kundschaft würde eine nachhaltige Unternehmenspraxis einfordern; könnten Unternehmen diese nicht überzeugen, drohten irreparable Reputationsschäden und ein entsprechender Verlust der Wettbewerbsfähigkeit. Dieser These in Folge der bisherigen Untersuchungsergebnisse ihre Berechtigung abzusprechen, würde hingegen zu kurz greifen. Trotz der starken Akzentuierung der eigenen Triebkraft und Vorreiterrolle weisen auch die Unternehmensquellen von Otto Bezugnahmen auf die Anspruchshaltung auf Konsumentenseite auf; es zeigt sich eine Parallelität zweier vermeintlich widersprüchlicher Narrative.

In den 1980er Jahren verwies Otto auf den gesellschaftlichen Ökologiediskurs und antizipierte eine weiter steigende Bedeutung ökologischer Themen für Verbraucherinnen und Verbraucher. Im Geschäftsbericht für das Jahr 1987 prognos-

210 Ebd.

211 Ebd.

212 Vgl.: »Die Einzelhandelsgesellschaften der Otto Group agieren an der Schnittstelle zwischen Herstellern und Verbrauchern. Auf diese Weise haben sie in einem bestimmten Maß auch Einfluss darauf, inwieweit sich ein nachhaltiger Lebensstil in der Gesellschaft durchsetzt. Die zehn Unternehmen können dabei einen wichtigen Beitrag leisten, um einerseits bei der Produktion umwelt- und sozialverträglichere Prozesse anzustoßen und andererseits ein bewussteres Einkaufs- und Konsumverhalten zu fördern.«, ebd.

213 Das Otto-Narrativ des aufklärenden Unternehmens bestätigt Schwegler in abgewandelter Form auch für ihre Untersuchungsunternehmen, wenngleich es hier weniger stark ausgeprägt erscheint und weniger explizit kommuniziert wird. Die von Schwegler identifizierte Rolle des »unterstützenden Lehrers« sowie des »Moderators« können für Otto besondere Gültigkeit beanspruchen. Otto trat sowohl als unterstützender Lehrer, beispielsweise bei Umweltbüchern der 1990er Jahre, als auch als Moderator auf, beispielsweise bei den Onlineforen der späten 2000er Jahre. Interessant ist, dass Schwegler die Moderatorenrolle deutlich später datiert – bei RWE löst sie die Rolle des unterstützenden Lehrers erst zwischen 2013 und 2016 ab, bei Otto findet sich dieser Umbruch hingegen schon deutlich früher. Dies unterstreicht die Bedeutung, die dem Narrativ bei Otto zukam, Schwegler 2018, S. 479–483.

tizierte das Unternehmen eine künftige Relevanz des Umweltschutzes bei Kaufentscheidungen.[214] Auch ein internes Papier aus dem Jahr 1989 zeugt von der Antizipation einer wachsenden Bedeutung des Themenfeldes Ökologie für KundInnen.[215] Es lässt sich zum damaligen Zeitpunkt kein signifikanter Einfluss dieses vermeintlichen ökologischen Bewusstseins auf Kaufentscheidungen konstatieren. Interessant erscheint hier eine Umfrage zum Umweltbewusstsein der Otto Kundschaft aus den späten 1980er Jahren, gemäß der sich fast 85 Prozent der Kundschaft »in starkem Maße oder etwas mit der Umweltproblematik auseinander[setzen].«[216] Ferner hieß es: »64 % sehen beim Bereich Textilien irgendeinen Bezug zum Umweltthema und bereits 8 % denken beim Kauf von Textilien an deren Umweltverträglichkeit.«[217] Zwar suggerierte die Verwendung des Wortes »bereits« einen relativ großen Anspruch der Otto-Kundschaft, jedoch standen die acht Prozent an ökologisch basierten Kaufentscheidungen in auffälligem Widerspruch zu den 85 Prozent, die sich vorgeblich prinzipiell für das Thema interessierten. Eine weitere Befragung der Kundschaft Ende der 1980er Jahre bestätigte dieses Bild.[218] Ein überzeugendes ökologisches Bewusstsein, das nicht nur theoretisch existierte, sondern sich praktisch in Kaufentscheidungen niederschlug, musste erst noch geschaffen werden, um entsprechende Produkte überhaupt absetzen zu können.

Der in den 1980er Jahren prognostizierte Bedeutungszuwachs ökologischer Themen für Kaufentscheidungen lässt sich in den 1990er Jahren nur in Teilen bestätigen. Einzelne Quellen suggerieren zwar ein stark gestiegenes Interesse der Kundschaft an der Ökologie im Kontext von Kaufentscheidungen im Vergleich zu den 1980er Jahren.[219] Ebenso schienen zeitgenössische Umfragen die Aus-

---

214 Im Bericht hieß es: »Die Verbraucher werden künftig bei der Bewertung von Waren und Dienstleistungen nicht nur primär Aktualität und die Preis-/Qualitätsrelation ins Kalkül ziehen, sondern in steigendem Ausmaß auch ökologische Aspekte. Die Umweltverträglichkeit von Produkten wird bei den Kaufentscheidungen in zunehmendem Maße eine Rolle spielen.«, Archiv Otto Group Hamburg, Otto Geschäftsbericht 1. März 1987 – 29. Februar 1988, 1988.

215 Das Strategiepapier prognostizierte den Stellenwert der »Umwelt« in den 1990er Jahren für verschiedene Anspruchsgruppen; für die Bevölkerung sei sie das »dringendste Problem«, für die Kundschaft »kaufverhaltensrelevant«, Archiv Otto Group Hamburg, Der Otto Versand und seine Umwelt. Analysen, Konzepte, Ideen, 20.09.1989.

216 Ebd.

217 Ebd.

218 Archiv Otto Group Hamburg, Kundenbefragung zum Thema Umwelt im Rahmen der Standardbefragung HW '89, 18.04.1990.

219 Laut einer Otto-Studie forderten die Kundinnen und Kunden Aufklärung über ökologische Aspekte aktiv ein und wollten diese auch zur Basis von Kaufentscheidungen machen: »40 % der aktiven Otto-Kunden fühlen sich bei der Beurteilung der Umweltverträglichkeit von Produkten beim Kauf unsicher und zudem nur unzureichend informiert. Insgesamt wären ca. 70 % der aktiven Otto-Kunden generell mit Umweltinformationen vom Handel zu erreichen und würden sich anhand dieser beim Kauf orientie-

wirkungen des Bewusstseinswandel auf Kaufentscheidungen zu bestätigen.[220] Während die Verbraucherinnen und Verbraucher sich selbst als umweltbewusst charakterisierten, setzten sie sich zugleich kritisch mit der Rolle von Unternehmen auseinander. Die Befragten einer Umfrage der SAMPLE INSTITUT GmbH gaben an, dass sie die Unternehmen keineswegs in einer Vorreiterrolle sahen und sprachen ihnen eine transparente, offene Kommunikation über Umweltprobleme ab.[221] Der Otto Versand selbst wurde jedoch weitestgehend positiv beurteilt.[222] Auch wenn zeitgenössische Quellen für eine Signifikanzsteigerung des Ökologiediskurses sprechen, unterlag die Bedeutung ökologischer Faktoren für Kaufentscheidungen in den 1990er Jahren starken Schwankungen. Eine Präsentation der Umweltabteilung charakterisierte die Phase des Nachhaltigkeitsdiskurses von 1991 bis 1996 trotz der Bedeutung der Rio-Konferenz nicht als Fortschritt.[223] Zwar schien der Nachhaltigkeitsdiskurs global einen enormen Bedeutungszuwachs zu verzeichnen, diesen sah Otto für Verbraucherinnen und Verbraucher in Deutschland retrospektiv hingegen nicht – eine Beurteilung, der nicht zuletzt aufgrund der späten politischen Implementierung einer nationa-

---

ren.«, Archiv Otto Group Hamburg, Otto-Umwelt-Image-Analyse, 18.05.1992; auch der Geschäftsbericht aus dem Jahr der Rio-Konferenz nahm Bezug auf ein gesteigertes ökologisches Bewusstsein der Verbraucherinnen und Verbraucher und die positive Rezeption des umweltfreundlichen Sortimentangebots, Archiv Otto Group Hamburg, Otto Geschäftsbericht 1. März 1992 – 28. Februar 1993, 1993.

220 Eine Umfrage der SAMPLE INSTITUT GmbH vom Mai 1994 suggerierte zu diesem Zeitpunkt ein gesteigertes Bewusstsein der Konsumentinnen und Konsumenten für ökologische Fragestellungen und eine unmittelbare Auswirkung auf Kaufentscheidungen, Archiv Otto Group Hamburg, Umwelt & Verbraucher '94 – Das grüne GeWissen der Verbraucher, Mai 1994.

221 Die Umfrage brachte folgendes Ergebnis: »Für 70 % der Bundesbürger geht die Entwicklung umweltverträglicher Produkte und Verfahren zu zögerlich voran. Es herrscht der Eindruck vor, die Unternehmen handeln in Umweltfragen nur auf gesetzgeberischen Druck hin. Ein großes Defizit zeigt sich zudem in Sachen Glaubwürdigkeit: 65 % der Befragten sind der Meinung, daß nicht wahrheitsgemäß über Umweltprobleme berichtet wird.«, ebd.

222 Wie eine interne Umfrage von Otto zum Image-Profil in der deutschen Bevölkerung aus dem Jahr 1994 zeigte, stuften zum damaligen Zeitpunkt 72 Prozent der Bevölkerung das Unternehmen als umweltfreundlich ein. Die Vergleichszahlen des Wettbewerbers Quelle (76 Prozent) offenbaren jedoch, dass dies kein Alleinstellungsmerkmal des Konzerns darstellte, Archiv Otto Group Hamburg, Image-Analyse 1994, März 1995; die Befunde decken sich mit einer Image-Studie des Markt- und Meinungsforschungsinstituts Emnid im Auftrag der Zeitschrift Capital aus dem Dezember 1995, die die Umweltkommunikationsabteilung von Otto im Unternehmen im März 1996 intern verbreitete. Zwar erhielt Otto die beste Beurteilung auf die Frage nach dem »Ruf umweltfreundlich zu sein«, jedoch waren die Unterschiede insbesondere zu Quelle erneut marginal, Archiv Otto Group Hamburg, Capital Imagestudie, 1995/1996.

223 Die Analyse ergab: »Durch die UN-Konferenz in Rio 1992 wird ›Sustainability‹ (Nachhaltigkeit) zum globalen Politikum«, »Dennoch abnehmendes Umweltbewusstsein in der Gesellschaft«; »Bedeutungsverlust des Themas als wettbewerbsrelevante Zukunftsaufgabe«; »Wenige Trendsetter prägen die Weiterentwicklung des Themas in einem konjunkturell schwachen Umfeld (Otto, BMW, Siemens, VW)«, Archiv Otto Group Hamburg, Präsentation 15 Jahre Nachhaltigkeit bei Otto. Bilanz und Perspektiven, 23.10.2001.

len Nachhaltigkeitsstrategie durchaus zugestimmt werden kann.[224] Auch der Vorstandsvorsitzende Michael Otto konstatierte noch Mitte der 1990er Jahre: »Daß Textilien Belastungen von Umwelt und Gesundheit hervorrufen können, dringt erst allmählich ins Bewußtsein«.[225] Auch zeugt eine von Otto rezipierte Imagestudie von Emnid im Auftrag der Zeitschrift Capital davon, dass der Faktor Umwelt keineswegs eine herausragende Stellung bei der Beurteilung von Unternehmen einnahm und Verbraucherinnen und Verbraucher andere Faktoren höher gewichteten.[226]

Gegen Ende der 1990er Jahre schien die Kundschaft Umweltschutz vor allem dann verstärkt zu begrüßen, wenn dieser sich entweder dezidiert mit ökonomischen Vorteilen verband oder die Handlungsfelder im öffentlichen Diskurs starke Präsenz erlangten. Der Otto Versand nahm die Bedeutung finanzieller Vorteile durch Energie- und Wassererersparnisse für Kaufentscheidungen aktiv wahr.[227] Entsprechend verzeichnete Otto bei wasser- und energiesparenden Elektrogeräten Ende der 1990er Jahre auch deutliche Umsatzzuwächse.[228] Ebenso artikulierte Otto, dass nicht jedes Thema gleichrangig von den Kundinnen und Kunden rezipiert wurde, sondern einzelne Faktoren eine höhere Aufmerksamkeit – und in Folge auch einen höheren Absatz bei entsprechenden Produkten – generierten. Als Beispiel für ein breit rezipiertes Thema, das in entsprechenden Kaufentscheidungen mündete, nannte Otto das Thema Wald.[229] Die Ausführungen illustrieren, dass Umweltschutz Ende des Jahrzehnts zwar zunehmend Kaufentscheidungen beeinflusste, sich dies jedoch auf einzelne Bereiche konzentrierte. Der gesellschaftliche Diskurs schien keineswegs so weit fortgeschritten zu sein, dass nichtökologische Produkte als nicht mehr wettbewerbsfähig galten.

Ab den späten 1990er Jahren nahm das teils antizipierte, teils real existente Interesse der Kundschaft einen holistischen Fokus ein. Im Vordergrund stand nicht länger die Ökologie, sondern ein globaler Nachhaltigkeitsdiskurs. Otto machte insbesondere die sichtbaren Folgen der Globalisierung als ursächlich für ein angenommenes gewandeltes Anspruchsdenken der Kundschaft aus.[230]

---

224 Auch Nuhn bestätigt ab Mitte der 1990er Jahre eine Abwertung des gesellschaftlichen Interesses am Umweltschutz, vgl. Nuhn 2013, S. 189.

225 Archiv Otto Group Hamburg, Umwelt. Bewusst Handeln., Juni 1994.

226 So hielt das Papier fest: »Das Kriterium umweltfreundlich rangiert weit hinter Ertragskriterien, Kundenorientierung und Innovationsfähigkeit an letzter Stelle bei der Beurteilung der Relevanz verschiedener Unternehmenseigenschaften.«, Archiv Otto Group Hamburg, Capital Imagestudie, 1995/1996.

227 Vgl. Archiv Otto Group Hamburg, Umweltbericht und Umwelterklärung 1998. Für einen Ausgleich von Ökologie und Ökonomie, 1998.

228 Vgl. Archiv Otto Group Hamburg, Otto Geschäftsbericht 1. März 1998 – 28. Februar 1999, 1999.

229 Vgl. Archiv Otto Group Hamburg, Umweltbericht und Umwelterklärung 1998. Für einen Ausgleich von Ökologie und Ökonomie, 1998.

230 Vgl. Archiv Otto Group Hamburg, Otto Geschäftsbericht 1999, 2000.

Die soziale Dimension erreichte laut internen Analysen nun einen ähnlichen Stellenwert wie die ökologische.[231] Auch in Geschäftsberichten betonte das Unternehmen das gesteigerte Interesse der Verbraucherinnen und Verbraucher an sozialverträglichem Konsum.[232] Ebenso kommunizierte und inszenierte der 2000 veröffentlichte erste Nachhaltigkeitsbericht der Otto Gruppe ein großes Interesse der Kundschaft am Nachhaltigkeitsdiskurs. Auf zwei Seiten eröffnete er mit dem Abdruck einer Variation an Auszügen aus Leserbriefen, die das Thema Nachhaltigkeit adressierten.[233]

Gegen Mitte der 2000er Jahre zeichneten sich Ermüdungstendenzen hinsichtlich der öffentlichen Wahrnehmung von Nachhaltigkeit ab. Der Volkswirt Richard J. S. Tol, damals Professor an der Universität Hamburg, begründete dies im 2004 veröffentlichten zweiten Nachhaltigkeitsbericht von Otto damit, dass Probleme wie die Klimaerwärmung »immer diffuser« würden,[234] weswegen der Einzelne keine Handlungsmacht bei sich sehe. Die verantwortlichen Stellen bei Otto unterstrichen diese Stagnation des Nachhaltigkeitsdiskurses, was sich an einem Zitat des Direktors für Umwelt- und Gesellschaftspolitik bei Otto illustrierte: »Der Markt verlangt nicht nach Sustainability. Das ist ein entscheidender Grund, warum in den vergangenen zehn Jahren nur geringe Fortschritte gemacht wurden.«[235] Umweltschutz und Nachhaltigkeit erschienen gegen Mitte des Jahrzehnts nicht mehr als verkaufsfördernd, sondern gar als Hemmnisse für den Unternehmenserfolg. Am deutlichsten wurde dies in seinen Ausführungen zur Marketingstrategie:

> »Verständlicherweise sucht der Kunde seinen persönlichen Vorteil. Dass er tiefer in die Tasche greifen soll, damit in Indien oder in der Türkei weniger Pestizide auf Baumwollfelder ausgebracht werden, ist sehr schwer vermittelbar. Deswegen verkauft Otto ›Öko‹ auch nicht als ›Öko‹. Unser Label PURE WEAR, das wir seit 2003 im Katalog haben, ist die Konsequenz aus jahrelanger Erfahrung. Es zielt kommunikativ nicht auf abstrakte Umweltvorteile, sondern verweist auf den persönlichen Nutzen, die besondere Hautfreundlichkeit von Beginn an.«[236]

---

231 Davon zeugt auch die zitierte Präsentation der Umweltabteilung des Unternehmens aus dem Jahr 2001 unter dem Titel »15 Jahre Nachhaltigkeit bei Otto. Bilanz und Perspektiven«. Diese verortete die dritte Phase des Nachhaltigkeitsdiskurses zwischen 1997 und 2001, gesellschaftlich determiniert durch eine »Verlagerung der gesellschaftlichen Diskussion auf das Thema Sozialverantwortung und Globalisierung«; »Konfrontation zwischen NGO›s und Wirtschaft zum Thema Sozialverantwortung«; »Kaum Impulse für die Wirtschaft aus den Reihen der Umwelt-NGO's«, Archiv Otto Group Hamburg, Präsentation 15 Jahre Nachhaltigkeit bei Otto. Bilanz und Perspektiven, 23.10.2001.

232 Vgl. exemplarisch Archiv Otto Group Hamburg, Otto Geschäftsbericht 2000, 2001.

233 Archiv Otto Group Hamburg, Report 2000. Nachhaltigkeit bei Otto, Juli 2000.

234 Archiv Otto Group Hamburg, Nachhaltigkeitsbericht 2003, Frühjahr 2004.

235 Ebd.

236 Ebd.

Statt Greenwashing wurden ökologische Vorteile, so legte es die Kommunikation nahe, sogar zugunsten anderer Faktoren verschleiert, um für die Verbraucherinnen und Verbraucher interessant zu sein. Otto nahm diese somit nicht als Treiber, sondern vielmehr als Hindernis für Nachhaltigkeit war. Zeitgenössische Umfragen und Ergebnisse der bisherigen Forschung bestätigen die Wahrnehmung. Verbraucherinnen und Verbraucher drängten keineswegs in dem oft kolportierten Umfang nach nachhaltigen Produkten[237] Zwar betonten diese häufig ihr vorgebliches Interesse an ökologischen und sozialen Themen, sie waren jedoch nicht bereit, für entsprechende Produkte tatsächliche finanzielle oder qualitative Einbußen hinzunehmen.

In den 2000er Jahren zeigte sich die Ambivalenz der Rezeption des Nachhaltigkeitsdiskurses durch Verbraucherinnen und Verbraucher. Nur wenige Jahre nach den oben benannten Ausführungen zum schwindenden Interesse konstatierte die Mitarbeiterzeitschrift wiederum ein gesteigertes Bewusstsein der Kundschaft.[238] Gleiches bestätigte die externe Kommunikation von Otto. »Gütesiegel für den Kunden«[239] – mit diesem Schlagwort begann im Geschäftsbericht für das Jahr 2005 die Nachhaltigkeitskommunikation. Dies eröffnete damit bereits den Blick auf die Kundschaft als wichtigste Anspruchsgruppe im diskursiven Feld der Nachhaltigkeit. Nachhaltigkeit sei, so das Unternehmen, »wesentliche Voraussetzung für langfristigen Erfolg.«[240] Diese Annahme gründete sich auf deren vom Unternehmen wahrgenommene Anspruchshaltung, insbesondere hinsichtlich sozialer Fragen entlang der Lieferkette.[241] Die Anspruchshaltung der Kundschaft war nun, neben Erwartungen der eigenen Belegschaft, ein we-

237 Ein geringes Interesse deutscher Verbraucherinnen und Verbraucher gegen Mitte der 2000er Jahre bestätigen für das benachbarte Feld CSR exemplarisch Habisch und Wegner. Mit Verweis auf eine Umfrage zu Unternehmensverantwortung von imug, einem Forschungsinstitut der Universität Hannover, aus dem Jahr 2003, halten sie fest: »In Germany two thirds of the respondents are interested in information about the social and ecological effects of business. […]. Its rather passive attitude is reflected by the fact that only when given the same price and the same quality, more than half of German consumers would prefer products from companies that assume social responsibility. Consumers see child labour, the development of ecological products, the economical use of resources and energy and the creation of jobs as the most important issues in which responsible behaviour is expressed. This means that only the most shocking (child labour), the most established (ecology) and the most worrying (unemployment) problems are mentioned.«, Habisch/Wegner 2005, S. 114.

238 Vgl. Archiv Otto Group Hamburg, Reduktion transportbedingter CO2-Emissionen um über 50 %, die rampe. Zeitung für die Mitarbeiter von Otto, Oktober 2005.

239 Archiv Otto Group Hamburg, Otto Geschäftsbericht 2004, 2005.

240 Ebd.

241 Vgl. hierzu: »Denn die Zahlung gesetzlicher Mindestlöhne, Verzicht auf und Kontrolle von Kinder- und Zwangsarbeit in Dritte-Welt-Ländern oder die Beachtung von Höchstarbeitszeiten sind Themen, auf die der Kunde zu Recht äußerst sensibel reagiert.«, ebd.

sentlicher Treiber für die Praktiken im Unternehmen.[242] Gegen Ende der 2000er Jahre schien sich das Interesse der Kundinnen und Kunden am diskursiven Feld der Nachhaltigkeit stabilisiert zu haben. War »Öko« noch wenige Jahre zuvor so wenig attraktiv, dass Otto bewusst auf entsprechendes Marketing verzichtete, galt nachhaltiger Konsum Ende des Jahrzehnts als modern.[243]

4.6 Zwischen Globalisierung und Nachhaltiger Entwicklung

In der Unternehmenskommunikation der ausklingenden 1980er und frühen 1990er Jahre spielten die globale Dimension von Nachhaltiger Entwicklung oder entwicklungspolitische Aspekte keine Rolle.[244] In den frühen 1990er Jahren erlangten internationale Geschäftsaktivitäten des Konzerns zunehmend mehr Gewicht;[245] Aspekte, die dem diskursiven Feld der Nachhaltigkeit zuzuordnen waren, blieben hingegen zunächst national.[246] Im Umfeld der Rio-Konferenz verbanden sich bei Otto erstmals wahrnehmbar Globalisierung und Umweltschutz. Ob ein Kausalzusammenhang zur Konferenz bestand, lässt sich aus den Quellen nicht ablesen. Die globalen Verweise blieben zunächst verhalten;[247] erst

242 Vgl. Archiv Otto Group Hamburg, Unternehmen(s)Verantwortung Bericht 2007, September 2007.

243 Dies veranschaulicht auch eine Bilanz von Otto zur Initiative »Cotton made in Africa«: »Mit dem Projekt hat die Otto Group erfolgreich eine Veränderung der Verbrauchergewohnheiten antizipiert: Einkaufen mit gutem Gewissen liegt im Trend. Das zeigt auch die Studie ›Konsum-Ethik 2007‹, die das Hamburger Trendbüro im Auftrag von OTTO durchgeführt hat. Demnach haben sich nachhaltige Produkte längst aus der Öko-Nische herausbewegt und gehören nun zu einem neuen, modernen Lebensstil, dem ›Lifestyle of Health and Sustainability‹ (LOHAS).«, Archiv Otto Group Hamburg, Otto Geschäftsbericht 2007, 2008.

244 Im Geschäftsbericht über das Jahr des Brundtland-Berichts fanden diese auch im Kapitel »Otto weltweit« keinen Eingang, Archiv Otto Group Hamburg, Otto Geschäftsbericht 1. März 1987 – 29. Februar 1988, 1988; gleiches lässt sich für den Geschäftsbericht des Folgejahres konstatieren, Archiv Otto Group Hamburg, Otto Geschäftsbericht 1. März 1988 – 28. Februar 1989, 1989.

245 Dies verdeutlicht sich exemplarisch am Geschäftsbericht 1990, der diese Entwicklung prominent zu Beginn in der Rubrik »Otto weltweit« kommunizierte, Archiv Otto Group Hamburg, Otto Geschäftsbericht 1. März 1990 – 28. Februar 1991, 1991.

246 Vgl. exemplarisch Archiv Otto Group Hamburg, Otto Geschäftsbericht 1. März 1988 – 28. Februar 1989, 1989; Archiv Otto Group Hamburg, Otto Geschäftsbericht 1. März 1989 – 28. Februar 1990, 1990; auch eine Anfang der 1990er Jahre herausgegebene Broschüre zum Umweltschutz berichtete umfassend über energie- und wassersparende Maßnahmen in der Zentrale in Hamburg-Bramfeld, Archiv Otto Group Hamburg, Otto Versand und Umweltschutz, 1992; eine Ausnahme bildete lediglich der Verweis, dass auf Produkte aus Tropenholz verzichtet wurde, Archiv Otto Group Hamburg, Otto Geschäftsbericht 1. März 1990 – 28. Februar 1991, 1991.

247 Exemplarisch erklärte der Geschäftsbericht im Jahr der Rio-Konferenz, dass ökologische Kriterien zunehmend für die gesamte Lieferkette Anwendung finden sollten. An der Formulierung »zunehmend« zeigt sich zugleich, dass sich dieser Prozess noch in der Entstehung befand, Archiv Otto Group Hamburg, Otto Geschäftsbericht 1. März 1992 – 28. Februar 1993, 1993.

gegen Mitte der 1990er Jahre kommunizierte Otto verstärkter das Narrativ eines global verantwortlichen Unternehmens.[248] Trotz internationaler Bezugnahmen verwies Otto auch Mitte der 1990er Jahre vielfach auf die Absatzmärkte der westlichen Hemisphäre, selbst im Kontext globaler Lieferketten. Eine Broschüre mit dem Titel »Umwelt. Bewusst Handeln.« aus dem Jahr 1994 informierte umfassend auf mehreren Seiten über die textile Wertschöpfungskette am Beispiel Baumwolle und illustrierte ökologische Folgen der Produktion.[249] Die kommunizierten gesundheitlichen Aspekte richteten sich jedoch nur an die Zielgruppe der Kundschaft, während die sozialen Bedingungen in den Produktionsländern – und damit ein Kernelement Nachhaltiger Entwicklung – nicht thematisiert wurden.[250] Die Analyse der internen Kommunikation stützt das Bild, dass die internationale Perspektive auf die Produktionsländer zunächst vor allem darauf fokussierte, hautverträgliche Textilien für die Verbraucherinnen und Verbraucher in den Heimatmärkten zu produzieren.[251] Möglicherweise ergab sich dieser Fokus zeitgenössisch aus der geringen Relevanz ökologischer Faktoren in den Produktionsländern für Marketingmaßnahmen auf dem deutschen Absatzmarkt.[252]

Der Umweltschutz internationalisierte sich in Teilen, akzentuierte zugleich aber besonders nationale Interpretationen. Auf der einen Seite fanden internationale Projekte der ökologischen Dimension wie der Schutz der Ur-Landschaft in Weißrussland[253] oder die Unterstützung der WWF-Kampagne »Der lebende Planet« zum Schutz des tropischen Regenwaldes[254] Eingang in die Berichterstattung, auf der anderen Seite blieben nationale Projekte kommunikativ

248 Das Unternehmen arbeite »eng mit innovativen Lieferanten im In- und Ausland zusammen.« Durch die »Entwicklung von Anforderungsprofilen für das Textil- sowie für das Hartwarensortiment«, die »Durchführung von Lieferantenseminaren« und die Beurteilung der Lieferanten auch nach Umweltkriterien könne »Umweltqualität von Produkten zunehmend auch in fernen Märkten durchgesetzt werden.«, Archiv Otto Group Hamburg, Otto Geschäftsbericht 1. März 1993 – 28. Februar 1994, 1994.

249 Archiv Otto Group Hamburg, Umwelt. Bewusst Handeln., Juni 1994.

250 So hieß es exemplarisch lediglich: »Das bunte Design kann bei Menschen Hautreizungen und Allergien auslösen« oder es wurde darauf verwiesen, dass der Einsatz von Textilien aus ökologisch angebauter Baumwolle »Frauen besonders fröhlich aus dieser Wäsche blicken läßt: Auch ihre Haut wird geschont.«, ebd.

251 Vgl. hierzu Archiv Otto Group Hamburg, »Eine Investition in die Zukunft«, die rampe. Zeitung für die Mitarbeiter des Otto Versand, Oktober 1996.

252 Vgl. hierzu auch die Ergebnisse der Kapitel IV.4.4 und 4.5.

253 Archiv Otto Group Hamburg, Naturschatz aus einer anderen Zeit, die rampe. Zeitung für die Mitarbeiter des Otto Versand, Juli/August 1997.

254 Archiv Otto Group Hamburg, Was der Waldelefant mit unserer Zukunft zu tun hat, die rampe. Zeitung für die Mitarbeiter des Otto Versand, Januar/Februar 1997.

dominant.[255] Ebenso illustrierten die Mitte der 1990er Jahre erschienenen ersten beiden Umweltberichte des Unternehmens, dass sich der Fokus auf die Unternehmenszentrale durch die zunehmende Internationalisierung nicht aufgelöst hatte.[256] Zugleich spielte die globale Lieferkette kommunikativ eine immer wichtigere Rolle. Der Umweltbericht 1998 rekurrierte auf die internationale Ausrichtung des Unternehmens und illustrierte die Globalität der Warenströme.[257] Die durch den Handel verursachten Umweltbelastungen wurden als ein entscheidender Faktor der Lieferantenauswahl benannt.[258] Otto rekurrierte folglich im Kontext der Globalisierung verstärkt auf eine Branchenverantwortung. Das Engagement des Unternehmens erfuhr zunehmend international Anerkennung, was der Konzern intern aktiv kommunizierte.[259]

Im Zuge der Internationalisierung des Handlungs- und Diskursfeldes Nachhaltigkeit prüfte Otto die Entwicklung der neuen Vorgaben vor Ort in den Produktionsländern. Die interne Kommunikation griff frühzeitig die Herausforderungen auf, die eine internationale Verantwortungsperspektive erzeugte, wie die schwierige Überprüfbarkeit von Sozialstandards in den Produktionsländern.[260] Ein internes Dokument zu einer Vorstandssitzung am 18. November 1998 gibt Aufschluss über die tatsächliche Internationalisierung des Nachhal-

---

255 Weiterhin berichtete die Mitarbeiterzeitschrift beispielsweise über ein Weißstorch-Projekt, das das Unternehmen seit Anfang der 1990er Jahre gemeinsam mit dem NABU durchführte, vgl. exemplarisch Archiv Otto Group Hamburg, Fünf Jahre gemeinsam für den Weißstorch, die rampe. Zeitung für die Mitarbeiter des Otto Versand, September 1997.

256 So hieß es als Teil der zehn Handlungsgrundsätze der Umweltpolitik des Unternehmens: »Wir sind uns unserer Verantwortung für den Schutz und Erhalt der natürlichen Lebensgrundlagen bewußt. Zur Sicherstellung einer kontinuierlichen Verbesserung unserer umweltbezogenen Leistungen haben wir diese Umweltpolitik auf der Grundlage der ›guten Managementpraktiken‹ als verbindlichen Maßstab für alle Managementebenen an unserem Standort in Hamburg formuliert.«, Archiv Otto Group Hamburg, Umweltbericht 1996, Dezember 1996.

257 Vgl. Archiv Otto Group Hamburg, Umweltbericht und Umwelterklärung 1998. Für einen Ausgleich von Ökologie und Ökonomie, 1998.

258 Ebd.

259 1996 wurde der Otto Versand vom amerikanischen Council on Economic Priorities als einziges deutsches Unternehmen für sein Engagement im unternehmerischen Umweltschutz ausgezeichnet, Archiv Otto Group Hamburg, And the winner is..., die rampe. Zeitung für die Mitarbeiter des Otto Versand, Juli/August 1996.

260 Die Mitarbeiterzeitschrift *die rampe* publizierte 1997 ein Interview mit dem Leiter der Umweltkoordination über soziale Mindeststandards bei der Herstellung von Textilien. Dabei gestand der Leiter der Umweltkoordination auch ein, dass die Kontrolle von Forderungen und Mindeststandards angesichts weltweiter Lieferantenbeziehungen »der Knackpunkt« sei, Archiv Otto Group Hamburg, Wir tragen auch eine soziale Verantwortung, die rampe. Zeitung für die Mitarbeiter des Otto Versand, Juli/August 1997; die transparente Kommunikation von Problemen bei der Umsetzung von Nachhaltigkeit entlang der Lieferkette behielt das Unternehmen über den gesamten Untersuchungszeitraum bei, vgl. Archiv Otto Group Hamburg, Im Laufschritt durch Asien, April 2007.

tigkeitsdiskurses und die operative Umsetzung.[261] Hier zeigte sich, dass das Bemühen, auch international Nachhaltigkeit durchzusetzen, keineswegs als bloßes Lippenbekenntnis oder Marketingstrategie zu verstehen war, sondern dass die Implementierung der Grundsätze vor Ort überprüft wurde. Der Befund fiel ambivalent aus. Auf der einen Seite konstatierte der Bericht, es sei eine »[h]ohe Motivation bei den Büro-/ Agenturmitarbeitern und großer Know-how Bestand über Lieferantenperformance abrufbar«, ebenso gebe es eine »[p]ositive Reaktion der Lieferanten auf die Workshops; große Kooperationsbereitschaft und Offenheit«, bei den Audits konnte keine Kinderarbeit festgestellt werden und die »Funktionstüchtigkeit der entwickelten Instrumente« sei »auf hohem Niveau«.[262] Die Prüfung führte aber auch zu teils negativen Resultaten. Festgestellt wurden unter anderen eine »[g]rundsätzlich abnehmende Performance von Hauptlieferanten über eigene zusätzliche Produktionsstätten bis zu Sublieferanten in den Sozial-Audits«, die Hauptprobleme bei den Sublieferanten lägen in den Bereichen Gehalt, Arbeitszeit, Gesundheit und Sicherheit.[263] In Folge der Prüfung erarbeitete das Unternehmen auch Vorschläge zur Verbesserung der Situation.[264]

Die Aufmerksamkeit, die Otto der praktischen Implementierung des eigenen kommunizierten Anspruchs widmete, erklärt sich auch vor dem Hintergrund zeitgenössischer Diskurse. Trotz des Engagements wurde Otto in den 1990er Jahren Ziel von gesellschaftlich kritischen Auseinandersetzungen mit Produktionsbedingungen in Entwicklungsländern. Dies geht aus dem vertraulichen Bericht »Issues für Otto. Ökologische und soziale Zeitbomben« hervor, den die EPEA Internationale Umweltforschung GmbH im Auftrag von Otto im Jahr 1998 erstellt hatte.[265] Im Vorwort des Berichts hieß es:

»Das Unternehmen Otto ist in der Vergangenheit vielfach völlig zu Unrecht kritisiert worden oder auch manchmal wegen angeblicher Mißstände in die Schlagzeilen gekommen. Besonders ärgerlich war die Darstellung sozial problematischer Arbeitsweisen in Ländern der Dritten Welt vor ein paar Monaten […].«[266]

261 Archiv Otto Group Hamburg, Unterlage zu TOP V »Sozialverantwortung – Ergebnisse der Test- und Lernphase und Vorschlag für die weitere Vorgehensweise« zur Vorstandssitzung am 18.11.1998, 16.11.1998.

262 Ebd.

263 Ebd.

264 Angedacht wurde unter anderem die »Integration von Sozialaudits in die bestehenden Auditstrukturen«, die »Qualifizierung ausgewählter Inspektoren zur Unterstützung bei der Durchführung von Sozial-Audits« sowie der »Einsatz externer Dienstleister für Entwicklung der Durchführungsanweisungen und für die Durchführung der Trainingsmodule«, ebd.

265 Archiv Otto Group Hamburg, Issues für Otto. Ökologische und soziale Zeitbomben, September 1998.

266 Ebd.

Die Studie analysierte weniger den Status quo, sondern antizipierte mögliche zukünftige Entwicklungen des gesellschaftlichen Diskurses, die sich schädlich auf Otto auswirken könnten. Hierbei ist bemerkenswert, dass internationale Problematiken wie Menschenrechtsverletzungen immerhin vier der 21 skizzierten Themenfelder ausmachten.[267] Um mögliche Vorwürfe des sogenannten *Bluewashings*, eine auf sozial und ethische Fragestellungen fokussierende Variante des *Greenwashings*, zu vermeiden, setzte Otto sich entsprechend intensiv mit der eigenen Akteursrolle im Nachhaltigkeitsfeld auseinander.

Im 21. Jahrhundert kommunizierte Otto vielfach das Narrativ eines global ökologisch, sozial und ökonomisch verantwortungsbewussten Unternehmens. Die Internationalisierung der Narrative äußerte sich auch darin, dass sich individuelle Akteure entlang der globalen Lieferkette zu einem integralen Bestandteil der Unternehmenskommunikation entwickelten. Dabei personifizierte sich das abstrakte Bild einer globalen Verantwortung und wurde erzählerisch untermauert, beispielsweise durch den detaillierten Bericht über einen türkischen Baumwollbauern[268] oder einen indischen Schneider[269]. Die Internationalisierung wurde dabei kooperativ inszeniert, der türkische Bauer sei »der perfekte Partner für das ehrgeizige Projekt«, der renten- und krankenversicherte indische Schneider »weiß: so wie er leben nicht alle Angestellten international bedeutender Textilproduzenten in Indien und anderswo«.[270] Diese Personifizierung setzte sich auch in der internen Kommunikation fort. Exemplarisch sei auf einen Artikel der Mitarbeiterzeitschrift zu »Cotton made in Africa« verwiesen, der über einen sambischen Bauern berichtete.[271] Durch den Abdruck eines Bildes von ihm und seiner Familie erhielt die Internationalität des Diskurses wortwörtlich ein Gesicht. Gleiches galt für den Bericht über ein entwicklungspolitisches Bildungsprojekt für Schülerinnen und Schüler in Indien von Terre des Hommes und der Otto Group, der ein indisches Mädchen in den Fokus stellte.[272] Die Kommunikation entwickelte sich weiter von der ursprünglichen Inszenierung von Akteuren des deutschen Heimatmarktes, allen voran Michael Otto als Personifizierung nachhaltigen Handelns, zu einer globalisierten Perspektive.

Zur Globalisierung selbst nahm Otto eine ambivalente Haltung ein und erkannte in ihr gleichermaßen Chancen und Risiken.[273] Die in den 2000er Jahren

267 Ebd.

268 Archiv Otto Group Hamburg, Report 2000. Nachhaltigkeit bei Otto, Juli 2000.

269 Ebd.

270 Ebd.

271 Archiv Otto Group Hamburg, Afrikas weißes Gold, O.Ton. Zeitung für Mitarbeiter von Otto, März 2008.

272 Archiv Otto Group Hamburg, Eine Chance für Chatura, O.Ton. Zeitung für Mitarbeiter von Otto, Oktober 2008.

273 Der dritte Nachhaltigkeitsbericht des Unternehmens verstand »Globalisierung gestalten« als »Ausgangslage«: »Die Verantwortung, die international aufgestellte Handelsunternehmen wie OTTO tragen,

beobachtbare Diskursverschränkung zwischen Nachhaltigkeit und Globalisierung führte auch zu einer kommunikativen Aufwertung einzelner Akteursgruppen, mit denen Otto in einem reziproken Verhältnis stand. Zum einen übten insbesondere NGOs und Medien großen Einfluss auf Otto bei der Entwicklung von Praktiken und Narrativen zwischen Globalisierung und Nachhaltigkeit aus. Auch die Geschäftsberichte zeugen davon, dass diese Entgrenzung der Nachhaltigkeit von einem gewandelten gesellschaftlichen Diskurs beeinflusst wurde.[274] Während Otto im Bereich ökologischer Nachhaltigkeit als Treiber galt und seit Beginn des Untersuchungszeitraums seine diskursive Macht zur Aufklärung von Verbraucherinnen und Verbraucher einsetzte, verdeutlicht die interne Kommunikation des Unternehmens, dass internationale soziale Standards aktiv von externen Anspruchsgruppen eingefordert wurden und ein mangelndes Engagement mit Umsatzverlusten einhergehen könnte.[275]

Während Otto sich auf der einen Seite externem Druck ausgesetzt sah, forderte das Unternehmen zugleich selbst andere Akteure, insbesondere die politische Sphäre, zum Handeln auf und definierte den eigenen Handlungsauftrag neu. So sei auch die Politik gefragt, »die ihre Entwicklungshilfe an bestimmte Auflagen wie z. B. höhere gesetzliche Mindestlöhne knüpfen könnte. Menschen, die nicht mehr tagtäglich ums bloße Überleben kämpfen müssen, sind für Umwelt- und Sozialbelange aufgeschlossener.«[276] Eine interne Präsentation sah die diskursive Macht von Unternehmen im Zuge der Globalisierung aufgewertet, die ehemals staatliche Aufgaben übernehmen würden.[277] Als Fazit sah Otto die »Verantwortung von Unternehmen im Sinne des ›Corporate Citizenship‹ nach amerikani-

ist Gegenstand einer kontrovers ausgetragenen Diskussion über die Frage, wie Globalisierung heute und zukünftig sozial- und umweltgerecht gestaltet werden kann. […] Dabei vertritt OTTO die Auffassung, dass die Globalisierung große Chancen bietet, indem sie Technologie, Armutsbekämpfung und eine verantwortungsvollere Nutzung der natürlichen Ressourcen vorantreibt, zugleich aber aufgrund des ebenso tiefgreifenden wie enorm dynamischen Wandels die Gesellschaften weltweit vor große Herausforderungen stellt.«, Archiv Otto Group Hamburg, Unternehmen(s)Verantwortung Bericht 2007, September 2007.

274 Vgl. exemplarisch: »Die Diskussion um die Durchsetzung sozialer Mindeststandards im weltweiten Handel hat in jüngster Zeit an Bedeutung gewonnen – in Fachkreisen ebenso wie in breiten Bevölkerungsschichten. Ursache für diese bemerkenswerte Themenkarriere ist die Globalisierung.«, Archiv Otto Group Hamburg, Otto Geschäftsbericht 1999, 2000.

275 Vgl. Archiv Otto Group Hamburg, Otto macht sich für soziale Standards stark, die rampe. Zeitung für die Mitarbeiter von Otto, August/September 2003.

276 Archiv Otto Group Hamburg, »Jeder Mensch hat ein Recht auf Wohlstand«, Mai 2000.

277 Die Präsentation gab an: »Die Globalisierung schafft Freiheit und deshalb mehr Verantwortung«; »Die staatlichen Gestaltungsspielräume schrumpfen durch Rückgang der öffentlichen Mittel«; »Übernahme von bisherigen Aufgaben des Staates durch Unternehmen«, Archiv Otto Group Hamburg, Präsentation 15 Jahre Nachhaltigkeit bei Otto. Bilanz und Perspektiven, 23.10.2001.

schem Vorbild: ›Das Unternehmen als Staatsbürger‹„.[278] Zudem kommunizierte der Konzern intern wie extern die Notwendigkeit eines kooperativen Ansatzes mit Verweis auf den grenzüberschreitenden Charakter des Nachhaltigkeitsdiskurses.[279] Auch Projekte wie »Cotton made in Africa«[280] kooperierten mit diversen Partnern aus der Politik, wie der Gesellschaft für technische Zusammenarbeit, sowie mit NGOs, wie der Umweltstiftung WWF Deutschland und der Deutschen Welthungerhilfe, ebenso wie mit globalen Stiftungen wie der *Bill & Melinda Gates Foundation*.[281]

Insbesondere im Kontext der Finanzkrise am Ende der 2000er Jahre inszenierte das Unternehmen Tradition und Nachhaltigkeit im Familienunternehmen als Gegenpol eines zuweilen »entfesselten« Kapitalismus der internationalen Finanzmärkte.[282] Zwar wurden Globalisierung und freier Welthandel auch vor dem Hintergrund der Krisenerfahrung weiterhin begrüßt und eingefordert, die Otto Group verband sie in ihrer Kommunikation aber direkt mit dem Grundgedanken einer Nachhaltigen Entwicklung.[283] Nachhaltige Entwicklung wurde hier von Otto keineswegs als, wie von kritischen Stimmen behauptet, »Kitt des neoliberalen Scherbenhaufens«[284] betrachtet, sondern als Lösung und Gebot der Stunde. Die nicht nur ökonomischen, sondern auch sozial und ökologischen Interdependenzen zwischen den Produktionsländern der südlichen Hemisphäre und den Ab-

278 Ebd.

279 Unter dem Titel »Der Mensch in der globalisierten Wirtschaft« informierte die Mitarbeiterzeitschrift 2003 beispielsweise über die Mitgliedschaft von Otto im *UN Global Compact* und dem *World Environment Center*:, Archiv Otto Group Hamburg, Der Mensch in der globalisierten Wirtschaft, die rampe. Zeitung für die Mitarbeiter von Otto, März 2003.

280 Archiv Otto Group Hamburg, Otto Geschäftsbericht 2006, 2007; Archiv Otto Group Hamburg, Otto Geschäftsbericht 2007, 2008.

281 Archiv Otto Group Hamburg, Otto Geschäftsbericht 2004, 2005; Archiv Otto Group Hamburg, Otto Geschäftsbericht 2008, 2009.

282 Michael Otto führte hierzu aus: »Die Otto Group ist und bleibt ein familiengeführtes Unternehmen. Gegenüber börsennotierten Unternehmen im finanzmarktorientierten Kapitalismus des letzten Jahrzehnts hatte man zuweilen den Eindruck, dies sei von Nachteil. Erst die Finanzmarktkrise brachte eine Rückbesinnung. Die Tugenden soliden, nachhaltigen Wirtschaftens werden plötzlich wieder geschätzt.«, Archiv Otto Group Hamburg, Otto Geschäftsbericht 2008, 2009.

283 Michael Otto hierzu weitergehend: »Während ich für die Otto Group zuversichtlich in die Zukunft blicke, sorge ich mich allerdings über die Auswirkungen der Wirtschaftskrise auf den freien Welthandel, auf die Einhaltung von Sozialstandards und auf die dringend nötigen Schritte beim Umweltschutz. […] Unter der Last teurer Rettungspakete könnten verantwortliche Politiker versucht sein, wichtige umweltpolitische Ziele über Bord zu werfen. Ich hoffe, dass das nicht geschieht. Klimaschutz und eine strenge Kontrolle des CO_2-Ausstoßes sind auch und gerade in der Krise essenziell – für uns und zukünftige Generationen. Als weltweit tätige Handelsgruppe stellen wir uns der Herausforderung, die Geschäfte in schwierigem Umfeld voranzutreiben und dabei unsere Prinzipien einer verantwortungsvollen Handelstätigkeit für die Menschen und die Umwelt nicht zu vernachlässigen.«, ebd.

284 Brand/Görg 2002.

satzmärkten der nördlichen Hemisphäre bildeten ein weiteres Narrativ. Ebenso wie die spürbaren Auswirkungen der Globalisierung auf die Entwicklung von Nachhaltigkeitskriterien im Unternehmen kommunizierte Otto weiterhin auch die Vorteile für die Kundschaft im Heimatmarkt. Vorteile wie eine größere Hautfreundlichkeit für die Verbraucherinnen und Verbraucher standen explizit neben Schäden durch Pestizide bei den Baumwollbäuerinnen und -bauern in den Produktionsländern.[285] Dezidiert stellte Otto negative Folgen in den Produktions- sowie den Absatzländern nebeneinander und verwob beide Perspektiven. Hier zeigt sich, dass die Vorteile eines verantwortlichen Handelns in anderen Teilen der Welt sich noch leichter kommunizieren ließen, wenn sich daraus auch Vorteile für die Verbraucherinnen und Verbraucher im Heimatmarkt generieren ließen.

Otto schrieb sich in den 2000er Jahren ferner aktiv in das Narrativ »Global denken – lokal Handeln« ein. Dieses Grundprinzip des globalen Leitbilds Nachhaltigkeit und insbesondere der aus dem Rio-Prozess hervorgegangenen Lokalen Agenda 21 wurde von Unternehmensseite aktiv rezipiert.[286] Die globalen Tochtergesellschaften entwickelten sich zu eigenständigen Akteuren, die auf das konzernweite Leitbild Nachhaltigkeit verpflichtet wurden.[287] Die Rolle als multinationales Unternehmen erfuhr so eine Stärkung. Trotz der globalen Aufstellung einte die Gruppe das Bekenntnis zur Nachhaltigkeit, so das Narrativ.[288] Der letzte Nachhaltigkeitsberichts der 2000er Jahre wurde von zehn Unternehmen der Otto Group verabschiedet und darf damit als Sinnbild der Internationalisierung des Diskurses gelten, der sich nun endgültig von einem heimatmarktorientierten Blickwinkel abwandte.[289]

---

285 Vgl. Archiv Otto Group Hamburg, Pure, 2004.

286 Vgl. Archiv Otto Group Hamburg, Otto Geschäftsbericht 2003, 2004.

287 Vgl. Archiv Otto Group Hamburg, Unternehmen(s)Verantwortung Bericht 2007, September 2007.

288 Der damalige Vorstandsvorsitzende Hans Otto Schrader erklärte Ende der 2000er Jahre: »Unter dem Konzerndach stehen viele Firmen mit starkem Eigenprofil. Die Mitarbeiter identifizieren sich folglich in erster Linie mit der Konzerntochter, bei der sie arbeiten – und das ist auch gut so. Was sie jedoch alle verbindet, sind die Werte der Otto Group. Dazu gehören die Wahrung sozialer und ökologischer Standards, die Zulassung gewerkschaftlicher Aktivitäten in den Zulieferländern oder die Vorschrift, im internationalen Einkauf strikt darauf zu achten, dass sich Lieferanten an unseren Verhaltenskodex halten. Das gilt für jede Firma der Otto Group, egal in welchem Segment oder in welchem Land.«, Archiv Otto Group Hamburg, Otto Geschäftsbericht 2008, 2009.

289 Zwar stammten die zehn Unternehmen alle aus deutschsprachigen Ländern, jedoch hielt der Bericht bereits fest, dass »die Nachhaltigkeitsberichterstattung in den kommenden Jahren auf weitere der 123 wesentlichen Gesellschaften des Konzerns ausgeweitet« würde, Archiv Otto Group Hamburg, Nachhaltigkeitsbericht 2009. Verantwortung, Innovation, Transparenz, 2009.

5. Exkurs Handels- und Konsumgüterbranche: Die Politik als Partner

Während die Analyse beider Unternehmen der Chemie- und Pharmabranche Interdependenzen zwischen politischer und wirtschaftlicher Sphäre zeigte, spielten diese bei Otto keine gesonderte Rolle. Vor der Analyse der britischen Marks & Spencer soll im folgenden Exkurs anhand ausgewählter Beispiele knapp illustriert werden, inwiefern die beiden Handels- und Konsumgüterunternehmen Otto und Marks & Spencer dennoch kommunikativ Bezug auf die Politik nahmen und welche Narrative sie in diesem Kontext bedienten.

Bei Bezugnahmen auf die politische Sphäre charakterisierte Otto die Politik nicht als Antagonist, sondern kommunizierte das Narrativ der Politik als Partner des Unternehmens, insbesondere bei zeitgenössisch breit rezipierten Handlungsfeldern und Diskursen. Hierzu zählte beispielsweise das Thema FCKW, das Otto bereits in den frühen 1990er in Geschäftsberichten ebenso wie in weiteren Publikationen thematisierte.[290] FCKW war nicht zuletzt durch sein Verbot durch das 1987 von 24 Staaten sowie der Europäischen Gemeinschaft unterzeichnete und 1989 in Kraft getretene *Montreal Protocol* im zeitgenössischen öffentlichen Diskurs präsent.[291] Der Schutz der Ozonschicht blieb auch Mitte der 1990er Jahre ein wichtiger Bezugspunkt der Kommunikation; ein kooperativer Ansatz zwischen Unternehmen und Politik manifestierte sich in gemeinschaftlich umgesetzten Initiativen.[292] Auch das Thema Verpackungen und Recycling spielte zeitgenössisch eine große Rolle in der Bundesrepublik, vor allem im Kontext der Entstehung der ersten Verpackungsverordnung im Jahr 1991, in deren Folge neben der öffentlichen, kommunalen Entwicklung eine zweite, von Handel und Industrie getragene Entsorgungsschiene etabliert wurde.[293] Otto begrüßte das Vorhaben einer Verpackungsverordnung explizit und inszenierte sich selbst als partnerschaftlich handelnden Akteur.[294] Das Narrativ ging weit über eine bloße

290 Vgl. exemplarisch Archiv Otto Group Hamburg, Otto Versand und Umweltschutz, 1992; Archiv Otto Group Hamburg, Otto Geschäftsbericht 1. März 1990 – 28. Februar 1991, 1991; zur deutschen Debatte um ein FCKW Verbot vgl. Brüggemann 2015, S. 181–183.

291 Vgl. Brüggemann 2015, S. 180.

292 Archiv Otto Group Hamburg, Umwelt. Bewusst Handeln., Juni 1994.

293 Stiftung Zentrale Stelle Verpackungsregister 2021.

294 »Auch der vom Gesetzgeber mit der Anwendung des Prinzips der Produktverantwortung eingeschlagene Weg wird vom Otto Versand als richtig begrüßt und unterstützt. Die mit der Umsetzung der Verpackungsverordnung einhergehende Gründung und der Aufbau der Duale System Deutschland Gesellschaft für Abfallvermeidung und Sekundärrohstoffgewinnung mbH (DSD) wurde vom Otto Versand durch seine Mitgliedschaft von Anbeginn unterstützt. Die Einführung des Grünen Punktes beim Otto Versand sechs Monate vor dem offiziellen Starttermin des DSD Anfang 1993 soll helfen, die notwendige Anschubkraft für das System sicherzustellen.«, Archiv Otto Group Hamburg, Otto Geschäftsbericht 1. März 1991 – 29. Februar 1992, 1992.

Akzeptanz politischer Rahmenbedingungen hinaus; Otto sei selbst ein Vorreiter bei der Umsetzung politischer Vorhaben und ein Faktor für deren Erfolg gewesen. Auch in den Folgejahren nahm Otto Bezug auf politische Maßnahmen und kommunizierte dabei unverändert keinen Gegenpol zu diesen, sondern adaptierte und integrierte sie in die Geschäftspraxis.[295] Neben der nationalen fand in Geschäftsberichten auch die europäische Ebene am Rande Erwähnung. Auch hier stand eine positive Beurteilung im Vordergrund.[296]

Die positive Konnotation der Politik als Akteur blieb auch erhalten als der Nachhaltigkeitsdiskurs in den 2000er Jahren weitere Dominanz erlangte. Aktiv rekurrierte Otto in diesem Kontext auf die diskursive Macht der politischen Sphäre. Insbesondere zur Erreichung eines gesellschaftlichen Bewusstseinswandels sei die Politik unerlässlich.[297] Im Zuge der ab den 2000er Jahren zunehmenden Internationalisierung im diskursiven Feld der Nachhaltigkeit rezipierte Otto auch globale politische Vorgaben. Auch hier charakterisierte das Unternehmen die Politik als verantwortlichen Treiber für nachhaltiges Wachstum.[298] Trotz dieser vereinzelten Bezugnahmen auf die Politik, zeugen die Quellen nicht davon, dass sich Otto in hohem Maße von der Politik beeinflusst sah. Stattdessen scheinen hinter der Ausformierung des Leitbilds Nachhaltigkeit im Unternehmen andere Treiber gestanden zu haben. Dies stellt einen signifikanten Unterschied zur Chemie- und Pharmabranche dar und illustriert die Bedeutung der Branchenzugehörigkeit für Einschreibungen in das diskursive Feld der Nachhaltigkeit.

Dieser Befund lässt sich auch für das britische Beispiel Marks & Spencer bestätigen. Das Unternehmen rezipierte politische Vorgaben und stand im Austausch mit politischen Akteuren, insgesamt blieb die Politik als Ak-

295 Vgl. exemplarisch Archiv Otto Group Hamburg, Otto Geschäftsbericht 1. März 1992 – 28. Februar 1993, 1993; auch der erste Umweltbericht des Unternehmens betonte: »Die Einhaltung gesetzlicher Vorschriften betrachten wir […] als selbstverständlich«, Archiv Otto Group Hamburg, Umweltbericht 1995, März 1996.

296 So hatte beispielhaft die Durchführung einer Umweltprüfung im Vorfeld eines Umwelt-Audit gemäß EU-Verordnung »neben der Ermittlung neuer Ansatzpunkte für weitergehende Umweltmaßnahmen auch die Schaffung von Transparenz und damit von Vertrauen und Akzeptanz in die Umweltleistungen des Otto Versand zum Ziel.«, Archiv Otto Group Hamburg, Otto Geschäftsbericht 1. März 1993 – 28. Februar 1994, 1994.

297 Vgl. hierzu: »Politik spielt eine maßgebliche Rolle bei der Durchsetzung nachhaltiger Konsumstrategien. Sie bestimmt den Handlungsrahmen, kann aktiv zwischen den Akteuren in der Wirtschaft und der Zivilgesellschaft vermitteln und Maßnahmen auf internationaler Ebene anstoßen. Auch durch die Verbesserung der Informationspolitik, die Investition in nachhaltige Business-Modelle oder durch die Übernahme einer Vorbildfunktion, etwa in der öffentlichen Beschaffung, kann die Politik das Thema voranbringen.«, Archiv Otto Group Hamburg, Nachhaltigkeitsbericht 2009. Verantwortung, Innovation, Transparenz, 2009.

298 Vgl. Archiv Otto Group Hamburg, Otto Geschäftsbericht 1999, 2000.

teur im Untersuchungszeitraum aber relativ unauffällig. In den Quellen von Marks & Spencer finden sich zahlreiche Belege für Kooperationen zwischen dem Unternehmen und der Politik, die sich jedoch nicht oder nur am Rande im diskursiven Feld der Nachhaltigkeit bewegten. Exemplarisch sei auf Kooperationen im Bildungsbereich[299], die Eröffnung eines Geschäfts in Madrid durch die damalige Premierministerin Margaret Thatcher[300] oder auf deren persönliche Korrespondenz mit dem langjährigen Vorstandsvorsitzenden des Unternehmens Marcus Joseph Sieff verwiesen.[301] Die Kontaktzonen zwischen Unternehmen und Politik wurden nicht problematisiert und vielmehr in der Mitarbeiterzeitschrift inszeniert. Die interne Kommunikation berichtete umfassend über Kontaktzonen mit britischen Politikerinnen und Politikern.[302] Die gezielte Einflussnahme auf politische Gesetzgebungsprozesse erschien ausschließlich positiv besetzt.[303] Auch die Politik selbst verwies auf die Bedeutung von Marks & Spencer, was das Unternehmen rezipierte und zitierte.[304] Praktiken und Narrative der Nachhaltigkeit spielten in dieser Kommunikation keine greifbare Rolle, dennoch vermögen sie die bestehenden Kommunikationskanäle und hierüber getätigten Einschätzungen jener Kontaktzonen zu illustrieren. Das britische Unternehmen stand im engen Austausch mit der Politik und kommunizierte das Narrativ eines verlässlichen Partners.

Gegen Ende des Untersuchungszeitraums zeigte sich deutlich, dass Marks & Spencer die britische Regierung nicht als Vorreiter im Feld der Nachhaltigkeit wahrnahm. Das Unternehmen schien in keiner Weise von der Politik getrieben, vielmehr ging es selbst voran.[305] Die Ziele der britischen Regierung nahm

---

299 The M&S Company Archive Leeds, HO/4/1/5/3, Letter from the Training and Development Department to Mr David Sieff about the School Management Task Force, 22.11.1988.

300 The M&S Company Archive Leeds, CR/D/1/64, 1989 Annual Report and Financial Statements, 1989.

301 The M&S Company Archive Leeds, R/4/1/1/436, Thatcher: correspondence with Marcus Sieff, 1978–1990.

302 The M&S Company Archive Leeds, HO/3/2/2/8/1/469, Premier visits Premier Store, St Michael News staff magazine, November 1987; The M&S Company Archive Leeds, HO/3/2/2/8/1/463, PM visits M&S at Retailers' Exhibition, St Michael News staff magazine, Mai 1987.

303 Ein Mitarbeiter des Unternehmens wird mit den Worten zitiert: »Through the week it became evident how business can advise Parliament and the value of becoming involved at the early stages rather than raising objections or criticism at the end when little can be done to respond. In that way industry can play an important part in helping Parliament shape regulations.«, The M&S Company Archive Leeds, HO/3/2/2/8/1/463, How the Other Half Works, St Michael News staff magazine, Mai 1987.

304 In einem Grußwort in der Mitarbeiterzeitschrift gab beispielsweise die damalige Premierministerin Margaret Thatcher an, Marks & Spencer würde »help to sell Britain not only to us but also to the many thousands of overseas visitors who, while in this country, shop in our High Streets.«, The M&S Company Archive Leeds, HO/3/2/2/8/1/470, ...and from the PM, St Michael News staff magazine, Dezember 1987.

305 Eine interne Präsentation aus dem Jahr 2008 veranschaulicht dieses Narrativ: »Opportunity for leadership still exists given the uncertainty and confusion surrounding sustainability. The UK is felt to be behind many other countries in sustainability. Legislation – lower targets set by government. Technology – slower uptake in areas such as AD, CHP etc. Lack of joined-up thinking between consumer + retailer +

Marks & Spencer als nicht ambitioniert war, die Zusammenarbeit als wenig effizient. U. a. bleibe die Abfallgesetzgebung hinter anderen EU-Ländern zurück.[306] Anstatt dass die Politik die Unternehmen förderte und Nachhaltigkeit forderte, würden diese selbst den Diskurs aktiv gestalten und eigenständig vorantreiben. Die Politik lasse hingegen klare Richtlinien und Orientierung vermissen.[307] Zur Verbesserung der Situation wurden Kooperationen angestrebt.[308] Bemerkenswert ist, dass Marks & Spencer hier aktiv eine größere Beteiligung der Regierung einforderte. Der große Spielraum, der durch die geringen politischen Vorgaben existierte, wurde nicht einseitig positiv interpretiert. Vielmehr forderte das Unternehmen politisch geleitete, einheitliche Standards ein.

Die Ausführungen zeigen exemplarisch Kontaktzonen zwischen den beiden Handels- und Konsumgüterunternehmen und politischen Akteuren sowie die daraus resultierenden Narrative. Insgesamt nahm die Politik für diese Branche eine untergeordnete Rolle bei der Entwicklung von Nachhaltigkeitskriterien ein – ein wesentlicher Unterschied zur Chemie- und Pharmaindustrie. Wo sie in Erscheinung trat, überwogen positive Zuschreibungen und Narrative eines partnerschaftlichen, kooperativen Ansatzes. Als Treiber mit überzogenen Forderungen galten politische Akteure beiden Unternehmen nicht. Politische Vorgaben wurden, so das kommunizierte Bild, entweder unterstützt oder sogar übertroffen.

---

government + supranational bodies is perceived as a major barrier.«, The M&S Company Archive Leeds, HO/2/5/1/6, External Pillar Review, Januar 2008.

306 Ebd.

307 Vgl.: »Government need to provide better guidance – retailers have pushed beyond regulatory bodies and government strategy on climate change. Retail Consortia are calling for more strategic input and guidance from the government on a range of issues including: Standardised method for calculating carbon footprints. Greater support of alternative energies (financially and otherwise).«, ebd.

308 Vgl. ebd.

V. Marks & Spencer – Britische Handelstradition

1. Firmenprofil und Entwicklungen im Untersuchungszeitraum

> »For 125 years M&S has been trusted by customers to offer high quality products at great value. We are ›Your M&S‹, having grown from a Penny Bazaar stall to become the UK's leading retailer of quality clothing, food and home products. With more than 21 million UK customers, we are also an expanding international force, now in 40 territories. A team of 78,000 people and over 2,000 suppliers form the bedrock of our business, ensuring our brand will continue to offer Quality, Value, Service, Innovation and Trust.«[1]

In diesem Zitat aus dem Geschäftsbericht von Marks & Spencer [M&S] am Ende der 2000er Jahre spiegelt sich eine Vielzahl an Charakteristika der Unternehmensgeschichte – eine lange Tradition, ein starker Fokus auf den britischen Heimatmarkt und eine zunehmende Internationalisierung. Als Gründungsjahr von Marks & Spencer gilt das Jahr 1884, als der polnische Einwanderer Michael Marks in Leeds einen Marktstand eröffnete.[2] 1894 schloss er sich mit Thomas Spencer zusammen, zehn Jahre später eröffneten sie die erste Filiale.[3] Das Unternehmen war im gesamten Untersuchungszeitraum an der Londoner Börse gelistet – und ist es bis heute.[4] Dennoch erhielt sich lange Zeit der Charakter als Familienunternehmen. 1985 ernannte das Unternehmen mit Derek Rayner erstmals einen Manager, der nicht zur Gründungsfamilie gehörte, zum Chairman.[5] Mit Sir David

1 The M&S Company Archive Leeds, CR/D/1/84, 2009 Annual Report and Financial Statements, 2009.

2 The M&S Company Archive, Leeds, The M&S Story Timeline – M&S Archive (marksandspencer.com) (first published Feb 2023)

3 Ebd.

4 Wood 2019.

5 The M&S Company Archive, Leeds, The M&S Story Timeline – M&S Archive (marksandspencer.com) (first published Feb 2023).

Daniel Sieff war bis zum Jahr 1997 zudem letztmalig ein Nachfahre von Michael Marks im Vorstand tätig.[6]

Der Untersuchungszeitraum ist von wirtschaftlichem Aufschwung ebenso wie von Krisenzeiten des Unternehmens geprägt. Zu Beginn des Untersuchungszeitraums erwirtschaftete Marks & Spencer einen Umsatz von 4,2 Milliarden britischen Pfund im Vergleich zu 3,7 Milliarden Pfund im Vorjahr 1986.[7] Zur Produktpalette zählten zum damaligen Zeitpunkt die Sparte Bekleidung, die mit einem Umsatz von 2,1 Milliarden Pfund fast 50 Prozent der Einnahmen generierte, sowie die Sparten Haushaltswaren (Umsatz 517 Millionen Pfund), Lebensmittel (Umsatz 1,5 Milliarden Pfund) und Finanzleistungen (Umsatz 37 Millionen Pfund).[8] Bereits 1990 lag der Umsatz bei 5,6 Milliarden Pfund, die Bekleidungssparte blieb mit 2,8 Milliarden Pfund unverändert das größte Segment.[9] 1995 erzielte das Unternehmen einen Umsatz von 6,8 Milliarden Pfund.[10] Nach Jahren des Wachstums ging der Umsatz von Marks & Spencer Ende des Jahrzehnts erstmals zurück.[11] Der Abwärtstrend setzte sich in den Folgejahren fort.[12] 2002 konnte das Unternehmen wieder ein Wachstum um 3,8 Prozent erzielen und erwirtschaftete nun 7,6 Milliarden Pfund Umsatz.[13] Das Wachstum setzte sich zunächst fort[14], war jedoch bereits gegen Mitte des Jahrzehnts wieder rückläufig.[15] In der zweiten Hälfte der 2000er Jahre konnte Marks & Spencer sich wirtschaftlich erholen.[16] Ab Mitte der 2000er Jahre wurde wieder ein Umsatz wie Mitte der 1990er Jahre erreicht. 2009 lag der Umsatz schließlich bei 9,1 Milliarden Pfund.[17] Größter Markt blieb Großbritannien mit einem Jahresumsatz von 8,16 Milliarden Pfund, wovon 3,9 Milliarden auf die Bekleidungssparte und 4,2

---

6 Graham Ruddick, Marks & Spencer Lost Its Way, Says Founding Family Member Sir David Sieff, in: The Telegraph 9.7.2013.

7 Umsätze in Milliarden sind auf eine Nachkommastelle gerundet, The M&S Company Archive Leeds, CR/D/1/62, 1987 Annual Report and Financial Statements, 1987.

8 Ebd.

9 The M&S Company Archive Leeds, CR/D/1/65, 1990 Annual Report and Financial Statements, 1990.

10 The M&S Company Archive Leeds, CR/D/1/70, 1995 Annual Report and Financial Statements, 1995.

11 The M&S Company Archive Leeds, CR/D/1/74, 1999 Annual Report and Financial Statements, 1999.

12 Vgl. The M&S Company Archive Leeds, CR/D/1/75, 2000 Annual Report and Financial Statements, 2000; The M&S Company Archive Leeds, CR/D/1/76, 2001 Annual Report and Financial Statements, 2001.

13 The M&S Company Archive Leeds, CR/D/1/77, 2002 Annual Report and Financial Statements, 2002.

14 The M&S Company Archive Leeds, CR/D/1/78, 2003 Annual Report and Financial Statements, 2003; The M&S Company Archive Leeds, CR/D/1/79, 2004 Annual Report and Financial Statements, 2004.

15 The M&S Company Archive Leeds, CR/D/1/80, 2005 Annual Report and Financial Statements, 2005.

16 Der Umsatz stieg von 7,5 Milliarden Pfund in 2004/2005 über 7,8 Milliarden Pfund in 2005/2006 auf 8,6 Milliarden Pfund im Geschäftsjahr 2006/2007, The M&S Company Archive Leeds, CR/D/1/82, 2007 Annual Report and Financial Statements, 2007.

17 The M&S Company Archive Leeds, CR/D/1/84, 2009 Annual Report and Financial Statements, 2009.

Milliarden auf den Lebensmittelbereich entfielen.[18] Letztgenannter hatte sich zur größten Sparte des Unternehmens entwickelt.

Zu Beginn des Untersuchungszeitraums verstand sich Marks & Spencer dezidiert als britisches Unternehmen. Die Einkaufspolitik sah vor, vor allem britische Waren anzubieten, jedoch war Marks & Spencer auch zu diesem Zeitpunkt keineswegs ein rein britisches Unternehmen, sondern Teil internationaler Lieferketten.[19] Neben der Produktionskette internationalisierten sich die Absatzmärkte. So expandierte das Handelsunternehmen bereits seit den 1970er Jahren international. Erste Filialen in Frankreich eröffnete das Unternehmen bereits 1975.[20] Am Übergang von den 1980er zu den 1990er Jahren eröffnete Marks & Spencer zudem Filialen in Hong Kong.[21] Ende der 1980er Jahre war Marks & Spencer in Kanada tätig, stand vor dem Markteintritt in die USA und betrieb Geschäfte in Kontinentaleuropa.[22] Auch wenn Marks & Spencer das Narrativ eines durch und durch britischen Unternehmens zeichnete, kann es bereits zu Beginn des Untersuchungszeitraums als multinationales Unternehmen charakterisiert werden.[23] Zuvor existierte ein explizites – und in weiten Teilen gelebtes – Bekenntnis zu Großbritannien, das sich vor allem ab den 1980er Jahren vor dem Eindruck einer globalisierten Textilindustrie langsam wandelte.[24] 1995 war das Unternehmen an 711 Standorten weltweit tätig, teils unter eigenem Namen, teils durch zum Unternehmen zählende Ketten wie Kings Super Markets in den USA.[25] Mit 283 Filialen blieb Großbritannien der größte Standort.[26]

Die Internationalisierung setzte sich jedoch nicht ungebremst fort. Anfang der 2000er Jahre schloss Marks & Spencer alle 41 kontinentaleuropäischen Fi-

---

18 Ebd.

19 Vgl.: »In 1986 we sold £3·7 billion worth of British-made merchandise, compared with £3·3 billion in the previous year. Our commitment to buy British goods and support British industry continues. We purchase from overseas selected goods of high quality and innovation which we cannot obtain in the United Kingdom. This merchandise is mostly purchased in collaboration with our UK manufacturers who provide facilities abroad for quality control and handle the distribution to our stores.«, The M&S Company Archive Leeds, CR/D/1/62, 1987 Annual Report and Financial Statements, 1987.

20 The M&S Company Archive, Leeds, The M&S Story Timeline – M&S Archive (marksandspencer.com) (first published Feb 2023).

21 The M&S Company Archive Leeds, CR/D/1/65, 1990 Annual Report and Financial Statements, 1990.

22 The M&S Company Archive Leeds, CR/D/1/62, 1987 Annual Report and Financial Statements, 1987.

23 Auch die unternehmenshistorische Studie von Rachel Worth spricht von einer »transition the company made from being primarily a British concern to one which by the 1990s could more accurately (at least superficially) be described in global terms.«, Worth 2007, S. 112.

24 Vgl. ebd., S. 113.

25 The M&S Company Archive Leeds, CR/D/1/70, 1995 Annual Report and Financial Statements, 1995.

26 Ebd.

lialen und verkaufte die amerikanische Kette Brooks Brothers.[27] Im britischen Markt sah Marks & Spencer sein traditionsreiches Hauptgeschäft, das das Unternehmen aus der Krise führen sollte.[28] Ungeachtet der Refokussierung auf den Heimatmarkt blieb Marks & Spencer ein dezidiert internationales Unternehmen. 2005 betrieb es neben den 399 britischen Filialen, 155 Franchise Filialen in 30 Regionen, vor allem in Europa, dem Nahen und Mittleren Osten sowie Asien und war hundertprozentiger Eigentümer von Filialen in Hongkong sowie der US-Supermarkt Gruppe Kings Super Markets.[29] Gegen Ende der 2000er Jahre verfolgte Marks & Spencer erneut eine aktive internationale Expansionspolitik.[30]

2. Termini – Nachhaltigkeit ohne *Sustainability*

Wie im deutschen Beispiel Otto wurde die Veröffentlichung des Brundtland-Berichts zumindest terminologisch nicht vom britischen Unternehmen Marks & Spencer rezipiert. Die Termini *Sustainability* und *Sustainable Development* fanden ebenso wenig Eingang in die Geschäftsberichte 1987 und 1988 wie das korrespondierende Adjektiv *sustainable*.[31] Anders als die deutsche Otto Gruppe verwendete Marks & Spencer auch Begriffe der ökologischen Dimension wie Environment nicht. Das diskursive Feld der Nachhaltigkeit äußerte sich zeitgenössisch nur im Begriff der *Community Affairs*.[32] Der Begriff lässt sich einem sozialen Verständnis von Nachhaltigkeit zuordnen, eine eindeutige Übersetzung gestaltet sich jedoch schwierig. Er diente als Überbau für gesellschaftliches Engagement, rekurrierte aber zugleich auf die lokale Umgebung von Marks & Spencer.[33] Frühzeitig verknüpften sich in dem Begriff ökonomischer Erfolg und soziale Verantwortung.[34] Anders als im deutschen Beispiel der Han-

27 The M&S Company Archive Leeds, CR/D/1/76, 2001 Annual Report and Financial Statements, 2001; The M&S Company Archive Leeds, CR/D/1/77, 2002 Annual Report and Financial Statements, 2002.

28 Vgl. The M&S Company Archive Leeds, CR/D/1/77, 2002 Annual Report and Financial Statements, 2002.

29 The M&S Company Archive Leeds, CR/D/1/80, 2005 Annual Report and Financial Statements, 2005.

30 The M&S Company Archive Leeds, CR/D/1/84, 2009 Annual Report and Financial Statements, 2009.

31 The M&S Company Archive Leeds, CR/D/1/62, 1987 Annual Report and Financial Statements, 1987; The M&S Company Archive Leeds, CR/D/1/63, 1988 Annual Report & Financial Statements, 1988.

32 The M&S Company Archive Leeds, CR/D/1/62, 1987 Annual Report and Financial Statements, 1987; The M&S Company Archive Leeds, CR/D/1/63, 1988 Annual Report & Financial Statements, 1988.

33 Im Kapitel V.4.2 wird der kommunale Bezugspunkt von Marks & Spencer ausgiebig analysiert.

34 Vgl. exemplarisch: »Our involvement in community affairs stems from a belief that it is morally right and commercially important to promote a healthy business environment for our operations and to contribute to the well-being of society.«, The M&S Company Archive Leeds, CR/D/1/63, 1988 Annual Report & Financial Statements, 1988.

dels- und Konsumgüterbranche waren zunächst nicht Begriffe der Ökologie und Ökonomie prägend, sondern der Ökonomie und des sozialen Bereichs.

Ein erster Wandel lässt sich am Übergang zu den 1990er Jahren konstatieren. Erstmals nutzte der Geschäftsbericht 1989 den Begriff Environment. Die diesbezüglichen Narrative und Praktiken wurden jedoch untergeordnet im Kapitel »Community Affairs« kommuniziert, womit das Soziale terminologischer Überbau blieb.[35] 1991 erhielt der Bereich *Environmental Responsibility* ein eigenes Kapitel als Teil des Geschäftsberichts.[36] Die Termini *Sustainability* oder *Sustainable Development* spielten in den zeitgenössischen Berichten hingegen keine Rolle.[37] 1992 brach Marks & Spencer die begriffliche Dominanz der *Community Affairs* auf und benannte das entsprechende Kapitel in *Corporate Affairs* um.[38] Diese »Unternehmensangelegenheiten« umfassten »involvement in the community, environmental issues and contact with UK and EC government«.[39] Bemerkenswert ist, dass sich im Zuge der Neuorientierung zugleich die Kommunikation über die ökologische Dimension abschwächte. Widmete der Bericht des Vorjahres dem Feld der Ökologie noch ein eigenes Kapitel, ging dieses nun wieder in einem größeren Kontext auf beziehungsweise vielmehr – auch quantitativ – unter. Deutlich wird hier einmal mehr, dass die (begriffliche) Entwicklung von Nachhaltigkeit in Unternehmen nicht als geradlinige Fortschrittsgeschichte zu verstehen ist.

Mitte der 1990er Jahre näherte sich Marks & Spencer definitorisch dem Leitbild Nachhaltigkeit an, während die Begriffe weiterhin keine Anwendung fanden. Marks & Spencer kommunizierte Narrative und Praktiken unter dem Titel »Corporate affairs«, nun aber mit dem Zusatz »Serving the community«, der akzentuierte, dass das Leitbild lokal gedacht wurde.[40] Ferner erhielten ökologische Praktiken eine eigene Sparte namens »Environmental Responsibility«.[41] 1995 fand eine neue Bezeichnung Eingang, »Social Resonsibility«. Unter dieser Verantwortung subsumierte das Unternehmen »Tackling Social and Environmental Concerns.«[42]

35 The M&S Company Archive Leeds, CR/D/1/64, 1989 Annual Report and Financial Statements, 1989.

36 The M&S Company Archive Leeds, CR/D/1/66, 1991 Annual Report and Financial Statements, 1991.

37 The M&S Company Archive Leeds, CR/D/1/67, 1992 Annual Report and Financial Statements, 1992; The M&S Company Archive Leeds, CR/D/1/68, 1993 Annual Report and Financial Statements, 1993.

38 The M&S Company Archive Leeds, CR/D/1/67, 1992 Annual Report and Financial Statements, 1992; Marks and Spencer verwendete diesen Begriff auch 1993, The M&S Company Archive Leeds, CR/D/1/68, 1993 Annual Report and Financial Statements, 1993.

39 Die im Kapitel kommunizierten Beziehungen zur nationalen und europäischen Politik enthielten keinerlei Verbindung zum diskursiven Feld der Nachhaltigkeit, The M&S Company Archive Leeds, CR/D/1/67, 1992 Annual Report and Financial Statements, 1992.

40 The M&S Company Archive Leeds, CR/D/1/69, 1994 Annual Report and Financial Statements, 1994.

41 Ebd.

42 The M&S Company Archive Leeds, CR/D/1/70, 1995 Annual Report and Financial Statements, 1995.

Auch Ende des Jahrzehnts hielt das Unternehmen an der Terminologie fest, unterschied darin nun aber zwischen sozialen und ökologischen Fragestellungen. In zwei separaten Kapiteln adressierte der Geschäftsbericht »Social responsibility: the community«[43] sowie »Social responsibility: the environment«.[44] Die unter den Begriffen subsumierten Aspekte enthielten klare Anleihen an das diskursive Feld der Nachhaltigkeit, wenngleich der Nachhaltigkeitsterminus selbst keine Anwendung fand.[45] Während die Begriffe selbst sich veränderten, bildete der Schwerpunkt auf die soziale Dimension eine Konstante im Verlauf der 1990er Jahre. Im gleichen Zeitraum begann Otto Praktiken der sozialen Dimension in seiner Umweltschutzkommunikation mitzudenken. Für Marks & Spencer lässt sich eine umgekehrte Rangfolge konstatieren: Die Ökologie wurde in die Kommunikation über die soziale Dimension integriert.

An der Jahrtausendwende verfestigte sich die Dominanz des *Begriffs Social Responsibility* nun zumeist als *Corporate Social Responsibility (CSR)*.[46] Gleichzeitig zeigt sich, dass der Terminus CSR sich im Gebrauch durch Marks & Spencer dem diskursiven Feld der Nachhaltigkeit zuordnen ließ, das zeitgenössisch auf politischer Ebene in Großbritannien als Verbindung von ökonomischen, ökologischen und sozialen Fragen verstanden wurde: »Increasingly, global companies like Marks & Spencer have huge power and with that power comes responsibility. Corporate Social Responsibility is not about a new initiative – it's a whole new way of thinking about our responsibility to do well financially, and to do good in social and environmental terms.«[47] Die Ausführungen bestätigen eine definitorische Übereinstimmung zwischen CSR und *Sustainability*. 2003 publizierte Marks & Spencer den ersten Bericht, der vollständig dem diskursiven Feld der Nachhaltigkeit zuzuordnen war.[48] *Corporate Social Responsibility Review* – so betitelte das Unternehmen jene Kommunikation. Ausführungen des damaligen Chairman Luc Vandevelde zu Beginn des Berichts verdeutlichten, dass Marks & Spencer sich unter diesem Terminus in den Nachhaltigkeitsdiskurs

43 The M&S Company Archive Leeds, CR/D/1/72, 1997 Annual Report and Financial Statements, 1997; The M&S Company Archive Leeds, CR/D/1/73, 1998 Annual Report and Financial Statements, 1998.

44 The M&S Company Archive Leeds, CR/D/1/72, 1997 Annual Report and Financial Statements, 1997.

45 Vgl. exemplarisch: »We believe that business must accept social responsibility. Lasting prosperity and success depends on healthy, stable communities and proper care for the envrironment.«, ebd.

46 Exemplarisch illustriert dies ein Artikel aus der Mitarbeiterzeitschrift *on your marks*: »Businesses are playing an increasingly important role in society, and in recognition of this we have set up a new unit to promote corporate social responsibility across all business areas.«, The M&S Company Archive Leeds, HO/3/2/2/12/1/14, Taking Responsibility, On Your Marks staff magazine, September 2000.

47 The M&S Company Archive Leeds, HO/3/2/2/12/1/17, Taking Responsibility, On Your Marks staff magazine, Januar 2001.

48 The M&S Company Archive Leeds, HO/2/6/4, Corporate Social Responsibility Review 2003, 2003.

einschrieb.[49] Die Publikation widmete sich der Verbindung der ökologischen, sozialen, ökonomischen sowie – wie später auch Otto – ethischen Dimension. Der Terminus *Sustainability* fand in dieser ersten Publikation jedoch lediglich dreimal Erwähnung, das Adjektiv *sustainable* insgesamt weitere zwölfmal.[50] Der Begriff wurde hier vor allem in einem klassischen, ressourcenökonomischen Sinn verstanden.[51] Die Bedeutung von CSR brachte die interne Kommunikation in einem Artikel der Mitarbeiterzeitschrift prägnant auf den Punkt: »Corporate Social Responsibility (CSR) is a phrase you will be hearing a lot of in the coming months.«[52]

Obwohl Marks & Spencer Nachhaltigkeitstermini in der ersten Hälfte der 2000er Jahre kaum rezipierte, bewerteten externe Gutachter die Praktiken und Narrative als erfolgreiche Einschreibung in das Diskurs- und Handlungsfeld. Sowohl im renommierten *Global Dow Jones Sustainability Index (DJSI)* als auch im paneuropäischen *DJSI STOXX* wurde Marks & Spencer 2002 als *Most Sustainable Retailer* ausgezeichnet.[53] Die Auszeichnung kommentierte der *Corporate and Social Responsibility Manager* von Marks & Spencer wie folgt: »We are delighted to be both included and finish top of the retail sector indexes. It is good to be recognised for the work we have achieved in all aspects of CSR.«[54] Hieran zeigt sich, dass das Unternehmen den Begriff CSR synonym zum Begriff der Nachhaltigkeit verstand. Die Quellen geben Hinweise darauf, dass dies in Großbritannien durchaus üblich war und der CSR-Begriff hier häufig zur Anwendung kam. So erhielt Marks & Spencer auch in Großbritannien eine Auszeichnung als nachhaltigster Einzelhändler – hier war die Auszeichnung jedoch benannt als *Business in the Community's (BitC) First Corporate Responsibility Index*.[55]

---

49 Vgl.: »Welcome to our first publication on Corporate Social Responsibility – or CSR for short. It explains how we as a company are seeking to meet our social, environmental and ethical responsibilities and to satisfy the expectations of all those involved in our business.«, ebd.

50 Während CSR den Titel des Berichts prägte und kontinuierlich als Substantiv Anwendung fand, kam sustainable primär als Ergänzung für bestimmte Themenbereiche zum Tragen. Als Überschrift verwendeten die Publikationen den Terminus lediglich im Kontext von »sustainable raw materials«, ebd.; The M&S Company Archive Leeds, CR/D/1, Corporate Social Responsibility Report 2003/04, 2004.

51 Vgl.: »As worldwide rates of consumption and disposal increase, many types of raw materials are being used faster than they can be replenished or are produced in a way that damages the environment. This is clearly unsustainable.«, The M&S Company Archive Leeds, CR/D/1, Corporate Social Responsibility Report 2003/04, 2004.

52 The M&S Company Archive Leeds, HO/3/2/2/12/1/42, It's all About Trust, On Your Marks staff magazine, Februar/März 2004.

53 The M&S Company Archive Leeds, HO/3/1/3/1/248, Press Release: Marks & Spencer is the World's Most Sustainable Retailer According to Leading Sustainability Indexes, 05.09.2002.

54 Ebd.

55 The M&S Company Archive Leeds, HO/3/1/3/1/368, Press Release: Marks & Spencer is Top Retailer in Business in the Community Corporate Responsibility Index, 12.03.2003.

Der terminologische Überbau erhielt sich zunächst auch Mitte der 2000er Jahre, während sich besonders in der internen Kommunikation erste Verschiebungen beobachten ließen. Unverändert kommunizierte Marks & Spencer Narrative und Praktiken der Nachhaltigkeit in externen Berichten namens *Corporate Social Responsibility Report*.[56] Obwohl der Nachhaltigkeitsbegriff marginalisiert blieb, widmete sich der Bericht ihm inhaltlich.[57] Zunächst ließ sich der Schwerpunkt auf den Verantwortungsbegriff auch für die interne Kommunikation konstatieren. 2005 nutzte die Mitarbeiterzeitschrift das Schlagwort »responsible retailing«.[58] Hier zeigte sich jedoch, wie sich die Vormachtsstellung der *Corporate Social Responsibility* in Auflösung befand, wenn es bereits zu Beginn des Artikels hieß: »Sustainable development – sourcing products in a way that balances commercial needs today with the protection of the environment and society for tomorrow – is often in the headlines.«[59] Dieser Befund wird noch unterstrichen durch einen parallel publizierten Artikel namens »Sustainable development in action«.[60] Die hierunter kommunizierten Praktiken zeugen von einem zu diesem Zeitpunkt holistischen Verständnis des Leitbilds Nachhaltigkeit, charakterisiert durch einen Schwerpunkt auf die ökologische Dimension.[61] Während sich der Terminus folglich erst langsam etablierte, wiesen die entsprechenden Praktiken und Narrative schon eine erheblich längere Tradition auf.

Das erste Jahrzehnt des 21. Jahrhunderts schritt bereits dem Ende zu, als Marks & Spencer eine fulminante terminologische Wende vollzog. 2007 lancierte das Unternehmen seinen sogenannten Plan A – eine umfassende Business-Strategie, getragen vom Leitbild der Nachhaltigkeit. Dies schlug sich nun auch begrifflich nieder: »Everything we do has one key goal: building a sustainable business for the long term, generating shareholder value through consistent, profitable growth while making sure that our customers can always trust us to do the right thing.«[62] Terminologisch war Marks & Spencer nun endgültig im diskursiven Feld der Nachhaltigkeit etabliert.[63] Bemerkenswert ist zudem die

56 The M&S Company Archive Leeds, CR/D/6/2, Corporate Social Responsibility Report 2005, 2005; The M&S Company Archive Leeds, CR/D/6/3, Corporate Social Responsibility Report 2006, 2006.

57 Zielgruppe seien »people who are interested in our social, ethical and environmental performance.«, The M&S Company Archive Leeds, CR/D/6/3, Corporate Social Responsibility Report 2006, 2006.

58 The M&S Company Archive Leeds, HO/3/2/2/14/5, Responsible Retailing, Your M&S staff magazine, Februar 2005.

59 Ebd.

60 The M&S Company Archive Leeds, HO/3/2/2/14/5, Sustainable Development in Action, Your M&S staff magazine, Februar 2005.

61 Genannt wurden: »protecting hard wood«; »aerodynamics«; »chemical safety«; »organic cotton«; »fishing for a solution«; »fairtrade«, ebd.

62 The M&S Company Archive Leeds, CR/D/1/82, 2007 Annual Report and Financial Statements, 2007.

63 Ganze 54-mal verwendete der Nachhaltigkeitsbericht 2007 das Wort *sustainable*, weitere fünfmal das Wort *sustainability*. Der in den Vorjahren prägende Terminus *Corporate Social Responsibility* wurde nur

Umkehr zwischen sozialem und ökologischem Feld. Während Marks & Spencer in den 1990er Jahren ökologische Narrative und Praktiken unter sozialen Überbegriffen kommunizierte, hieß es nun: »And we continue to manage our impact on society and the environment with great care, through our ›eco plan‹, Plan A«.[64] »Eco« respektive Ökologie ordnete sich zumindest begrifflich über das Soziale. Dass dies mit der Veröffentlichung einer gänzlich neuen Strategie einherging, zeigte deutlich, wie das Unternehmen begriffliche Traditionen überwand und sich am globalen Nachhaltigkeitsdiskurs ausrichtete. Der Wandel ging mit einem spezifischen Verständnis von Nachhaltigkeit als integralem Bestandteil und Basis der Unternehmenspraxis einher.[65] Die Terminologie setzte sich auch am Ende des Jahrzehnts fort – die Nachhaltigkeitsbegriffe blieben dominant.[66] CSR wurde 2009 nur noch ein einziges Mal im Bericht verwendet[67] – mit dem Ende des Jahrzehnts erreichte auch der Begriffswandel seinen Höhepunkt und die Ära der *Corporate Social Responsibility* ein Ende.[68] Der Nachhaltigkeitsdiskurs hatte sich sprachlich und praktisch durchgesetzt.

---

noch neunmal aufgegriffen, CSR 18-mal. Innerhalb eines Jahres hatte sich das Verhältnis vollständig umgedreht, The M&S Company Archive Leeds, CR/D/6/1/1, Plan A ›How We Do Business‹ Report 2007, 2007.

64 The M&S Company Archive Leeds, CR/D/1/82, 2007 Annual Report and Financial Statements, 2007.

65 Dies offenbarte das Vorwort des damaligen Vorsitzenden Stuart Rose im Nachhaltigkeitsbericht des Jahres 2007: »Welcome to our fourth annual report on the social, environmental and ethical performance of M&S. We've called it our ›How we do business‹ Report to reflect the fact that these issues are central to the way we run and manage the Company. It covers the year in which we launched Plan A – our £200m ›eco plan‹ that will impact on every part of M&S over the next five years.«, The M&S Company Archive Leeds, CR/D/6/1/1, Plan A ‹How We Do Business‹ Report 2007, 2007.

66 Die Nachhaltigkeitsberichte 2008 und 2009 betitelte das Unternehmen erneut als »How we do business report«. Der letzte Bericht des Jahrzehnts erhielt zusätzlich den Untertitel »Doing the right thing«, der den Anspruch des Unternehmens unterstrich. Nachhaltigkeit blieb die quantitativ stärkste Terminologie: *Sustainable* fand 51-mal, *Sustainability* achtmal Eingang in den Bericht des Jahres 2008; im Jahr 2009 verwendete Marks & Spencer *sustainable* 62-mal und *Sustainability* 15-mal, The M&S Company Archive Leeds, CR/D/6/1/2, Plan A ›How We Do Business‹ Report 2008, 2008; The M&S Company Archive Leeds, CR/D/6/1/3, Plan A ›How We Do Business‹ Report 2009, 2009.

67 The M&S Company Archive Leeds, CR/D/6/1/3, Plan A ›How We Do Business‹ Report 2009, 2009.

68 Wie sehr CSR im Nachhaltigkeitsdiskurs aufgegangen war, zeigte sich auch organisatorisch. So geht aus einem internen Vorstandspapier aus dem Jahr 2009 hervor: »The central teams of Plan A and CSR have been combined under Richard Gillies and delivery support is now in place across the business.«, The M&S Company Archive Leeds, ACC/14/40/8, Plan A: Update on Progress & Assurance, 19.03.2009.

3. Praktiken – Britische Sozialtradition auf dem Weg zur Nachhaltigkeit

3.1 Soziales Engagement und ökologische Anfänge

Die Untersuchung von Otto und Merck hat trotz der unterschiedlichen Branchen beider Unternehmen für den Beginn des Untersuchungszeitraums deutliche Übereinstimmungen gezeigt: die Dominanz der Ökologie und Ökonomie bei gleichzeitiger Marginalisierung von sozialen Fragestellungen. Jene Schwerpunktsetzung beider Unternehmen steht zunächst im Einklang mit anderen Forschungspositionen.[69] Für Marks & Spencer kann diese These bei näherem Hinsehen jedoch nicht aufrechterhalten werden. In den späten 1980er Jahren zeugen die Quellen von einer davon deutlich abweichenden Interpretation des zunächst unter anderen Schlagworten kommunizierten Handlungsfeldes Nachhaltigkeit. Zu Beginn des Untersuchungszeitraums bildeten ökonomische und soziale Praktiken einen Schwerpunkt der Außendarstellung von Marks & Spencer, während die ökologische Dimension außen vorgelassen wurde. Die ersten Jahresberichte von Marks & Spencer im Untersuchungszeitraum konzentrierten sich primär auf ökonomische Praktiken des Unternehmens und zu einem geringeren Maß auf Praktiken der sozialen Dimension im Sinne der *Community Affairs*.[70] Die ökonomischen Praktiken schienen nicht dem Nachhaltigkeitsgedanken verpflichtet; lediglich die Kommunikation zu verantwortlichen Praktiken gegenüber den Mitarbeitenden implizierte eine Verbindung zwischen ökonomischer und sozialer Dimension.[71] Das wichtigste Bezugsmoment des Handlungsfeldes Nachhaltigkeit in den späten 1980er Jahren bildete die soziale Dimension. Die Praktiken hatten primär karitativen Charakter, fokussierten auf Spenden und sogenannte *Secondments*, und waren kein integraler Bestandteil der Geschäftspraxis.[72] Im Rahmen jener *Secondments* entsandte Marks & Spencer Mitarbeitende, die für einen bestimmten Zeitraum an externen Projekten mitwirkten. Die Spenden erreichten 1988 eine Höhe von insgesamt 4,3 Millionen Pfund.[73] Ferner kommunizierten die Jahresberichte Praktiken, die sich an

69 So hält Ana Maria Peredo fest: »First responses from the business community to the call for sustainability were clearly focused on the environment.«, Peredo 2018, S. 375.

70 The M&S Company Archive Leeds, CR/D/1/62, 1987 Annual Report and Financial Statements, 1987; The M&S Company Archive Leeds, CR/D/1/63, 1988 Annual Report & Financial Statements, 1988.

71 Vgl. exemplarisch: »Good human relations, good working conditions and good staff welfare are essential ingredients of the Company's continued success.«, The M&S Company Archive Leeds, CR/D/1/62, 1987 Annual Report and Financial Statements, 1987.

72 Ebd.

73 The M&S Company Archive Leeds, CR/D/1/63, 1988 Annual Report & Financial Statements, 1988.

die Belegschaft des Unternehmens richteten, wie Gesundheitsförderung oder Betriebsrenten.[74]

Ökologische Praktiken spielten in der externen Kommunikation des Unternehmens zu Beginn des Untersuchungszeitraums keine Rolle. Im Geschäftsbericht 1987 fanden sie ebenso wenig Erwähnung wie im darauffolgenden Jahr.[75] Die Abwesenheit der ökologischen Dimension in der Unternehmenskommunikation impliziert allerdings nicht, dass überhaupt keine entsprechenden Praktiken existierten. Eine Stelle in der internen Kommunikation weist zumindest darauf hin, dass Marks & Spencer Praktiken zur Steigerung der Energieeffizienz implementiert hatte.[76] Diese Implementierung schien ihren Ursprung jedoch nicht in einem eindeutigen Bekenntnis zum Umweltschutz gehabt zu haben, sondern vielmehr durch ökonomische Vorteile geleitet worden zu sein.[77] Jedoch attestierte die Mitarbeiterzeitschrift zu Beginn der 1990er Jahre selbst eine bisher fehlende Öffentlichkeit in diesem Handlungsfeld: »For many years, Marks and Spencer has been working behind the scenes – researching, testing and monitoring – to address what are now known as ›green‹ issues.«[78] Die Mitarbeiterzeitschrift zitierte 1990 den Undersecretary of State for the Environment David Heathcoat-Amory, der ein Recyclingprojekt von Marks & Spencer als »the best I've seen« bezeichnete.[79] Obwohl die zeitgenössischen Quellen anders als bei Otto nicht von einem großen Fokus auf Umweltschutz zeugen, galt Marks & Spencer innerhalb Großbritanniens als überzeugender Akteur.

Am Übergang zu den 1990er Jahren lässt sich eine erste Ausweitung des Handlungsfeldes Nachhaltigkeit erkennen, wobei soziale Themen dominant waren. Praktiken wie Spenden für Bildungsinitiativen, Gesundheitsvorsorge, Kunstprojekte und lokale karitative Projekte sowie die Entsendung einzelner Mitarbeitenden blieben wichtigster Bezugspunkt der Unternehmenskommunikation.[80] Im Fokus standen insbesondere »areas of social concern such as

74 Ebd.

75 The M&S Company Archive Leeds, CR/D/1/62, 1987 Annual Report and Financial Statements, 1987; The M&S Company Archive Leeds, CR/D/1/63, 1988 Annual Report & Financial Statements, 1988.

76 The M&S Company Archive Leeds, HO/3/2/2/8/1/460, Energy Savers win Award, St Michael News staff magazine, Januar 1987.

77 So zitierte der interne Artikel einen Mitarbeiter: »The most cost effective solution was to install a special heat pump [...] which has resulted in very economical gas usage. It's given us significant gas savings in comparison to other stores of the same period.«, ebd.

78 The M&S Company Archive Leeds, HO/3/2/2/8/1/497, The Green Revolution, St Michael News staff magazine, März 1990.

79 The M&S Company Archive Leeds, HO/3/2/2/8/1/504, It's Take-Off for Recycling Campaign, St Michael News staff magazine, Oktober 1990.

80 The M&S Company Archive Leeds, CR/D/1/64, 1989 Annual Report and Financial Statements, 1989; vgl. auch The M&S Company Archive Leeds, CR/D/1/65, 1990 Annual Report and Financial Statements, 1990; The M&S Company Archive Leeds, CR/D/1/67, 1992 Annual Report and Financial Statements, 1992.

education, the elderly, the homeless and crime prevention.«[81] Die kommunizierten ökologischen Praktiken beinhalteten eine Vielzahl an Themenfeldern, darunter die Herstellung von Produkten ohne FCKW, Energieeinsparungen, den ressourcenschonenden Einsatz von natürlichen Rohstoffen, das Recycling von Verpackungen und Kleiderbügeln und die Verwendung von Recyclingpapier, die Reduzierung von Abfall, die umweltfreundliche Konstruktion von Ladengeschäften, die Unterstützung von Umweltorganisationen und lokalen Umweltprojekten sowie eine transparente Kommunikation über ökologische Praktiken mit der Kundschaft, der Belegschaft und Aktionärinnen und Aktionäre.[82] Zudem benannte Marks & Spencer 1992 einen Manager in Vollzeit zur Koordination der Umweltinitiativen des Unternehmens.[83] Während das soziale Engagement weiterhin primär karitativ blieb, integrierte Marks & Spencer ökologische Praktiken von Beginn an in die Geschäftspraxis und die Produktionsprozesse.[84] Trotz erster wahrnehmbarer Entwicklungen der ökologischen Dimension blieb das Soziale der wichtigste kommunikative Bezugspunkt des Unternehmens.[85]

Im Verlauf der 1990er Jahre setzte Marks & Spencer vermehrt auf die Bedeutung von ökologischen Praktiken. Die Geschäftsberichte konstatierten eine »increasing awareness of environmental issues in all areas of the business«[86] und der Chairman verwies in seinem Vorwort auf entsprechende Praktiken.[87] Die zeitgenössische Kommunikation listete u. .a. Herstellungsverfahren zur Reduzierung des Energie- und Wasserverbrauchs, strenge Kontrollen der verwendeten Chemikalien bei der Textilproduktion, die Verwendung von nachhaltigem Holz in Produkten und Gebäuden, FCKW-freie Produkte, die Reduzierung von Verpa-

81 The M&S Company Archive Leeds, CR/D/1/66, 1991 Annual Report and Financial Statements, 1991.

82 Weitere Handlungsfelder waren u. a. der Anbau biologischer Nahrungsmittel, Maßnahmen gegen Lärm- und Luftverschmutzung, der Verzicht auf Tierversuche, die Produktion von Möbeln aus nachhaltigem Holz, The M&S Company Archive Leeds, HO/3/2/2/8/1/497, The Green Revolution, März 1990; The M&S Company Archive Leeds, CR/D/1/66, 1991 Annual Report and Financial Statements, 1991; The M&S Company Archive Leeds, CR/D/1/67, 1992 Annual Report and Financial Statements, 1992; The M&S Company Archive Leeds, CR/D/1/64, 1989 Annual Report and Financial Statements, 1989.

83 The M&S Company Archive Leeds, CR/D/1/67, 1992 Annual Report and Financial Statements, 1992.

84 1990 erklärte Marks & Spencer im Geschäftsbericht: »In keeping with our philosophy of social responsibility we continued to keep abreast of ›green issues‹ and, without pursuing gimmicks, to take these into account in all operational and buying decisions. […] We believe that the best way to conserve natural resources and energy is to build such considerations into the design of products and packaging from the start, and both are being reviewed with that in mind.«, The M&S Company Archive Leeds, CR/D/1/65, 1990 Annual Report and Financial Statements, 1990.

85 Exemplarisch berichtete M&S 1991 auf drei Seiten über die soziale Dimension, während die Kommunikation über Praktiken des Umweltschutzes sich auf eine Seite beschränkte, The M&S Company Archive Leeds, CR/D/1/66, 1991 Annual Report and Financial Statements, 1991.

86 The M&S Company Archive Leeds, CR/D/1/68, 1993 Annual Report and Financial Statements, 1993.

87 The M&S Company Archive Leeds, CR/D/1/69, 1994 Annual Report and Financial Statements, 1994.

ckungen und Recycling, Umweltstandards beim Bau von Filialen, die Schulung der Mitarbeitenden sowie Energieaudits in den Filialen und den Einsatz kraftstoffeffizienter Fahrzeuge auf.[88] Die Praktiken deckten insgesamt eine Vielzahl an Feldern ökologischer Nachhaltigkeit ab, auch wenn das tatsächliche Ausmaß ihrer Implementierung aufgrund der fehlenden Datenbasis und der unverändert primär schlagwortartigen Aneinanderreihung unklar bleiben muss.[89] Auffällig ist, dass Marks & Spencer die Kommunikation der ökologischen Praktiken Mitte der 1990er Jahre erstmals durch eine große Anzahl an Zahlen, beispielsweise zur Zielsetzung im Bereich Recycling, anreicherte.[90] Dies legt den Eindruck nahe, dass das Unternehmen von der Bekenntnis- zur Implementierungsphase übergegangen war.[91] Die Vermutung wird dadurch bestärkt, dass das Unternehmen 1994/1995 einen unternehmensweiten Umweltausschuss einrichtete, der die damit verbundenen Praktiken koordinieren sollte.[92]

Dennoch vermittelt die Kommunikation den Eindruck, dass Marks & Spencer soziale Themen weiterhin prioritär behandelte. Nicht zuletzt erwähnte Marks & Spencer sie innerhalb des Kapitels Corporate Affairs des Geschäftsberichts an erster Stelle und versah sie bereits frühzeitig mit konkreten Zahlen.[93] Inhaltlich setzte sich bei der sozialen Dimension das bisher gewonnene Bild fort. Die Praktiken blieben zwar quantitativ dominant, zeichneten sich aber durch ihre Produktferne aus. Die soziale Dimension umfasste unverändert vorrangig Spenden, *Secondments* und initiierte Praktiken für Themen wie Hilfe für ältere Menschen, Obdachlosigkeit, Gesundheitsförderung, Kriminalitätsprävention oder die Unterstützung von jungen Menschen beim Einstieg in die Arbeitswelt.[94] Die *Secondments* verbanden einerseits ökologische und soziale Praktiken.[95] Andererseits zeugte die Unternehmenskommunikation auch von Verbindungen zwischen der ökonomischen und der sozialen Dimension. So formulierte der Geschäftsbericht 1996 Leitprinzipien des Unternehmens. Hierin fanden alle

---

88 Ebd.

89 Wie aus dem Geschäftsbericht 1994 hervorgeht, veröffentlichte Marks & Spencer in diesem Zeitraum auch eine Broschüre zur Umweltpolitik, die im Quellenbestand jedoch nicht vorliegt, Ebd.

90 Zur Erzeugung von Glaubwürdigkeit durch numerische Angaben vgl. Schwegler 2018, S. 494–496.

91 The M&S Company Archive Leeds, CR/D/1/70, 1995 Annual Report and Financial Statements, 1995.

92 Ebd.

93 The M&S Company Archive Leeds, CR/D/1/68, 1993 Annual Report and Financial Statements, 1993.

94 Ebd.; The M&S Company Archive Leeds, CR/D/1/69, 1994 Annual Report and Financial Statements, 1994; The M&S Company Archive Leeds, CR/D/1/70, 1995 Annual Report and Financial Statements, 1995; The M&S Company Archive Leeds, CR/D/1/77, 1996 Annual Report and Financial Statements, 1996.

95 Unter anderem entsandte Marks & Spencer einen Mitarbeiter zur Organisation »Youth Works, a partnership between Crime Concern, M&S and Groundwork, supported by the Leopold Muller Estate. Its aims are to reduce crime through environmental projects.«, The M&S Company Archive Leeds, CR/D/1/70, 1995 Annual Report and Financial Statements, 1995.

drei im zeitgenössischen Großbritannien politisch geltenden Dimensionen der Nachhaltigkeit Eingang.[96] Generell schien die soziale Dimension sich jedoch unabhängig von anderen Dimensionen der Nachhaltigkeit zu bewegen, wobei sich ein holistisches Verständnis des Leitbilds zu diesem Zeitpunkt aus den Quellen nicht ablesen lässt.

Eine deutlich stärkere Interdependenz lag zwischen der ökologischen und ökonomischen Dimension vor. Erste Anklänge zeigten sich bereits zu Beginn. Im Zuge ihrer zunehmenden kommunikativen Akzentuierung verband Marks & Spencer Umweltschutz-Praktiken mit ökonomischen Vorteilen. Insbesondere durch Recycling sollten finanzielle Mittel eingespart werden[97]; Energieeinsparmaßnahmen begründete Marks & Spencer ebenfalls primär ökonomisch.[98] Die wirtschaftliche Seite der Praktiken erschien häufig als eigentlicher Treiber für ihren Einsatz. Exemplarisch illustriert dies die Unternehmenspublikation *Energy Watch* aus dem Jahr 1992, eine Beilage zur Mitarbeiterzeitschrift.[99] Diese berichtete zunächst ausführlich über die monetären Vorteile energetischer Sparmaßnahmen in Filialen des Unternehmens und akzentuierte erst am Ende des Artikels den Umweltschutzgedanken.[100] Ökologische Vorteile erschienen hier als Nebenprodukt des ökonomisch Sinnhaften, wurden aber nicht explizit beworben, was gleichzeitig möglichen Greenwashing-Vorwürfen entgegentrat.[101]

---

96 Vgl.: »We aim to minimise the environmental impact of our activities. We nurture good human relations with staff, customers and the community, and ensure staff and shareholders share in our success.«, The M&S Company Archive Leeds, CR/D/1/77, 1996 Annual Report and Financial Statements, 1996.

97 The M&S Company Archive Leeds, CR/D/1/66, 1991 Annual Report and Financial Statements, 1991.

98 Exemplarisch zeigt dies ein Ausschnitt aus dem Geschäftsbericht 1992: »Our energy management team carried out audits in all stores and Head Office identifying immediate savings worth some some £300,000 a year. We will maintain through continuous staff training, a high level of energy awareness.«, The M&S Company Archive Leeds, CR/D/1/67, 1992 Annual Report and Financial Statements, 1992; vgl. ergänzend auch den Bericht aus dem Jahr 1995, The M&S Company Archive Leeds, CR/D/1/70, 1995 Annual Report and Financial Statements, 1995; die Verbindung von Ökonomie und Ökologie schlug sich gleichermaßen in der internen Kommunikation nieder. So publizierte die Mitarbeiterzeitschrift vereinzelt weitere Artikel, die Praktiken des Umweltschutzes adressierten und verknüpfte diese zumeist mit ökonomischen Vorteilen, ebenfalls im Kontext von Kosteneinsparungen durch Recycling oder Energiesparmaßnahmen, vgl. The M&S Company Archive Leeds, HO/3/2/2/8/1/504, Waging War on Waste! Recycling Rubbish Helps to Cut Costs, St Michael News staff magazine, Oktober 1990; The M&S Company Archive Leeds, HO/3/2/2/8/1/507, Power Drive to Save £1 M, St Michael News staff magazine, Januar/Februar 1991.

99 The M&S Company Archive Leeds, HO/3/2/2/8/1/522, Energy Watch, St Michael News staff magazine, Sommer 1992.

100 Vgl. ebd.

101 Auch die zweite Ausgabe der *energy watch* aus dem Jahr 1995 kommunizierte Maßnahmen zur Energieeinsparung mit Überschriften wie »Plug in to a big cash saving« und setzte die ökonomische Konnotation fort, The M&S Company Archive Leeds, HO/3/2/2/8/1/553, Energy Watch 2, St Michael News staff magazine, Sommer 1995.

Die Interdependenz zwischen Ökonomie und Ökologie brachte Marks & Spencer in der zweiten Hälfte der 1990er Jahre dezidiert unter Zwischenüberschriften wie »Green Policies make Commercial Sense«[102] ins Spiel. Ökonomische Aspekte traten so nicht als Hindernis für Umweltschutz auf, sondern vielmehr als deren Ausgangspunkt.

Gegen Ende der 1990er Jahre verbanden sich traditionsreiche Praktiken nur allmählich mit neuen Ansätzen und das Handlungsfeld Nachhaltigkeit erfuhr keine umfassende inhaltliche oder räumliche Entgrenzung. Quantitativ näherten sich die Themenfelder Ökologie und Soziales an.[103] Alle drei Dimensionen verbanden sich an einzelnen Stellen miteinander. So betonte Marks & Spencer: »We believe that business must accept social responsibility. Lasting prosperity and success depends on healthy, stable communities and proper care for the environment.«[104] Auch die soziale Dimension ging folglich mit ökonomischen Vorteilen einher. Weiterhin akzentuierte Marks & Spencer diese Vorteile jedoch vor allem in Bezug auf Praktiken der ökologischen Dimension.[105] Damit im Einklang stand, dass die kommunizierten Praktiken der ökologischen Dimension sich auch gegen Ende des Jahrzehnts durch ihren produktbasierten Ansatz auszeichneten. Marks & Spencer charakterisierte die Umweltpraktiken zu diesem Zeitpunkt als äußerst vielfältig.[106] Die kommunizierten Beispiele, Recyclinginitiativen ausgelöst von gesetzlichen Regulierungen in Großbritannien, Recyclinginitiativen für IT-Hardware, ein ›grünes‹ Bürogebäude in Chester und Gesundheitsprogramme in Großbritannien, erweckten jedoch nicht den Eindruck eines umfassenden Verständnisses der Handlungsoptionen. Große, globale Themen wie den Klimawandel adressierte Marks & Spencer nicht, obwohl einige Maßnahmen positive Auswirkungen auf dessen Bekämpfung hatten.[107]

102 The M&S Company Archive Leeds, CR/D/1/77, 1996 Annual Report and Financial Statements, 1996.

103 Das Kapitel zur Ökologie umfasste 1997 eine halbe Seite mehr als jenes, dass sich der sozialen Dimension zuwandte, The M&S Company Archive Leeds, CR/D/1/72, 1997 Annual Report and Financial Statements, 1997.

104 Ebd.

105 So postulierte das Unternehmen beispielsweise: »Caring for the environment makes sound business sense. By reducing our consumption of natural resources we generate less waste and save costs. We are alert to the environmental implications of all our activities and aim to turn environmental responsibility into an opportunity rather than a burden.«, ebd.; diese positive Verbindung zwischen Ökonomie und Ökologie kommunizierte Marks & Spencer auch an anderen Stellen: »What's good for the world should also be good for business. Greater environmental responsibility often improves efficiency and productivity.« The M&S Company Archive Leeds, CR/D/1/73, 1998 Annual Report and Financial Statements, 1998.

106 Vgl. The M&S Company Archive Leeds, CR/D/1/73, 1998 Annual Report and Financial Statements, 1998.

107 Ebd.

3.2 *Plan A* – Nachhaltigkeit im 21. Jahrhundert

In den 2000er Jahren professionalisierte Marks & Spencer die Berichterstattung im Handlungsfeld Nachhaltigkeit. 2003 veröffentlichte das Unternehmen einen sogenannten *Corporate Social Responsibility Review*, ein Jahr später folgte der erste offiziell so betitelte CSR-Bericht.[108] Durch die Professionalisierung der Berichterstattung gewannen die kommunizierten Praktiken an Kontur. Traditionsreiche Praktiken, beispielsweise im Bereich der Vermeidung von Verpackungsabfällen oder bei der Einsparung von Energie, setzten sich fort und wurden ergänzt um neue bzw. nun stärker akzentuierte Handlungsfelder wie Verantwortung entlang der Lieferkette. Die ökologische und soziale Dimension erschien zunehmend ausgeglichen. Die ersten CSR-Berichte des Unternehmens brachten drei strategische Grundprinzipien auf den Weg: »Take care and act responsibly in delivering high quality products and services«; »Create great places to work«; »Help make our communities good places in which to live and work«.[109] Die Praktiken zur Erreichung des ersten Prinzips zielten primär auf die ökologische Dimension ab. Sie umfassten die Bereiche Produktsicherheit, nachwachsende Rohstoffe, Tierschutz, eine verbesserte Informationspolitik, eine Reduzierung von Verpackungs- und Produktabfällen sowie des Energie- und Wasserverbrauchs, verantwortungsvolle Finanzdienstleistungen, gesunde Lebensmittel und Datenschutz.[110] Wenngleich Marks & Spencer folglich von einer Vielzahl von Praktiken sprach, bewegten sich diese zum größten Teil in bereits bekannten Handlungsfeldern. Die soziale Dimension der Nachhaltigkeit thematisierte Marks & Spencer vor allem über den Umgang mit den eigenen Mitarbeitenden und der Lieferkette. Hierunter fielen auch Aspekte, die dem entwicklungspolitischen Charakter des Nachhaltigkeitsdiskurses Rechnung trugen, insbesondere der Bereich ethischer Handel, der insgesamt zehn Praktiken umfasste, u. a. die aktive Mitgliedschaft in der *Ethical Trading Initiative (ETI)* sowie die Unterstützung von Lieferantinnen und Lieferanten bei der Etablierung von lokalen Best-Practice-Programmen.[111] Anders als in den 1980er und weiten Teilen der 1990er Jahre wiesen diese Praktiken der sozialen Dimension einen unmittelbaren Bezug zum Geschäftsmodell des Unternehmens auf, in dem sie die sozialen Bedingungen entlang der Lieferkette in den Fokus rückten.

108 The M&S Company Archive Leeds, HO/2/6/4, Corporate Social Responsibility Review 2003, 2003; The M&S Company Archive Leeds, CR/D/1, Corporate Social Responsibility Report 2003/04, 2004.
109 The M&S Company Archive Leeds, CR/D/1, Corporate Social Responsibility Report 2003/04, 2004.
110 The M&S Company Archive Leeds, HO/2/6/4, Corporate Social Responsibility Review 2003, 2003.
111 Ebd.

Einerseits schrieb die Geschäftsführung gegen Mitte der 2000er Jahre, dass Nachhaltigkeit ein integraler Bestandteil der Unternehmenspraxis sein sollte.[112] Gleichzeitig betonte sie explizit, dass verantwortungsbewusstes Handeln sich in einer Vielzahl an Praktiken zeigen könnte, die innerhalb oder auch in Ergänzung zum Alltagsgeschäft standen.[113] Dass die Praktiken sich nun vor allem nahe am Geschäftsmodell des Unternehmens bewegten, bedeutete nicht, dass die lange Tradition der Philanthropie in Form von Spenden und ehrenamtlichem Engagement eingestellt wurde.[114] Die Spendenprogramme erfuhren jedoch im Zuge der Entwicklung von Praktiken im Handlungsfeld Nachhaltigkeit eine Modernisierung und Institutionalisierung. Statt einzelne Projekte zu fördern, strebte Marks & Spencer auch in diesem Bereich eine Konsolidierung an.[115]

Das Unternehmen sah sich vor allem zu Beginn des 21. Jahrhunderts mit einer schwierigen wirtschaftlichen Situation konfrontiert, die sich auch in einem schlechten Aktienkurs widerspiegelte.[116] Vor dem Hintergrund der volatilen Geschäftssituation bekannte Marks & Spencer sich eindeutig zum Prinzip Nachhaltigkeit. Gerade in ökonomisch instabilen Zeiten sollten verantwortungsbewusste Praktiken fortbestehen und als Beweis für die Ernsthaftigkeit des Engagements dienen.[117] Die Kosten für entsprechende Praktiken stellten gemäß Marks & Spencer keinen Nachteil dar, vielmehr konnte auf diesem Wege die Wettbewerbsfähigkeit des Unternehmens erhalten werden.[118] Ein handfestes ökonomisches Interesse verlieh der Kommunikation Glaubwürdigkeit. Dass Marks & Spencer die Kommunikation über Praktiken im Handlungsfeld Nach-

---

112 Vgl. exemplarisch: »We aim to be a force for good, not in addition to our day-to-day work but by integrating good corporate behaviour into everything we do.«, The M&S Company Archive Leeds, CR/D/1, Corporate Social Responsibility Report 2003/04, 2004.

113 Vgl. ebd.

114 Dies zeigt sich auch an zeitgenössischen Initiativen wie dem Sponsoring des Sieff Awards, der darauf abzielte »to recognise the achievements of individuals or organisations in the community«, The M&S Company Archive Leeds, HO/2/6/4, Corporate Social Responsibility Review 2003, 2003; ebenso belegt dies die Unterstützung der »Breakthrough Breast Cancer Challenge«, The M&S Company Archive Leeds, CR/D/6/2, Corporate Social Responsibility Report 2005, 2005.

115 Vgl.: »Over the last few years our community programmes have changed. Instead of providing small-scale, philanthropic donations we have concentrated on four key issues – employability, education, health and community safety.«, The M&S Company Archive Leeds, CR/D/1, Corporate Social Responsibility Report 2003/04, 2004.

116 The M&S Company Archive Leeds, CR/D/1/81, 2006 Annual Report and Financial Statements, 2006.

117 Ausgiebig äußerte sich hierzu der CSR Bericht 2003, The M&S Company Archive Leeds, CR/D/1, Corporate Social Responsibility Report 2003/04, 2004.

118 Vgl. hierzu auch: »Managing CSR well will allow us to identify potential risks to the Company and respond to areas of performance where we fall behind. More importantly it also means we can identify opportunities to differentiate ourselves from our competitors. CSR can help us to draw shoppers to our stores, attract and retain the best staff, make us a partner of choice with suppliers and create value for our shareholders.«, ebd.

haltigkeit nicht nur als Marketingstrategie verstand, legen auch weitere Quellenbefunde nahe. So scheute das Unternehmen nicht davor zurück, auch eigene Misserfolge öffentlich darzulegen. Exemplarisch berichtete Marks & Spencer über eine Auseinandersetzung mit Greenpeace bezüglich des Einsatzes von nachhaltigem Holz.[119] Marks & Spencer konnte zunächst nicht belegen, dass das für Produkte eingesetzte Holz aus nachhaltig bewirtschafteten Wäldern stammte. Zwar kommunizierte das Unternehmen die Missstände erst, als diese bereits weitestgehend beseitigt waren. Nichtsdestotrotz ist festzuhalten, dass Marks & Spencer nicht an der Inszenierung einer reinen Erfolgsgeschichte gelegen war.

Einzelne Handlungsfelder, die bei Otto seit langem präsent waren, erfuhren erst allmählich eine größere Aufmerksamkeit. Als Beispiel kann der Bereich ökologische Textilien genannt werden. Im Mai 2000 startete Marks & Spencer den Vertrieb einer ersten Kollektion von »organic cotton clothing«, also Kleidung aus Bio-Baumwolle.[120] Die Kollektion war zunächst relativ überschaubar und umfasste eine kleine Auswahl an Produkten.[121] Zudem handelte es sich um ein Pilotprojekt, das zunächst nur in zehn Filialen startete.[122] Trotz des vergleichsweise späten Starts nahm das Unternehmen in Großbritannien damit eine Vorreiterrolle ein.[123] 2006 verkaufte Marks & Spencer erstmals Kleidung aus Fairtrade-zertifizierter Baumwolle – und war damit erneut der erste große britische Einzelhändler, der dies auf den Weg brachte.[124] Ende der 2000er Jahre war Marks & Spencer Abnehmer eines Drittels der weltweiten Fairtrade-Baumwolle.[125] Die Quellenanalyse bei Otto hat dargelegt, dass das deutsche Unternehmen sich in diesem Bereich fortwährend mit anderen nationalen Wettbewerbern verglich. Dadurch

---

119 Im CSR Report aus dem Jahr 2005 bezog M&S sich explizit auf die Kontroverse: »We regard CSR as a process of continuous improvement and alongside our successes we made some mistakes which we are addressing. One major problem we tackled was the way we source wood. In May 2004, Greenpeace challenged us to prove that the wood we use in our garden furniture came from sustainable forests. We were unable to do this but immediately reviewed our Wood Sourcing Policy and took steps to make sure we could in the future. In March this year, Greenpeace confirmed that we were one of the most improved retailers at wood sourcing for garden furniture.«, The M&S Company Archive Leeds, CR/D/6/2, Corporate Social Responsibility Report 2005, 2005.

120 The M&S Company Archive Leeds, HO/3/2/2/12/1/9, For You and the Planet, On Your Marks staff magazine, April 2000.

121 Konkret umfasste sie folgende Artikel: »Made from 100 per cent organically grown cotton, the range includes ladies' formal and casualwear, nightwear and lingerie; men's shirts, nightwear and underwear and children's nightwear and underwear.«, ebd.

122 Ebd.

123 Das Unternehmen galt als »first major retailer on the high street to launch a collection of organic cotton clothing.«, ebd.

124 The M&S Company Archive Leeds, CR/D/6/3, Corporate Social Responsibility Report 2006, 2006.

125 The M&S Company Archive Leeds, HO/2/5/1/6, External Pillar Review, Januar 2008.

lässt sich festhalten, dass Ökotextilien in Deutschland im gesamten Marktumfeld früher Bedeutung erlangten. In anderen Bereichen setzte Marks & Spencer frühzeitig Akzente. Die Förderung einer gesunden Ernährung fand vor allem ab Mitte der 2000er Jahre verstärkt Beachtung und Marks & Spencer positionierte sich in diesem Bereich als verantwortungsbewusstes Unternehmen.[126] Des Weiteren spielten Fragen der Diversität und Gendergerechtigkeit eine große Rolle.[127] Durch Weiterbildungen für Personalverantwortliche sollten diese gezielt geschult werden, um Diversität zu fördern.[128] Zwar spielte Diversität auch in deutschen Unternehmen eine Rolle, die Praktiken wurden von Marks & Spencer aber deutlicher akzentuiert.

Einen Meilenstein in der Entwicklung des Handlungsfelds Nachhaltigkeit bildete der 2007 veröffentlichte sogenannte *Plan A* von Marks & Spencer. Wie die Begriffsanalyse gezeigt hat, erlangten im Zuge dieser Neukonzipierung auch die Nachhaltigkeitstermini zunehmende Bedeutung im Unternehmen. Das Programm verband ökonomische, ökologische und soziale Praktiken und verpflichtete sich auf ein holistisches Verständnis von Nachhaltigkeit.[129] Die fünf im Jahres- sowie im Nachhaltigkeitsbericht akzentuierten Herausforderungen zeugten von einem Wandel der kommunizierten Praktiken: »Climate Change«, »Waste«, »Sustainable Raw Materials«, »Fair Partner«, »Health«.[130] Deutlich artikulierte sich der Vorrang ökologischer Themen, der das frühere Primat der sozialen Dimension ablöste. Die von Marks & Spencer im Rahmen des *Plan A* ausgegebenen Ziele waren, insbesondere im ökologischen Bereich, äußerst ambitioniert.[131] Die deutlichste Aufwertung erfuhr das Handlungsfeld Klima. Nur ein Jahr vor der Veröffentlichung von *Plan A* kommunizierte Marks & Spencer, dass der Klimawandel langsam gesellschaftliche Relevanz gewinne, jedoch noch

---

126 Vgl. exemplarisch The M&S Company Archive Leeds, CR/D/6/3, Corporate Social Responsibility Report 2006, 2006; The M&S Company Archive Leeds, CR/D/6/1/1, Plan A ›How We Do Business‹ Report 2007, 2007.

127 2006 hob das Unternehmen hervor, dass »68 % of M&S managers are women and 14 % of all our employees are from ethnic minority backgrounds.«, The M&S Company Archive Leeds, CR/D/6/3, Corporate Social Responsibility Report 2006, 2006.

128 Dabei wurden die Bereiche »age, gender, race, ethnicity, sexual orientation and disability issues« adressiert, ebd.

129 Marks & Spencer beschrieb Plan A als »our five-year, 100-point plan to tackle some of the biggest challenges facing our business and our world.«, The M&S Company Archive Leeds, CR/D/1/82, 2007 Annual Report and Financial Statements, 2007.

130 Ebd.; The M&S Company Archive Leeds, CR/D/6/1/1, Plan A ›How We Do Business‹ Report 2007, 2007.

131 »Under Plan A, by 2012, M&S will aim to become carbon neutral, send no waste to landfill, extend sustainable sourcing, set new standards in ethical trading and help customers and employees lead healthier lifestyles.«, The M&S Company Archive Leeds, CR/D/6/1/1, Plan A ›How We Do Business‹ Report 2007, 2007.

hinter anderen Themen zurückbleibe.[132] Nun gab Marks & Spencer bereits das ambitionierte Ziel aus, innerhalb von fünf Jahren CO_2-neutral zu werden. Die Zielvorgabe war vor allem vor dem Hintergrund der bisherigen Entwicklung enorm.[133] Um das Ziel dennoch innerhalb von fünf Jahren zu erreichen, setzte das Unternehmen auf eine Kombination verschiedener Praktiken, vom Einsatz erneuerbarer Energien bis hin zu Konsumentenaufklärung.[134] Exemplarisch illustriert der Kampf gegen den Klimawandel auch die Entgrenzung der Praktiken. Neben der Kommunikation über eigene Erfolge wie den Einsatz erneuerbarer Energien rekurrierte Marks & Spencer explizit auf Initiativen, die sich an weitere Akteure richteten. Hierzu zählten unterstützende Maßnahmen für Lieferantinnen und Lieferanten, ebenso wie für die Kundschaft.[135] Die Unterstützung weiterer Akteursgruppen zur Erreichung nachhaltiger Ziele übertrug sich auch auf die soziale Dimension. Vor allem entlang der Lieferkette sollten durch Schulungen und weitere Maßnahmen soziale Gegebenheiten verbessert werden.[136] Die 2000er Jahre endeten mit einem holistischen Verständnis von Nachhaltigkeit, das in sozialen und ökologischen Praktiken die Grundlage für nachhaltigen wirtschaftlichen Erfolg sah.[137]

Wenngleich Marks & Spencer bereits seit längerem die Interdependenz zwischen sozial und ökologisch verantwortlichem Handeln und wirtschaftlichem Erfolg betonte, erreichte dieses Narrativ im Zuge der Implementierung von *Plan A* und der wenig später einsetzenden Finanz- und Wirtschaftskrise einen neuen Höhepunkt. Bereits im Umfeld der Veröffentlichung der Strategie sah sich Marks & Spencer mit einem schwierigen Konsumklima konfrontiert. Das Unternehmen betonte wie bereits in Krisenzeiten zu Beginn der 2000er Jahre

132 Vgl. die Ergebnisse einer zeitgenössischen Umfrage: »Customer interest in climate change also increased significantly. In our research in August 2005, before Hurricane Katrina, 46 % of our customers indicated that climate change was an issue they were concerned about. Whilst this is still a lower rate of concern than for many well established CSR issues, it is a notable increase on previous years.«, The M&S Company Archive Leeds, CR/D/6/3, Corporate Social Responsibility Report 2006, 2006.

133 Zuvor hatte das Unternehmen seinen CO_2-Fußabdruck in Großbritannien für Filialen, Lieferfahrzeuge und Büros im Vergleich zu 2005/06 um 28 Prozent reduziert. Zwar erscheinen diese Zahlen durchaus beeindruckend, jedoch zeigt sich hier ebenfalls, dass das Unternehmen zu diesem Zeitpunkt noch weit von einer Neutralität entfernt war, The M&S Company Archive Leeds, CR/D/6/1/1, Plan A ›How We Do Business‹ Report 2007, 2007.

134 Ebd.

135 Vgl. The M&S Company Archive Leeds, CR/D/6/1/3, Plan A ›How We Do Business‹ Report 2009, 2009.

136 Vgl. ebd.

137 Die Ernsthaftigkeit dieser Bemühungen unterstreicht zuletzt auch der Umstand, dass das Unternehmen Wirtschaftsprüfungsgesellschaften mit der Evaluation der Nachhaltigkeitsberichte beauftragte, die positiv ausfiel, The M&S Company Archive Leeds, CR/D/1, Corporate Social Responsibility Report 2003/04, 2004; The M&S Company Archive Leeds, CR/D/6/2, Corporate Social Responsibility Report 2005, 2005.

kontinuierlich, dass nachhaltige Praktiken mit wirtschaftlichen Vorteilen einhergingen.[138] Diese Haltung konnte auch vor dem Hintergrund der Rezession im Zuge der Wirtschafts- und Finanzkrise behauptet werden. 2009 erklärte Marks & Spencer, dass gerade durch die Implementierung nachhaltiger Praktiken betriebswirtschaftliche Kosten gesenkt werden könnten.[139] Anpassungen der ambitionierten Ziele aufgrund der Krise lehnte das Unternehmen ab, sie sei kein »reason to compromise, or an excuse for not delivering.«[140] Dabei gehe es nicht nur um Kostenersparnis, sondern auch um die positiven Effekte einer gesteigerten Reputation des Unternehmens.[141] Nachhaltige Praktiken wurden so nicht zum Problem, sondern zur Lösung in wirtschaftlich schwierigen Zeiten erhoben. Bereits nach zwei Jahren gestaltete sich die Umsetzung von *Plan A* kostenneutral.[142] Die ökonomischen Vorteile entstünden aus einer Vielzahl an Praktiken, u. a. Energieeffizienz in Geschäften und Reduzierung von Verpackungen.[143] Perspektivisch rechnete das Unternehmen damit, dass durch die Implementierung und Stärkung des Handlungsfeldes Nachhaltigkeit entlang der Lieferkette weitere ökonomische Vorteile entstehen würden.[144] Ende der 2000er Jahre hatte sich Nachhaltigkeit als *Business Case* etabliert.

138 Vgl. exemplarisch: »Despite the tough consumer climate, our commitment to Plan A remains, because there are compelling moral as well as commercial reasons to do so. Plan A gives us brand differentiation, and as Al Gore said, ›a sustainable business can be a profitable one‹.«, The M&S Company Archive Leeds, CR/D/1/83, 2008 Annual Report and Financial Statements, 2008.

139 Vgl.: »We are not put off by the short-term impact of the recession. We set ourselves 100 rigorous commitments as part of Plan A, and have achieved 39 with 24 of them now going even further. In addition to being the right thing to do, these commitments are generating cost savings across the business that we can invest back into our prices.«, The M&S Company Archive Leeds, CR/D/1/84, 2009 Annual Report and Financial Statements, 2009.

140 The M&S Company Archive Leeds, CR/D/6/1/3, Plan A ›How We Do Business‹ Report 2009, 2009.

141 Diese Auswirkungen nahm Marks and Spencer bewusst wahr: »But it's not all about cost savings; industry surveys such as the Chatsworth FTSE 100 Green Survey and the Covalence Ethical Ranking show how Plan A is having a positive effect on how people regard Marks & Spencer – retaining the loyalty of existing customers and winning us new business.«, The M&S Company Archive Leeds, CR/D/6/1/2, Plan A ›How We Do Business‹ Report 2008, 2008.

142 Vgl. The M&S Company Archive Leeds, ACC/14/40/8, Plan A: Update on Progress & Assurance, 19.03.2009.

143 Vgl. ebd.

144 »The business case is very much focused on benefits which can be tangibly calculated and as such exclude benefits such as brand protection, brand enhancement and P.R. It is also very much focused on our own operation, however there is a much bigger prize in supporting and driving efficiency in our supply chain, which will reduce the cost of our supplier operations and should ultimately enable us to increase margins. Work in this area is already underway and initiatives such as Green Factories and Ethical Model Factories are showing that significant cost reductions can be achieved.«, ebd.

4. Nachhaltigkeitsnarrative und Interdependenzen

4.1 »For more than 100 years…« – Nachhaltigkeit aus Tradition

Die Analyse des britischen Handels- und Konsumgüterunternehmens Marks & Spencer setzt mit einem Narrativ ein, das sich in ähnlicher Form auch beim deutschen Pendant Otto fand: einer kommunizierten langen Tradition im Feld der Nachhaltigkeit.[145] Das 1884 gegründete Unternehmen Marks & Spencer rekurrierte vielfach auf die Firmengeschichte und implizierte dabei auch eine lange Tradition im Feld der Nachhaltigkeit. Bereits im ersten Jahresbericht des Untersuchungszeitraums bediente Marks & Spencer dieses Narrativ: »For many years it has been an important part of our company philosophy to recognise our responsibility to the communities in which we trade and to enable them to derive some benefit from our success.«[146] Entsprechende Aussagen fanden auch Eingang in die Kommunikation über die Verantwortung des Unternehmens gegenüber seinen Mitarbeitenden.[147] Auch in den 1990er Jahren blieben diese Einordnungen präsent. Vor dem Hintergrund einer angespannten wirtschaftlichen Lage diente der Verweis auf die Firmentradition als eine Begründung für die Fortsetzung des sozialen Engagements.[148] Emotional aufgeladen wurde das Narrativ durch die häufige Bezugnahme auf die Dauer der vermeintlich mehr als ein Jahrhundert überspannenden Traditionslinie.[149] Das Management von Marks & Spencer suggerierte, seiner Verantwortung seit dem 19. Jahrhundert nachzukommen.[150] Die Rückbesinnung auf eigene traditionelle Werte wurde zur Basis für den künftigen

---

145 Bisherige Forschungsergebnisse verweisen ebenfalls auf die Relevanz entsprechender Erzählungen im Nachhaltigkeitsdiskurs. Vgl. insbesondere Schwegler 2018, S. 498.

146 The M&S Company Archive Leeds, CR/D/1/62, 1987 Annual Report and Financial Statements, 1987.

147 So sei man stolz auf die »long tradition of caring for people«, jene Tradition sei »as strong now as ever«, ebd.

148 Explizit vermerkte der Geschäftsbericht 1991: »We will not allow the pressures of the trading environment to compromise our long standing commitment to the communities in which we operate.«, The M&S Company Archive Leeds, CR/D/1/66, 1991 Annual Report and Financial Statements, 1991; vgl. hierzu auch Schweglers Ergebnisse bzgl. eines zunehmenden Verweises auf Traditionsnarrative im Kontext der Finanz- und Wirtschaftskrise, Schwegler 2018, S. 558.

149 Vgl. exemplarisch The M&S Company Archive Leeds, CR/D/1/65, 1990 Annual Report and Financial Statements, 1990.

150 Beispielhaft erklärte Chairman Richard Greenbury 1993: »I am proud to say that for over 100 years our name has been synonymous with quality, value and service to our customers. We firmly believe that a successful future depends on applying these principles to everything we do […]. It is also about being a good corporate citizen, sharing our success with charities and organisations in the communities where we trade; and, as a founder member of Business in the Community, we encourage other businesses to do the same.«, The M&S Company Archive Leeds, HO/2/1/2/1/11, Serving the Community with the Community at Heart, ca. 1993.

Erfolg des Unternehmens stilisiert. Marks & Spencer führte über Jahrzehnte detailliert Buch über das Firmenengagement[151] und zeichnete seit den 1950er alle Spenden auf.[152] Das Narrativ schien durch eine Archivierung der entsprechenden Praktiken gezielt bestärkt und faktisch untermauert worden zu sein.

In den 1980er und frühen 1990er Jahren postulierte Marks & Spencer vor allem eine lange Tradition bezüglich sozialer Praktiken, erst ab Mitte der 1990er Jahre erweiterte sich das Traditionsnarrativ auch auf die ökologische Dimension. Wie die Analyse der Unternehmenspraktiken zeigte, nahmen Praktiken der Ökologie zu Beginn nur geringen Stellenwert in der Unternehmenskommunikation ein. So fanden sich zu diesem Zeitpunkt auch nur indirekte Bezugnahmen des Traditionsnarrativs auf diese Nachhaltigkeitsdimension. Exemplarisch bezog sich Marks & Spencer Ende der 1980er Jahre auf den Umgang mit der steigenden Bedeutung von Umweltfragen in der Bevölkerung.[153] Erst ab Mitte der 1990er Jahre integrierte Marks & Spencer die Umweltverantwortung des Unternehmens in die Inszenierung der eigenen Tradition.[154] Auch spätere Berichte stellten die Tradition im sozialen und ökologischen Bereich nebeneinander.[155] Ob Marks & Spencer eine solche ökologische Verantwortung tatsächlich »immer« wahrgenommen hatte, kann anhand der Quellenlage nicht nachvollzogen werden. Die Analyse der frühen Unternehmenskommunikation zeigte jedoch, dass dieses Bewusstsein zumindest nicht aktiv kommuniziert wurde.

Die starke Akzentuierung der eigenen Tradition konnte modernen Interpretationen von Nachhaltigkeit einerseits entgegenstehen, andererseits auch deren Integration in die bestehende Unternehmenskultur erleichtern. Zunächst kann das Traditionsnarrativ eine Erklärung dafür liefern, warum sich insbesondere die sozialen Praktiken im Handlungsfeld Nachhaltigkeit lange Zeit nicht modernisierten. So führte der damalige Chairman Richard Greenbury Ende der 1990er Jahre aus: »The Company has always had a well-developed sense of social respon-

151 Eine interne Übersicht über entsprechende Praktiken erklärte: »The tradition of M&S community giving goes back a long way. For example, records show that in 1935 a cheque was handed over in Hastings to support a £40,000 appeal for the local hospital after a girls' football match between M&S and Woolworth's.«, The M&S Company Archive Leeds, HO/2/1/2/1/12, Marks & Spencer's Community Involvement Programme, ca. 1993/1994.

152 Ebd.

153 Vgl. The M&S Company Archive Leeds, CR/D/1/64, 1989 Annual Report and Financial Statements, 1989.

154 Vgl. hierzu: »Marks & Spencer has always acknowledged a corporate responsibility to society and the environment.«, The M&S Company Archive Leeds, CR/D/1/70, 1995 Annual Report and Financial Statements, 1995.

155 Davon zeugt auch der Geschäftsbericht 1998: »The Group has always shown a high degree of social responsibility. This is exemplified by our commitment of over £10m to the communities in which we operate and our approach to environmental issues«, The M&S Company Archive Leeds, CR/D/1/73, 1998 Annual Report and Financial Statements, 1998.

sibility; spending on community involvement across a wide range of activities was nearly £10 million, and we remain firmly committed to this method of putting something back into the community.«[156] Der hier kommunizierte Ansatz illustriert, dass von der Art und Weise des Engagements kaum abgewichen wurde. Dies konnte ein Hemmnis für eine produktzentrierte Interpretation des Nachhaltigkeitsprinzips darstellen. In den 2000er Jahren zeugen die Quellen hingegen von Bemühungen, die Traditionslinien aufrechtzuerhalten und gleichzeitig zeitgenössische Praktiken im Handlungsfeld Nachhaltigkeit retrospektiv in die Firmengeschichte zu integrieren. Die interne Kommunikation belegt eine Auseinandersetzung des Unternehmens mit der eigenen Tradition im Zuge der Weiterentwicklung von Praktiken und Narrativen.[157] Als der Nachhaltigkeitsdiskurs in den 2000er Jahren wichtiger wurde, betonte Marks & Spencer erneut das Traditionsnarrativ, dem nun die Funktion zukam, etablierte Praktiken retrospektiv diesem Diskurs zuzurechnen.[158] Zeithistorische Forschungen zeigen, dass Unternehmen gezielt Narrative über ihre Vergangenheit entwickelten, um damit neue Entwicklungen und Wandel zu legitimieren und die Verbundenheit mit bestimmten Werten und Erwartungen zu untermauern.[159]

Im ersten Bericht von Marks & Spencer, der unter dem Titel *Corporate Social Responsibility Review* Nachhaltigkeit thematisierte, erfuhr das Traditionsnarrativ eine besondere Akzentuierung und spiegelte den zeitgenössischen Diskurs. Prominent zu Beginn des Berichts widmete sich eine ganze Seite der »Heritage« des Unternehmens in jenem Feld.[160] Explizit verwies das Unternehmen auf die eigene Traditionslinie durch die Zitation von historischer Unternehmenskommunikation, die, so das Narrativ, davon zeuge, wie lange Marks & Spencer bereits verantwortlich und nachhaltig handele.[161] Bemerkenswert ist, dass zu Beginn

156 The M&S Company Archive Leeds, CR/D/1/72, 1997 Annual Report and Financial Statements, 1997.

157 Vgl.: »As a company we have a long history of responsible business practice from the introduction of our staff welfare programme in the 1930s, through to the development of our Global Sourcing Principles, which establish standards for workforce rights, factory conditions and environmental standards. But as we strive to rebuild shareholder value, where does social responsibility fit in today's business?«, The M&S Company Archive Leeds, HO/3/2/2/12/1/17, Taking Responsibility, Januar 2001.

158 Beispielgebend zeigt dies ein Artikel aus der Mitarbeiterzeitschrift im Jahr 2005: »Throughout our history we have celebrated many firsts in the field of responsible retailing. This dateline shows some of the key milestones.« Die Traditionslinie wurde dabei bis in die 1920er Jahre zurückverfolgt und endete mit der Auszeichnung des Unternehmens als *Business in the Community's Company of the Year* im Jahr 2004, The M&S Company Archive Leeds, HO/3/2/2/14/5, Leading by Example, Your M&S staff magazine, Februar 2005.

159 Vgl. hierzu insbesondere die Arbeit von Foster u.a. 2017, S. 1184 f.

160 The M&S Company Archive Leeds, HO/2/6/4, Corporate Social Responsibility Review 2003, 2003.

161 Vgl.: »»We realise the main prop of our organisation is the goodwill of our public. [...] We believe we can still, by helping to bring about more scientific production and by further economies in our costs of distribution, improve the standards, values, and prices of our goods, and so increase the number of our

des Untersuchungszeitraums ökologische Aspekte zumindest in den *Annual Reports* kommunikativ deutlich hinter dem lokalen, sozialen Engagement lagen, ja zum Teil überhaupt keine Erwähnung fanden. In den 2000er Jahren akzentuierte Marks & Spencer hingegen genau jene Tradition in besonderem Maße. Es darf davon ausgegangen werden, dass die Praktiken die Ökologie betreffend historisch verbürgt sind, jedoch wurde ihr kommunikativer Mehrwert in der Hauptpublikation des Unternehmens offenbar erst deutlich später erkannt.

Bezugnahmen auf die Tradition erfolgten vor allem als Distinktionsmerkmal des Unternehmens.[162] Marks & Spencer bezog das Narrativ nicht nur allgemein auf das Unternehmen, sondern personifizierte es auch durch Bezugnahme auf die Firmengründer.[163] Zwar verwies die Kommunikation im diskursiven Feld der Nachhaltigkeit entsprechend unverändert auf die angenommene lange Tradition, jedoch wurde das Narrativ nicht mehr so stark akzentuiert wie noch in den 1990er und frühen 2000er Jahren. Dies war auch dem Wandel und zunehmend holistischem Anspruch des Unternehmens geschuldet, das sich an zeitgenössischen Diskursen orientierte, die nicht immer Pendants in der Vergangenheit fanden. Wo diese Bezüge hergestellt werden konnten, finden sie sich jedoch weiterhin in den Quellen.[164] Dass das bloße Rekurrieren auf eine lange Tradition den Ansprüchen des 21. Jahrhunderts nicht mehr genügte, stellte Marks & Spencer

customers and our turnover.‹ This could easily be a comment from this year's Annual Report, yet it was actually made by a former Chairman of Marks & Spencer over 70 years ago. It represents what we might call the enlightened self interest that has always been a keystone of the Marks & Spencer philosophy. Since our beginnings in 1884 we have always believed that employing business practices which benefit society as a whole will contribute to the Company's long-term performance.«, ebd.

162 Vgl. etwa: »We believe many things differentiate us from our competitors, not least our heritage of 120 years of retailing and our strong tradition of looking outwards to the communities we serve.«, The M&S Company Archive Leeds, CR/D/1, Corporate Social Responsibility Report 2003/04, 2004; zu Traditionsnarrativen als Distinktionsmerkmal vgl. auch Foster u.a. 2017, S. 1184 f.

163 Vgl.: »Our founders believed that building good relationships with employees, suppliers and wider society was the best guarantee of long-term success. This remains the backbone of our approach to CSR.«, The M&S Company Archive Leeds, CR/D/1, Corporate Social Responsibility Report 2003/04, 2004; vgl. hierzu auch wortgleich The M&S Company Archive Leeds, HO/2/1/2/1/7, A Simple Guide to The Community Programme, Januar 2006; vgl. hierzu auch Schwegler, die bei ihren Untersuchungsunternehmen, vor allem Henkel, den Rückgriff auf Gründergeschichten bestätigt und »Ereignisse, in denen ein Gründer/Mitglied der Gründerfamilie auftritt« als kommunikative Mittel für die Hervorhebung einer angenommenen Tradition. Laut Schwegler kommt dieser »Form der Glaubwürdigkeitsstützung [...] gleichzeitig die Funktion eines Autoritätsverweises« zu, Schwegler 2018, S. 499.

164 Exemplarisch zeigt sich dies an der Kommunikation über den Plan A: »We've been working to reduce packaging for many years. In the 1960s, for example, M&S was the first food retailer to introduce re-usable plastic trays to transport food. Today, around 70 % of our food is delivered in these trays saving at least 30,000 tonnes of packaging a year. We use similar systems to transport clothes. Since the mid-1970s we have also re-used or recycled clothing hangers, 50 million in 2006/07.«, The M&S Company Archive Leeds, CR/D/6/1/1, Plan A ›How We Do Business‹ Report 2007, 2007.

selbst fest. Aktiv kommunizierte das Unternehmen die Grenzen der Bezugnahmen auf die eigene Tradition.[165] Neben grundsätzlichen Anpassungen müsse auch die Kommunikation über die Praktiken intensiviert werden, um den Ansprüchen der zeitgenössischen Kundinnen und Kunden zu genügen.[166] Hierin artikulierte sich ein neuer Anspruch: In der Tradition lagen zwar die Wurzeln, doch eine zeitgenössische Interpretation und Ausweitung war unerlässlich.

Gegen Ende der 2000er Jahre erlebte das Traditionsnarrativ eine besondere Renaissance vor dem Hintergrund des 125-jährigen Firmenjubiläums. Dieses nahm Marks & Spencer zum Anlass, bisherige Erfolge zu bilanzieren und eine Verbindung zwischen althergebrachten Traditionen und modernen Anforderungen herzustellen.[167] Auch die interne Kommunikation akzentuierte dies. Exemplarisch sei auf die Berichterstattung der Mitarbeiterzeitschrift anlässlich des Firmenjubiläums verwiesen.[168] Diese publizierte auf zwei Seiten die wichtigsten Ereignisse der Firmengeschichte, von der Gründung im Jahr 1884, über Initiativen zur Unterstützung britischer Truppen während des Zweiten Weltkriegs zu Meilensteinen der Modegeschichte. Neben diesen wenigen ausgewählten Stationen des Unternehmens wurde auch der 2007 veröffentlichte *Plan A* kommuniziert. Dieser bildete auch den Rahmen für die einzige Darstellung eines in der Zukunft liegenden Ereignisses, des Ziels, keinen Abfall zu deponieren und klimaneutral zu werden.[169] Das diskursive Feld der Nachhaltigkeit bildete kommunikativ die Brücke zwischen Vergangenheit, Gegenwart und Zukunft.

4.2 Verantwortung im Mikrokosmos – Lokale Umsetzung eines globalen Leitbilds

Die kommunale Ebene war ein bedeutender Akteur bei der Implementierung des Leitbilds Nachhaltige Entwicklung, nicht zuletzt aufgrund der lokalen Agenda

165 Vgl. etwa: »Society is changing fast and we know that it is not enough to rely on our CSR heritage. We must adapt continuously to changes inside and outside our business.«, The M&S Company Archive Leeds, CR/D/1, Corporate Social Responsibility Report 2003/04, 2004.

166 Vgl. hierzu exemplarisch The M&S Company Archive Leeds, CR/D/6/1/1, Plan A ›How We Do Business‹ Report 2007, 2007.

167 Vgl. The M&S Company Archive Leeds, CR/D/6/1/3, Plan A ›How We Do Business‹ Report 2009, 2009.

168 The M&S Company Archive Leeds, HO/3/2/2/14/25, Timeless…, Your M&S staff magazine, Mai 2009; vgl. hierzu auch Schweglers Ausführungen zur Akzentuierung von Traditionsnarrativen im Kontext von Jubiläen: »Gleichermaßen werden Meilensteile eines Unternehmens zu besonderen Anlässen in kurzen Narrativen eingestreut, wie die Geschichte zur Bekämpfung von Schaumkronen auf deutschen Flüssen in den 1950er Jahren zum Jubiläum des Waschmittels Persil (Henkel AG & Co. KGaA 2008: 4) – als Traditionsverweis für nachhaltiges Denken und Handeln.«, Schwegler 2018, S. 500

169 Ebd.

21.[170] Die Untersuchung der beiden Chemie- und Pharmaunternehmen wies deutliche Bezugnahmen auf lokale Umgebungen bei der Entwicklung von Nachhaltigkeit auf. Für Marks & Spencer zeigte bereits die Analyse der Praktiken, dass die sogenannten *Community Affairs* im gesamten Untersuchungszeitraum einen wichtigen Handlungsrahmen bildeten. Bereits zu Beginn des Untersuchungszeitraums bildeten die Gemeinden, in denen Marks & Spencer Filialen betrieb, den wesentlichen Bezugsmoment der Nachhaltigkeitserzählung. Schon 1987 beschrieb das Unternehmen sich selbst als verantwortlichen Akteur im gesellschaftlichen Leben vor Ort. Anders als beim deutschen Unternehmen Otto stand ein unmittelbarer, lokaler Einsatz vor Ort im Zentrum anstelle der Forcierung eines breiten gesellschaftlichen Bewusstseinswandels. Die Mitarbeitenden waren die wichtigsten Akteure jenes Narratives.[171] Die Entsendung der Belegschaft in lokale Projekte symbolisierte die Nähe und Unmittelbarkeit des Nachhaltigkeitsgedankens im Unternehmen. Dieses lokal ausgerichtete, durch seinen karitativen Charakter gekennzeichnete Engagement dominierte zu Beginn des Untersuchungszeitraums auch die interne Kommunikation des Unternehmens. Die Mitarbeiterzeitschrift publizierte eine Vielzahl an Artikeln, die Marks & Spencer und seine Mitarbeiterenden als verantwortliche, lokal engagierte Akteure in der Mitte der Gesellschaft inszenierten.[172] Die lokale Ausrichtung der Kommunikation ging dabei so weit, dass häufig auch Einzelschicksale, für die sich die Belegschaft in ihren jeweiligen Gemeinden engagierten, Erwähnung fanden.[173]

170 Das Kapitel 28 der insgesamt 40 Kapitel umfassenden »Agenda 21« beschäftigte sich eingehend mit den Kommunen als Akteure einer »nachhaltigen Entwicklung«, United Nations Conference on Environment & Development, Agenda 21 1992, S. 285 f.; zur Rolle von Kommunen bei der Entwicklung von Nachhaltigkeit vgl. einschlägig die Arbeit von Nadja Hendriks, die im Rahmen des IfZ Verbundprojekt »Geschichte der Nachhaltigkeit(en)« eine ausführliche Untersuchung erarbeitet; vgl. hierzu auch Hendriks 2018; zur politischen Bedeutung der Lokalen Agenda 21 vgl. ferner Voisey u.a. 1996.

171 Marks & Spencer sah in den sogenannten *Secondments*, d. h. der Entsendung von Mitarbeitenden in karitative, nachhaltige Projekte, »one of the most effective ways in which we can contribute.«, The M&S Company Archive Leeds, CR/D/1/63, 1988 Annual Report & Financial Statements, 1988; diese Einschätzung wurde auch von höchster Stelle geteilt; David Sieff, Urenkel des Firmengründers Michael Marks, unterstrich die Bedeutung des Engagements auf lokaler Ebene, The M&S Company Archive Leeds, Q/Q11/1/3/4/34, Secondees Dinner Portman Hotel 23.04.1991 Draft Opening Talk Mr D D Sieff, 10.04.1991.

172 Vgl. u. a. The M&S Company Archive Leeds, HO/3/2/2/8/1/460, Helping Hand, St Michael News staff magazine, Januar 1987; The M&S Company Archive Leeds, HO/3/2/2/8/1/460, Children In Need get £4,000 boost, St Michael News staff magazine, Januar 1987; The M&S Company Archive Leeds, HO/3/2/2/8/1/460, In the Running to Help Charity?, St Michael News staff magazine, Januar 1987; The M&S Company Archive Leeds, HO/3/2/2/8/1/461, £500 for Hospice, St Michael News staff magazine, Februar/März 1987; The M&S Company Archive Leeds, HO/3/2/2/8/1/475, Flipping for Charity, St Michael News staff magazine, April 1988.

173 Hierin hieß es: »[S]tores are the focal point of our local community involvement. As well as an individual budget which allows an immediate response to local initiatives and requests for help, store and company

In den Filialen des Unternehmens materialisierte sich der Nachhaltigkeitsdiskurs, sie bildeten Bezugspunkt und Spiegel der Entwicklung von Nachhaltigkeit bei Marks & Spencer. Naturgemäß ermöglichte die Unternehmensstruktur einer filialbasierten Handelskette zunächst überhaupt ein solches Vorgehen. Keineswegs war ein solches Handeln aber alternativlos. Auch Otto verfügte im Untersuchungszeitraum über die nötige Infrastruktur für einen lokalen Ansatz, u. a. übernahm Otto 1991 vollständig das filialbasierte Handelsunternehmen Sport Scheck.[174] Jedoch zeigte die Analyse, dass Otto sich primär einem gesamtgesellschaftlichen Aufklärungsauftrag verpflichtet sah. Dass das Vorgehen von Marks & Spencer nicht nur der Struktur des Unternehmens geschuldet, sondern bewusste Strategie war, illustriert auch eine interne Präsentation aus dem Jahr 1988 über die Entwicklungen der Abteilung *Public Affairs Group*.[175] Dezidiert kommunizierte das Unternehmen: »Whenever possible the local store is involved in decisions to give donations to local charities and organisations. In addition each manager has resources at his disposal to help with local appeals.«[176] Indem die Filialen zum Zentrum des Engagements wurden, konnten sie vor Ort auch als besonders verantwortungsbewusste Akteure auftreten. Hiervon erhoffte Marks & Spencer sich entsprechende Reputationsgewinne.

Auch die seltenen Einschreibungen in die ökologische Dimension des Nachhaltigkeitsdiskurses fanden in den späten 1980er und frühen 1990er Jahren z. T. im Kontext von lokalem Engagement statt.[177] Dies galt sowohl für die interne als auch für die externe Kommunikation des Unternehmens. Letztere berichtete über die Unterstützung von kommunalen Umweltschutzprojekten mit einem besonderen Fokus auf Projekte mit Jugendlichen.[178] Einen ähnlichen Schwerpunkt setzte die interne Kommunikation. Exemplarisch sei auf eine Ausschreibung der Mitarbeiterzeitschrift für den Wettbewerb Young *Environmentalist of the Year*, ein Umweltschutzprojekt für Kinder und Jugendliche, verwiesen.[179] Dieses lokale Narrativ setzte sich auch in den 1990er Jahren in der Mitarbeiterzeitschrift

---

profile is enhanced by channelling major donations through the local store.«, The M&S Company Archive Leeds, HO/3/2/2/8/1/468, Help for Accident Victim, St Michael News staff magazine, Oktober 1987.

174 Margret Hucko/Lutz Reiche, Otto Group trennt sich von Sportscheck mit Verlust, in: Manager Magazin 11.12.2019.

175 The M&S Company Archive Leeds, Q/Q11/1/3/4/4, Secondees' Meeting Opening Talk Mr J A Stanley, 19.04.1988.

176 The M&S Company Archive Leeds, CR/D/1/62, 1987 Annual Report and Financial Statements, 1987.

177 Das Kapitel V.3 zum Handlungsfeld Nachhaltigkeit bei Marks & Spencer hat zudem gezeigt, dass die ökologischen Praktiken von Beginn an sehr produktorientiert waren.

178 The M&S Company Archive Leeds, CR/D/1/65, 1990 Annual Report and Financial Statements, 1990; The M&S Company Archive Leeds, CR/D/1/66, 1991 Annual Report and Financial Statements, 1991.

179 The M&S Company Archive Leeds, HO/3/2/2/8/1/489, Save our Species...and Win Yourself Some Great Prices, St Michael News staff magazine, Mai 1989.

fort. So berichtete diese über »environmental community projects«, für die das Unternehmen jährlich 200.000 Pfund spendete.[180] Eines der Projekte setzte auf Umweltaufklärung, zeigt aber die Diskrepanz zu Otto, da der Fokus hier zum einen auf Spenden lag und es sich zum anderen nicht um einen konstanten Schwerpunkt handelte.[181] Statt selbst auf breiter Ebene den öffentlichen Diskurs zu beeinflussen wie Otto, zeigte sich bei Marks & Spencer nur vereinzelt ein aufklärerischer Ansatz.

Auch in den 1990er Jahren blieben die örtlichen Filialen in der Unternehmenskommunikation als Träger der Verantwortung präsent. Die Filialen erhielten weiterhin eigene finanzielle Mittel zur Unterstützung lokaler Projekte.[182] Die Belegschaft wurde als Initiator inszeniert, dessen positivem Beispiel das Unternehmen folgte.[183] Die Mitarbeitenden wurden dabei nicht nur als handelnde Akteure, sondern auch als Impulsgeber für die Auswahl der Praktiken verstanden. Marks & Spencer lud die Bedeutung der eigenen Belegschaft symbolisch auf und inszenierte sie als Sprachrohre ihrer jeweiligen Gemeinden.[184] Marks & Spencer akzentuierte die positive Rolle der eigenen Mitarbeitenden in den örtlichen Gemeinden auch im weiteren Verlauf der 1990er Jahre stark. Die Belegschaft wurde als Rückgrat der lokalen Umgebung inszeniert, die eine Vielzahl an Positionen, u. a. in Handelskammern oder karitativen Organisationen, besetze.[185] Ebenso setzte das Unternehmen finanzielle Anreize für Mitarbeitende, die sich karitativ engagierten.[186] Da die Filialen und ihre lokale Umgebung im Zentrum des Engagements standen, blieb dieses entsprechend kleinteilig. Dies schlug sich auch deutlich in der internen Kommunikation nieder. Berichtet wurde über Einzelprojekte wie Charity Läufe[187] oder Spendensammelaktionen von Mitarbeitenden

---

180 The M&S Company Archive Leeds, HO/3/2/2/8/1/518, M&S Helps Nature Keep Lovely, St Michael News staff magazine, April 1992.

181 Vgl. The M&S Company Archive Leeds, HO/3/2/2/8/1/518, Putting Environment on Show, St Michael News staff magazine, April 1992.

182 Vgl. The M&S Company Archive Leeds, CR/D/1/66, 1991 Annual Report and Financial Statements, 1991.

183 Marks & Spencer etablierte ein System, »in which money raised voluntarily by store and office staff for charities is matched by the Company.«, The M&S Company Archive Leeds, CR/D/1/67, 1992 Annual Report and Financial Statements, 1992.

184 Dies zeigt anschaulich eine Broschüre über das lokale Engagement: »Preference is given to projects in which our own 55,000 staff and their families take an interest because we believe they are a measure of the needs of any community.«, The M&S Company Archive Leeds, HO/2/1/2/1/11, Serving the Community with the Community at Heart, ca. 1993.

185 Vgl. The M&S Company Archive Leeds, Q/Q11/1/3/2/18, Why Quality Wins in the Private Sector. Discussion Group for Local Government Chief Officers, Speech Mr J A Stanley, 11.03.1993.

186 The M&S Company Archive Leeds, HO/3/2/2/8/1/588, Now There's a New Way for M&S to Help Helpers, St Michael News staff magazine, Oktober 1998.

187 The M&S Company Archive Leeds, HO/3/2/2/8/1/567, Steve's Run of Luck, St Michael News staff magazine, Oktober 1996.

einzelner Filialen.[188] Das lokale Engagement erfuhr auch externe Anerkennung in Großbritannien, u. a. gewann das Unternehmen die *Employees in the Community* Auszeichnung der Organisation *Business in the Community*.[189] Dies mag auch als Indiz dafür gelten, dass ein lokaler Fokus zur damaligen Zeit in Großbritannien als besonders preiswürdig empfunden wurde.

Aus der Fokussierung auf Filialen und die Belegschaft vor Ort entstanden auch ökonomische Vorteile für Marks & Spencer. Die Einbindung der Mitarbeitenden ermöglichte einen größeren Erfolg bei der Implementierung von Praktiken, die Umweltschutz und Geldeinsparungen verbanden.[190] Weitere Quellenbefunde verweisen auf zusätzliche Vorteile durch diese Schwerpunktsetzung. Eine Broschüre des Unternehmens zum Community Involvement verdeutlicht, dass durch die Schwerpunktsetzung die unmittelbare Umgebung der Filialen selbst aufgewertet werden konnte.[191] Hierdurch entwickelten sich die Filialen zu attraktiveren Arbeitsplätzen und Einkaufsmöglichkeiten. Der Politikwissenschaftler Jeremy Moon konstatierte für das Vereinigte Königreich zu diesem Zeitpunkt ein politisches Vakuum in sozialpolitischen Fragen. Die Unternehmen selbst sahen sich zu einem engagierten Verhalten angespornt, um die »social licence of business to trade« zu erhalten, u. a. vor dem Hintergrund des Verfalls britischer Städte.[192] Entsprechend trugen die implizierten ökonomischen Vorteile dazu bei, das Narrativ zu festigen, dass Verantwortung vor allem lokal wirksam werden sollte.

Zu Beginn des neuen Jahrtausends schrieb Marks & Spencer seine Erzählung des lokal engagierten Unternehmens fort. Wie sehr sich der Anspruch auch über

188 The M&S Company Archive Leeds, HO/3/2/2/8/1/567, Convoy of Care, St Michael News staff magazine, Oktober 1996.

189 The M&S Company Archive Leeds, HO/3/2/2/8/1/569, Help for Community Wins Two Top Awards, St Michael News staff magazine, Januar/Februar 1997.

190 Eine Sonderbeilage zur Mitarbeiterzeitschrift zitierte einen Mitarbeiter, der für Energieeinsparungen an zwei Standorten verantwortlich war: »It's a question of promoting local involvement. If you let staff know what the budget is and what we're expected to save, it helps them understand what is needed.«, The M&S Company Archive Leeds, HO/3/2/2/8/1/522, Energy Watch, Sommer 1992.

191 »We work hard to conserve the resources used in our own business – recycling materials wherever practical and saving energy. And in turn we offer support to those who are committed to improving the environment and protecting Britain's heritage. Special beneficiaries are groups involved in city centre conservation where young people are encouraged to play a part in the future quality of their environment. Our store managers are working with local authorities and other businesses to improve town centres, making them attractive and safe places in which to live and work.«, The M&S Company Archive Leeds, HO/2/1/2/1/11, Serving the Community with the Community at Heart, ca. 1993.

192 Moon zitiert hierbei auch einen Artikel aus der Zeitschrift The Economist vom 20.2.1982: »The Economist commented on Marks & Spencer's community work and charity, the firm was ›making a sensible investment in its market place. If urban disorders become a regular fact of life, many of its 260 stores would not survive.‹«, Moon 2005, S. 55.

die ökologische Dimension des Nachhaltigkeitsdiskurses legte, zeigte sich exemplarisch in der Mitarbeiterzeitschrift. Auf zwei Seiten kommunizierte das Unternehmen unter dem Titel »Heart of the Community« lokale Projekte, die dem Feld der Nachhaltigkeit zugeordnet werden können. Etwas mehr als die Hälfte der Artikel stellte ökologische Themen ins Zentrum[193], die anderen soziale Ansätze.[194] Insgesamt lässt sich Anfang der 2000er Jahre jedoch noch ein überproportionaler Anteil an sozialen Akzentuierungen innerhalb des Narrativ des lokalen Engagements feststellen.[195]

In den 2000er Jahren lässt sich eine allmähliche Auflösung der Schwerpunktsetzung auf lokales Engagement beobachten. Das diskursive Feld der Nachhaltigkeit wurde gewissermaßen entgrenzt; die Herausforderungen zunehmend in ihrer gesamtgesellschaftlichen, globalen Relevanz wahrgenommen.[196] Die Initiative *Marks & Start*, die benachteiligte Menschen beim Einstieg in den Arbeitsmarkt unterstützen sollte, veränderte die Stoßrichtung des *Community* Engagements des Unternehmens. Dieses versuchte nun vermehrt die Akti-

193 The M&S Company Archive Leeds, HO/3/2/2/12/1/6, Support for a Greener Future, On Your Marks staff magazine, Januar 2000; The M&S Company Archive Leeds, HO/3/2/2/12/1/6, Green for Go, On Your Marks staff magazine, Januar 2000; The M&S Company Archive Leeds, HO/3/2/2/12/1/6, One of the Environmental Organisations we Support is Trees for Life, On Your Marks staff magazine, Januar 2000; The M&S Company Archive Leeds, HO/3/2/2/12/1/6, If you go Down to the Woods Today..., On Your Marks staff magazine, Januar 2000; The M&S Company Archive Leeds, HO/3/2/2/12/1/6, Fund-Raising for Children is the Theme of this Month's Round-Up, On Your Marks staff magazine, Januar 2000; The M&S Company Archive Leeds, HO/3/2/2/12/1/6, Raising £££s for Diabetes, On Your Marks staff magazine, Januar 2000.

194 The M&S Company Archive Leeds, HO/3/2/2/12/1/6, Children First, On Your Marks staff magazine, Januar 2000.

195 Die Mitarbeiterzeitschrift kommunizierte vorrangig über Projekte der traditionsreichen unternehmerischen Philanthropie, vgl. etwa The M&S Company Archive Leeds, HO/3/2/2/12/1/7, Learning to Live with Disabilities, On Your Marks staff magazine, Februar 2000; The M&S Company Archive Leeds, HO/3/2/2/12/1/12, A Race for Life, On Your Marks staff magazine, Juli 2000; The M&S Company Archive Leeds, HO/3/2/2/12/1/33, Let's all get Behind Breakthrough Breast Cancer Challenge, On Your Marks staff magazine, Oktober/November 2002; The M&S Company Archive Leeds, HO/3/2/2/12/1/31, Hope for the Homeless, On Your Marks staff magazine, Juni/Juli 2002; The M&S Company Archive Leeds, HO/3/2/2/12/1/10, Learning to be Good Citizens, On Your Marks staff magazine, Mai 2000; unverändert kommunizierte Marks & Spencer zudem, wie das Unternehmen die Belegschaft in ihrem Einsatz u. a. finanziell unterstützte und mit Preisen auszeichnete,The M&S Company Archive Leeds, HO/3/2/2/12/1/21, Community Involvement, On Your Marks staff magazine, Mai 2001; The M&S Company Archive Leeds, HO/3/2/2/12/1/34, Volunteer Awards, On Your Marks staff magazine, Dezember 2002

196 Exemplarisch illustriert der Jahresbericht 2006 diesen Wandel. Anders als vorherige Berichte der 2000er Jahre, welche die Thematik an einschlägige, separate Berichte ausgelagert hatten, wurde hier erneut dezidiert auf einer Seite Nachhaltigkeit thematisiert. Lokale Initiativen existierten weiterhin, fanden jedoch in Bezug auf Großbritannien nur noch mit zwei Sätzen Erwähnung, The M&S Company Archive Leeds, CR/D/1/81, 2006 Annual Report and Financial Statements, 2006.

vitäten in einer konzentrierten Initiative zu bündeln.[197] Ein breit angelegter Evaluierungsbericht des Programms bestätigte das Bild eines sich wandelnden gesellschaftlichen Diskurses im Zuge dessen Marks & Spencer neue Narrative entwickelte.[198] Marks & Spencer erkannte, dass die langjährige Dominanz eines philanthropischen Ansatzes mit Spenden und Entsendungen nicht mehr dem Zeitgeist entsprach. Unternehmen waren gefordert, moderne Antworten auf die gesellschaftlichen Herausforderungen zu finden. Im Vordergrund standen nun u. a. Fair-Trade-Initiativen; die Herausforderungen wurden mindestens national, vielfach international verstanden.[199] Die Vormachtstellung der Filialen als Referenzpunkt für jegliches Engagement befand sich in Abschwächung.

Obwohl das Narrativ in den 2000er Jahren an Wirkmächtigkeit verlor, blieb es im Unternehmen präsent und wurde nicht vollständig abgelöst. Im ersten CSR-Bericht von Marks & Spencer aus dem Jahr 2003 lebte der lokal engagierte »good corporate citizen« zunächst fort. »Help make our communities good places in which to live and work«[200] blieb eines von drei Grundprinzipien des Unternehmens. Weiterhin engagierte sich Marks & Spencer in der Initiative *Business in the Community* und ihrem sogenannten *Per Cent Standard*, in dessen Rahmen Unternehmen sich verpflichteten, mindestens ein Prozent der Umsätze für kommunale und gesellschaftliche Projekte zu verwenden.[201] Die Filialen blieben als Orte, an denen sich Praktiken der Nachhaltigkeit materialisierten, Teil der Unternehmenserzählung. Sie wandelten sich jedoch zu Orten, an denen Marks & Spencer die filialübergreifenden Nachhaltigkeitsstrategien kommunizierte.[202] Ihre Rolle orientierte sich nun an einem größeren Bezugsrahmen, der über die unmittelbare lokale Umgebung hinausging.

197 Vgl. The M&S Company Archive Leeds, HO/2/1/1/1/3, Marks & Start. Opening the door to emyployment?, Januar 2004.

198 Der Bericht konstatierte: »For many years, the business community has viewed corporate social responsibility (CSR) as a luxury good; something a few big companies could indulge in, but hardly a necessity for others with market share to fight for and shareholders to satisfy. Like many luxuries, today CSR is within everyone's reach. This is because CSR is itself changing dramatically. We are witnessing a shift away from simple philanthropy and community activities, towards a much more sophisticated understanding of how corporate activity impacts on – and can benefit – a range of stakeholders. In practice, this involves a shift from ›doing good things‹ to finding new ways of doing good business for example, looking harder at places and people employers have traditionally ignored, passed over or shied away from.«, ebd.

199 The M&S Company Archive Leeds, CR/D/1/81, 2006 Annual Report and Financial Statements, 2006.

200 The M&S Company Archive Leeds, HO/2/6/4, Corporate Social Responsibility Review 2003, 2003.

201 The M&S Company Archive Leeds, CR/D/6/2, Corporate Social Responsibility Report 2005, 2005.

202 Vgl.: »It was the first time that we had mounted a co-ordinated employee and customer communication exercise on CSR, and the first time we'd devoted all our store windows to a CSR campaign.«, The M&S Company Archive Leeds, CR/D/6/3, Corporate Social Responsibility Report 2006, 2006.

Das Ende des Untersuchungszeitraums stand unter dem Eindruck des *Plan A* und seines holistischen Nachhaltigkeitsverständnisses. Ein Ende der historisch geprägten Philanthropie des Unternehmens und des Fokus auf lokales Engagement bedeutete die Neuausrichtung jedoch nicht. Marks & Spencer spendete auch 2007 noch 13,9 Millionen Pfund für karitative Zwecke (2005/2006 lag die Spendenhöhe bei 9,3 Millionen Pfund) und setzte das Programm *Marks & Start* fort.[203] Insbesondere für dieses lokale Engagement erhielt Marks & Spencer in Großbritannien mehrere Auszeichnungen.[204] Die hohe externe Aufmerksamkeit suggeriert, dass diese Tradition sich nicht auf das Unternehmen beschränkte, sondern für ganz Großbritannien charakteristisch war. Auch unter *Plan A* blieben die Filiale als Orte der Nachhaltigkeit präsent, u. a. sah die Strategie die Ernennung sogenannter *Plan A Champions* vor, die die Implementierung vor Ort unterstützten.[205] Ökologische Initiativen im Rahmen von *Plan A* verbanden sich teils ganz dezidiert mit alten Formen der unternehmerischen Philanthropie. Ein Beispiel hierfür bildete eine Gebühr für Plastiktüten, die Marks & Spencer als Spende an lokale karitative Projekte weiterleitete.[206] Deutlich zeigt sich, dass es nicht eine neue und alte Form von Nachhaltigkeit gab, sondern diese parallel existierten – der pluralistische Gedanke von vielen Nachhaltigkeit*en* statt einer Nachhaltigkeit offenbarte sich hier auch innerhalb eines Unternehmens.

4.3 Die Entwicklung von Nachhaltigkeit im Zusammenspiel mit der Kundschaft

Die Analyse des deutschen Beispiels Otto hat gezeigt, dass Kundinnen und Kunden sowohl den Rezipientenkreis des Aufklärungsnarrativs bildeten als auch selbst als Treiber des Nachhaltigkeitsdiskurses wahrgenommen wurden. Die Kundschaft der Filialen war als Teil des lokalen Engagements seit jeher auch ein wesentlicher Bezugsmoment von Marks & Spencer.[207] Vor allem ab den späten 1990er und 2000er Jahren entwickelten sich die Kundschaft auch darüber hinaus zu einem wichtigen Bezugspunkt im diskursiven Feld der Nachhaltigkeit. Die Untersuchung fokussiert daher auf diesen Zeitraum, da die Quellenlage hier

---

203 The M&S Company Archive Leeds, CR/D/6/1/1, Plan A ›How We Do Business‹ Report 2007, 2007.

204 Für Marks & Start erhielt das Unternehmen zwei »Business in the Community Impact on Society Excellence Big Tick« Preise sowie den »Prince's Trust Partnership & Innovation Award«, ebd.

205 Vgl.: »Our store Plan A Champions will be the essential link between customers and colleagues and we're delighted to welcome all of them to this very important role.«, The M&S Company Archive Leeds, HO/3/2/2/14/16, We are the Champions, Your M&S staff magazine, Juni/Juli 2007.

206 Vgl. The M&S Company Archive Leeds, HO/3/2/2/14/22, Carrying Success, Your M&S staff magazine, September/Oktober 2008.

207 Vgl. hierzu das vorherige Kapitel V.4.2.

eine besonders dichte Analyse erlaubt. Ab Mitte der 1990er Jahre zeugen interne Quellen davon, dass Marks & Spencer einen allmählichen Bewusstseinswandel bei Kundinnen und Kunden wahrnahm. Der Nachhaltigkeitsdiskurs erlebte einen ersten Aufschwung, aus dem Marks & Spencer einen Handlungsauftrag ableitete.[208] Die gestiegene Aufmerksamkeit für soziale und ökologische Herausforderungen wurde als ein Grund für eine Weiterbildungsinitiative benannt.[209] Insgesamt nahm Marks & Spencer die Entwicklung jedoch nicht als gesellschaftlich prägend war, mindestens schien sie die Kaufentscheidungen nicht wesentlich zu beeinflussen. Auch Ende der 1990er Jahre ging Marks & Spencer davon aus, dass Kundinnen und Kunden vor allem eine große Auswahl an Kleidung forderten und preisbewusst waren.[210] Während Otto zu diesem Zeitpunkt das Narrativ bediente, selbst aktiv an der ökologischen Aufklärung der Kundschaft mitzuwirken, finden sich bei Marks & Spencer nur vereinzelt Spuren einer so verstandenen Akteursrolle. Die interne Kommunikation in der Mitarbeiterzeitschrift enthält Ende der 1990er Jahre einzelne Hinweise, dass das Unternehmen versuchte, die ökologische Dimension des Nachhaltigkeitsdiskurses voranzubringen.[211] Die diesbezügliche Kommunikation blieb aber weit hinter jener von Otto zurück.

In den 2000er Jahren nahm Marks & Spencer eine Aufwertung des gesellschaftlichen Diskurses zu Nachhaltigkeit wahr. Zeitgenössische Umfragen zeugen davon, wie stark das diskursive Feld der Nachhaltigkeit und der in den Unternehmensquellen synonym verwendete Begriff CSR innerhalb weniger Jahre aufgewertet wurde.[212] Auf diese Weiterentwicklung des gesellschaftlichen Diskurses reagierte Marks & Spencer mit einer aktiven Informationspolitik. Das Unternehmen setzte sich mit der Frage auseinander, an welchen Stellen im Produktzyklus es über Einfluss verfügte, um die diskursive Oberhand in Nach-

208 Im Rahmen einer Rede zu Weiterbildungsprogrammen für die Belegschaft erklärte ein Manager von Marks & Spencer: »Communities are becoming more concerned about environmental and social issues.«, The M&S Company Archive Leeds, Q/Q11/1/2/1/26, Speech given in 1997 (Speaker unknown), 1997.

209 Ebd.

210 The M&S Company Archive Leeds, CR/D/1/73, 1998 Annual Report and Financial Statements, 1998.

211 U. a. veröffentlichte das Unternehmen ein Statement des damaligen Umweltministers Michael Meacher: »Are you Doing Your Bit to protect the environment and fight global warming?«. Die britische Bevölkerung wurde darin zu einem umweltbewussten, energiesparenden Verhalten aufgefordert, The M&S Company Archive Leeds, HO/3/2/2/8/1/584, Are you Doing Your Bit to Protect the Environment and Fight Global Warming?, St Michael News Energy Watch Supplement, Juni 1998.

212 2006 berichtete Marks & Spencer über den starken Anstieg des Interesses von Seiten der Kundschaft: »For the last few years, research has shown that our customers believe that CSR is very important for us. For example, in August 2005, 97 % of our customers said that it was important that we operate responsibly in all that we do. In 2004/05, the comparable figure was 75 %.«, The M&S Company Archive Leeds, CR/D/6/3, Corporate Social Responsibility Report 2006, 2006; 2003 lag der Anteil noch bei lediglich 50 Prozent, The M&S Company Archive Leeds, HO/2/5/1/11, Agenda ltem 9 for Group plc Board Meeting, 13.12.2006.

haltigkeitsthemen zu behalten. Neben dem Einfluss auf Lieferantinnen und Lieferanten benannte es auch den Einfluss auf die Kundschaft.[213] Besonders wichtig seien leicht verständliche Etiketten und Informationen.[214] Marks & Spencer formulierte umfassende Kriterien für diese Informationspolitik und die Gestaltung der Produktlabels.[215] Das Unternehmen zielte hier vor allem darauf ab, die Option zu bieten, informierte Entscheidungen zu treffen. Eine entsprechend breit angelegte Aufklärung der Kundschaft gewann bei Marks & Spencer anders als bei Otto erst in den 2000er Jahren an Fahrt.[216] In der zweiten Hälfte der 2000er Jahre manifestierte sich der Trend wandelnder Ansprüche, auf die Marks & Spencer mit zunehmend breiteren Kampagnen reagierte. Diese integrierten alle zeitgenössisch wahrgenommenen drei Dimensionen der Nachhaltigkeit sowie weitere Akteursgruppen. Das Unternehmen analysierte deren Haltung detailliert und teilte sie in verschiedene Gruppen mit unterschiedlichen Nachhaltigkeitsansprüchen ein.[217] Marks & Spencer griff den gesellschaftlichen Bewusstseinswandel auf und nutzte ihn zur Inszenierung als verantwortungsvoller Akteur. Gegen Ende der 2000er Jahre verstärkte Marks & Spencer das Narrativ eines aufklärenden Unternehmens auch in der externen Kommunikation. Das Unternehmen inszenierte sich, insbesondere im Kontext der *Look Behind the Label* Kampagne, als ein Vorbild, nicht nur für die Kundschaft, sondern auch für den Wettbewerb mit entsprechenden Reputationsgewinnen.[218]

Gegen Ende der 2000er galten Kundinnen und Kunden als eine wesentliche Triebfeder für die Entwicklung von Nachhaltigkeit. So nahm Marks & Spencer

---

213 The M&S Company Archive Leeds, Acc/15/010, Corporate Social Responsibility Report 2003/04, 2004.

214 Ebd.

215 Vgl. ebd.

216 Der *Corporate Responsibility* Bericht 2005 erklärte: »As a 100 % own-brand retailer, we are in a position to control the quality of products and the way they are produced. More and more, we are talking to our customers about how this benefits them and how our products are sourced to high ethical standards.« Dieses Zitat aus dem Jahr 2005 veranschaulicht den sich allmählich wandelnden Diskurs beziehungsweise die Einschreibung von Marks & Spencer in selbigen – »mehr und mehr« statt »immer schon«, The M&S Company Archive Leeds, CR/D/6/2, Corporate Social Responsibility Report 2005, 2005.

217 Vgl.: »Our most recent research categorises customers' attitudes into four identifiable groups. 11 % of our customers are ›Green crusaders‹; the most well informed and passionate group, they're already making a significant difference themselves and expect business to take a lead as well. A further 27 % are increasingly aware of the need to address sustainability issues and are willing to play their part ›If it's easy‹. A further 38 % fall into the largest group: ›What's the point?‹ They're increasingly concerned about environmental and social issues but don't believe they can make a difference. ›What's the point?‹ customers may be willing to make changes if others match their efforts. The remaining 24 % of our customers are not currently interested in green or ethical issues.«, The M&S Company Archive Leeds, CR/D/6/1/2, Plan A ›How We Do Business‹ Report 2008, 2008.

218 Vgl. hierzu eine interne Vorstandspräsentation zur transparenten Informationspolitik der 2006 gestarteten *Look behind the Label (LBTL)* Werbestrategie, The M&S Company Archive Leeds, HO/2/5/1/11, Agenda ltem 9 for Group plc Board Meeting, 13.12.2006.

sie im Bereich von Abfallmanagement und Recycling als wichtige Akteursgruppe und Partner wahr. Ein nachhaltiger Einsatz von Rohstoffen sei jedoch eine Forderung, die von den Unternehmen selbst vorangetrieben worden sei. Generell konstatierte das Unternehmen eine große Diskrepanz zwischen dem vermeintlichen Anspruch der Kundschaft und deren Kaufverhalten und sprach vom »›30:3 phenomenon‹ – 30 % of purchasers claim workers' rights, animal welfare and green issues affected their purchase decision, yet sales figures show only 3 % acted on these thoughts.«[219] Wie bei Otto lässt sich auch hier ein reziprokes Verhältnis zwischen Kundschaft und Unternehmen feststellen. Keine Akteursgruppe kann als alleiniger Initiator von Nachhaltigkeit gelten.

Neben der Wahrnehmung eines grundsätzlich gewandelten Bewusstseins in der Gesellschaft zeugen interne Quellen auch davon, dass sich die Prioritäten innerhalb des Diskursfeldes verschoben. Ökologische Herausforderungen, allen voran der Klimawandel, erlangten zunehmend mehr Aufmerksamkeit in der britischen Gesellschaft. In Bezug auf den Klimawandel antizipierte ein internes Vorstandsprotokoll bereits 2006 eine künftige diskursive Dominanz.[220] Zwei Jahre später bestätigte eine interne Präsentation ein gestiegenes gesellschaftliches Bewusstsein für den Klimawandel, sah jedoch weiterhin eine größere gesellschaftliche Wahrnehmung bei sozialen und gesundheitsbezogenen Themen.[221] Auch zeitgenössische Umfragen und Studien unterstützten diese Einschätzung.[222] Die im *Plan A* formulierten ambitionierten Ziele im Bereich Kli-

219 The M&S Company Archive Leeds, HO/2/5/1/6, External Pillar Review, Januar 2008.

220 Vgl.: »We also know that Government, pressure group and media focus will increase in 2007 as consensus forms that climate change is real and needs to be addressed. [...] We have therefore developed a strategic five year plan [...] and decisively position M&S as the leading UK retailer on managing social and environmental issues.«, The M&S Company Archive Leeds, HO/2/5/1/11, Agenda ltem 9 for Group plc Board Meeting, 13.12.2006.

221 Vgl.: »Climate change is bigger in every respect than it was 18 months ago, but there are still big ›unknowns‹. Consumers are still more concerned with social and health issues such as fair trade and obesity than climate change, but they have become significantly more environmentally aware over the last 12 months.«, The M&S Company Archive Leeds, HO/2/5/1/6, External Pillar Review, Januar 2008.

222 Vgl.: »Customers are increasingly environmentally aware but still identify more with social issues. 60 % of consumers have become more environmentally aware over the last 12 months (The Carbon Trust). [...] Consumers are increasingly concerned about social rather than environmental issues. Sweatshop labour receives 70 % support vs. plastic bags which receive 30 % of popular support. 47 % of those interviewed a Populus survey felt that a retailer's priority should be ensuring that workers in developing countries were fairly treated, only 10 % maintain they should first reduce their carbon footprint.«, ebd.; dass sich das tatsächliche oder antizipierte Konsumentenverhalten in Deutschland und Großbritannien vor allem bezüglich der ökologischen Dimension unterschied, legen auch weitere Forschungen nahe. So verweist auch Jones auf eine Studie von 2004: »One study of why German consumers were more willing to buy organic food than their British counterparts, for example, found common consumer attitudes in the two countries about food safety and healthiness, but that British consumers did not link eating organic food with wider concerns about the natural environment.«, Jones 2017, S. 188.

maschutz[223] waren somit nur zum Teil eine Reaktion auf gestiegene Ansprüche der Kundschaft. Vielmehr nahm Marks & Spencer hier selbst eine Vorreiterrolle ein.

Die Akzentuierung einzelner Praktiken orientierte sich hingegen besonders an deren potenzieller Attraktivität für Kundinnen und Kunden. Interne Ausführungen verdeutlichen, dass Marks & Spencer einigen Themen eine größere Öffentlichkeitswirksamkeit zuschrieb. Entsprechend ließen sich hier auch ökonomische und ökologische Vorteile leicht in Einklang bringen. Ein Beispiel hierfür bildete der Themenbereich Abfall und Recycling.[224] Die Kundschaft sei Recycling gegenüber aufgeschlossen, würde aber vom Handel eine möglichst einfache Umsetzung erwarten.[225] In den Worten von Marks & Spencer war Abfall »[n]ot the sexiest of subjects – but perhaps the pillar with highest visibility and consumer resonance.«[226] Interessant erscheint, wie das Abfallmanagement intern auch mit dem für Großbritannien so prägenden Thema der Klasse vermischt wurde: »Class war – Waste and recycling often seen to be divided along socio-economic lines (i.e. those with the time and inclination) – unlikely to be improved by the increasing social divide.«[227] Dies illustriert, in welchem Wechselspiel mit den (britischen) Kundinnen und Kunden Marks & Spencer Nachhaltigkeitskriterien entwickelte. Auch bezüglich der sozialen Dimension entwickelte man den eigenen Ansatz im Zusammenspiel mit anderen Akteursgruppen. Die Kundschaft bildete auch hier eine wichtige Bezugsgröße, wobei insbesondere auch das Wettbewerbsumfeld beobachtet wurde. Wenngleich Marks & Spencer konstatierte, dass der Preis unverändert das wichtigste Kriterium bei Kaufentscheidungen war, sah das Unternehmen eine gesellschaftliche Aufwertung anderer Themenbereiche.[228] Eine besondere Rolle kam dem zeitgenössisch ausgeprägten Bewusstsein für Herausforderungen entlang der Lieferkette und Fair-Trade-

223 Vgl. hierzu Kapitel V.3.2.

224 Vgl. hierzu die Unternehmensanalyse: »From a consumer perspective, ›green initiatives‹ in the ›waste‹ area are highly tangible and visible, e.g. recycled plastic fleeces, carrier bags and food packaging. These initiatives catch consumer attention and have the highest impact. Level of recycling is to a certain extend out of direct retailer's control, consumer involvement is crucial. Levels and scope of legislation will increase, not only affecting businesses practices but inevitably also affect local authorities, consumers etc. The business case to reduce waste is clear as costs can be significantly reduced, but there are mixed views as to what the solutions are.«, The M&S Company Archive Leeds, HO/2/5/1/6, External Pillar Review, Januar 2008.

225 Ebd.

226 Ebd.

227 Ebd.

228 Vgl.: »Price is still the key factor in consumers' decision-making on purchases, but other factors are becoming more important.«, ebd.

Initiativen zu.[229] Marks & Spencer formulierte hier einen Führungsanspruch gegenüber anderen Unternehmen.[230] Die negativen Reaktionen von Kundinnen und Kunden sowie weiteren gesellschaftlichen Akteuren auf nicht-nachhaltige Praktiken von Wettbewerbern diente dem Unternehmen als mahnendes Beispiel[231] und kam zugleich der eigenen Reputation zugute.

4.4 Engagement als *Britishness* – Verantwortung für Großbritannien

Die Analyse von Otto hat gezeigt, dass sich viele Praktiken und Narrative im Heimatmarkt des Unternehmens bewegten. Dieser bildete aber nur den Rahmen, nicht das wesentliche Bezugsmoment. So hieß es nicht, man müsse die »deutsche« Umwelt schützen oder »deutsche« Verbraucherinnen und Verbraucher in ihrem Nachhaltigkeitsengagement unterstützen. Für Marks & Spencer war Großbritannien hingegen ein wesentlicher Bezugspunkt des eigenen Engagements, obwohl das Unternehmen sich im Untersuchungszeitraum zunehmend internationalisierte.[232] Bezugnahmen auf Großbritannien waren folglich nicht Ausdruck eines rein national tätigen Unternehmens. Vorangestellt sei, dass konsumnationalistische Bewegungen unter dem Schlagwort »Buy British« in Großbritannien auf eine lange Tradition bis hin zur Weltwirtschaftskrise der 1930 Jahre zurückblicken.[233] Bedeutend ist in diesem Kontext auch der Begriff der *Britishness*. Das Cambridge Dictionary definiert diesen als »the fact of being

229 Ein entsprechendes Bild zeichnete Marks & Spencer in einer internen Präsentation: »Consumers are more concerned with social and health issues than environmental issues, despite the buzz around ›green‹ initiatives. One of M&S' challenges it to make practices around fair partnership more visible. The other challenge is to think more broadly about what ›fair partnership‹ means to a supplier.«, ebd.

230 Vgl. ebd.

231 Vgl.: »Recent M&S customer research has shown that the recession has had very little impact on our customer's eco views and recent MORI research has shown that 50 % of consumers expect more to be delivered by companies as they increasingly blame business for the economic downturn. Businesses are constantly being challenged on their eco credentials and this is increasingly being done in the public eye. [...] Tesco, Asda and Primark were all attacked by War on Want for workers in their factories not receiving a living wage and Primark was the lead item on the BBC News earlier in the year for use of migrant workers and low wages. If M&S was put in this position, the ramifications could be huge. [...] Despite the distraction of the current economic environment, we have continued to maintain the focus on Plan A across the business.«, The M&S Company Archive Leeds, HO/2/5/1/8, Plan A: Update on Progress & Assurance, 19.03.2009.

232 Vgl. hierzu die in Kapitel V.1 beschriebenen Entwicklungen im Untersuchungszeitraum.

233 Vgl. hierzu Schramm 2020, wie Schramm weiter ausführt, kam es in Europa »bereits in den 1970er-, verstärkt in den 1980er-Jahren zu einer vermeintlichen Rückbesinnung auf regionale Spezialitäten, besonders im Bereich der Ernährung«.

British, or qualities that are considered typical of British people«.[234] Laut Almuth Ebke, die die Auswirkungen des Niedergangs der britischen Kohleindustrie auf den Diskurs um die *Britishness* in den 1990er und 2000er Jahren analysiert hat, bildeten »Questions of societal and national belonging, but also about the shape and values of the British nation and society [...] the basis of the Britishness-debate«.[235] An ihrer Forschungsarbeit zeigt sich der Einfluss von Industrien und wirtschaftlichen Entwicklungen auf jene nationalen Selbstzuschreibungen. Im Rahmen der folgenden Analyse wird unter dem Begriff verstanden, dass Marks & Spencer sich selbst als britisch inszenierte und seine Einschreibung in das Feld der Nachhaltigkeit ganz explizit als Verantwortung für Großbritannien beschrieb. Eine solche Inszenierung konnte die diskursive Macht auf dem Heimatmarkt stärken.[236]

Das Narrativ der *Britishness* der gesellschaftlichen Verantwortung des Unternehmens manifestierte sich in den ausklingenden 1980er und 1990 Jahren in der internen wie externen Kommunikation. Häufig wurden Narrative und Praktiken der Nachhaltigkeit mit der britischen Monarchie verwoben und so in einer besonders nationalen, britischen Spielart inszeniert. Zahlreiche Artikel in der Mitarbeiterzeitschrift des Unternehmens über Besuche von und Kooperationen mit Mitgliedern der königlichen Familie zeugen von diesem Narrativ.[237] Damit im Einklang stand auch das Engagement von Marks & Spencer im Rahmen der Initiative *Business in the Community*.[238] *Business in the Community*, dies illustriert der Untertitel »The Prince's Responsible Business Network«, ist eine Initiative des damaligen Prince of Wales.[239] Durch die Patronage des Prince of Wales kann die Stiftung selbst als Beispiel nationaler Identitätsbildung gelten. Auch die Geschäftsberichte zeugen von der nationalen Besetzung des diskursiven Feldes. Die kommunizier-

---

234 Cambridge Dictionary, Britishness. https://dictionary.cambridge.org/de/worterbuch/englisch/britishness (2. Oktober 2020).

235 Ebke 2018, S. 122.

236 Vgl. hierzu: »In recent years, historians have begun to appreciate the ways in which Britishness was a ›construction‹ which different groups have laid claim to and used to demand a more central role in politics and the state.«, ebd., S. 123.

237 Vgl. u. a. The M&S Company Archive Leeds, HO/3/2/2/8/1/461, Royal Day for New Community Workshop, St Michael News staff magazine, Februar/März 1987; The M&S Company Archive Leeds, HO/3/2/2/8/1/469, Duchess Opens Special ›Home from Home‹, St Michael News staff magazine, November 1987; The M&S Company Archive Leeds, HO/3/2/2/8/1/471, Special Day with Diana, St Michael News staff magazine, Januar 1988; The M&S Company Archive Leeds, HO/3/2/2/8/1/475, Princess visits ChildLine, St Michael News staff magazine, April 1988.

238 The M&S Company Archive Leeds, CR/D/1/62, 1987 Annual Report and Financial Statements, 1987.

239 Wie die Initiative selbst angibt: »Business in the Community is the oldest and largest business-led membership organisation dedicated to responsible business. We were created nearly 40 years ago by HRH The Prince of Wales to champion responsible business.«, Business in the Community, About Us. Who we are (2017). https://www.bitc.org.uk/about-us (10. September 2019).

ten Projekte bezogen sich durchweg auf britische Initiativen.[240] Ebenso wurde der Status des Unternehmens als einer der größten Firmenspender des Landes aktiv kommuniziert und damit der nationale Bezugsrahmen unterstrichen.[241]

In den ausklingenden 1980er und frühen 1990er Jahren erstreckte sich das Narrativ des sozial verantwortlichen Unternehmens vor allem auf Themenfelder, die prägend für die britische Gesellschaft waren.[242] Die kommunizierten Praktiken wirkten wie eine Spiegelung der zeitgenössischen Herausforderungen in Großbritannien. Hierzu zählten Probleme in den Innenstädten, Obdachlosigkeit und Kriminalitätsprävention.[243] Gemeinsam mit lokalen Behörden trug das Unternehmen zu einem besseren Leben in britischen Städten bei, so das Narrativ.[244] Auch Praktiken, die sich an Mitarbeitende des Unternehmens richteten, legen nahe, dass sie von zeitgenössischen nationalen Diskursen determiniert waren. Hierzu zählte insbesondere die Gesundheitsförderung.[245] Hier liegt die These nahe, dass Marks & Spencer gezielt Schwerpunkte in Bereichen setzte, in denen der britische Staat ein Vakuum hinterließ.[246] Das britische Gesundheitssystem NHS erlebte zu diesem Zeitpunkt eine schwere Krise, so dass die Bereitstellung von Vorsorgeuntersuchungen[247] durch das Unternehmen eine gute Option zur Profilierung des Unternehmens innerhalb Großbritanniens darstellte.[248] Dass sich das Unternehmen hier tatsächlich als Ergänzung zu britischer Politik und dem NHS

240 Dabei wurde auch deutlich, dass beim Rezipientenkreis des Berichts eine Kenntnis der genannten Institutionen vorausgesetzt wurde, wie beispielsweise der *Great Ormond Street Hospital Appeal*, The M&S Company Archive Leeds, CR/D/1/63, 1988 Annual Report & Financial Statements, 1988.

241 The M&S Company Archive Leeds, HO/3/2/2/8/1/530, The Team that Makes a Living out of Giving, St Michael News staff magazine, Juni/Juli 1993.

242 Vgl. hierzu auch die Ausführungen im Kapitel V.4.2 zur lokalen Interpretation von Nachhaltigkeit.

243 The M&S Company Archive Leeds, CR/D/1/66, 1991 Annual Report and Financial Statements, 1991.

244 Vgl.: »Our commitment to town centre trading is further demonstrated by the full part we play in the commercial life of the towns and cities where we trade. The Company has taken a lead in developing town centre management and improving the shopping environment and is now being supported by a number of local authorities. The alarming increase in theft, violence and terrorism adds substantially to retailers' costs.«, The M&S Company Archive Leeds, CR/D/1/67, 1992 Annual Report and Financial Statements, 1992.

245 The M&S Company Archive Leeds, CR/D/1/63, 1988 Annual Report & Financial Statements, 1988.

246 Für den verwandten Bereich der CSR Forschung vertritt Moon einschlägig die These, dass soziale Fragen angesichts der zeitgenössischen britischen Politik eine starke Rezeption durch britische Unternehmen erfuhren, Moon 2005, S. 53–55.

247 The M&S Company Archive Leeds, CR/D/1/63, 1988 Annual Report & Financial Statements, 1988.

248 Die Probleme des britischen Gesundheitssystems waren vielseitig und reichten von Ressourcenverschwendung und Ineffizienz über erhöhte Kosten für neue Behandlungen und Medikamente und die Herausforderungen des demographischen Wandels. Die Regierung sah sich mit einer Finanzierungslücke des NHS konfrontiert und schuf ein einiges Ministerium, das u. a. zwei White Paper namens »Promoting Better Health« (1987) sowie »Working For Patients« (1989) veröffentlichte, Pearce/Stewart 2002, S. 538.

verstand, verdeutlicht die interne Kommunikation zur Gesundheitsvorsorge des Unternehmens[249]

Die vorwiegend nationale Interpretation des Nachhaltigkeitsdiskurses mochte auch in der ablehnenden Haltung des Unternehmens gegenüber der eigenen, zwar als notwendig anerkannten, aber kritisch begutachteten, Internationalisierung begründet liegen. Vor dem Hintergrund der Globalisierung betonte die Führungsriege von Marks & Spencer kontinuierlich, wie sehr sich das Unternehmen der britischen Wirtschaft verpflichtet fühlte.[250] Das Narrativ des sich nur widerstrebend internationalisierenden Unternehmens, das ganz dem Heimatmarkt verpflichtet war, äußerte sich Anfang der 1990er Jahre in der Auswahl und Bevorzugung britischer Lieferantinnen und Lieferanten. Die Betonung der nationalen Verpflichtung ging so weit, dass das Unternehmen bereit war, Steuererhöhungen alleine zu tragen, um weiterhin britisch zu produzieren.[251] 1996 produzierte Marks & Spencer noch 77 Prozent aller weltweit verkauften Waren in Großbritannien.[252] Das Unternehmen begriff sich dadurch als soziale und wirtschaftliche Säule im britischen Leben.[253] Dieser nationale Bezug schrieb sich auf zwei Weisen in das diskursive Feld der Nachhaltigkeit ein. Zum einen unterstützte Marks & Spencer damit dezidiert die Zukunftsfähigkeit der britischen Wirtschaft. Die Abfederung der Folgen der Globalisierung war ein wesentlicher Gedanke des Leitbilds Nachhaltigkeit. Zum anderen hatte die Produktion in Großbritannien zumindest bei der Auslieferung der Produkte an britische Filialen den Vorteil kurzer Transportwege. Hierdurch konnten neben finanziellen Ersparnissen entsprechend auch ökologische Vorteile erzielt werden.

Die Internationalisierung des Unternehmens erlebte im 21. Jahrhundert einen neuen Höhepunkt und wurde dabei häufig als schmerzhafter Einschnitt inszeniert, der aber – so das Narrativ – zumindest im Einklang mit dem Verantwortungsprinzip des Unternehmens gestanden habe. Die Globalisierung wurde hier primär als notwendiges Übel, nicht jedoch als gewünschte Internationali-

249 The M&S Company Archive Leeds, HO/3/2/2/8/1/479, Major Health Campaign Starts, St Michael News staff magazine, Juni 1988.

250 So erklärte der damalige Vorstandsvorsitzende Lord Rayner: »Today the international nature of our business requires us to establish an international procurement base but we not only remain loyal to our British suppliers we also promote overseas St Michael clothing made for us in Britain.«, The M&S Company Archive Leeds, HO/3/2/2/8/1/490, Support for UK Industry, St Michael News staff magazine, Juli 1989.

251 Vgl. The M&S Company Archive Leeds, CR/D/1/67, 1992 Annual Report and Financial Statements, 1992.

252 The M&S Company Archive Leeds, CR/D/1/77, 1996 Annual Report and Financial Statements, 1996.

253 Der Produktionsanteil in Großbritannien unterstützte laut eigener Aussage »the employment of some 80,000 people in manufacturing.«, ebd.

sierung verstanden.[254] Sofern möglich, versuchte Marks & Spencer sie sowohl im Vergleich zu seinem Wettbewerbsumfeld als auch durch Hinweise, die weltweiten Fabriken gehörten häufig zu britischen Unternehmen, zu relativieren.[255] Überwiegend national orientiert gestaltete sich der Aspekt des Engagements auf lokaler Ebene, das sich in den ersten CSR-Berichten in den frühen 2000ern primär auf das Vereinigte Königreich und Irland bezog.[256] Bemerkenswert ist, dass das Unternehmen hier eine Formulierung – »Helping others to help themselves« – verwendete, die sonst häufig im Kontext von Entwicklungshilfe Gehör findet.[257] Trotz der Professionalisierung der Berichterstattung in den 2000er Jahren adressierte Marks & Spencer häufig dezidiert lokale Probleme, die wenig mit einem gesamtgesellschaftlichen Bewusstseinswandel hin zu mehr Nachhaltigkeit oder der Globalität des Prinzips Nachhaltige Entwicklung zu tun hatten. Vielmehr waren sie Ausdruck seit Jahrzehnten präsenter spezifischer Probleme britischer Gemeinden.[258]

4.5 Internationale Perspektiven der Nachhaltigkeit

Das vorherige Kapitel hat gezeigt, wie stark Marks & Spencer von seinen britischen Wurzeln geprägt war. Die politische Analyse in Kapitel I.2 hat zugleich bestätigt, dass Großbritannien nicht zuletzt aufgrund seiner Einbindung in das Commonwealth immer auch eine internationale Perspektive im Nachhaltigkeitsdiskurs einnahm. Diese äußerte sich auch beim britischen Unternehmen AstraZeneca, das das Narrativ eines international verantwortlichen mit jenem eines lokal engagierten Unternehmens verwob. Auch bei Marks & Spencer entwickelten sich jenseits der *Britishness* globalere Interpretationen des Nachhaltigkeitsdiskurses. Das widersprüchliche Narrative sich abwechseln oder auch

254 Vgl. The M&S Company Archive Leeds, HO/3/2/2/12/1/6, Overseas Sourcing, On Your Marks staff magazine, Januar 2000.

255 Vgl.: »There is nothing new in this approach [to source merchandise with trusted suppliers all over the world]. Our high-street competitors have been sourcing between 70 % and 100 % of their merchandise overseas for years. But unlike them, M&S can still claim to buy 50 % of its merchandise inside the UK, although this is set to decrease. Many of our overseas orders are still made by British suppliers using factories overseas.«, ebd.

256 The M&S Company Archive Leeds, HO/2/6/4, Corporate Social Responsibility Review 2003, 2003; The M&S Company Archive Leeds, Acc/15/010, Corporate Social Responsibility Report 2003/04, 2004.

257 Vgl: »Helping others to helps themselves is an expression of enlightened self-interest, providing assistance to those who need it, and who in turn will pass on the benefits to society as a whole«, The M&S Company Archive Leeds, HO/2/6/4, Corporate Social Responsibility Review 2003, 2003.

258 So verwies selbst die Nachhaltigkeitsberichterstattung der 2000er Jahre noch auf Ausschreitungen in Großbritannien in den 1980er Jahren als Basis für das lokale Engagement des Unternehmens, vgl. ebd.

parallel in Unternehmen auftreten konnten, hat die bisherige Untersuchung bereits vielfach gezeigt.[259] Erste Ansätze einer Internationalisierung des Verantwortungsnarrativs entstanden im Kontext der sogenannten *Community Affairs*.[260] Diese berichteten zwar vorrangig über Praktiken für britische Gemeinden, allerdings kommunizierte Marks & Spencer, dass auch Geschäftseinheiten in anderen Ländern diesen Ansatz übernahmen.[261] Insbesondere der amerikanische Markt sei hierbei ein Vorreiter gewesen.[262] Wie auch im Heimatmarkt beschränkten sich Nachhaltigkeitsdeutungen auf das Narrativ der sozialen Verantwortung vor Ort, exemplarisch in Form von Spenden der US-amerikanischen Division für Erdbebenopfer in San Francisco.[263]

Marks & Spencer adressierte zunächst nur äußert zurückhaltend eine Verantwortung gegenüber der Lieferkette – die Internationalisierung des Narrativs erreichte zunächst nur die Absatz-, nicht jedoch die Produktionsmärkte. Im Kontext der ökologischen Dimension erlangte die internationale Lieferkette früher Aufmerksamkeit, während die soziale Dimension im Sinne von Arbeitsbedingungen in den Produktionsländern kommunikativ zunächst marginalisiert blieb. Die Lieferkette – und damit Produzentinnen und Produzenten aus fünf Kontinenten[264]– benannte Marks & Spencer 1991 als Hauptkooperationspartner für ökologische Herausforderungen.[265] Jedoch blieben die Ausführungen oberflächlich.[266] Die Rio-Konferenz 1992 führte nicht zu einem Wandel der Narrative und rezipierten Akteursgruppen. Internationale Lieferketten oder entwicklungspolitische Aspekte spielten in der Kommunikation auch ein Jahr nach der Konferenz nur eine marginale Rolle. Weiterhin fanden Lieferantinnen und Lieferanten lediglich im Kontext der ökologischen Dimension Erwähnung.[267] Bemerkenswert

259 Vgl. exemplarisch die ambivalenten Kontaktzonen zwischen Otto und der Kundschaft, die Kapitel IV.4.4. und 4.5 analysierten.

260 Vgl. Kapitel V.4.2.

261 Vgl.: »In our overseas divisions community affairs policies already operate, or will be developed.«, The M&S Company Archive Leeds, CR/D/1/64, 1989 Annual Report and Financial Statements, 1989.

262 Vgl.: »The same philosophy is also appropriately applied by our overseas divisions, especially at Kings Super Markets where community involvement has been a traditional part of its operations.«, The M&S Company Archive Leeds, CR/D/1/65, 1990 Annual Report and Financial Statements, 1990.

263 Ebd.

264 The M&S Company Archive Leeds, CR/D/1/66, 1991 Annual Report and Financial Statements, 1991.

265 Vgl. ebd.

266 Sie verwiesen lediglich auf die »Conservation of global resources by the sensible control of natural materials used by ourselves and by our suppliers in the manufacture of the goods we sell« sowie »Pollution control through the stringent supervision of all stages of production«, ebd.

267 Vgl.: »Through the close co-operation of our supply chain we are able to improve the environmental quality of production processes, for example introducing energy-saving practices and cleaner technology in clothing production.«, The M&S Company Archive Leeds, CR/D/1/68, 1993 Annual Report and Financial Statements, 1993.

ist, dass in den Heimatmärkten der soziale Fokus des Unternehmens dominierte, während die zumindest in Teilen internationale Lieferkette nur im Bereich der Umwelt Erwähnung fand.

Erst am Ende des Jahrzehnts lässt sich eine Internationalisierung des diskursiven Feldes der Nachhaltigkeit wahrnehmen. Aktiv kommunizierte die Mitarbeiterzeitschrift den Beitritt des Unternehmens zur *Ethical Trading Initiative*.[268] Marks & Spencer formulierte nun aktiver Mindeststandards, die in ausländischen Produktionsstätten eingehalten werden mussten.[269] Bezugnahmen auf die Einhaltung lokaler arbeitsrechtlicher Gesetzgebungen illustrierten hingegen, dass die Verantwortung möglicherweise nicht so umfassend verstanden wurde wie im britischen Heimatmarkt. Die gesetzlichen Mindeststandards lagen hier zumeist höher als in anderen Produktionsländern. An anderer Stelle zeigte sich in Bezug auf einen Lieferanten aus Sri Lanka ein umfassenderes Verständnis von Prinzipien der globalen Verantwortung, das weitere Richtlinien und internationale Ethikstandards umfasste.[270] Bemerkenswert ist, das britisches Personal als Voraussetzung gesehen wurde, um international Standards umzusetzen. Die Produktionsländer erschienen hier weniger als gleichberechtigte Partner, sondern mehr als passive Rezipienten westlicher Diskurse. Erst im Verlauf der 2000er Jahre kommunizierte Marks & Spencer zunehmend einen partnerschaftlichen und kooperativen Ansatz bei der Entwicklung von Nachhaltigkeitskriterien in Produktionsländern. Marks & Spencer sei, so das Narrativ, ein Vorreiter und verlässlicher Partner für Gemeinden weltweit.[271] Das Prinzip »Hilfe zur Selbsthilfe« wurde aktiver Teil der Unternehmenskommunikation.[272] Damit einhergehend erreichte Ende der 2000er Jahre auch die Internationalisierung des traditionsreichsten Nachhaltigkeitsnarrativs, des Engagements in den

268 The M&S Company Archive Leeds, HO/3/2/2/8/1/598, Ethics Rule Around the World, St Michael News staff magazine, April 1999.

269 Vgl.: »We're also dedicated to upholding high ethical standards in factories that produce our goods overseas. That means pay and working conditions must at least comply with all local laws.«, The M&S Company Archive Leeds, HO/3/2/2/12/1/6, Overseas Sourcing, Januar 2000.

270 Vgl.: »We work tremendously hard to ensure that the facturies comply with the M&S global sourcing principles as well as measuring them against international ethical codes. Even though the factories can seem distant and remote, we have UK staff living on location to ensure that quality and ethical standards are met.«, ebd.

271 Vgl.: »We are at the forefront of social and ethical responsibility when it comes to buying goods from overseas, and make a long-term commitment to an area rather than continually chasing better value around the world from one season to the next. Said Nigel [head of the central procurement and logistics team for clothing [.],« The M&S Company Archive Leeds, HO/3/2/2/12/1/18, Going Global, On Your Marks staff magazine, Februar 2001.

272 Marks & Spencer berichtete u. a. über ein Bildungsprogramm in Marokko, das Lieferantinnen und Lieferanten bei der Ausbildung unterstützte, The M&S Company Archive Leeds, Acc/15/010, Corporate Social Responsibility Report 2003/04, 2004.

Gemeinden vor Ort, einen Höhepunkt. Zwar kommunizierte Marks & Spencer schon zuvor vereinzelt erste Initiativen in anderen Ländern, doch die Ausweitung dieses Narratives auf internationaler Ebene blieb rudimentär.[273] Erst gegen Ende der 2000er Jahre etablierte sich Marks & Spencer kommunikativ als verantwortungsvoller Partner für Gemeinden auf der ganzen Welt und integrierte das Narrativ in das Nachhaltigkeitsprogramm *Plan A*.[274]

273 Exemplarisch zeigt sich dies anhand der Kommunikation über die internationale Umsetzung des *Marks & Start* Programms: »Some of our suppliers in Turkey and Sri Lanka have implemented ›Marks & Start'programmes. One supplier in Sri Lanka provided seven placements for disabled women to learn sewing skills in partnership with Motivation/Rehab Lanka.«. Offenkundig wurde eine Internationalisierung kommunikativ als notwendig erachtet, jedoch offenbart ein genauerer Blick die überschaubare Dimension – sieben Frauen dürften in einem großen Produktionsmarkt wie Sri Lanka kaum eine große Differenz ausgemacht haben. Auch wenn dies nur beispielhaft zu verstehen ist, zeigt es doch, dass der große Durchbruch in diesem Feld Mitte der 2000er Jahre noch nicht erreicht war, The M&S Company Archive Leeds, CR/D/6/2, Corporate Social Responsibility Report 2005, 2005.

274 Vgl. The M&S Company Archive Leeds, CR/D/6/1/1, Plan A ›ow We Do Business‹ Report 2007, 2007.

Fazit und Ausblick: Nachhaltigkeit(en) – Praktiken und Narrative deutscher und britischer Unternehmen

Diese Arbeit verfolgte das Ziel, einen Beitrag zu einer zeithistorischen Erforschung der Entwicklung des Leitbilds Nachhaltigkeit in Unternehmen in Deutschland und Großbritannien zu leisten. Der Untersuchungszeitraum setzte mit der Veröffentlichung des Brundtland-Berichts im Jahr 1987 an mit einem Schwerpunkt auf die Zeit nach der Rio-Konferenz 1992 bis in die 2000er Jahre hinein. Ausgehend von bestehenden Forschungsdesideraten richtete die Untersuchung den Blick auf die Eigenperspektive der Unternehmen, deren Termini, Narrative und Praktiken sowie die von den Unternehmen rezipierten Interdependenzen zu anderen Akteursgruppen. Die Untersuchung von je einem deutschen und einem britischen Unternehmen aus der Handels- und Konsumgüterbranche, Otto und Marks & Spencer, sowie der Chemie- und Pharmaindustrie, Merck und AstraZeneca, verfolgte drei Forschungsfragen (II., III., IV.). Zudem ging die Arbeit in einer vorangestellten Frage (I.) übergeordneten Kontaktzonen zwischen Politik und Wirtschaft im Nachhaltigkeitsdiskurs beider Länder nach. Detailliert wurden die Forschungsfragen in den Einzelstudien zu den vier Unternehmen untersucht. Abschließend sollen hier die wichtigsten Erkenntnisse skizziert werden mit einem besonderen Fokus auf mögliche Branchen- und Ländercharakteristika und die Frage, ob im Untersuchungszeitraum von einer Nachhaltigkeit oder vielmehr von einer Vielzahl an Nachhaltigkeiten gesprochen werden kann.

I. Welche Kontaktzonen bestanden zwischen Politik und Wirtschaft bei der Entwicklung des Leitbilds Nachhaltigkeit in Deutschland und Großbritannien und welche Narrative und Zuschreibungen waren hier prägend?

Die Untersuchung der Entwicklung nationaler Nachhaltigkeitsstrategien belegte in Deutschland und Großbritannien intensive Kontaktzonen zwischen Politik und Wirtschaft, wechselseitige Zuschreibungen sowie eine Vielzahl an teils divergierenden, teils Zeit und Räume überspannenden Narrativen. In beiden Ländern waren zu Beginn des Untersuchungszeitraums konservative Regierungen im

Amt, die u. a. im Austausch mit Wirtschaftsakteuren erste Ansätze einer Nachhaltigkeitspolitik entwickelten. In Großbritannien publizierte die Regierung von John Major nach der Konsultierung von ökonomischen und weiteren gesellschaftlichen Akteuren bereits 1994 eine offizielle nationale Nachhaltigkeitsstrategie. Im vermeintlich ökologischen Musterland Deutschland erfolgte dieser Schritt erst acht Jahre später unter der rot-grünen Regierung Gerhard Schröders. In der Ära Kohl entstanden Ansätze einer Nachhaltigkeitspolitik v. a. im Rahmen von Enquete-Kommissionen im Deutschen Bundestag. Diese schufen Diskursräume, in denen insbesondere Wirtschaft und Politik die Nachhaltigkeitsidee interpretierten und ausgestalteten. Das vielfach kolportierte Narrativ einer Vorreiterrolle Deutschlands im diskursiven Feld der Nachhaltigkeit lässt sich aber trotz erster nationaler Entwicklungen bis in die zweite Hälfte der 1990er Jahre hinein nicht belegen. Die deutsche Politik rezipierte den Brundtland-Bericht zunächst nur zögerlich und stand in den ersten Jahren des Untersuchungszeitraums unter dem Eindruck der wirtschaftlich schwierigen Transformationszeit, in der andere Themen als Nachhaltigkeit und Umweltschutz prioritär behandelt wurden.

Gemein war beiden Ländern, dass sich innerhalb der Kontaktzonen zwischen wirtschaftlichen und politischen Akteuren zum Teil Diskurskoalitionen, zum Teil Gegendiskurse beobachten ließen. Sowohl in Großbritannien als auch in Deutschland dominierten politisch anfänglich Ökologie und Ökonomie gegenüber der sozialen Dimension der Nachhaltigkeit, wenngleich in beiden Ländern auf ein dreigliedriges Nachhaltigkeitsverständnis verwiesen wurde. Im gesellschaftlichen Diskurs in Großbritannien erlangten zeitgenössisch hingegen vor allem soziale Themen große Präsenz. Konfliktlinien verliefen nicht zwingend zwischen unterschiedlichen Akteursgruppen wie Wirtschaft und Politik, sondern auch innerhalb dieser Sphären, beispielsweise zwischen Wirtschafts- und Umweltministerien. Grenzüberschreitende Narrative ökonomischer Akteure bildeten u. a. die vermeintliche Überlegenheit freiwilliger Initiativen oder der Verlust der Wettbewerbsfähigkeit aufgrund zu drastischer Umweltschutzmaßnahmen. Entsprechende Narrative wurden auch von den Wirtschaftsministerien beider Länder übernommen. Insbesondere in Deutschland wurde gleichzeitig das wirtschaftliche Potential nachhaltiger Innovationen betont – ein Narrativ, das als ökologische Modernisierung unter der ersten rot-grünen Bundesregierung nach der Bundestagswahl 1998 weiter Aufschwung erlangte.[1] Teils konstatierte die Politik im diskursiven Feld der Nachhaltigkeit mit Blick auf die Wirtschaft ferner, dass diese unter dem neuen Begriff nur altbekannte Forderungen wiederholen würde, teils zeigte sich aber auch gerade die Wirtschaft, exemplarisch

1 Vgl. hierzu auch die Forschungsergebnisse von Seefried 2015a, S. 394 f.

die britische Chemieindustrie, enttäuscht von vermeintlich wenig innovativen politischen Nachhaltigkeitsstrategien.

Die diskursive Ausgestaltung des Leitbilds Nachhaltigkeit setzte sich in Deutschland und Großbritannien auch nach den Regierungsumbrüchen zu Tony Blairs *New Labour* und der rot-grünen Regierung unter Gerhard Schröder fort. Wirtschaftliche Akteure wurden als Mitglieder des neu gegründeten Rats für Nachhaltige Entwicklung Teil einer zunehmend institutionalisierten deutschen Nachhaltigkeitspolitik. Bekannte Plädoyers wie freiwillige Selbstverpflichtungen statt striktes Ordnungsrecht erhielten sich sowohl auf politischer als auch auf wirtschaftlicher Seite, jedoch lässt sich keine undifferenzierte und unkritische Übernahme ökonomischer Positionen beobachten. Diskurskoalitionen formierten sich weiterhin ebenso zwischen wie innerhalb verschiedener Sphären. Beispielsweise standen Bundeswirtschafts-ministerium und die Industrie auf der einen und das Bundesumweltministerium auf der anderen Seite. Prägend für die Nachhaltigkeitspolitik der Ära Blair schien vor allem ein spürbar ausgewogenes Verhältnis zwischen ökologischer und sozialer Dimension mit jeweiligen Bezugnahmen zur Ökonomie. Auch unter *New Labour* wurden wirtschaftliche Akteure aktiv in die diskursive Ausgestaltung des Leitbilds Nachhaltigkeit eingebunden. Wie die konservative Vorgängerregierung und die deutsche rot-grüne Regierung sah *New Labour* in fiskalökonomischen Instrumenten wie Steuern große Potentiale für eine Nachhaltige Entwicklung und schrieb der Wirtschaft eine tragende Rolle bei der Etablierung des Leitbilds zu. Auch freiwillige Vereinbarungen mit der Wirtschaft sollten Teil des angestrebten Instrumentenmixes sein. Im Einklang mit der rot-grünen Regierung in Deutschland betonte *New Labour* mögliche positive wirtschaftliche Impulse des Leitbilds Nachhaltigkeit und nahm z.T. eine internationale, entwicklungspolitische Perspektive ein, wenngleich Vorteile für das eigene Land jeweils stark betont wurden.

In beiden Ländern wurde Nachhaltige Entwicklung als Schlagwort zum Abbau von Konfliktlinien zwischen wirtschaftlichen, sozialen und ökologischen Faktoren und Akteuren eingesetzt. Der Vorwurf von Nachhaltigkeit als »Kitt des neoliberalen Scherbenhaufens«[2] erscheint in diesem Rahmen überspitzt, die Untersuchung zeigte aber deutlich, dass der Idee vielfach eine verbindende und Konfliktlinien entschärfende Funktion zukam.[3] In den Diskursräumen zwischen

---

2 Brand/Görg 2002.

3 Vgl. hierzu auch Argumentationen von Schwegler zum »Prinzip der Nachhaltigen Entwicklung (die Bedürfnisse der Gegenwart befriedigen, ohne zu riskieren, dass künftige Generationen ihre eigenen Bedürfnisse nicht befriedigen können)«, das »viel kompatibler mit wirtschaftlichen Interessen [scheint]: Es wird zum einen explizit ausgedrückt, dass auch die Bedürfnisse der heutigen Generationen befriedigt werden sollen (d.h. es handelt sich nicht um ein Verzichtskonzept), und es bleibt zum anderen unklar, wie diese Bedürfnisse jeweils gestaltet sind.«, Schwegler 2018, S. 330.

Politik und Wirtschaft formulierte jede Gruppe eigene Interpretationen, die teils in Diskurskoalitionen mit anderen Akteuren mündeten.[4] Eine Homogenität oder strikte Trennung zwischen politischer und wirtschaftlicher Sphäre konnte nicht bestätigt werden. Gleichzeitig offenbarte sich eine Parallelität verschiedener Narrative. In gleichen Zeiträumen konnten ebenso die wirtschaftlichen Vorteile nachhaltiger Innovationen angepriesen als auch negative Auswirkungen auf die Wettbewerbsfähigkeit betont werden. Nachhaltigkeit wurde in den Kontaktzonen zwischen Politik und Wirtschaft pluralistisch als Nachhaltigkeit*en* verstanden.

II. Welche Praktiken kommunizierten Unternehmen bei der Entwicklung des Handlungsfelds Nachhaltigkeit und welche Relation schrieben sie ökonomischen, ökologischen und sozialen Zielen zu?

Diesen Pluralismus des Prinzips Nachhaltigkeit bestätigte auch die Untersuchung der vier Unternehmen. Eine kritische Hinterfragung der Drei-Dimensionalität, wie sie in der Forschung häufig erfolgt, lässt sich kaum beobachten, alle Unternehmen lehnten sich im weitesten Sinne an das Drei-Säulen-Modell an. Wenngleich keine grundsätzliche Substituierbarkeit von Naturkapital durch andere Kapitalformen beworben wurde, stellten die Unternehmen zugleich Wachstum nicht per se in Frage, so dass bei allen Unternehmen zumindest nicht von einer eindeutigen Bezugnahme auf eine sehr starke Nachhaltigkeit im Sinne der ökologischen Ökonomie gesprochen werden kann. Beobachten ließen sich aber differenziertere Ansätze, in denen Innovationen für und Investitionen in sozial, vor allem aber ökologisch vorteilhaftere Praktiken akzentuiert wurden.[5]

Anfänglich setzten die Unternehmen unterschiedliche Schwerpunkte in ihren Praktiken, die teilweise mit länder- und branchenspezifischen Charakteristika im Einklang standen. Branchenunterschiede bestätigten in ihren Arbeiten zu-

4 Vgl. hierzu den Befund von Schwegler: »Unterhalb der Oberfläche einer konsensuellen Hinwendung zur Nachhaltigkeit existiert in Wirtschaft und Gesellschaft ein Facettenreichtum an diskursiven Themen, Handlungsweisen, Bewertungsgrundlagen, Argumentationen, Wertevorstellungen und -verständnissen sowie Orientierungsmustern zum Thema der Nachhaltigkeit.«, ebd., S. 535.

5 Vgl. hierzu Dresner 2009, S. 83; auch Jens Soentgen definiert vor dem Spannungsfeld zwischen ökonomischer und ökologischer Nachhaltigkeit den realistischen Anspruch an das Konzept: »Uns muss es darum gehen, die ablaufenden wirtschaftlichen Prozesse nachhaltig(er) zu machen, indem sie in einem ersten Schritt ökonomisch nachhaltig werden […], um dann sogleich eine ökonomisch und ökologisch nachhaltende Nutzung anzustreben und in diesem Spannungsfeld innovative Lösungen zu finden.«, Soentgen 2016, S. 124.

vor bereits Schwegler[6] und Tywuschik[7], Länderunterschiede Nuhn[8], jedoch nahmen diese jeweils nur entweder Branchen oder Länder in den Blick, sodass mögliche Wechselwirkungen nicht berücksichtigt werden konnten. Beide in dieser Arbeit untersuchten deutschen Unternehmen wiesen zu Beginn zunächst einen eindeutigen Fokus auf ökologische bei weitgehender Abwesenheit sozialer Praktiken auf und bestätigten damit das Bild der politischen Analyse. Das britische Chemie- und Pharmaunternehmen kommunizierte neben seinem ökologischen Schwerpunkt auch soziale Praktiken, das britische Handels- und Konsumgüterunternehmen primär letztgenannte. Eine grundsätzliche ökologische Vorreiterrolle der deutschen gegenüber den britischen Unternehmen konnte jedoch nicht bestätigt werden, was den Befund der politischen Untersuchung zusätzlich unterstreicht. Diskurskoalitionen innerhalb einer Branche zeigten sich vor allem bei der Chemie- und Pharmaindustrie, deren ökologische Schwerpunktsetzung stark von der Branchenzugehörigkeit determiniert war, während beide Handels- und Konsumgüterunternehmen anfänglich stark divergierende Praktiken akzentuierten. Ländercharakteristika schienen bei der Betonung der sozialen Dimension durch britische Unternehmen eine Rolle zu spielen und sind vor dem Hintergrund einer langen Tradition der unternehmerischen Philanthropie in Großbritannien und einem sozialpolitischen Vakuum, das auch die nationale Nachhaltigkeitsstrategie nicht füllte, erklärbar.[9] Ein Argument für die zunächst geringe Ausprägung von sozialen Praktiken bei beiden deutschen Unternehmen könnte im historisch starken Sozialstaat liegen, der wesentliche Aufgaben selbst übernahm.[10] Diese zunächst unterschiedlichen Interpretationen der Idee Nachhaltig-

6 Vgl. u. a. Schwegler 2018, S. 385.

7 Vgl. u. a. Tywuschik 2016, S. 212–214.

8 Nuhn 2013, S. 350–360.

9 Für den verwandten Bereich der CSR-Forschung konstatierte auch Jeremy Moon die spezielle britische Prägung unternehmerischer Philanthropie, die sich bereits Jahrzehnte vor dem Aufkommen der Nachhaltigkeit manifestierte. Moon vertritt einschlägig die These, dass soziale Fragen angesichts der zeitgenössischen britischen Politik eine starke Rezeption durch britische Unternehmen erfuhren. Nachhaltigkeit, so scheint es, entstand in Großbritannien, zumindest im Falle von Marks & Spencer, auch ganz wesentlich vor dem Hintergrund dieser Traditionen und weniger in Bezugnahme auf den Umweltschutz, Moon 2005, S. 53–55; vgl. hierzu auch Uekötter, laut dem in Deutschland nicht die Möglichkeit bestand, sich »an einem politischen Projekt à la Thatcher abarbeiten« zu können, weshalb die Umweltbewegung dieses »politische Vakuum« ausfüllen konnte, Uekötter 2015, S. 152. Dieses Vakuum existierte in Großbritannien nicht.

10 Entsprechend argumentieren auch André Habisch und Martina Wegner: »In Germany social security had it roots in civil society. […] Reichskanzler Bismarck introduced the innovative national ›Rentenversicherung‹, thus shaping the mindsets of workers and their families: the German population became used to relying on the state as a perfectly functioning agency for the provision of public goods. In addition, business benefited from the development of social security systems, of infrastructure like railways and roads as well as housing for the fast-growing working population.«, Habisch/Wegner 2005, S. 112.

keit mit vereinzelt sozialer Schwerpunktsetzung wie bei Marks & Spencer wurden in der jüngsten Forschung teils übersehen.[11]

Unterschiedlich fiel die Bewertung der Interdependenz der einzelnen Dimensionen nachhaltigen Handelns aus. Kommunikationsmuster aus den übergeordneten Kontaktzonen zwischen Politik und Wirtschaft beider Länder, wie in Forschungsfrage (I) dargelegt, spiegelten sich teils auch bei den einzelnen Unternehmen. Häufig akzentuierten diese in ihrer eigenen Kommunikation jedoch die Interdependenz der Dimensionen und rekurrierten weniger stark auf vermeintlich negative Effekte oder Widersprüche. Einen wesentlichen Faktor bildete dabei die Branchenzugehörigkeit. Anfänglich kamen v. a. aus der stark mit produktionsbedingten Umweltschutzkosten konfrontierten deutschen Chemie- und Pharmaindustrie kritische Stimmen, die einen Gegensatz zwischen Ökologie und Ökonomie betonten; dies schwächte sich jedoch im Laufe der 1990er Jahre ab. Auch Tywuschik bestätigt für die Chemiebranche, anders als für die Automobilindustrie, einen solchen Wandel hin zu einem aktiv verstandenen Umweltschutz und der Akzentuierung von dessen ökonomischen Nutzen.[12]

Bei Unternehmen der Handels- und Konsumgüterbranche ließ sich von Beginn an eine positivere Haltung beobachten. Die Kommunikation von Otto betonte schon frühzeitig keinen Gegensatz, sondern vielmehr die Vereinbarkeit von Ökologie und Ökonomie und verwies beispielsweise auf wirtschaftliche Vorteile durch die Implementierung von Umweltschutzmaßnahmen. Ähnliches lässt sich auch für Marks & Spencer bestätigen. Hier erschien die Ökonomie gerade nicht als Gegensatz, sondern wirtschaftliche Vorteile galten als Triebfeder für ökologische Praktiken. Auch soziale Praktiken, die Unternehmen als Mitglied der lokalen Gemeinschaften verfolgten, konnten positive wirtschaftliche Impulse setzen. Anzunehmen ist, dass eine solch positive Rezeption entsprechend stark von der Branchenzugehörigkeit determiniert war. Otto und Marks & Spencer waren anders als die Chemie- und Pharmabranche nicht mit enormen produktionsbedingten, vielfach gesetzlich vorgegebenen Umweltschutzkosten konfrontiert, so dass ihre Maßnahmen geringeren Zwängen unterlagen. Entsprechend konnten gezielt solche Praktiken gewählt werden, von denen man sich auch ökonomische Vor-

11 So hält Ana Maria Peredo fest: »First responses from the business community to the call for sustainability were clearly focused on the environment.« Deutlich zeigt sich an den unterschiedlichen Ergebnissen, wie wichtig eine quellenbasierte Forschung ist, um nicht vermeintliche Gewissheiten zu postulieren, sondern einen Zugang zu historischen Diskursen und Praktiken zu gewinnen, Peredo 2018, S. 375; Schwegler befasst sich ebenfalls mit der Relation und Gewichtung der drei Dimensionen der Nachhaltigkeit. Sie sieht insgesamt ein Primat der Ökonomie sowie zunächst eine Marginalisierung der sozialen Dimension, die jedoch – so wie die Gewichtung der Dimension insgesamt – einem, teils auch zirkulären, Wandel unterliegt, Schwegler 2018, S. 324–327.

12 Tywuschik 2016, S. 211–214.

teile versprach. Schließlich wurden aber bei allen Unternehmen ungeachtet des Branchen- und Länderhintergrundes ökonomische Chancen nachhaltiger Praktiken betont. Wie im politischen Raum unterstützte das Leitbild einer Nachhaltigen Entwicklung auch in der Unternehmenspraxis die Aussöhnung zwischen den drei Dimensionen, insbesondere der Ökologie und Ökonomie.

Bei allen Untersuchungsunternehmen intensivierte sich die Kommunikation im Handlungsfeld Nachhaltigkeit in den 1990er Jahren und die inhaltliche Ausgestaltung und Zielsetzung von Praktiken konkretisierte sich. Diese konzentrierten sich zunehmend auf die Produkte der Unternehmen, statt nur allgemein einen ökologischen oder sozialen Beitrag zu leisten. Die Handels- und Konsumgüterunternehmen trieben allmählich, wenn auch zunächst in sehr überschaubarem Rahmen, eine nachhaltige Sortimentsgestaltung voran, während die ökologischen Praktiken beider Chemie- und Pharmaunternehmen sich vor dem Hintergrund branchenspezifischer Herausforderungen von Anfang an sehr produktions- und produktbasiert gestalteten. Die starke Akzentuierung des Umweltschutzes bei den Unternehmen der Chemie-und Pharmaindustrie ist branchenspezifisch erklärbar und war produktionstechnischen Herausforderungen geschuldet, die zwangsläufig Umweltauswirkungen nach sich zogen.[13] Ab den 2000er Jahren lässt sich bei allen Unternehmen, einhergehend mit vielfältigen Bezugnahmen auf das neue Leitbild, eine deutliche Ausweitung des Handlungsfeldes Nachhaltigkeit beobachten, die sich nicht zuletzt in einer Systematisierung der Berichterstattung spiegelte.[14] Sich nicht in den Diskurs einzuschreiben, nicht über entsprechende Praktiken zu kommunizieren, schien nicht mehr möglich.

In Bereichen, in denen in den 1990er Jahren bereits Praktiken implementiert waren, lassen sich zunächst kaum innovative Momente durch die Einschreibung in den Nachhaltigkeitsdiskurs feststellen, ein Befund, der Teilergebnisse der politischen Analyse unterstreicht. Vielmehr wurden traditionsreiche Praktiken unter neuen Schlagworten kommuniziert, was bisherige Forschungsergebnisse bestätigt, laut denen Praktiken des Umweltschutzes in das neue Leitbild integriert wurden.[15] In Handlungsfeldern, in denen zuvor wenig Praktiken implementiert

13 Vgl. hierzu auch Nuhn 2013, S. 34 f.; zur Bedeutung der Branchenzugehörigkeit vgl. einschlägig auch Tywuschik 2016.

14 Nuhn sieht ebenfalls an der Wende zum 21. Jahrhundert einen Wandel hin zu einem ganzheitlichen Verständnis von Nachhaltigkeit, Nuhn 2013, S. 357.

15 Auch Nuhn hält in ihrer Untersuchung fest, dass im Zuge wachsender Bezugnahmen auf das Leitbild Nachhaltigkeit die zuvor vernachlässigte soziale Dimension Auftrieb erhielt, wenngleich der Umweltschutz zunächst das wichtigste Bezugsmoment blieb, ebd., S. 212; die Integration des Faktors Umwelt in das Konzept einer Nachhaltigen Entwicklung in der Chemieindustrie bestätigt auch Tywuschik 2008, S. 302; ebenso halten Habisch und Wegner fest: »Also within companies, it was in many case the envi-

waren, konnte der stärkere Nachhaltigkeitsdiskurs jedoch eine positive, innovative Wirkung entfalten. Welche Praktiken besonders stark akzentuiert wurden, hing häufig mit der bisherigen Entwicklungsgeschichte zusammen. So schienen die Unternehmen unter dem Leitbild Nachhaltigkeit gerade auch die dadurch entstandenen innovativen Momente zunehmend in den Vordergrund zu rücken, ohne dass dies zugleich eine Abkehr von traditionellen Praktiken bedeutete. Jedoch wurden auch diese immer weiter konkretisiert und in allen Unternehmen deutliche Schwerpunktsetzungen vorgenommen. Parallel zu einer stärkeren Ausweitung des Handlungsfeldes Nachhaltigkeit auf alle drei Dimensionen akzentuierten alle Unternehmen deren Interdependenzen. Am Ende der 2000er Jahre hielten sich soziale, ökonomische und ökologische Praktiken im Handlungsfeld Nachhaltigkeit die Waage, das Primat einzelner Dimensionen war beendet. Im Verlauf der 2000er Jahre gewannen einzelne Handlungsfelder, wie der Klimawandel, eine grenz- und branchenübergreifende Aufmerksamkeit. Bei allen Unternehmen lässt sich zudem eine starke Akzentuierung von Praktiken zur Wahrnehmung einer globalen Verantwortung entlang der Lieferkette beobachten, sodass teils von einem Primat der ökonomischen und sozialen Dimension gesprochen werden kann. Praktiken, die eine globale Nachhaltige Entwicklung förderten und die Arbeits- und Produktionsbedingungen in Produktionsländern verbesserten, bildeten im 21. Jahrhundert einen Schwerpunkt aller Untersuchungsunternehmen. Die Pharma- und Chemieunternehmen nahmen zudem Absatzmärkte in Entwicklungs- und Schwellenländern mit Praktiken im Bereich des Zugangs zu Medikamenten in den Blick.

Die Offenheit des Nachhaltigkeitskonzepts ermöglichte seine Anschlussfähigkeit und erlaubte Unternehmen, den Begriff individuell zu besetzen.[16] Die Fokussierung auf Kernthemen steht zugleich dem häufig erhobenen Vorwurf der Willkür entgegen, den auch Schwegler in ihrer Arbeit entkräftet.[17] Natürlich blieben die Unternehmen immer auch ihrer Profitabilität verpflichtet, die

ronmental departments that were now given the task to deal with the more comprehensive and more complex issue of sustainability.«, Habisch/Wegner 2005, S. 114.

16 Vgl. hierzu Schwegler: »[D]as Konzept der Nachhaltigen Entwicklung kann demnach mit verschiedenen Grundgedanken zur Argumentation herangezogen werden, die davon abhängig sind, wie man die auslegungsfähige Definition spezifiziert.«, Schwegler 2018, S. 332.

17 Vgl. exemplarisch Jones: »The broadening of the definition of sustainability which enabled corporations to adopt the concept also resulted in a semi-devaluation of it.«, Jones 2017, S. 365; Schwegler widerspricht dem Vorwurf der Beliebigkeit: »Entgegen der verbreiteten Ansicht, dass Nachhaltigkeit nur einer sprachlichen Inflationierung und konzeptionellen Konturlosigkeit unterliege und deshalb eine Kompromissformel sei, ergibt die Analyse eine andere Einschätzung: Nachhaltigkeit ist zwar zunächst breit konzipiert, wird aber im Laufe des Diskursausschnitts immer weiter verengt und überschneidet sich zum Teil nur noch mit kleineren Bereichen der Ökologie, beispielsweise mit Klimavorsorge und Energieeffizienz bei der RWE AG.«, Schwegler 2018, S. 554.

auch ein Merkmal ihrer ökonomischen Nachhaltigkeit darstellte. Denn wie weit die Energiebilanz auch reduziert werden konnte, letztlich animierten sie zum Konsum und damit zu Ressourcenverbrauch.[18] Gleichzeitig wurden die ökonomischen Vorteile, die aus nachhaltigem Handeln entstehen würden, von allen Unternehmen vielfach kommuniziert. Alle Unternehmen akzentuierten ferner, dass wirtschaftlich schwierige Zeiten keine Abkehr von nachhaltigen Praktiken rechtfertigten.[19] Dies galt bei einer betriebswirtschaftlich herausfordernden Situation gleichermaßen wie bei volkswirtschaftlichen Problemlagen. Mit ihrer je eigenen Interpretation entwickelten sich die unternehmerischen Nachhaltigkeiten zum *Business Case*.[20] Nur durch ein verantwortliches Verhalten könne wirtschaftlicher Erfolg langfristig gesichert werden – für die Unternehmen, aber auch für die Gesellschaft als Ganzes.

III. Wie inszenierten sich die Unternehmen im diskursiven Feld der Nachhaltigkeit und welche Termini und Narrative kommunizierten sie?

IV. Welche Kontaktzonen und Interdependenzen zu anderen Akteursgruppen rezipierten Unternehmen bei der Entwicklung von Nachhaltigkeitskriterien?

Die Forschungsfragen (III) und (IV) bewegen sich im diskursiven Feld der Nachhaltigkeit und lassen sich gemeinsam beantworten. Die Analyse der Termini bestätigte, dass die Einschreibungen in das diskursive Feld der Nachhaltigkeit nicht an die Verwendung einschlägiger Begriffe gekoppelt waren. Die darin verwendeten Termini, sei es *Corporate (Social) Responsibility*, Nachhaltigkeit oder Nachhaltige Entwicklung, wiesen bei allen Unternehmen keine trennscharfen Unterscheidungen auf und wurden zumeist synonym verwendet.[21] Eine solche freie Erweiterung des Konzepts garantierte dessen Anschlussfähigkeit und barg

18 Auch Jones hält fest: »The very companies that were doing their best to save water and recycle were the drivers of the global consumerism which created many of the environmental problems in the first place. Within the confines of quarterly capitalism, there was no other way to generate the revenues needed for chief executives to keep their jobs.«, Jones 2017, S. 368.

19 Dies steht Befunden von Schwegler entgegen, laut der sich bspw. in der Wirtschaftskrise 2008/2009 »die Last der argumentativen Stützung plötzlich explizit von der Nachhaltigkeit zur Wirtschaftlichkeit dreht.«, Schwegler 2018, S. 357.

20 Vgl. auch Nuhn 2013, S. 218 f.; ebenso hält Tywuschik fest, dass v. a. ab den 2000er Jahren »der wachsende Markt für ökologische Produkte und betriebliche Dienstleistungen ein zunehmend wichtiges Motiv für selbstbestimmten betrieblichen Umweltschutz« darstellte, Tywuschik 2016, S. 209.

21 Auch Schwegler hält fest: »Werden die Ausdrucksweisen Nachhaltigkeit oder Nachhaltige Entwicklung genutzt, wird deutlich, dass sie nicht verlässlich voneinander unterschieden, sondern musterhaft synonym verwendet werden.«, Schwegler 2018, S. 329.

zugleich das Risiko einer Entwertung.[22] Gemeinsam war allen Untersuchungsunternehmen eine relativ späte begriffliche Adaptierung der Nachhaltigkeit, jedoch frühzeitige inhaltliche Anleihen sowie eine weder systematische noch zielgerichtete Begriffsgeschichte. Begriffliche Vorläufer lagen bei beiden deutschen Unternehmen v. a. im Umweltschutz, beim britischen Handels- und Konsumgüterunternehmen im *Community*-Engagement. Das britische Chemie- und Pharma-Beispiel rekurrierte auf beide Begriffsfelder. Unter den zeitgenössisch führenden ökologischen oder sozialen Begriffen wurden jeweils auch weitere Nachhaltigkeitsdimensionen kommuniziert, wobei sich alle Unternehmen im Kern an der Vorstellung dreier Nachhaltigkeitsdimensionen orientierten. Beginnend in den 1990er und intensiviert in den 2000er Jahren lässt sich eine deutliche Aufwertung des Nachhaltigkeitsprinzips und vielfältige Bezugnahmen auf das Leitbild in der Kommunikation der Unternehmen beobachten.[23] Umfassende Dominanz erreichte der Begriff jedoch nur bei Otto und, am Ende des Untersuchungszeitraums, bei Marks & Spencer. Für den angelsächsischen Raum prägend war der Begriff der *Corporate (Social) Responsibility*, wobei auch die beiden deutschen Unternehmen mit Verantwortungsbegriffen operierten.

Unter jener begrifflichen Heterogenität kommunizierten und inszenierten die Unternehmen eine Vielzahl an Narrativen, die sie entlang von Kontaktzonen zu anderen Akteursgruppen ausbildeten. Einige Interpretationen des Leitbilds Nachhaltigkeit zeigten sich bei allen Unternehmen, andere wiesen länder- sowie branchenspezifische Charakteristika auf oder stellten eine Besonderheit einzelner Unternehmen dar. Die Unternehmen aller Branchen akzentuierten häufig Narrative, denen im zeitgenössischen gesellschaftlichen Diskurs hohe Aufmerksamkeit zukam. Gesellschaftliche Ansprüche unterlagen einer konstanten Transformation, die sich nicht kontinuierlich in eine Richtung entwickelte. Der öffentliche Diskurs wirkte auf die Ausgestaltung von Nachhaltigkeit ein und begünstigte oder verhinderte gewisse Schwerpunktsetzungen.

Branchencharakteristika offenbarten sich im Zusammenspiel mit der Politik sowie der Kundschaft und dabei formulierten Narrativen. Für die Handels- und Konsumgüterbranche nahmen Kundinnen und Kunden eine hervorgehobene Stellung bei der Entwicklung von Nachhaltigkeit ein. Die Unternehmen, umfassender und frühzeitiger Otto, inszenierten sich hier nicht als passiver Rezipient, sondern als aufklärende Akteure, die ihre diskursive Macht einsetzten, um die Kundschaft überhaupt erst zu nachhaltigem Verhalten zu animieren (und so gleichzeitig ökonomisch vorteilhaft neue Märkte zu kreieren). Externe

22 Vgl. hierzu Jones 2017, S. 365.

23 Einen zeitlich ähnlichen Befund hält Nuhn für Bayer fest: »Seit Ende der 1990er Jahre stellt Nachhaltigkeit das dominante Konzept in der Verantwortungskonzeption der Bayer AG dar.«, Nuhn 2013, S. 227.

Kooperationen unterstützten das Vorgehen und entkräfteten zugleich mögliche Greenwashing-Vorwürfe. Auch bei Marks & Spencer fanden sich Narrative des aufklärenden und voranschreitenden Unternehmens, jedoch erst im Verlauf der 2000er Jahre und somit deutlich später als beim deutschen Pendant. Die Politik nahm bei beiden Handels- und Konsumgüterunternehmen eine untergeordnete Rolle bei der Entwicklung von Nachhaltigkeitskriterien ein und galt nicht als wesentliche Triebfeder. Eine kritische Auseinandersetzung mit politischen Vorgaben lässt sich in den Quellen kaum erkennen, stattdessen dominierte das Bild von Unternehmen, die die Rahmensetzung begrüßten oder ohnehin übertrafen. Für beide Chemie- und Pharmaunternehmen bildeten politische Akteure hingegen eine wichtige Kontakt- und Reibungsfläche bei der Entwicklung von Nachhaltigkeit.[24] Vor dem Hintergrund dieser Projektionsfläche und eines wahrgenommenen gesellschaftlichen Drucks auf die Chemie- und Pharmaunternehmen inszenierten sich diese in einer branchenweiten Diskurskoalition zunehmend als Vorreiter und Treiber einer Nachhaltigen Entwicklung. Jedoch scheint das deutsche Chemie- und Pharmaunternehmen einen entsprechenden politischen Druck anfänglich negativer rezipiert zu haben als das britische Beispiel und stand mit Mahnungen über den Verlust der Wettbewerbsfähigkeit im Einklang mit Narrativen, die die zeitgenössischen Kontaktzonen zwischen deutscher Politik und Wirtschaft prägten.[25] Parallel zur Etablierung positiver Narrative in Deutschland im Kontext einer ökologischen Modernisierung schwächten sich auch im Unternehmen negative Konnotationen ab, was nationale Einflussfaktoren nahelegt. Ergänzend bildete insbesondere für AstraZeneca Wissenschaft und Forschung im gesamten Untersuchungszeitraum einen wichtigen Bezugsmoment bei der Ausgestaltung des Leitbilds Nachhaltigkeit. Ausgehend von Kooperationen mit wissenschaftlichen Akteuren und eigenen Forschungen schrieb das Unternehmen sich selbst eine Expertenrolle zu, die auch in den zuvor analysierten Kontaktzonen zwischen Politik und Wirtschaft häufig auftrat.

24 Vgl. hierzu auch Nuhn 2013, S. 353.

25 In einer früheren zeitlichen Perspektive sieht auch Nuhn eine positivere Konnotation außerhalb Deutschlands in ihrem deutsch-niederländischen Vergleich. Für den betrieblichen Umweltschutz hält sie fest: »Während der deutsche Konzern umweltpolitische Auflagen jedoch als Wettbewerbsnachteil und finanzielle Bürde auffasste, besonders die Dauer von Genehmigungsprozessen anprangerte, präsentierte die niederländische Fallstudie ein anderes Bild: Trotz kritischer Anmerkungen wurde der betriebliche Umweltschutz bei DSM in Teilbereichen Anfang der 1970er Jahre als Differenzierungsmaßnahme und Wettbewerbsvorteil gehandelt.«, ebd.

Bei allen vier Unternehmen war entsprechend das Narrativ einer Vorreiterrolle präsent. Dies unterstreicht bisherige Forschungsergebnisse von Schwegler.[26] Die Ergebnisse erweitern zudem Argumente von Schwegler, die Aufklärungsbestrebungen in abgeschwächter Form auch für ihre Untersuchungsunternehmen nachwies.[27] Bestätigt wurde eine in der politischen Analyse festgestellte und auch von Nuhn und Tywuschik wahrgenommene wichtige Akteursrolle der Politik für die Chemie- und Pharmaindustrie, ebenso wie die Rezeption eines hohen gesellschaftlichen Druckes auf die Unternehmen.[28] Der in der bisherigen Forschung teilweise getroffenen Annahme, Unternehmen seien maßgeblich durch Regulierungen zur Umsetzung von Umweltschutz oder Nachhaltigkeit motiviert worden,[29] kann die Arbeit hingegen nur bedingt folgen und unterstreicht damit ebenfalls Befunde von Nuhn und Tywuschik.[30]

Ferner konnte die Studie bisherige Forschungsthesen widerlegen bzw. ergänzen, gemäß denen Unternehmen durch nachhaltige Konsumentinnen und Konsumenten zu entsprechenden Praktiken angeregt wurden.[31] Dies beschreibt z. B. Jones, wenngleich auch er darauf verweist, dass unklar blieb, inwiefern oder in welcher Höhe die Kundschaft für nachhaltige Produkte Preissteigerungen in Kauf nahm.[32] Gemein war beiden Handels- und Konsumgüterunterneh-

---

26 Auch bei Schwegler, die einen ähnlichen Untersuchungszeitraum anlegt, findet sich die Bestätigung der Ubiquität des Vorreiternarrativs im diskursiven Feld der Nachhaltigkeit. Vgl. ihre Ausführungen: »Die wichtigste Rollenfigur, die unternehmensübergreifend eingesetzt wird, ist der Vorreiter und der Führende bzw. die Führerschaft in einem bestimmten Bereich. Diese Selbstbezeichnungen werden von allen hier untersuchten Unternehmen über den gesamten Zeitraum des Diskursausschnitts genutzt.«, Schwegler 2018, S. 472.

27 Ebd., S. 479–483.

28 Vgl. auch Nuhn 2013, S. 353; Tywuschik 2016, S. 203–206.

29 Vgl. exemplarisch Berghoff, der zwar darauf verweist, dass Unternehmen im 21. Jahrhundert zunehmend das wirtschaftliche Potential eines »grünen Kapitalismus« erkannt hätten, jedoch wären sie weiterhin v. a. von externen Faktoren beeinflusst worden, vgl.: »Going green makes sense for them [businesses, eig. Anmerkung] if they perceive it as a business opportunity. Although there has been a remarkable change in boardroom mentalities, the main drivers of green capitalism have been outside forces, regulation, and market demand.«, Berghoff 2017, S. 31.

30 Vgl. hierzu auch die Ergebnisse von Nuhn, die bei Bayer in den 1980er Jahren »vor dem Hintergrund des zivilgesellschaftlichen Drucks den Schritt von der Erfüllung gesetzlicher Auflagen hin zu einem progressiven Vorgehen, welches in Selbstverpflichtungen als umweltpolitisches Instrument zum Ausdruck kam« sieht, Nuhn 2013, S. 355; Tywuschik beschreibt das Jahr 1987 als Höhepunkt einer entsprechenden Entwicklung: »Unternehmen verpflichteten sich öffentlich, über die gesetzlichen Zwänge und normative Erwartungen hinaus betrieblichen Umweltschutz zu betreiben und diesen auf die gleiche Bedeutungsebene wie die Erfüllung wirtschaftlicher Vorgaben zu stellen.«, Tywuschik 2016, S. 212.

31 Vgl. exemplarisch: »By 2000, hardly any consumer durable could be sold without reference to its green qualities. Saving the planet became part of consumers' mentality and most people's rhetoric. For large corporations, being green became a crucial image builder«, Berghoff 2017, S. 23.

32 Vgl. hierzu: »A third factor in the greening of conventional corporations was the advent of the green consumer. As the green consumer segment expanded far beyond initial clusters from the 1980s to em-

men, dass sie eine Diskrepanz zwischen Aussagen der Kundschaft zu deren vorgeblich nachhaltigem Bewusstsein und tatsächlichen Kaufentscheidungen wahrnahmen. Generell motivierten reale oder antizipierte Anspruchshaltungen der Kundschaft in Bezug auf Nachhaltigkeit beide Unternehmen zur Implementierung entsprechender Praktiken und begleitender Kommunikation. Insgesamt gestaltete sich die Rolle der Kundschaft als Akteursgruppe und Treiber von Nachhaltigkeitsentwicklungen ambivalent. Zweifellos hatten sie Einfluss auf die Unternehmensentscheidungen, jedoch waren sie keineswegs, wie oftmals angenommen, eine konstant treibende Kraft. Die Analyse der Handels- und Konsumgüterunternehmen zeigte, dass der grüne Konsument zwar ein wirkmächtiges Narrativ bildete, jedoch in der Realität häufig eine marginale Rolle spielte, sodass Unternehmen erst ihre diskursive Macht einsetzen mussten, um diesen Konsumenten zu generieren. Dies unterstreicht Ergebnisse der politischen Analyse, bei denen u. a. in den Enquete-Kommissionen des Bundestages das verhaltene Interesse von Verbraucherinnen und Verbrauchern an nachhaltigen Produkten thematisiert wurde. Dass vermeintliches Desinteresse der Kundschaft als Argument genutzt wurde, um gerade nicht nachhaltig zu handeln, wie von Schwegler dargelegt[33], kann in dieser Form hingegen nicht bestätigt werden, wenngleich z. T. auf fehlende Marktchancen nachhaltiger Produkte verwiesen wurde. Eine grundsätzliche Ambivalenz im Austausch mit verschiedenen Akteursgruppen, die sich im Umgang mit der Kundschaft der Handels- und Konsumgüterunternehmen, aber auch in den Kontaktzonen zur Politik bei der Chemie- und Pharmabranche zeigte, bestätigt auch Nuhn in ihrer Untersuchung zweier Chemieunternehmen, die sowohl als Antreiber als auch als Getriebene erscheinen.[34]

Lokale Interpretationen von Nachhaltigkeit und die Zuschreibung einer Akteursrolle an die Belegschaft traten in allen Unternehmen in unterschiedlicher Dominanz auf und waren stark von Branchen- und Ländercharakteristika determiniert. Für die Chemie- und Pharmaunternehmen bildeten die Anrainerinnen und Anrainer der Produktionsstandorte wichtige Bezugsmomente bei der diskursiven Ausgestaltung von Nachhaltigkeit, wobei sie v. a. das Narrativ eines ver-

---

brace a wide range of consumers, it emerged as an attractive market to many conventional firms. These green consumers wanted to buy organic food, install solar panels on their roofs, recycle their waste, buy homes marked green, and stay in eco-resorts, although the premium they were willing to pay to do these things was not clear.«, Jones 2017, S. 361.

33 Schwegler 2018, S. 362.

34 Nuhn 2013, S. 228.

antwortlichen, transparent kommunizierenden Nachbarn betonten.[35] Auch für das britische Handels- und Konsumgüterunternehmen bildete die lokale Umgebung der Marks & Spencer-Filialen den wesentlichen Bezugspunkt der Narrative und die Belegschaft vor Ort im zentralisierten Großbritannien wichtige Nachhaltigkeitsakteure, die dezidiert zeitgenössische Probleme der britischen Gesellschaft adressierten. Merck formulierte Nachhaltigkeit als Gemeinschaftsaufgabe, die bei der Einschreibung in den Diskurs von verschiedenen betrieblichen Akteuren wahrgenommen wurde. Die Führungsebene rief Mitarbeitende zu nachhaltigem Handeln auf, während diese parallel ihre eigenen Vorstellungen von Nachhaltigkeit einbrachten. Ähnliches lässt sich für Otto festhalten. Die Belegschaft trat gleichzeitig als aktiver Treiber und passiver Rezipient von Nachhaltigkeitsbestrebungen im Unternehmen auf. Je dominanter der gesellschaftliche Nachhaltigkeitsdiskurs wurde, desto mehr zeigten sich starke Diskurskoalitionen zwischen Führungsebene und Belegschaft. Auch Nuhn bestätigt, dass Mitarbeitende der negativen Reputation von Unternehmen entgegenwirken sollten.[36]

Bestätigt werden konnte zudem die Bedeutung von Traditionsnarrativen im Nachhaltigkeitsdiskurs. Auch Schwegler kommt zu dem Schluss, dass Traditionsnarrative ein wiederkehrendes Motiv in der Nachhaltigkeitskommunikation von Unternehmen darstellen.[37] Den Traditionsnarrativen kam ein verbindendes Element zu, das den zukunftsgerichteten Nachhaltigkeitsgedanken mit der eigenen Firmengeschichte verwob.[38] Bisherige Forschungsergebnisse legen nahe, dass der Firmenstruktur von Familienunternehmen hier eine große Relevanz zukam, was die starke Ausprägung bei jenen Unternehmen erklärt.[39] Ein bis zu den Firmengründern gezogenes Traditionsnarrativ wirkte vereinzelt auch als Hemmnis für innovative Ansätze, da repetitive Verweise auf die eigene Tradition

35 Vgl. hierzu auch die Ergebnisse von Nuhn, die für das Untersuchungsbeispiel Bayer konstatiert, dass die Anrainerinnen und Anrainer der Produktionsstandorte seit den 1960er Jahren eine wichtige Rolle bei der Ausgestaltung der betrieblichen Umweltpolitik spielten, ebd., S. 164–166.

36 Vgl. ebd., S. 356.

37 Vgl. entsprechende Ausführungen: »Da in den Nachhaltigkeitsberichten jedes Jahr erneut über das nachhaltige Handeln berichtet wird, wiederholen sich einige Angaben zu den Handlungen, Meilensteinen, Produkten und Produktionsabläufen. Als einleitende Sequenz immer wieder neu formulierter Absätze ist dabei musterhaft, eine Zeitspanne zu öffnen und einen Zeitpunkt zu nennen, seit dem ein nachhaltiger Vorgang traditionell durchgeführt, nachhaltigere Materialien eingesetzt oder ein Produkt in einer nachhaltigeren Form gefertigt wird.«, Schwegler 2018, S. 498.

38 Laut Schwegler bekunden Unternehmen mit Traditionsverweisen »indirekt ihre ›Erfahrung‹ und ›Verlässlichkeit‹, d.h. sie zeichnen einen konsistenten Weg der unternehmerischen Kompetenz durch die Vergangenheit nach.«, ebd., S. 497.

39 Vgl. ebd., S. 499.

zugleich Modernisierungen entgegenstanden.[40] Das Narrativ einer persönlichen Priorisierung der Nachhaltigkeit durch den Vorstandsvorsitzenden bei Otto und dessen Vorbildfunktion verband sich ebenfalls stark mit dem Charakter als Familienunternehmen. Bei dem einzigen Nicht-Familienunternehmen AstraZeneca zeigten sich hingegen stärkere Bezüge zum Kapitalmarkt als Akteur bei der Entwicklung von Nachhaltigkeit.

Nachhaltigkeit bzw. Nachhaltige Entwicklung sind internationale Leitbilder. Die Einschreibungen in den Diskurs von Seiten der Unternehmen wiesen hingegen unterschiedliche lokale, nationale und internationale Bezugsmomente auf, die zum Teil von einem deutlichen Wandel im Verlauf des Untersuchungszeitraums gekennzeichnet waren. Prägend waren für alle Unternehmen bis auf das britische Chemie- und Pharmaunternehmen zunächst nationale Räume. In besonders starker Ausprägung fand sich dies beim zweiten britischen Unternehmen Marks & Spencer, so dass eine grundsätzlich internationale Perspektive, abgeleitet aus der britischen Geschichte, nicht bestätigt werden kann. Im Zuge einer Entgrenzung von Nachhaltigkeitsnarrativen bei allen Unternehmen v. a. ab den 2000er Jahren fand eine deutliche Determinierung durch die jeweilige Branche statt. Gerade bei der Chemie- und Pharmaindustrie wirkten Akteursgruppen wie NGOs auf die Ausformierung von Nachhaltigkeit ein, während die Branche selbst die eigene diskursive Macht einsetzte, um andere Akteure wie die Politik in Verantwortung zu nehmen. Als Pharmaunternehmen sahen sich Merck und AstraZeneca mit globalen Auseinandersetzungen um gesundheitspolitische Fragestellungen von Entwicklungs- und Schwellenländern konfrontiert, die auch Teil der *Millennium Goals* waren. Gleichzeitig inszenierten sich die Unternehmen als proaktiv handelnde Akteure, die politische Versäumnisse durch eigene Expertise und Tatkraft ausglichen. Auch Nuhn konstatiert in ihrer Arbeit eine zunehmende Internationalisierung.[41] Diese kann zwar in weiten Teilen für die Untersuchungsunternehmen bestätigt werden, allerdings lösten sich die nationalstaatlichen Bezugsrahmen, vor allem bei Marks & Spencer, nicht vollständig auf. Für ein genu-

---

40 Auch Schwegler verweist darauf, dass Tradition im Nachhaltigkeitsdiskurs »nicht nur positiv – im Sinne von ›Verlässlichkeit‹ –, sondern ebenfalls negativ – im Sinne von ›Trägheit‹ und ›Unflexibilität‹ – aufgeführt wird.«, ebd., S. 394 f.

41 Vgl. hierzu ihre Ausführungen bzgl. des Beispiels Bayer: »Die zunehmend internationale Ausrichtung des Konzerns als Global Player findet sich in der Internationalisierung der Engagementfelder wieder. Die Unternehmensperspektive ist zu einer globalen geworden, in der die deutschen Standorte an Relevanz verlieren.« Ferner hält sie fest: »Für das Issue-Feld Nachhaltigkeit (seit etwa Mitte der 1990er Jahre) lässt sich abschließend festzuhalten (sic), dass sich eine deutliche Konvergenz hin zu einer internationalen Standardisierung abzeichnete. […] Denn der Bezugrahmen der Verantwortungskonzeptionen beider Konzerne im 21. Jahrhundert wird größtenteils durch internationale Initiativen, Organisationen und Programme, die als Orientierungspunkt für das Unternehmenshandeln dienen, beeinflusst.«, Nuhn 2013, S. 228, 359.

in internationales Leitbild zeigten sich die Interpretationen über weite Teile des Untersuchungszeitraums immer auch lokal und national konnotiert, was Muster politischer Nachhaltigkeitsdiskurse bestätigte.

Die Analyse erweiterte erste zeithistorische Grundlagenforschungen und leistete einen Beitrag zu einer eigenständigen Geschichte der Nachhaltigkeit. Gleichwohl zeigt der eingangs beleuchtete Forschungsstand, dass eine quellenbasierte, zeithistorische Erforschung unternehmerischer Nachhaltigkeit bisher ein weitgehendes Forschungsdesiderat darstellt, so dass es weitere Perspektiven zu erschließen gilt. Um das Feld zu erweitern, sollten weitere Branchen, insbesondere aber auch weitere Länder in den Blick genommen werden. Im aktuellen Diskurs und vor dem Hintergrund neuer Schlagworte wie *Sustainable Finance* gewinnt der Kapitalmarkt rapide an Einfluss auf die diskursive Ausgestaltung. Weitere Untersuchungen sollten daher gerade die Finanzbranche vergleichend in den Blick nehmen. Vor dem Hintergrund der Entstehungsgeschichte des Leitbilds erscheint es ferner in besonderem Maße lohnend, bei weiteren Untersuchungen außereuropäische Unternehmen, insbesondere der südlichen Hemisphäre, einzubeziehen und räumliche Grenzen im Sinne einer Globalgeschichte weiter aufzubrechen. Dies könnte weitere Nachhaltigkeiten zu Tage fördern, ein holistischeres Verständnis von ihrer Ambivalenz und Vielschichtigkeit akzentuieren, unterschiedliche Perspektiven berücksichtigen und bisher vernachlässigte Akteursgruppen in den Fokus rücken.

Ebenso erscheint eine zeitliche Erweiterung der Untersuchung geboten, die den Blick noch näher an die Gegenwart lenkt. Bereits wenige Jahre nach Ende des Untersuchungszeitraums entstanden zwei bedeutende Meilensteine internationaler Nachhaltigkeitspolitik, die den Diskurs bis heute prägen: 2015 wurde das Pariser Klimaabkommen verabschiedet, 2016 traten die aus den *Millennium Goals* entstandenen *Sustainable Development Goals* der Vereinten Nationen in Kraft. Ein inter- und transdisziplinärer Blick auf diese Zeit, der auf vorherige Befunde aufbaut, entwickelt eine zeithistorische Nachhaltigkeitsgeschichte weiter. Nicht zuletzt erlaubt eine zeithistorische Erforschung dieses unverändert täglich an Relevanz gewinnenden Themas innovative Momente aktueller Nachhaltigkeitsstrategien stärker herauszukristallisieren, ebenso wie deren Gegenteil – die Repetition des allzeit Gleichen, von althergebrachten Ideen, die sich nie in einer tatsächlichen praktischen Implementierung niederschlugen und einer dringend gebotenen Weiterentwicklung der Idee Nachhaltigkeit entgegenstehen.

Nachhaltigkeit ist ein Konzept, das aufgrund seiner Ubiquität und vermeintlichen Willkürlichkeit von Beginn an unterschiedlichste Akteure zur Positionierung und Interpretation eingeladen hat. Häufig wurden und werden unhinterfragt einfache Wahrheiten weiter kolportiert, sei es eine vermeintliche Vorreiterrolle Deutschlands, angebliche Forderungen von Konsumentinnen und

Konsumenten oder die Rolle der Wirtschaft als Bremsklotz auf dem Weg in eine nachhaltige Zukunft. Eindeutig ist, dass alle Narrative, Termini, Praktiken und Akteursrollen einem kontinuierlichen Wandel unterliegen. Nachhaltigkeit ist immer auch Transformation; sie lebt von Widersprüchen und Parallelitäten. Unternehmen konnten und können gleichermaßen innovativ Nachhaltigkeit vorantreiben als auch passiv auf externen Druck reagieren. Nachhaltigkeit als »semantischer Goldstaub« – mit dieser Aussage Volker Hauffs begann diese Arbeit. Laut Hauff sei »semantischer Goldstaub« besser als »gesellschaftlicher Rost«.[42] Dies kann, bei aller dem Nachhaltigkeitsbegriff inhärenten Problematik, unterstrichen werden. Anders formuliert: Eine Vielzahl an Nachhaltigkeiten statt einer Nachhaltigkeit bedeutet nicht automatisch deren Entwertung, gerade auch in ihrer Heterogenität liegen gesellschaftliche, politische und wirtschaftliche Chancen.

42 Parlamentsarchiv des Deutschen Bundestages, Berlin, PA-DBT 3501 PB für nachhaltige Entwicklung, 4, Protokoll der 4. (nichtöffentlichen Sitzung) des Parlamentarischen Beirates für nachhaltige Entwicklung, 06.05.2004.

Dank

Die vorliegende Studie stellt eine für den Druck überarbeitete Fassung meiner im August 2022 an der RWTH Aachen verteidigten Dissertation dar. In der Zeit der Entstehung meiner Arbeit haben mich viele Menschen unterstützt, wofür ich sehr dankbar bin.

Mein besonderer Dank gilt meiner Doktormutter Prof. Dr. Elke Seefried von der RWTH Aachen für ihre ausgezeichnete Betreuung, ihre stete Unterstützung und die vielen wertvollen Anregungen, die maßgeblich zum Gelingen dieser Arbeit beigetragen haben. Zudem danke ich Prof. Dr. Jens Soentgen für die Übernahme der Zweitkorrektur und den vertrauensvollen Austausch. Meine Promotion entstand im Rahmen eines von der Leibniz-Gemeinschaft geförderten und vom Institut für Zeitgeschichte München-Berlin koordinierten Verbundprojekts. Mein Dank gilt der Leibniz-Gemeinschaft für die Finanzierung sowie dem IfZ für die Koordination und die Unterstützung bei der Publikation. Dem gesamten Projektteam »Geschichte der Nachhaltigkeit(en)« danke ich für den wertvollen fachlichen Austausch. Für ihr Engagement im Rahmen der Publikation dieser Arbeit möchte ich besonders Günther Opitz vom IfZ und Jürgen Hotz vom Campus Verlag danken. Für ein Stipendium zur Durchführung eines Forschungsaufenthalts in Großbritannien danke ich dem Deutschen Historischen Institut in London. Besonderer Dank gebührt den Mitarbeiterinnen und Mitarbeitern der Unternehmen und Archive, die meine Recherchen durch die Bereitstellung von Quellenmaterial ganz wesentlich unterstützten: Olaf Dechow von Otto in Hamburg, Sabine Bernschneider-Reif und Katja Glock vom Merck Archiv in Darmstadt, das Team des Marks & Spencer Archivs in Leeds sowie Prof. Dr. Jason Snape von AstraZeneca in Macclesfield ebenso wie den Mitarbeiterinnen und Mitarbeitern des Archivs des Deutschen Bundestages Berlin, des Bundesarchivs Koblenz, der British Library London, der Parliamentary Archives Westminster und der National Archives in Kew. Für wichtige Hinweise zur Gewinnung von Kooperationspartnern danke ich Dr. Frank Werner vom World Environment Center. Prof. Dr. Hubert Zapf gilt mein Dank für die Unterstützung während des gesamten Promotionsprozesses und wertvolle Anregungen.

Für unzählige motivierende Gespräche und praktische Unterstützung während meiner Promotionszeit möchte ich sehr herzlich meinen Freunden Anna Manconi, Benno Jering, Christoph Hertzsch, Laila Linke, Nerys Price und Richard Leppla danken. Dies gilt auch für Dr. Nadja Hendriks, Dr. Marcus Böhm und Dr. Monika Müller, die mich neben ihrer Freundschaft zudem durch ihr Korrektorat ganz wesentlich auf meinem Promotionsweg unterstützt haben. Besonders möchte ich zudem Reiner Schwandt danken. Mein größter Dank gilt meinem Mann Michael, der mich auf diesem Weg und bei so vielem mehr stets begleitet hat. Mit großem Verständnis räumte er der Promotion den nötigen Platz in unserem Leben ein. Ihm ist diese Arbeit gewidmet.

Quellen

British Library, London, N/A, Conserving our Common Inheritance. The Environment White Paper (Published in Politics Today, No. 13), 1990.
British Library, London, GPC/03932, A Framework for Local Sustainability. A Response by UK Local Government to the UK Government First Strategy for Sustainable Development, 1993.
British Library, London, GPC/03643, Sustainable Development. The UK Strategy (Summary Report), 1994.
British Library, London, 99/31598, Summary: A Better Quality of Life. A Strategy for Sustainable Development for the United Kingdom, 1999.
British Library, London, 99/31598, The Government's Sustainable Development Strategy: What does it mean for UK Business?, 1999.
British Library, London, m03/20253, Business in the Environment 6th Index of Corporate Environmental Engagement, 2001.
British Library, London, m05/21573, Executive Summary. Securing the Future, Delivering UK Sustainable Development Strategy, 2005.
Bundesarchiv, Koblenz, BArch B 102/866872, Ministeriumsinterne Bewertung der BDI-Stellungnahme zum Entwurf des Fortschrittsberichtes zur nationalen Nachhaltigkeitsstrategie, 16.08.04.
Bundesarchiv, Koblenz, BArch B 295/25406, Ergebnisnotiz zur Besprechung über einen Vorschlag eines freiwilligen Produktionsverzichts von vollhalogenierten FCKW am 8.3.1990 beim VCI, 13.03.1990.
Bundesarchiv, Koblenz, BArch B 295/25406, Brief Verband der Chemischen Industrie an den Ministerialdirektor im Bundesministerium für Umwelt, Naturschutz und Reaktorsicherheit vom 23. März 1990, Betr: Selbstverpflichtung zur Einstellung der Produktion vollhalogenierter FCKW, 23.03.1990.
Bundesarchiv, Koblenz, BArch B 295/25406, Brief des Bundesministers für Umwelt, Naturschutz und Reaktorsicherheit an den Verband der Chemischen Industrie, 29.03.1990.
Bundesarchiv, Koblenz, BArch B 295/25406, Brief Verband der Chemischen Industrie an den Ministerialdirektor im Bundesministerium für Umwelt, Naturschutz und Reaktorsicherheit vom 29. März 1990, Betr: Selbstverpflichtung zur Einstellung der Produktion vollhalogenierter FCKW, 29.03.1990.
Bundesarchiv, Koblenz, BArch B 295/25406, Der Bundesminister für Umwelt, Naturschutz und Reaktorsicherheit, Entwurf Pressemitteilung für den 4. Mai 1990, 19.04.1990.

Bundesarchiv, Koblenz, BArch B 295/25406, Selbstverpflichtung zur Einstellung der Produktion vollhalogenierter Fluorchlorkohlenwasserstoffe (FCKW), 30.05.1990.

Bundesarchiv, Koblenz, BArch B 295/33453, Nachr. Chem. Techn. Lab 39 (1991) Nr. 112, »Kanzler Kohl beim VCI: Lob für die Chemie – aber keine Antwort auf Kritik«, 1991.

Bundesarchiv, Koblenz, BArch B 136/32689, Erklärung des Bundeskanzlers bei der konstituierenden Sitzung des Nationalen Komitees zur Vorbereitung der Konferenz »Umwelt und Entwicklung« der Vereinten Nationen im Juni 1992, 05.06.1991.

Bundesarchiv, Koblenz, BArch B 295/33453, Referat WA I3, Hausruf 32 97, Betr. Geplantes Spitzengespräch von Herrn BM mit dem VCI-Vorstand zum VCI-Positionspapier »Vorreiterrolle Bundesrepublik« hier: Qualitätsziele zum Schutz oberirdischer Binnengewässer vor gefährlichen Stoffen, 10.09.1991.

Bundesarchiv, Koblenz, BArch B 136/34900, Rede von Bundeskanzler Dr. Helmut Kohl anläßlich der Mitgliederversammlung des Verbandes der Chemischen Industrie, 17.10.1991.

Bundesarchiv, Koblenz, BArch B 295/25405, Referat G I 4 Vorlage an Herrn Minister, Betr. Gespräch mit Vetretern der chemischen Industrie im Bundeskanzleramt am 23. Januar 1992, 21.01.1992.

Bundesarchiv, Koblenz, BArch B 295/33453, Brief des BMU WA I 3 an den Vorsitz der Länderarbeitsgemeinschaft Wasser Umweltbehörde Hamburg bet. § 19 g Wasserhaushaltsgesetz Workshop mit Vertretern der Industrie, des Bundes und der Länder, 25.02.1992.

Bundesarchiv, Koblenz, BArch B 102/714992, Ministeriumsinterner Vermerk, Betr.: Belastungen der Wirtschaft durch Maßnahmen im Umweltschutz, 05.03.1992.

Bundesarchiv, Koblenz, BArch B 295/33453, Vermerk Abteilungsleiter WA, Betr. Umweltschutz in der chemischen Großindustrie; hier: Ergebnis des VCI Gesprächs am 12. März 1992, 13.03.1992.

Bundesarchiv, Koblenz, BArch B 102/714992, Brief des Referats IV B 8 an das Referat I A 1 Betr. Forschungsauftrag Nr. 15/88 »Auswirkungen von Umweltschutzmaßnahmen auf die Wettbewerbsfähigkeit umweltkostenintensiver Produktionen in der deutschen Industrie«, 08.04.1992.

Bundesarchiv, Koblenz, BArch B 102/714992, Beitrag des IV B 8 zum Wochenbericht, 27.01.1993.

Bundesarchiv, Koblenz, BArch B 295/27516, Brief des VCI Vorsitzenden an den Bundesumweltminister Prof. Dr. Klaus Töpfer zu forschungspolitischen Herausforderungen für den Chemiestandort Deutschland mit angehängtem Positionspapier, 12.10.1993.

Bundesarchiv, Koblenz, BArch B 295/27516, Stellungnahme und Antwortentwurf des Referat G I 4 für den Bundesumweltminister zum Schreiben des VCI-Vorsitzenden, 12.10.1993.

Bundesarchiv, Koblenz, BArch B 295/27518, Arbeitsgruppe IG II 1 Sustainable Development Positionspapier der Chemischen Industrie, Dezember 1994.

Bundesarchiv, Koblenz, BArch B 295/27518, Arbeitsgruppe IG II 1 Vorbereitung Gesprächspunkt Einrichtung einer Enquete-Kommission (E-K) in der Nachfolge der E-K »Schutz des Menschen und der Umwelt«, 10.01.1995.

Bundesarchiv, Koblenz, BArch B 295/27515, Pressemitteilung des Presse- und Informationsamts der Bundesregierung, Anspruchsvolles Angebot der Wirtschaft zur Klimavorsorge – Deutsche Wirtschaft verpflichtet sich zu deutlicher CO2-Minderung, 10.03.1995.

Bundesarchiv, Koblenz, BArch B 295/27515, Protokoll Gespräch zwischen Bundesumweltministerin Frau Dr. Merkel und dem Ausschuss Technik und Umwelt des VCI am 22.9.1995 in Bonn, 29.09.1995.

Bundesarchiv, Koblenz, BArch B 295/33919, Bundesverband der Deutschen Industrie e.V., Klimaschutz statt Ökosteuern Fakten und Argumente, 10.11.1995.

Bundesarchiv, Koblenz, BArch B 295/33919, Stellungnahme AG G I 6 an Frau Ministerin, Betr. Veröffentlichung des BDI »Klimaschutz statt Ökosteuern-Fakten und Argumente« vom 10.11.1995, 30.11.1995.

Bundesarchiv, Koblenz, BArch B 102/845995, Bundesumweltministerin Dr. Angela Merkel, Schritte zu einer nachhaltigen, umweltgerechten Entwicklung: Umweltziele und Handlungsschwerpunkte in Deutschland, Grundlage für eine Diskussion, ca. 1996.

Bundesarchiv, Koblenz, BArch B 295/27519, Arbeitsgruppe IG II 1, Vorbereitung des Gesprächs von Frau Ministerin mit den Präsidenten des VCI am 1.3.1996; hier: Selbstverpflichtungserklärung der Chemischen Industrie zum Klimaschutz, 22.02.1996.

Bundesarchiv, Koblenz, BArch B 136/49572, Briefvorlage einer schriftlichen Einladung zu einer Konferenz am 1.7.1996 in Bonn von Dr. Angela Merkel, Bundesministerin für Umwelt, Naturschutz und Reaktorsicherheit, Undatiert, ca. Frühjahr 1996.

Bundesarchiv, Koblenz, BArch B 136/49572, Teilnehmerliste 1. Juli 1996, 01.07.1996.

Bundesarchiv, Koblenz, BArch B 102/845995, Ministeriumsinternes Schreiben an den Minister Zur Entscheidung Betr. BMWi/BDi-Tagung zum Thema »Nachhaltige Entwicklung«, Bezug: Gespräch mit dem BDI am 11.12.1997, 11.12.1997.

Bundesarchiv, Koblenz, BArch B 102/846004, Ministeriumsinternes Schreiben an den Minister zur Entscheidung, Betr. BMWi Tagung zum Thema »Nachhaltige Entwicklung«, Bezug Gespräche mit dem BDI am 11.12.1997 und 15.01.1998, 1998.

Bundesarchiv, Koblenz, BArch B 102/890616, Pressemitteilung Bundesministerium für Wirtschaft, »Rexrodt: ›Nachhaltige Entwicklung kein Primat der Umweltpolitik‹«,22.05.1998.

Bundesarchiv, Koblenz, BArch B 102/890616, Rede des Bundesministers für Wirtschaft Dr. Günter Rexrodt anläßlich der Veranstaltung des Forums Info 2000 »Informationsgesellschaft und nachhaltige Entwicklung« zum Thema »Deutschland auf dem Weg in die Informationsgesellschaft – Eine Chance für den Umweltschutz«, 02.07.1998.

Bundesarchiv, Koblenz, BArch B 102/845996, Betr. Nationale Politik zur nachhaltigen Entwicklung, hier: St-Gespräch zwischen BMU und Bundeskanzleramt über die Organisationsstruktur innerhalb der Bundesregierung, 01.12.1999.

Bundesarchiv, Koblenz, BArch B 102/845996, Herr Staatssekretär Dr. Tacke zur Gesprächsvorbereitung, Betr. Sitzung der beamteten Staatssekretäre am 17. Januar 2000, hier: »Nationale Politik zur nachhaltigen Entwicklung«, 11.01.2000.

Bundesarchiv, Koblenz, BArch B 102/845996, Der Chef des Bundeskanzleramtes an den Chef des Bundespräsidialamtes, den Chef des Presse- und Informationsamtes der Bundesregierung, die beamteten Staatssekretärinnen und Staatssekretäre der Ressorts, die Staatsminister im Bundeskanzleramt, Vorbereitungsunterlage »Nationale Strategie für eine Nachhaltige Entwicklung« für die Besprechung der beamteten Staatssekretärinnen und Staatssekretäre am 6. März 2000, 02.03.2000.

Bundesarchiv, Koblenz, BArch B 102/845996, Betr. Neugestaltung des Internet-Auftritts des BMWi, 18.04.2000.

Bundesarchiv, Koblenz, BArch B 102/845996, Haltung des BMWi zur Nachhaltigkeit, 18.04.2000.

Bundesarchiv, Koblenz, BArch B 136/113832, Beschluss der Bundesregierung über die Einrichtung eines Rates für Nachhaltige Entwicklung beim Bundeskanzler, 18.07.2000.

Bundesarchiv, Koblenz, BArch B 102/845998, Rede Staatssekretär Dr. Alfred Tacke anlässlich der Tagung »Arbeit und Ökologie« der IG Metall am 7. Dezember 2000, 07.12.2000.

Bundesarchiv, Koblenz, BArch B 136/113832, Auszug aus Regierungspressekonferenz vom 21.2.01, 21.02.2001.

Bundesarchiv, Koblenz, BArch B 136/113832, Eröffnungsansprache von Bundeskanzler Gerhard Schröder anlässlich der konstituierenden Sitzung des Rates für nachhaltige Entwicklung am Mittwoch, 04.04.2001.

Bundesarchiv, Koblenz, BArch B 102/846002, Vorbereitung für den Minister zur Kabinettsitzung am 27. Juni 2001, hier Tätigkeitsbericht des Staatssekretärsausschusses für Nachhaltige Entwicklung, 25.06.2001.

Bundesarchiv, Koblenz, BArch B 102/866863, Stellungnahme des BDI zum Entwurf der Bundesregierung und zum Dialogpapier des Rates für Nachhaltige Entwicklung, Februar 2002.

Bundesarchiv, Koblenz, BArch B 102/866864, Grußwort der Parlamentarischen Staatssekretärin beim Bundesminister für Wirtschaft und Technologie Margareta Wolf anlässlich der Verleihung der Preise für die beste Umwelt- und Nachhaltigkeitsberichterstattung deutscher Unternehmen durch die Wirtschaftsprüferkammer, 19.03.2002.

Bundesarchiv, Koblenz, BArch B 136/113834, Regierungserklärung des Herrn Bundeskanzler »Zukunftsfähiges Deutschland – Strategie für eine Nachhaltige Entwicklung«, 16.05.2002.

Bundesarchiv, Koblenz, BArch B 102/866872, Hintergrundpapier »Lektion Nachhaltigkeit längst gelernt?«, Bundesverband der Deutschen Industrie, 12.06.2003.

Bundesarchiv, Koblenz, BArch B 102/866872, Stellungnahme des BDI zum Entwurf des Fortschrittsberichtes zur nationalen Nachhaltigkeitsstrategie der Bundesregierung: Perspektiven für Deutschland – Unsere Strategie für eine nachhaltige Entwicklung, 12.07.2004.

Bundesarchiv, Koblenz, BArch B 102/866872, Vermerk zur Stellungnahme des BDI vom 12.07.04 zum Fortschrittsbericht 2004 für die nationale Nachhaltigkeitsstrategie, 10.08.2004.

Bundesarchiv, Koblenz, BArch B 102/866873, Ergebnis des Dialogs: Änderungen des Entwurfs (Kontext: Erster Fortschrittsbericht der Bundesregierung zur im April 2002 veröffentlichten Strategie für eine Nachhaltige Entwicklung nach zwei Jahren), 15.10.2004.

Bundesarchiv, Koblenz, BArch B 102/866873, Gesprächsrunden im Bundeskanzleramt (Kontext: Erster Fortschrittsbericht der Bundesregierung zur im April 2002 veröffentlichten Strategie für eine Nachhaltige Entwicklung nach zwei Jahren), 15.10.2004.

Bundesarchiv, Koblenz, BArch B 102/866873, »Nachhaltigkeit im Visier«, Gesellschaft fordert Politik – Bericht des Rates für Nachhaltige Entwicklung, Momentaufnahme 2004, 15.10.2004.

Deutscher Bundestag, Schlußbericht der Enquete-Kommission »Schutz der Erdatmosphäre«. Drucksache 12/8600, Bonn, 31.10.1994.

Deutscher Bundestag, Abschlußbericht der Enquete-Kommission »Schutz des Menschen und der Umwelt – Ziele und Rahmenbedingungen einer nachhaltig zukunftsverträglichen Entwicklung«. Drucksache 13/11200, Bonn, 26.06.1998.

Merck-Archiv, Darmstadt, Bessere Gesetze statt mehr Kontrolle, Merck informiert, 04.02.1987.

Merck-Archiv, Darmstadt, Sparsamkeit – Energiequelle der Zukunft, Merck informiert, 23.04.1987.

Merck-Archiv, Darmstadt, Vor Panikmache gewarnt. Bund-Vertreter im Werk Gernsheim, Merck informiert, 08.05.1987.

Merck-Archiv, Darmstadt, V15/100, Vortrag Leiter Öffentlichkeitsarbeit vor der siebten Dekanatssynode in Babenhausen, 17.10.1987.

Merck-Archiv, Darmstadt, Jetzt: Den Müllberg abbauen, Merck informiert, 29.10.1987.
Merck-Archiv, Darmstadt, Merck Geschäftsbericht 1987, 1988.
Merck-Archiv, Darmstadt, V15/718, Vortrag Prof. Dr. H. J. Langmann vor der Gesellschaft Deutscher Chemiker, 09.02.1988.
Merck-Archiv, Darmstadt, Merck Geschäftsbericht 1988, 1989.
Merck-Archiv, Darmstadt, V07/52, Rede Betriebsbeauftragter für Umweltschutz vor der Betriebsräteversammlung, 20.04.1989.
Merck-Archiv, Darmstadt, Merck Geschäftsbericht 1989, 1990.
Merck-Archiv, Darmstadt, Z2-Br-5, Merck und der Umweltschutz, ca. 1990.
Merck-Archiv, Darmstadt, Sieben Milliarden für Umweltschutz, Merck informiert, 18.01.1990.
Merck-Archiv, Darmstadt, V15/1064, Vorlage für die Geschäftsleitung von der Abteilung Öffentlichkeitsarbeit zum Erweiterungsgelände Nord/Kommunikationsstrategie, 23.01.1990.
Merck-Archiv, Darmstadt, »Gewässerschutz für Merck lebenswichtig«, Merck informiert, 22.03.1990.
Merck-Archiv, Darmstadt, V15/1099b, Gespräch mit der CDU Arheiligen am 29.03.90, 24.04.1990.
Merck-Archiv, Darmstadt, Mach mit, schütz die Umwelt, Merck informiert, 27.04.1990.
Merck-Archiv, Darmstadt, Umweltschutz und Qualifizierung, Merck informiert, 13.09.1990.
Merck-Archiv, Darmstadt, Tag der offenen Tür, Merck informiert, 27.09.1990.
Merck-Archiv, Darmstadt, »Größe schaffen wir durch eigenes Wachsen«, Merck informiert, 13.12.1990.
Merck-Archiv, Darmstadt, Merck Geschäftsbericht 1990, 1991.
Merck-Archiv, Darmstadt, V07/51, Betriebsräteversammlung am 6. Mai 1991: Umweltschutzbericht für 1990, 06.05.1991.
Merck-Archiv, Darmstadt, Ein dickes Kompliment der Bundesministerin, Merck informiert, 20.06.1991.
Merck-Archiv, Darmstadt, V15/1037, Aktennotiz über das Gespräch mit führenden Vertretern der Darmstädter CDU am 09.09.1991, 19.09.1991.
Merck-Archiv, Darmstadt, Merck Geschäftsbericht 1991, 1992.
Merck-Archiv, Darmstadt, V15/909, Presse-Information: Miteinander reden, 1992.
Merck-Archiv, Darmstadt, Zur BUKO-Kritik, Merck informiert, 27.05.1992.
Merck-Archiv, Darmstadt, V15/62(b), Brief der Öffentlichkeitsarbeit an die Geschäftsführung zum Thema Podiumsdiskussion mit BUKO in Darmstadt, 14.08.1992.
Merck-Archiv, Darmstadt, V15/62(b), Brief der Öffentlichkeitsarbeit an die Geschäftsführung zum Thema Responsible Care, 20.08.1992.
Merck-Archiv, Darmstadt, V15/62(a), BUKO agiert weiter. Alte Anschuldigungen mit neuer Schärfe, 25.09.1992.
Merck-Archiv, Darmstadt, V15/62(a), Brief der Abteilung Öffentlichkeitsarbeit/Unternehmensdarstellung an die Abteilung ZUS, 05.10.1992.
Merck-Archiv, Darmstadt, V15/178, Brief von Internist W. D.. an Merck, 01.12.1992.
Merck-Archiv, Darmstadt, Merck Geschäftsbericht 1992, 1993.
Merck-Archiv, Darmstadt, Z2-Br-4b, Umweltschutz und Sicherheit, 1993.
Merck-Archiv, Darmstadt, V15/178, Antwortbrief der Öffentlichkeitsarbeit/Pressestelle an G. W., 13.01.1993.

Merck-Archiv, Darmstadt, V15/178, Merck-Präparate in der 3. Welt. Argumentationspapier, 04.02.1993.
Merck-Archiv, Darmstadt, V15/729a, Fuldaer Zeitung, Kessel mit Lauge bei Merck explodiert, 19.05.1993.
Merck-Archiv, Darmstadt, V15/729a, Wiesbadener Kurier, Wieder Explosion in Chemiefirma, 19.05.1993.
Merck-Archiv, Darmstadt, V15/729a, Rhein-Neckar-Zeitung, Kessel mit Lauge bei Merck explodiert, 19./20.05.1993
Merck-Archiv, Darmstadt, V15/729a, Darmstädter Echo, Nach Explosion bei Merck: Experten suchen Lösung, 21.05.1993.
Merck-Archiv, Darmstadt, V15/178, Brief des Leiters der Öffentlichkeitsarbeit an B. V., 02.06.1993.
Merck-Archiv, Darmstadt, N/A, »Mehr miteinander reden«, Merck informiert, 09.09.1993.
Merck-Archiv, Darmstadt, Alles andere als ein Reinfall, Merck informiert, 30.09.1993.
Merck-Archiv, Darmstadt, Vortrag »Information der Nachbarn eines Industriebetriebes über Risiken und Sicherheitsmaßnahmen«, 03.11.1993.
Merck-Archiv, Darmstadt, Merck Geschäftsbericht 1993, 1994.
Merck-Archiv, Darmstadt, Aus Verantwortung für Mensch und Umwelt, Merck informiert, 05.05.1994.
Merck-Archiv, Darmstadt, V15/67(b), Gesundheitsproblematik in der 3. Welt, 01.07.1994.
Merck-Archiv, Darmstadt, V15/67 (b), Antwortbrief der Öffentlichkeitsarbeit an R. M., 14.07.1994.
Merck-Archiv, Darmstadt, V15/1028, Sustainable Development. Position der Chemischen Industrie, 06.10.1994.
Merck-Archiv, Darmstadt, Leser-Echo, Merck informiert, 01.12.1994.
Merck-Archiv, Darmstadt, Merck Geschäftsbericht 1994, 1995.
Merck-Archiv, Darmstadt, Z2-Br-4a, Umweltbericht 1995, 1995.
Merck-Archiv, Darmstadt, V15/680, Protokoll über die 181. Sitzung des innerbetrieblichen Umweltausschusses am 9. Dezember 1994, 04.01.1995.
Merck-Archiv, Darmstadt, V15/68(b), Antwortbrief an J. B. »Umsetzung der Beschlüsse von UNCED in Rio«, 13.01.1995.
Merck-Archiv, Darmstadt, V07/52, Betriebsvereinbarung über betrieblichen Umweltschutz, 15.03.1995.
Merck-Archiv, Darmstadt, Kampf gegen Arzneimittelfälschungen, Merck informiert, 16.03.1995.
Merck-Archiv, Darmstadt, Vorgabe von Rio übertroffen, Merck informiert, 16.03.1995.
Merck-Archiv, Darmstadt, Umweltschutz ist praktische Standortsicherung, Merck informiert, 20.04.1995.
Merck-Archiv, Darmstadt, V07/51, Brief des Sprechers des Betriebsrats-Ausschusses an den Beauftragten für Umwelt und Sicherheit, 18.09.1995.
Merck-Archiv, Darmstadt, V15/680, Protokoll über die 187. Sitzung des innerbetrieblichen Umweltausschusses am 25.08.1995, 26.09.1995.
Merck-Archiv, Darmstadt, V07/51, Ergebnisprotokoll 1. Sitzung Umweltkommission (UWK) am 27.09.95, 18.10.1995.
Merck-Archiv, Darmstadt, Hilfspfennige für die »Snoezelzone«, Merck informiert, 02.11.1995.

Merck-Archiv, Darmstadt, V15/914, Presse-Information: Merck legt erstmals Umweltbericht vor, 06.11.1995.

Merck-Archiv, Darmstadt, Wasser sparen – den Standort sichern, Merck informiert, 16.11.1995.

Merck-Archiv, Darmstadt, Z02-D00134, Merck Geschäftsbericht 1995, 1996.

Merck-Archiv, Darmstadt, Deutsche Chemie verringert Belastung des Rheins, Merck informiert, 25.01.1996.

Merck-Archiv, Darmstadt, V15/937, Presse-Information: Mit den Nachbarn reden, 19.03.1996.

Merck-Archiv, Darmstadt, V07/51, Protokoll der Umweltkommission vom 09.04.1996, 25.04.1996.

Merck-Archiv, Darmstadt, V15/937, Presse-Information: Merck beteiligt sich an Sanierung des Westwaldes, 14.05.1996.

Merck-Archiv, Darmstadt, Ein Tag im Werk Darmstadt, Merck informiert, 26.09.1996.

Merck-Archiv, Darmstadt, Z02-D00135, Merck Geschäftsbericht 1996, 1997.

Merck-Archiv, Darmstadt, Z2-Br-4a, Umweltbericht 1997, 1997.

Merck-Archiv, Darmstadt, Z02-D00136, Merck Geschäftsbericht 1997, 1998.

Merck-Archiv, Darmstadt, V15/1093b, Wasser Westwald Merck, 1998.

Merck-Archiv, Darmstadt, V15/1453a, Protokoll über die 199. Sitzung des innerbetrieblichen Umweltausschusses am 9. März 1998, 17.03.1998.

Merck-Archiv, Darmstadt, V15/1453a, Präsentation der Unternehmenskommunikation auf der Sitzung des Umweltausschusses am 09.12.1998, 09.12.1998.

Merck-Archiv, Darmstadt, V15/947, Presse-Information: Weniger Wasser aus dem Westwald. Erste Ergebnisse zwischen RP, Merck und BUND, 24.02.1999.

Merck-Archiv, Darmstadt, 10 Jahre Spendenaktion »Hilfspfennige«. Sonderausgabe Merck informiert, 16.04.1999.

Merck-Archiv, Darmstadt, Merck Geschäftsbericht 1999, 2000.

Merck-Archiv, Darmstadt, Z2-Br-4 c, Verantwortliches Handeln in der Merck-Gruppe. Bericht 2000, 2000.

Merck-Archiv, Darmstadt, Die Chemie steht positiver dar, Merck informiert, 20.01.2000.

Merck-Archiv, Darmstadt, V15/1146(b), Was denkt die Bevölkerung über Merck?, 15.06.2000.

Merck-Archiv, Darmstadt, »Verantwortliches Handeln – Responsible Care« – Beispiele bei Merck (1): Wassersparen in M 22/32, Merck informiert, 28.09.2000.

Merck-Archiv, Darmstadt, Merck Geschäftsbericht 2000, 2001.

Merck-Archiv, Darmstadt, V15/1493, Verfassungsklage der Pharmazeutischen Industrie in Südafrika, ca. 2001.

Merck-Archiv, Darmstadt, V15/1493, Infobrief: Gespräch mit Bundesministerin Wieczorek-Zeul über die Klage in Südafrika, 06.04.2001.

Merck-Archiv, Darmstadt, V15/1493, Infobrief: Offizielle Vereinbarung der südafrikanischen Regierung mit den Pharmaunternehmen im Patentstreit in Südafrika, 20.04.2001.

Merck-Archiv, Darmstadt, V15/1493, Infobrief: UN-Menschenrechtskommission fordert besseren Zugang zu HIV/AIDS-Präparaten, 24.04.2001.

Merck-Archiv, Darmstadt, Klimaschutz: Vergleich bedrückt, Merck informiert, 02.08.2001.

Merck-Archiv, Darmstadt, Merck Geschäftsbericht 2001, 2002.

Merck-Archiv, Darmstadt, V15/1150(a), Handelsblatt, Bittere Pillen für Südafrika, 04.03.2002.

Merck-Archiv, Darmstadt, Beispiele für Umweltschutz, der sich außerdem noch rechnet, MAZ, 25.07.2002.

Merck-Archiv, Darmstadt, Merck Geschäftsbericht 2002, 2003.
Merck-Archiv, Darmstadt, V15/1163, Jahr der Chemie 2003, 2003.
Merck-Archiv, Darmstadt, Objektbeschreibung »Corporate Responsibility Report« der Unternehmenskommunikation, 30.04.2003.
Merck-Archiv, Darmstadt, Verantwortung für Mitarbeiter, Umwelt und Gesellschaft Bericht 2003, 2003.
Merck-Archiv, Darmstadt, Präsentation der Unternehmenskommunikation zu Corporate Responsibility Bericht, 09.09.2003.
Merck-Archiv, Darmstadt, Verantwortung nicht nur für das Geschäft, pro international, Oktober 2003.
Merck-Archiv, Darmstadt, V15/1103, Pressemitteilung: Merck KGaA stellt ersten konzernweiten Nachhaltigkeitsbericht vor, 30.10.2003.
Merck-Archiv, Darmstadt, Merck Geschäftsbericht 2003, 2004.
Merck-Archiv, Darmstadt, Fälschungen auf der Spur, pro international, April 2004.
Merck-Archiv, Darmstadt, Forschung ist die beste Medizin, pro Deutschland, Juni 2004.
Merck-Archiv, Darmstadt, Lokale Probleme lokal lösen, pro international, Oktober 2004.
Merck-Archiv, Darmstadt, Ein stets aktueller Überblick, pro international, November 2004.
Merck-Archiv, Darmstadt, Merck Geschäftsbericht 2004, 2005.
Merck-Archiv, Darmstadt, Verantwortung für Mitarbeiter, Umwelt und Gesellschaft. Bericht 2005, 2005.
Merck-Archiv, Darmstadt, V15/1798, 5 Jahre Umweltallianz Hessen, Mai 2005.
Merck-Archiv, Darmstadt, Weltweite Verantwortung für Mensch und Umwelt, pro international, Mai 2005.
Merck-Archiv, Darmstadt, »Verantwortung leben«, pro international, Oktober 2005.
Merck-Archiv, Darmstadt, Merck Geschäftsbericht 2005, 2006.
Merck-Archiv, Darmstadt, Merck Geschäftsbericht 2006, 2007.
Merck-Archiv, Darmstadt, Verantwortung für Mitarbeiter, Umwelt und Gesellschaft. Bericht 2007, 2007.
Merck-Archiv, Darmstadt, V15/1375, Pressemitteilung: Merck KGaA und WHO beschließen Partnerschaft zur Bekämpfung der Bilharziose in Afrika, 19.04.2007.
Merck-Archiv, Darmstadt, Merck Geschäftsbericht 2007, 2008.
Merck-Archiv, Darmstadt, Endlich Zukunft, pro international, Juni 2008.
Merck-Archiv, Darmstadt, V15/1786, Positionspapier zum internen Gebrauch: Access to Medicines, 17.06.2008.
Merck-Archiv, Darmstadt, Verantwortung zählt, pro international, Dezember 2008.
Merck-Archiv, Darmstadt, V15/1827, Ranking Nachhaltigkeitsberichte 2009, 2009.
Merck-Archiv, Darmstadt, »Gut fürs Klima und wirtschaftlich sinnvoll«, pro international, Mai 2009.
Merck-Archiv, Darmstadt, V15/1798, Politische Top-Themen des VCI 2009, 08.07.2009.
Merck-Archiv, Darmstadt, V15/1807, Präsentation Merck CR Organisation, November 2009.
Merck-Archiv, Darmstadt, Merck Geschäftsbericht 2009, 2010.
Parlamentsarchiv des Deutschen Bundestages, Berlin, PA-DBT 3121 Atomenergie und Umwelt, A11/21, WP Prot. 86, TO Punkt 1 Bericht des Bundesministers für Umwelt, Naturschutz und Reaktorsicherheit, Prof. Dr. Klaus Töpfer, zur Umweltpolitik im geeinten Deutschland, 24.10.1990.

Parlamentsarchiv des Deutschen Bundestages, Berlin, PA-DBT 3121 Atomenergie und Umwelt, A12/17, WP Prot. 28, TO Punkt 2 Unterrichtung durch die Bundesregierung Jahreswirtschaftsbericht 1992 der Bundesregierung Drs. 12/2018, 18.03.1992.

Parlamentsarchiv des Deutschen Bundestages, Berlin, PA-DBT 3415 EK Umweltschutz, 1, Protokoll der konstituierenden Sitzung der Enquete-Kommission »Schutz des Menschen und der Umwelt – Bewertungskriterien und Perspektiven für umweltverträgliche Stoffkreisläufe in der Industriegesellschaft (Protokoll Nr. 1), 18.03.1992.

Parlamentsarchiv des Deutschen Bundestages, Berlin, PA-DBT 3415 EK Umweltschutz, 29, Protokoll der 18. Sitzung (nichtöffentlich), 09.03.1993.

Parlamentsarchiv des Deutschen Bundestages, Berlin, PA-DBT 3415 EK Umweltschutz, 30 , Protokoll der 19. Sitzung (öffentlich), 16.03.1993.

Parlamentsarchiv des Deutschen Bundestages, Berlin, PA-DBT 3415 EK Umweltschutz, 31, Stenographisches Protokoll der 20. Sitzung (öffentlich), Öffentliche Anhörung zum Thema »Die Stoffe, aus denen unsere Kleider sind – Stoffströme in der textilen Bekleidungskette«, 17.03.1993.

Parlamentsarchiv des Deutschen Bundestages, Berlin, PA-DBT 3415 EK Umweltschutz, 215, Fragen- und Sachverständigenkatalog für eine öffentliche Anhörung der Enquete-Kommission zum Thema »Chlorchemie« am 3./4. Juni 1993, 23.03.1993.

Parlamentsarchiv des Deutschen Bundestages, Berlin, PA-DBT 3415 EK Umweltschutz, 30, Stellungnahmen der Sachverständigen zu dem Fragenkatalog für die öffentliche Anhörung am 16. und 17. März zu dem Thema »Die Stoffe, aus denen unsere Kleider sind – Stoffströme in der textilen Bekleidungskette«, 30.03.1993.

Parlamentsarchiv des Deutschen Bundestages, Berlin, PA-DBT 4000 Gesetzesdokumentation, XII/241 A lfd. Nr. 10, Erste Beratung des von der Bundesregierung eingebrachten Entwurf eines Gesetzes zu dem Übereinkommen vom 5. Juni 1992 über die biologische Vielfalt (Drucksache 12/4473), 22.04.1993.

Parlamentsarchiv des Deutschen Bundestages, Berlin, PA-DBT 3415 EK Umweltschutz, 41, Stenographisches Protokoll der 29. Sitzung (öffentlich), Öffentliche Anhörung zum Thema »Chlorchemie«, 03.06.1993.

Parlamentsarchiv des Deutschen Bundestages, Berlin, PA-DBT 3415 EK Umweltschutz, 42, Stenographisches Protokoll der 30. Sitzung (öffentlich), Öffentliche Anhörung zum Thema »Chlorchemie«, 04.06.1993.

Parlamentsarchiv des Deutschen Bundestages, Berlin, PA-DBT 3415 EK Umweltschutz, 43, Protokoll der 31. Sitzung (nichtöffentlich), 09.06.1993.

Parlamentsarchiv des Deutschen Bundestages, Berlin, PA-DBT 4000 Gesetzesdokumentation, XII/241 A lfd. Nr. 21, Zweite Beratung und Schlußabstimmung des von der Bundesregierung eingebrachten Entwurfs eines Gesetzes zu dem Übereinkommen vom 5. Juni 1992 über die biologische Vielfalt (Drucksachen 12/4473, 12/5112), 23.06.1993.

Parlamentsarchiv des Deutschen Bundestages, Berlin, PA-DBT 3415 EK Umweltschutz, 224, Stellungnahmen der Sachverständigen für die öffentliche Anhörung zum Thema »Leitbilder einer Stoffpolitik« am 7. Oktober 1993, 05.10.1993.

Parlamentsarchiv des Deutschen Bundestages, Berlin, PA-DBT 3415 EK Umweltschutz, 51, Protokoll der 39. Sitzung (öffentlich), Öffentliche Anhörung zum Thema »Leitbilder einer Stoffpolitik«, 07.10.1993.

Parlamentsarchiv des Deutschen Bundestages, Berlin, PA-DBT 3415 EK Umweltschutz, 60, Protokoll der 48. Sitzung (nichtöffentlich), 10.01.1994.

Parlamentsarchiv des Deutschen Bundestages, Berlin, PA-DBT 3415 EK Umweltschutz, 63, Protokoll der 50. Sitzung (nichtöffentlich), 27.01.1994.

Parlamentsarchiv des Deutschen Bundestages, Berlin, PA-DBT 3121 Atomenergie und Umwelt, A13/16, WP Prot. 26, TO Punkt 1 PROGNOS-Studie »Die Energiemärkte Deutschlands im zusammenwachsenden Europa – Perspektiven bis zum Jahr 2020«, 07.02.1996.

Parlamentsarchiv des Deutschen Bundestages, Berlin, PA-DBT 3415 EK Umweltschutz, 166, Wortprotokoll der 18. Sitzung (öffentlich), Öffentliche Anhörung zum Thema »Nachhaltigkeitskonzepte in der Wirtschaft«, 29.04.1996.

Parlamentsarchiv des Deutschen Bundestages, Berlin, PA-DBT 3415 EK Umweltschutz, 118, Kurzprotokoll der 33. Sitzung (nichtöffentlich), 09.12.1996.

Parlamentsarchiv des Deutschen Bundestages, Berlin, PA-DBT 3415 EK Umweltschutz, 135, Kurzprotokoll der 45. Sitzung (nichtöffentlich), 16.09.1997.

Parlamentsarchiv des Deutschen Bundestages, Berlin, PA-DBT 3415 EK Umweltschutz, 136, Kurzprotokoll der 47. Sitzung (nichtöffentlich), 03.11.1997.

Parlamentsarchiv des Deutschen Bundestages, Berlin, PA-DBT 3121 Atomenergie und Umwelt, A14/16, WP Prot. 10, TO Punkt 3 Unterrichtung durch die Bundesregierung Umweltbericht 1998 Drucksache 13/10735, 24.03.1999.

Parlamentsarchiv des Deutschen Bundestages, Berlin, PA-DBT 3121 Atomenergie und Umwelt, A14/16, WP Prot. 10, TO Punkt 2 Unterrichtung durch die Bundesregierung Umweltgutachten 1998 des Rates von Sachverständigen für Umweltfragen »Umweltschutz: Erreichtes sichern – Neue Wege gehen«, Drucksache 13/10195, 24.03.1999.

Parlamentsarchiv des Deutschen Bundestages, Berlin, PA-DBT 3121 Atomenergie und Umwelt, A14/16, WP Prot. 38, TO Punkt 1 Aussprache mit Mitgliedern des Rates von Sachverständigen für Umweltfragen (SRU) über das Umweltgutachten 2000 – Schritte ins nächste Jahrtausend, 07.06.2000.

Parlamentsarchiv des Deutschen Bundestages, Berlin, PA-DBT 3121 Atomenergie und Umwelt, A14/16, WP Prot. 52„ TO Punkt 3 Nationale Nachhaltigkeitsstrategie, 14.02.2001.

Parlamentsarchiv des Deutschen Bundestages, Berlin, PA-DBT 3121 Atomenergie und Umwelt, A14/16, WP Prot. 76, TO Punkt 1, Aussprache mit Staatsminister Hans Martin Bury über den Entwurf der Nationalen Nachhaltigkeitsstrategie »Perspektiven für Deutschland; Unsere Strategie für eine nachhaltige Entwicklung« (A.-Drs. 14/667), 20.02.2002.

Parlamentsarchiv des Deutschen Bundestages, Berlin, PA-DBT 3501 PB für nachhaltige Entwicklung, 3, Protokoll der 3. (nichtöffentlichen) Sitzung, TOP 1: Unterrichtung über den Stand der Nachhaltigkeitsstrategie durch den Vorsitzenden des Rates für Nachhaltige Entwicklung, Herrn Dr. Volker Hauff und den Geschäftsführer des Rates für Nachhaltige Entwicklung, Herrn Dr. Günther Bachmann, 29.04.2004.

Parlamentsarchiv des Deutschen Bundestages, Berlin, PA-DBT 3501 PB für nachhaltige Entwicklung, 4, Protokoll der 4. (nichtöffentlichen Sitzung) des Parlamentarischen Beirates für nachhaltige Entwicklung, 06.05.2004.

Parlamentsarchiv des Deutschen Bundestages, Berlin, PA-DBT 3501 PB für nachhaltige Entwicklung, 136, 15. Wahlperiode, Vorschlag der CDU/CSU Bundestagsfraktion für eine Stellungnahme des parlamentarischen Beirates für nachhaltige Entwicklung zum Fortschrittsbericht der Bundesregierung, 21.09.2004.

Parlamentsarchiv des Deutschen Bundestages, Berlin, PA-DBT 3501 PB für nachhaltige Entwicklung, 138, 15. Wahlperiode, Nationale Nachhaltigkeitsstrategie / Fortschrittsbericht 2004, Stellungnahme des Parlamentarischen Beirates für nachhaltige Entwicklung, 19.10.2004.

Parlamentsarchiv des Deutschen Bundestages, Berlin, PA-DBT 3121 Atomenergie und Umwelt, A15/15, WP Prot. 60, TO Punkt 2 Anberatung Unterrichtung durch die Bundesregierung Bericht der Bundesregierung über die Perspektiven für Deutschland – Nationale Strategie für eine nachhaltige Entwicklung Fortschrittsbericht 2004, BT-Drucksache 15/4100, 23.02.2005.

Parlamentsarchiv des Deutschen Bundestages, Berlin, PA-DBT 3501 PB für Nachhaltige Entwicklung, 31, Protokoll der 10. (nichtöffentlichen) Sitzung, 07.03.2007.

Parlamentsarchiv des Deutschen Bundestages, Berlin, PA-DBT 3501 PB für Nachhaltige Entwicklung, 32, Protokoll der 11. (nichtöffentlichen) Sitzung, 21.03.2007.

Parlamentsarchiv des Deutschen Bundestages, Berlin, PA-DBT 3501 PB für Nachhaltige Entwicklung, 40, Protokoll der 21. (nichtöffentlichen Sitzung), 14.11.2007.

Parlamentsarchiv des Deutschen Bundestages, Berlin, PA-DBT 3501 PB für Nachhaltige Entwicklung, 49, Protokoll Nr. 33, Öffentliche Anhörung zum Thema »Generationengerechtigkeitsgesetz«, 15.10.2008.

Parliamentary Archives, London, HL/CP/2789, Memorandum by Shell U.K. Limited to the House of Lords Select Committee on Sustainable Development, 1993/1994.

Parliamentary Archives, London, HL/CP/2789, Making Markets Work for the Environment, November 1993.

Parliamentary Archives, London, HL/CP/2790, Government's Panel on Sustainable Development, 1994.

Parliamentary Archives, London, HL/CP/2789, Response from the Aluminium Industry to the House of Lords Select Committee on Sustainable Development, 1994.

Parliamentary Archives, London, HL/CP/2789, Response from the Construction Industry Council to the House of Lords Select Committee on Sustainable Development, 1994.

Parliamentary Archives, London, HL/CP/2789, Summary of Evidence from Friends of the Earth to the House of Lords Select Committee on Sustainable Development, 1994.

Parliamentary Archives, London, HL/PO/JO/10/11/2828, Sustainable Development. The UK Strategy, Januar 1994.

Parliamentary Archives, London, HL/CP/2789, The Green Alliance Submission to the House of Lords Select Committee on Sustainable Development, 1994.

Parliamentary Archives, London, HL/CP/2789, Letter to the Department of the Environment: Visit of a delegation of the Enquete Commission »Protection of Humanity and the Environment« to London from 4 to 5 May 1994, 21.04.1994.

Parliamentary Archives, London, HL/CP/2789, Visit by the Enquete Commission of the German Bundestag, 26.04.1994.

Parliamentary Archives, London, HL/CP/2789, Written Evidence of the Association for the Conservation of Energy to The House of Lords Select Committee on Sustainable Development, 16.05.1994.

Parliamentary Archives, London, HL/CP/2789, Written Evidence to the House of Lords Select Committee on Sustainable Development Submitted by The Confederation of British Industry, 23.05.1994.

Parliamentary Archives, London, HL/CP/2789, Written Evidence from the Chemical Industries Association to the House of Lords Select Committee, 17.06.1994.

Parliamentary Archives, London, HL/CP/2791, Machinery Set Up to Take Forward the Sustainable Development Strategy, Dezember 1994.

Parliamentary Archives, London, HL/CP/2791, First Report, Januar 1995.

Parliamentary Archives, London, HL/CP/2791, Special Report by the Select Committee on Sustainable Development, 1995.

Parliamentary Archives, London, HL/CP/2791, Select Committee on Sustainable Development. Chairman's Second Draft Report, 28.04.1995.

Parliamentary Archives, London, HL/CP/2792, Government Response to the Lords Select Committee Report on Sustainable Development, Oktober 1995.

Parliamentary Archives, London, HL/PO/JO/10/11/3130, A Better Quality of Life. A Strategy for Sustainable Development for the United Kingdom (Cm 4345), Mai 1999.

Parliamentary Archives, London, HC/PO/LB/L/11/347, Letter to Businesses regarding Environmental Reporting General Guidelines, 26.11.2001.

Parliamentary Archives, London, HC/CL/CO/DG/1/26, The Government's Response to the Environmental Audit Committee Third Report (2001–02): UK Preparations for the World Summit on Sustainable Development, Juli 2002.

Parliamentary Archives, London, HL/PO/JO/10/18/19/754-819, Securing the Future, Delivering UK Sustainable Development Strategy (Cm 6467), März 2005.

Private Archive J. S. AstraZeneca, Macclesfield, 1991 Annual Report, 1992.

Private Archive J. S. AstraZeneca, Macclesfield, 1992 Annual Report, 1993.

Private Archive J. S. AstraZeneca, Macclesfield, Environmental Report 1992, 1993.

Private Archive J. S. AstraZeneca, Introduction and Rights Issue, ca. 1993.

Private Archive J. S. AstraZeneca, Macclesfield, 1993 Annual Report, 1994.

Private Archive J. S. AstraZeneca, Macclesfield, 1994 Annual Report, 1995.

Private Archive J. S. AstraZeneca, Macclesfield, Environmental Performance 1990/1995, ca. 1995.

Private Archive J. S. AstraZeneca, Macclesfield, 1995 Annual Report, 1996.

Private Archive J. S. AstraZeneca, Macclesfield, 1996 Annual Report, 1997.

Private Archive J. S. AstraZeneca, Macclesfield, 1997 Annual Report, 1998.

Private Archive J. S. AstraZeneca, Macclesfield, 1998 Annual Report, 1999.

Private Archive J. S. AstraZeneca, Macclesfield, 1999 Annual Report, 2000.

Private Archive J. S. AstraZeneca, Macclesfield, Corporate Social Responsibility Report 2000, 2000/2001.

Private Archive J. S. AstraZeneca, Macclesfield, 2000 Annual Report, 2001.

Private Archive J. S. AstraZeneca, Macclesfield, 2001 Annual Report, 2002.

Private Archive J. S. AstraZeneca, Macclesfield, Global Business – Global Responsibility. Corporate Social Responsibility Summary Report 2001, 2002.

Private Archive J. S. AstraZeneca, Macclesfield, 2002 Annual Report, 2003.

Private Archive J. S. AstraZeneca, Macclesfield, We're working. Corporate Responsibility Summary Report 2002, 2003.

Private Archive J. S. AstraZeneca, Macclesfield, 2003 Annual Report, 2004.

Private Archive J. S. AstraZeneca, Macclesfield, Delivering our Values. Corporate Responsibility Summary Report 2003, 2004.

Private Archive J. S. AstraZeneca, Macclesfield, 2004 Annual Report, 2005.

Private Archive J. S. AstraZeneca, Macclesfield, Corporate Responsibility Summary Report 2004, 2005.

Private Archive J. S. AstraZeneca, Macclesfield, 2005 Annual Report, 2006.

Private Archive J. S. AstraZeneca, Macclesfield, Turning Words Into Action. Corporate Responsibility Summary Report 2005, 2006.

Private Archive J. S. AstraZeneca, Macclesfield, 2006 Annual Report, 2007.

Private Archive J. S. AstraZeneca, Macclesfield, Corporate Responsibility 2006, 2007.

Private Archive J. S. AstraZeneca, Macclesfield, 2007 Annual Report, 2008.

Private Archive J. S. AstraZeneca, Macclesfield, 2008 Annual Report, 2009.

Private Archive J. S. AstraZeneca, Macclesfield, 2009 Annual Report, 2010.

Prof. Dr. Jason Snape, The Development of Sustainability at AstraZeneca, 02.08.2018, Macclesfield.

The M&S Company Archive, Leeds, R/4/1/1/436, Thatcher: correspondence with Marcus Sieff, 1978–1990.

The M&S Company Archive, Leeds, CR/D/1/62, 1987 Annual Report and Financial Statements, 1987.

The M&S Company Archive, Leeds, HO/3/2/2/8/1/460, Children In Need get £4,000 boost, St Michael News staff magazine, Januar 1987.

The M&S Company Archive, Leeds, HO/3/2/2/8/1/460, Energy Savers win Award, St Michael News staff magazine, Januar 1987.

The M&S Company Archive, Leeds, HO/3/2/2/8/1/460, Helping Hand, St Michael News staff magazine, Januar 1987.

The M&S Company Archive, Leeds, HO/3/2/2/8/1/460, In the Running to Help Charity?, St Michael News staff magazine, Januar 1987.

The M&S Company Archive, Leeds, HO/3/2/2/8/1/461, £500 for Hospice, St Michael News staff magazine, Februar/März 1987.

The M&S Company Archive, Leeds, HO/3/2/2/8/1/461, Royal Day for New Community Workshop, St Michael News staff magazine, Februar/März 1987.

The M&S Company Archive, Leeds, Q/Q11/1/2/1/4, People – An Organisation's Most Important Asset. Speech The Lord Rayner at Association of College Registrars and Administrators Annual Conference, 22.04.1987.

The M&S Company Archive, Leeds, HO/3/2/2/8/1/463, How the Other Half Works, St Michael News staff magazine, Mai 1987.

The M&S Company Archive, Leeds, HO/3/2/2/8/1/463, PM visits M&S at Retailers' Exhibition, St Michael News staff magazine, Mai 1987.

The M&S Company Archive, Leeds, HO/3/2/2/8/1/468, Help for Accident Victim, St Michael News staff magazine, Oktober 1987.

The M&S Company Archive, Leeds, HO/3/2/2/8/1/469, Duchess Opens Special ›Home from Home‹, St Michael News staff magazine, November 1987.

The M&S Company Archive, Leeds, HO/3/2/2/8/1/469, Premier visits Premier Store, St Michael News staff magazine, November 1987.

The M&S Company Archive, Leeds, HO/3/2/2/8/1/470, …and from the PM, St Michael News staff magazine, Dezember 1987.

The M&S Company Archive, Leeds, CR/D/1/63, 1988 Annual Report & Financial Statements, 1988.

The M&S Company Archive, Leeds, HO/3/2/2/8/1/471, Special Day with Diana, St Michael News staff magazine, Januar 1988.

The M&S Company Archive, Leeds, HO/3/2/2/8/1/475, Flipping for Charity, St Michael News staff magazine, April 1988.

The M&S Company Archive, Leeds, HO/3/2/2/8/1/475, Princess visits ChildLine, St Michael News staff magazine, April 1988.

The M&S Company Archive, Leeds, Q/Q11/1/3/4/4, Secondees' Meeting Opening Talk Mr J A Stanley, 19.04.1988.

The M&S Company Archive, Leeds, HO/3/2/2/8/1/479, Major Health Campaign Starts, St Michael News staff magazine, Juni 1988.

The M&S Company Archive, Leeds, HO/4/1/5/3, Letter from the Training and Development Department to Mr David Sieff about the School Management Task Force, 22.11.1988.

The M&S Company Archive, Leeds, CR/D/1/64, 1989 Annual Report and Financial Statements, 1989.

The M&S Company Archive, Leeds, HO/3/2/2/8/1/489, Save our Species...and Win Yourself Some Great Prices, St Michael News staff magazine, Mai 1989.

The M&S Company Archive, Leeds, HO/3/2/2/8/1/490, Support for UK Industry, St Michael News staff magazine, Juli 1989.

The M&S Company Archive, Leeds, CR/D/1/65, 1990 Annual Report and Financial Statements, 1990.

The M&S Company Archive, Leeds, HO/3/2/2/8/1/497, The Green Revolution, St Michael News staff magazine, März 1990.

The M&S Company Archive, Leeds, HO/3/2/2/8/1/504, It's Take-Off for Recycling Campaign, St Michael News staff magazine, Oktober 1990.

The M&S Company Archive, Leeds, HO/3/2/2/8/1/504, Waging War on Waste! Recycling Rubbish Helps to Cut Costs, St Michael News staff magazine, Oktober 1990.

The M&S Company Archive, Leeds, CR/D/1/66, 1991 Annual Report and Financial Statements, 1991.

The M&S Company Archive, Leeds, HO/3/2/2/8/1/507, Power Drive to Save £1 M, St Michael News staff magazine, Januar/Februar 1991.

The M&S Company Archive, Leeds, Q/Q11/1/3/4/34, Secondees Dinner Portman Hotel 23.04.1991 Draft Opening Talk Mr D D Sieff, 10.04.1991.

The M&S Company Archive, Leeds, CR/D/1/67, 1992 Annual Report and Financial Statements, 1992.

The M&S Company Archive, Leeds, HO/3/2/2/8/1/518, M&S Helps Nature Keep Lovely, St Michael News staff magazine, April 1992.

The M&S Company Archive, Leeds, HO/3/2/2/8/1/518, Putting Environment on Show, St Michael News staff magazine, April 1992.

The M&S Company Archive, Leeds, HO/3/2/2/8/1/522, Energy Watch, St Michael News staff magazine, Sommer 1992.

The M&S Company Archive, Leeds, CR/D/1/68, 1993 Annual Report and Financial Statements, 1993.

The M&S Company Archive, Leeds, HO/2/1/2/1/12, Marks & Spencer's Community Involvement Programme, ca. 1993/1994.

The M&S Company Archive, Leeds, HO/2/1/2/1/11, Serving the Community with the Community at Heart, ca. 1993.

The M&S Company Archive, Leeds, Q/Q11/1/3/2/18, Why Quality Wins in the Private Sector. Discussion Group for Local Government Chief Officers, Speech Mr J A Stanley, 11.03.1993.

The M&S Company Archive, Leeds, HO/3/2/2/8/1/530, The Team that Makes a Living out of Giving, St Michael News staff magazine, Juni/Juli 1993.

The M&S Company Archive, Leeds, CR/D/1/69, 1994 Annual Report and Financial Statements, 1994.

The M&S Company Archive, Leeds, CR/D/1/70, 1995 Annual Report and Financial Statements, 1995.

The M&S Company Archive, Leeds, HO/3/2/2/8/1/553, Energy Watch 2, St Michael News staff magazine, Sommer 1995.

The M&S Company Archive, Leeds, CR/D/1/77, 1996 Annual Report and Financial Statements, 1996.

The M&S Company Archive, Leeds, HO/3/2/2/8/1/567, Convoy of Care, St Michael News staff magazine, Oktober 1996.

The M&S Company Archive, Leeds, HO/3/2/2/8/1/567, Steve's Run of Luck, St Michael News staff magazine, Oktober 1996.

The M&S Company Archive, Leeds, CR/D/1/72, 1997 Annual Report and Financial Statements, 1997.

The M&S Company Archive, Leeds, HO/3/2/2/8/1/569, Help for Community Wins Two Top Awards, St Michael News staff magazine, Januar/Februar 1997.145

The M&S Company Archive, Leeds, Q/Q11/1/2/1/26, Speech given in 1997 (Speaker unknown), 1997.

The M&S Company Archive, Leeds, CR/D/1/73, 1998 Annual Report and Financial Statements, 1998.

The M&S Company Archive, Leeds, HO/3/2/2/8/1/584, Are you Doing Your Bit to Protect the Environment and Fight Global Warming?, St Michael News Energy Watch Supplement, Juni 1998.

The M&S Company Archive, Leeds, HO/3/2/2/8/1/588, Now There's a New Way for M&S to Help Helpers, St Michael News staff magazine, Oktober 1998.

The M&S Company Archive, Leeds, CR/D/1/74, 1999 Annual Report and Financial Statements, 1999.

The M&S Company Archive, Leeds, HO/3/2/2/8/1/598, Ethics Rule Around the World, St Michael News staff magazine, April 1999.

The M&S Company Archive, Leeds, CR/D/1/75, 2000 Annual Report and Financial Statements, 2000.

The M&S Company Archive, Leeds, HO/3/2/2/12/1/6, Children First, On Your Marks staff magazine, Januar 2000.

The M&S Company Archive, Leeds, HO/3/2/2/12/1/6, Fund-Raising for Children is the Theme of this Month's Round-Up, On Your Marks staff magazine, Januar 2000.

The M&S Company Archive, Leeds, HO/3/2/2/12/1/6, Green for Go, On Your Marks staff magazine, Januar 2000.

The M&S Company Archive, Leeds, HO/3/2/2/12/1/6, If you go Down to the Woods Today…, On Your Marks staff magazine, Januar 2000.

The M&S Company Archive, Leeds, HO/3/2/2/12/1/6, One of the Environmental Organisations we Support is Trees for Life, On Your Marks staff magazine, Januar 2000.
The M&S Company Archive, Leeds, HO/3/2/2/12/1/6, Overseas Sourcing, On Your Marks staff magazine, Januar 2000.
The M&S Company Archive, Leeds, HO/3/2/2/12/1/6, Raising £££s for Diabetes, On Your Marks staff magazine, Januar 2000.
The M&S Company Archive, Leeds, HO/3/2/2/12/1/6, Support for a Greener Future, On Your Marks staff magazine, Januar 2000.
The M&S Company Archive, Leeds, HO/3/2/2/12/1/7, Learning to Live with Disabilities, On Your Marks staff magazine, Februar 2000.
The M&S Company Archive, Leeds, HO/3/2/2/12/1/9, For You and the Planet, On Your Marks staff magazine, April 2000.
The M&S Company Archive, Leeds, HO/3/2/2/12/1/10, Learning to be Good Citizens, On Your Marks staff magazine, Mai 2000.
The M&S Company Archive, Leeds, HO/3/2/2/12/1/12, A Race for Life, On Your Marks staff magazine, Juli 2000.
The M&S Company Archive, Leeds, HO/3/2/2/12/1/14, Taking Responsibility, On Your Marks staff magazine, September 2000.
The M&S Company Archive, Leeds, CR/D/1/76, 2001 Annual Report and Financial Statements, 2001.
The M&S Company Archive, Leeds, HO/3/2/2/12/1/17, Taking Responsibility, On Your Marks staff magazine, Januar 2001.
The M&S Company Archive, Leeds, HO/3/2/2/12/1/18, Going Global, On Your Marks staff magazine, Februar 2001.
The M&S Company Archive, Leeds, HO/3/2/2/12/1/21, Community Involvement, On Your Marks staff magazine, Mai 2001.
The M&S Company Archive, Leeds, CR/D/1/77, 2002 Annual Report and Financial Statements, 2002.
The M&S Company Archive, Leeds, HO/3/2/2/12/1/31, Hope for the Homeless, On Your Marks staff magazine, Juni/Juli 2002.
The M&S Company Archive, Leeds, HO/3/1/3/1/248, Press Release: Marks & Spencer is the World's Most Sustainable Retailer According to Leading Sustainability Indexes, 05.09.2002.
The M&S Company Archive, Leeds, HO/3/2/2/12/1/33, Let's all get Behind Breakthrough Breast Cancer Challenge, On Your Marks staff magazine, Oktober/November 2002.
The M&S Company Archive, Leeds, HO/3/2/2/12/1/34, Volunteer Awards, On Your Marks staff magazine, Dezember 2002.
The M&S Company Archive, Leeds, CR/D/1/78, 2003 Annual Report and Financial Statements, 2003.
The M&S Company Archive, Leeds, HO/2/6/4, Corporate Social Responsibility Review 2003, 2003.
The M&S Company Archive, Leeds, HO/3/1/3/1/368, Press Release: Marks & Spencer is Top Retailer in Business in the Community Corporate Responsibility Index, 12.03.2003.
The M&S Company Archive, Leeds, CR/D/1/79, 2004 Annual Report and Financial Statements, 2004.

The M&S Company Archive, Leeds, Acc/15/010, Corporate Social Responsibility Report 2003/04, 2004.

The M&S Company Archive, Leeds, HO/2/1/1/1/3, Marks & Start. Opening the door to emyployment?, Januar 2004.

The M&S Company Archive, Leeds, HO/3/2/2/12/1/42, It's all About Trust, On Your Marks staff magazine, Februar/März 2004.

The M&S Company Archive, Leeds, CR/D/1/80, 2005 Annual Report and Financial Statements, 2005.

The M&S Company Archive, Leeds, CR/D/6/2, Corporate Social Responsibility Report 2005, 2005.

The M&S Company Archive, Leeds, HO/3/2/2/14/5, Leading by Example, Your M&S staff magazine, Februar 2005.

The M&S Company Archive, Leeds, HO/3/2/2/14/5, Responsible Retailing, Your M&S staff magazine, Februar 2005.

The M&S Company Archive, Leeds, HO/3/2/2/14/5, Sustainable Development in Action, Your M&S staff magazine, Februar 2005.

The M&S Company Archive, Leeds, CR/D/1/81, 2006 Annual Report and Financial Statements, 2006.

The M&S Company Archive, Leeds, HO/2/1/2/1/7, A Simple Guide to The Community Programme, Januar 2006.

The M&S Company Archive, Leeds, CR/D/6/3, Corporate Social Responsibility Report 2006, 2006.

The M&S Company Archive, Leeds, HO/2/5/1/11, Agenda ltem 9 for Group plc Board Meeting, 13.12.2006.

The M&S Company Archive, Leeds, CR/D/1/82, 2007 Annual Report and Financial Statements, 2007.

The M&S Company Archive, Leeds, CR/D/6/1/1, Plan A ›How We Do Business‹ Report 2007, 2007.

The M&S Company Archive, Leeds, HO/3/2/2/14/16, We are the Champions, Your M&S staff magazine, Juni/Juli 2007.

The M&S Company Archive, Leeds, CR/D/1/83, 2008 Annual Report and Financial Statements, 2008.

The M&S Company Archive, Leeds, HO/2/5/1/6, External Pillar Review, Januar 2008.

The M&S Company Archive, Leeds, CR/D/6/1/2, Plan A 'How We Do Business' Report 2008, 2008.

The M&S Company Archive, Leeds, HO/3/2/2/14/22, Carrying Success, Your M&S staff magazine, September/Oktober 2008.

The M&S Company Archive, Leeds, CR/D/1/84, 2009 Annual Report and Financial Statements, 2009.

The M&S Company Archive, Leeds, CR/D/6/1/3, Plan A 'How We Do Business' Report 2009, 2009.

The M&S Company Archive, Leeds, HO/2/5/1/8, Plan A: Update on Progress & Assurance, 19.03.2009.

The M&S Company Archive, Leeds, HO/3/2/2/14/25, Timeless..., Your M&S staff magazine, Mai 2009.

The M&S Company Archive, Leeds, The M&S Story Timeline – M&S Archive (marksandspencer.com) (first published Feb 2023)

The National Archives Kew, Richmond, FG 1/59, Minutes of a Meeting at the National Economic Development Office, 07.01.1987.

The National Archives Kew, Richmond, FG 1/59, Minutes of a Meeting at the National Economic Development Office, 04.02.1987.

The National Archives Kew, Richmond, FG 1/59, Minutes of a Meeting at the National Economic Development Office, 04.03.1987.

The National Archives Kew, Richmond, FG 1/59, Minutes of a Meeting at the National Economic Development Office, 01.04.1987.

The National Archives Kew, Richmond, FG 1/62, Action for Cities, ca. 1988.

The National Archives Kew, Richmond, FG 1/62, Initiatives beyond Charity: Report of the CBI Task Force on Business and Urban Regeneration, September 1988.

The National Archives Kew, Richmond, FG 1/62, 1989 TUC Budget Submission, 22.12.1988.

The National Archives Kew, Richmond, FG 1/62, Government Policies, 22.12.1988.

The National Archives Kew, Richmond, FG 1/62, Minutes of a Meeting at the National Economic Development Office (1st meeting), 11.01.1989.

The National Archives Kew, Richmond, FG 1/62, Minutes of a Meeting at the National Economic Development Office (2nd meeting), 05.04.1989.

The National Archives Kew, Richmond, T 640/1261, Letter from P Jefferson to M C Scholar Esq: Environmental Protection and Taxation, 05.09.1989.

The National Archives Kew, Richmond, T 640/1261, Letter from the Permanent Secretary to the Treasury to the Chancellor of the Exchequer: Sustainable Development. The Pearce Report, 06.09.1989.

The National Archives Kew, Richmond, FG 1/62, Minutes of a Meeting at the National Economic Development Office (4th meeting), 01.11.1989.

The National Archives Kew, Richmond, FG 1/63, Economic Growth and Environmental Protection. Memorandum by the Minister for the Environment and Countryside, 22.03.1990.

The National Archives Kew, Richmond, FG 1/63, Business and the Environment. Memorandum by the Confederation of British Industry, 23.03.1990.

The National Archives Kew, Richmond, FG 1/63, Submission by the TUC to the Environment White Paper, April 1990.

The National Archives Kew, Richmond, FG 1/63, Minutes of a Meeting at the National Economic Development Office, 04.04.1990.

The National Archives Kew, Richmond, D 11/177, UK Strategy for Sustainable Development. Consultation Paper, Juli 1993.

The National Archives Kew, Richmond, D 11/177, News Release: John Gummer launches Debate on UK Sustainable Development Strategy, 21.07.1993.

The National Archives Kew, Richmond, D 11/177, The UK Round Table on Sustainable Development, 1994.

The National Archives Kew, Richmond, D 11/177, News Release: John Gummer launches the Sustainability Challenge, 25.01.1994.

The National Archives Kew, Richmond, D 11/177, Sustainable Development (Rio Summit), 07.02.1994.

The National Archives Kew, Richmond, D 11/177, Memorandum UK Round Table on Sustainable Development (sent to Margaret Clark), 08.07.1994.

Unternehmensarchiv Otto Group, Hamburg, Sammlung Presseberichterstattung über die Rio-Konferenz 1992 (ca. 60 Seiten).
Unternehmensarchiv Otto Group, Hamburg, Profilierung des Otto Versand als umweltbewußtes Unternehmen, 03.09.1987.
Unternehmensarchiv Otto Group, Hamburg, Otto Geschäftsbericht 1. März 1987 – 29. Februar 1988, 1988.
Unternehmensarchiv Otto Group, Hamburg, »AUGE« auf für den Umweltschutz, die rampe. Zeitung für die Mitarbeiter des Otto Versand, Februar 1988.
Unternehmensarchiv Otto Group, Hamburg, Ja zu Wasser- und Umweltschutz, die rampe. Zeitung für die Mitarbeiter des Otto Versand, Oktober 1988.
Unternehmensarchiv Otto Group, Hamburg, Otto Geschäftsbericht 1. März 1988 – 28. Februar 1989, 1989.
Unternehmensarchiv Otto Group, Hamburg, Presseinformation. Den Kunden umweltfreundliches Handeln ermöglichen, 03.01.1989.
Unternehmensarchiv Otto Group, Hamburg, »Öko...find' ich gut«, die rampe. Zeitung für die Mitarbeiter des Otto Versand, Februar 1989.
Unternehmensarchiv Otto Group, Hamburg, Praktizierter Umweltschutz im Otto Versand, die rampe. Zeitung für die Mitarbeiter des Otto Versand, September 1989.
Unternehmensarchiv Otto Group, Hamburg, Der Otto Versand und seine Umwelt. Analysen, Konzepte, Ideen, 20.09.1989.
Unternehmensarchiv Otto Group, Hamburg, Otto Geschäftsbericht 1. März 1989 – 28. Februar 1990, 1990.
Unternehmensarchiv Otto Group, Hamburg, Kundenbefragung zum Thema Umwelt im Rahmen der Standardbefragung HW '89, 18.04.1990.
Unternehmensarchiv Otto Group, Hamburg, Wir sparen den Müll gleich tonnenweise, die rampe. Zeitung für die Mitarbeiter des Otto Versand, August 1990.
Unternehmensarchiv Otto Group, Hamburg, Otto Geschäftsbericht 1. März 1990 – 28. Februar 1991, 1991.
Unternehmensarchiv Otto Group, Hamburg, Der Umwelt zuliebe – machen Sie mit!, die rampe. Zeitung für die Mitarbeiter des Otto Versand, Februar 1991.
Unternehmensarchiv Otto Group, Hamburg, Umwelttelefon: Ruf doch mal an!, die rampe. Zeitung für die Mitarbeiter des Otto Versand, März 1991.
Unternehmensarchiv Otto Group, Hamburg, Stellen-Angebote. Mit Otto den Umweltschutz fördern, die rampe. Zeitung für die Mitarbeiter des Otto Versand, April 1991.
Unternehmensarchiv Otto Group, Hamburg, Spielerisch die Natur entdecken, die rampe. Zeitung für die Mitarbeiter des Otto Versand, August 1991.
Unternehmensarchiv Otto Group, Hamburg, Otto Geschäftsbericht 1. März 1991 – 29. Februar 1992, 1992.
Unternehmensarchiv Otto Group, Hamburg, Otto Versand und Umweltschutz, 1992.
Unternehmensarchiv Otto Group, Hamburg, Otto Vorstände: Vorbilder in Sachen Umweltschutz?, die rampe. Zeitung für die Mitarbeiter des Otto Versand, März 1992.
Unternehmensarchiv Otto Group, Hamburg, Otto-Umwelt-Image-Analyse, 18.05.1992.
Unternehmensarchiv Otto Group, Hamburg, Mitarbeiter-Umfrage zum Thema Umweltschutz, die rampe. Zeitung für die Mitarbeiter des Otto Versand, September 1992.

Unternehmensarchiv Otto Group, Hamburg, Mitarbeiter unterstützen Schule auf den Philippinen, die rampe. Zeitung für die Mitarbeiter des Otto Versand, Dezember 1992.

Unternehmensarchiv Otto Group, Hamburg, Otto Geschäftsbericht 1. März 1992 – 28. Februar 1993, 1993.

Unternehmensarchiv Otto Group, Hamburg, Schritt für Schritt natürlicher, die rampe. Zeitung für die Mitarbeiter des Otto Versand, Mai 1993.

Unternehmensarchiv Otto Group, Hamburg, Otto Geschäftsbericht 1. März 1993 – 28. Februar 1994, 1994.

Unternehmensarchiv Otto Group, Hamburg, Umwelt & Verbraucher '94 – Das grüne GeWissen der Verbraucher, Mai 1994.

Unternehmensarchiv Otto Group, Hamburg, Umwelt. Bewusst Handeln., Juni 1994.

Unternehmensarchiv Otto Group, Hamburg, Pionier in Umweltfragen, die rampe. Zeitung für die Mitarbeiter des Otto Versand, September 1994.

Unternehmensarchiv Otto Group, Hamburg, Ökologische Steuerreform: Vorsorgender Umweltschutz durch Marktwirtschaft, die rampe. Zeitung für die Mitarbeiter des Otto Versand, November/Dezember 1994.

Unternehmensarchiv Otto Group, Hamburg, Capital Imagestudie, 1995/1996.

Unternehmensarchiv Otto Group, Hamburg, Otto Geschäftsbericht 1. März 1994 – 28. Februar 1995, 1995.

Unternehmensarchiv Otto Group, Hamburg, Image-Analyse 1994, März 1995.

Unternehmensarchiv Otto Group, Hamburg, Aktiv für den Umweltschutz, die rampe. Zeitung für die Mitarbeiter des Otto Versand, Juli/August 1995.

Unternehmensarchiv Otto Group, Hamburg, Aus Sicht der Mitarbeiter: Verschlechtertes Umwelt-Image, die rampe. Zeitung für die Mitarbeiter des Otto Versand, November/Dezember 1995.

Unternehmensarchiv Otto Group, Hamburg, Umwelterklärung 1995, 03.11.1995.

Unternehmensarchiv Otto Group, Hamburg, Otto Geschäftsbericht 1. März 1995 – 29. Februar 1996, 1996.

Unternehmensarchiv Otto Group, Hamburg, Umweltbericht 1995, März 1996.

Unternehmensarchiv Otto Group, Hamburg, »Den Kunden mit ins Boot holen«, die rampe. Zeitung für die Mitarbeiter des Otto Versand, Juni 1996.

Unternehmensarchiv Otto Group, Hamburg, And the winner is..., die rampe. Zeitung für die Mitarbeiter des Otto Versand, Juli/August 1996.

Unternehmensarchiv Otto Group, Hamburg, »Eine Investition in die Zukunft«, die rampe. Zeitung für die Mitarbeiter des Otto Versand, Oktober 1996.

Unternehmensarchiv Otto Group, Hamburg, Umweltbericht 1996, Dezember 1996.

Unternehmensarchiv Otto Group, Hamburg, Otto Geschäftsbericht 1. März 1996 – 28. Februar 1997, 1997.

Unternehmensarchiv Otto Group, Hamburg, Was der Waldelefant mit unserer Zukunft zu tun hat, die rampe. Zeitung für die Mitarbeiter des Otto Versand, Januar/Februar 1997.

Unternehmensarchiv Otto Group, Hamburg, Umweltschutz – nicht ausschließlich Chefsache!, die rampe. Zeitung für die Mitarbeiter des Otto Versand, Juni 1997.

Unternehmensarchiv Otto Group, Hamburg, Präsentation Kommunikationsstrategie, 16.07.1997.

Unternehmensarchiv Otto Group, Hamburg, Naturschatz aus einer anderen Zeit, die rampe. Zeitung für die Mitarbeiter des Otto Versand, Juli/August 1997.
Unternehmensarchiv Otto Group, Hamburg, Wir tragen auch eine soziale Verantwortung, die rampe. Zeitung für die Mitarbeiter des Otto Versand, Juli/August 1997.
Unternehmensarchiv Otto Group, Hamburg, Fünf Jahre gemeinsam für den Weißstorch, die rampe. Zeitung für die Mitarbeiter des Otto Versand, September 1997.
Unternehmensarchiv Otto Group, Hamburg, Maßstäbe gesetzt, die rampe. Zeitung für die Mitarbeiter des Otto Versand, November/Dezember 1997.
Unternehmensarchiv Otto Group, Hamburg, Den Bewußtseinswandel fördern, die rampe. Zeitung für die Mitarbeiter des Otto Versand, Januar/Februar 1998.
Unternehmensarchiv Otto Group, Hamburg, Otto Geschäftsbericht 1. März 1997 – 28. Februar 1998, 1998.
Unternehmensarchiv Otto Group, Hamburg, Umweltbericht und Umwelterklärung 1998. Für einen Ausgleich von Ökologie und Ökonomie, 1998.
Unternehmensarchiv Otto Group, Hamburg, Durch nachhaltige Gewinne die Zukunft gewinnen, die rampe. Zeitung für die Mitarbeiter des Otto Versand, März 1998.
Unternehmensarchiv Otto Group, Hamburg, Umweltbericht glänzte im Test, die rampe. Zeitung für die Mitarbeiter des Otto Versand, Juni/Juli 1998.
Unternehmensarchiv Otto Group, Hamburg, Issues für Otto. Ökologische und soziale Zeitbomben, September 1998.
Unternehmensarchiv Otto Group, Hamburg, Innovative Lösungen finden, die rampe. Zeitung für die Mitarbeiter des Otto Versand, November/Dezember 1998.
Unternehmensarchiv Otto Group, Hamburg, Unterlage zu TOP V »Sozialverantwortung – Ergebnisse der Test- und Lernphase und Vorschlag für die weitere Vorgehensweise« zur Vorstandssitzung am 18.11.1998, 16.11.1998.
Unternehmensarchiv Otto Group, Hamburg, Otto Geschäftsbericht 1. März 1998 – 28. Februar 1999, 1999.
Unternehmensarchiv Otto Group, Hamburg, Otto Geschäftsbericht 1999, 2000.
Unternehmensarchiv Otto Group, Hamburg, »Jeder Mensch hat ein Recht auf Wohlstand«, die rampe. Zeitung für die Mitarbeiter des Otto Versand, Mai 2000.
Unternehmensarchiv Otto Group, Hamburg, Report 2000. Nachhaltigkeit bei Otto, Juli 2000.
Unternehmensarchiv Otto Group, Hamburg, »Fair Play« dient dem Menschen, die rampe. Zeitung für die Mitarbeiter des Otto Versand, August 2000.
Unternehmensarchiv Otto Group, Hamburg, Nachhaltigkeit – was heißt das?, die rampe. Zeitung für die Mitarbeiter des Otto Versand, November/Dezember 2000.
Unternehmensarchiv Otto Group, Hamburg, Otto Geschäftsbericht 2000, 2001.
Unternehmensarchiv Otto Group, Hamburg, Präsentation 15 Jahre Nachhaltigkeit bei Otto. Bilanz und Perspektiven, 23.10.2001.
Unternehmensarchiv Otto Group, Hamburg, Annual Report 2001, 2002.
Unternehmensarchiv Otto Group, Hamburg, Otto Geschäftsbericht 2002, 2003.
Unternehmensarchiv Otto Group, Hamburg, Der Mensch in der globalisierten Wirtschaft, die rampe. Zeitung für die Mitarbeiter von Otto, März 2003.
Unternehmensarchiv Otto Group, Hamburg, Otto macht sich für soziale Standards stark, die rampe. Zeitung für die Mitarbeiter von Otto, August/September 2003.

Unternehmensarchiv Otto Group, Hamburg, Präsentation Umweltbericht 2002. Verpackungen, 04.11.2003.
Unternehmensarchiv Otto Group, Hamburg, Otto Geschäftsbericht 2003, 2004.
Unternehmensarchiv Otto Group, Hamburg, Pure, 2004.
Unternehmensarchiv Otto Group, Hamburg, Nachhaltigkeitsbericht 2003, Frühjahr 2004.
Unternehmensarchiv Otto Group, Hamburg, Otto Geschäftsbericht 2004, 2005.
Unternehmensarchiv Otto Group, Hamburg, Reduktion transportbedingter CO2-Emissionen um über 50 %, die rampe. Zeitung für die Mitarbeiter von Otto, Oktober 2005.
Unternehmensarchiv Otto Group, Hamburg, Otto Geschäftsbericht 2005, 2006.
Unternehmensarchiv Otto Group, Hamburg, Otto Geschäftsbericht 2006, 2007.
Unternehmensarchiv Otto Group, Hamburg, Im Laufschritt durch Asien, O.ton. Zeitung für die Mitarbeiter von Otto, April 2007.
Unternehmensarchiv Otto Group, Hamburg, Unternehmen(s)Verantwortung Bericht 2007, September 2007.
Unternehmensarchiv Otto Group, Hamburg, Otto Geschäftsbericht 2007, 2008.
Unternehmensarchiv Otto Group, Hamburg, Afrikas weißes Gold, O.Ton. Zeitung für Mitarbeiter von Otto, März 2008.
Unternehmensarchiv Otto Group, Hamburg, Eine Chance für Chatura, O.Ton. Zeitung für Mitarbeiter von Otto, Oktober 2008.
Unternehmensarchiv Otto Group, Hamburg, Otto Geschäftsbericht 2008, 2009.
Unternehmensarchiv Otto Group, Hamburg, Nachhaltigkeitsbericht 2009. Verantwortung, Innovation, Transparenz, 2009.
Unternehmensarchiv Otto Group, Hamburg, Otto Geschäftsbericht 2009, 2010.

Literatur

Ralf Antes, Nachhaltigkeit und Betriebswirtschaftslehre. Eine wissenschafts- und institutionentheoretische Perspektive, Marburg, 2014.

Melanie Arndt, Umweltgeschichte, in: Frank Bösch/Jürgen Danyel (Hrsg.), Zeitgeschichte. Konzepte und Methoden, Göttingen, 2012, S. 263–292.

Markus Arnold/Gert Dressel/Willy Viehöver (Hrsg.), Erzählungen im Öffentlichen. Über die Wirkung narrativer Diskurse, Wiesbaden, 2012.

B.A.U.M., Programmheft Jubiläumstagung 30 Jahre B.A.U.M. e.V., Hamburg, 2014.

Roland Barthes, Das semiologische Abenteuer, Frankfurt am Main, 1988.

Norbert Baumgärtner, Risiko- und Krisenkommunikation. Rahmenbedingungen, Herausforderungen und Erfolgsfaktoren, dargestellt am Beispiel der chemischen Industrie, München, 2005.

Ulrich Beck, Risikogesellschaft. Auf dem Weg in eine andere Moderne, Frankfurt am Main, 2016 (1986).

Bernd Becker, Politik in Großbritannien. Einführung in das politische System und Bilanz der ersten Regierungsjahre Tony Blairs, Paderborn, 2002.

Christian Becker, Sustainability ethics and sustainability research, Dordrecht, 2012.

Marianne Beisheim/Achim Brunnengräber, Zaubertrank »Global Governance«? Eine diskursanalytische Annäherung, in: Thomas Fues/Jochen Hippler (Hrsg.), Globale Politik. Entwicklung und Frieden in der Weltgesellschaft; Festschrift für Franz Nuscheler, Bonn, 2003, S. 112–136.

T. Iván Berend, Europe since 1980, Cambridge, 2010.

Hartmut Berghoff (Hrsg.), »Nature incorporated«. Unternehmensgeschichte und ökologischer Wandel, Berlin, 2009.

Hartmut Berghoff, Shades of Green. A Business-History Perspective on Eco-Capitalism, in: Hartmut Berghoff/Adam Rome (Hrsg.), Green Capitalism? Business and the Environment in the Twentieth Century, Philadelphia, 2017, S. 13–32.

Hartmut Berghoff/Adam Rome (Hrsg.), Green Capitalism? Business and the Environment in the Twentieth Century, Philadelphia, 2017.

Hartmut Berghoff/Jakob Vogel (Hrsg.), Wirtschaftsgeschichte als Kulturgeschichte. Dimensionen eines Perspektivenwechsels, s.l., 2004.

Ann-Kristin Bergquist, Renewing Business History in the Era of the Anthropocene, in: Bus. Hist. Rev. 93 (2019) H. 1, S. 3–24.

Ann-Kristin Bergquist/Magnus Lindmark, Sustainability and Shared Value in the Interwar Swedish Copper Industry, in: Bus. Hist. Rev. 90 (2016) H. 02, S. 197–225.

Ann-Kristin Bergquist/Kristina Söderholm, Green Innovation Systems in Swedish Industry, 1960–1989, in: Bus. Hist. Rev. 85 (2011) H. 04, S. 677–698.

Dawn Alexandrea Berry, Business Interrupted: Remote Resources and Environmental Knowledge flows in Times of Global Crisis (Alcan and Greenland 1940–1945), in: Business History 59 (2017) H. 7, S. 1034–1053.

Judi Bevan, The Rise and Fall of Marks & Spencer, London, 2002.

Joachim Blatter/Frank Janning/Claudius Wagemann, Qualitative Politikanalyse. Eine Einführung in Forschungsansätze und Methoden, Wiesbaden, 2007.

Luitzen de Boer/Poul Houman Andersen (Hrsg.), Operations Management and Sustainability. New Research Perspectives, Cham, 2019.

Marten Boon, A Climate of Change? The Oil Industry and Decarbonization in Historical Perspective, in: Bus. Hist. Rev. 93 (2019) H. 1, S. 101–125.

Iris Borowy, Defining Sustainable Development for Our Common Future. A History of the World Commission on Environment and Development (Brundtland Commission), Hoboken, 2013.

Iris Borowy, Sustainable Development and the United Nations, in: Jeremy L. Caradonna (Hrsg.), Routledge Handbook of the History of Sustainability, New York, 2018, S. 151–163.

Iris Borowy/Matthias Schmelzer (Hrsg.), History of the Future of Economic Growth. Historical Roots of Current Debates on Sustainable Degrowth, London, New York, 2017.

Frank Bösch/Jürgen Danyel, Die Zeitgeschichtsforschung und ihre Methoden, in: Frank Bösch/Jürgen Danyel (Hrsg.), Zeitgeschichte. Konzepte und Methoden, Göttingen, 2012, S. 9–21.

Frank Bösch/Jürgen Danyel (Hrsg.), Zeitgeschichte. Konzepte und Methoden, Göttingen, 2012.

Pierre Bourdieu/John B. Thompson/Hella Beister, Was heißt sprechen? Zur Ökonomie des sprachlichen Tausches, Wien, 2005.

Karl Werner Brand/Georg Jochum, Der deutsche Diskurs zu nachhaltiger Entwicklung. Abschlussbericht eines DFG-Projekts zum Thema »Sustainable Development/Nachhaltige Entwicklung – Zur sozialen Konstruktion globaler Handlungskonzepte im Umweltdiskurs«, München, 2001.

Ulrich Brand/Christoph Görg, »Nachhaltige Globalisierung«? Sustainable Development als Kitt des neoliberalen Scherbenhaufens, in: Christoph Görg/Ulrich Brand (Hrsg.), Mythen globalen Umweltmanagements. »Rio + 10« und die Sackgassen nachhaltiger Entwicklung, Münster, 2002, S. 12–47.

Arndt Brendecke (Hrsg.), Praktiken der Frühen Neuzeit. Akteure – Handlungen – Artefakte, Köln, 2015.

Ursula Breymayer/Bernd Ulrich (Hrsg.), Unter Bäumen. Die Deutschen und der Wald [Ausstellungshalle Deutsches Historisches Museum, Berlin, 2. Dezember 2011 bis 4. März 2012], Dresden, 2011.

Wendy Brown, Die schleichende Revolution. Wie der Neoliberalismus die Demokratie zerstört, Berlin, 2015.

William Brown, Industrial Relations and the Economy, in: Paul A. Johnson/Roderick Floud (Hrsg.), The Cambridge Economic History of Modern Britain. Volume 3: Structural Change and Growth, 1939–2000, Cambridge, 2004, S. 399–424.

Kerstin Brückweh, Das vereinte Deutschland als zeithistorischer Forschungsgegenstand, in: Aus Politik und Zeitgeschichte. Beilage zur Wochenzeitung Das Parlament 70 (2020)28-29, S. 4–10.

Julia Brüggemann, Die Ozonschicht als Verhandlungsmasse. Die deutsche Chemieindustrie in der Diskussion um das FCKW-Verbot 1974 bis 1991, in: Zeitschrift für Unternehmensgeschichte (2015) H. 2, S. 168–193.

Franz-Josef Brüggemeier, Geschichte Großbritanniens im 20. Jahrhundert, München, 2010.

Brunel University London, Professor John Sumpter (2020). https://www.brunel.ac.uk/people/john-sumpter-obe (13. Oktober 2021).

Bundesministerium für wirtschaftliche Zusammenarbeit und Entwicklung, MDG 8: Eine weltweite Entwicklungspartnerschaft aufbauen (2020). https://www.bmz.de/de/themen/2030_agenda/historie/MDGs_2015/fortschritte/mdg8/index.html (27. Juli 2021).

Bundesministerium für wirtschaftliche Zusammenarbeit und Entwicklung, Entwicklungsminister Müller: Lieferkettengesetz stärkt nachhaltigen Konsum und schafft Transparenz für Verbraucher (2021). https://www.bmz.de/de/presse/aktuelleMeldungen/2021/maerz/210315_Entwicklungsminister-Mueller-zum-Weltverbrauchertag-Lieferkettengesetz-staerkt-nachhaltigen-Konsum-und-schafft-Transparenz-fuer-Verbraucher/index.html (20. März 2021).

Bundesregierung, Fortschrittsbericht 2008 zur nationalen Nachhaltigkeitsstrategie. Für ein nachhaltiges Deutschland, Berlin, 2008.

Carsten Burhop/Michael Kissener/Hermann Schäfer/Joachim Scholtyseck, Merck. Von der Apotheke zum Weltkonzern, München, 2018.

Business in the Community, About Us. Who we are (2017). https://www.bitc.org.uk/about-us (10. September 2019).

Cambridge Dictionary, Britishness. https://dictionary.cambridge.org/de/worterbuch/englisch/britishness (2. Oktober 2020).

Jeremy L. Caradonna, An Incompatible Couple. A Critical History of Economic Growth and Sustainable Development, in: Iris Borowy/Matthias Schmelzer (Hrsg.), History of the Future of Economic Growth. Historical Roots of Current Debates on Sustainable Degrowth, London, New York, 2017, S. 154–173.

Jeremy L. Caradonna, Introduction to the Volume, in: Jeremy L. Caradonna (Hrsg.), Routledge Handbook of the History of Sustainability, New York, 2018, S. 3–5.

Jeremy L. Caradonna (Hrsg.), Routledge Handbook of the History of Sustainability, New York, 2018.

Jeremy L. Caradonna, Sustainability. A new Historiography, in: Jeremy L. Caradonna (Hrsg.), Routledge Handbook of the History of Sustainability, New York, 2018, S. 9–25.

Hans Carl von Carlowitz, Sylvicultura oeconomica. [oder] haußwirthliche Nachricht und Naturmäßige Anweisung zur Wilden Baum-Zucht, Remagen-Oberwinter, 1713/2009.

Peter Carnau, Nachhaltigkeitsethik. Normativer Gestaltungsansatz für eine global zukunftsfähige Entwicklung in Theorie und Praxis, s.l., 2011.

Michel de Certeau, Kunst des Handelns, Berlin, 1988.

Alfred Dupont Chandler, Shaping the Industrial Century. The Remarkable Story of the Modern Chemical and Pharmaceutical Industries, Cambridge, MA, 2005.

Alfred Dupont Chandler/Bruce Mazlish (Hrsg.), Leviathans. Multinational Corporations and the new Global History, Cambridge, 2005.

Christy Ford Chapin, The Politics of Corporate Social Responsibility in American Health Care and Home Loans, in: Bus. Hist. Rev. 90 (2016) H. 04, S. 647–670.
George Colpitts, Knowing Nature in the Business Records of the Hudson's Bay Company, 1670–1840, in: Business History 59 (2017) H. 7, S. 1054–1080.
Claus-Heinrich Daub, Globale Wirtschaft – globale Verantwortung. Die Integration multinationaler Unternehmen in den Prozess der nachhaltigen Entwicklung, Basel, 2005.
Peter Dauvergne, The Shadows of Consumption. Consequences for the Global Environment, Cambridge, Mass, 2008.
Roderich von Detten, Einer für alles? Zur Karriere und zum Missbrauch des Nachhaltigkeitsbegriffs, in: Dieter Füsslein (Hrsg.), Die Erfindung der Nachhaltigkeit, München, 2013, S. 111–125.
Luca Di Blasi/Bernd Goebel/Vittorio Hösle (Hrsg.), Nachhaltigkeit in der Ökologie. Wege in eine zukunftsfähige Welt, München, 2001.
Antonietta Di Giulio, Die Idee der Nachhaltigkeit im Verständnis der Vereinten Nationen. Anspruch, Bedeutung und Schwierigkeiten, Münster, 2004.
Martin Dinges, Der Maurermeister und der Finanzrichter. Ehre, Geld und soziale Kontrolle im Paris des 18. Jahrhunderts, Göttingen, 1994.
Johannes Dingler, Postmoderne und Nachhaltigkeit. Eine diskurstheoretische Analyse der sozialen Konstruktionen von nachhaltiger Entwicklung, München, 2003.
Anselm Doering-Manteuffel/Lutz Raphael/Thomas Schlemmer (Hrsg.), Vorgeschichte der Gegenwart. Dimensionen des Strukturbruchs nach dem Boom, Göttingen, 2016.
Simon Dresner, The Principles of Sustainability, London, 2009.
Almuth Ebke, The Decline of the Mining Industry and the Debate about Britishness of the 1990s and early 2000s, in: Contemporary British History 32 (2018) H. 1, S. 121–141.
Helga Eblinghaus/Armin Stickler, Nachhaltigkeit und Macht. Zur Kritik von Sustainable Development, Frankfurt am Main, 1996.
Hendrik Ehrhardt, Umweltpolitik in der Stromwirtschaft. Vom Kostentreiber zur Legitimationsinstanz?, in: Zeitschrift für Unternehmensgeschichte (2015) H. 2, S. 194–217.
Jens Ivo Engels/François Duceppe-Lamarre (Hrsg.), Umwelt und Herrschaft in der Geschichte. Environnement et pouvoir: une approche historique, München, 2008.
Fernando Esposito (Hrsg.), Zeitenwandel. Transformationen geschichtlicher Zeitlichkeit nach dem Boom, Göttingen, Bristol, CT, U.S.A., 2017.
Eurostat, BIP (Bruttoinlandsprodukt) in den Mitgliedsstaaten der EU in jeweiligen Preisen im Jahr 2016 (in Milliarden Euro). https://de.statista.com/statistik/daten/studie/188776/umfrage/bruttoinlandsprodukt-bip-in-den-eu-laendern/ (7. November 2017).
Robert Falkner, Business Power and Conflict in International Environmental Politics, Basingstoke, 2009.
E. M. Forster, Aspects of the Novel and Related Writings, London, 1927/1974.
William M. Foster/Diego M. Coraiola/Roy Suddaby/Jochem Kroezen/David Chandler, The Strategic Use of Historical Narratives: A Theoretical Framework, in: Business History 59 (2017) H. 8, S. 1176–1200.
Michel Foucault, Die Ordnung des Diskurses. Inauguralvorlesung am Collège de France, Paris, 02.12.1970.
Michel Foucault, Archäologie des Wissens, Frankfurt am Main, 1981.

Michel Foucault, Antwort auf eine Frage. Esprit Nr. 371, Mai 1968, S. 850–874, in: Daniel Defert/ François Ewald (Hrsg.), Schriften in vier Bänden. Dits et écrits 1, 1954–1969, Frankfurt am Main, 2014, S. 859–886.

Michel Foucault, Schriften in vier Bänden. Dits et écrits 1, 1954–1969, Frankfurt am Main, 2014.

Michel Foucault/Ulrich Raulff, Der Wille zum Wissen. Sexualität und Wahrheit I, Frankfurt am Main, 2014.

Dagmar Freist (Hrsg.), Diskurse – Körper – Artefakte. Historische Praxeologie in der Frühneuzeitforschung, Bielefeld, 2015.

Dagmar Freist, Diskurse – Körper – Artefakte. Historische Praxeologie in der Frühneuzeitforschung – eine Annäherung, in: Dagmar Freist (Hrsg.), Diskurse – Körper – Artefakte. Historische Praxeologie in der Frühneuzeitforschung, Bielefeld, 2015, S. 9–30.

Walter A. Friedman/Geoffrey Jones, Business History. Time for Debate, in: Bus. Hist. Rev. 85 (2011) H. 01, S. 1–8.

Doris Fuchs, Understanding Business Power in Global Governance, Baden-Baden, 2005.

Doris Fuchs/Markus M. L. Lederer, The Power of Business, in: Bus. polit. 9 (2007) H. 03, S. 1–17.

Thomas Fues/Jochen Hippler (Hrsg.), Globale Politik. Entwicklung und Frieden in der Weltgesellschaft; Festschrift für Franz Nuscheler, Bonn, 2003.

Marian Füssel, Praxaeologische Perspektiven in der Frühneuzeitforschung, in: Arndt Brendecke (Hrsg.), Praktiken der Frühen Neuzeit. Akteure – Handlungen – Artefakte, Köln, 2015, S. 21–33.

Dieter Füsslein (Hrsg.), Die Erfindung der Nachhaltigkeit, München, 2013.

Generalversammlung der Vereinten Nationen, Millenniums-Erklärung der Vereinten Nationen (2000). https://www.un.org/depts/german/millennium/ar55002-mill-erkl.pdf (12. Oktober 2020).

Dominik Geppert, Thatchers konservative Revolution. Der Richtungswandel der britischen Tories (1975–1979), s.l., 2002.

Hayley Goodchild, The Problem of Milk in the Nineteenth-Century Ontario Cheese Industry: An Envirotechnical Approach to Business History, in: Business History 59 (2017) H. 7, S. 1081–1110.

Christoph Görg/Ulrich Brand (Hrsg.), Mythen globalen Umweltmanagements. »Rio + 10« und die Sackgassen nachhaltiger Entwicklung, Münster, 2002.

Hugh S. Gorman, The Role of Businesses in Constructing Systems of Environmental Governance, in: Hartmut Berghoff/Adam Rome (Hrsg.), Green Capitalism? Business and the Environment in the Twentieth Century, Philadelphia, 2017, S. 33–50.

Daniela Gottschlich/Beate Friedrich, Das Erbe der Sylvicultura oeconomica. Eine kritische Reflexion des Nachhaltigkeitsbegriffs, in: GAIA – Ecological Perspectives for Science and Society 23 (2014) H. 1, S. 23–29.

Rüdiger Graf/Kim Christian Priemel, Zeitgeschichte in der Welt der Sozialwissenschaften. Legitimität und Originalität einer Disziplin, in: Vierteljahreshefte für Zeitgeschichte 59 (2011) H. 4, S. 479–508.

Ulrich Grober, Die Entdeckung der Nachhaltigkeit. Kulturgeschichte eines Begriffs, München, 2010.

Ulrich Grober, Eternal Forest, Sustainable Use. The Making of the Term »Nachhaltig« in Seventeenth- and Eigteenth-Century German Forestry, in: Jeremy L. Caradonna (Hrsg.), Routledge Handbook of the History of Sustainability, New York, 2018, S. 96–105.

Lucas Haasis/Constantin Rieske (Hrsg.), Historische Praxeologie. Dimensionen vergangenen Handelns, Paderborn, 2015.

Lucas Haasis/Constantin Rieske, Historische Praxeologie. Zur Einführung, in: Lucas Haasis/Constantin Rieske (Hrsg.), Historische Praxeologie. Dimensionen vergangenen Handelns, Paderborn, 2015, S. 7–54.

André Habisch/Martina Wegner, Germany. Overcoming the Heritage of Corporatism, in: André Habisch/Martina Wegner/René Schmidpeter/Jan Jonker (Hrsg.), Corporate Social Responsibility Across Europe, s.l., 2005, S. 111–123.

André Habisch/Martina Wegner/René Schmidpeter/Jan Jonker (Hrsg.), Corporate Social Responsibility Across Europe, s.l., 2005.

Maarten A. Hajer, The Politics of Environmental Discourse. Ecological Modernization and the Policy Process, Oxford, 1997.

Maarten A. Hajer, Argumentative Diskursanalyse. Auf der Suche nach Koalitionen, Praktiken und Bedeutung, in: Reiner Keller/Andreas Hirseland/Werner Schneider/Willy Viehöver (Hrsg.), Handbuch Sozialwissenschaftliche Diskursanalyse. Band 2: Forschungspraxis, Wiesbaden, 2004, S. 271–298.

Charles Halvorson, Deflated Dreams: The EPA's Bubble Policy and the Politics of Uncertainty in Regulatory Reform, in: Bus. Hist. Rev. 93 (2019) H. 1, S. 25–49.

Per H. Hansen, Business History: A Cultural and Narrative Approach, in: Bus. Hist. Rev. 86 (2012) H. 4, S. 693–717.

Michael von Hauff/Alexandro Kleine, Nachhaltige Entwicklung. Grundlagen und Umsetzung, München, 2009.

Volker Hauff, Unsere gemeinsame Zukunft. Der Brundtland-Bericht der Weltkommission für Umwelt und Entwicklung, Greven, 1987.

Heinz-Gerhard Haupt/Jürgen Kocka (Hrsg.), Geschichte und Vergleich. Ansätze und Ergebnisse international vergleichender Geschichtsschreibung, Frankfurt/Main, 1996.

Heinz-Gerhard Haupt/Jürgen Kocka, Historischer Vergleich. Methoden, Aufgaben, Probleme. Eine Einleitung, in: Heinz-Gerhard Haupt/Jürgen Kocka (Hrsg.), Geschichte und Vergleich. Ansätze und Ergebnisse international vergleichender Geschichtsschreibung, Frankfurt/Main, 1996, S. 9–46.

Klaus Heidel/Brigitte Bertelmann (Hrsg.), Leben im Anthropozän. Christliche Perspektiven für eine Kultur der Nachhaltigkeit, München, 2018.

Nadja Hendriks, Lokale Interpretationen eines globalen Handlungsauftrages. Deutungen »nachhaltiger Entwicklung« in bayerischen Kommunen – Eine Fallstudie, in: Wolfgang Wüst/Gisela Drossbach (Hrsg.), Umwelt-, Klima- und Konsumgeschichte. Fallstudien zu Süddeutschland, Österreich und der Schweiz, Berlin, 2018, S. 295–312.

Susanne Hilger (Hrsg.), Kapital und Moral. Ökonomie und Verantwortung in historisch-vergleichender Perspektive, Köln, 2007.

Frank Hillebrandt, Soziologische Praxistheorien. Eine Einführung, Wiesbaden, 2014.

Katharina Holzinger/Helge Jörgens/Christoph Knill (Hrsg.), Transfer, Diffusion und Konvergenz von Politiken, Wiesbaden, 2007.

Margret Hucko/Lutz Reiche, Otto Group trennt sich von Sportscheck mit Verlust, in: Manager Magazin 11.12.2019.

ICI, History (Web Archive). http://www.ici.com/History (16. November 2020).

Institute For Advanced Sustainability Studies e.V., Narrative und Bilder der Nachhaltigkeit. https://www.iass-potsdam.de/de/forschung/narrative-und-bilder-der-nachhaltigkeit (12. März 2023).

Andrew C. Isenberg, Introduction. A New Environmental History, in: Andrew C. Isenberg (Hrsg.), The Oxford Handbook of Environmental History, Oxford, New York, Auckland, 2014, S. 1–20.

Andrew C. Isenberg (Hrsg.), The Oxford Handbook of Environmental History, Oxford, New York, Auckland, 2014.

Ben Jackson, The Think-Tank Archipelago. Thatcherism and Neo-liberalism, in: Ben Jackson/Robert Saunders (Hrsg.), Making Thatcher's Britain, Cambridge, 2012, S. 43–61.

Ben Jackson/Robert Saunders (Hrsg.), Making Thatcher's Britain, Cambridge, 2012.

Friedrich Jaeger/Burkhard Liebsch (Hrsg.), Handbuch der Kulturwissenschaften. Band 1: Grundlagen und Schlüsselbegriffe, Stuttgart, Weimar, 2011.

Martin Jänicke, Trendsetter im »regulativen Kapitalismus«. Das Beispiel umweltpolitischer Pionierländer, in: Katharina Holzinger/Helge Jörgens/Christoph Knill (Hrsg.), Transfer, Diffusion und Konvergenz von Politiken, Wiesbaden, 2007, S. 131–149.

Paul Johnson, The Welfare State, Income and Living Standards, in: Paul A. Johnson/Roderick Floud (Hrsg.), The Cambridge Economic History of Modern Britain. Volume 3: Structural Change and Growth, 1939–2000, Cambridge, 2004, S. 213–237.

Paul A. Johnson/Roderick Floud (Hrsg.), The Cambridge Economic History of Modern Britain. Volume 3: Structural Change and Growth, 1939–2000, Cambridge, 2004.

Geoffrey Jones, Profits and Sustainability. A History of Green Entrepreneurship, Oxford, New York, NY, 2017.

Geoffrey Jones/Christina Lubinski, Making ›Green Giants‹. Environment Sustainability in the German Chemical Industry, 1950s–1980s, in: Business History 56 (2013) H. 4, S. 623–649.

Thilo Jungkind, Risikokultur und Störfallverhalten der chemischen Industrie. Gesellschaftliche Einflüsse auf das unternehmerische Handeln von Bayer und Henkel seit der zweiten Hälfte des 20. Jahrhunderts, Stuttgart, 2013.

Herbert Kalthoff/Stefan Hirschauer/Gesa Lindemann (Hrsg.), Theoretische Empirie. Zur Relevanz qualitativer Forschung, Frankfurt am Main, 2015.

Christoph Kampmann/Wencke Meteling (Hrsg.), Zukunft – Sicherheit – Politische Kommunikation. Relationen und Bedingtheiten in historischer Perspektive, Baden-Baden, 2017.

Reiner Keller, Le développement durable dans la société du risque. Le cas allemand, in: Geogr. Helv. 54 (1999) H. 2, S. 81–89.

Reiner Keller, Diskursforschung. Eine Einführung für SozialwissenschaftlerInnen, Wiesbaden, 2007.

Reiner Keller, Wissenssoziologische Diskursanalyse, in: Reiner Keller/Andreas Hirseland/Werner Schneider/Willy Viehöver (Hrsg.), Handbuch sozialwissenschaftliche Diskursanalyse. Band 1: Theorien und Methoden, Wiesbaden, 2011, S. 125–158.

Reiner Keller/Andreas Hirseland/Werner Schneider/Willy Viehöver (Hrsg.), Handbuch Sozialwissenschaftliche Diskursanalyse. Band 2: Forschungspraxis, Wiesbaden, 2004.

Reiner Keller/Andreas Hirseland/Werner Schneider/Willy Viehöver (Hrsg.), Handbuch sozialwissenschaftliche Diskursanalyse. Band 1: Theorien und Methoden, Wiesbaden, 2011.

Reiner Keller/Andreas Hirseland/Werner Schneider/Willy Viehöver, Zur Aktualität sozialwissenschaftlicher Diskursanalyse. Eine Einführung, in: Reiner Keller/Andreas Hirseland/

Werner Schneider/Willy Viehöver (Hrsg.), Handbuch sozialwissenschaftliche Diskursanalyse. Band 1: Theorien und Methoden, Wiesbaden, 2011, S. 7–33.

André Kirchhofer/Daniel Krämer/Christoph Maria Merki/Guido Poliwoda/Martin Stuber/Stephanie Summermatter (Hrsg.), Nachhaltige Geschichte. Festschrift für Christian Pfister, Zürich, 2009.

Ursula Kluwick/Evi Zemanek, Einleitung, in: Ursula Kluwick/Evi Zemanek (Hrsg.), Nachhaltigkeit interdisziplinär. Konzepte, Diskurse, Praktiken: ein Kompendium, Wien, Köln, Weimar, 2019, S. 11–26.

Ursula Kluwick/Evi Zemanek (Hrsg.), Nachhaltigkeit interdisziplinär. Konzepte, Diskurse, Praktiken: ein Kompendium, Wien, Köln, Weimar, 2019.

Stephen J. Kobrin, Multinational Corporations, the Protest Movement, and the Future of Global Governance, in: Alfred Dupont Chandler/Bruce Mazlish (Hrsg.), Leviathans. Multinational Corporations and the new Global History, Cambridge, 2005, S. 219–235.

Nina Kolleck, Global Governance, Corporate Responsibility und die diskursive Macht multinationaler Unternehmen. Freiwillige Initiativen der Wirtschaft für eine nachhaltige Entwicklung?, Baden-Baden, 2011.

Peter Koller, Facetten der Macht, in: Analyse & Kritik. Journal of Philosophy and Social Theory 13 (1991) H. 2, S. 107–133.

Kathrin Kollmeier, Begriffsgeschichte und Historische Semantik, in: Frank Bösch/Jürgen Danyel (Hrsg.), Zeitgeschichte. Konzepte und Methoden, Göttingen, 2012, S. 420–444.

Wolfgang König, Geschichte der Wegwerfgesellschaft. Die Kehrseite des Konsums, 2019.

Albrecht Koschorke, Wahrheit und Erfindung. Grundzüge einer Allgemeinen Erzähltheorie, Frankfurt am Main, 2012.

Ronald Kroeze/Sjoerd Keulen, Leading a Multinational is History in Practice: The Use of Invented Traditions and Narratives at AkzoNobel, Shell, Philips and ABN AMRO, in: Business History 55 (2013) H. 8, S. 1265–1287.

Florian Krug, Tagungsbericht: Von der Konflikt- zur Verflechtungsgeschichte? Wirtschaft und Umwelt in der zweiten Hälfte des 20. Jahrhunderts, 29.09.2011 – 30.09.2011, Potsdam, 09.12.2011.

David Kuchenbuch, Diskussionsforum: »Eine Welt«. Globales Interdependenzbewusstsein und die Moralisierung des Alltags in den 1970er und 1980er Jahren, in: Geschichte und Gesellschaft 38 (2012) H. 1, S. 158–184.

Achim Landwehr, Historische Diskursanalyse, Frankfurt am Main, 2009.

Achim Landwehr, Kulturgeschichte, in: Frank Bösch/Jürgen Danyel (Hrsg.), Zeitgeschichte. Konzepte und Methoden, Göttingen, 2012, S. 313–328.

Hellmuth Lange, Nachhaltigkeit. Gesellschaftliche Zukunftsoptionen zwischen messen und verhandeln, in: artec-paper 156 (2008).

Nancy Langston, New Chemical Bodies. Synthetic Chemicals, Regulation, and Human Health, in: Andrew C. Isenberg (Hrsg.), The Oxford Handbook of Environmental History, Oxford, New York, Auckland, 2014, S. 259–281.

Thomas C. Lawton (Hrsg.), Strange Power. Shaping the Parameters of International Relations and International Political Economy, Aldershot, 2000.

Jeremy Leaman, The Political Economy of Germany under Chancellors Kohl and Schröder. Decline of the German Model?, New York, 2009.

David L. Levy/Peter J. Newell, Business and International Environmental Governance. Conclusions and Implications, in: David L. Levy/Peter J. Newell (Hrsg.), The Business of Global Environmental Governance, Cambridge, Mass., 2005, S. 329–343.

David L. Levy/Peter J. Newell (Hrsg.), The Business of Global Environmental Governance, Cambridge, Mass., 2005.

Teresa da Silva Lopes, Building Brand Reputation through Third-Party Endorsement. Fair Trade in British Chocolate, in: Bus. Hist. Rev. 90 (2016) H. 03, S. 457–482.

Bernhard Lorentz/Paul Erker, Chemie und Politik. Die Geschichte der Chemischen Werke Hüls 1938 bis 1979; eine Studie zum Problem der Corporate Governance, München, 2003.

Wilfried Loth, Europas Einigung. Eine unvollendete Geschichte, Frankfurt am Main, 2014.

Philip Lowe/Neil Carter, The Conservative Government and Sustainable Development in the UK: 1988–97, in: Stephen C. Young (Hrsg.), The Emergence of Ecological Modernisation. Integrating the Environment and the Economy?, London, New York, 2000, S. 171–187.

Christina Lubinski, Familienunternehmen in Westdeutschland. Corporate Governance und Gesellschafterkultur seit den 1960er Jahren, München, 2010.

Steven Lukes, Power. A Radical View, Basingstoke, 2005.

Stephen J. Macekura, Of Limits and Growth. The Rise of Global Sustainable Development in the Twentieth Century, New York, 2015.

Joshua MacFadyen, Long-Range Forecasts: Linseed Oil and the Hemispheric Movement of Market and Climate Data, 1890–1939, in: Business History 59 (2017) H. 7, S. 1010–1033.

Matías Martínez/Michael Scheffel, Einführung in die Erzähltheorie, München, 2016.

Jürgen Martschukat, Ein Freitod durch die Hand des Henkers. Erörterungen zur Komplementarität von Diskursen und Praktiken am Beispiel von »Mord aus Lebens-Überdruß« und Todesstrafe im 18. Jahrhundert, in: Zeitschrift für Historische Forschung 27 (2000) H. 1, S. 53–74.

Donella H. Meadows/Dennis L. Meadows/Jorgen Randers/Behrens III, William W., The Limits to Growth. A Report for the Club of Rome's Project on the Predicament of Mankind, New York, 1972.

Michael Meier, Bourdieus Theorie der Praxis – eine ›Theorie sozialer Praktiken‹?, in: Julia Reuter/Karl H. Hörning (Hrsg.), Doing Culture. Neue Positionen zum Verhältnis von Kultur und sozialer Praxis, s.l., 2004, S. 54–69.

Torsten Meireis/Gabriele Rippl (Hrsg.), Cultural Sustainability. Perspectives from the Humanities and Social Sciences, London, New York, 2019.

Christine Meisner Rosen, Businessmen against Pollution in Late Nineteenth Century Chicago, in: Bus. Hist. Rev. 69 (1995), S. 351–391.

Christine Meisner Rosen, Industrial Ecology and the Transformation of Corporate Environmental Management. A Business Historian's Perspective, in: Arthur Molella/Joyce Bedi (Hrsg.), Inventing for the Environment, Cambridge, Mass., 2003, S. 319–338.

Christine Meisner Rosen/Christopher C. Sellers, The Nature of the Firm. Towards an Ecocultural History of Business, in: The Business History Review 73 (1999) H. 4, S. 577–600.

Merck, Geschichte. https://www.merckgroup.com/de/company/who-we-are/history.html (30. November 2020).

Merck, Meilensteine. https://www.merckgroup.com/de/company/who-we-are/history/milestones.html (30. November 2020).

Merck, Verantwortung. Corporate Responsibility Bericht 2009, Darmstadt, 2009.

Johannes Merck, Nachhaltig handeln. Die Umwelt- und Gesellschaftspolitik des OTTO Versand, in: Luca Di Blasi/Bernd Goebel/Vittorio Hösle (Hrsg.), Nachhaltigkeit in der Ökologie. Wege in eine zukunftsfähige Welt, München, 2001, S. 175–183.

Thomas Mergel, Kulturgeschichte der Politik, in: Frank Bösch/Jürgen Danyel (Hrsg.), Zeitgeschichte. Konzepte und Methoden, Göttingen, 2012, S. 187–203.

Christoph Maria Merki, Epochenschwellen in der Wirtschafts-, Sozial und Umweltgeschichte. Plädoyer für eine zeitliche Erweiterung von Pfisters ›1950er Syndrom‹, in: André Kirchhofer/Daniel Krämer/Christoph Maria Merki/Guido Poliwoda/Martin Stuber/Stephanie Summermatter (Hrsg.), Nachhaltige Geschichte. Festschrift für Christian Pfister, Zürich, 2009, S. 347–358.

Alexander Michel, Von der Fabrikzeitung zum Führungsmittel. Werkzeitschriften industrieller Großunternehmen von 1890 bis 1945, Stuttgart, 1997.

Arthur Molella/Joyce Bedi (Hrsg.), Inventing for the Environment, Cambridge, Mass., 2003.

Christian Möller, Zwischen Gestaltungseuphorie, Versagen und Ohnmacht. Umwelt, Staat und volkseigene Wirtschaft in der DDR, in: Zeitschrift für Unternehmensgeschichte (2015) H. 2, S. 141–167.

Jeremy Moon, United Kingdom. An Explicit Model of Business-Society Relations, in: André Habisch/Martina Wegner/René Schmidpeter/Jan Jonker (Hrsg.), Corporate Social Responsibility Across Europe, s.l., 2005, S. 51–65.

Kenneth O. Morgan, Epilogue, in: Kenneth O. Morgan (Hrsg.), The Oxford History of Britain, Oxford, 2010, S. 677–710.

Kenneth O. Morgan (Hrsg.), The Oxford History of Britain, Oxford, 2010.

Kenneth O. Morgan, The Twentieth Century, in: Kenneth O. Morgan (Hrsg.), The Oxford History of Britain, Oxford, 2010, S. 582–676.

Simone M. Müller, Corporate Behaviour and Ecological Disaster: Dow Chemical and the Great Lakes Mercury Crisis, 1970–1972, in: Business History 60 (2018) H. 3, S. 399–422.

Simone M. Müller, Hidden Externalities: The Globalization of Hazardous Waste, in: Bus. Hist. Rev. 93 (2019) H. 1, S. 51–74.

Norman Myers/Jennifer Kent, The New Consumers. The Influence of Affluence on the Environment, Washington, D.C, 2004.

Inga Nuhn, Entwicklungslinien betrieblicher Nachhaltigkeit nach 1945. Ein deutsch-niederländischer Unternehmensvergleich, Münster, 2013.

Ansgar Nünning/Vera Nünning (Hrsg.), Neue Ansätze in der Erzähltheorie, Trier, 2002.

Ansgar Nünning/Vera Nünning, Von der Strukturalistischen Narratologie zur ›Postklassischen‹ Erzähltheorie. Ein Überblick über neue Ansätze und Entwicklungstendenzen, in: Ansgar Nünning/Vera Nünning (Hrsg.), Neue Ansätze in der Erzähltheorie, Trier, 2002, S. 1–33.

Serpil Oppermann/Serenella Iovino (Hrsg.), Environmental Humanities. Voices from the Anthropocene, London, New York, 2017.

Konrad Ott, Umweltethik zur Einführung. [Naturschutz, ökologische Krise, Zukunftsverantwortung, Werte der Natur, Nachhaltigkeit], Hamburg, 2014.

Konrad Ott, Geschichte der Nachhaltigkeitsidee, in: Konrad Ott (Hrsg.), Handbuch Umweltethik, Stuttgart, 2016, S. 62–66.

Konrad Ott (Hrsg.), Handbuch Umweltethik, Stuttgart, 2016.

Werner Otto, Die Otto-Gruppe. Der Weg zum Großunternehmen, Wien, 1983.

Otto Group, Die Geschichte der Otto Group. https://www.ottogroup.com/de/ueber-uns/daten-fakten/Historie.php (28. Oktober 2020).
Geoffrey Owen/Trevor Harrison, Why ICI Chose to Demerge, in: Harvard Business Review (1995).
Kiran Klaus Patel, Projekt Europa. Eine kritische Geschichte, München, 2018.
Edward Pearce, Thatcherism, in: John Ramsden (Hrsg.), The Oxford Companion to Twentieth-Century British Politics, 2002, S. 638–639.
Malcolm Pearce/Geoffrey Stewart, British Political History 1867–2001. Democracy and Decline, London, New York, 2002.
Ana Maria Peredo, Business, Sustainability, and the Bottom of the Pyramid, in: Jeremy L. Caradonna (Hrsg.), Routledge Handbook of the History of Sustainability, New York, 2018, S. 375–386.
Christian Pfister, Energiepreis und Umweltbelastung. Zum Stand der Diskussion über das ›1950er Syndrom‹, in: Wolfram Siemann (Hrsg.), Umweltgeschichte. Themen und Perspektiven, München, 2003, S. 61–86.
Christian Pfister/Peter Bär (Hrsg.), Das 1950er Syndrom. Der Weg in die Konsumgesellschaft, Bern, 1996.
Toni Pierenkemper, Gebunden an zwei Kulturen. Zum Standort der modernen Wirtschaftsgeschichte im Spektrum der Wissenschaften, in: Jahrbuch für Wirtschaftsgeschichte / Economic History Yearbook 36 (1995) H. 2, S. 163–176.
Toni Pierenkemper, Unternehmensgeschichte. Eine Einführung in ihre Methoden und Ergebnisse, Stuttgart, 2000.
Werner Plumpe, Unternehmensgeschichte im 19. und 20. Jahrhundert, Berlin/Boston, 2018.
Werner Plumpe/Joachim Scholtyseck/Florian Burkhardt (Hrsg.), Der Staat und die Ordnung der Wirtschaft. Vom Kaiserreich bis zur Berliner Republik, Stuttgart, 2012.
Ingunn Possehl, Modern aus Tradition. Geschichte der chemisch-pharmazeutischen Fabrik E. Merck, Darmstadt, 1989.
Prof. Dr. Jason Snape, The Development of Sustainability at AstraZeneca, 02.08.2018, Macclesfield.
Iris Pufé, Nachhaltigkeitsmanagement, München, 2012.
Iris Pufé, Nachhaltigkeit, Konstanz, 2017.
Ruben Quaas, Fair trade. Eine global-lokale Geschichte am Beispiel des Kaffees, Köln/Wien, 2015.
Joachim Radkau, Nachdenken über Umweltgeschichte. Scheuklappen und Sackgassen der historischen Umweltforschung, in: Wolfram Siemann (Hrsg.), Umweltgeschichte. Themen und Perspektiven, München, 2003, S. 165–186.
Joachim Radkau, »Nachhaltigkeit« als Wort der Macht. Reflexionen zum methodischen Wert eines umweltpolitischen Schlüsselbegriffs, in: Jens Ivo Engels/François Duceppe-Lamarre (Hrsg.), Umwelt und Herrschaft in der Geschichte. Environnement et pouvoir: une approche historique, München, 2008, S. 131–136.
Joachim Radkau, Die Ära der Ökologie. Eine Weltgeschichte, s.l., 2011.
John Ramsden (Hrsg.), The Oxford Companion to Twentieth-Century British Politics, 2002.
Andreas Reckwitz, Die Reproduktion und die Subversion sozialer Praktiken. Zugleich ein Kommentar zu Pierre Bourdieu und Judith Butler, in: Julia Reuter/Karl H. Hörning (Hrsg.), Do-

ing Culture. Neue Positionen zum Verhältnis von Kultur und sozialer Praxis, s.l., 2004, S. 40–54.

Andreas Reckwitz, Die Kontingenzperspektive der ›Kultur‹. Kulturbegriffe, Kulturtheorien und das kulturwissenschaftliche Forschungsprogramm, in: Friedrich Jaeger/Burkhard Liebsch (Hrsg.), Handbuch der Kulturwissenschaften. Band 1: Grundlagen und Schlüsselbegriffe, Bd. 22, Stuttgart, Weimar, 2011, S. 1–20.

Andreas Reckwitz, Das hybride Subjekt. Eine Theorie der Subjektkulturen von der bürgerlichen Moderne zur Postmoderne, Weilerswist, 2012.

Andreas Reckwitz, Praktiken und Diskurse. Eine sozialtheoretische und methodologische Relation, in: Herbert Kalthoff/Stefan Hirschauer/Gesa Lindemann (Hrsg.), Theoretische Empirie. Zur Relevanz qualitativer Forschung, Frankfurt am Main, 2015, S. 188–209.

Sven Reichardt, Praxeologie und Faschismus. Gewalt und Gemeinschaft als Elemente eines praxeologischen Faschismusbegriffs, in: Julia Reuter/Karl H. Hörning (Hrsg.), Doing Culture. Neue Positionen zum Verhältnis von Kultur und sozialer Praxis, s.l., 2004, S. 129–153.

Sven Reichardt, Praxeologische Geschichtswissenschaft: Eine Diskussionsanregung, in: Sozial.Geschichte 22 (2007).

Sven Reichardt, Zeithistorisches zur praxeologischen Geschichtswissenschaft, in: Arndt Brendecke (Hrsg.), Praktiken der Frühen Neuzeit. Akteure – Handlungen – Artefakte, Köln, 2015, S. 46–61.

Julia Reuter/Karl H. Hörning (Hrsg.), Doing Culture. Neue Positionen zum Verhältnis von Kultur und sozialer Praxis, s.l., 2004.

Manuel Rivera/Patrizia Nanz, Erzählend handeln, Handeln erzählen. Fragen an Narrative nachhaltiger Entwicklung, in: Klaus Heidel/Brigitte Bertelmann (Hrsg.), Leben im Anthropozän. Christliche Perspektiven für eine Kultur der Nachhaltigkeit, München, 2018, S. 137–148.

Ben Preston Robertson (Hrsg.), Romantic Sustainability. Endurance and the Natural World, 1780–1830, Lanham, Boulder, New York, London, 2016.

Michael Rödel, Die Invasion der »Nachhaltigkeit«. Eine linguistische Analyse eines politischen und ökonomischen Modeworts, in: Deutsche Sprache 41 (2013), S. 115–141.

Holger Rogall, Grundlagen einer nachhaltigen Wirtschaftslehre. Volkswirtschaftslehre für Studierende des 21. Jahrhunderts, Marburg, 2015.

Adam Rome, The Ecology of Commerce. Environmental History and the Challenge of Building a Sustainable Economy, in: Hartmut Berghoff/Adam Rome (Hrsg.), Green Capitalism? Business and the Environment in the Twentieth Century, Philadelphia, 2017, S. 3–12.

Adam Rome, DuPont and the Limits of Corporate Environmentalism, in: Bus. Hist. Rev. 93 (2019) H. 1, S. 75–99.

Christof Römer, Multinationale Unternehmen. Eine theoretische und empirische Bestandsaufnahme, Köln, 2008.

Graham Ruddick, Marks & Spencer Lost Its Way, Says Founding Family Member Sir David Sieff, in: The Telegraph 9.7.2013.

Philipp Sarasin, Geschichtswissenschaft und Diskursanalyse, Frankfurt am Main, 2003.

Philipp Sarasin, Diskurstheorie und Geschichtswissenschaft, in: Reiner Keller/Andreas Hirseland/Werner Schneider/Willy Viehöver (Hrsg.), Handbuch sozialwissenschaftliche Diskursanalyse. Band 1: Theorien und Methoden, Wiesbaden, 2011, S. 61–89.

Achim Saupe/Felix Wiedemann/Zentrum für Zeithistorische Forschung Potsdam, Narration und Narratologie. Erzähltheorien in der Geschichtswissenschaft (2015). http://docupedia.de/zg/saupe_wiedemann_narration_v1_de_2015 (26. März 2019).

Theodore R. Schatzki, Social Practices. A Wittgensteinian Approach to Human Activity and the Social, Cambridge, 1996.

Theodore R. Schatzki, Introduction. Practice Theory, in: Theodore R. Schatzki/Karin Knorr Cetina/Eike von Savigny (Hrsg.), The Practice Turn in Contemporary Theory, London, 2006, S. 1–14.

Theodore R. Schatzki/Karin Knorr Cetina/Eike von Savigny (Hrsg.), The Practice Turn in Contemporary Theory, London, 2006.

Tobias Schlechtriemen, Ideen- und Wissensgeschichte, in: Ursula Kluwick/Evi Zemanek (Hrsg.), Nachhaltigkeit interdisziplinär. Konzepte, Diskurse, Praktiken: ein Kompendium, Wien, Köln, Weimar, 2019, S. 27–50.

Christopher Schliephake/Natascha Sojc/Gregor Weber (Hrsg.), ›Nachhaltigkeit‹. Umweltverhalten in der Antike, Stuttgart, 2020.

Matthias Schmelzer, The Hegemony of Growth. The OECD and the Making of the Economic Growth Paradigm, Cambridge, 2016.

Matthias Schmelzer, The Growth Paradigm. History, Hegemony, and the Contested Making of Economic Growthmanship, in: Jeremy L. Caradonna (Hrsg.), Routledge Handbook of the History of Sustainability, New York, 2018, S. 164–186.

Stephan Schmidheiny, Changing Course. A Global Business Perspective on Development and the Environment, Cambridge, 1998.

Johann N. Schmidt, Großbritannien 1945–2010. Kultur, Politik, Gesellschaft, s.l., 2011.

Matthias Schmidt/Jens Soentgen/Hubert Zapf, Environmental Humanities: An Emerging Field of Transdisciplinary Research, in: GAIA – Ecological Perspectives for Science and Society 29 (2020) H. 4, S. 225–229.

Matthias Schmoock, Werner Otto. Der Jahrhundert-Mann, Frankfurt am Main, 2009.

Peter Schöttler, Nach der Angst. Geschichtswissenschaft vor und nach dem »linguistic turn«, Münster, 2018.

Manuel Schramm, Konsumgeschichte: 3.0 (2020). https://docupedia.de/zg/Schramm_konsumgeschichte_v3_de_2020 (22. Oktober 2020).

Michael Schwab-Trapp, Diskurs als soziologisches Konzept. Bausteine für eine soziologisch orientierte Diskursanalyse, in: Reiner Keller/Andreas Hirseland/Werner Schneider/Willy Viehöver (Hrsg.), Handbuch sozialwissenschaftliche Diskursanalyse. Band 1: Theorien und Methoden, Wiesbaden, 2011, S. 283–307.

Carolin Schwegler, Nachhaltigkeit in Wirtschaft und Gesellschaft. Eine diskurslinguistische Untersuchung von Argumentationen und Kommunikationsstrategien, Heidelberg, 2018.

Elke Seefried, Towards the ›Limits to Growth‹? The Book and its Reception in West Germany and Great Britain 1972/73, in: Bulletin of the German Historical Institute London 33 (2011) H. 1, S. 3–37.

Elke Seefried, Rethinking Progress. On the Origin of the Modern Sustainability Discourse, 1970–2000, in: JMEH 13 (2015) H. 3, S. 377–400.

Elke Seefried, Zukünfte. Aufstieg und Krise der Zukunftsforschung 1945–1980, Berlin/Boston, 2015.

Elke Seefried, Globale Sicherheit. Die Wurzeln des politischen Nachhaltigkeitsdiskurses und die Wahrnehmung globaler Interdependenz der 1970er und 1980er Jahre, in: Christoph Kampmann/Wencke Meteling (Hrsg.), Zukunft – Sicherheit – Politische Kommunikation. Relationen und Bedingtheiten in historischer Perspektive, Baden-Baden, 2017, S. 353–388.

Elke Seefried, Partei der Zukunft? Der Wandel des sozialdemokratischen Fortschrittsverständnisses 1960–2000, in: Fernando Esposito (Hrsg.), Zeitenwandel. Transformationen geschichtlicher Zeitlichkeit nach dem Boom, Göttingen, Bristol, CT, U.S.A., 2017, S. 193–225.

Elke Seefried, Developing Europe. The Formation of Sustainability Concepts, in: Anna-Katharina Wöbse/Patrick Kupper (Hrsg.), Greening Europe. Handbook on European Environmental History, Berlin, 2021 (i.E.), S. 381–408.

Elke Seefried/Patrick Kupper, »A Computer's Vision of Doomsday«. On the History of the 1972 Study The Limits to Growth, in: Frank Uekötter (Hrsg.), Exploring Apocalyptica. Coming to Terms with Environmental Alarmism, Pittsburgh, Pa., 2018, S. 61–74.

Rolf Peter Sieferle, Nachhaltigkeit in universalhistorischer Perspektive, in: Wolfram Siemann (Hrsg.), Umweltgeschichte. Themen und Perspektiven, München, 2003, S. 39–60.

Rolf Peter Sieferle, Der Gegenstand der Umweltgeschichte, in: André Kirchhofer/Daniel Krämer/Christoph Maria Merki/Guido Poliwoda/Martin Stuber/Stephanie Summermatter (Hrsg.), Nachhaltige Geschichte. Festschrift für Christian Pfister, Zürich, 2009, S. 35–46.

Wolfram Siemann (Hrsg.), Umweltgeschichte. Themen und Perspektiven, München, 2003.

Wolfram Siemann/Nils Freytag, Umwelt – eine geschichtswissenschaftliche Grundkategorie, in: Wolfram Siemann (Hrsg.), Umweltgeschichte. Themen und Perspektiven, München, 2003, S. 7–19.

Robert Skidelsky/Ben Pimlott/Peter Jenkins/Dennis Kavanagh, The Audit of Thatcherism 1979–89, in: Contemporary Record 3 (1989) H. 1, S. 12–17.

Keetie Sluyterman, Royal Dutch Shell. Company Strategies for Dealing with Environmental Issues, in: Bus. Hist. Rev. 84 (2010), S. 203–226.

Andrew Smith/Kirsten Greer, Uniting Business History and Global Environmental History, in: Business History 59 (2017) H. 7, S. 987–1009.

Jens Soentgen, Nachhaltigkeit als Nießbrauch. Das römische Rechtsinstitut des *usus fructus* und seine systematische Bedeutung für das Konzept der nachhaltigen Nutzung, in: GAIA – Ecological Perspectives for Science and Society 25 (2016) H. 2, S. 117–125.

Sozialdemokratische Partei Deutschlands und BÜNDNIS 90/DIE GRÜNEN, Aufbruch und Erneuerung – Deutschlands Weg ins 21. Jahrhundert. Koalitionsvereinbarung zwischen der Sozialdemokratischen Partei Deutschlands und BÜNDNIS 90/DIE GRÜNEN, Bonn, 20.10.1998.

Mark Spoerer, Rezension zu: Berghoff, Hartmut; Vogel, Jakob: Wirtschaftsgeschichte als Kulturgeschichte. Dimensionen eines Perspektivenwechsels. Frankfurt am Main 2004 (2004). <www.hsozkult.de/publicationreview/id/rezbuecher-4912> (28. Februar 2019).

Martina Steber, Die Hüter der Begriffe. Politische Sprachen des Konservativen in Großbritannien und der Bundesrepublik Deutschland, 1945–1980, Berlin/Boston, 2017.

André Steiner, Wirtschaftsgeschichte, in: Frank Bösch/Jürgen Danyel (Hrsg.), Zeitgeschichte. Konzepte und Methoden, Göttingen, 2012, S. 225–238.

Peter-Michael Steinsiek, Nachhaltigkeit. Zur Karriere eines Begriffs, in: Ursula Breymayer/Bernd Ulrich (Hrsg.), Unter Bäumen. Die Deutschen und der Wald [Ausstellungshalle Deutsches Historisches Museum, Berlin, 2. Dezember 2011 bis 4. März 2012], Dresden, 2011, S. 90–97.

Reinhard Steurer, Der Wachstumsdiskurs in Wissenschaft und Politik. Von der Wachstumseuphorie über ›Grenzen des Wachstums‹ zur Nachhaltigkeit, Berlin, 2002.

Graham Stewart, Bang! A History of Britain in the 1980s, London, 2013.

Stiftung Zentrale Stelle Verpackungsregister, Geschichte der Produktverantwortung für Verpackungen und Ziele der Zentralen Stelle Verpackungsregister. https://www.verpackungsregister.org/stiftung-behoerde/stiftung/entwicklung (13. Oktober 2021).

David Stradling/Joel A. Tarr, Environmental Activism, Locomotive Smoke, and the Corporate Response, in: Bus. Hist. Rev. 73 (1999), S. 677–704.

Werner Süß (Hrsg.), Deutschland in den neunziger Jahren. Politik und Gesellschaft zwischen Wiedervereinigung und Globalisierung, Wiesbaden, 2002.

Werner Süß, Politik und Gesellschaft zwischen Vereinigung und Globalisierung. Zur Einführung, in: Werner Süß (Hrsg.), Deutschland in den neunziger Jahren. Politik und Gesellschaft zwischen Wiedervereinigung und Globalisierung, Wiesbaden, 2002, S. 7–11.

Joseph A. Tainter, Understanding Sustainability Through History. Resources and Complexity, in: Jeremy L. Caradonna (Hrsg.), Routledge Handbook of the History of Sustainability, New York, 2018, S. 40–56.

Philipp Ther, Die neue Ordnung auf dem alten Kontinent. Eine Geschichte des neoliberalen Europa, Berlin, 2014.

Guido Thiemeyer, Die Geschichte der Bundesrepublik Deutschland. Zwischen Westbindung und europäischer Hegemonie, Stuttgart, 2016.

Kim Oliver Tokarski/Jochen Schellinger/Philipp Berchtold (Hrsg.), Nachhaltige Unternehmensführung. Herausforderungen und Beispiele aus der Praxis, Wiesbaden, 2019.

Jim Tomlinson, Economic Policy, in: Paul A. Johnson/Roderick Floud (Hrsg.), The Cambridge Economic History of Modern Britain. Volume 3: Structural Change and Growth, 1939–2000, Cambridge, 2004, S. 189–212.

Roger Tooze, Ideology, Knowledge and Power in International Relations and International Political Economy, in: Thomas C. Lawton (Hrsg.), Strange Power. Shaping the Parameters of International Relations and International Political Economy, Aldershot, 2000, S. 175–194.

Sandra Trautwein, Chancen und Probleme des betriebsinternen CO2-Zertifikatehandels – am Beispiel des Otto-Versand, Hamburg, Lüneburg, 2002.

Frank Trentmann, Herrschaft der Dinge. Die Geschichte des Konsums vom 15. Jahrhundert bis heute, München, 2017.

Silvia Serena Tschopp, Einleitung. Begriffe, Konzepte und Perspektiven der Kulturgeschichte, in: Silvia Serena Tschopp (Hrsg.), Kulturgeschichte, Stuttgart, 2008, S. 9–32.

Silvia Serena Tschopp (Hrsg.), Kulturgeschichte, Stuttgart, 2008.

Silvia Serena Tschopp/Wolfgang Weber, Grundfragen der Kulturgeschichte, Darmstadt, 2007.

Alwyn W. Turner, A Classless Society. Britain in the 1990s, London, 2013.

Simon Tywuschik, Der Wandel des Umweltschutzmanagements in der Automobil- und Chemieindustrie. Eine Längsschnittanalyse von 1960 bis 2005, Hamburg, 2008.

Simon Tywuschik, Eine vergleichende Analyse des betrieblichen Umweltschutzes in der deutschen Chemie- und Automobilindustrie zwischen 1960 und 2005, in: Zeitschrift für Unternehmensgeschichte 61 (2016) H. 2, S. 190–214.

Frank Uekötter, Am Ende der Gewissheiten. Die ökologische Frage im 21. Jahrhundert, Frankfurt, New York, 2011.

Frank Uekötter, Deutschland in Grün. Eine zwiespältige Erfolgsgeschichte, Bonn, 2015.

Frank Uekötter (Hrsg.), Exploring Apocalyptica. Coming to Terms with Environmental Alarmism, Pittsburgh, Pa., 2018.

United Nations Conference on Environment & Development, Agenda 21 (1992). https://sustainabledevelopment.un.org/content/documents/Agenda21.pdf (18. März 2020).

United Nations Development Programme, Millennium Development Goals (2000). https://www.undp.org/content/undp/en/home/sdgoverview/mdg_goals.html (22. Oktober 2020).

Willy Viehöver, Diskurse Als Narrationen, in: Reiner Keller/Andreas Hirseland/Werner Schneider/Willy Viehöver (Hrsg.), Handbuch sozialwissenschaftliche Diskursanalyse. Band 1: Theorien und Methoden, Wiesbaden, 2011, S. 193–224.

Willy Viehöver, Öffentliche Erzählungen und der globale Wandel des Klimas, in: Markus Arnold/Gert Dressel/Willy Viehöver (Hrsg.), Erzählungen im Öffentlichen. Über die Wirkung narrativer Diskurse, Wiesbaden, 2012, S. 173–215.

Heather Voisey/Christiane Beuermann/Liv Astrid Sverdrup/Tim O'Riordan, The Political Significance of Local Agenda 21: The Early Stages of some European Experience, in: Local Environment 1 (1996) H. 1, S. 33–50.

Gerd Rainer Wagner, Gesellschaftliche Verantwortung als Unternehmensleitbild?, in: Susanne Hilger (Hrsg.), Kapital und Moral. Ökonomie und Verantwortung in historisch-vergleichender Perspektive, Köln, 2007, S. 35–66.

Max Weber, Wirtschaft und Gesellschaft, Tübingen, 1922.

Thomas Welskopp, Unternehmenskulturen im internationalen Vergleich – oder integrale Unternehmensgeschichte in typisierender Absicht?, in: Hartmut Berghoff/Jakob Vogel (Hrsg.), Wirtschaftsgeschichte als Kulturgeschichte. Dimensionen eines Perspektivenwechsels, s.l., 2004, S. 265–294.

Thomas Welskopp, Unternehmen Praxisgeschichte. Historische Perspektiven auf Kapitalismus, Arbeit und Klassengesellschaft, Tübingen, 2014.

Hayden White, Metahistory. Die historische Einbildungskraft im 19. Jahrhundert in Europa, Frankfurt am Main, 2015.

Verena Winiwarter/Martin Knoll, Umweltgeschichte. Eine Einführung, Köln, 2007.

Heinrich August Winkler, Geschichte des Westens, München, 2016.

Andreas Wirsching, Der Preis der Freiheit. Geschichte Europas in unserer Zeit, München, 2012.

Andreas Wirsching, »Neoliberalismus« als wirtschaftspolitisches Ordnungsmodell? Die Bundesrepublik Deutschland in den 1980er Jahren, in: Werner Plumpe/Joachim Scholtyseck/Florian Burkhardt (Hrsg.), Der Staat und die Ordnung der Wirtschaft. Vom Kaiserreich bis zur Berliner Republik, Stuttgart, 2012, S. 139–150.

Andreas Wirsching, Demokratie und Globalisierung. Europa seit 1989, München, 2015.

Anna-Katharina Wöbse/Patrick Kupper (Hrsg.), Greening Europe. Handbook on European Environmental History, Berlin, 2021 (i.E.).

Sylvia Wölfel, Zwischen ökologischer Verantwortung und ökonomischem Zwang. Vom VEB dkk Scharfenstein zur FORON Hausgeräte GmbH, in: Zeitschrift für Unternehmensgeschichte (2009) H. 2, S. 179–201.

Sylvia Wölfel, Weiße Ware zwischen Ökologie und Ökonomie, München, 2016.

Edgar Wolfrum, Rot-Grün an der Macht. Deutschland 1998–2005, München, 2013.

Edgar Wolfrum, Zum Ende der »alten« Bundesrepublik, in: Aus Politik und Zeitgeschichte. Beilage zur Wochenzeitung Das Parlament 70 (2020)28-29, S. 18–21.

Zoe Wood, Marks & Spencer to Drop Out of FTSE 100 for First Time, in: The Guardian 3.9.2019.

World Commission on Environment and Development, Our Common Future (1987). http://www.un-documents.net/wced-ocf.htm (10. April 2019).

Rachel Worth, Fashion for the People. A History of Clothing at Marks & Spencer, Oxford, New York, 2007.

Wolfgang Wüst/Gisela Drossbach (Hrsg.), Umwelt-, Klima- und Konsumgeschichte. Fallstudien zu Süddeutschland, Österreich und der Schweiz, Berlin, 2018.

Stephen C. Young (Hrsg.), The Emergence of Ecological Modernisation. Integrating the Environment and the Economy?, London, New York, 2000.

Zacharias Zacharakis, EU-Lieferkettengesetz: »Verbraucher wollen kein Produkt, in dem Kinderarbeit steckt«, in: Die Zeit 22.2.2021.

Hubert Zapf, Literature as Cultural Ecology. Sustainable Texts, London, 2016.